Max-Planck-Institut für ausländisches
öffentliches Recht und Völkerrecht

Beiträge zum ausländischen öffentlichen Recht und Völkerrecht

Begründet von Viktor Bruns

Herausgegeben von
Jochen Abr. Frowein · Helmut Steinberger
Rüdiger Wolfrum

Band 109

Jochen Abr. Frowein
Rainer Hofmann · Stefan Oeter
(Hrsg.)

Das Minderheitenrecht europäischer Staaten

Teil 2

Springer-Verlag
Berlin Heidelberg New York London Paris
Tokyo Hong Kong Barcelona Budapest

ISBN-13: 978-3-642-79297-7 e-ISBN-13: 978-3-642-79296-0
DOI: 10.1007/978-3-642-79296-0

Die Deutsche Bibliothek – CIP-Einheitsaufnahme
Das Minderheitenrecht europäischer Staaten / Jochen Abr.
Frowein ... (Hrsg.). – Berlin ; Heidelberg ; New York ; London ;
Paris ; Tokyo ; Hong Kong ; Barcelona ; Budapest : Springer
NE: Frowein, Jochen Abr. [Hrsg.]; Max-Planck-Institut für
Ausländisches Öffentliches Recht und Völkerrecht <Heidelberg>
Teil 2 (1994)
(Beiträge zum ausländischen öffentlichen Recht und Völkerrecht ; Bd. 109)

NE: GT

Satz: Reproduktionsfertige Vorlagen von den Autoren
SPIN: 10482149 42/3130 – 5 4 3 2 1 0 – Gedruckt auf säurefreiem Papier

Das Recht der Minderheiten als Herausforderung an die Verfassungsordnung des freien Europa

Theodor Fontane berichtete über einen Besuch im sorbischen Gebiet, wo er einem Gottesdienst beigewohnt hatte:

"Die wendische Predigt entzieht sich unserer Kontrolle, ... Nun schweigt die Predigt, eine kurze Pause tritt ein, während welcher der Geistliche sorglich in seinen Papieren blättert. Endlich hat er alles beisammen und beginnt die Aufgebote, die Geburts- und Todesanzeigen in deutscher Sprache zu lesen. Bemerkenswert genug. Die Predigt, die mehr dem Ideale dient, durfte noch wendisch sein; aber so wie sich's um ausschließlich praktische Dinge zu handeln beginnt, so geht es mit dem Wendischen nicht länger. Der Staat, der bloß mit deutschem Ohre hört und nicht Zeit hat, auch noch wendisch zu lernen, tritt mit der nüchternsten Geschäftsmiene dazwischen und verlangt deutsches Aufgebot und deutsche Taufscheine. - Wer wollt' ihm das Recht bestreiten?"

Im verfassunggebenden norddeutschen Reichstag von 1867 formulierte ein polnischer Abgeordneter:

"Preußen tritt mit seinem ganzen Ländergebiet als deutscher Staat einem deutschen Bunde zur Pflege deutscher Wohlfahrt bei. Wir gehören nun tatsächlich dem preußischen Staate an, wir tragen als preußische Staatsbürger seine Lasten, genießen seine Rechte, abgesehen aber, meine Herren, von dem Streite, den ich hier nicht aufwärmen will, der hier auch nichts mit der Sache zu tun hat, von preußischen Polen und polnischen Preußen, je nachdem man die Nationalität oder staatliche Verhältnisse in den Vordergrund stellt, so ist es doch niemand eingefallen, uns als Deutsche anzusehen, als einen Teil des deutschen Volkes."

Während das Zitat von Fontane das Spannungsproblem umschreibt, das zwischen dem Gebrauch der Sprache im privaten und religiösen Bereich einerseits und spezifischen staatlichen Anforderungen an seine Amtsträger besteht, zeigt das andere die noch weit gefährlichere Spannung zwischen der Nationalstaatsidee und der Minderheit. Sobald sich ein Staat besonders als Nationalstaat versteht und dieses Verständnis auf eine bestimmte ethnische Zugehörigkeit bezieht, wird die dazu nicht gehörige Gruppe zur Minderheit ausgegrenzt.

Die Existenz einer Vielzahl von Minderheiten mit starkem eigenen Identitätsgefühl war in Osteuropa bis 1989 durch die kommunistischen Diktatursysteme überlagert. Auch wenn es zur Ideologie des Kommunismus gehörte, daß er die Minderheiten schützte, so blieb die Realität immer ausreichend bedrohlich, um wirkliche Auseinandersetzungen zwischen Minderheit und Mehrheit unmöglich zu machen.

Der moderne Staat beruht auf der Vorstellung der Bürgergleichheit, formuliert in der einprägsamen Feststellung unseres Grundgesetzes, wonach alle Menschen vor dem Gesetz gleich sind. Die Zugehörigkeit zu einer Minderheitsgruppe darf bei der Anwendung des für alle geltenden Gesetzes keine Rolle spielen. Der gleiche Zugang zu Bildung, Ämtern, ja auch zu politischen Wahlpositionen gehört unmittelbar in diese Tradition.

Freilich muß man sich darüber klar sein, daß eine volle Verwirklichung derartiger Vorstellungen notwendig an die Grenzen der Demokratie stößt. Zwar kann das Recht feststellen, daß für den Schul- und Universitätsbesuch und für die Ernennung zum Beamten die Zugehörigkeit zu einer Minderheit unbeachtlich ist. Das Recht kann aber nicht erzwingen, daß bei Wahlpositionen auch ein Minderheitsangehöriger gewählt wird. Allenfalls können etwa bei Repräsentativkörperschaften Erleichterungen geschaffen werden, wie wir das für den Landtag von Schleswig-Holstein kennen, wo für die dänische Minderheit keine Prozentklausel gilt.

Die Gleichheit des Gesetzes ist niemals ausreichend, um die Minderheit wirklich vor Diskriminierung zu schützen. Die Natur des für alle geltenden Gesetzes bedeutet ja typischerweise, daß es sich an den Eigenschaften der Mehrheit orientiert. Daraus folgt, daß ein an den Mehrheitsmerkmalen orientiertes allgemeines Gesetz die Minderheit äußerst ungleich treffen kann. Das ist typisch für die Sprachgesetze. Wo es noch relativ geschlossen siedelnde Minderheiten gibt, die eine andere als die Mehrheitssprache sprechen, ist die Festlegung einer einzigen Sprache für Schule, Medien und etwa gar Äußerungen in der Öffentlichkeit generell eine die Minderheit im Kern treffende Mißachtung ihrer Identität.

Das ist im Grundsatz in den Sprachregelungen, die für Minderheiten gelten, auch anerkannt. Freilich bedeutet es nicht, daß die Praxis dem auch immer entspräche. Die besonderen Probleme, die die elsässische Mundart und die deutsche Sprache im Elsaß haben, gehören durchaus in diesen Zusammenhang. Wesentlich gravierender war bis vor kurzem die Unterdrückung der kurdischen Sprache in der Türkei, die in der Praxis wahrscheinlich noch nicht allgemein aufgehört hat. Es kann insgesamt aber festgestellt werden, daß hinsichtlich der Benutzung der Minderheitensprache überwiegend zufriedenstellende Regeln gelten. Auch in Osteuropa gibt es in großem Umfang verfassungsrechtliche Gewährleistungen des Gebrauchs der Minderheitensprache und der Schulausbildung in dieser Sprache für Angehörige der Minderheit. Sehr viel komplizierter gestalten sich die Regelungen über die Verwendung einer Minderheitensprache im amtlichen Bereich. Hier kommt es sehr auf die Stärke der Minderheit und die Art ihrer Siedlung an. Eine Benutzung der Minderheitensprache vor Gerichten und Behörden ist nur dann denkbar, wenn die Minderheit ein gewisses Gewicht hat und verwaltungsmäßige Schwierigkeiten nicht zu groß werden.

In diesem Zusammenhang ist auch zu berücksichtigen, daß Systeme, die den besonderen Schutz einer in einem territorialen Bereich bisher gesprochenen Sprache vorsehen, häufig eine Durchbrechung gerade wegen dieses Schutzes ausschließen. In der Schweiz und in Belgien können jeweils anderen Sprachgruppen angehörige Gruppen nicht als Minderheiten das für die Sprache geltende Territorialsystem durchbrechen. Das ist auch sinnvoll, da nur auf diese Weise der Schutz einer sich gerade auch in der Sprache findenden Identität einer bestimmten Bevölkerung möglich ist. Freilich ist es sehr wichtig, daß hier ein faires Verfahren durch Dolmetscher und sonstige Erleichterungen gewährleistet wird.

In einem freiheitlichen System muß die Minderheit die Möglichkeit haben, sich in Vereinen zu organisieren. Diese Vereine unterstehen der staatlichen Rechtsordnung und müssen diese beachten. Loyalität gegenüber dem Territorialstaat ist von zentraler Bedeutung für das Funktionieren von Regeln zum Schutz der Minderheit. Vereine, die offen oder verdeckt die Sezession eines Gebietes anstreben, können von jedem Staat verboten werden. Ob er das tut, ist eine Frage der politischen Klugheit.

Die Vertretung von Minderheiten im Parlament wird vielfach durch besonders begünstigende Klauseln gesichert. Es wurde schon dargelegt, daß das in Dänemark und Schleswig-Holstein für die deutsche und die dänische Minderheit gilt. Es gilt auch durch besondere Regelungen für die Minderheiten in Polen und Rumänien. Eine weitere und deutlich stärkere Möglichkeit ist die Bildung einer öffentlichrechtlichen Personalkörperschaft zur Vertretung der Interessen der Minderheit. Derartige Lösungen sind für Ungarn und Slowenien festgelegt, freilich fehlen noch eingehendere Erfahrungen. Sinnvoll erscheint eine derartige Lösung nur, wenn wesentliche Aufgaben, etwa hinsichtlich der Pflege von Sprache in der Schule, derartigen Körperschaften zugewiesen wird. Territoriale Autonomie ist der letzte und schwierigste Schritt. Für die Aland-Inseln und Südtirol ist eine weitgehende Minderheitsautonomie festgelegt. Andere Beispiele vergleichbarer Art gibt es bisher kaum.

Der Idealtyp eines Systems, das Minderheiten institutionell schützt, ist die bundesstaatliche Ordnung, die unterschiedliche sprachliche und ethnische Gruppen zusammenfasst. Die Schweiz, Kanada und Belgien sind dafür Beispiele. Freilich zeigen sie auch, wie schwer derartige Lösungen zu entwickeln und aufrecht zu erhalten sind. Es bedarf der langjährigen Herausbildung eines Konsenses darüber, daß diese Form des Zusammenlebens allen Interessen am besten gerecht wird, um die Struktur gegen Gefahren zu schützen. In Kanada weiß man nicht, welches letztlich die Lösung für Quebec sein wird. Bei Belgien ist der Test für die Funktionsfähigkeit des bundesstaatlichen Modells offen. Noch vor einigen Jahren wurden in Belgien selbst dem Erfolg nur wenige Chancen gegeben. Allein für die Schweiz läßt sich sagen, daß hier ein auf der Welt einmaliges Beispiel der Zusammenordnung unterschiedlicher sprachlicher und ethnischer Gemeinschaften zu einem funktionierenden Bundesstaat geglückt ist.

Rechtsvergleichende Überlegungen zu der Lage von Minderheiten bedürfen der völkerrechtlichen Überhöhung. Wir haben in den letzten Jahren eine Wiederbelebung des völkerrechtlichen Minderheitenrechts erlebt, die unmittelbar mit den grundlegenden Veränderungen in Europa zusammengehört. Nach dem Zweiten Weltkrieg hatte man zunächst geglaubt, ein besonderes Minderheitenschutzregime sei völkerrechtlich überflüssig, wenn nur der Schutz der Menschenrechte überall gewährleistet würde. Die Minderheitenschutzverträge der Zeit nach dem Ersten Weltkrieg galten als diskreditiert, insbesondere durch ihre Funktion für die deutschen Minderheiten bei dem Aufkommen des Nationalsozialismus. Es gab einen weiten Konsens darüber, daß diese Art der fünften Kolonne im Staat durch völkerrechtliche Normen nicht unterstützt werden sollte. Freilich war es eine Illusion, das Problem der Minderheiten allein durch Gewährleistung individueller Menschenrechte angemessen lösen zu können. Insbesondere der Schutz der kollektiven Position einer Minderheit konnte durch die Individualrechte allein nicht geleistet werden. Es war daher nicht überraschend, daß mit der Veränderung in Osteuropa das Problem des Minderheitenschutzes sofort zur zentralen Bedeutung gelangte.

Das Kopenhagener Dokument der KSZE und seine Einfügung in den deutsch-polnischen Vertrag sowie später in die von Deutschland und Polen geschlossenen bilateralen Verträge sind hier besonders zu nennen. Das Kopenhagener Dokument ist deswegen von so besonderer Bedeutung, weil es den Konsens über einen grundsätzlichen Minderheitenstandard formuliert. Nicht nur wird den Angehörigen nationaler Minderheiten ausdrücklich das Recht gewährleistet, ihre ethnische, kulturelle, sprachliche und religiöse Identität frei zum Ausdruck zu bringen, zu bewahren und weiter zu entwickeln. Es wird auch der Versuch, sie gegen ihren Willen zu assimilieren, deutlich zurückgewiesen. Das Recht, eigene Bildungs-, Kultur- und Religionseinrichtungen, Organisationen oder Vereinigungen zu gründen oder zu unterhalten, wird festgelegt. Der Kontakt über die Grenze mit Bürgern anderer Staaten, mit denen sie eine gemeinsame ethnische oder nationale Herkunft, ein gemeinsames kulturelles Erbe oder ein religiöses Bekenntnis teilen, wird ebenfalls ausdrücklich betont.

Zur Zeit wird auch intensiv über die Ergänzung der Europäischen Menschenrechtskonvention durch ein Minderheitenprotokoll nachgedacht. Freilich ist noch nicht leicht vorstellbar, daß es hier zu einer Lösung kommt, nachdem einige der Mitgliedstaaten der Vorstellung eines besonderen Minderheitenschutzes nach wie vor sehr skeptisch gegenüberstehen. Es sollte allerdings kein Zweifel darüber möglich sein, daß auch die herkömmlichen Menschenrechtsschutzverträge eine erhebliche Bedeutung für den Schutz der Minderheit haben können, wenn sie entsprechend zur Wirkung gebracht werden. Artikel 8 der Europäischen Menschenrechtskonvention schützt das Privatleben und muß so verstanden werden, daß er auch die spezifische kulturelle Prägung des Privatlebens, wie sie für Angehörige einer Minderheit charakteristisch ist, in den Schutzbereich einbezieht.

Die Europäische Menschenrechtskommission hat das in einer vom Fall her sonst nicht sehr bedeutsamen Entscheidung mit einem *obiter dictum* anerkannt. Als sich norwegische Lappen gegen den Bau eines Staudamms wehrten, weil er ihr Land für die Rentierweiden erheblich einenge, hat die Kommission ausdrücklich darauf hingewiesen, daß Artikel 8 auch den besonderen Lebensstil (*lifestyle*) einer Minderheit schützen könne. Das ist von erheblicher Bedeutung. Der UN-Pakt über Bürgerliche und Politische Rechte schützt die kulturelle, religiöse und sprachliche Position von Minderheitsangehörigen ausdrücklich. Richtigerweise muß man heute von einem allgemeinen Grundsatz des Völkerrechts ausgehen, der Sprache, Kultur und Religion von Minderheiten schützt.

Die schwierigste völkerrechtliche Frage ist die, unter welchen Voraussetzungen und mit welchen Mitteln Minderheitsrechte von außen geschützt werden können. Hier stoßen wir in den Kern der Problematik zwischen Souveränität und Minderheitenschutz. Eine formelle völkerrechtliche Rechtsposition für das Tätigwerden des Staates, dessen Bevölkerung eine Minderheit sich ethnisch oder von der Identität her zuordnet gegenüber dem Staat, dessen Staatsangehörigkeit die Minderheit hat, gibt es nicht. Das Völkerrecht erkennt das Recht des Eintretens für die eigenen Staatsangehörigen auf der Grundlage der Regeln des sogenannten diplomatischen Schutzes, nicht aber automatisch das Eintreten für Minderheitsangehörige an. Freilich können Angehörige einer Minderheit auch die Staatsangehörigkeit des Staates haben, dessen Bevölkerung sie sich ethnisch verbunden fühlen. Das gilt etwa für die deutsche Minderheit in Polen. Hier muß aber ganz deutlich erkannt werden, daß in derartigen Fällen die Regeln über die doppelte Staatsangehörigkeit zu beachten sind und dazu führen, daß der Wohnsitzstaat immer Vorrang hat. Er kann völkerrechtlich sogar darauf hinweisen, daß ein sogenannter diplomatischer Schutz gegenüber dem Wohnsitzstaat nicht möglich ist. Das ist freilich dann anders, wenn in besonderen Verträgen Rechtspositionen festgelegt worden sind. Aus ihnen ergeben sich Rechte der Vertragsstaaten und das bedeutet, daß etwa Deutschland auf der Grundlage des deutsch-polnischen Nachbarschaftsvertrages auch die Einhaltung der Rechte der deutschen Minderheit kontrollieren und einfordern kann. Insofern war der Abschluß dieses Vertrages von zentraler Bedeutung.

Die Artikel 20 ff. des deutsch-polnischen Nachbarschaftsvertrages, die sich in ähnlicher Form auch in den Bestimmungen später geschlossener einschlägiger Verträge finden, sind eine ganz ungewöhnlich intensive Regelung zum Schutz der Minderheiten. Das Recht, sich privat und in der Öffentlichkeit frei der Muttersprache zu bedienen, Bildungs-, Kultur- und Religionseinrichtungen zu gründen und zu unterhalten, Kontakte über die Grenze hinweg zu haben, ist ausdrücklich festgelegt. Sehr wichtig ist freilich auch die in Artikel 22 festgelegte Loyalitätsklausel. Zunächst heißt es, daß keine der Verpflichtungen der Artikel so ausgelegt werden darf, daß das Recht begründet würde, eine Tätigkeit auszuüben oder eine Handlung zu begehen, die im Widerspruch zu den Zielen und Prinzipien der Charta der Vereinten Nationen, anderen völkerrechtlichen Verpflichtungen oder den Bestimmungen der Schlußakte von Helsinki einschließlich des Prinzips der territorialen Integrität der Staaten steht. Es ist von daher klar, daß die territoriale Integrität der Minderheitsregelung vorgeht. In Artikel 22 Abs. 2 heißt es, daß jeder Angehörige der genannten Gruppen in der Republik Polen bzw. in der Bundesrepublik Deutschland nach Maßgabe der vorstehenden Bestimmung gehalten ist, sich wie jeder Staatsbürger loyal gegenüber dem jeweiligen Staat zu verhalten, indem er sich nach den Verpflichtungen richtet, die sich aufgrund der Gesetze dieses Staates ergeben.

Es ist bekannt, daß es nicht immer leicht ist, Angehörigen der deutschen Minderheit in Polen die Bedeutung und die Verpflichtung dieser Regelungen klar zu machen. Junge Männer haben zum Teil den polnischen Wehrdienst mit der Begründung verweigert, sie hätten ja auch einen deutschen Paß. Es ist eindeutig, daß dieses rechtlich unzulässig ist. Jeder polnische Staatsangehörige, auch wenn er daneben eine andere Staatsangehörigkeit hat, ist, solange er in Polen lebt, selbstverständlich zum Wehrdienst verpflichtet. Das gilt umgekehrt in der Bundesrepublik Deutschland ebenso. Man kann nur hoffen, daß es gelingt, den Grundgedanken der Loyalität gegenüber dem Heimatstaat bei allen Minderheiten wirklich durchzusetzen.

Das Projekt des Max-Planck-Instituts für ausländisches öffentliches Recht und Völkerrecht über die Rechtsstellung von Minderheiten hatte das Ziel, Informationen über die Rechtslage in möglichst vielen europäischen Staaten bereitzustellen und die Diskussion über die Angemessenheit der Regelungen zu eröffnen. Auf dem Kolloquium in Heidelberg am 21./22. Oktober 1993 sind auf der Grundlage der vorgetragenen vergleichenden Berichte die Fragestellungen umfassend erörtert worden. Man wird die Hoffnung haben können, daß derartige Veranstaltungen zur Bewältigung der schwierigen Probleme beitragen.

Das Institut dankt der Robert-Bosch-Stiftung, dem Bundesministerium des Innern und der Max-Planck-Gesellschaft für die großzügige Förderung des Projekts.

Heidelberg, August 1994

Jochen Abr. Frowein

Inhaltsverzeichnis

Die rechtliche Stellung der Minderheiten in Bulgarien

MAHULENA HOŠKOVA*

I. Einleitung

1. Tatsächlicher Hintergrund

Die Veröffentlichung von Informationen über die Zahl der Angehörigen der ethnischen oder religiösen Minderheiten gehört in Bulgarien zu den äußerst heiklen politischen Fragen: Obwohl die letzte Volkszählung in Bulgarien im Dezember 1992 durchgeführt und erste vorläufige Ergebnisse am 28. Dezember 1992 veröffentlicht wurden, sollten die genauen Ergebnisse erst im September 1993 bekannt gemacht werden. Als Grund hierfür wurde angegeben, daß die Entscheidung der bulgarischen Regierung, im Rahmen der Volkszählung auch die Frage nach der Ethnizität, der Muttersprache sowie der Religion der Staatsbürger zu stellen, "...the cause of considerable controversy, with Bulgarian nationalists pitted against human-rights experts, statisticians, and ethnic Turks;"[1] darstellte. Immerhin sind auch die schon bekannten Daten nicht ohne Interesse: Die gesamte Zahl der Population Bulgariens betrug zum 4. Dezember 1992 8.472.724 Menschen, was im Unterschied zur Volkszählung des Jahres 1985 eine um 5,3% gesunkene Zahl bedeutet; diese Entwicklung ist der bulgarischen Emigration zuzuordnen, die - vor allem in der zweiten Hälfte der 80er Jahre - zu einem ganz bedeutenden Umfang die türkische Minderheit betraf.

Bei der Beschreibung der Größe verschiedener ethnischer Gruppen muß man sich daher derzeit noch entweder auf die älteren Quellen stützen oder von inoffiziellen Zahlen ausgehen. Nach den Angaben des von den USA geförderten "Project on Ethnic Relations" gehören 20 - 25% der

---

* JUDr. (Prag), CSc.; wissenschaftliche Referentin am Institut.

1 *S.R. Nikolaev*, Bulgaria's 1992 Census: Results, Problems and Implications, RFE/RL Research Report 6/1993, 58 ff.

Gesamtbevölkerung Bulgariens zu den ethnischen und religiösen Minderheiten[2]. Von dieser Zahl sollen danach zwischen 800.000 und 1.000.000 Personen Türken[3], 550.000 - 600,000 Roma[4] und 250.000 - 300.000 Pomaken[5] sein, die ethnisch Bulgaren sind, aber eine bedeutsame religiöse (islamische) Minderheit darstellen. Weiter leben auf dem Gebiet Bulgariens Armenier[6], Griechen, Vlachen, Albaner, Russen, Tataren[7], Tschechen, Slowaken, Juden, Serben, Ungarn und Deutsche[8].

Bekanntlich sind vor allem zwei Nationalitätenprobleme als besonders gravierend anzusehen - die Problematik der türkischen Minderheit und die Frage der Pomaken: Die türkische Minderheit lebt hauptsächlich in zwei Regionen Bulgariens, nämlich im nordöstlichen und südöstlichen Teil des Staates. Ungeklärt sind wohl die Ursprünge dieser ethnischen Gruppe: Es gibt zum einen die Meinung, daß die Angehörigen der türkischen Minderheit Nachkömmlinge der Ottomanen sind, die in den 500 Jahren nach Bulgarien kamen, als Bulgarien selbst unter ottomanischer Herrschaft stand. Eine andere Auffassung behauptet, daß sie im ethnischen Sinne Bulgaren sind, die ähnlich wie die Pomaken zum Islam konvertiert, jedoch anders als diese die türkische Sprache übernommen haben[9]. Gegenüber der türkischen Minderheit wurde nach dem Zweiten Weltkrieg eine Politik der Assimilierung betrieben, die ihren Höhepunkt Mitte der 80er Jahre

---

2 *S.I. Ilchev/D.M. Perry*, Bulgarian Ethnic Groups: Politics and Perceptions, RFE/RL Research Report, 12/1993, 35 ff. (35).

3 Näher zu dieser Minderheit s. etwa *T. Ansbach*, Bericht zur Lage der Minderheiten in Bulgarien, in: *F. Ermacora/H. Tretter/A. Pelzl* (Hrsg.), Volksgruppen im Spannungsfeld von Recht und Souveränität in Mittel- und Osteuropa (1993), 90 ff. (95 ff.); *I. Ilchev/D.M. Perry*, *ibid.*, 35 ff. und *S. Pashovski*, Minorities in Bulgaria, in: *J. Packer/ K. Myntti* (Eds.), The Protection of Ethnic and Linguistic Minorities in Europe (1993), 67 ff. (70 ff.).

4 Näher zu dieser Minderheit s. *T. Ansbach*, *ibid.*, 102 und *I. Ilchev/ D.M. Perry*, *ibid.*, 38 ff.

5 Näher zu dieser Minderheit s. *I. Ilchev/D.M. Perry*, *ibid.*, 40 f.

6 Vgl. *T. Ansbach* (Anm. 3), 94.

7 Vgl. *T. Ansbach*, *ibid.*, 94 f.

8 Vgl. *S. Pashovski* (Anm. 3), 69.

9 Vgl. *I. Ilchev/D.M. Perry* (Anm. 3), 36.

erreichte: Im Rahmen der sogenannten Kampagne "Process of Renaissance" sollten (und wurden) die türkischen Namen "bulgarisiert" werden; ferner wurde auch die Benutzung von Türkisch in der Öffentlichkeit verboten. Als Reaktion auf diese Schritte kam es bekanntlich zu einem sehr großen Exodus des türkischen Bevölkerungsteils. Nach der politischen Wende der Jahre 1989/90 wurden diese Maßnahmen aufgehoben und eine vereinfachte administrative Prozedur zur Wiedererlangung der türkischen Namen eingeführt. Ferner bemühte sich die bulgarische Regierung um die Rückkehr der emigrierten Türken; dies wurde von ungefähr 160.000 der insgesamt rund 350.000 ausgereisten Personen ausgenützt.[10]

Die eher religiöse Minderheit der (ethnisch bulgarischen) Pomaken lebt im Rhodope-Gebirge und im Gebiet von Lovech. Die Vorväter der heutigen Angehörigen dieser Gruppe konvertierten im 17./19. Jahrhundert zum Islam. Auch sie wurden einer Politik der Assimilierung unterworfen, besonders in den Jahren 1971 - 1973. Nach der politischen Wende der Jahre 1989/90, die bekanntlich mit einem weitgehenden wirtschaftlichen Zusammenbruch einherging, haben sich offenbar manche Pomaken, unzufrieden mit ihrer schlechten wirtschaftlichen Situation, als Türken erklärt; dies gilt insbesondere für diejenigen Pomaken, die im Gebiet des westlichen Rhodope leben. In letzter Zeit scheint die Politik der Pomaken selbst gespalten - es gibt neben der "türkischen" Strömung auch diejenige, die sich eher für die Stärkung einer eigenständigen bulgarisch-moslemischen Identität einsetzt [11].

Heute immer noch umstritten ist die Frage der Existenz einer eigenständigen makedonischen Minderheit in Bulgarien, was von seiten der bulgarischen Regierung - durchaus in Einklang mit der allgemeinen bulgarischen Position hinsichtlich eines eigenständigen Volkes der Makedonier - nicht akzeptiert wird. Auf die genauen Hintergründe und die historische Entwicklung des Konflikts zwischen dem früheren Jugoslawien und Bulgarien in bezug auf die Existenz einer makedonischen Minderheit

---

10 Vgl. *I. Ilchev/D.M. Perry*, *ibid.*, 36 und *S. Pashovski* (Anm. 3), 72 ff.

11 Vgl. *I. Ilchev/D.M. Perry*, *ibid.*, 40.

im Gebiet von Pirin, also dem Teil Makedoniens, der nach dem Zweiten Balkankrieg 1913 an Bulgarien kam, was dann in den Pariser Vorortverträgen nach dem Ersten Weltkrieg bestätigt wurde, kann hier nicht näher eingegangen werden[12]. Zu erwähnen ist aber, daß im Rahmen des Konzepts der Kommunistischen Internationale, demzufolge nach dem Zweiten Weltkrieg Bulgaren, Makedonier und Serben zusammen mit anderen Völkern in einer Föderation leben sollten, Bulgarien den Bewohnern des Gebiets von Pirin in Gesetzen aus den Jahren 1945 - 1948 eine Reihe von Minderheitenrechten zusprach; ferner wurden dann bei der Volkszählung des Jahres 1956, der einzigen, in der Makedonier gesondert ausgewiesen sind, offenbar alle Bewohner des Pirin-Gebiets von der bulgarischen Regierung aufgefordert, sich als Angehörige der makedonischen Nationalität registrieren zu lassen. Während die föderative Idee gegenwärtig sicherlich als gescheitert gesehen werden muß, ist das Problem der Existenz einer makedonischen Minderheit in Bulgarien geblieben.

2. Die verfassungsrechtlichen Grundlagen

Die "sozialistische" Verfassung der Volksrepublik Bulgarien vom 16. Mai 1971[13] hatte in ihrem Art. 35 Abs. 1 das Prinzip der Gleichheit der Bürger vor dem Gesetz erklärt. Unzulässig waren jedoch nach seinem Abs. 2 "...Vorrechte oder Beschränkungen der Rechte aus Gründen der Nationalität, der Herkunft, der Religion, des Geschlechts, der Rasse, der Bildung oder der gesellschaftlichen oder materiellen Stellung...". Jede Verbreitung von Haß oder Menschenverachtung wegen rassischer, nationaler oder religiöser Zugehörigkeit wurde nach Abs. 4 verboten und als strafbar bezeichnet. Der Staat selbst deklarierte sich in Abs. 3 als Garant für die "...Gleichheit der Bürger..." und die Schaffung der "...Möglichkeiten für die Ausübung ihrer Rechte und die Erfüllung ihrer Pflichten". Die Existenz von nicht-bulgarischen Bürgern Bulgariens wurde

---

12 Vgl. aber *T. Ansbach* (Anm. 3), 98 ff. und *S. Pashovski* (Anm. 3), 75 ff.

13 Für eine deutsche Übersetzung s. *W. Lungwitz* (Hrsg.), Verfassungen ausländischer sozialistischer Staaten (1982), 11 ff.

nur in einer Bestimmung der Verfassung in Bezug genommen: Art. 45 Abs. 7 anerkannte ausdrücklich das Recht der Bürger "...nicht-bulgarischer Herkunft...", neben der Pflicht des Erlernens der bulgarischen Sprache, auch ihre eigene Sprache zu erlernen[14]. Der Umstand, daß diese Bestimmung in der konkreten Staatspolitik unterschiedlich und nicht immer entsprechend dem Buchstaben und dem Geist dieser Vorschrift umgesetzt wurde, steht auf einem anderen Blatt.

Die neue bulgarische Verfassung, die den Übergang von einem "...totalitären Regime zur parlamentarischen Regierung und demokratischen bürgerlichen Gesellschaft..."[15] ermöglichen soll, wurde ausgearbeitet unter anderem mit der Vorstellung, ihre Bestimmungen sowie die sonstigen Gesetze im Einklang mit den Standards der im Rahmen des Europarats beschlossenen Konventionen zu bringen; dieses Ziel wurde vom bulgarischen Parlament, der Großen Volksversammlung, in Art. 2 ihrer Verordnung Nr. 7 vom 4. Januar 1991[16], gewidmet dem Prozeß der Integration Bulgariens in die europäischen Strukturen, bekräftigt.

Der endgültige Text der Verfassung wurde am 12. Juli 1991 mit den Stimmen von 309 der 400 Abgeordneten der Großen Volksversammlung angenommen und trat am 13. Juli 1991 in Kraft[17]. Unter ihren 169 Artikeln, denen eine Präambel vorangestellt ist und die auch einige Übergangs- und Schlußbestimmungen umfaßt, finden sich eine Reihe - manchmal auch nicht völlig widerspruchsfreier - Bestimmungen bezüglich der rechtlichen Stellung der nicht-bulgarischen Staatsbürger Bulgariens.[18]

---

14 Vgl. zur früheren Rechtslage auch *T. Ansbach* (Anm. 3), 90 f.

15 Vgl. *B. Spasov*, Konstituciata, Săvremenno pravo, 3 (1992), 3 ff.

16 Dăržaven vestnik No. 3 vom 11.1.1992.

17 Dăržaven vestnik No. 56 vom 13.7.1991.

18 Vgl. zum folgenden etwa *E. Konstantinov*, Die Rechte der Angehörigen ethnischer, religiöser und sprachlicher Minderheiten in Bulgarien, in: *F. Ermacora/H. Tretter/A. Pelzl* (Anm. 3), 104 ff. (107 ff.). und *S. Pashovski* (Anm. 3), 77 f.

In der Präambel wird zunächst "...die unabänderliche Pflicht zur Wahrung der nationalen und staatlichen Einheit Bulgariens..." proklamiert. Dieser allgemeine Grundsatz spiegelt sich dann wider z.B. in der Bestimmung des Art. 2 Abs. 1, laut dessen "...die Republik Bulgarien ...ein Einheitsstaat mit örtlicher Selbstverwaltung (ist), in dem keine autonomen Gebilde zulässig sind." Die der Verfassung zugrundeliegende Anschauung von der Homogenität des bulgarischen Staatsvolkes wird noch einmal unterstrichen in Art. 92 Abs. 1, wo es heißt, der Präsident "...verkörpert die Einheit der Nation...".

Von weiteren Regeln, die einen Akzent auf diese Homogenität legen, seien auch folgende Bestimmungen der Verfassung erwähnt: Art. 3 bestimmt Bulgarisch als Amtsprache; die Fälle, in denen "...nur die Amtsprache zu benutzen ist...", sind gemäß Art. 36 Abs. 3 durch einfaches Gesetz zu bestimmen. Das Erlernen und der Gebrauch der bulgarischen Sprache sind nach Art. 36 Abs. 1 gleichzeitig das Recht und die Pflicht der bulgarischen Bürger. Diejenigen Bürger, für die Bulgarisch nicht Muttersprache ist, haben aufgrund des Art. 36 Abs. 2 das Recht, neben dem obligatorischen Erlernen des Bulgarischen, auch "...ihre Sprache zu erlernen und zu gebrauchen".

Art. 6 Abs. 2 verankert die Gleichheit der Bürger vor dem Gesetz; dies wird näher dahin präzisiert, daß "...keinerlei Einschränkungen der Rechte oder Privilegien aufgrund von Rasse, Nationalität, ethnischer Zugehörigkeit..." zulässig sind. Eine bedeutsame Einschränkung des Parteienrechts findet sich jedoch in Art. 11 Abs. 4, der "...die Gründung von politischen Parteien auf ethnischer, rassischer oder konfessioneller Grundlage..." als unzulässig bezeichnet; gleiches gilt für Parteien, die "...sich das Ziel setzen, die Staatsmacht gewaltsam zu ergreifen." Eine vergleichbare Regelung findet sich für die in Art. 44 garantierte Vereinigungsfreiheit: Art. 44 Abs. 2 enthält nämlich ein Verbot derjenigen Organisationen, deren "...Tätigkeit gegen die Souveränität, die territoriale Integrität des Landes sowie die

Einheit der Nation, auf die Schürung von Rassen- oder Völkerhaß, von ethnischer oder religiöser Feindschaft...ausgerichtet ist..."[19]

Das Bekenntnis zu einer Religion ist laut Art. 13 Abs. 1 frei; daneben erklärt Art. 13 Abs. 2 als "traditionelle Religion in der Republik Bulgarien" das griechisch-orthodoxe Glaubensbekenntnis. Von Bedeutung ist ferner, daß gemäß Art. 13 Abs. 4 keine der konfessionellen Gemeinschaften und Einrichtungen sowie die Religionsbekenntnisse selbst für politische Zwecke benutzt werden dürfen.

Auf der anderen Seite dürfen diejenigen Bestimmungen nicht übersehen werden, die den Katalog der Bürgerrechte um für Angehörige nicht-bulgarischer Nationalitäten wichtige Vorschriften ergänzen: So enthält z.B. Art. 29 Abs. 1 ein ausdrückliches Verbot "...der gewaltsamen Assimilation unterworfen zu werden". Hervorzuheben ist insofern, daß sich dieses Recht nicht nur auf die bulgarischen Staatsbürger bezieht: Der gewaltsamen Assimilation darf "niemand" unterworfen werden; diese Regel gehört auch zur Gruppe derjenigen Normen, die gemäß Art. 57 Abs. 3 selbst in Kriegszeiten oder infolge der Verhängung des Kriegs- oder eines anderen Ausnahmezustands nicht suspendiert werden darf[20].

Von jedenfalls grundsätzlich großer Relevanz ist auch Art. 54 Abs. 1, demzufolge "jedermann" das Recht hat, "...die nationalen und die allgemein-menschlichen Kulturwerte zu nutzen und sich entsprechend seiner ethnischen Zugehörigkeit kulturell zu betätigen, was vom Gesetz anerkannt und gewährleistet wird." Zu betonen ist zum einen, daß in dieser Bestimmung der Verfassung der Begriff "ethnische Zugehörigkeit" ausdrücklich benutzt wird; andererseits ist nicht völlig auszuschließen, daß die normative Kraft dieser Bestimmung durch die vorgesehenen einfach-gesetzlichen Regelungen wieder gemindert wird.

---

19 Zu diesen Bestimmungen heißt es bei *S. Pashovski*, *ibid.*, 78: "In view of the experience of the communist metastasis (economic crisis, weak political and judicial institutions), these and other Articles in the new Bulgarian Constitution may be interpreted in an inappropriate manner."

20 *Ibid.*, 77.

Für die Frage der Inkorporierung der Normen des internationalen Rechts in das innerstaatliche rechtliche Gefüge Bulgariens schließlich ist entscheidend Art. 5 Abs. 4 der Verfassung. Dieser erklärt die nach der verfassungsmäßigen Ordnung ratifizierten, bekanntgemachten und für die Republik Bulgarien in Kraft getretenen internationalen Verträge zu einem Bestandteil des innerstaalichen Rechts. Gleichzeitig wird ihr Primat vor den innerstaatlichen Normen unterstrichen: Sie haben Vorrang vor ihnen widersprechenden Normen der innerstaatlichen Gesetzgebung[21]. Das bulgarische Verfassungsgericht hat sich zu dieser Bestimmung dann näher geäußert im Urteil Nr. 7 vom 2. Juli 1992[22] in dem Sinne, daß veröffentlichte und in Kraft getretene Verträge, durch die bestimmte Handlungen inkriminiert werden, ohne daß dieselben nach einem innerstaatlichen Straftatbestand als solche gekennzeichnet sind, Bestandteil des innerstaatlichen Rechts jedenfalls insoweit werden, als sie den Inhalt vorhandener Tatbestände des Strafgesetzes erläutern oder den Gesetzgeber zu einer entsprechenden Gesetzesänderung verpflichten. In der Literatur wird jedoch auch diese Erklärung als nicht eindeutig bezeichnet[23]. Zum vollständigen Bild der Stellung der verfassungsrechtlichen Normen gehört noch Art. 4 Abs. 2, demzufolge die Bestimmungen der Verfassung unmittelbare Wirkung haben.

Für Bulgarien folgt hieraus unter anderem die innerstaatliche Wirkung der universellen UN-Konventionen zum Schutz der Menschenrechte, wobei darauf hinzuweisen ist, daß Bulgarien am 10. Dezember 1991 auch das Fakultativ-Protokoll zum Pakt über bürgerliche und politische Rechte mit

---

21 Eine interessante Diskussion zur Auslegung dieser Bestimmung findet sich bei *C. Lozanova*, Konstituciata ot 1991 g. i učastieto na Bălgarii v meždunarodnite dogovori, Savremenno pravo, 3 (1993), 99 ff.

22 Dăržaven vestnik No. 56 vom 2.7.1992; vgl. zu dieser Entscheidung auch *E. Drumeva*, Das bulgarische Verfassungsgericht, ZaöRV 53 (1993), 112 ff. (131).

23 S. z.B. *Y. Serk*, Kem voprosa za statuta na meždunarodnite dogovori vev vetresnoto pravo na Republika Bălgarii, Săvremenno pravo, 6 (1992), 33 ff.

seinem für nationale Minderheiten einschlägigen Art. 27 ratifiziert hat[24], sowie der Europäischen Menschenrechtskonvention, die es am 7. Mai 1992 unterzeichnet und am 7. September 1992 ratifiziert hat[25].

3. Organisation des Staatsapparates in bezug auf die nationalen Minderheiten

Die Problematik der Umsetzung der Rechte der nicht-bulgarischen Völker gehört nach Kapitel 5 der Verfassung in die Zuständigkeit des Ministerrates und einer Reihe der Ressortministerien wie Volksbildung, Kultur, Inneres usw. Ferner wurde beim bulgarischen Parlament der Ausschuß für Menschenrechte und ethnische Angelegenheiten eingerichtet. Als ein eigenständiges und unabhängiges Verfassungsorgan, in dessen Kompetenz die Entscheidung über bestimmte Aspekte dieser für nationale Minderheiten relevanten Rechte fällt, ist in Bulgarien laut Art. 147 - 152 der Verfassung das Verfassungsgericht tätig[26].

4. Das Problem einer allgemeinen "Minderheiten-Gesetzgebung"

Bei der Untersuchung der entsprechenden Normen bezüglich der ethnischen Gruppen in Bulgarien fällt auf, daß keiner der juristischen Texte den Begriff "nationale Minderheiten" benutzt. Dieser Umstand beruht wohl auf der Doktrin von Bulgarien als eines "nationalen und einheitlichen Staates", dessen Charakter "...ein solcher bleiben muß, wenn es überleben

---

24 Dăržaven vestnik No 107 vom 24.12.1991.

25 Vgl. Human Rights Law Journal 14 (1993), 56; zu betonen ist, daß Bulgarien zugleich die Erklärungen gemäß Art. 25 und 46 EMRK abgegeben hat. Zur Wirkung internationaler Menschenrechtskonventionen auf die bulgarische innterstaatliche Ordnung vgl. vor allem *E. Konstantinov*, Meždunarodnopravnite zadelženija na Republika Bălgarija za zakrila pravata na licata, prinadležasci kăm religioznite, etničeskite i ezikovite malčinstva, Săvremenno pravo, 1 (1992), 34 ff. Er kommt zum Ergebnis, daß "...international law does not forbid the adoption of national measures for the integration of a national on a legal, voluntary and non-compulsory basis."

26 Zur Struktur des Gerichts, seinen Kompetenzen und ersten Entscheidungen s. *E. Drumeva* (Anm. 22), 112 ff.

will"[27]. Weiter wird von ihren Vertretern ausgeführt: "...im Hinblick auf die bulgarische Verfassung und der entstandenen historischen faktischen Lage kann man nicht von nationalen Minderheiten in Bulgarien sprechen"[28]. Dies wird hauptsächlich damit begründet, daß das bulgarische Volk seine nationale Einheit im Laufe von mehr als 1300 Jahren schuf, wobei es auf seinem historischen Weg außerordentliche Hindernisse überwand. Konkret heißt es dann weiter: "Die Einheit der bulgarischen Nation ist in ihrer gemeinsamen Geschichte und Territorium, gemeinsamen kulturellen Traditionen, ihrer Einflechtung in ein einheitliches Wirtschaftssystem und nicht zuletzt in ihrer gemeinsamen nationalen Sprache begründet. Vom Gesichtspunkt des bulgarischen und des Völkerrechts haben andere Staaten keinen rechtlichen Anlaß zu protektionistischen Ansprüchen gegenüber Teilen der bulgarischen Nation unter dem Vorwand, die Rechte ihrer Landsleute schützen zu wollen"[29]. Kennzeichnend für diese Auffassung ist auch die Aussage, wonach die Bezeichnung 'nationale Minderheit' "...entspricht nicht dem Standpunkt über die Einheit der bulgarischen Nation. Außerdem ist dieser Begriff im Völkerrecht nicht genau definiert. Deshalb kann seine Anwendung zu Irrtümern führen."[30] Charakteristisch für diese Doktrin erscheint schließlich auch die folgende Aussage zum Verhältnis von Völker- und Landesrecht im Bereich des Minderheitenschutzes: "Die internationalen Standards auf dem Gebiet des Schutzes der Angehörigen religiöser, sprachlicher und ethnischer Minderheiten verpflichten den Staat nicht, die Nation in ethnische, sprachliche und religiöse Gemeinschaften zu desintegrieren. Die Notwendigkeit, die Einheit des Staates zu schützen und keinen Separatismus zu fördern, ist legale Sorge jeder Regierung. Der Schutz der kollektiven Rechte der Minderheiten konnte im Völkerrecht nicht durchgesetzt werden"[31].

---

27 So *E. Konstantinov* (Anm. 18), 108.

28 *Ibid.*

29 *Ibid.*, 109.

30 *Ibid.*

31 *Ibid.*, 112 f.

Andererseits gibt es im bulgarischen Schrifttum auch andere Äußerungen: "...in Bulgaria minorities existed, exist and undoubtedly will exist... On the territory of Bulgaria numerous minority groups always have lived together"[32].

Ein Ergebnis dieser Meinungsverschiedenheiten auch innerhalb Bulgariens ist die Tatsache, daß es in Bulgarien kein allgemeines Minderheitengesetz gibt. Zwar nicht als gesetzgeberischer Akt im eigentlichen Sinne, aber doch als Ausgangspunkt der rechtlichen Anschauung des Minderheitenproblems durch das "neue" Bulgarien läßt sich die am 16. Januar 1990 durch die bulgarische Große Volksversammlung angenommene Deklaration zur nationalen Frage[33] werten. Schon in der Präambel der Deklaration werden die Maßnahmen der Regierung Zhivkov gegenüber den nicht-bulgarischen Nationalitäten verurteilt, die unter anderem ein Grund des Massenexodus' der türkischen Bevölkerung in den 80er Jahren waren.

Art. 1 der Deklaration erklärt Bulgarien als einen einheitlichen Staat, in dem die Rechte der Menschen und Staasbürger respektiert werden. Nach Art. 2 haben alle bulgarische Bürger dieselben Rechte und Freiheiten, wobei in Art. 3 die Gewissens- und Religionsfreiheit besonders betont werden.

Die spezifisch bulgarische Problematik der zwangsweisen Namensänderungen wurde behandelt im Art. 4: Danach haben alle bulgarischen Staatsbürger das Recht auf ihre Namen; die im Prozess der "Assimilierung" durchgeführten Änderungen können rückgängig gemacht werden. Die Einzelheiten dieser Prozedur wurden einem Gesetz überlassen, das am 8. März 1990 als *Gesetz über die Namen der bulgarischen Staatsbürger* verabschiedet wurde[34].

---

32 So *S. Pashovski* (Anm. 3), 68.

33 Dăržaven vestnik No. 6 vom 19.1.1990.

34 Dăržaven vestnik No. 20 vom 9.3.1990.

Im Art. 5 der Deklaration hat die Große Volksversammlung ferner bestätigt, daß Bulgarisch die Staatssprache ist. Verboten werden nach Art. 7 diejenigen politischen und gesellschaftlichen Organisationen sowie die Organisation und Durchführung jeder Tätigkeit, die gegen die territoriale Integrität Bulgariens oder die Einheit seiner Nation gerichtet ist, oder als Ziel die Trennung eines Teiles seines Territoriums aufgrund religiöser, ethnischer oder sonstiger Gründen verfolgt. Diskriminierungen aufgrund der ethnischen Zugehörigkeit einer Person wurden in Art. 8 verboten; in Art. 9 wurde die Gleichheit aller Bürger vor dem Gesetz ohne Rücksicht auf ihre Nationalität verankert. Bestätigt wurde in Art. 10 auch die Notwendigkeit von zusätzlichen Garantien zum Schutz der Rechte, Freiheiten, der Sicherheit und des ungestörten Lebens sowie der Interessen der in ethnischer Hinsicht kleineren Teile der Bevölkerung in einem Bezirk oder einer Gemeinde. Aufgrund von Art. 11 wurde eine Parlamentarische Kommission eingesetzt, die sich mit den Fragen der Nationalitätenpolitik sowie mit den erforderlichen gesetzgeberischen Schritten beschäftigen sollte[35].

II. Das Recht auf Gebrauch der Minderheitensprache

Der rechtliche Rahmen der Regelung der Benutzung von Sprachen in Bulgarien wird durch die Verfassung von 1991 geschaffen: Wie schon erwähnt, erklärt ihr Art. 3 Bulgarisch zur Amtsprache; die Fälle, in denen "...nur die Amtssprache zu benutzen ist...", sind gemäß Art. 36 Abs. 3 durch einfaches Gesetz zu bestimmen. Das Erlernen und der Gebrauch der bulgarischen Sprache sind nach Art. 36 Abs. 1 der Verfassung zugleich das Recht und die Pflicht der bulgarischen Bürger. Diejenigen Bürger, für die Bulgarisch nicht Muttersprache ist, haben jedoch gemäß Art. 36 Abs. 2 das Recht, neben dem obligatorischen Erlernen des Bulgarischen auch "...ihre Sprache zu erlernen und zu gebrauchen".

---

35 Zu dieser Deklaration vgl. auch *E. Konstantinov* (Anm. 25), 34 ff.

1. Der private Bereich

Für den privaten Sprachverkehr gelten derzeit keine rechtlichen Beschränkungen; die als Bestandteil der staatlich veranlaßten Assimilierung des türkischen Bevölkerungsteils 1984 im Rahmen des oben erwähnten "Process of Renaissance" eingeführten Beschränkungen[36] traten spätestens durch die Verabschiedung der neuen Verfassung außer Kraft. In der privaten Konversation darf somit jetzt jede beliebige Sprache benutzt werden.

2. Behörden und Gerichte

Die entscheidende Rolle bei der Bestimmung des Rechts auf Gebrauch der Minderheitensprachen im offiziellen Verkehr in Bulgarien spielt zweifellos Art. 3 der Verfassung von 1991, wonach Bulgarisch Amtssprache ist. Die Fälle, in denen ausschließlich die Amtssprache zu benutzen ist, sind gemäß Art. 36 Abs. 3 durch einfaches Gesetz zu bestimmen.

Die Zivilprozeßordnung vom 2. Februar 1952[37] erklärt z.B. in ihrem Art. 1 Abs. 5: "Die Gerichtssprache ist Bulgarisch. Falls an der Sache Personen teilnehmen, die nicht Bulgarisch beherrschen, bestimmt das Gericht einen Dolmetscher...", mit dessen Hilfe sich diese Personen am Prozeß beteiligen.

Die Strafprozeßordnung vom 15. November 1974[38] regelt diese Frage in Art. 11, der lautet: "(1) Der Strafprozeß wird in Bulgarisch geführt. (2) Die Personen, die nicht Bulgarisch beherrschen, können ihre Muttersprache oder eine andere Sprache benutzen. In diesen Fällen wird ein Dolmetscher gewährleistet"[39].

---

36 Vgl. hierzu *S. Pashovski* (Anm. 3), 52.

37 Izvestija, No. 12, 8.2.1952, mit späteren Änderungen.

38 Dăržaven vestnik No. 89 vom 15.11.1974, mit späteren Änderungen.

39 Übersetzung der Verf.

Eine typisch bulgarische Problematik im Kontakt mit den Behörden ist der Komplex der Namensänderungen: Eine gewisse Reaktion auf die erzwungene "Bulgarisierung" nicht-bulgarischer Namen stellt unter anderem das Gesetz über die Namen der bulgarischen Staatsbürger vor, das von der Großen Volksversammlung am 5. März 1990[40] verabschiedet wurde; am 15. November 1990 wurde es dann zum ersten Mal novelliert[41]. Aufgrund dieses Gesetzes wurde bis März 1991 ungefähr 600.000 Anträgen zur Wiederherstellung der Namen von bulgarischen Moslems - bulgarischen Türken, Pomaken, Zigeunern, Tataren und Tscherkessen - entsprochen[42].

Art. 1 des Gesetzes bestätigt das Recht aller bulgarischen Bürger auf ihre Namen. Diese setzen sich gemäß Art. 2 zusammen aus dem Vornamen, dem Vaternamen und dem Familiennamen. Nicht erlaubt sind nach Art. 5 unter anderem diejenigen Namen, die "...mit der Tradition des bulgarischen Volkes nicht vereinbar sind." Die Vorschrift über die Art der Einschreibung der Vaternamen (Art. 6) erlaubt jedoch Abweichungen von der bulgarischen Form, falls die Form des Vaternamens diese bulgarische Form nicht ermöglicht oder falls diese der bestimmten Namenstradition der Minderheitensprache widerspräche. Alle Formen der Ausübung von Zwang bei der Bestimmung der Namen sind nach Art. 17 des Namensgesetzes strafbar.

Der Beseitigung der Folgen des "Process of Renaissance" wurden die Übergangs- und Schlußbestimmungen des Gesetzes gewidmet: Nach Art. 2 dieses Teiles kann jeder bulgarische Bürger, der gezwungen wurde, seinen Namen zu ändern, aufgrund eines entsprechenden Antrags bei dem für ihn zuständigen Bezirksgericht seinen früheren Namen wieder erhalten. Die Prozedur dieser Wiedererlangung des ursprünglichen Namens ist in Art. 2 Abs. 3 - 7 des Gesetzes näher geregelt; vorgesehen ist die Möglichkeit der Befassung des Kreisgerichts als zweiter Instanz, das aufgrund einer

---

40 Dăržaven vestnik No. 20 vom 9.3.1990

41 Dăržaven vestnik No. 94 vom 23.11.1990.

42 Nach *M. Ivanov*, Statement, 1991 CSCE Meeting of Experts on National Minorities, Subsidiary Working Body A, Geneva, July 4th, 1991; vgl. auch *E. Konstantinov* (Anm. 18), 114 f.

entsprechenden Klage nach den den Vorschriften der Zivilprozeßordnung binnen 14 Tagen zu entscheiden hat. Mit der Milderung der Folgen der erzwungenen Namensänderungen in der Periode zwischen 1944 - 1989 beschäftigt sich auch das Gesetz über die politische und bürgerliche Rehabilitierung betreffend die Repression der Menschen vom 5. Juni 1991[43]. Die Personen, auf die sich dieses Gesetz bezieht, zu denen auch diejenigen gehören, deren Namen unter Zwang geändert wurden, haben nach Art. 2 einen Anspruch auf einschlägige Entschädigung; die Bestimmung von deren Umfang und Weise ihrer Auszahlung obliegt gemäß Art. 4 Abs. 1 dieses Gesetzes dem Ministerrat.

3. Die topographischen Bezeichnungen

Das Recht, Gegenstände von lokaler Bedeutung zu benennen, fällt nach Art. 21 Abs. 12 des Gesetzes über die lokale Selbstverwaltung und die lokalen Behörden von 1991[44] in die Zuständigkeit der Gemeinderäte. Nach der politischen Wende in Bulgarien hat eine Reihe von Ortschaften ihre historischen Namen wieder erworben. Aus den Mitteilungen im Gesetzblatt, wo sich - allerdings ohne Begründung - die Informationen finden, daß es die eine oder andere konkrete Änderung gab, läßt sich jedoch nicht ableiten, ob es sich um mit der Nationalitätenfrage verbundene Änderungen handelt oder nicht.

4. Kultur und Medien

Der verfassungsrechtliche Rahmen der kulturellen Rechte wird geschaffen durch eine Reihe von Bestimmungen der Verfassung von 1991: Laut ihrem Art. 54 hat jedermann das Recht, die nationalen und die allgemeinmenschlichen Kulturwerte zu nutzen und sich entsprechend seiner ethnischen Zugehörigkeit kulturell zu betätigen, was vom Gesetz anerkannt und gewährleistet wird. Ferner wird danach die "Freiheit des künstlerischen, wissenschaftlichen und technischen Schöpfertums vom

---

43 Dăržaven vestnik No. 50 vom 25.6.1991.

44 Dăržaven vestnik No. 77 vom 17.9.1991.

Gesetz anerkannt und gewährleistet". Eines dieser Gesetze ist das Gesetz über Kulturdenkmäler und Museen von 1969, das 1990 novelliert wurde[45]. Im bulgarischen Schrifttum wird betont, daß Zeitungen in nicht-bulgarischen Sprachen, wie etwa in Türkisch und Armenisch, frei gedruckt und verbreitet werden können. Auch gebe es kein Verbot für Publikationen und die kulturelle Betätigung anderer Sprachgruppen[46].

Art. 40 der Verfassung bestimmt insofern, daß "... die Presse und die Massenmedien ... frei (sind) und unterliegen nicht der Zensur." Die Einstellung der Herausgabe einer Publikation und die Beschlagnahme eines Presseerzeugnisses oder eines anderen Informationsträgers sind nur auf der Grundlage eines Gerichtsaktes zulässig und falls die betroffenen Publikationen gegen die guten Sitten verstoßen oder zu gewaltsamer Änderung der verfassungsmäßigen Ordnung, zur Begehung von Straftaten oder zur Gewaltausübung gegenüber Personen aufrufen. Nach Art. 11 der Verfassung hat jeder das Recht, Informationen zu suchen, zu beschaffen und zu verbreiten.

III. Bildungs- und Erziehungswesen

Nach bulgarischen Angaben von 1993 wird außer dem Bulgarischen in einigen Schulen auch Türkisch, Hebräisch und Armenisch gelehrt[47]. Verfassungsrechtliche Grundlagen des Erziehungswesens, insbesondere der Regelung der Unterrichtssprachen, ist Art. 36 der Verfassung. Nach seinem Abs. 1 ist das Erlernen von Bulgarisch zugleich das Recht und die Pflicht aller Bürger; nach seinem Abs. 2 haben jedoch diejenigen Schüler, deren Muttersprache nicht Bulgarisch ist, das Recht, auch ihre Sprache zu erlernen und zu benutzen.

---

45 Dăržaven vestnik No. 14 vom 16.2.1990.

46 So *E. Konstantinov* (Anm. 18), 115.

47 *Ibid.*, 115; s. auch *S. Pashovski* (Anm. 3), 74.

Auf der einfach-gesetzlichen Ebene ist dieses Recht gesichert durch eine Reihe von Bestimmungen des am 1. Oktober 1991 verabschiedeten Gesetzes über die Volksbildung[48]. Nach seinem Art. 4 Abs. 2 sind im bulgarischen Bildungssystem Beschränkungen oder Privilegien, die auf Kriterien wie Rasse, Volkszugehörigkeit, Geschlecht, ethnischer oder sozialer Herkunft, Konfession oder gesellschaflicher Stellung beruhen, nicht zulässig.

Der bis zur Vollendung des 16. Lebensjahres obligatorische schulische Unterricht wird laut Art. 8 Abs. 1 dieses Gesetzes in Bulgarisch erteilt und soll die Aneignung der offiziellen bulgarischen Schriftsprache gewährleisten; diejenigen Schüler, deren Muttersprache nicht Bulgarisch ist, haben jedoch aufgrund des Abs. 2 dieses Artikels das Recht, neben dem pflichtgemäßen Erlernen der bulgarischen Sprache auch ihre Muttersprache, allerdings außerhalb der staatlichen Schulen, "unter dem Schutz und der Kontrolle des Staates" zu erlernen. Präzisiert wird dieses Vorschrift durch Art. 10 Abs. 1 des Gesetzes, wonach solcher Unterricht in den Gemeinde- oder in staatlich anerkannten Privatschulen stattfinden kann.[49]

Von den einschlägigen untergesetzlichen Normen ist vor allem eine Verordnung des bulgarischen Parlaments vom 8. März 1991 zu erwähnen, in welcher der Ministerrat bzw. das Ministerium für Volksbildung mit der Aufgabe betraut wird, "...die Arbeit über die Schaffung der organisatorischen und methodischen Bedingungen weiter fortzusetzen, um den Bürgern nicht-bulgarischer Herkunft den fakultativen Unterricht in den nicht-bulgarischen Sprachen vom Beginn des Schuljahres 1991/92 an zu ermöglichen"[50].

---

48 Dăržaven vestnik No. 86 vom 18.10.1991; vgl. hierzu auch *E. Konstantinov*, *ibid.*, 115.

49 Näher zum bulgarischen Schulsystem s. *E. Konstantinov*, Konstituciata na Republika Bălgarija ot 1991 g. i pravata na licata, prinadležasci kăm religiozni, jezikovi i etničeski malčinstva, Săvremenno pravo, 5 (1992), 34 ff.

50 Dăržaven vestnik No 22 vom 19.3.1991.

Diese Schritte bewirkten jedoch zunächst eine massive Reaktion der Bevölkerung: Laut Zeitungsberichten[51] blockierten in Kardschali, einer etwa 250 km von Sofia entfernt gelegenen Stadt im Südosten Bulgariens, wo die türkische Minderheit ein Drittel der Bevölkerung stellt und mehrere Dörfer der Umgebung rein türkisch besiedelt sind, bulgarische Nationalisten für rund eine Stunde Straßen, ohne daß die Polizei eingegriffen hätte. Nur drei der 21 Schulen der Stadt waren geöffnet. Zuvor hatten die türkischsprachigen Eltern teilweise mit Schulblockaden versucht, die Einführung von Türkisch als Unterrichtssprache zu erzwingen. Als eine Reaktion auf Vorkommnisse wie dieses und zur konkreten Umsetzung der erwähnten Verordnung erging dann am 29. November 1991 die Verordnung Nr. 232 des Ministerrats über den Unterricht in der Muttersprache in den Gemeindeschulen[52]. Laut ihrem Art. 1 wird die jeweilige nicht-bulgarische Muttersprache ab dem zweiten Halbjahr des Schuljahres 1991/92 von der dritten bis zur achten Klasse der Gemeindeschulen als fakultatives Fach unterrichtet. Die Verantwortung für die Umsetzung dieser Anordnung obliegt gemäß Art. 2 der Verordnung dem Ministerium für Bildung und Wissenschaft. Ob und in welchem Umfang solch fakultativer Unterricht inzwischen erteilt wird und wie Probleme hinsichtlich der Beschaffung geeigneten Lehrmaterials und qualifizierter Lehrkräfte gelöst wurden, läßt sich aufgrund mangelnder zuverlässiger Quellen nicht beurteilen.

IV. Spezifische Schranken der Vereinigungsfreiheit

Mit Bezug auf die "spezifische bulgarische geopolitische Situation" wurde die Regelung des Art. 11 Abs. 4 der Verfassung von 1991 verabschiedet, die als unzulässig "...die Gründung von politischen Parteien auf ethnischer, rassischer oder konfessioneller Grundlage sowie von Parteien, die sich als Ziel setzen, die Staatsmacht gewaltsam zu ergreifen..." erklärt. Eine andere hier relevante Bestimmung findet sich in Art. 12 Abs. 2 der Verfassung, der den Vereinigungen von Bürgern verbietet, eine politische Tätigkeit

---

51 Vgl. z.B. Süddeutsche Zeitung vom 6.3.1991, S. 9.

52 Dăržaven vestnik No. 102 vom 10.12.1991.

auszuüben, "...die nur politischen Parteien zueigen ist." Bei der Bestimmung des Umfangs dieser "nur politischen Parteien" zukommenden Tätigkeit erfolgt offenbar eine Orientierung am Gesetz über die politischen Parteien aus dem Jahre 1990[53].

Dessen für die Gründung und Tätigkeit politischer Parteien grundlegende Vorschrift ist Art. 3, nach dessen Abs. 1 nicht gegründet werden darf eine "...Partei, die sich gegen die Souveränität oder die territoriale Integrität des Staates sowie die Einheit des Volkes richtet"; ferner sind gemäß seinem Abs. 3 diejenigen Parteien verboten, die auf religiöser oder ethnischer Grundlage organisiert sind oder auf die Schürung von Rassen-, nationalen, ethnischen oder religiösen Hasses zielen. Daneben gelten die sonstigen durch die Verfassung oder andere Gesetze bewirkten Beschränkungen der Tätigkeit politischer Parteien. Eine zusätzliche, hier einschlägige Regelung findet sich in Art. 3 Abs. 5 dieses Gesetzes, wo eindeutig bestimmt wird, daß "...die politischen Parteien ihre Tätigkeit in der bulgarischen Sprache führen" müssen.

Das Recht, eine Partei zu gründen, haben nach Art. 6 des Parteiengesetzes die bulgarischen Staatsbürger, die das aktive und passive Wahlrecht haben. In der Satzung der politischen Partei müssen gemäß Art. 8 Abs. 1 dieses Gesetzes unter anderem ihr Programm und ihre Ziele aufgeführt werden; Parteien sind laut Art. 9 Abs. 1 des Gesetzes aufgrund eines entsprechenden schriftlichen Antrags des Parteiorgans, das dieses nach ihrem Statut nach außen vertritt, in einen besonderen Register bei dem Sofioter Stadtgericht zu registrieren. Die Auflösung einer Partei erfolgt gemäß Art. 22 des Gesetzes als Folge ihrer Verschmelzung mit einer anderen Partei, ihrer Teilung, ihrer Selbstauflösung im Einklang mit der Satzung, oder aufgrund einer Entscheidung des Obersten Gerichts.

Diese Bestimmungen waren relevant für die auch außerhalb Bulgariens intensiv verfolgte Frage der Beurteilung der Rechtmäßigkeit der

---

53 Dăržaven vestnik No. 29 vom 10.4.1990, novelliert durch das Gesetz über die Änderung und Vervollständigung des Gesetzes über die politischen Parteien, Dăržaven vestnik No. 87 vom 30.10.1990.

Registrierung der "Bewegung für Rechte und Freiheiten" (BRF), die als politische Bewegung registriert worden war und als solche an den Wahlen 1990 und 1991 teilgenommen hatte[54]. Ausgangspunkt des schließlich auch das bulgarische Verfassungsgericht beschäftigenden Rechtsstreits war ein Urteil des Sofioter Stadtgerichts, das die Registrierung dieser Organisation als politische Partei abgelehnt hatte. Zur Begründung seines einstimmig gefällten Urteils hatte es insbesondere angeführt, daß die BRF das Ziel verfolge, die politische Trennung der Bürger nach Gemeinschaftsmerkmalen, insbesondere ethnischer, religiöser und sprachlicher Natur, einzuführen[55]. Dieses Urteil wurde dann vom Obersten Gericht mit Urteil vom 11. September 1991 bestätigt[56].

Gegenstand des Verfahrens vor dem Verfassungsgericht war ein Antrag von Abgeordneten des 1991 gewählten Parlaments, der darauf zielte, zum einen die Verfassungsmäßigkeit der BRF zu überprüfen und zum anderen die Unwählbarkeit der 1991 gewählten Abgeordneten der BRF festzustellen[57]. Die Antragsteller behaupteten, die BRF sei auf ethnischer und religiöser Grundlage gegründet worden; 99% der Mitglieder hätten ein "türkisches Selbstbewußsein" und hingen dem islamischen Glauben an. Die Antragsteller stützten die Behauptung der Verfasungswidrigkeit der BRF auf den oben erwähnten Art. 11 Abs. 4 der Verfassung.

Das Verfassungsgericht entwickelte in seinem Urteil Nr.4 vom 21. April 1992[58] eine ausführliche Analyse dieser Bestimmung. Im Ergebnis wertete es die "Verbotsbestimmung" des Art. 11 Abs. 4 der Verfassung nicht als materielles Verbot. Auf der Grundlage einer Einschätzung dieser Bestimmung im Kontext der gesamten Verfassung wurde der Antrag auf Feststellung der Verfassungswidrigkeit der BRF, wenn auch lediglich mit

---

54 Vgl. zum folgenden *E. Drumeva* (Anm. 22), 128 f. und *E. Konstantinov* (Anm. 18), 111 f.

55 Vgl. *E. Konstantinov*, *ibid.*, 112.

56 *Ibid.*, 112.

57 Vgl. hierzu *E. Drumeva* (Anm. 22), 128 f. und *S. Pashovski* (Anm. 3), 74.

58 Däržaven vestnik No. 35 vom 28.4.1992.

Stimmengleichheit, abgewiesen. Dagegen wurde der Antrag auf die Feststellung der Unwählbarkeit der Abgeordneten der BRF mit der deutlichen Mehrheit von elf Stimmen zurückgewiesen[59].

Verfassungsrechtliche Grundlage der Vereinigungsfreiheit ist der bereits mehrfach erwähnte Art. 44 der Verfassung, der dieses Recht allen Bürgern garantiert. Nach seinem Abs. 2 sind jedoch Organisationen verboten, deren Tätigkeit sich gegen die Souveränität, die territoriale Integrität Bulgariens sowie die Einheit der Nation richtet oder auf die Schürung von Rassen- und Völkerhaß, von ethnischer oder religiöser Feindschaft, auf die Verletzung der Rechte und Freiheiten der Bürger zielt sowie schließlich auch Organisationen, die geheime oder paramilitärische Strukturen errichten oder ihre Ziele durch Gewalt zu verwirklichen suchen. Diese Verfassungsbestimmung wird durch Art. 162 des Strafgesetzbuches der Republik Bulgarien[60], der derzeit Gegenstand zweier Novellierungsentwürfe ist[61], einfachgesetzlich weiterentwickelt und konkretisiert, indem Taten, die auf die Schürung und Anstiftung zum Rassen- oder Völkerhaß oder zur Rassendiskriminierung ausgerichtet sind, für strafbar erklärt werden. Inwieweit diese Bestimmungen zum Anlaß strafrechtlichen Vorgehens gegen Organisationen von Minderheiten genommen werden, läßt sich derzeit nicht mit Sicherheit beurteilen.

Die grundlegende Bestimmung zur Versammlungsfreiheit enthält Art. 43 der Verfassung: Danach haben die Bürger das Recht, sich friedlich und ohne Waffen zu Versammlungen und Kundgebungen zusammenzufinden; Einzelheiten der Umsetzung dieses Rechtes sind gemäß seinem Abs. 2 durch einfaches Gesetz zu regeln. Einschlägig ist insofern das Gesetz über

---

59 Zum politischen Profil der BRF, die als drittstärkste politische Kraft eine bedeutende Rolle in der bulgarischen Politik spielt, vgl. z.B. *K. Engelbrekt*, The Fall of Bulgaria's First Noncommunist Government, RFL/RL 45/1992, 1 ff. und *ders.*, Technocrats dominate New Bulgarian Government, RFL/RL 4/1993, 1 ff.

60 Dăržaven vestnik No. 26, 1968, mit späteren Änderungen.

61 S. Chronik der Rechtsentwicklung in den Osteuropäischen Staaten, Recht in Ost und West 1993, 148.

Versammlungen, Meetings und Kundgebungen aus dem Jahre 1990[62]. Nach Artikel 12 Abs. 2 dieses Gesetzes kann eine solche öffentliche Veranstaltung von den dafür zuständigen lokalen Behörden unter anderem dann verboten werden, wenn sie offensichtlich auf die gewaltsame Änderung der verfassungsmäßigen Ordnung oder gegen die territoriale Integrität des Staates zielt. Inwieweit diese Bestimmung gegenüber Veranstaltungen von Organisationen nationaler Minderheiten angwendet wird, läßt sich derzeit nicht mit Sicherheit beurteilen.

V. Politische Repräsentation

Die insoweit einschlägige verfassungsrechtliche Grundbestimmung ist Art. 42, der wie folgt lautet: "(1) Die Bürger, die das 18. Lebensjahr vollendet haben, ausgenommen die mit einem amtlichen Verfügungsverbot belasteten sowie die eine Freiheitsstrafe abbüßenden Personen, haben das Recht, staatliche und örtliche Organe zu wählen und an Volksbefragungen teilzunehmen. (2) Die Organisation und die Weise der Durchführung von Wahlen und Referenden werden durch Gesetz bestimmt." Gemäß Art. 10 der Verfassung werden die Wahlen sowie die nationalen und lokalen Referenden aufgrund des allgemeinen, gleichen und direkten Wahlrechts in geheimer Abstimmung durchgeführt.

Zunächst ist darauf hinzuweisen, daß die bulgarische Verfassung zwei Arten von nationalen Legislativorganen vorsieht: die sogenannte Große Volksversammlung[63], zu deren Befugnissen gemäß Art. 158 der Verfassung vor allem die Verabschiedung einer neuen Verfassung oder Änderungen zentraler Verfassungsbestimungen gehört, und die sogenannte Volksversammlung, das eigentliche Parlament[64].

---

62 Däržaven vestnik No. 10 vom 2.2.1990.

63 Die Regeln über die Wahl zur Volksversammlung und deren Kompetenzen und Arbeitsweise finden sich in Kapitel 9 der Verfassung von 1991, den Art. 153 - 163.

64 Die Regeln über die Wahl zur Volksversammlung und deren Kompetenzen und Arbeitsweise finden sich in Kapitel 3 der Verfassung von 1991, den Art. 62 - 91.

Die Wahl der gemäß Art. 157 der Verfassung aus 400 Abgeordneten bestehenden Großen Volksversammlung, welche die Verfassung vom 12. Juli 1991 ausarbeitete, erfolgte nach dem Gesetz über die Wahlen zur Großen Volksversammlung von 1990[65]. In seinem Art. 3 wurde festgelegt, daß das aktive wie passive Wahlrecht alle über 18 Jahre alten Bürger der Republik Bulgarien besitzen, unabhängig unter anderem von ihrer Rasse, Geschlecht oder Nationalität.

Für die Wahlen zur Volksversammlung, die gemäß Art. 63 der Verfassung aus 240 Abgeordneten besteht, regelt Art. 65 Abs. 1 der Verfassung das passive Wahlrecht dahin, daß dieses allen bulgarischen Staatsangehörigen zusteht, die keine andere Staatsangehörigkeit besitzen, das 21. Lebensjahr vollendet haben, nicht unter amtlichem Verfügungsverbot stehen und keine Freiheitsstrafe verbüßen. Das aktive Wahlrecht besitzen gemäß dem oben erwähnten Art. 42 der Verfassung alle Staatsbürger, die das 18. Lebensjahr vollendet haben, nicht mit einem amtlichen Verfügungsverbot belastet sind und keine Freiheitsstrafe verbüßen. Das in Art. 42 Abs. 2 der Verfassung vorgesehene Gesetz mit den - mit Ausnahme der Wahlen zur Großen Volksversammlung - für alle Wahlen auf nationaler und kommunaler Ebene geltenden allgemeinen Bestimmungen ist das Gesetz über die Wahlen der nationalen Abgeordneten, der Gemeinderäte und Bürgermeister von 1991[66]. Für die Frage der Repräsentation von Angehörigen nationaler Minderheiten von entscheidender Bedeutung ist sein Art. 41, der die Voraussetzungen für die Aufnahme von Personen in die Kandidatenliste für Abgeordnetenmandate enthält: Durch den in seinem Abs. 3 enthaltenen Verweis auf die notwendige Berücksichtigung des Gesetzes über die politischen Parteien[67] sind von der Teilnahme an Wahlen automatisch die ethnisch orientierten Organisationen ausgeschlossen; ferner wurde durch Abs. 4 dieser Vorschrift die Beteiligung von nicht als Parteien registrierten Vereinigungen ausdrücklich ausgeschlossen. Das grundlegende politische Ziel der Wahrung der

---

65 Dăržaven vestnik No. 28 vom 6.4.1990.

66 Dăržaven vestnik No. 69 vom 22.8.1991.

67 Vgl. oben Anm. 53.

sprachlichen Homogenität der bulgarischen Gesellschaft wurde durch Art. 54 dieses Gesetzes unterstrichen, der in seinem Abs. 2 vorschreibt, daß der Wahlkampf ausschließlich in der Amtssprache, also Bulgarisch, zu führen ist. Es dürfte außer Frage stehen, daß diese Bestimmungen eine nicht unerhebliche Behinderung der politischen Aktivitäten von Angehörigen nationaler Minderheiten darstellen.

Der kommunalen Selbstverwaltung ist Kapitel 7 der Verfassung mit ihren Art. 135 - 146 gewidmet. Nach Art. 135 Abs. 1 gliedert sich Bulgarien in Gemeinden und Gebiete, wobei besondere Regelungen für Sofia und andere Großstädte verfassungsrechtlich ermöglicht sind. Gemäß Art. 136 Abs. 2 der Verfassung werden die Grenzen der Gemeinden nach Durchführung einer Volksbefragung festgelegt. Nähere Regelungen zur Struktur der örtlichen Selbstverwaltung finden sich im Gesetz über die lokale Selbstverwaltung und die lokalen Behörde von 1991[68]: Von Bedeutung ist dabei vor allem dessen Art. 3 Abs. 1, der unter anderem bestimmt, daß die administrativ-territorialen Einheiten im Einklang mit den geschichtlichen, geographischen, wirtschaftlichen, sozialen, demographischen und ökologischen Eigenschaften des Territoriums gebildet werden. Zu den Voraussetzungen für die Bildung der Grundeinheit der lokalen Selbstverwaltung, der Gemeinde, gehört gemäß Art. 11 Abs. 2 unter anderem "...die Existenz des Kaderpotentials..." entsprechend den verbindlichen Rechtsnormen für die Anstellung von Personen in den lokalen Trägern der staatlichen Gewalt. Inwieweit diese Vorschriften dazu führen, daß die kommunale Gliederung des bulgarischen Staates nach ethnischen Gesichtspunkten erschwert oder erleichtert wird, läßt sich derzeit nicht mit Sicherheit beurteilen.

Zu erwähnen ist schließlich noch, daß alle gesetzlichen Vorschriften, welche die Teilnahme der Bevölkerung am innenpolitischen Leben des Staates ermöglichen, als Voraussetzung hierfür das Innehaben der bulgarischen Staatsangehörigkeit festlegen. Diese ist grundsätzlich durch Art. 25 der Verfassung geregelt: Sein Abs. 1 definiert den bulgarischen Staatsangehörigen als jemanden, der zumindest einen Elternteil mit bulgarischer

68 Däržaven vestnik No. 77 vom 17.9.1991.

Staatsangehörigkeit hat, bzw. als eine Person, die auf dem Territorium der Republik Bulgarien geboren ist, wenn sie nicht nach Herkunft eine andere Staatsangehörigkeit erwirbt. Ferner kann die bulgarische Staatsangehörigkeit auch durch Einbürgerung erworben werden, wobei Personen bulgarischer Herkunft gemäß Art. 25 Abs. 2 von einem erleichterten Verfahren profitieren.

VI. Schlußbemerkung

Bulgarien gehört nach allgemeiner Einschätzung, die sich insbesondere auf die Äußerungen seiner Vertreter in den zuständigen Gremien des Europarats und der KSZE stützt, sicherlich nicht zu den europäischen Staaten, die den Belangen eines effektiven Schutzes nationaler Minderheiten besonders wohlwollend gegenüber stehen. Diese Grundhaltung spiegelt sich auch in den vorstehend beschriebenen Normen der nationalen Rechtsordnung Bulgariens wider, auch wenn zu betonen ist, daß es wohl noch zu früh ist, ein abschließendes Urteil über deren Vereinbarkeit mit aktuellen internationalen Entwicklungen abzugeben. Immerhin sollte als durchaus positiver Schritt hervorgehoben werden, daß das post-sozialistische Bulgarien sich nachdrücklich von der forcierten Assimilierungspolitik, namentlich gegenüber der türkischen Minderheit, des früheren Regimes distanziert hat und inzwischen wohl auch die Existenz nationaler Minderheiten, jedenfalls faktisch, anerkannt wird. Dies ändert jedoch nichts an dem Umstand, daß das bulgarische Staatsverständnis - ähnlich wie das Frankreichs - ganz stark von der Doktrin der Einheit des Staatsvolkes geprägt ist, was fraglos ein sehr gewichtiges Hindernis für eine mit dem gegenwärtigen europäischen Trend eher in Einklang stehende, großzügigere minderheitenrechtliche Politik darstellt. Diese Grundhaltung, die insbesondere das Verhältnis zur türkischen Minderheit belastet, beruht zweifellos auf der Geschichte des bulgarischen Volkes; ob sie jedoch den aktuellen Entwicklungen entspricht, die einen ausreichenden Schutz der eigenständigen Identität nationaler Minderheiten und - in angemessenem Umfang - deren Förderung als notwendige Mittel zur Stabilisierung polyethnischer Staaten sieht, ist fraglich. Als besonders problematisch erscheinen in diesem Zusammenhang die oben ausführlich behandelten Regeln, welche zum einen das Erlernen der Muttersprachen von Minderheiten kaum ausreichend sichern und zum anderen die politische Aktivität nationaler Minderheiten doch erheblich behindern.

Die rechtliche Stellung der Minderheiten in Estland

Henn-Jüri Uibopuu*

I. Einleitung

1. Die Minderheiten in Estland - Statistische Angaben

Die Republik Estland, deren formelles Wiederentstehen mit dem mißglückten Putschversuch im August 1991 in Moskau zusammenfällt[1], hat von der Sowjetunion und ihrer Besatzungszeit ein schweres Erbe übernehmen müssen. Die nationale Zusammensetzung ist durch die stalinsche Nationalitäten- und vor allem Industrialisierungspolitik derart verändert worden, daß zur Zeit der Verkündung der Unabhängigkeit am 20.08.1991 etwa 39% der Bevölkerung Nicht-Esten waren[2]. Die estnische Lage war zwar nicht so schlecht, wie die lettische, wo fast die Hälfte der Bevölkerung aus Russen, Ukrainern und anderen Sowjetvölkern besteht[3]. Trotzdem wurde von russischer Seite der "jungen" Republik Estland die Wiedereingliederung in die europäischen Staaten bedenklich schwer gemacht. Dies insbesondere, weil die russische Propagandamaschinerie sich als wesentlich effektiver erwies als die estnische Gegenwehr[4].

---

* Ordentlicher Universitätsprofessor an der Universität Salzburg.

1 Siehe dazu *H.-J. Uibopuu*, Staatsstreich im Sowjetreich, FAZ v. 21.08.1991; Eine besondere 'Anerkennung' FAZ v. 28.08.1993; Die baltischen Staaten und die Vereinten Nationen, FAZ v. 19.09.1991.

2 Vgl. *C. Schmidt*, Der Minderheitenschutz in den baltischen Staaten, Kulturstiftung der deutschen Vertriebenen, Minderheitenschutz im östlichen Europa, Bd. 1, Bonn 1993, 17 f.

3 Siehe dazu im Detail *Schmidt*, (Anm. 2), 57.

4 Man denke hier an die wiederholten Briefe des russischen Außenministers *Kozyrev* an den Europarat (Frau *Lalumiére*) oder an verschiedene internationale Massenmedien (z.B. International Herald Tribune v. 14/15.08.1993) oder Äußerungen des russischen Präsidenten *Jelzin* (z.B. v. 24.06.1993 an die in Wien stattfindende Konferenz der Vereinten Nationen über Menschenrechte).

Zwischen den beiden Weltkriegen hatte Estland ein Minderheitenschutzgesetz erlassen[5], welches noch bis heute als vorbildlich gilt. Allerdings ging es damals erstens um Minderheiten, welche als absolut loyal bezeichnet werden konnten, und zweitens betrug, wie bereits erwähnt, ihr Anteil an der Gesamtbevölkerug nur ca 12%[6]. Dabei gab es damals neben den 88% Esten, noch 8,2% Russen, 1,7% Deutsche, 0,7% Schweden und 0,4% Juden[7].

Dazu kommt, daß sich die Situation nach der Souveränitätserklärung Estlands vom 16.11.1988[8] dahingehend geändert hatte, daß jetzt die sowjetische Besatzung zum ersten Mal nach dem Krieg auch innerhalb Estlands als solche bezeichnet wurde und dadurch die, sich bisher als Herrenklasse gebärdende russischsprachige Bevölkerung, ebenfalls zum ersten Mal, spürte, daß die Tage der unbeschränkten Herrschaft nun vorbei sein dürften.

Letzten Schätzungen nach haben von den ca. 600.000 Nicht-Esten ca. 80.000 Personen bereits Estland verlassen[9]. Es wird angenommen, daß diesen noch ca. 50-60.000 Personen in der nächsten Zeit folgen werden.

Auf der anderen Seite ist zu erwarten, daß mindestens 100.000 Personen die estnische Staatsangehörigkeit beantragen und auch erhalten werden. Schätzungen nach sind noch ca. 100.000 Personen unentschlossen. Auf der anderen Seite haben wir die ca. 100.000 Pensionisten und Reservisten der ehemaligen Roten Armee mit ihren Familienangehörigen, von denen ein großer Teil nicht oder kaum integrierbar ist. Alle diese Angaben sind

---

5 Riigi teataja 1925/31-32.

6 Vgl. dazu *M. Garleff*, Die kulturelle Selbstverwaltung der nationalen Minderheiten in den baltischen Staaten, in: B. Meissner (Hrsg), Die baltischen Nationen, Estland, Lettland und Litauen, 2. Aufl. Köln 1991, 92 ff.

7 Estnischer Zensus von 1934.

8 ESSR Teataja 1988/48/685.

9 Persönliche Mitteilung an den Verfasser von *Märt Rannut*, dem Leiter des Estnischen Sprachamtes und Geschäftsführer der Estnischen Gesellschaft für Menschenrechte.

lediglich Schätzungen, genauso wie die nationale Gliederung der Nicht-Esten. Anläßlich einer Sitzung des vom estnischen Präsidenten, *Lennart Meri*, ins Leben gerufenen Runden Tisches Anfang August 1993 erklärte der dort anwesende Vertreter der Ukrainer in Estland, daß sich derzeit noch ca. 70.000 Landsleute von ihm im Lande befinden. Von diesen ist allerdings der größte Teil bereit, sich zu integrieren. Die Volkszählung 1989 ergab allerdings folgende Angaben[10]:

Gesamtbevölkerung:	1.565 662	
Esten:	963 281	61,8%
Russen:	474 834	30,3%
Ukrainer:	48 271	3,1%
Byelorussen:	27 711	1,8%
Finnen:	16 622	1,1%
Juden:	4 613	0,3%
Letten:	3 135	0,3%
andere:	27 195	1.7%

Bei derselben Sitzung[11] wurde bezüglich der Völker des Kaukasus, wie Armenier, Georgier, Azeris und anderen erklärt, daß sich ihre Zahl auf 15-20.000 belaufen dürfte. Die Zahl der zentralasiatischen Völker (Uzbeken, Tadzhiken, Turkmenen, Kazachen und Kirgisen) dürfte allerdings bedeutend darunter liegen. Diese beiden Gruppen werden in der obenangeführten Statistik die 27.195 "anderen" sein, also 1,7% der Gesamtbevölkerung.

2. Regionale Besonderheiten

Für die Industrialisierungspolitik der Sowjetunion im Baltikum gibt es verschiedene Motive. Zunächst dürfte es der Führung im Kreml daran gelegen gewesen sein, die Rüstungsindustrie auf verschiedene Gebiete in

---

10 Eesti statistika aastaraamat 1990, Tallinn 1991, 34.

11 An welcher der Autor dieser Zeilen als Experte teilnahm.

der UdSSR zu verteilen, und die baltischen Republiken waren wegen ihrer Verkehrsstruktur dafür aus Moskauer Sicht bestens geeignet. Dazu kam die bessere Qualifikation der örtlichen Bevölkerung zu technisch hochwertigen Arbeiten. Allerdings wurden die anfänglich estnischen Arbeiter/innen bald durch, sowjetischer Auffassung nach zuverlässigere, Russen/innen oder andere Völker der UdSSR ersetzt.

Daraus ergab sich eine bedeutende Umschichtung der Bevölkerungszusammensetzung im nordöstlichen Teil Estlands. Während noch 1940 die Städte Estlands zu 90% von Esten bewohnt wurden, ist die Stadtbevölkerung nach dem Zensus 1989 bevölkerungsmäßig wie folgt zusammengesetzt (in Klammern der Stand 1979):

Esten	572.547	(555.943)
Russen	436.708	(370.309)
Ukrainer	42.325	(31.732)
Weissrussen	25.441	(21.620)
Finnen	11.233	(11.424)
Juden	4.564	(4.894)
Letten	2.586	(2.971)
andere	23.442	(17.942)[12]

In der selben Zeit änderte sich die Landbevölkerung wir folgt:

Esten	390.743	(391.869)
Russen	38.126	(38.469)
Ukrainer	5.946	(4.321)
Weissrussen	2.270	(1.841)
Finnen	5.389	(6.329)
Juden	67	(72)
Letten	549	(992)
andere	3.752	(3.757)

12 Eesti statistika aastaraamat, Anm. 9, 34 f.

Es zeigt sich also, daß in den zehn Jahren 1979-1989, wenn man sich auf die Richtigkeit sowjetischer Statistiken verlassen kann, die Landbevölkerung sich in ihrer national-ethnischen Struktur kaum veränderte, sieht man von einer Abnahme der Finnen und Letten ab. Dagegen ist der Zuwachs des russischen Anteils der Stadtbevölkerung von rund 37% im Jahre 1979 auf ca. 42% 1989 angestiegen. Ähnliche Zahlen ergeben sich auch für die Ukrainer und Weissrussen, sowie für die "anderen" Nationalitäten (Kaukasier und Transkaukasier, Zentralasiaten etc.).

Am meisten änderte sich die Bevölkerungszusammensetzung im Nordosten Estlands, im Industriegebiet, das heute im städtischen Gebiet eine russische oder russischsprachige Mehrheit von rund 90% aufweisen kann.

Der Zensus 1989 weist für das nordestnische Gebiet folgende nationale Zusammensetzung der Bevölkerung auf:

Tallinn:	gesamt:	478.974,
davon		
Esten		227.245
Russen		197.187
Ukrainer		22.856
Weissrussen		12.515
Narva	gesamt	81.221,
davon		
Esten		3.222
Russen		69.763
Ukrainer		2.626
Weissrussen		2.128
Kohtla-Järve	gesamt	77.316,
davon		
Esten		16.140
Russen		50.044
Ukrainer		3.062
Weissrussen		4.161

Sillamäe	gesamt	20.561,
davon		
Esten		651
Russen		17.770
Ukrainer		698
Weissrussen		653[13]

Diese Statistik zeigt deutlich, wie eine Gegend, in welcher der estnische Anteil an der Bevölkerung vor dem Krieg über 90% betrug, heute faktisch russifiziert worden ist. Dabei ist die Bevölkerungszusammensetzung in Sillamäe, einer nach dem Krieg errichteten Industriesiedlung, besonders nachteilig für die eponyme Bevölkerung Estlands, die Esten, welche dort nur 3% der Bevölkerung ausmachen. In Narva sind es immerhin 4%, in Kohtla-Järve, einer Industriestadt, welche bereits vor dem Krieg existierte, sind es etwa 20% und in der Hauptstadt Tallinn etwa 47%.

II. Gesetzliche Grundlagen

1. Verfassungsrecht

Ähnlich wie eine Reihe westlicher Verfassungen inkorporiert auch die estnische Verfassung 1992 die allgemein anerkannten Grundsätze und Normen des Völkerrechts als untrennbare Bestandteile der estnischen Rechtsordnung[14]. § 12 legt fest, daß niemend wegen nationaler Zugehörigkeit, Rasse, Farbe, Sprache und Glaubensbekenntnis diskriminiert werden darf. Jedermann hat das Recht auf estnischsprachige Bildung[15], während die Unterrichtssprache in Minderheitenunterrichtsanstalten von der Anstalt gewählt wird[16].

---

13 *Ibid.*

14 § 3 leg.cit.

15 § 38 (4).

16 *Ibid.*

Auch bestimmt § 50, daß Minderheitsvölker im Interesse ihrer Volkskultur das Recht haben, im Rahmen des Gesetzes über die Kulturautonomie[17] Selbstverwaltungskörperschaften zu errichten. § 49 enthält die Bestimmung, daß jeder das Recht hat, seine nationale Zugehörigkeit frei zu bestimmen. Bezüglich Ortschaften, in welchen wenigstens die Hälfte der Bevölkerung zum Minderheitsvolk gehört, hat jedermann das Recht, sich an staatliche Einrichtungen in der Minderheitensprache zu wenden und auch Antworten in dieser Sprache zu erhalten[18]. Desgleichen dürfen in Ortschaften, in welchen die Sprache der Mehrheit nicht die Estnische ist, die örtlichen Selbstverwaltungskörperschaften im gesetzlichen Rahmen ihren inneren Geschäftsverkehr auch in dieser ihrer Sprache durchführen[19].

Versteckt im Verfassungsteil über die lokale Selbstverwaltung finden wir eine Bestimmung[20], daß bei den Wahlen der örtlichen Selbstverwaltungskörperschaften im gesetzlich vorgesehenen Verfahren auf dem Gebiet der örtlichen Selbstverwaltungskörperschaft (Gemeinden und Städte[21]) jeder wenigstens 18-jährige ständige Bewohner wahlberechtigt ist.

Dazu kommt die Verfassungsbestimmung des § 9, welche besagt, daß die in der Verfassung aufgezählten Rechte, welche *jedermann* zustehen, auch auf Ausländer und Staatenlose zur Anwendung kommen. So werden etwa *jedermann* folgende Rechte gewährleistet:

Gleichbehandlung vor dem Gesetz und Verbot der Diskriminierung wegen nationaler Zugehörigkeit, Rasse etc.[22], Schutz durch den Staat und die Gesetze[23], Zugang zu Gerichten bei Verletzung der Grundrechte und

---

[17] Angenommen vom Parlament am 22.10.1993, verkündet vom Präsidenten am 11.11.1993 mit Entscheidung No. 203.

[18] § 51 der estnischen Verfassung 1992.

[19] § 52.

[20] § 156 (2).

[21] § 155 der Verfassung.

[22] § 12.

[23] § 13.

Feststellung der Verfassungsmäßigkeit des betreffenden Rechtsaktes[24], das Recht auf Leben[25], das Recht auf Ehre und einen guten Namen[26], der Schutz vor Folter und entwürdigender Behandlung[27], das Recht auf Freiheit und Unverletzlichkeit der Person[28], das Recht, bei Festnahme in einer für den Betroffenen verständlichen Sprache den Grund für diese zu erfahren[29], das Recht auf Unschuldsvermutung[30], auf den gesetzlichen Richter[31], auf Ersetzung des materiellen und moralischen Schadens[32], auf Unverletzlichkeit der Privatsphäre[33], auf Gesundheitsschutz[34], die Vereinigungsfreiheit in Gewerkschaften und Arbeitgebervereinigungen[35], der Schutz des Eigentums[36], das Recht auf Bildung[37], Gewissens- und Glaubensfreiheit[38], Informationsfreiheit[39], Versammlungsfreiheit[40]. Die Zugehörigkeit zu politischen Parteien ist allerdings nur estnischen Staatsangehörigen gestattet[41]. Dagegen ist die Freizügigkeit auf Personen beschränkt, welche sich rechtmäßig in Estland aufhalten[42]. Wie zu sehen ist, handelt es sich hier um die klassischen Menschenrechte, wie sie etwa in der

---

24 § 15.

25 § 16.

26 § 17.

27 § 18.

28 § 20.

29 § 21.

30 § 22.

31 § 24.

32 § 25.

33 § 26.

34 § 28.

35 § 29 (5).

36 § 32.

37 § 37.

38 § 40.

39 §§ 44, 45.

40 §§ 47, 48.

41 § 48 (1).

42 § 34.

EMRK oder dem VN-Pakt über Bürgerliche und Politische Rechte verankert sind.

Einige Rechte sind in der Verfassung zunächst als Bürgerrechte formuliert, können aber, wenn es das Gesetz nicht anders bestimmt, auch Ausländern und Staatenlosen gewährt werden. Dazu gehören:

Das Recht auf freie Berufsauswahl[43], und die Unternehmensfreiheit[44]. Das Recht auf Tätigkeit und Beschäftigung in Organen der Staatsgewalt und der örtlichen Selbstverwaltung ist grundsätzlich estnischen Staatsbürgern vorbehalten. In Ausnahmefällen und in Übereinstimmung mit den Gesetzen können diese Posten aber auch durch Ausländer und Staatenlose besetzt werden[45]. Zu verstehen ist diese Bestimmung im Zusammenhang mit der ethnischen Zusammensetzung der Wohnbevölkerung vieler Städte und Orte des nordostestnischen Industriegebietes.

2. Einfache Gesetze

Die minderheitenspezifischen Gesetzesbestimmungen verteilen sich auf eine Reihe von Gesetzen. Diese sind chronologisch geordnet:

1) Sprachgesetz v. 18.01.1989[46];
2) Gesetz über die nationalen Rechte der Bürger der ESSR vom 15.12.1989[47];
3) Gesetz über die Wahlen zu den örtlichen Selbstverwaltungskörperschaften vom 19.05.1993[48];
4) Privatschulgesetz vom 2.06.1993[49].

---

43 § 29.

44 § 31.

45 § 30.

46 ENSV Teataja 1989/4/60.

47 ENSV Teataja 1989/40/618.

48 RT 1993/29/505.

49 RT 1993/35/547.

5) Gesetz über das Verfahren der örtlichen Selbstverwaltung vom 16.06.1993[50].
6) Gesetz über Grundschul- und Gymnasienbildung vom 16.06.1993[51];
7) Ausländergesetz vom 8.07.1993[52].
8) Gesetz über Minderheitenkulturautonomie vom 26.10.1993[53].

III. Das Recht auf Gebrauch der Minderheitensprache

Das Recht auf Gebrauch der Minderheitensprache in Estland ist durch das Sprachgesetz der Republik Estland vom 16. Januar 1989[54] geregelt. Dieses Gesetz ist im Vergleich zu den diesbezüglichen Gesetzen der zwei anderen baltischen Staaten, Lettland[55] und Litauen[56], vielleicht das Rigoroseste bezüglich der Bevorzugung der Staatssprache[57]. Es wurde damals russischer-, d.h. besser gesagt, sowjetischerseits heftig kritisiert[58]. Insbesondere wurde behauptet, daß der russischsprachigen Bevölkerung der

---

50 RT 1993/37/558.

51 RT 1993/10/192.

52 RT 1993/44/637.

53 Vom Parlament am 26.10.1993 beschlossen, vom Präsidenten am 11.11.1993 mit Entscheidung No. 205 proklamiert.

54 ENSV Teataja 1989/4/60.

55 Siehe den Bericht von *D. Lentz/H. Müller* im gleichen Band.

56 Genauer: Verordnung des Präsidiums des Obersten Sowjets der LiSSR v. 25.01.1989, VVSiP LiSSR 1989/4/11 mit Verordnung des Ministerrats v. 20.02.1989 über Maßnahmen zur Gewährleistung des Gebrauchs der Staatssprache, VVSiP LiSSR 1989/7/51.

57 Siehe dazu im Detail *H.-J. Uibopuu*, Die Sprachgesetzgebung der baltischen Unionsrepubliken, WGO 1989/3, 197 ff. und *ders.*, Die Verfassungs- und Rechtsentwicklung der baltischen Staaten 1989-1990, 61 Berichte des Bundesinstitutes für ostwissenschaftliche und internationale Studien, Köln 1990

58 So z.B. von *Pigolkin/Studenkina*, Jazyk i zakon, Izvestija v. 17.01.1989.

Schutz *ihrer* Sprache nicht gewährleistet würde[59]. Zu diesem Gesetz gibt es eine Einführungsverordnung vom 14.07.1989[60].

Diese Verordnung regelt den Unterricht der estnischen Sprache im Detail und bestimmt 6 Kategorien von Kenntnissen der Staatssprache:

a) *Verständnis* der Staatssprache (mündlich und schriftlich), Wortschatz: 800 Worte;
b) beschränkte mündliche *Kenntnis* der Staatssprache: Wortschatz: 800 Worte;
c) beschränkte mündliche und schriftliche *Kenntnis* der Staatssprache: Wortschatz 800 Worte, darunter einige amtliche Ausdrücke;
d) mündliche und beschränkte schriftliche *Kenntnis* der Staatssprache, Wortschatz: 1.500 Worte; Ausfüllen von Formularen, Interpretation derselben;
e) mündliche und schriftliche *Kenntnis* der Staatsprache, Wortschatz: 2.500 Worte;
f) *Beherrschung* der Staatssprache.

Die Verordnung bestimmt ferner diejenigen Amtsplätze und Berufe, welche als Anstellungs- bzw. Weiterbeschäftigungsvoraussetzung verschiedene Kenntnisstufen der Staatssprache verlangen. Dabei betreffen die Kategorien a) und b) im wesentlichen Dienstplätze, welche nicht über die Elementarbildung hinausgehen, c) und d) entsprechen Dienstplätzen mittlerer und e) und f) höherer Bildung[61].

---

59 So *Michaleva/Palidze*, Federativnyi sojuz, Pravda v. 12.06.1989.

60 Angenommen vom Estnischen staatlichen Arbeits- und Sozialkomitee, vgl. Keeleseadusest Tallinn, Lion 1990, 13 ff. mit den Leitlinien, Hauptstück 4, S. 17 ff.

61 Zum lettischen Sprachgesetz, welches mit der Überschrift "über die Staatssprachen" den Inhalt bereits vorwegnimmt, wurde in einer Verordnung des Ministerrats der LaSSR vom 29.12.1989 (VVSiP LaSSR 1989/7/104) neben einer radikalen Verbesserung des Lettischunterrichts in Schulen ein besonderes Augenmerk darauf gelegt, daß Personen, welche mit dem Publikum in Berührung kommen, die lettische Sprache tatsächlich erlernen. Auch die Moldauische SSR hat in einer Verordnung des Ministerrates den Wissensstand der moldauischen Sprache (rumänischer Dialekt) für

Man kann die estnische Kategorisierung im wesentlichen folgendermaßen zusammenfassen: überall dort, wo der Verkehr mit der estnischsprachigen Bevölkerung ein Verständnis der Staatssprache erfordert, wird sie verlangt. Es ist einem Esten nicht zuzumuten, daß er seine Amts- und anderen Geschäfte in Estland nicht in der Staatssprache durchführt, wie es in vielen Allunionsbehörden in der Sowjetzeit der Fall war, z.B. bei der Aeroflot oder auch oft in Krankenhäusern. Die Verordnung geht sogar soweit ins Detail, daß sie ausdrücklich die Sprachkenntnisse von Logopäden und Defektologen erwähnt. Allerdings entlastet die Verordnung in Punkt 9 dann diejenigen Beschäftigten, welche kaum Verkehr mit Einzelpersonen haben und für welche keine schriftlichen Arbeiten vorgesehen sind.

Die im estnischen Gesetz vorgesehenen Übergangsfristen für die Erlernung der Staatssprache[62] von 1-4 Jahren wurden auf dem Verordungsweg verlängert, da der Unterricht in der Staatssprache aus Mangel an qualifizierten Lehrkräften nicht gewährleistet werden konnte.

1. Der private Bereich

Das estnische Sprachgesetz erwähnt den privaten Gebrauch der Minderheitensprachen nicht ausdrücklich. Der Abschnitt über den Einzelmenschen spricht zwar das Recht auf allseitigen Gebrauch der Staatssprache an[63], bezüglich des privaten Gebrauches der Minderheitensprachen ließe sich solch ein Recht allerdings aus verschiedenen Bestimmungen bezüglich der Sprachwahl ableiten, wie z.B. dem Verbot, die Sprachwahl des Einzelmenschen zu behindern oder zu verunglimpfen[64], oder dem Recht der nicht-estnischen Bürger, ihren Namen in Übereinstimmung mit dem nationalen Brauch zu tragen[65].

---

gewisse Arbeits-, Dienst- und Amtspflichten festgelegt (Bericht des Korrespondenten *E. Kondratov* in Izvestija v. 14.05.1990.

62 §§ 35-37 *leg.cit.*

63 § 2 (1) *leg.cit.*

64 § 7 *leg.cit.*

65 § 28 (2) *leg.cit.*

Während Namen estnischer Bürger estnischer Nationalität aus Vornamen und ein- oder mehrfachen Familiennamen bestehen[66], dürfen Bürger Estlands anderer Nationalität ihren Namen entsprechend nationaler Gewohnheiten benützen, wenn dieser mindestens einen Vornamen und den Familiennamen enthält. Historisch ist die Bestimmung so zu verstehen, daß die internationale lateinische Schrift bei Orts- und Personennamen identisch mit der in Estland zu gebrauchenden Form sein soll. Hier muß man vor allem an die vielen Entstellungen estnischer Namen durch Transkription in cyrillische Buchstaben und Rücktranskription in das Lateinische berücksichtigen, wie z.B. Müllerson - Mjullerson.

Nach dem Gesetz über die nationalen Rechte der Bürger Estlands[67] haben alle Bürger Estlands das Recht, entsprechend ihrer Herkunft ihre nationale Zugehörigkeit frei zu wählen, und niemand darf gezwungen werden, sich von seiner nationalen Herkunft zu trennen[68].

2. Behörden und Gerichte

Der Sprachgebrauch vor Behörden und Ämtern wird grundsätzlich in dem Sinne geregelt, daß alle Einrichtungen der Staatsgewalt als Amtssprache Estnisch haben[69], Gesetze sowie andere Normativakte in der Staatssprache angenommen und publiziert werden[70] und Behörden sich grundsätzlich in Estnisch an Einzelpersonen wenden[71]. Allerdings ist der Gebrauch anderer Sprachen (im wesentlichen Russisch) vor örtlichen Selbstverwaltungskörperschaften[72], aber auch vor anderen Staatsorganen nach Wahl der

---

66 § 28 *leg.cit.*

67 Siehe Anm. 47 *supra.*

68 § 7 *leg.cit.*

69 § 8 (1) *leg.cit.*; desgleichen Art. 6 (1) des lettischen und Art. 2 (1) des litauischen Sprachgesetzes.

70 § 8 (2) *leg.cit.*

71 § 11 *leg.cit.*

72 §§ 8 (1) und 36 *leg.cit.*

Einzelperson gewährleistet[73]. Als innere Verwaltungssprache wird Russisch weiterhin gestattet und auch der Verkehr dieser russischsprachigen Einrichtungen mit estnischen Staatsorganen in russischer Sprache ist weiter gesichert[74]. Diese Bestimmungen wurden auch durch den § 41 des Gesetzes über die örtlichen Selbstverwaltungskörperschaften[75] bestätigt.

Gerichtssprache ist grundsätzlich Estnisch[76]. Die neue Zivilprozeßordnung[77] bestimmt allerdings, daß das Verfahren auch in einer anderen Sprache durchgeführt werden kann, wenn das Gericht und die Prozeßbeteiligten diese beherrschen[78]. Prozeßbeteiligte und andere Personen können ebenfalls Erklärungen in einer anderen Sprache abgeben, vor Gericht mit Hilfe eines Dolmetschers in der Muttersprache oder in einer anderen von ihnen beherrschten Sprache Anträge erstatten[79].

Grundsätzlich werden Dokumente in Estnisch verfasst, aber wenn die Verhandlung in einer anderen Sprache erfolgt, können die Dokumente auch in der Verhandlungssprache mit estnischer Übersetzung angefertigt werden[80]. Falls die von den Prozeßparteien vorgebrachten Erklärungen oder Dokumente nicht in Estnisch abgefaßt sind, kann das Gericht innerhalb einer Frist eine Übersetzung in die estnische Sprache verlangen[81].

---

73 §§ 11 (2), 12 (2).

74 § 15 (1) *leg.cit.*

75 RT 1993(37/558.

76 § 18 *leg.cit.*; vgl. auch die Strafprozessordnung ENSV Teataja 1991/23/76, § 16, welche dieselben Bestimmungen enthält.

77 RT 1993/31-32/538.

78 § 7 (1) *leg.cit.*

79 § 7 (2).

80 § 7 (5).

81 § 7 (6).

3. Kultur und Medien

Grundsätzlich wird in Estland die estnische Sprache bei allen Kultureinrichtungen bevorzugt[82]. Es wird sogar die Übersetzung von Filmen, Video und anderen audiovisuellen Erzeugnissen ins Estnische unterstützt. Zu verstehen ist diese Bestimmung aus der Zeit in welcher das Gesetz angenommen wurde, Januar 1989. Zu diesem Zeitpunkt war der Gebrauch der estnischen Sprache noch keineswegs eine Selbstverständlichkeit und dieses Gesetz könnte fast als ein Gesetz zum Schutz der estnischen Sprache gegen eine übergroße Russifizierung gewertet werden.

So ist es erklärlich, daß bereits damals die estnischsprachige Berichterstattung über Estland im Fernsehen, Radio und in der Presse unterstützt wurde[83]. Der Sprachgebrauch im religiösen Bereich wird im Gesetz nicht geregelt[84].

Ebenfalls im Sprachgesetz ist die Sprachregelung dahingehend festgelegt, daß nationale Kultureinrichtungen im inneren Verkehr ihre Volkssprache benützen dürfen, eigensprachliche Drucksachen, Formulare und Dokumente anfertigen, sowie eigene Kindereinrichtungen, Schulen und Kultureinrichtungen mit eigensprachlichem außerschulischem Unterricht betreiben können[85].

In Estland gab es mit Stand Juli 1993 folgende russischsprachige Zeitungen:

Molodezh Estonii	24.100	Auflage
Estoniia	12.700	"
Vechernyi Kuryer	10.000	"
und das Zurnal Den' za dnem	14.000	"[86]

---

82 § 24 *leg.cit. op.cit.* Anm. 54.

83 § 24 (6) *leg.cit.*

84 § 24 (7) *leg.cit.*

85 § 25 *leg.cit.*

86 Info Press des Estnischen Außenministeriums Juli 1993

Dazu kommen russischsprachige Sendungen des estnischen Fernsehens und Rundfunkes, so z.B. abends von 18-19.30 Uhr im estnischen Fernsehen. Auch hat die estnische Regierung die Übertragung des russischen Fernsehens *Ostankino* für die russischsprachigen Regionen Estlands mit 2,8 Mio Kronen finanziert[87].

Allerdings sieht das Gesetz über die nationalen Rechte der Bürger Estlands[88] vor, daß Staatsbürger Estlands aller Nationalitäten (*kóigist rahvusest kodanikel* - Bürger aller Völker) das Recht haben, eigensprachige Kultureinrichtungen zu schaffen[89] und darüber hinaus neben den staatlichen Systemen der Bildung und Kultur auf eigene Rechnung auch Organisationen und Vereinigungen zur Pflege nationaler Kultur zu gründen.

4. Wissenschaft

In Estland wird das Recht auf Gebrauch der estnischen Sprache in der Wissenschaft garantiert[90]. Auch ist die Verteidigung von Dissertationen in Estnisch gewährleistet. Diese Bestimung ist nur aus der politischen Lage zur Zeit der Annahme des Gesetzes 1989 zu verstehen, als es noch nicht selbstverständlich war, daß ein Este seine wissenschaftlichen Arbeiten in seiner Muttersprache abfaßt. Eigentlich war es für ihn in der Sowjetunion sogar vorteilhafter, in Russisch zu schreiben, da er damit einen weiteren Leserkreis ansprach. In der Zwischenzeit hat sich jedoch die Situation wesentlich geändert und die Festsetzung des § 23 des Estnischen Sprachgesetzes erweist sich für die nicht-estnische Bevölkerung dahingehend als vorteilhaft, weil das Gesetz bestimmt, daß in Estland die Sprachwahl bei wissenschaftlichen Publikationen nicht behindert wird und die Dissertationen in jeder Sprache verteidigt werden können, welche die zuständige Behörde akzeptiert.

87 *Ibid.*

88 Siehe Anm. 47.

89 § 4 *leg.cit.*

90 § 23 (1) *leg.cit.*

Die Sprachwahl der in Estland stattfindenden Konferenzen und Sitzungen ist frei. Im Falle der Notwendigkeit soll eine Übersetzung gebraucht werden[91].

IV. Bildungs und Erziehungswesen

Eine große Rolle im Bildungs- und Erziehungswesen spielt natürlich die freie Sprachwahl. Das Sprachgesetz geht von der freien Sprachwahl in der Allgemeinbildung aus[92], spricht aber von der Garantie der estnischsprachigen Bildung auf dem gesamten Staatsgebiet. Die russischsprachige Allgemeinbildung wird in Übereinstimmung mit der Lokation der russischsprachigen Bevölkerung gewährleistet.

Den Bürgern Estlands wird das Recht auf einsprachige Unterichts- und Bildungseinrichtungen gewährt[93]. Die "innere" Sprache der nicht-estnischen Kinder- und Schuleinrichtungen kann die jeweilige Muttersprache sein[94].

Dagegen wird der Unterricht der estnischen Sprache in allen Unterrichtseinrichtungen gefördert und allen diese Sprache nicht beherrschenden Universitätsstudenten wird sie beigebracht[95].

Das Gesetz über die nationalen Rechte der Bürger Estlands[96] bestimmt in § 4 (3), daß die Bürger jeder nationalen Herkunft das Recht darauf haben, Grundschul-, Mittelschul- und Hochschulbildung in Estnisch, Russisch oder einer anderen Sprache zu erhalten.

---

91 § 26 *leg.cit.*

92 § 19 *leg.cit.*

93 § 20 *leg.cit.*

94 *Ibid.*

95 § 21 *leg.cit.*

96 Cf. Anm. 47.

Das Unterrichtsgesetz 1992[97] garantiert zunächst den estnischsprachigen Unterricht in allen Unterrichtsstufen[98]. In anderssprachigen Bildungseinrichtungen wird der Unterricht der estnischen Sprache gefördert[99]. Über die Unterrichtssprache gibt dieses Gesetz keine weitere Auskunft. Diese finden wir allerdings im Gesetz über die Grundschul- und Gymnasialbildung vom 16.06.1993, welches bisher allerdings vom estnischen Präsidenten nicht verkündet wurde[100]. § 9 (1) dieses Gesetzes sieht vor, daß zwar die Unterrichtssprache in Schulen Estnisch ist, Grundschulen jedoch auch eine andere Unterrichtssprache verwenden dürfen. Allerdings ist der Übergang auf die estnische Unterichtssprache in staatlichen und örtlichen Gymnasien bis zum Jahr 2000 vorgesehen[101]. Damit wird eine Abweichung vom oben beschriebenen Gesetz über die nationalen Rechte der Bürger Estlands insofern eingeführt, daß ab dem Jahr 2000 in öffentlichen Schulen nur noch der estnischsprachige Unterricht gewährleistet wird.

Das Privatschulgesetz 1993[102] bestimmt dann in § 14, daß die Unterrichtssprache vom Schuleigentümer bestimmt wird. In Grundschulen, in welchen die Staatssprache (Estnisch) nicht die Unterichtssprache ist, wird ab der dritten Klasse Estnisch als Pflichtfach gelehrt. In Gymnasien, in welchen die Staatssprache nicht die Unterrichtssprache ist, ist der Estnischunterricht ebenfalls verpflichtend.

---

97 RT 19923/10/192.

98 § 4 (2) *leg.cit.*

99 § 4 (3)) *leg.cit.*

100 Entscheidung von Präsident *Meri* No. 154 v. 16.07.1993 mit der Begründung, daß die in diesem Gesetz vorgesehene Minimalbildung mit Abschluß des Gymnasiums oder der Berufsschule oder mit Erreichen des 17. Lebensjahres dem § 19 (1) der Estnischen Verfassung widerspreche, welcher jedermann das Recht auf Selbstverwirklichung garantiere. Es ist daher anzunehmen, daß dieses Gesetz in diesem Punkt geändert wird, nicht jedoch in Bezug auf die Vorschriften des Sprachgebrauches oder der Sprachwahl.

101 § 52 (2) *leg.cit.*

102 RT 1993/35/547.

Das Gesetz über die Kulturautonomie der Minderheitsvölker Estlands[103], welches am 26.10.1993 angenommen wurde, bringt in die Rechtslage der Minderheiten in Estland insofern eine wesentliche Verbesserung, als es nach anfänglichen Versuchen, den Nicht-Staatsangehörigen lediglich subsidiäres Partizipationsrecht zu gewähren[104], nun doch echte Rechte bietet. Sie haben zwar nicht das Recht, sich in den Kulturkataster der Minderheiten eintragen zu lassen[105], trotzdem kommen sie in den Genuß derjenigen Rechte, welche der kulturellen Selbstverwaltung gewährt werden. Die einzige Ausnahme ist das Fehlen des aktiven und passiven Wahlrechtes zu den Organen der Kulturselbstverwaltung[106]. Dabei sind vier Minderheiten durch ihre nach dem Kulturautonomiegesetz 1925[107] bereits vorgenommene Bildung von Minderheitenkatastern von dieser einschränkenden Bestimmung ausgeschlossen: deutsche, russische, schwedische und jüdische Minderheitsvölker[108]. Andere Minderheitsvölker müssen sich in den Kataster eintragen lassen, wobei dieses Recht allen Personen über 15 Jahren zusteht[109]. Bei 3.000 Eintragungen erhält die betreffende Minderheit gesetzlichen Status[110]. Derzeit wird in Estland erwartet, daß sich folgende Minderheiten einen juristischen Status erwerben werden: Letten, Ukrainer, Weißrussen, Polen und Finnen (Ingermanländer).

Die Minderheit wird in diesem Gesetz wie folgt determiniert:

§ 1.: "Als Minderheiten im Sinne dieses Gesetzes gelten die deutsche, russische, schwedische und jüdische Nationalität und diejenigen Nationalitäten,

---

103 Parlamentsbeschluß vom 26.10.1993, unterzeichnet vom Parlamentspräsidenten, Ülo Nugis.

104 Entwurf von Ants-Enno Lóhmus v. 15.06.1993.

105 § 6-8 *leg.cit.*

106 § 6 *leg.cit.*

107 RT 1925/31/32.

108 § 2 (1) *leg.cit.*

109 § 12 *leg.cit.*

110 § 7 (2) *leg.cit.* Im Entwurf (Anm. 104) waren 1.500 Personen vorgesehen,was den Berechtigtenkreis bedeutend erweitert hätte.

deren Angehörige estnischer Staatsangehörigkeit mindestens 3.000 Personen betragen.
Im Sinne dieses Gesetzes gelten als estnische Staatsangehörige Personen, welche:

- lange auf dem Gebiet Estlands gelebt haben;
- langandauernde, stabile und fortwährende Beziehungen zu Estland haben;
- in ihrer ethnischen und kulturellen Herkunft, ihrer Religion oder Sprache verschieden sind;
- Interesse in der Beibehaltung ihrer kulturellen Traditionen, Religion oder Sprache als Grundlage einer gemeinsamen Identität haben

als nationale Minoritäten."

Die Tatsache, daß Ausländer und Staatenlose weder passives noch aktives Wahlrecht zu den Organen der Minderheitenautonomieverwaltung bekommen, scheint auf den ersten Blick ein großes Handicap für diese Personen zu sein. Bedenkt man aber, daß die Organe der Minderheitenautonomie gewissermaßen Körperschaften des öffentlichen Rechts sind und mit hoheitlichen oder wenigstens quasi-hoheitlichen Aufgaben betreut werden, ist es nur verständlich, wenn man diese Rechte den Staatsangehörigen vorbehält. Von diesen kann sicherlich mehr Loyalität erwartet und gefordert werden, als von Ausländern und Staatenlosen, auch wenn sie bereits längere Zeit in Estland wohnhaft sind oder dort geboren wurden.

Demgegenüber stehen die Rechte, welche nationalen Minderheiten gewährt werden und in deren Genuß auch Ausländer und Staatenlose kommen können[111].

---

111 § 6 *leg.cit.*

Diese Rechte sind vielfältig und umfangreich. Sie umfassen:

1) die Einrichtung und Unterhaltung von Kultur- und Bildungseinrichtungen sowie religiösen Gemeinden;
2) die öffentliche Ausübung von Volkstraditionen und religiösen Bräuchen[112] (dieses Recht ist allerdings bereits durch § 40 der Estnischen Verfassung gewährleistet);
3) den Gebrauch der Muttersprache im persönlichen Verkehr und im Behördenverkehr in Übereinstimmung mit dem Sprachgesetz[113];
4) die Herausgabe eigensprachlicher Periodika und religiöser Schriften[114];
5) den Abschluß von Zusammenarbeitsverträgen mit nationalen Kultur- und Unterrichtsanstalten sowie Religionsgemeinschaften[115];
6) Informationsverbreitung und -austausch in der Muttersprache[116].

Zur Kompetenz der Kulturautonomie gehören:

1) die Organisation, Verwaltung und Kontrolle muttersprachiger Unterrichtsanstalten[117];
2) die Schaffung von Kultureinrichtungen der Minderheitsvölker sowie die Abhaltung kultureller Veranstaltungen[118];
3) die Gründung von Fonds, Stipendien und Prämien zur Förderung der Kultur und Bildung der Minderheitsvölker[119].

Einrichtungen der Kulturautonomie sind vor allem eigensprachliche Schulen und Unterrichtsanstalten (vorschulische) oder Schulen mit

---

112 § 4 (3) *leg.cit.*

113 § 4 (4) *leg.cit.*

114 § 4 (5) *leg.cit.*

115 § 4 (6) *leg.cit.*

116 § 4 (7) *leg.cit.*

117 § 5 (1) *leg.cit.*

118 § 5 (2) *leg.cit.*

119 § 5 (3) *leg.cit.*

besonderer Betonung der Volkskultur[120], Kultureinrichtungen und Verlage, Kulturvereine sowie nationale Wohlfahrtseinrichtungen[121].

Die Führungs- und Leitungsorgane der jeweiligen Minderheitenvölker sind[122]:

1) *Kulturrat*, der in allgemeinen (der betreffenden Minderheit), direkten und geheimen Wahlen gewählt wird.
2) *Kulturverwaltung*, welcher die Einrichtungen der Kulturautonomie leitet.
3) *örtliche Kulturräte* in Übereinstimmuing mit § 30 der Estnischen Verfassung.

Die Einrichtungen der Kulturautonomie haben Rechtspersönlichkeit[123] und dürfen Immobilien besitzen.

Wichtig in diesem Gesetz ist vor allem die Finanzierung von Einrichtungen der kulturellen Selbstverwaltung. So ist dazu das allgemeine Staatsbudget vorgesehen, wenn es sich um den Erhalt von Grundschulen handelt[124], das örtliche Budget für die Kultur-, Bildungs- sowie Wohlfahrtsorganisationen[125]. Die Kulturautonomie kann, nach Festsetzung durch den entsprechenden Kulturrat, Beiträge erheben[126]. Das Kulturautonomiegesetz Estlands von 1925 sah allerdings von der jeweiligen Einrichtung festzulegende Steuern vor, welche staatlicherseits erhoben wurden[127]. Es dürfen die Einrichtungen von juristischen Personen unterstützt sowie von Einzelpersonen freiwillige Zuwendungen sowie Erbschaften angenommen

---

120 § 24 (1) *leg.cit.*

121 § 24 (2-5) *leg.cit.*

122 § 11 (1-2) *leg.cit.*

123 § 26 *leg.cit.*

124 § 27 (1) *leg.cit.*

125 § 27 (2) *leg.cit.*

126 § 27 (3) *ibid.*

127 § 6 (d) dieses Gesetzes *op.cit.* Anm. 5.

werden[128]. Sie dürfen, und das ist sehr liberal, von ausländischen Staaten und Organisationen Unterstützungen erhalten[129].

Die Einrichtungen der kulturellen Selbstverwaltung dürfen die ihnen zur Verfügung gestellten Mittel nur in der für diesen Gebrauch vorgesehenen Weise verwenden[130].

Anläßlich seines Besuches bei Estlands Präsidenten *Lennart Meri* nannte der KSZE-Hochkommissar für Minderheiten, *Max van der Stoel*, das Minderheitengesetz:

> "...unique in all of Europe, and that it could be a possible example for other States to help solve ethnic community difficulties.[131]"

Es ist vor allem wesentlich minderheitenfreundlicher als der Entwurf eines Zusatzprotokolls zur Europäischen Menschenrechtskonvention vom 1.02.1993[132]. Von diesem Zusatzprotokoll, das aber noch nicht zu einem völkerrechtlichen Vertrag geworden ist, würden Minderheiten begünstigt, welche als Gruppe von Personen in einem Staat verstanden werden, welche im Hoheitsgebiet ansässig und dessen Staatsbürger sind.

V. Minderheitenspezifische Schranken der Vereinigungsfreiheit

Die neue Verfassung Estlands sieht im § 48 das Vereinigungsrecht jeder Person vor, wogegen die Zugehörigkeit zu politischen Parteien estnischen Staatsbürgern vorbehalten ist. Dieselbe Verfassungsbestimmung verbietet Gesellschaften, Vereine, Verbände und Parteien (welche ja für Nichtstaatsangehörige sowieso nicht in Frage kommen), deren Ziele auf eine gewaltsame Änderung der Verfassungsordnung Estlands gerichtet sind

---

128 § 27 (4) *leg.cit.*

129 § 27 (5) *leg.cit.*

130 § 27 (2) *leg.cit.*

131 126/1 Eesti Ringvaade 24.10.27.10.1993, 1.

132 Resolution der Parlamentarischen Versammlung No. 1201b (1993) nach den Richtlinien 484 (1993).

oder in anderer Weise im Widerspruch zu einem Gesetz stehen, welches eine strafrechtliche Verantwortung vorsieht. Unter diese Bestimmung fallen sicherlich einige Organisationen der russischsprachigen Bevölkerung, welche den Oktoberputsch 1993 unterstützt haben und welchen in der nächsten Zeit ein Verbot droht. Dagegen sind verschiedene Organisationen der russischsprachigen Bevölkerung in Nordostestland, welche z.B. die Referenda im Juli 1993 unterstützt oder ausgelöst haben, von estnischen Behörden großzügigerweise unbelästigt gelassen worden. Auch wurden Aussagen der extremnationalen und neokommunistischen Führer Nordostestlands, wie z.B. des ehemaligen Bürgermeisters von Narva, *Chuikin*, nicht als Aufruf für eine gewaltsame Änderung der Verfassungsstruktur angesehen.

VI. Politische Repräsentation

1. Auf gesamtstaatlicher Ebene

Das Wahlrecht der Republik Estland sieht auf gesamtstaatlicher Ebene nur die Partizipation von Staatsangehörigen vor. § 56 der estnischen Verfassung bestimmt, daß das (Staats)Volk die oberste Staatsgewalt durch die Wahlen zur Staatsversammlung und durch die Volksabstimmung aller Bürger ausübt, und § 57 bestimmt, daß jeder Bürger der Republik Estland, der 18 Jahre alt geworden ist, stimmberechtigt sei. Nach § 60 kann jeder mindestens 21-jährige Staatsbürger zu den Wahlen zur Staatsversammlung kandidieren.

2. Auf regionaler und lokaler Ebene

Am 19. Mai 1993 wurde das Gesetz über die Wahlen zu den örtlichen Selbstverwaltungskörperschaften angenommen[133]. In Wiederholung von § 156 der Estnischen Verfassung bestimmt § 2 (2) dieses Gesetzes, daß jeder Ausländer oder Staatenlose aktiv wahlberechtigt ist, welcher sich rechtmäßig in der Republik Estland aufhält, am Wahltag wenigstens 18 Jahre alt ist, am 1. Januar des Wahljahres mindestens 5 Jahre ständig in

---

[133] RT 1993/29/505.

Estland im Verwaltungsgebiet der örtlichen Selbstverwaltung gewohnt und sich aufgrund § 14 dieses Gesetzes in das Wählerregister eingetragen hat. Die Eintragung in das Wählerregister ist keine Schikane, weil auch estnische Staatsbürger diese nachweisen müssen. Bei ihnen fällt allerdings die 5-Jahresfrist weg[134].

Die Eintragung in das Wählerregister erfolgt für estnische Staatsangehörige und für Ausländer und Staatenlose getrennt[135]. Ausländer und Staatenlose müssen sich innerhalb einer von der Staatsversammlung festgelegten Frist eintragen lassen[136]. Ausländer und Staatenlose, welche im Dienst eines ausländischen Staates stehen, werden nicht in das Wählerregister eingetragen[137].

Das Gesetz über die Einrichtung der örtlichen Selbstverwaltungskörperschaften vom 2.06.1993[138], das Ausführungsgesetz zu § 156 der Estnischen Verfassung und zum oben erwähnten Gesetz über die Wahlen zu diesen, bestimmt zunächst die Aufgaben und Kompetenzen der Selbstverwaltungsorgane, Volikogu (Gemeinderat) und Valitsus (Verwaltung)[139] und legt diese wie folgt fest:

1) Sozialhilfe und -dienste, Altenversorgung, Wohnungs und Kommunalplanung, Wasserwirtschaft und Kanalisation etc.[140]
2) Aufrechterhaltung von vorschulischen und schulischen Einrichtungen, Büchereien Volkshäuser, Museen, Sportstätten etc., wenn diese sich im Eigentum der örtlichen Selbstverwaltungskörperschaften befinden[141];

---

134 § 3 (1) *leg.cit.*

135 § 14 (1) *leg.cit.*

136 § 14 (6) *leg.cit.*

137 § 14 (7) *leg.cit.*

138 RT 1993/37/558.

139 § 4 *leg.cit.*

140 § 6 (1) *leg.cit.*

141 § 6 (2) *leg.cit.*

Die Hauptstücke II (Gemeinderat) und III (Gemeindeverwaltung) enthalten keine minderheitenrechtlichen Bestimmungen. Dagegen bestimmt § 32, daß wenigstens ein Prozent der wahlberechtigten Gemeinde- oder Stadtbewohner, also auch die stimmberechtigten Ausländer und Staatenlose, das Recht haben, Rechtsakte zu initiieren, zu ändern oder aufzuheben. Dieser Aufforderung muß innerhalb von drei Monaten Folge geleistet werden. Noch weiter geht § 33, der bestimmt daß *jedermann* das Recht hat, die Abänderung oder Aufhebung von Rechtsakten des Gemeinderates und der Gemeindeverwaltung zu beantragen, wenn diese Rechtsakte seine Rechte rechtswidrig beschränken. Bei diesbezüglicher Weigerung kann der Betroffene sich an ein Gericht wenden.

Am 17.10.1993 fanden im gesamten Estland Wahlen zu den örtlichen Vertretungskörperschaften statt. Dabei sind in diesem Zusammenhang eigentlich nur die Resultate der Städte Tallinn, Narva, Kohtla-Järve und Sillamäe interessant, weil in den übrigen Städten die nichtestnische Bevölkerung nur einen kleinen Teil ausmacht.

Die Ergebnisse der Hauptstadt Tallinn[142] gliedern sich wie folgt auf:

1)	Vereinigte Liste[143]	18 Mandate
2)	Russische Demokratische Bewegung Estlands[144]	17 Mandate
3)	Russische Liste "Revel'"[145]	10 Mandate

142 Bevölkerung nach dem Zensus 1989:

Gesamtbevölkerung	478.974
Esten	227.245
Russen	197.187
Ukrainer	22.856
Weissrussen	12.515

143 Angeführt vom ehemaligen Staatsoberhaupt *Arnold Rüütel* mit 6.576 Stimmen und gefolgt vom ehemaligen Außenminister *Lippmaa* mit 3.915 Stimmen.

144 Gemäßigte, auf Zusammenarbeit gerichtete Liste.

145 Russische, stark linksorientierte Nationalisten (so in Päevaleht v. 20.10.1993), angeführt vom Korrespondenten der Pravda, *Lembit Annus*, der mit 4.120 Stimmen die zweithöchste Stimmzahl bekam. Man beachte den Namen der Liste, "Revel", der die russischprachige Version der estnischen Hauptstadt, Tallinn ist. Zu dieser Liste

4)	Rathauskoalition[146]	9 Mandate
5)	Zentrum	5 Mandate
6)	Fraktion "Isamaa" (Vaterland)[147]	5 Mandate

Die Wahlen in der nächstgrößten Stadt von minderheitenpolitischem Interesse, Narva, ergaben folgende Resultate:

1)	Narvaer Gewerkschaftszentrum[148]	12 Mandate
2)	Estnische Demokratische Arbeitspartei	12 Mandate
3)	Narvaer Estnischer Verein	7 Mandate

Die Ergebnisse in Kohtla-Järve waren wie folgt:

1)	Liste "Kooperation"[149]	30 Mandate
2)	Liste Gewissen"[150]	10 Mandate
3)	Liste "Ahtme"[151]	1 Mandat

schrieb *M. Suits* im Päevaleht v. 20.10.1993, daß drei der Listenmitglieder, *Nelli Kuznetzova*, *Mamon Barabauer* und *Alexej Semenov* für ihre estlandfeindliche Einstellung und Publikationen bekannt seien.

146 Estnische Parlamentarier.

147 Estnische Nationalisten.

148 Hauptsächlich Direktoren Narvaer Fabriken.

149 Eine Liste gebildet von sieben politischen Parteien Estlands von der Vaterländischen Front (*Rahvarinde*) bis zur Demokratischen Arbeiterpartei, vgl. CSCE Mission Report # 36, Talinn, 18. Oktober 1993.

150 Eine Liste mit 20 Kandidaten, meistens ethnische Russen, von denen ein Teil kein Estnisch spricht (CSCE Mission Report # 36), vgl. oben Anm. 149.

151 Eine Liste von Wählern, welche den Stadtteil Ahtme als eigene Stadt wünschten und meistens ethnische Esten waren.

Die Ergebnisse von Sillamäe sahen folgendermassen aus:

1)	Estnische Koalitionspartei[152]	13 Mandate
2)	Estnische Zentrumspartei	4 Mandate
3)	Liste "Zusammenarbeit"[153]	3 Mandate
4)	"Gemäßigte"[154]	1 Mandat

Diese Wahlen, an welchen der russischsprachige Teil der Bevölkerung wesentlich mehr teilnahm als die Esten, zeigten deutlich, daß russische extreme Gruppierungen bei der Bevölkerung viel weniger Anklang fanden, als gemäßigte Kandidaten. Das mag als ein gutes Zeichen gewertet werden, weil es die Integration zumindest eines Teiles der russischen Bevölkerung anzeigt.

3. Auf der Ebene gesellschaftlicher Organisationen

In Estland gibt es eine Reihe von gesellschaftlichen Organisationen, welche von nationalen Minderheiten geschaffen wurden und ihre Interessen vertreten. Von allgemeinpolitischem Interesse sind hier die russophilen Organisationen Nordostestlands zu nennen. Ihr Dachverband ist die Union der Slavischen Kulturellen und Bildungsorganisationen Estlands. Ihr Führer ist *Nikolai Solovej*, ein estnischer Staatsbürger, welcher am 17.10.1993 in den Tallinner Stadtrat gewählt wurde[155] und der "Russischen Demokratischen Bewegung" angehört, welche von 64 Mandaten 17 gewann. Diese Union umfaßt verschiedene Organisationen und Kulturgesellschaften und veranstaltet u.a. die "Feiertage der slavischen Kultur". Sie ist Gründungsmitglied der Vertretungsassamblée der Russischsprachigen Bewohner Estlands.

---

152 Eine hauptsächlich aus Russen bestehende Liste mit zwei estnischen Namen.

153 Estnische Namen.

154 Eine Russin, *Natalia Cheredinkova*.

155 Molodezh Estonii v. 20.10.1993.

Ebenfalls Gründungsmitglied dieser Vertretung ist die Union der Veteranenorganisationen, welche über 9.000 Pensionäre der Roten Armee und Kriegsveteranen des Zweiten Weltkrieges vereint. Auch sie ist als gesellschaftliche Organisation registriert und legal tätig. Sie nimmt aktiv an der Lösung der Frage des Bezuges ihrer Pensionen von der Russischen Föderation teil.

Die "Russische Demokratische Bewegung", welche bei den Wahlen zum Stadtrat Tallinns 17 Sitze errang, ist ebenfalls Mitglied der Assamblée der Russischsprachigen Bevölkerung Estlands.

Das Narvaer Gewerkschaftszentrum (*Profzentr*) ist die Union der gewerkschaftlichen Organisationen Nordostestlands und erhielt bei den Wahlen am 17. Oktober 1993 12 Mandate, obwohl sie mit 9.163 Stimmen die nächststärkste Partei (Estnische Demokratische Arbeitspartei, 6.746 Stimmen, ebenfalls 12 Mandate) bei weitem übertraf. Ihre Orientierung ist eigenen Angaben nach der Schutz sozialer Interessen der Werktätigen[156]. Sie gehört auch der Assamblée der Russischsprachigen Bevölkerung an.

Die Nationalen Kulturellen Gesellschaften (z.B. Jüdische, Ukrainische, Polnische, Armenische etc.) wurden im Jahre 1990 als Gegenpol zu der prosowjetischen Interbewegung (*Interdvizhenie*) gegründet und waren in ihrer Tätigkeit auf die Wiederherstellung der estnischen staatlichen Souveränität gerichtet. Sie entsenden 5 Mitglieder zum Runden Tisch[157].

Die Vertretungsassamblée der russischsprachigen Schriftsteller (*Predstavitel'naja assambleeja russkojazychnych pisatelej*) wurde am 6.01.1993 gegründet und befaßt sich vor allem mit kulturellen Fragen der russischsprachigen Bevölkerung, aber auch mit dem Schulwesen und der Staatsangehörigkeit. Sie nimmt an der Arbeit des Runden Tisches teil. Von ihrer Tätigkeit ist besonders zu berichten, daß sie sich der Frage der Integration der russischsprachigen Bevölkerung in Estland annimmt. Sie

---

156 Persönliche Mitteilung an den Verfasser von Herrn *Nikolaj Jugancev* am 21.10.1993 in Lund/Schweden.

157 Siehe unten.

sieht sich als eine Organisation der Übergangszeit an, bis die Vertreter der russischsprachigen Bevölkerung ihren Platz in der Staatsversammlung eingenommen haben werden. Wegen dieser Einstellung kann sie als interessiert an der positiven Entwicklung des Staates Estland angesehen werden.

Mitglieder der ehemaligen prosowjetischen Interbewegung organisierten im März die nicht registrierte Russische Gemeinschaft Estlands (*Russkaja obschchina Estonii*). Die Interbewegung war wegen ihrer Unterstützung des Augustputsches 1991 in Moskau verboten worden[158]. Sie hat noch einigen Einfluß unter der älteren Bevölkerung und den pensionierten Offizieren und schließt die Führer kleiner reaktionärer Organisationen, wie die Union der Kosaken und die Union der Offiziere, ein[159].

Allerdings haben alle diese Organisationen formell für die politische Entwicklung in Estland nur marginale Bedeutung. Das soll aber nicht heißen, daß sie materiell keine Durchschlagskraft haben könnten. Vor allem sind sie als Sprachrohr derjenigen Bevölkerung wichtig, welche noch nicht die estnische Staatsangehörigkeit erworben hat, oder sie gar nicht erlangen will.

Anders ist es um den im Juli 1993 vom estnischen Staatspräsidenten *Lennart Meri* geschaffenen "Runden Tisch" bestellt, der am 10. Juli 1993 seine erste Sitzung abhielt[160] und durch die Einrichtung beim Präsidenten (unter Einschluß eines Vertreters von ihm), eine wesentlich offiziellere Stellung einnimmt. Hier sind neben 5 Mitgliedern des Estnischen Parlaments und 5 Mitgliedern der seit 1989 bestehenden Minderheitenräte auch 5 Repräsentanten der Gemeinden Nordostestlands vertreten[161].

---

158 Cf. *R. Kionka*, Estonia: a Break with the Past, RL/RFE 3 Report on the USSR 1991/36, 61 f.

159 Persönliche Mitteilung an den Verfasser von Herrn *Jugancev*.

160 Press Service of the Estonian President's Chancellery v. 11.07.1993.

161 Eine Kopie des Statuts, welches am 22.09.1993 von Estnischen Präsidenten bestätigt wurde, ging am 29.09.1993 dem Estnischen Generalkonsulat in Salzburg zu.

Dieser Runde Tisch, dem nicht Staatsangehörige anderer Staaten angehören dürfen[162], hat das Recht, Empfehlungen und Vorschläge für die Lösung sozial-wirtschaftlicher, kultureller und rechtlicher Probleme von Ausländern sowie Staatenlosen auszuarbeiten und diesen Personen beim Erwerb der estnischen Staatsangehörigkeit Beistand zu leisten[163]. Er kann in Verfahrensfragen Entscheidungen mit Mehrheit, sonst im Konsensverfahren annehmen[164].

Anläßlich seiner ersten Sitzung nahm der Runde Tisch eine Erklärung zu dem bevorstehenden "Referendum" in den Städten Narva und Sillamäe an, in welchem vorgeschlagen wurde, diese bis zur Entscheidung des Staatsgerichtshofes über die Vefassungsmäßigkeit der Volksabstimmung auszusetzen[165]. Auch wurden die estnischen Behörden darin aufgefordert, keine Gewalt zur Verhinderung des "Referendums" anzuwenden. Interessant ist die positive Bewertung des Runden Tisches durch den russischen Präsidenten *Jel'zin* in einer Erklärung vom 15.10.1993, welche merkwürdigerweise dem estnischen Präsidenten vom Botschafter Rußlands, *Trofimov*, erst am 17.10.1993 abends, also nach Abhaltung der Gemeinderatswahlen, übergeben wurde[166].

Genauso positiv bewertete auch der KSZE-Hochkommissar für Minderheiten, *Max van der Stoel*, den Runden Tisch:

> "... he praised the influence of the Round Table on the stability of Estonian society.[167]"

---

162 § 6 des Statuts.

163 § 7 *ibid.*

164 § 17 *ibid.*

165 Press Service of the Estonian President's Chancellery v. 10.07.1993.

166 Postimees v. 22.10.1993.

167 Eesti Ringvaade 126/1, *op. cit.* Anm. 131, 1.

VII. Schlußbemerkungen

Man kann vielleicht nicht direkt sagen, daß die Situation in Estland in allen Facetten ideal ist. Vor allem ist die Lage der russophilen (russischsprachigen) Bevölkerung nicht zufriedenstellend, weil sie durch das Russische Gesetz über die Staatsangehörigkeit der RSFSR[168] mit seiner Mischung aus *jus sanguinis* und *jus soli* der Artikel 13-15 ihre russische Staatsangehörigkeit verloren haben. Diejenigen Personen, welche kraft ihrer Staatsangehörigkeit der UdSSR und der sich daraus resultierenden Staatsangehörigkeit einer Unionsrepublik, nämlich der RSFSR gewesen wären, haben diese nach Art. 18 (d-e) verloren. Diese Bestimmungen besagen, daß Staatsangehörige der UdSSR[169] oder Staatenlose[170] nur dann Staatsangehörige der RSFSR sind, wenn sie am 1.09.1991 auf dem Territorium der ehemaligen UdSSR wohnhaft waren. Nun hatte aber Rußland die Unabhängigkeit Estlands bereits am 26.08.1991 anerkannt und daher war Estland (und die anderen Baltischen Staaten) für Rußland nicht mehr "UdSSR", sondern Ausland mit allen daraus resultierenden Konsequenzen.

Strikt juristisch gesehen ist also die russophile Bevölkerung Estlands, soweit sie nicht die russische Staatsangehörigkeit angenommen hat[171], für Estland eine ausländische Bevölkerung. Ob sie nun Staatenlose sind, was sich aus dem russischen Staatsangehörigkeitsgesetz ergäbe, oder russische Staatsangehörige, was sich aber nach russischem Recht bemessen müßte - für Estland sind es keine estnischen Staatsangehörigen. Daß sich aus dieser Konsequenz Härten ergeben, ist offensichtlich und wurde auch in einigen Berichten über Estland erwähnt[172].

---

168 VVS RSFSR 1992/6/243.

169 § 18 (d) *leg.cit.*

170 §.18 (e) *leg.cit.*

171 Nach letzten Angaben des Estnischen Amtes für Staatsangehörigkeit (*kodakonsusamet*) sind dies ca. 30 000 Personen.

172 So z.B. Report of the CSCE ODIHR Mission, Study of Estonian Legislation, December 1992; Report von *Max van der Stoel* in 14 Human Rights Journal, 216-218 (1993); Report of the Council of Europe (Pekkanen/Danelius) 13 Human Rights Law Journal (1992), 236-244.

Eine für alle akzeptable Lösung wäre es, für diejenigen, welche eine längere Zeit in Estland verbracht haben, so etwa 10-15 Jahre, eine B-Staatsangehörigkeit einzuführen, welche diese Personen praktisch den Esten gleichstellen würde. Man müßte sie allerdings vom Wehrdienst befreien, weil diese Loyalität von ihnen schwer erwartet werden kann, da sie sich unter Umständen gegen ihr Mutterland (Heimatland) richten könnte. Dafür könnte man ihnen aber auch einige Rechte streichen, wie z.B. das Recht in das estnische Parlament gewählt zu werden, weil hier das Argument sicherlich stichhaltig ist, daß dafür eben eine besondere Loyalität zu Estland erforderlich ist. Mit dieser Rechtsstellung könnte man einerseits die Weltmeinung befriedigen, in welcher die estnische Lösung, der Wohnbevölkerung nur das passive Wahlrecht zu geben, als zu wenig erscheint. Auf der anderen Seite gibt es ja nationalistisch eingestellte estnische Bevölkerungsteile, welche die sowjetische, und damit russische Besatzung mit der damit verbundenen Unterdrückung und Demütigung nicht vergessen möchten. Auch diese könnten durch solch eine Lösung zufriedengestellt werden.

Zusammenfassend läßt sich also sagen: Im Rahmen der politischen Rechte ist die nicht-estnische Bevölkerung, welche die Staatsangehörigkeit der Republik Estland nicht hat, sicherlich benachteiligt. Die Klärung der Frage, ob dies zu Recht geschieht, oder nicht, sollte nicht die Aufgabe des vorliegenden Berichtes sein. Die Minderheitenrechte der Staatsbürger Estlands scheinen in einem genügenden Ausmaße gewährleistet zu sein, insbesondere durch das vor kurzem verabschiedete Gesetz über die Kulturautonomie der Minderheiten. Man könnte sogar behaupten, daß ihnen durch die Rechtsstellung als gesetzlich anerkannte Minderheit ein weit über dem internationalen Mindeststandard liegender Schutz gewährt wird, wenn man nicht sogar sagen sollte, daß ihr Schutz in Vergleich zu anderen Staaten optimal ist. Dadurch, daß die Minderheiten nicht-estnischer Staatsangehörigkeit durch dieses Gesetz jedoch alle Vorteile einer Kulturautonomie genießen und lediglich nicht in die Führungsorgane der nationalen Kulturautonomie gewählt werden können, sind sie faktisch den Staatsangehörigen gleichgestellt und auch für sie bietet sich ein im internationalen Vergleich überdurchschnittlicher Schutz.

Die rechtliche Stellung der Minderheiten in Griechenland

ALTANA FILOS*

I. Einleitung

Im Völkerrecht gibt es bislang noch keine allgemein akzeptierte Definition des Minderheitenbegriffs[1]. Bestimmungen bilateraler Abkommen sowie innerstaatlichen Rechts werden von daher in der Praxis immer wieder sehr große Bedeutung beigemessen, um die jeweiligen Minderheiten in den verschiedenen Ländern schützen und ihre Rechte fördern zu können.

Die einzige Minderheit, die das griechische Recht anerkennt, ist die muslimische Minderheit in West-Thrazien, wie sie im Lausanner Vertrag in Bezug genommen ist[2].

Dieser Friedensvertrag - aus einem Hauptvertrag und mehreren Nebenverträgen, Konventionen, Deklarationen und Protokollen bestehend - ist eine umfassende Neuregelung der Beziehungen zwischen Griechenland und der Türkei nach dem griechisch-türkischen Krieg von 1921/22[3]. Die

---

* Dr. iur, Rechtsanwältin in Athen und wissenschaftliche Mitarbeiterin am Institut.

Die Verfasserin dankt Prof. G. Papadimitriou, Prof. Ch. Rozakis, Universität Athen, sowie Prof. G. Kasimatis, Institut für griechische Verfassungsgeschichte und Verfassungsrecht der Universität Athen, für wertvolle Hinweise.

Abkürzungen: grVerf = griechische Verfassung, EtK = Amtsblatt der griechischen Regierung, LNTS = League of Nations Treaty Series, grBGB = griechisches Bürgerliches Gesetzbuch

1 *Ch. Rozakis*, Hypervase kai diatererese tou ethnikou Kratous sten semerine Europe (Der Nationalstaat im heutigen Europa) in: Zetemeta Meionoteton sten Europe, EKEM, Athen 1992, 25 ff.; *R. Hofmann*, Minderheitenschutz in Europa. Überblick über die völker- und staatsrechtliche Lage, ZaöRV 52 (1991), 1 ff. (27).

2 Text des Vertrags in: LNTS, Bd. 28 (1924), 11-285.

3 Ausführlich bei *A. Alexandris*, The Greek Minority of Istanbul and Greek-Turkish Relations 1918-1974, Athen, 1983.

wesentliche Komponente der Neuregelung war die Konvention über den obligatorischen Bevölkerungsaustausch. Mit diesem Schritt des Zwangsaustausches der

> "Turkish nationals of the Greek Orthodox religion established in Turkish territory, and of Greek nationals of the Moslems religion established in Greek territory"[4]

wurde die nationale Homogenität Griechenlands und der Türkei beabsichtigt.

Genaue Zahlenangaben über die "kolossale Bevölkerungsverschiebung"[5], die mit der Durchführung dieses Vertrages verbunden war, liegen nicht vor. Man schätzt die hiervon betroffenen Muslime auf 434.000 Personen und die Zahl der aus Kleinasien und Ost-Thrazien "umgesiedelten" Griechen auf 1,35 Millionen Personen[6].

Der Lausanner Frieden brachte aber nicht die totale räumliche Separierung der Griechen und der Türken. Art. 2 der Konvention sieht nämlich vor, daß "the Greek inhabitants of Constantinople" und "the Moslem inhabitants of western Thrace shall not be included in the exchange"[7]. Auf eine Auflistung der Verpflichtungen Griechenlands gegenüber der muslimischen Bevölkerung in West-Thrazien wurde verzichtet. Art. 45 der Lausanner Konvention "concerning the exchange of Greek and Turkish populations" bestimmt:

> "... the rights conferred by provision of the present section on the non-Moslems minorities of Turkey will be similarly conferred by Greece and the Moslem minority in her territory"[8].

---

4 LNTS, Bd. 36 (1925), 76.

5 *G. Streit*, Der Lausanner Vertrag und der griechisch-türkische Bevölkerungsaustausch, Berlin 1929, 52 ff.

6 *R. Meinardus*, Die Türkei-Politik Griechenlands, Frankfurt 1985, 492.

7 LNTS, Bd. 36 (1925), 76.

8 LNTS, Bd. 28 (1924), 37.

Die Religionszugehörigkeit wurde so (wie bei den osmanischen Millets) zum maßgeblichen Kriterium bei der Bestimmung der jeweiligen ethnischen Zugehörigkeit erhoben[9].

Die muslimischen Minderheiten, die in West-Thrazien geblieben waren, zählten 1923 106.000 Personen[10]. Ende des Jahres 1925 waren 70 % der Bevölkerung in West-Thrazien Griechen, 27 % Muslime und der Rest Armenier und Juden. Durch eine gezielte Besiedlungspolitik der damaligen Athener Regierung, wurden die aus der Türkei kommenden Griechen fast ausschließlich in Mazedonien und West-Thrazien angesiedelt[11].

Die letzten offiziellen minderheitenrelevanten Statistiken stammen aus der Volkszählung des Jahres 1951. Der Religion nach waren:

Griechisch-orthodox	:	7.258.657
Katholiken	:	24.965
Protestanten	:	4.954
Muslime	:	112.665
Juden	:	6.325
Kopten	:	116
Andere Dogmen	:	4.294

9 *S. Menaides*, E threskeutike eleutheria ton musulmanon sten ellenike ennome taxe. (Die Religionsfreiheit der Moslems im griechischen Recht), Athen-Komotini 1990, 94-98.

10 *A. Alexandris*, To historiko plaisio ton ellenotourkikon scheseon 1923-1954, in: Oi ellenotourkikes scheseis, 1923-1987, Athen 1988, 39, 64 (Die griechisch-türkische Beziehung von 1923 bis 1987). Vor dem Krieg (1920) lebten in West-Thrazien nach einer Volkszählung von Engländern und Franzosen, ca. 86.793 Muslime (73.220 Turkophone, 11.739 Pomaken und 1.834 Roma). Eine griechische Volkszählung im selben Jahr, ergab die Zahl von 84.000 Muslimen.

11 *R. Meinardus*, Die griechisch-türkische Minderheitenfrage in: Orient 26 (1985), 55. In der Türkei sind 111.200 Griechen geblieben, so daß eine numerische Gleichheit bestand.

Der Sprache nach waren von den Angehörigen nicht-griechischsprachiger Gemeinschaften:

turkophon	:	92.443
slawophon	:	41.017
Vlachen (Aromunen)	:	39.885
Arbaniten	:	22.736
Pomaken	:	18.671

Bis auf eine kleine, höchstens 5.000 Personen zählende Minderheit auf den Dodekanes (Rhodos, Kos) leben Griechenlands Muslime fast ausschließlich in West-Thrazien. Obgleich zwei von drei griechischen Muslimen turkophon sind, ist es angesichts der Pluralität innerhalb der islamischen Bevölkerung Griechenlands falsch, von einer nur türkischen Minderheit zu sprechen, wie dies seitens der Regierung in Ankara immer wieder betont wird[12]. Ähnlich unzulässig sind auf der anderen Seite die Athener Bemühungen[13], die turkophone Minderheit in Thrazien ausschließlich als religiöse Minderheit zu präsentieren. An dieser Stelle ist zu erwähnen, daß Art. 2 § 2 (2) grVerf[14] jede Diskriminierung u.a. wegen unterschiedlicher Nationalität, verbietet. Mit dem Begriff "Nationalität" ist nicht nur die "Staatsangehörigkeit" gemeint, sondern auch "das Zugehörigkeitsgefühl zu einer Nation"[15].

---

12 "... Wir kümmern uns um die Bevölkerung ... im westlichen Thrazien ... weil sie türkischer Herkunft sind", Zit. n. Archiv der Gegenwart, 5.12.92, 37393.

13 So etwa der Regierungssprecher *D. Marudas* (in Kathimerini, 8.4.1982): "In West-Thrazien gibt es keine türkische Minderheit oder türkische Bevölkerung ... es gibt eine muslimische Minderheit".

14 "Alle, die sich innerhalb der Grenzen des griechischen Staates aufhalten, geniessen ohne Unterschied der Nationalität, der Rasse oder Sprache und religiösen oder politischen Anschauungen den unbedingten Schutz ihres Lebens, ihrer Ehre und ihrer Freiheit. Ausnahmen sind in den vom Völkerrecht vorgesehenen Fällen zulässig".

15 *A. Maneses*, Atomikes Eleutheries. (Grundrechte), Thessaloniki 1982, 122.

Bei den Volkszählungen in den Jahren 1961, 1971 und 1981 wurde zwar nicht mehr nach der Muttersprache gefragt, wohl aber nach der Religionszugehörigkeit. Diese Angaben gelangten jedoch nicht an die Öffentlichkeit. Die Schätzungen über die zahlenmäßige Stärke der muslimischen Bevölkerung Nordgriechenlands in den Jahren nach 1981 gehen erheblich auseinander: Sie reichen von 120.000[16] bis 150.000[17] Personen.

Am stärksten vertreten ist die Minderheit in der Präfektur Rhodopi, wo sie etwa 62 % der Bevölkerung ausmacht. In der westlichen Nachbarpräfektur Xanthi stellen die Muslime schätzungsweise 55 % der Bevölkerung und im Evros 9 % der Bevölkerung[18].

Die muslimische Minderheit in Thrazien ist sprachlich und ethnologisch, wie schon erwähnt, recht inhomogen[19]: 45 % sind turkophon, 35 % sind Pomaken und 18 % sind Roma.

Eine Minderheit innerhalb der Minderheit sind die Pomaken[20], die am Südhang des Rhodopigebirges im griechisch-bulgarischen Grenzgebiet angesiedelt sind. Der Großteil der Pomaken lebt heute in Bulgarien. Die genaue Zahl der Pomaken mit griechischer Staatsangehörigkeit ist nicht bekannt. Schätzungen gehen auf etwa 30.000 bis 45.000[21] Personen. Sie sprechen einen slawischen Dialekt der bulgarischen Sprachgruppe und beschäftigen sich hauptsächlich in der Landwirtschaft. Die Solidarisierung

---

16 *A. Alexandris* (Anm. 10), 524 f.; *R. Meinardus* (Anm. 11), 51; FAZ v. 3.2.93.

17 Zur numerischen Entwicklung der Minderheiten bis 1982, siehe *R. Meinardus* (Anm. 6), 511.

18 Nach Informationen der Präfektur Rhodopi (April 1993).

19 *S. Alexandris* (Anm. 10), 524.

20 Die Pomaken sind nach einer verbreiteten Theorie Nachfahren der Thraker, die im Laufe der Geschichte slawisiert, später islamisiert wurden. Vgl. *E. Sarides*, Ethnische Minderheit und zwischenstaatliches Streitobjekt. Die Pomaken in Nordgriechenland, in: Ethnizität und Gesellschaft, Nr. 11, Berlin 1987, 8 ff.

21 *S. Meinardus* (Anm. 11), 51.

der Pomaken mit den Rumeli-Türken hatte nach dem Anschluß Thraziens an Griechenland[22] und den Lausanner Verträgen begonnen, und zwar aus dem Bewußtsein der gleichen Lage als einer muslimischen Minderheit in einer als feindlich und bedrohlich empfundenen christlichen Umwelt[23].

Eine zweite Gruppe in der Minderheit sind die Roma, die überwiegend in der Grenzpräfektur Evros leben. Ihre Zahl wird auf zwischen 5.000 und 10.000 Personen geschätzt[24].

Bei der Volkszählung von 1951 bezeichneten sich außerdem 41.017 Personen als Slawophon. Es handelt sich dabei um Personen, die vornehmlich in der Präfektur Florina im Nordwesten Griechenlands lebten und dort wohl zum Großteil auch heute noch leben. Es sind meist ältere Leute, die einen gemischten Dialekt sprechen, ein typisches Überbleibsel der traditionell ethnisch sehr gemischten Besiedlung des Gebietes[25]. Gemischter Dialekt meint dabei den Umstand, daß der südslawische Regionaldialekt aufgrund des jahrhundertelangen griechischen Einflußes erhebliche griechische Sprachelemente in sich aufgenommen hat. Gleichzeitig handelt es sich um ein Phänomen der 'Diglossie': Muttersprache für den Haus- und Familiengebrauch ist der angestammte südslawische Dialekt, Sprache für die öffentliche Sphäre dagegen das Griechische. Die überwiegende Mehrzahl der 'Slawophonen' sehen dementsprechend, ähnlich wie die Vlachen, die das dem Rumänischen nahestehende Aromunisch sprechen, keinen Widerspruch zwischen einer nichtgriechischen Muttersprache und dem Zugehörigkeitsgefühl zur

---

22 Mit der Aufteilung der osmanischen Region Thrazien unter Griechenland, Bulgarien und der Türkei sind Staatsgrenzen gezogen worden, die die dort ansässigen Pomaken auf diese drei Länder verteilten.

23 Vgl. *E. Sarides* (Anm. 20), 32.

24 *R. Meinardus* (Anm. 11), 499; andere Zahlen bei *H. Poulton*, The Balkans. Minorities and States in Conflict, London 1993, 188.

25 Vgl. *H. Poulton* (Anm. 24), 175 ff.

griechischen Nation[26]; hierin liegt ein fundamentaler Unterschied zur turkophonen Minderheit in West-Thrazien.

Zur Aufteilung Mazedoniens war es im Vertrag von Bukarest nach dem Zweiten Balkan-Krieg von 1913 gekommen: Griechenland erhielt damals die Südhälfte des ehemaligen osmanischen Territoriums Mazedonien, in dem die Griechen die größte Bevölkerungsgruppe stellten (genau 51,1 % des Gebiets von Groß-Mazedonien), Serbien 39,5 % und Bulgarien 9,4 % des ehemaligen osmanischen Territoriums. Mit der Gründung der "Föderativen Republik Mazedonien" durch Tito im Jahre 1944 wurde dann auf dem Gebiet Jugoslawisch-Mazedoniens, das seinerseits eine sehr vielfältige ethnische Mischung beherbergt, ein "mazedonisches Volk" als Teilvolk Jugoslawiens konstituiert[27]. Das südostslawische Regionalidiom im Raum Prilep-Veles wurde als Schriftsprache kodifiziert, mittels des kyrillischen Alphabets orthographisch genormt und unmittelbar von den gleichfalls neu geschaffenen Medien übernommen[28].

Auf der Basis der sprachlichen Gemeinsamkeiten mit den slawophonen Bewohnern Nordgriechenlands wird nun von offiziellen Kreisen in Skopje behauptet, daß in Griechenland eine 'slawo-mazedonische' Minderheit von 150.000 bis 300.000 Personen existiere. Die Zahlenangaben lassen sich ohne Ergebnisse einer gezielten Volkszählung kaum verifizieren; unbestreitbar ist allerdings wohl, daß zwar zum einen eine Gruppe von mehreren zehntausend 'slawophonen' Personen in Nordgriechenland lebt, deren

---

26 Ausführlich bei *P. Giakoumis*, Hellas und die makedonische Frage, in: Südosteuropa 41. (1992), 443 ff.

27 Die Volkszählung von 1991 erbrachte folgendes Ergebnis: Bei einer Gesamtzahl von 2.033.964 waren 1.314.283 "Mazedonier", (64,6 %), 427.313 Albaner (21 %), 97.416 Türken (4,8 %), 55.575 Zigeuner (2,7 %), 44.159 Serben (2,7 %) und 95.218 übrige und unbekannt (4,7 %),vgl. *G. Seewann*, Die Ethnostruktur der Länder Südosteuropas aufgrund der beiden letzten Volkszählungen im Zeitraum 1977-1992, Südosteuropa 42 (1993), 78 f.

28 *Stefan Troebst*, Makedonische Antworten auf die "Makedonische Frage" 1944-1992: Nationalismus, Republiksgründung, nation-building, in: Südosteuropa 41 (1992), 431 f.; s. auch einen Zeitungsbericht v. *Michael Thumann*, Land zwischen Krieg und Bürgerkrieg, "Die Zeit" (Politik), v. 6.11.1992.

muttersprachlicher Dialekt zur gleichen Sprachgruppe gehört wie die seit 1945 verselbständigte Nationalsprache 'Jugoslawisch-Mazedoniens', daß zugleich aber die überwiegende Mehrheit dieser Bevölkerungsgruppe kein ausgeprägtes Nationalbewußtsein eines vom Griechentum unterschiedenen 'mazedonischen Volkes' hat, sich vielmehr für den Weg der Assimilierung an die griechische Umgebung entschieden hat. Die Tatsache, daß unlängst sieben Personen in Griechenland wegen der "Verbreitung falscher Nachrichten" und der "Anstiftung zum öffentlichen Unfrieden" in Zusammenhang mit den von ihnen erhobenen Behauptungen zur Mazedonien-Frage vor Gericht gestellt wurden[29], zeigt jedoch, daß das auf dem Balkan neu erwachte Selbstbewußtsein der Ethnien nunmehr auch Griechenland erfaßt.

Andere kleinere Minderheiten in Griechenland sind die Kaukasier, ursprünglich aus dem Kaukasus stammende Christen, die Türkisch sprechen und um Alexandroupolis wohnen, und die Sarakatsani, die das Dorf Palladium in Nord-Griechenland besiedeln und Griechisch sprechen.

II. Das Recht auf Gebrauch der Minderheitensprache

1. Der private Bereich

Das griechische Recht regelt den Gebrauch der Sprache im Privatbereich nicht. Privat kann deswegen die eigene Sprache uneingeschränkt benutzt werden.

2. Behörden und Gerichte

Besondere Bestimmungen für Minderheitensprachen bestehen nicht. Griechisch ist insoweit alleinige Amtssprache. Einzige Ausnahme von

---

29 Vgl. Süddeutsche Zeitung v. 24.11.1992, 6.

diesem Grundsatz bildet Art. 57 des Wahlgesetzes Nr. 265/18.5.1989[30], wonach in den Wahlkreisen der Präfekturen Evros, Rhodope, Xanthe und Dodekanes (wo hauptsächlich die Minderheiten wohnen) die Möglichkeit existiert, mit Zustimmung des zuständigen Präfekten Übersetzer oder Dolmetscher für die türkische Sprache beizuziehen.

Der Umstand, daß in Griechenland die Trennung von Staat und Kirche nicht vollzogen wurde, prägt auch den Status der Muslime im griechischen Verwaltungssystem: Sie unterstehen zwar der Oberherrschaft des griechischen Staates, für die zivile Gerichtsbarkeit sind jedoch die in ihrer Präfektur gelegenen Mufti-Ämter zuständig. Es gibt drei Mufti-Ämter, die in Xanthi (Iskece), Komotini (Gümülcina) und Didimoticho (Dimotika) residieren. Der Mufti ist das religiöse Oberhaupt der muslimischen Minderheiten in West-Thrazien. Zu den Aufgaben der Mufti-Ämter zählen Eheschließungen[31] und Scheidungen[32], Vormundschaften und Testamente[33], darüber hinaus die Einsetzung von Imamen (Geistlichen) und - zusammen mit eigens dafür zu bildenden Ausschüssen - die Verwaltung des religiösen Vermögens. Die Zuständigkeit des Mufti ist fakultativ, d.h. die Muslime in West-Thrazien haben die Möglichkeit, im Rahmen der zivilen Gerichtsbarkeit zu wählen, ob sie sich an den jeweils zuständigen Mufti oder die staatlichen zivilen Gerichte wenden. Das ist auch im Sinne des Art. 8 § 1 grVerf, der bestimmt: "Niemand darf gegen seinen Willen seinem gesetzlichen Richter entzogen werden".

Das Gesetz Nr. 2345/1920, das diese Themen regelt, existiert als Folge des eigenartigen Systems der Beziehungen zwischen Staat und Kirche, trotz und gegen Art. 87 § 1 grVerf, der bestimmt: "Das Recht wird von den Gerichten

---

30 Etk. 126/19.5.1989.

31 Gerichtsentscheidung Nr. 16613/1981. Die Möglichkeit der Muslime in West-Thrazien zu mehreren Eheschließungen nach ihrem "heiligen" islamischen Recht ist ausnahmsweise nicht strafbar. S. auch Art. 1371 grBGB.

32 Die Eheleute sind nach dem islamischen Recht geschieden, nachdem der Ehemann einseitig seinen Willen bekundet hat.

33 Art. 10 des Gesetzes Nr. 2345/1920 lautet: "Die Muftis sind zuständig für islamische Testamente".

gesprochen; sie sind mit ordentlichen Richtern besetzt, die sachliche und persönliche Unabhängigkeit genießen". Der Mufti fungiert u.a. als Richter, Staatsanwalt, Notar und Zeuge, der das islamische Recht "erleuchten" und anwenden muß. Eine Besonderheit liegt auch darin, daß der Mufti islamisches Recht anwenden kann, das verfassungsrechtlichen Grundprinzipien entgegensteht[34].

Auch wenn die Vorschriften des griechischen Rechtes vorteilhafter für die muslimischen Frauen sind, nehmen sie dieses Recht ganz überwiegend nicht in Anspruch[35]. Im Ehe- und Familienrecht wäre dies denkbar und wünschenswert, besonders nach der Einführung der fakultativen Zivilehe in Griechenland im Jahre 1982[36], womit eine grundlegende Reform des Eherechts einherging. Ein Beispiel für diese Grundhaltung ist die Tatsache, daß in den letzten 2 1/2 Jahren in Komotini nur eine Zivilehe zwischen Muslimen geschlossen wurde[37].

Eventuelle Sprachprobleme wären kein Hindernis, da bei Gericht oder bei Behördengängen immer ein Dolmetscher zur Verfügung steht. Die Rechtskraft der Entscheidungen des Muftis für die zivile Gerichtsbarkeit erteilen die zuständigen Gerichte der ersten Instanz in der Präfektur, in welcher der Mufti sein Amt ausübt. Das Gericht prüft dabei nur die Zuständigkeit des Mufti.

Anläßlich der Wahl des Muftis von Xanthi, im Jahre 1990, verlangte die muslimische Gemeinde, daß sie die entscheidende Stimme bei der

---

34 Z.B. Art. 2 grVerf: "Grundverpflichtung des Staates ist es, die Würde des Menschen zu achten und zu schützen", oder Art. 4 § 2 "Griechen und Griechinnen haben gleiche Rechte und Pflichten", was nach dem islamischen Recht unvorstellbar wäre.

35 Vgl. *Menaides* (Anm. 9), 353 ff. und 362.

36 Gesetz Nr. 1250/1982. Deutsche Übersetzung von *Pouliadis*, IPRax, 1982, 214 f.

37 Nach Erkundigungen bei dem Bürgermeister von Komotini (April 1993).

Bestellung des neuen Mufti haben müßte[38]. Damit wurde freilich mehr verlangt als selbst in islamischen Ländern üblich ist, denn auch dort wird der Mufti durch den Staat bestellt[39]. Dementsprechend ging die griechische Regierung auch nicht auf dieses Begehren ein.

3. Kultur und Medien

a. Presse und Rundfunk

Die Lausanner Konvention verbietet jede Einschränkung der freien Entfaltung und Benutzung der eigenen Sprache, mündlich oder schriftlich (Art. 39). Die Pflege der Kultur durch die Minderheiten ist aber auch bereits durch die allgemeinen Grundrechte gewährleistet.

Das Griechische Recht garantiert die Pressefreiheit. Art. 14 §§ 1, 2 grVerf lautet: "Jeder darf seine Gedanken unter Beachtung der Gesetze mündlich, schriftlich und auch durch die Presse ausdrücken und verbreiten. Die Presse ist frei. Die Zensur, wie auch jede andere präventive Maßnahme, ist verboten". Der besondere Schutz der türkischen Sprache und darüber hinaus der islamischen Religion und Kultur durch die Presse ergibt sich aus der freien Ausgabe und Verbreitung von Zeitungen und Zeitschriften der muslimischen Minderheiten. Diese erhalten auch staatliche Zuschüsse.

In West-Thrazien existieren heute zehn wöchentlich und fünf monatlich erscheinende Zeitungen und Zeitschriften, wie z.B. "AKIN" (Einbruch), die seit 1957 existiert, "ILERI" (Vorwärts), seit 1975, und "BALKAN", seit Januar 1992, deren Verleger der Parlamentarier A. Sadik ist. Die neueste Zeitung in West-Thrazien ist "ORTAN" (Zeit), seit November 1992.

---

38 Nach dem Gesetz Nr. 2345/1920, das aber nach herrschender Meinung durch die Lausanner Konvention von 1923 außer Kraft getreten ist. Vgl. *A. Alexandris* (Anm. 10), 531.

39 *A. Alexandris* (Anm. 10), 531; *H.-J. Axt*, Explosiver Balkan und unruhiges Mittelmeer, in: Südosteuropa 40 (1991), 589.

Alle diese Zeitungen haben einen breiten Leserkreis, in manchen Dörfern werden sie sogar kostenlos verteilt. Von den anderen fünf kleineren Zeitungen haben die meisten einen religiösen Inhalt und sind eher konservativ (z.B. "GORUS", "TUNEL").

Nach West-Thrazien werden zusätzlich jeden Tag Tageszeitungen direkt aus der Türkei versandt. Außer diesen Presseorganen gibt es ohne staatliche Lizenz von sogenannten "Privatsendern" ausgestrahlte Radioprogramme in türkischer Sprache. Im staatlichen lokalen Rundfunk gibt es auch ein kurzes tägliches Rundfunkprogramm in Türkisch für die Muslime. Ohne Problem ist der tägliche Empfang privater Fernsehsender, wie INTERSTAR, direkt aus der Türkei.

b. Staat und Kirche

In Griechenland existiert ein eigenartiges System der Beziehung zwischen Staat und Kirche. Art. 3 § 1 Abs. 1 grVerf lautet: "Vorherrschende Religion in Griechenland ist die der östlich-orthodoxen Kirche Christi". Dieser Artikel kommt in allen griechischen Verfassungen seit der nationalen Revolution 1821 vor[40].

Die Verfassung gewährleistet im allgemeinen sowohl die Gewissens- als auch die Religionsfreiheit. Art. 13 §§ 1, 2 grVerf lautet:

> "1. Die Freiheit des religiösen Gewissens ist unverletzlich. Die Ausübung der individuellen und der politischen Rechte hängt nicht von der religiösen Anschauung eines jeden ab.
>
> 2. Jede bekannte Religion ist frei; ihr Kultus kann ungehindert unter dem Schutz der Gesetze ausgeübt werden. Die Ausübung des Kultus darf die öffentliche Ordnung und die guten Sitten nicht verletzen. Proselytismus ist verboten".

---

40 Allerdings nach der Verfassung von 1975 nicht mehr im ersten Abschnitt bei den Grundbestimmungen, sondern im zweiten, in der die Beziehungen zwischen Kirche und Staat geregelt werden.

Nach der Verfassung hat also jeder das Recht, seine Religion offen, mit all ihren Riten und Zeremonien, zu praktizieren. Dieses Recht kommt insbesondere in der Freiheit zum Ausdruck, Gotteshäuser, wie Tempel und Kirchen zu errichten, in denen die Religion nach den genannten Riten ausgeübt wird. Es gibt, nach Informationen der zuständigen Behörde, 170 islamische Gotteshäuser (Temene), mit 135 Imamen (Geistlichen) allein in der Präfektur Rhodopi.

Es existieren aber in Griechenland immer noch Diktaturgesetze, die dieses Recht relativieren: Zu nennen sind vor allem das Gesetz Nr. 1363/1938, das dann später vom Gesetz Nr. 1672/1939[41] ersetzt wurde, und das der vorherrschenden Religion einen besonderen Schutz gewährt. Zur Errichtung von Gotteshäusern ist grundsätzlich nach Art. 1 eine Erlaubnis der staatlich anerkannten religiösen Gewalt, d.h. des örtlichen orthodoxen Bischofs, erforderlich. Der an das Ministerium für Erziehung und Religion gerichtete Antrag bedarf einer begründeten Stellungnahme durch die örtliche Polizei[42]. Da diese Stellungnahme in der Praxis immer negativ ausfällt (für nicht orthodoxe Gotteshäuser), ist regelmäßiges Ergebnis, daß das Ministerium den Antrag ablehnt[43]. Alle religiösen Minderheiten sind von dieser Praxis betroffen, aber ganz besonders natürlich die muslimischen Minderheiten in West-Thrazien.

Ein Verstoß gegen die Religionsfreiheit der Muslime in West-Thrazien stellt die Verpflichtung aller pädagogischen Einrichtungen dar, die religiösen Feiertage der orthodoxen Kirche einzuhalten. Die religiösen Feiertage des Islam bleiben dabei unberührt und werden beachtet[44].

---

41 *S. D. Tsatsos*, Zur Verfassungsmäßigkeit des Gesetzes Nr. 13/63/1938, (Gutachten), Athen, 1985; ferner Cour Européenne des Droits de l'Homme. Affaire Kokkinakis c. Gröce (3/1992/348/421). Arrêt, Strasbourg, 25 mai 1993.

42 Art. 2 des Gesetzes Nr. 1363/1938. Ausführlich bei Meneides (Anm. 9), 290 ff.

43 So wurden z.B. Anträge einer nicht orthodoxen religiösen Gemeinde (13270/87 und 13271/88) zur Errichtung eines Gotteshauses in Argos und Rhodos durch den Minister abgelehnt.

44 Art. 8 § 2 des Gesetzes Nr. 3065/6.10.1965.

III. Bildungs- und Erziehungswesen

In Griechenland liegt das Bildungswesen grundsätzlich in der Kompetenz des Staates. Gemäß Art. 16 Abs. 1 und 2 grVerf[45] ist der Staat zur Entwicklung und Förderung der Bildung verpflichtet. Alle Griechen haben das Recht auf kostenlose Bildung in allen Stufen der staatlichen Unterrichtsanstalten[46]. Schulpflicht[47] besteht für die neunjährige Grundschulausbildung, auf die ein dreijähriges Studium auf dem Gymnasium folgen kann. Eine Sonderregelung ist mit dem Gesetz Nr. 694/13.9.1977 "Über Minderheitenschulen der muslimischen Minderheit in West-Thrazien"[48] vorhanden, welches die Erziehungsangelegenheiten von Muslimen in West-Thrazien allgemein regelt. Gemäß Art. 2 dieses Gesetzes besteht das Ziel der Minderheitenschule in der physischen, geistigen und sittlichen Erziehung der Schüler gemäß den in Griechenland geltenden Regeln zur allgemeinen Erziehung, wie sie auch für andere öffentliche Schulen des Landes üblich sind. Zweck der Minderheitenschule ist ferner die religiöse Erziehung der Muslime, gemäß Art 13 Abs. 1[49] i.V. mit Art. 16 Abs. 2 grVerf, welcher bestimmt, wie oben schon erwähnt wurde, daß die Bildung "eine Grundaufgabe des Staates" ist und die "sittliche und geistige Erziehung, sowie Entwicklung des religiösen Bewußtseins der Griechen" zum Ziel hat.

---

45 1. "Kunst und Wissenschaft, Forschung und Lehre sind frei; deren Entwicklung und Förderung sind Verpflichtung des Staates ... "

2. "Die Bildung ist eine Grundaufgabe des Staates und hat die sittliche, geistige, berufliche und physische Erziehung der Griechen, sowie die Entwicklung ihres nationalen und religiösen Bewußtseins und ihre Ausbildung zu freien und verantwortungsbewußten Staatsbürgern zum Ziel".

46 Art. 16 Abs. 4 grVerf.

47 Art. 16 Abs. 3 grVerf.

48 EtK Nr. 264/16.9.1977.

49 "Die Freiheit des religiösen Gewissens ist unverletzlich. Die Ausübung der individuellen und der politischen Rechte hängt nicht von den religiösen Anschauungen eines jeden ab".

a. Die Grundschule

Für die Gründung von muslimischen Grundschulen ist, gemäß Art. 5 Abs. 1a des Gesetzes Nr. 694/13.9.1977, ein Antrag an den für die muslimischen Schulen zuständigen Schulinspektor zu richten, unterschrieben von denjenigen Eltern oder Erziehungsberechtigten, die ihren ständigen Wohnsitz in der Region haben, für die die Gründung der Schule beantragt wird.

Die Genehmigung zur Gründung einer Minderheitenschule erteilt der zuständige Präfekt; sie fällt damit unter die Zuständigkeit des Ministeriums für Erziehung und Religion (Art. 5 Abs. 2 Gesetz Nr. 694/13.9.1977). Als Gründer dieser Schule gilt, mit seinem Einverständnis, einer der Eltern oder Erziehungsberechtigten, die den Antrag auf Gründung der Schule gestellt haben.

Die Anerkennung der Minderheitenschule als gleichwertig zu den öffentlichen Schulen geschieht auf ministeriellen Erlaß und nach Vorschlag durch den zuständigen Inspektor (Art. 5 Abs. 6 Gesetz Nr. 694/13.9.1977). In den muslimischen Grundschulen bildet die Koranlehre ein eigenständiges Schulfach und weist den ersten Rang im Schulprogramm auf[50]. Gemäß dem Erlaß des Erziehungsministers Nr. 149251/28.11.1957 "Über den detaillierten Stundenplan in den muslimischen Schulen"[51] gilt das Schulprogramm nicht nur als Aufzählung von Erziehungsmitteln, sondern auch als Mittel zur Ordnung geistiger Werte. Dazu zählt auch die Koranlehre als das Heilige Buch der Muslime, das u.a. auch die sozialen Beziehungen unter ihnen regelt. Der Gebrauch der arabischen Schrift verdeutlicht den Wert, den Muslime den alten Bräuchen und Traditionen beimessen[52]. Im September 1973 wurde jedoch die lateinische Schrift in vielen pomakischen Schulen eingeführt[53]. Gemäß Art. 7 Abs. 1 Satz 5,1

50 *S. Menaides*, Religionsfreiheit (Anm. 9), 268 ff.

51 EtK Nr. 162/4.6.1958.

52 Hauptsächlich in den Regionen, in denen Pomaken wohnen.

53 *Sarides* (Anm. 20), 31.

Gesetz Nr. 694/13.9.1977 erfolgt der Religionsunterricht durch muslimische Geistliche. Zum Sprachunterricht gehören die türkische und die griechische Sprache[54]. Der Unterricht in Griechisch erfolgt anhand der Schulbücher, die auch in den öffentlichen Schulen Verwendung finden, mit Ausnahme derjenigen Kapitel, die sich auf die griechisch-orthodoxe Tradition beziehen; sie sind durch entsprechende Kapitel über die islamische Tradition ersetzt. Die Abfassung dieser Kapitel wird den muslimischen Religionspädagogen übertragen, unter der Aufsicht des muslimischen Oberhauptes von Komotini. Schulen mit Unterricht in Pomakisch gibt es dagegen keine, da diese Sprache nicht als Schriftsprache besteht. Für pomakische Kinder wird der Unterricht folglich in Türkisch als erster Sprache erteilt.

In ganz Thrazien existieren 244 Minderheitenschulen, mit einer Gesamtzahl von ca. 10.000 Schülern, von denen sich allein 135 in der Präfektur von Rhodopi befinden, mit einer Gesamtzahl von 4.290 Schülern[55].

b. Das Gymnasium

Es gibt drei Minderheitengymnasien in West-Thrazien, eines in Komotini, eines in Organi (nahe Komotini) und eines in Xanthi. Der Unterricht findet gemäß dem bilateralen Abkommen, das im Jahr 1968 zwischen Griechenland und der Türkei geschlossen wurde, zweisprachig, in Griechisch und Türkisch, statt. Eine große Zahl von Schülern, die eine Universitätsausbildung in Griechenland anstreben, besuchen allerdings öffentliche (griechische) Gymnasien[56], in denen nur in Griechisch unterrichtet wird. Seit 1949 existiert in Komotini eine Medresse, die als

---

54 Art. 7 Abs. 5, 1. Gesetz Nr. 694/13.9.1977.

55 Informationen aus der Präfektur Rhodopi, Stand April 1993 (eigene Erkundigungen).

56 Nach einem Bericht der Wochenzeitung "To Vima" vom 7.2.1993 nahm die Zahl der Schüler des Celal Bayar Gymnasiums in Komotini in bedrohlichem Maß ab; einer der Gründe dafür liegt in der Ablehnung der griechischen Regierung, die Eingangsprüfung auch in türkisch abzuhalten, s. auch *S. Menaides*, Religionsfreiheit (Anm. 9), 276.

Privatschule registriert ist und deren Gründer das muslimische geistliche Oberhaupt von Komotini ist. Finanzielle Unterstützung erhält sie sowohl vom Staat als auch von der muslimischen Gemeinde. Heute zählt sie ca. 140 Schüler, die als Religionslehrer und Geistliche ausgebildet werden[57]. Eine zweite Medresse wurde 1956 in der Kreisstadt Echinos bei Xanthi gegründet.

c. Die Pädagogische Hochschule

In Thessaloniki gibt es eine gemäß Art. 3 Gesetz Nr. 695/13.9.1977 zugelassene muslimische Pädagogische Hochschule, deren Absolventen als Lehrer in Minderheitenschulen arbeiten. Im Schuljahr 1992/93 unterrichteten in der Präfektur von Rhodopi unter den insgesamt 243 muslimischen Lehrern an Minderheitenschulen 122 Absolventen dieser Hochschule[58].

d. Universitätsausbildung

Über eigene universitäre Einrichtungen verfügt die muslimische Minderheit nicht. Ihre Angehörigen, die eine akademische Ausbildung anstreben, müssen daher entweder die Integration in das griechische Schulsystem wählen (die griechische Hochschuleingangsprüfung findet einzig in Griechisch statt) oder sie müssen zum Studium in die Türkei gehen. Universitätsausbildung in der Türkei ist für Angehörige der muslimischen Minderheit aus West-Thrazien allerdings mit dem Problem verbunden, daß gemäß Art.19 des Gesetzes Nr.3379 v. 20.9.1955 "Ausländer mit griechischer Staatsangehörigkeit", die Griechenland in der Absicht verlassen, nicht zurückzukehren, ihre griechische Staatsangehörigkeit verlieren können[59]. Nach Informationen des Außenministeriums haben

57 Informationen aus der Präfektur Rhodopi, Stand April 1993 (eigene Erkundigungen).

55 Informationen aus der Präfektur Rhodopi, Stand April 1993 (eigene Erkundigungen).

59 Vgl. *A. Bendenhauer-Gerouse*, Griechisches Staatsangehörigkeitsrecht, 3. Aufl. 1975, 84 ff.

insgesamt 628 Personen im Zeitraum 1990-91 ihre griechische Staatsangehörigkeit gemäß Art. 19 des Gesetzes Nr. 3379/20.9.1955 verloren, wobei allerdings keine weiter aufgeschlüsselten Daten über das genaue Profil der Betroffenen vorliegen, sodaß aus dieser Zahl nicht unmittelbar Rückschlüsse über das Ausmaß des Problems gezogen werden können.

IV. Minderheitenspezifische Schranken der Vereinigungsfreiheit

Die Gründung von Vereinigungen durch Muslime in West-Thrazien unterliegt keinen besonderen gesetzlichen Einschränkungen[60]. Die Vereinigungen können religiösen oder beruflichen Charakters sein und haben zumeist die Regelung der Angelegenheiten der muslimischen Minderheit zum Ziel. Ihre Ziele dürfen allerdings nicht im Gegensatz zu den nationalen Interessen Griechenlands stehen und insbesondere nicht der territorialen Integrität des Landes zuwiderlaufen.

Die erste religiöse Vereinigung von Muslimen in Griechenland entstand in Komotini am 22.12.1933 und nannte sich "Vereinigung der Muslime Griechenlands"[61]. Ihr Ziel war die religiöse Bildung und die juristische Vertretung der Minderheit gegen jederlei Angriff auf die islamische Glaubenstradition. Am 2.9.1949 entstand in Komotini die zweite muslimische Vereinigung, die sich "Islamische Erweckung der Muslime West-Thraziens"[62] nannte. Sie war, wie die erste, eine traditionsbewahrende Vereinigung, jedoch mit modernistischen Tendenzen wie z.B. die Einführung der lateinischen Schrift und kemalistischer Prinzipien. Diese

---

60 Außer in beruflichen Vereinigungen gibt es nachweislich keine gemeinsame Trägerschaft von Christen und Muslimen in kulturellen Vereinigungen.

61 *S. Menaides*, Religionsfreiheit (Anm. 9), 249 ff.

62 Gerichtsbeschluß des erstinstanzlichen Gerichts von Rhodopi Nr. 113/1949.

Abkehr von den fundamentalistischen Prinzipien trug zu einem dramatischen Mitgliederschwund und schließlich zu ihrer Auflösung bei.

Eine neue Ära begann mit der Gründung von Vereinigungen wie "Vereinigte türkische Jugend von Komotini", "Vereinigte türkische Jugend von Xanthi" und "Türkische Lehrervereinigung West-Thraziens". Diese spiegeln die gesellschaftliche Wandlung innerhalb der Minderheit wider, die sich in einen fundamentalistischen und einen modernistischen Flügel gespalten hatte. Der Gebrauch des Begriffes "Türkisch" begann bei den staatlichen Stellen, Zweifel über die Ziele wie über die Träger dieser Vereinigungen zu wecken. Aufgrund der Bezeichnung wurde unterstellt, daß es sich um Vereinigungen von Personen mit türkischer Staatsangehörigkeit handele. Auf Antrag des Präfekten von Rhodopi, als zuständige Kontrollinstanz über alle Vereinigungen in der Präfektur, wurde daher die Vereinigung "Vereinigte türkische Jugend von Komotini" durch das Gericht erster Instanz der Präfektur von Rhodopi verboten (Urteil Nr. 299/29.6.1984). Dasselbe geschah mit der "Türkischen Lehrervereinigung West-Thraziens" (Urteil Nr. 300/1984)[63]. Der Areopag hat diese Urteile mit seinen Entscheidungen Nr. 1729/1987 und 1730/1987 bestätigt.

In der Folge kam es dann zu heftigen Auseinandersetzungen zwischen der Behörde für die öffentliche Sicherheit und Mitgliedern der muslimischen Minderheit[64].

---

63 Siehe *S. Menaides*, Religionsfreiheit (Anm. 9), 260 ff. in einer ausführlichen Kommentierung der Gerichtsurteile, unter besonderer Erwähnung, daß die "Bürger, gleicher oder verschiedener Herkunft, gleichen oder verschiedenen Glaubens, gleicher oder verschiedener Sprache, ... nur Griechen genannt werden (dürfen), der Begriff 'Türke', 'türkisch' etc. nicht den griechischen Bürger (bezeichne)..." und "... der Begriff 'Türke' oder 'türkisch' nicht Personen anderer Herkunft oder Sprache (bezeichnen), sondern Personen mit anderer Staatsangehörigkeit ... und ... damit der Eindruck erweckt (werde), daß es es in Griechenland eine türkische Jugend gebe, die sich betätige ..."

64 Am 29. Januar 1988 fand eine Demonstration in Komotini mit ca. 800 Personen statt. S. auch Zeitungsbericht v. *K. Iordanides* in: "Kathimerini", 7.2.1988.

Dabei ist zu betonen, daß die griechischen Regierungen keineswegs beabsichtigen, alle Vereine der Minderheit zu verbieten. Dies zeigt die Tatsache, daß nichts gegen den größten und wichtigsten Verein der Minderheit, "Vereinigung der Wissenschaftler", unternommen wurde[65]. Andererseits ist zu berücksichtigen, daß sich die Türkei zwar offiziell zur Unverletzlichkeit bestehender Grenzen bekennt, doch in nationalistisch gesinnten Kreisen immer wieder Stimmen laut werden, die den Anschluß West-Thraziens an die Türkei fordern[66].

Auch für Vereinigungen der slawophonen Minderheit in Nordgriechenland könnte der Vorbehalt der territorialen Integrität Griechenlands erhebliche praktische Relevanz beinhalten. Einzelne Angehörige der slawophonen Bevölkerungsgruppe wurden unlängst in Zusammenhang mit Forderungen nach besonderen Rechten für die slawophone Minderheit wegen der "Verbreitung falscher Nachrichten" und der "Anstiftung zum öffentlichen Unfrieden" angeklagt und zu Freiheitsstrafen verurteilt[67].

V. Politische Repräsentation

Das griechische Wahlrecht kennt keinerlei Sonderregelungen, die Parteien oder Abgeordnete nationaler oder religiöser Minderheiten privilegieren.

Auch für die Angehörigen von Minderheiten gelten die allgemeinen Bestimmungen des Art. 55 grVerf:

> 1. "Um zum Abgeordneten gewählt zu werden, muß man griechischer Staatsbürger und nach dem Gesetz wahlberechtigt sein und am Tage der Wahl das fünfunzwanzigste Lebensjähr vollendet haben.

---

65 Von griechischer Seite wird betont, daß der Protest seitens der Türkei ungerecht sei. Niemals hat die Türkei Vereinigungen der griechischen Minderheit in Istanbul mit dem Namen "griechisch" zugelassen; s. auch *A. Alexandris* (Anm. 3), 131-132.

66 FAZ, 3.2.93; auch *R. Meinardus* (Anm. 11), 61.

67 Vgl. Süddeutsche Zeitung v. 24.11.1992, 6.

2. Ein Abgeordneter, bei dem eine der obigen Voraussetzungen wegfällt, verliert ipso iure sein Abgeordnetenmandat".

Muslimische Abgeordnete gab es im griechischen Parlament aufgrund der Lausanner Konvention[68] immer. Sie vertreten aktiv und in aller Freiheit die muslimischen Minderheiten[69]. Über den Eid, den alle Abgeordnete bei ihrem Amtsantritt leisten, bestimmt Art. 59 § 1 grVerf:

"1. Die Abgeordneten leisten bei ihrem Amtsantritt im Sitzungssaal des Parlaments in öffentlicher Sitzung folgenden Eid:

Ich schwöre im Namen der Heiligen und Wesensgleichen und Unteilbaren Dreifaltigkeit, dem Vaterland und der demokratischen Staatsordnung die Treue zu bewahren, Gehorsam gegenüber der Verfassung und den Gesetzen zu üben und meine Pflichten gewissenhaft zu erfüllen".

Für Abgeordnete islamischen Glaubens bestimmt Art. 59 § 2 grVerf:

"2. Abgeordnete anderer Religionen oder Konfessionen leisten den gleichen Eid in der Form ihrer eigenen Religion oder Konfession".

Der Sprachgebrauch im Parlament ist nicht ausdrücklich geregelt. Der kürzliche Versuch des muslimischen Abgeordneten A. Sadik, sich vor der Nationalversammlung der türkischen Sprache zu bedienen, ist auf den Widerstand des Parlamentsbüros gestoßen[70]. Der Abgeordnete A. Sadik, einer der Vorkämpfer für die Rechte der Minderheit, hat inzwischen aber in seinen jüngsten Äußerungen erkennen lassen, daß seines Erachtens in

---

68 Gem. Art. 39 § 3 Lausanner Konvention.

69 *S. Meneides*, He koimoboulentike symperiphonen tom mousoulmanon boulentom, stis koimoboulentikes geriodous, 1974-1977, 1977-1981, 1981-1985 (Die moslemischen Abgeordneten in den Jahren ...), Komotini 1987.

70 Nach Presseberichten vom 31.3.1993.

West-Thrazien während der letzten zwei Jahre Fortschritte auf dem Weg zur Gleichberechtigung von Christen und Muslimen zu konstatieren seien. Er äußerte sich auch hoffnungsvoll über die verbesserten Beziehungen zwischen Griechenland und der Türkei angesichts der Minderheitenproblematik und begrüßte die Bemühungen der beiden Staaten um eine Lösung[71].

---

71 Zeitung "To Bema" v. 31.7.93, A, 12.

Die rechtliche Stellung der Minderheiten in Kroatien

JOSEPH MARKO*

I. Einleitung

1. Bevölkerungsstruktur und regionale Verteilung

Wie aus den Angaben über die amtlichen Volkszählungsergebnisse 1991 hervorgeht[1], deklarierten sich 77,9% der Bevölkerung Kroatiens als Angehörige der kroatischen Nationalität. Die bei weitem größte Volksgruppe sind in der Folge die in Kroatien lebenden Serben mit einem Anteil von 12,2% an der Gesamtbevölkerung, während die übrigen Volksgruppen - Italiener, Tschechen, Slowaken, Ruthenen, Ukrainer, Vlachen, Juden, Roma und Deutsche bzw. Österreicher - zusammen nur 2,7% der Bevölkerung ausmachen. Weitere rund 4% sind Angehörige der "Nationen" der ehemaligen Republiken Jugoslawiens (vgl. die folgende Tabelle über den Anteil der Volksgruppen an der Bevölkerung Kroatiens).

---

* Ass. Prof. Dr. *Joseph Marko*, Institut für Öffentliches Recht und Politikwissenschaften an der Rechtswiss. Fakultät der Karl-Franzens-Universität Graz. Der Verfasser dankt Sv. Doc. Dr. *Josip Kregar* von der Rechtswiss. Fakultät der Universität Zagreb für seine unermüdliche Hilfe bei der Beschaffung von Material und Informationen.

1 Vgl. neben der in der Tabelle angegebenen Quelle weiters *H. Büschenfeld*, Ergebnisse der Volkszählung 1991 in Jugoslawien, in: Osteuropa 1992, 1095 - 1101 und *G. Seewann*, Die Ethnostruktur der Länder Südosteuropas aufgrund der beiden letzten Volkszählungen im Zeitraum 1977 - 1992, in: Südosteuropa 1993, 78 - 82, insb. 79.

Tabelle: Der Anteil der Volksgruppen an der Bevölkerung Kroatiens

Nationalitäten	**1961**	**1971**	**1981**	**1991**	**+/- 1981-1991**
Serben	15,0%	14,2%	11,5%	12,2%	9,26%
Slowenen	0,9	0,7	0,6	0,5	- 5,31
Italiener	0,5	0,4	0,3	0,4	63,28
Ungarn	1,0	0,8	0,6	0,5	- 6,44
Jugo-Slawen	0,4	1,9	8,2	2,2	-72,32
Regionale Zugehörigkeit	-	-	0,2	1,0*	
Moslems	0,1	0,4	0,5	1,0	100,51
Albaner	0,1	0,1	0,1	0,3	137,7
Tschechen	0,6	0,4	0,3	0,3	0,3
Deutsche + +	0,1	0,1	0,1	0,1	
Slowaken	0,2	0,2	0,1	0,1	
Roma	-	-	0,1	0,1	
Ruthenen	0,2	0,1	0,1	0,1	
Ukrainer	-	0,1	0,1	0,1	
Vlachen**	0,0	0,0	0,0	0,0	
Juden***	-	0,1	0,0	0,0	

+ + Als eigene Kategorie werden auch Österreicher geführt. Als Angehörige dieser Gruppe deklarieren sich bei den Volkszählungen: 510 (1961), 352 (1971), 267 (1981) und 214 (1991).

* Regionale Zugehörigkeit zu Dalmatien, Zagorje, Lika angegeben.

** Als Vlachen deklarieren sich bei den Volkszählungen: 34 (1961), 13 (1971), 16 (1981) und 22 (1991).

*** Juden: 406 (1961), 2845 (1971), 316 (1981) und 600 (1991).

(Die Gesamtsumme ergibt nicht 100% , da die Kategorie "Übrige" nicht angeführt ist.)

Quelle: Republički zavod za statistiku, Popis stanovništva 1991. Narodnosni sastav stanovništva Hrvatske po naseljima, (Republik Kroatien. Statistisches Zentralamt, Volkszählung 1991. Nationale Zusammensetzung der Bevölkerung Kroatiens nach Ortschaften), Zagreb 1992, 9.

Was die Veränderungen im Zeitvergleich sowie die regionale Verteilung betrifft, so fällt die überproportionale Zunahme des Anteils der Angehörigen kroatischer Nationalität gegenüber den Volkszählungsergebnissen 1981 mit 6,4% auf, während das Wachstum der Gesamtbevölkerung im selben Zeitraum nur 3,45% betrug. Insbesondere zwei Gründe sind dafür anzuführen: Neben der Rückwanderung aus anderen ehemaligen Republiken ist vor allem auch eine rapide Abnahme bei der Selbstdefinition als "Jugoslawe" festzustellen: fühlten sich 1981 noch 379.058 Kroaten (8,2%) als "Jugoslawen", so waren dies 1991 nur mehr 104.728 (2,2%). Beinahe drei Viertel (72,32%) der "Jugoslawen"[2] von 1981 zogen es also vor, sich 1991 einer anderen Nationalität als 10 Jahre zuvor zuzuzählen.

Auch bei den Serben ist die Zunahme ihres Anteils an der Gesamtbevölkerung gegenüber der Volkszählung von 1981, als sie einen Anteil von 11,5% stellten, neben einem geringen Bevölkerungswachstum in erster Linie auf die starke Abwendung vom "Jugoslawismus" hin zur Deklaration als "Serbe" zurückzuführen. Was die regionale Verteilung ihres Siedlungsgebietes betrifft, so war fast ein Viertel dieser Volksgruppe bis zu den kriegerischen Auseinandersetzungen im Herbst 1991 in der Hauptstadt Zagreb wohnhaft, seit Jahrhunderten aber auch durch die Ansiedlung als Wehrbauern an der Militärgrenze (kroat. vojna krajina) des Habsburgerreiches, die sich vom Hinterland der adriatischen Küste bei Zadar entlang der Grenze Bosniens-Herzegowinas über Slawonien nach Ungarn und Rumänien hinein zog.[3] Diese Gebiete sind heute die Zentren des von den aufständischen Serben in Anspielung auf die damalige Sonderstellung der Militärgrenze so genannten Gebietes "Krajina." In der Region um Knin im dalmatinischen Hinterland und der Region Glina, nicht jedoch in

---

2 Zur Herausbildung des "Jugoslawismus" als "übernationalen" Integrationsfaktor vgl. die empirischen Untersuchungen von *S.L. Burg/M.L. Berbaum*, Community, Integration, and Stability in Multinational Yugoslavia, in: American Pol. Sc.Rev., Vol. 83, No. 2, June 1989, 535 - 554.

3 Vgl. dazu insbesondere *A. Karger*, Die serbischen Siedlungsräume in Kroatien, in: Osteuropa 1992, 141 - 146.

Slawonien, hatten die Serben 1991 in 11 Gemeinden einen Bevölkerungsanteil von mehr als 50%[4].

Auch die italienische Volksgruppe "profitierte" rein quantitativ von den veränderten politischen Verhältnissen. Ihre Zunahme im Zeitraum 1981-1991 von 11.661 (0,3%) auf 19.041 (0,4%) ist vorwiegend auf diesen Umstand zurückzuführen.[5] Der Großteil der Angehörigen der italienischen Volksgruppe lebt in Istrien, vorwiegend im Gemeindeverband von Rijeka. Daneben leben einige wenige in Zagreb und Split.[6]

Ungarn, Tschechen und Slowenen verzeichnen eine kontinuierliche Abnahme ihres Bevölkerungsanteils, wobei dieser bei den Slowenen vorwiegend auf die Emigration nach Slowenien zurückzuführen ist. Anders sieht es bei den Ungarn und Tschechen aus: ihr Rückgang hat seine Wurzeln sowohl in einem negativen Bevölkerungswachstum als auch anhaltender Assimilation. Tschechen und Ungarn haben ihr Hauptsiedlungsgebiet in den Gemeindeverbänden von Osijek (Ostslawonien) und Bjelovar (Nähe Zagreb), aber auch in Zagreb leben größere Bevölkerungsteile beider Volksgruppen.[7]

---

4 Das waren nach der Volkszählung 1991 Knin: 88,2%; Benkovac: 56,9%, Obrovac: 65,5%; Gračac: 80,2%; Donji Lapac: 97,5%; Titova Korenica: 75,3%; Vojnić: 89,4%; Virginmost: 70,6%, Glina: 60,6%; Kostajnica: 62,9% und Dvor na Uni: 86,5%. Vgl. Republika Hrvatska. Republički zavod za statistiku, Popis stanovništva 1991. Narodnosni sastav stanovništva Hrvatske po naseljima, (Republik Kroatien. Statistisches Zentralamt, Volkszählung 1991. Nationale Zusammensetzung der Bevölkerung Kroatiens nach Ortschaften), Zagreb 1992, 14 ff.

5 The National Composition of Yugoslavia's Population, 1991, in: Yugoslav Survey, vol. 33, Nr.1/1922.

6 *M. Domini*, Kroatien, in: Land Kärnten (Hrsg.), Arbeitsgemeinschaft Alpen-Adria. Die Minderheiten im Alpen-Adria Raum, Klagenfurt 1990, 104f.

7 Den größten Bevölkerungsanteil stellen die Tschechen in der Gemeinde Daruvar mit 18,2%, die Ungarn in der Gemeinde Beli Manastir sogar mit 18,57% der Gesamtbevölkerung. Vgl. *M. Domini*, Kroatien, in: Alpen-Adria (Anm. 6), 107. Zur Situation der Ungarn vgl. auch *L. Szita*, Identitätsprobleme der Magyaren in Kroatien, in: Gerhard Seewann (Hrsg.), Minderheitenfragen in Südosteuropa, München 1992, 175 - 180.

Hinzu kommen kleine und kleinste Volksgruppen wie Slowaken, Montenegriner, Mazedonier, Deutsche/Österreicher[8], Bulgaren, Juden, Griechen, Polen, Roma, Rumänen, Russen, Ruthenen, Türken, Ukrainer und Vlachen mit einem Bevölkerungsanteil von jeweils max. 0,2%. Eine Ausnahme stellen nur die Muslime und Albaner dar, deren Anteil sich gegenüber 1981, hauptsächlich auf Grund der Emigration und Flucht aus dem Kosovo, von 0,6% auf über 1,2% verdoppelte.

Eine explosive Zunahme erfuhr schließlich aber jener Bevölkerungsanteil, der sich bei der Volkszählung als "regional" deklarierte. Dies war insbesondere in Istrien der Fall. Waren dies 1981 nur 8.657 Personen (0,2%), so verfünffachte sich ihre Zahl 1991 auf 47.603 (1%)!

2. Rechtsquellen den Status von Volksgruppen betreffend

a. Die Verfassung vom 22. 12. 1990

aa. Das Nationalstaatsprinzip in der Präambel und die Problematik des Status der serbischen Volksgruppe

War die jugoslawische Föderation zwar als Nationalitätenstaat auf dem Prinzip der Gleichberechtigung aller Nationen und Nationalitäten aufgebaut, so waren die einzelnen Republiken doch nach dem ethnischen Prinzip konzipiert gewesen, wie dies schon in den ersten Republiksverfassungen aus den Jahren 1946/47 zum Ausdruck kam. Die Republiken waren - mit Ausnahme Bosniens und der Herzegowina - als Nationalstaaten des jeweils majoritären Volkes definiert. Dahinter stand die von der Verfassungsrechtsdogmatik nachträglich konzipierte Theorie, daß als Völker (narodi) diejenigen ethnischen Gruppen anzusehen seien, die außerhalb Jugoslawiens keinen eigenen Nationalstaat haben. Nationalitäten (narodnosti) dagegen seien Angehörige eines Volkes, das

---

8 Die etwa 10.000 in Kroatien lebenden Deutschsprachigen werden in der kroatischen Umgangssprache als "Švabe" bezeichnet. Mehr als die Hälfte von ihnen lebte 1991 im slawonischen Osijek. Vgl. Der Standard (Wien), 15.1.1991, 2.

außerhalb Jugoslawiens einen Nationalstaat besitze, wie z.B. die Ungarn oder Albaner.[9] Damit war klar, daß sich so definierte ethnische Gruppen dem Nationalstaatsprinzip entsprechend als Mehrheit und Minderheit gegenüberstehen. Was ist aber - und gerade dies wird in Kroatien mit einem 12%-Anteil der Serben an der Gesamtbevölkerung schon rein quantitativ gewichtig - mit den Angehörigen anderer, aber jugoslawischer Völker ? Haben auch diese den Status einer Minderheit in einer ethnisch anderen Republik ? Um diesem im Verhältnis von Kroaten und Serben historisch-politisch außerordentlich brisanten Dilemma zu entgehen, sah daher schon die kommunistische kroatische Verfassung 1974 in Art. 1 einen dilatorischen Formelkompromiß vor, der darauf hinauslief, die Sozialistische Republik Kroatien als "Nationalstaat des kroatischen Volkes, Staat des serbischen Volkes in Kroatien und Staat der dort lebenden Nationalitäten" zu bezeichnen[10], also begrifflich mit den zwei Staatsbegriffen zwei verschiedene Nationskonzepte - nämlich einen ethnisch definierten und einen ethnisch indifferenten - zur Grundlage des Formelkompromisses zu machen.

Angesichts der politischen Entwicklung im zerfallenden Jugoslawien war daher klar, daß bei Verabschiedung der neuen kroatischen Verfassung die Verankerung des Nationalstaatsprinzips gerade bei der serbischen Volksgruppe auf Widerstand stoßen würde. Alle Quellen wie auch die zeitliche Abfolge der Ereignisse weisen eindeutig darauf hin, daß das "nationale" Problem der Serben in Kroatien nur in Zusammenhang mit der Radikalisierung der serbischen Politik und dem serbischen Nationalismus, der instrumentell für die Machterringung und -erhaltung Slobodan Miloševićs war und ist, verstanden werden kann. So wird im sog. "Memorandum" der serbischen Akademie der Wissenschaften 1986, das

---

9 Vgl. *M. Beckmann-Petey*, Der jugoslawische Föderalismus, München 1990, 113 und 119.

10 Siehe Ustav Socijalističke Republike Hrvatske, in: Narodne Novine, broj 8/1974, pos. 86, 22. 2. 1974, str. 110 - 159 (Verfassung der Sozialistischen Republik Kroatien, in: Narodne Novine [im folgenden N.N.] Nr. 8/1974, pos. 86, 22. 2. 1974, 110 - 159), Art. 1, st. 2: "Socijalistička Republika Hrvatska je nacionalna država hrvatskog naroda, država srpskog naroda u Hrvatskoj i država narodnosti koje u njoj žive."

- soweit es sich um die Analyse der Unterdrückung und Diskriminierung der serbischen Nation im kommunistischen Jugoslawien, insb. durch die Verfassung 1974, handelt - als "geheimes" Regierungsprogramm Miloševićs angesehen werden kann, ausführlich die Benachteiligung der Serben in Kroatien und insb. die "raffinierte" Assimilationspolitik angeprangert, die dann damit belegt wird, daß der Anteil der serbischen Bevölkerung in Kroatien seit 1948 von 14,5% auf 11,5% zurückging, daß die kroatische Amtssprache "den Namen eines anderen Volkes (des kroatischen)" trage und damit die Diskriminierung beweise und daß alle Kulturorganisationen aufgelöst worden seien.[11] 1989 wurde schließlich - wie die Neue Zürcher Zeitung berichtete - von serbischen Intellektuellen und Massenmedien, die "sich ganz in den Dienst der serbischen Staats- und Parteiführung gestellt haben", ein "verbaler Bürgerkrieg" entfacht, der sich in nichts von den Argumenten und der Wortwahl gegenüber den Albanern im Kosovo unterscheide.[12]

Tatsächliche Grundlage für die Unzufriedenheit der Serben bestand jedenfalls darin, daß die serbische Kulturinstitution "Prosvjeta" ebenso wie die kroatische "Matica Hrvatska" 1971 verboten worden war und noch im Juli 1989 gegen die Gründung einer serbischen Kulturorganisation interveniert worden war. Zwar konnte dann die "Prosvjeta" 1990 wieder gegründet werden, doch wurde ihre Tätigkeit auf Anweisung des Staatspräsidenten bis 1992 "eingefroren". Auch wurde von den kroatischen Behörden nicht bestritten, daß der Gebrauch des Cyrillischen zurückgehe, doch sei dies nicht Folge einer gezielten Assimilierungspolitik, sondern auf die durchaus "natürliche und normale Assimilierung und Anpassung an die Umgebung" zurückzuführen.[13]

---

11 Der Originaltext des »Memorandum SANU« - grupa akademika Srpske akademije nauka i umetnosti o aktuelnim društvenim pitanjima u našoj zemlji [Akademikergruppe der Serbischen Akademie der Wissenschaften und Künste zu aktuellen gesellschaftlichen Fragen in unserem Lande] ist abgedruckt in: Naše teme (Zagreb) 1-2/1989, 129 - 163, vgl. insb. 155 ff.

12 So der Korrespondent der NZZ in "Polemik um Kroatiens serbische Minderheit", in: NZZ, 2./3. 12. 1989, 7

13 NZZ, 2./3. 12. 1989, 7. Vgl. auch die diesbezüglichen Beobachtungen von *M. Glenny*, The Fall of Yugoslavia. The Third Balkan War, 2nd

Mirjana Kasapović[14] unterscheidet in einer Analyse zu den Wahlen 1990 zwei Phasen der serbischen Nationalbewegung in Kroatien in den achtziger Jahren: In der ersten Phase war die serbische Nationalbewegung nur der kroatische Ableger der allgemeinen serbischen Nationalbewegung und vertrat deren Ziele (staatliche serbisch/jugoslawische Einheit, nationale Mobilisierung, moralische Erneuerung) und Einstellungen (Kollektivismus, Jugoslawismus, Traditionalismus) mit denselben Methoden (Protestversammlungen, "meetings", Demonstrationen) und war - da die Serben organisatorisch überproportional im Apparat der kroatischen KP vertreten waren - vor den Wahlen der Hauptträger der "alten Politik". Der "Sieg" des Reformflügels der KP und die Zulassung von Mehrparteienwahlen 1990 führte daher zu einer Fragmentierung und gleichzeitigen organisatorischen Neuorientierung der serbischen Nationalbewegung, aus der die Srpska Demokratska Stranka (SDS), die Serbische Demokratische Partei als wichtigste Organisation zur Vertretung der politischen Interessen der Serben hervorging und bei den Wahlen 5 Mandate im Sabor erreichte. Ihre Doppelrolle, als politische Partei daher in das staatliche System des neuen Kroatiens integriert zu werden - wobei ihr von der siegreichen Hrvatska Demokratska Zajednica (HDZ) unter *Franjo Tudjman* symbolisch der Posten eines stellvertretenden Parlamentspräsidenten zugestanden worden war - andererseits aber Vertreter einer ethnischen Minderheit zu sein, die sich gerade von diesem neuen Staat und seiner Regierung bedroht fühlt, führte zu einer Zerreißprobe. Der innere Zusammenhang der *serbischen Frage in Kroatien* einerseits und der *slowenisch-kroatischen Frage*

---

ed., London 1993, 12: "According to moderate Knin Serbs I met in 1990, only about 5 per cent of the local Serbs used the Cyrillic script, the rest not only spoke the Croatian variant, they used the Latin script. Eighteen months later, on my return, I witnessed the extraordinary spectacle of a Knin Serb attempting to write the address of his relations in Belgrade in Cyrillic - he could not do it. Halfway through the address, he gave up and wrote in Latin. The Croatian language was already dominant in Knin und Tudjman did not need to force it on people. As soon as he did, this helped to drive them away from Croatian culture."

14 *M. Kasapović*, Strukturna i dinamička obilježja političkog prostora i izbori (Strukturelle und dynamische Merkmale des politischen Umfeldes bei den Wahlen), in: *I. Grdešić/M. Kasapović/I. Šiber/ N. Zakošek*, Hrvatska u izborima '90 (Kroatien bei den Wahlen '90), Zagreb 1991, 15 - 48, insb. 33 ff.

in Jugoslawien andererseits zeigte sich daher in den programmatischen wie pragmatischen "Alternativen" der SDS: Jugoslawische Föderation/serbische Kulturautonomie, jugoslawische Konföderation/serbische politische Autonomie, unabhängiger kroatischer Staat/Sezession der Serben in Kroatien, wobei schließlich, wie die weiteren Ereignisse zeigen, der "gemäßigte" Flügel der serbischen Bewegung, der Autonomie *und* Integration als politisches Programm vertrat, vom "radikalen" Flügel überspielt wurde, der mit den Mitteln der Gewalt die Sezession von Kroatien anstrebte.

Festzuhalten ist jedoch, daß zwischen den Wahlen im April/Mai 1990 und noch vor dem Referendum über die Unabhängigkeit am 19.5.1991 von den radikalen Serben der Weg vom "verbalen" zum offenen Bürgerkrieg durch Gewalt gegen Personen beschritten wurde, dem auf der "politischen Ebene" der Übergang von der Forderung nach Autonomie zur Sezession folgte. Nachdem noch Ende Juni 1990 die sog. "Gemeinschaft der Gemeinden der Lika und Norddalmatiens" und ein "Serbischer Nationalrat" als Exekutivorgan gegründet worden waren, wurden im Sommer 1990 von Serben Straßensperren mit dem Schwerpunkt um Knin errichtet, Polizeistationen überfallen und Waffen geraubt und im August dJ ein "Referendum" über Autonomie in der nunmehr sog. "Krajina" durchgeführt[15], worauf am 1. Okt. eine vom Bürgermeister von Knin unterzeichnete Autonomie-Erklärung der Serben in Kroatien folgte. Nach der Annahme eines "Statuts des serbischen Autonomen Gebiets" im Dezember[16] sperrte die kroatische Regierung im Januar 1991 alle Haushaltsmittel für die betroffenen serbischen Gemeinden. Mit einem bewaffneten Überfall eines serbischen

---

15 Den "demokratischen" Charakter dieses Referendums zeigt wohl mit aller Deutlichkeit ein Bericht der Belgrader Zeitung Politika, 2.10.1990, 5 wo berichtet wird, daß 756.549 "Bürger" für die Autonomie und ganze 172 dagegen gestimmt haben, wobei 122.071 Bürger nicht in den betreffenden Gebieten Kroatiens, sondern als Flüchtlinge in der Vojvodina, im Kosovo und Belgrad lebend ebenfalls "abgestimmt" hätten. Sogar aus den USA seien 1208 Stimmen für die Autonomie geschickt worden.

16 Die Übersetzung eines Artikels der Belgrader Zeitung Borba zur "Kniner Frage", die den serbischen Standpunkt darstellt, ist abgedruckt in: Osteuropa 5/1991, A 292 - 294.

Kommandos auf das Rathaus von Pakrac Ende Februar wurde der Weg der Gewalt dann auch in Slawonien beschritten, dem am 1. März die Gründung der "Serbisch Autonomen Region Slawonien, Baranja und westl. Syrmien" folgte. Bewaffnete Zusammenstöße zwischen serbischen "Milizen" und kroatischer Polizei im Bereich der Plitvice-Seen am 1. April forderten die ersten Todesopfer. Am 2. Mai werden dann in Borovo Selo nahe Vukovar 12 kroatische Polizisten in einen Hinterhalt gelockt und massakriert. Am 13. Mai wird die "Republik Krajina" ausgerufen und der Anschluß an Serbien verlangt, was jedoch vom serbischen Parlament in Belgrad abgelehnt wird.

Demgegenüber sprechen sich am 19. Mai 1991 dann in einem Referendum bei einer Beteiligung von 82,9% aller Wahlberechtigten 94,1% für die Unabhängigkeit Kroatiens aus, was schließlich - nach dem Scheitern aller Verhandlungen mit dem serbischen Block im Präsidium der SFRJ und dann zwischen den Republikspräsidenten - zur Unabhängigkeitserklärung des kroatischen Sabors am 25. Juni führt. Danach eskaliert der Konflikt zu einem Krieg, wobei die Jugoslawische Volksarmee zusammen mit serbischen Milizen ein Drittel des Territoriums Kroatiens erobert.[17]

---

17 Vgl. die diesbezüglichen Berichte im Archiv der Gegenwart 1989 - 1991; weiters *T. Brey*, Jugoslawien: Der Vielvölkerstaat zerfällt, in: Osteuropa 1991, 709 - 724; Chronology of the Serbian Extremist Activities in Croatia, in: Republic of Croatia (ed.), Peace Conference on Yugoslavia: Croatian Approach, Zagreb 1991, 37 - 39 und (!) Institute for European Studies (Belgrade), Inter-Ethnic Conflict and War in Former Yugoslavia, Belgrade 1992, insb. 6 ff. Eine gute, historisch fundierte Präsentation der Fakten und darauf aufgebaute Konfliktanalyse findet sich bei *M.-J. Calic*, Der serbisch-kroatische Konflikt in Kroatien, in: Michael Weithmann (Hrsg.), Der unruhige Balkan, München 1993, insb. 128 ff. Vgl. im übrigen auch *I. Šiber*, Nacionalna, vrijednosna i ideologijska uvjetovanost stranačkog izbora (Nationale, wertende und ideologische Bedingtheit der Parteienwahl), in: Grdešić/Kasapović/Šiber/Zakošek, Hrvatska, 98 - 130 sowie *J. Kregar/B. Smerdel/I. Šimonović*, Die Verfassung der Republik Kroatien: Politische Rahmenbedingungen und grundlegende Probleme, in: J. Marko/T. Borić (Hrsg.), Slowenien - Kroatien - Serbien. Die neuen Verfassungen, Graz-Wien-Köln 1991, 209.

Es war daher wohl einer der größten Fehler der offiziellen kroatischen Regierungspolitik, nicht sofort nach den ersten freien Wahlen im April/ Mai 1990 bzw. spätestens nach dem Referendum über die Unabhängigkeit am 19. Mai 1991 ein den internationalen Standards entsprechendes Nationalitätenverfassungsgesetz verabschiedet zu haben, obwohl mit einer Gruppe serbischer Intellektueller bereits Verhandlungen über die Kulturautonomie geführt worden waren[18], die dann angesichts des überwältigenden Wahlsiegs des HDZ aber nicht ernstlich weitergeführt wurden. Die zusammen mit der Unabhängigkeitserklärung verabschiedete "Charta der Rechte der Serben und anderen Nationalitäten" mußte schließlich eher wie eine halbherzige, programmatische Beschwichtigung aussehen, nachdem in der Verfassung vom Dezember 1990 keinerlei organisatorisch-institutionelle Vorkehrungen zum Schutz der Nationalitäten vorgesehen worden waren.

Im Gegenteil: Der im September 1990 von der Verfassungskommission des Präsidiums der Republik Kroatien veröffentlichte Verfassungsentwurf hatte noch in seinem Art. 2 vorgesehen, Kroatien als "Nationalstaat des kroatischen Volkes und Staat der Angehörigen anderer Völker und nationaler Minderheiten, die seine Staatsbürger sind" zu definieren.[19] Insofern die Serben als ethnische Gruppe im Status eines Volkes in dieser Formulierung - im Gegensatz zur Verfassung 1974 - nicht mehr namentlich aufgezählt wurden, wurde daher auf der *symbolisch-expressiven Ebene* das Signal ausgesendet, daß die Serben den anderen Volksgruppen, die ja auch namentlich nicht erwähnt werden, gleichgestellt werden sollten. Da außerdem anstelle des Begriffs Nationalität (narodnost) wieder der bisher als pejorativ abgelehnte Begriff der Minderheit (manjina) verwendet wurde, konnte von serbischer Seite eine angebliche "Angst" artikuliert werden, daß die Serben

---

18 Vgl. beispielsweise *D. Roksandić*, Ljudska i gradjanska prava i otvorena pitanja personalne i kulturne autonomije Srba u Hrvatskoj (Menschen- und Staatsbürgerrechte sowie offene Fragen der Personal- und Kulturautonomie der Serben in Kroatien), unveröff. Manuskript, sowie *ders.*, "Zivile Gesellschaft" mit Vorbehalt?, in: Der Standard (Wien), 8. Aug. 1991, 23.

19 Predsjedništvo Republike Hrvatske Ustavotvorna komisija Radna Skupina, Prijedlog nacrta ustava Republike Hrvatske (radnji materijal), Zagreb 24. rujna 1990, 1.

in Kroatien als bisher im und durch den jugoslawischen Bundesstaat gleichberechtigtes, weil "staatstragendes" Volk mit dieser Formulierung - obwohl damit noch nichts über ihre konkreten Rechte festgelegt ist - zur "Minderheit" degradiert und somit per se diskriminiert würden[20], während gerade von kroatischer Seite die frühere Formulierung immer als Ausdruck der Ungleichheit angesehen worden war und insbesondere die national orientierten Parteien im Wahlkampf auf ihre Änderung gedrängt hatten.

Aufgrund der Kritik an dieser Konzeption und dem durch die öffentliche Debatte erzeugten Druck wurde schließlich wiederum ein Formelkompromiß gefunden, der allerdings alle Widersprüchlichkeiten der theoretischen Konzeption in sich vereinigt und keineswegs zur Befriedigung irgendwelcher politischer Programme und Forderungen[21] beigetragen hat. Die im Septemberentwurf noch als Art. 2 im normativen Teil enthaltene Formulierung wurde schließlich in der endgültigen Version der Verfassung in den in seiner Funktion die Präambel darstellenden Einleitungsteil mit der Bezeichnung "Historische Grundlagen" verlegt, die Bestimmung als Nationalstaat zwar beibehalten, aber in Anklang an die Verfassung '74

---

20 So beispielsweise *M. Pupovac*, Die Minderheiten - Schlüssel zum Frieden oder : Ursache für den Krieg?, in: Johann Gaisbacher u.a. (Hrsg.), Krieg in Europa. Analysen aus dem ehemaligen Jugoslawien, Graz 1992, 101. Dieser Vorwurf wird auch von *J. Reuter*, Jugoslawien im Umbruch, in: Aus Politik und Zeitgeschichte, B 45/1990, 9 f. unkritisch wiedergegeben: "Die Serben werden demnach in einem Atemzug mit den numerisch viel kleineren Minderheiten der Ungarn oder Italiener genannt und *nicht mehr wie bisher besonders* hervorgehoben. *Diese Diskriminierung* bildet unter anderem den Nährboden für die offenkundig von Belgrad gesteuerte Revolte der in Kroatien lebenden Serben." (Hervorhebung JM). Vgl. dagegen die differenzierte Sicht von *B. Smerdel*, The Republic of Croatia: Three Fundamental Choices, in: Croatian Political Science Review 1/1992, 61 f. Fn 2). Damit soll aber nicht darüber hinweggetäuscht werden, daß es auf der *faktischen Ebene* sehr wohl zu Diskriminierungen durch Rechtsverletzungen im Hinblick auf Arbeitsplätze und Wohnungen gekommen ist. Vgl. nur *N. Mappes-Niediek*, Kroatien, unsere Schöne, in: Die Zeit, 25.6.1993, 9 ff. oder International Helsinki Federation for Human Rights, Forced out: Illegal evictions continue with impunity in Croatia, March 1994.

21 Die Parteiprogramme der kroatischen Parteien vor den Wahlen 1990 sind abgedruckt in: Naše teme 1990, 602 - 792; vgl. auch die Dokumentation von *D. Djurić/B. Munjin/S. Španović*, Stranke u Hrvatskoj (Parteien in Kroatien), Zagreb 1990.

wieder vom Staat der Angehörigen anderer Völker und Minderheiten gesprochen, die dann doch namentlich und demonstrativ aufgezählt werden: "... die Republik Kroatien ist eingerichtet als Nationalstaat des kroatischen Volkes und als Staat der Angehörigen anderer Völker und Minderheiten: der Serben, Moslems, Slowenen, Tschechen, Slowaken, Italiener, Ungarn, Juden und anderer, denen die Gleichberechtigung mit den Bürgern des kroatischen Volkes und die Verwirklichung der nationalen Rechte in Einklang mit den demokratischen Bestimmungen der Vereinten Nationen und Ländern der freien Welt gewährleistet wird."[22] Damit wurden zwar wieder wie in der Verfassung '74 die Serben als Volk expressis verbis erwähnt, die privilegierte Hervorhebung der serbischen Volksgruppe in Kroatien jedoch vermieden. Schwerwiegendere politische Folgen - wie oben dargestellt - sollte jedoch die dieser Formulierung zugrunde liegende Vermischung des ethnisch-nationalen und staatsnationalen Konzepts haben, sodaß die Begriffsbestimmung vom "Nationalstaat" theoretisch sogar falsch ist, da es sich bei der Anerkennung mehrerer gleichberechtigter staatstragender Völker begriffslogisch und idealtypisch ja um einen Nationalitätenstaat handelt.[23] Auch die Deklaration der Gleichberechtigung konnte daher durch die Bezeichnung "Nationalstaat" semantisch nie darüber hinwegtäuschen, daß letztlich zwei Typen von Gruppen angesprochen werden: das den Nationalstaat konstituierende kroatische Volk im ethnischen Sinn auf der einen Seite und die dem Staat als Staatsbürger angehörenden anderen Völker und Minderheiten andererseits. Damit konnte eben immer wieder die Frage gestellt werden, ob Angehörige des kroatischen Volkes nicht doch ein bißchen "gleicher" sind als andere Staatsbürger.

bb. Exkurs: Das kroatische Staatsbürgerschaftsgesetz

Gerade das kroatische Staatsbürgerschaftsgesetz sollte dann zeigen, daß solche "Befürchtungen" nicht völlig aus der Luft gegriffen waren. Nach Art. 30 Abs. 1 des Kroatischen Staatsangehörigkeitsgesetzes (KStAG)

---

22 Vgl. *J. Marko/T. Borić* (Anm. 17), 248.

23 Vgl. dazu *G. Brunner*, Nationalitätenkonflikte und Minderheitenprobleme in Osteuropa, Gütersloh 1993, 18.

1991[24], sind jene Personen, die bereits aufgrund des (Republiks-) Staatsangehörigkeitsgesetzes 1977 die kroatische Staatsangehörigkeit besessen haben, mit Inkrafttreten des neuen Gesetzes automatisch kroatische Staatsbürger. Dabei ergaben sich v.a. zwei Problemkreise politischer Natur.

Einerseits wurde damit der Personenkreis der in Kroatien ansässigen "Gastarbeiter" aus den anderen ehemaligen Republiken mit jugoslawischer Staatsbürgerschaft automatisch zu "Fremden". Diesen und ihren Familienmitgliedern steht daher die Möglichkeit zum Erwerb der kroatischen Staatsbürgerschaft nur durch die Einbürgerung nach den taxativ aufgezählten Bedingungen des Art. 8 Abs. 1 Z. 1-5 KStAG offen. Zu diesen Bedingungen zählen neben der Vollendung des 18. Lebensjahres und eines mindestens fünfjährigen, ununterbrochenen Aufenthalts auf dem Territorium der Republik Kroatien insbesondere die Kenntnis der kroatischen Sprache und lateinischen Schrift sowie gem. Z. 5, "daß sich aus dem Verhalten des Antragstellers schließen läßt, daß er die Rechtsordnung und die Gebräuche in der Republik Kroatien achtet und die kroatische Kultur annimmt." Abgesehen vom Zwang zum Bekenntnis zur kroatischen Kultur, der insbesondere für schon länger in Kroatien lebende Familien aus den anderen jugoslawischen Republiken problematisch ist, ergeben sich aber gerade unter dem rechtsstaatlichen Prinzip gravierende Bedenken gegen diese Bestimmungen, da das Ermessen der Behörden bei Anwendung dieser Bestimmungen in keinster Weise gesetzlich determiniert ist, noch eine Durchführungsverordnung erlassen wurde, sodaß bereits Anträge auf ein Normenkontrollverfahren beim kroatischen Verfassungsgericht eingebracht worden sind.

Ein weiteres Problem ergab und ergibt sich aber auch für kroatische Staatsangehörige. Über die Staatsangehörigkeit wurde von den Gemeindeverwaltungsorganen Evidenz geführt, die auch den Nachweis der

---

24 Vgl. insbesondere *T. Borić*, Staatsangehörigkeit in Kroatien, in: Das Standesamt. Zeitschrift f. Standesamtswesen, Familienrecht, Staatsangehörigkeitsrecht, Personenstandsrecht und internationales Privatrecht des In- und Auslandes 10/1993, dem auch die deutsche Übersetzung des Staatsangehörigkeitsgesetzes beigefügt ist.

Staatsangehörigkeit ausstellten. Personen, die nun einen neuen kroatischen Reisepaß oder eine Führerschein beantragen, aber keinen "Heimatschein" (domovnica) vorweisen können, stehen damit vor dem Problem, ihre Staatsangehörigkeit nachweisen zu müssen, wenn sie etwa im zuständigen Matrikelamt nicht registriert worden waren oder diese Eintragungen im Zuge der kriegerischen Ereignisse vernichtet worden sind. Dies kann daher nicht nur im Einzelfall sehr schwierig und von der Willkür der Behörden abhängig sein, sondern betrifft natürlich gerade auch die Angehörigen der serbischen Nationalität sowie die anderen Volksgruppen in Slawonien in einem statistisch gesehen überproportionalen Ausmaß.

cc. Die von der Verfassung gewährleisteten Rechte der Volksgruppen

Obwohl in der Präambel (Historische Grundlagen) das Prinzip der Gleichberechtigung aller Völker und Nationalitäten mit dem kroatischen Volk in Übereinstimmung mit den demokratischen Normen der Vereinten Nationen postuliert wird, hat dies nur deklarativen Charakter, ebenso wie das Prinzip der nationalen Gleichberechtigung als einer der obersten staatlichen Werte gem. Art. 3 der Verfassung. Auf der normativen Ebene wird das Prinzip der nationalen Gleichberechtigung in Art. 15 verankert. Aus dem Wortlaut wie der systematischen Stellung im Kapitel über die Grundfreiheiten sowie Menschen- und Bürgerrechte ergibt sich, daß die Gleichberechtigung gemäß Abs. 1 als individuelles Grundrecht konkretisiert ist und daher den einzelnen "Angehörigen aller Völker und Minderheiten" - nicht aber mehr diesen als kollektiven Entitäten - das Bekenntnis nationaler Zugehörigkeit, die freie Verwendung ihrer Sprache und Schrift sowie Kulturautonomie gewährleistet wird. Abgesehen davon, daß dieses individuelle Grundrecht auf "Kulturautonomie" weder definiert und durch die Verbindung mit "und" offensichtlich auch nicht mit der freien Verwendung der Sprache und Schrift gleichgesetzt werden kann, noch ein gesetzlicher Ausgestaltungsvorbehalt gemacht wird, ergibt sich aus Art. 12 auch eine Einschränkung dieser grundrechtlich verankerten "Sprachenfreiheit". Amtssprache der Republik Kroatien ist nach dem Nationalstaatsprinzip nämlich grundsätzlich kroatisch in lateinischer Schrift, nur in einzelnen lokalen Einheiten kann auch eine andere Sprache und Schrift amtlich verwendet werden.[25]

b. Die "Charta über die Rechte von Serben und anderen Nationalitäten in der Republik Kroatien"

Von der internationalen Öffentlichkeit weitgehend ignoriert wurde bereits in der "dreiteiligen" Unabhängigkeitserklärung der Republik Kroatien vom Juni 1991 auf die Rechte nationaler Minderheiten Bezug genommen. So sieht Punkt V des Verfassungsbeschlusses über die Souveränität und Selbständigkeit der Republik Kroatien programmatisch vor, daß Kroatien unter Anerkennung der Prinzipien der Charta von Paris allen seinen Bürgern "nationale Rechte" sowie alle übrigen Grundrechte garantiere. Dies wird dann im dritten Dokument der Unabhängigkeitserklärung, der "Charta über die Rechte von Serben und anderen Nationalitäten in der Republik Kroatien" näher ausgeführt.[26] Während in Punkt I dieser Charta die "gerechte Lösung der Frage der Serben und anderer Nationalitäten in der Republik Kroatien" angesichts der oben geschilderten politischen und gewaltsamen Entwicklung nicht mehr ganz prophetisch als einer der wichtigsten Faktoren der Demokratie, des Friedens und der internationalen Zusammenarbeit beschworen wird, werden in den Punkten II und IV der Schutz und die Förderung aller Nationalitäten als die beiden tragenden Rechtsprinzipien bezeichnet. Die Punkte IV, V und VI enthielten dann die demonstrative Aufzählung der Rechtsinstitute, um diese Prinzipien zu verwirklichen: Das Recht auf kulturelle Autonomie, das Recht auf proportionale Vertretung in den Organen der Gemeindeselbstverwaltung und den Staatsorganen sowie das Recht, Organisationen zu gründen, um die jeweilige Nationalität und ihre Mitglieder innerhalb des Staates als auch auf internationaler Ebene zu vertreten. Besonders bemerkenswert ist auch das in dieser Charta und damit verfassungsgesetzlich zugesicherte Recht jedes einzelnen Angehörigen und jeder Nationalität, sich an internationale

---

25 Dies war bereits durch Amandman LXVIII, N.N. 31/1990 verfassungsrechtlich verankert worden.

26 Diese Dokumente sind in deutscher Übersetzung abgedruckt in: *J. Marko/T. Borić* (Anm. 17), 278 ff.

Institutionen zu wenden, die den Schutz von Menschen- und Nationalitätenrechten vorsehen. Ein grundlegendes Spannungsverhältnis, was die Verwirklichung der Rechte der Nationalitäten betrifft, ist aber ebenfalls bereits in Pkt. III der Charta angedeutet, insofern dort postuliert wird, daß die Rechte der Nationalitäten und die internationale Vertretung keine Handlungen erlauben, die im Widerspruch zur Souveränität, territorialen Integrität und politischen Selbständigkeit der Republik Kroatien stehen. Mit anderen Worten wird hier also der Ausübung der Rechte der Nationalitäten die Loyalitätspflicht gegenüber dem kroatischen Staat gegenübergestellt, die im Konfliktfall daher zu einer Einschränkung der Rechte führen kann.

c. Das Nationalitätenverfassungsgesetz

Nachdem auf der Haager Jugoslawienkonferenz am 4. Nov. 1991 unter Pkt. II b) und c) des Konventionsentwurfs der EG den Republiken die Garantie ausführlicher individueller und kollektiver Minderheitenrechte inklusive eines "Sonderstatus" für Gebiete, in denen die Mehrheit der Bevölkerung einer Minderheit angehört, vorgeschlagen wurde[27], forderten die EG-Außenminister im Dezember 1991 in einer Erklärung zu "Richtlinien für die Anerkennung der Staaten in Osteuropa und in der Sowjetunion" alle jugoslawischen Republiken auf, bis 23. Dezember zu erklären, ob sie als unabhängige Staaten anerkannt zu werden wünschten und ob sie insbesondere auch die Bestimmungen akzeptierten, die in Pkt. II b) und c) des erwähnten Konventionsentwurfs enthalten sind.[28] In diesem Kontext ist daher das vom kroatischen Sabor am 4.12.1991 verabschiedete "Verfassungsgesetz über die Menschenrechte und Freiheiten sowie Rechte der ethnischen und nationalen Gemeinschaften oder Minderheiten in der

---

27 Zit. n. *Borba*/Edicija: Dokumenti, Specijalno izdanje, Beograd, Nov. 1991, 38 f. In deutscher Übersetzung ist der Pkt. II c) auch wiedergegeben in Europäische Akademie Bozen, Entwurf zu einer Konvention über die Grundrechte der Europäischen Volksgruppen (Zusatzprotokoll zur EMRK), 3. Fassung, 15. Januar 1992, 28 f.

28 Vgl. Presse- und Informationsamt der (deutschen) Bundesregierung, Bulletin Nr. 144, 19.12.1991, 1173 f.

Republik Kroatien"[29] zu sehen. Dieses Verfassungsgesetz enthält weit über die Bestimmungen der Verfassung vom Dez. 1990 hinaus einen umfassenden Katalog von individuellen und wiederum auch kollektiven Rechten zum Schutz und der Förderung von Volksgruppen, die in den folgenden Kapiteln im einzelnen dargestellt werden. Neben der Wiederholung der schon in der Verfassung verankerten individuellen Grundrechte (Kap. II) sind umfassende Bestimmungen zur Kulturautonomie im Bereich der Erziehung, Bildung, Kulturorganisation und Massenmedien (Kap. III) und der proportionalen Repräsentation in der Staatsorganisation (Kap. IV) vorgesehen. Für Gemeinden, in denen die Angehörigen einer Volksgruppe die Mehrheit bilden, war schließlich das Recht zu einem besonderen Selbstverwaltungsstatut inklusive der Möglichkeit, sich zu "Gebieten" zusammenzuschließen, somit also eine Form von territorialer Autonomie vorgesehen (Kap. V).

Diese Bestimmungen der Territorialautonomie im Rahmen der Gemeindeselbstverwaltung, wobei neben Kompetenzen im Sozial- und Bildungsbereich bis zum höheren Schulwesen auch eigene Polizeibehörden und eine eigene Gerichtsbarkeit vorgesehen waren, wurden jedoch von der Badinter-Kommission als nicht "intégralement toutes les dispositions" des Pkt. 2 c) des Konventionsentwurfs entsprechend angesehen und die Empfehlung zur Anerkennung Kroatiens daher unter diesem Vorbehalt ausgesprochen.[30] Dementsprechend wurde das Nationalitätenverfassungs-

---

29 Ustavni zakon o ljudskim pravima i slobodama i o pravima etničkih i nacionalnih zajednica ili manjina u Republici Hrvatskoj, in: N.N. 65/1991, pos. 1664, 4.12.1991, 2058 - 2064. Interessant ist, daß - etwa im Gegensatz zu Art. 15 der Verfassung - hier nicht mehr von "Völkern" (narodi), sondern von ethnischen und nationalen Gemeinschaften die Rede ist. Es ist völlig unklar, was mit diesem Wechsel der Bezeichnung, der Unterscheidung von ethnisch und national sowie der grammatischen Verbindung der Gemeinschaften und Minderheiten durch ein "oder", das eine synonyme Verwendung nahelegt, bezweckt ist. Unterschiede in bezug auf Rechte oder Pflichten lassen sich im Normtext nicht erkennen.

30 Siehe Conference pour la paix en Yougoslavie, Commission d'arbitrage, Avis N° 5 sur la reconnaissance de la République de Croatie par la Communauté Européenne et ses Etats membres, Paris, le 11 janvier 1992.

gesetz "nachgebessert" und wiederverlautbart.[31] Als "autonome Gebiete" wurden sog. "Kotarevi" (Kreise) - und zwar ein "autonomer Kreis Knin" und "autonomer Kreis Glina" - durch Zusammenfassung der entsprechenden Gemeindegebiete gebildet und diese Kotarevi mit den dem Haager Entwurf entsprechenden Kompetenzen und Organen ausgestattet.[32]

Die Bestimmungen der Verfassung und des Nationalitätenverfassungsgesetzes werden nun anhand einzelner Bereiche näher dargestellt.

II. Das Recht auf den Gebrauch der Sprache

1. Sprachenfreiheit im privaten und gesellschaftlichen Bereich

Schon in den Art. 137 und 247 der sozialistischen Verfassung 1974[33] war jeder Nation und jeder Volksgruppe das Recht zugesichert, die eigene Sprache und Schrift frei und gleichberechtigt zu gebrauchen. Allerdings stand die Gewährleistung selbst der Sprachenfreiheit unter dem einschränkenden Vorbehalt der in den sozialistischen Verfassungen üblichen generellen und konkreten Grundrechtsschranken zur Finalisierung der Grundrechte entsprechend den Zielen der kommunistischen

---

31 Siehe N.N., 27/1992, pos. 646, 8. Mai 1992, 634 - 636 und N.N. 34/1992, pos. 896, 17. Juni 1992, 832 - 838.

32 Demgegenüber vertreten *W. Hummer/P. Hippold*, Die Jugoslawien-Krise als ethnischer Konflikt, in: EA 4/1992, 87 - 96, insb. 93 die Auffassung, "im Vergleich zum Minderheitenschutzgesetz sieht der bereits mehrfach revidierte EG-Friedensplan viel weiterreichende Zugeständnisse vor." Bei einem Vergleich der Organe und Kompetenzen des ja im Mai 1992 novellierten Nationalitätenverfassungsgesetzes ist allerdings nicht ersichtlich, worauf sich die Einschätzung als "viel weiterreichend" beziehen soll. Auch von einem "höheren Niveau in Slowenien" (S. 94) kann bei einem diesbezüglichen Vergleich nicht die Rede sein. Im übrigen wurde auch die Bestimmung, daß Teile des Nationalitätenverfassungsgesetzes erst nach Beendigung des Bürgerkrieges in Kraft treten, durch die Novelle gestrichen.

33 Diese sind in deutscher Übersetzung abgedruckt bei *M. Domini*, Kroatien, in: Alpen-Adria (Anm. 6), 142 f.

Ideologie[34], wie dies auch in Art. 137 Abs 2 zum Ausdruck kam: "Zwecks Verwirklichung der Gleichberechtigung der Nationen und Volksgruppen und der Freiheit der Bürger in der Äußerung ihrer nationalen Besonderheiten ist jeder Nation und jeder Volksgruppe auch das Recht zugesichert, *in Einklang mit den Bedürfnissen des gemeinsamen Lebens, der sozialistischen Entwicklung und der Festigung von Brüderlichkeit und Einheit* ihre eigene Sprache und Schrift frei und gleichberechtigt zu gebrauchen, ..." (Hervorhebung JM).

Nunmehr wird die Sprachenfreiheit im privaten wie öffentlichen Bereich[35] durch Art. 15 der neuen kroatischen Verfassung sowie Art. 6 lit. c) und Art. 7 Abs. 1 des Nationalitätenverfassungsgesetzes den Angehörigen aller Völker und Minderheiten zugesichert, wobei entsprechend dem Paradigmenwechsel der Verfassung von der sozialistischen zur liberalen Ideologie[36] zu bemerken ist, daß es sich dabei nun nicht mehr um ein "kollektives Recht" der Nationen und Minderheiten, sondern ein individuelles Grundrecht der einzelnen Angehörigen handelt. Die generelle Grundrechtsschranke des Art. 16 der Verfassung ist ebenfalls nicht mehr der spezifisch jugoslawisch-marxistischen Formel des "Volksbefreiungskrieges" (II. Weltkrieg) entsprechend ("bratstsvo i jedinstvo/ Brüderlichkeit und Einheit") finalisiert, sondern entspricht im wesentlichen den Einschränkungsvorbehalten der Art. 8 bis 11 EMRK. Der tatsächliche Gebrauch der Volksgruppensprachen nicht nur in der Familie, sondern auch im gesellschaftlichen, also öffentlichen Bereich wird im folgenden in den Kapiteln über Erziehung, Bildung, Kultur und Medien dargestellt.

---

34 Vgl. dazu generell *J. Marko*, Menschenrechte in Osteuropa, in: Politicum (Graz) Nr. 31, Dezember 1986, 44 - 46.

35 Der kroatische Text des Art. 7 Abs. 1 Nationalitätengesetz lautet "u privatnom i javnom životu (im privaten und öffentlichen Leben)", während Art. 7 Abs. 2 wie Art. 12 der Verfassung von "službena uporaba (amtlicher Verwendung)" spricht, sodaß also öffentlich und amtlich wohl entsprechend der Differenzierung von Staat und Gesellschaft dogmatisch zu unterscheiden sind.

36 Vgl. dazu *J. Marko*, Die neuen Verfassungen: Slowenien-Kroatien-Serbien. Ein Vergleich, in: *J. Marko/T. Borić* (Anm. 17), 1- 50, insb. 21 ff.

2. Behörden und Gerichte

Da des weiteren gem. Art. 137 der Verfassung 1974 die Gleichberechtigung aller Völker und Nationalitäten postuliert und durch das Recht, ihre Sprache und Schrift gleichberechtigt zu gebrauchen und mit eigenem Namen zu bezeichnen, konkretisiert war, entstand im Gefolge des Zerfalls Jugoslawiens noch ein weiteres, politisch brisantes Problem: die Bezeichnung der in Kroatien von Kroaten bzw. Serben gesprochenen Sprache, deren politische Problematik allerdings nur verständlich ist, wenn man die historischen Hintergründe und Konflikte und die Funktion der Sprache im Verhältnis von Serben und Kroaten berücksichtigt.[37] Für die Kroaten war und ist die Sprache nicht nur ein Informations- und Kommunikationsinstrument, sondern ist auch existentiellkonstitutiv für ein individuelles wie kollektives Identitätsbewußtsein und hat daher eine wichtige Identifikations- bzw. Abgrenzungsfunktion. Die kroatische Standardsprache war aber als Amtssprache der Republik Kroatien trotz der verfassungsmäßigen Gleichberechtigung auf Bundesebene und trotz des Fehlens einer "offiziellen" Amtssprache des Bundesstaates latent einem Ebenenkonflikt mit der auf Bundesebene als Arbeits- und Amtssprache de facto vorherr-

---

37 Ohne hier auf die historischen Details eingehen zu können, ist für das Verständnis der politischen Problematik zu beachten, daß sich Serben und Kroaten im sog. Wiener Sprachabkommen 1850 auf den neuštokavisch-ijekavischen Dialekt der Ostherzegowina als gemeinsame Schriftsprache einigten, die sich aber nur allmählich durchsetzte. Vor dem Hintergrund der Ideologie von einer Nation mit drei "Stämmen" definierten die Verfassungen des monarchischen Jugoslawien von 1921 und 1931 jeweils in Art. 3 die Amtssprache des Königreiches als serbisch-kroatisch-slowenisch. Nachdem im kommunistischen Jugoslawien zunächst von den vier Standardsprachen, d.h. also neben Slowenisch und Makedonisch auch von Kroatisch und Serbisch als je eigenen Sprachen ausgegangen worden war, sprach man seit der Vereinbarung von Novi Sad 1954 von einer bizentrischen (Beograd/Zagreb) serbokroatischen/kroatoserbischen Standardsprache in zwei Varianten. Diese als "Vertrag" angesehene Vereinbarung wurde schließlich von kroatischen wissenschaftlichen und kulturellen Einrichtungen 1967 in einer "Erklärung über die Bezeichnung und die Situation der kroatischen Literatursprache" in Frage gestellt und 1971 dann auch formell von der Matica Hrvatska "gekündigt". Vgl. dazu insb. *L. Auburger*, Entwicklungsprobleme der kroatischen Standardsprache, in: L. Auburger/P. Hill (Hrsg.), FS *Johannes Schröpfer* z. 80. Geb., München 1991, 1- 31.

schenden "serbokroatischen" Standardsprache ausgesetzt. Die Ausbreitung einer inoffiziellen, der serbischen Schriftsprache näheren "serbokroatischen" Arbeitssprache auf Bundesebene war daher für die kroatischen Sprachstandardisierungsbemühungen ein politisches Dauerproblem. Nach den politischen Ereignissen 1968/71[38] wurde schließlich in der kroatischen Verfassung 1974 die Amtssprache folgendermaßen definiert: "In der Sozialistischen Republik Kroatien ist die kroatische Literatursprache in öffentlicher Verwendung - die Standardform der Volkssprache der Kroaten und Serben in Kroatien, die als kroatisch oder serbisch bezeichnet wird."[39] Es ist allerdings bezeichnend, daß nicht in den siebziger Jahren, sondern erst im Dezember 1988 schließlich diese Formulierung des Art. 138 vom Bundesverfassungsgericht gerade einen Tag vor der Veröffentlichung des Entwurfs einer kroatischen Verfassungsnovelle für bundesverfassungswidrig erklärt wurde.[40] Abgesehen vom politisch problematischen Zeitpunkt wurden aber auch in der Begründung des Urteils zwei Ebenen, nämlich die normative und die symbolisch-expressive,

---

38 So war 1968 auch ein kroatischer Frühling entstanden, an dessen Spitze sich die kroatische kommunistische Parteiführung unter *S. Dabčević-Kučar* und *M. Tripalo* gestellt hatte, von *Tito* jedoch schließlich wegen "Nationalismus" gesäubert wurde. Vgl. dazu *O.N. Haberl*, Parteiorganisation und nationale Frage in Jugoslavien, Berlin 1976; *A. Carter*, Democratic Reform in Yugoslavia. The Changing Role of the Party, London 1982; *S.L. Burg*, Conflict and Cohesion in Socialist Yugoslavia, Princeton 1983.

39 Art. 138, stav. 1: "U Socijalističkoj Republici Hrvatskoj u javnoj je upotrebi hrvatski književni jezik - standardni oblik narodnog jezika Hrvata i Srba u Hrvatskoj, koji se naziva hrvatski ili srpski." Was die Verwendung des lateinischen oder cyrillischen Alphabets betrifft, so waren gem. Art. 292 alle generell-abstrakten Normen von Republiksorganen in den "Narodne novine" lateinisch und cyrillisch kundzumachen, gem. Art. 293 aber authentische Texte aller Bundesgesetze und anderer genereller Bundesvorschriften im Amtsblatt der SFRJ in der kroatischen Literatursprache in lateinischer Schrift. Durch die Verfassungsnovelle vom Juli 1990 wurde aber der amtliche Gebrauch des Cyrillischen in Amandman LXVIII, in: N.N. 31/1990, 28.7.1990, 755 auf jene Verwaltungseinheiten eingeschränkt, in denen die Mehrheit der Bevölkerung Cyrillisch verwendet.

40 Vgl. "Hrvatski jezik" neustavan (Kroatische Sprache verfassungswidrig), in: Borba, 8.12.1988, 19 und "Serbisch, Kroatisch, Kroatoserbisch. Divergenzen um die Bezeichnung der Schriftsprache Jugoslawiens, in: NZZ, 4./5.2.1989, 5.

miteinander vermischt, um so zu einem politisch gewünschten Ergebnis zu kommen: Einerseits wurde die Verfassungswidrigkeit darauf gestützt, daß die jugoslawische Bundesverfassung den gleichberechtigten *Gebrauch* der Sprachen aller Völker garantiere und daß daher die Bestimmung des Art. 138, der für die Republik Kroatien die kroatische Literatursprache als Amtssprache festlege, gegen dieses Gleichberechtigungsgebot verstoße. Damit wurde in der Urteilsbegründung allerdings in diese Bestimmung ein ausschließendes "nur" hineininterpretiert[41], sodaß etwa die Verwendung des Slowenischen oder Makedonischen vor Behörden und Gerichten nicht erlaubt gewesen wäre, was sich jedoch schon durch eine systematische Interpretation mit Art. 300 der kroatischen Verfassung 1974 einwandfrei ergeben hätte. In Wirklichkeit ging es also darum, die *Bezeichnung* der Amtssprache als "kroatische Literatursprache" als gleichheitswidrig darzustellen. Nun enthielt aber die jugoslawische Bundesverfassung 1974 gerade keine Bezeichnungen für die Sprachen der einzelnen Völker, sondern überließ es den Republiken, diese in ihren Verfassungen festzusetzen. Der eigentliche Sinn der Verfassungsklage bestand also darin, eine Diskriminierung der in Kroatien lebenden Serben dahingehend zu konstruieren, daß "ihre" Sprache - serbokroatisch[42] - nun als kroatische Literatursprache bezeichnet werde. Richter Bužadić führte daher aus, daß die kroatische Verfassung nicht die Kompetenz habe zu bestimmen, daß die Sprache eines Volkes gleichzeitig auch die Sprache eines anderen sei, da das hieße, daß die serbokroatische Sprache eine Variante der kroatischen Literatursprache sei. Art. 138 habe also die Basis geboten, um die verfassungsrechtlich gewährleisteten Rechte eines anderen Volkes einzuschränken.[43]

Nach Art. 12 der Verfassung 1990 ist nun kroatisch Amtssprache und das lateinische Alphabet amtlich zu verwenden. Nach Abs 2 dieser Bestimmung

41 Mit dieser Argumentation hätte im übrigen auch Art. 212 der slowenischen Republiksverfassung 1974, der slowenisch als Amtssprache vorsah, aufgehoben werden müssen.

42 Daß dies keineswegs den Tatsachen entsprach, wurde von *M. Glenny* (Anm. 13), 12 dargestellt. Gerade die Serben in der Region Knin sprachen die ijekavische, also "kroatische" Variante.

43 Vgl. Borba, 8.12.1988, 19.

kann jedoch in Gebieten lokaler Selbstverwaltungseinheiten[44] neben der kroatischen Sprache und dem lateinischen Alphabet auch eine andere Sprache sowie das cyrillische oder ein anderes Alphabet verwendet werden. Diese Kannbestimmung wird durch Art. 8 des Nationalitätenverfassungsgesetzes wiederholt, wobei hier konkretisiert wird, daß entsprechend der Zahl der Angehörigen von Volksgruppen und ihrer Interessen auch zwei oder mehr Sprachen und Alphabete amtlich gebraucht werden können. Art. 7 Abs. 2 des Nationalitätenverfassungsgesetzes hingegen schreibt die amtliche Verwendung der Volksgruppensprache und des entsprechenden Alphabets für jene Gemeinden vor, in denen diese eine Mehrheit haben, in der Praxis also für die Gemeinden mit einem serbischen Bevölkerungsanteil von mehr als 50%[45]. Da im Nationalitätenverfassungsgesetz keine eigene Amtssprachenregelung für die Behörden und Gerichte der autonomen Kreise vorgesehen ist, wird man wohl annehmen müssen, daß die Verwendung des Serbischen sowie des cyrillischen Alphabets gem. Art. 12 Abs. 2 der Verfassung durch das Statut der autonomen Kreise festgelegt werden kann. Gem. Art. 51 werden jedoch für die autonomen Kreise ausdrücklich zweisprachige Aufschriften vorgeschrieben, wobei an erster Stelle die kroatische Bezeichnung in lateinischer Schrift zu erfolgen hat.

Diese verfassungsgesetzliche Situation des amtlichen Gebrauchs der Volksgruppensprache wird noch durch eine Reihe von gesetzlichen Bestimmungen[46] und eine eigene "Verordnung über Art und Voraussetzungen des Gebrauchs von Sprache und Schrift der Volksgruppen in Verfahren vor Verwaltungsbehörden und Organisationen mit

---

44 Das sind nicht nur die Gemeinden, sondern auch die beiden autonomen Kreise Knin und Glina, sowie die 21 Županije (Regionen). Vgl. unten die Ausführungen zur Territorialautonomie.

45 Vgl. Anm. 4.

46 Gesetz über ordentliche Gerichte, N.N. 5/1977 idF 17/1986; vgl. Art. 81, 82 und 85 des Verwaltungsgesetzes, N.N. 16/1978, während das Verwaltungsgesetz N.N. 75/1993 keine Sprachenbestimmungen mehr enthält sowie die Geschäftsordnungen des Abgeordnetenhauses und der Županijenkammer, N.N. 17 und 59/1992 sowie 24/1993.

öffentlichen Befugnissen"[47] konkretisiert, die zum Teil noch aus dem sozialistischen System stammen.

Nach Art. 2 dieser Sprachenverordnung konnten die Angehörigen von Volksgruppen in Verfahren vor Republiksorganen ihre Sprache und Schrift benutzen und in ihrer Sprache Bitten, Beschwerden, Anregungen etc. einbringen. Auf ihr Verlangen mußten alle Entscheidungen und Aktenstücke ihnen in ihrer Sprache schriftlich ausgestellt werden, wobei dieses Verlangen schon als gestellt galt, wenn der erste Verfahrensschritt in der Sprache der Volksgruppe unternommen wurde. Das Protokoll, das in kroatoserbischer Sprache zu führen war, mußte, wie auch Ausführungen von Parteien in kroatoserbisch, auf Verlangen übersetzt werden. Waren die Republiksorgane der Volksgruppensprache nicht mächtig, mußte das Verfahren auf Kosten der Behörde mit Hilfe eines Dolmetschers geführt werden.

Nach Art. 6 waren in Gebieten, in denen in den Gemeindestatuten die Gleichberechtigung der Volksgruppensprachen verankert war, das gesamte Verfahren bei Organen und Organisationen mit öffentlichen Befugnissen sowie der gesamte äußere Verkehr mit den Parteien in der Sprache der Volksgruppen zu führen. Ebenso waren alle generell-abstrakten Normen (propise i druge opšte akte) neben kroatoserbisch auch in der jeweiligen Volksgruppensprache zu publizieren. Nach Art. 7 wurde auch hier die Sprache, in der der erste Schritt vor diesen Organen gesetzt wurde, als die gewünschte Verfahrenssprache angenommen. In einem Verfahren, das von Amts wegen begonnen wurde, wurde zwar kroatoserbisch verwendet, doch konnte dann die Partei mündlich oder schriftlich erklären, welche Sprache sie verwenden wollte. In einem Verfahren mit mehreren Parteien konnten sich diese entweder über eine Verfahrenssprache einigen, ansonsten mußte es zweisprachig geführt werden (Art. 9). Bei drei oder mehr gleichberechtigten Sprachen entschied die Mehrheit der Parteien über die Verhandlungssprache, für die nicht dieser Sprache Mächtigen mußte gedolmetscht

47 Uredba o načinu i uvjetima upotreba jezika i pisama narodnosti u postupku pred organima uprave i organizacijama koje obavljaju javna ovlašćenja, N.N. 5/1981.

werden (Art. 11 und 12). Wurde zweisprachig verhandelt, mußte auch das Protokoll zweisprachig geführt werden, Schriftstücke und Ausführungen von Parteien mußten übersetzt werden (Art. 10).

Das Verfahren in zweiter Instanz wurde hingegen in der Regel in kroatisch oder serbisch mit Hilfe eines Dolmetschers geführt, doch war das Organ der ersten Instanz verpflichtet, Entscheidungen, Protokolle und andere Schriftstücke in die Verfahrenssprache der ersten Instanz zu übersetzen (Art. 13). Die finanziellen und sachlichen Voraussetzungen für die Verwirklichung der Gleichberechtigung der Volksgruppensprache mußten von den entsprechenden Organen und Organisationen bereitgestellt werden (Art. 20). So waren die Verwaltungsorgane verpflichtet, für eine ausreichende Zahl von Beamten zu sorgen, die der Volksgruppensprache mächtig sind und dementsprechende Schritte in der Ausbildung und Fortbildung zu setzen (Art. 14 und 16). Schließlich mußten auch alle Aufschriften in den Gebäuden der Verwaltungsorgane wie deren Stempel zweisprachig sein (Art. 18 und 19). War in kleineren Ortschaften eine Außenstelle von Verwaltungsorganen errichtet, mußte der Vorgesetzte des Büros der Volksgruppensprache mächtig sein (Art. 15).

Da jedoch eine dem Art. 138 Abs. 3 sowie Art. 300 der Sozialistischen Verfassung Kroatiens 1974 entsprechende Bestimmung, die das Recht auf Gebrauch der Volksgruppensprache im Verfahren vor Staatsorganen und Organisationen mit öffentlichen Befugnissen garantierte, weder in der Verfassung 1990 noch im Nationalitätenverfassungsgesetz zu finden ist[48], vielmehr die Verwendung der Volksgruppensprachen als Amtssprachen territorial auf Selbstverwaltungseinheiten beschränkt ist, könnten sich u. U. Zweifel daran ergeben, ob auch in den Verfahren vor den obersten Republiksbehörden und -gerichten der Gebrauch der Volksgruppensprachen eine verfassungsrechtliche Grundlage findet und die Verordnung aus der kommunistischen Zeit damit als übergeleitet gelten kann.

---

48 Da zwischen "öffentlich" und "amtlich" unterschieden wird, geben die Bestimmungen des Art. 6 und 7 Nationalitätenverfassungsgesetz keine verfassungsrechtliche Grundlage ab.

Wie sah jedoch die Verwirklichung der Bestimmungen insbesondere der Sprachenverordnung in der Praxis aus?

So war zwar der gleichberechtigte Gebrauch von Sprache und Schrift der Volksgruppen in den Gemeindestatuten verankert und z.T. konkretisiert worden, sowohl rechtlich - durch Eingrenzung auf bestimmte Gebiete innerhalb der Gemeinde - wie praktisch ergaben sich jedoch zum Teil beträchtliche Unterschiede.[49] Obwohl in den Statuten der 26 Gemeinden mit der größten Konzentration einzelner Volksgruppen der gleichberechtigte Gebrauch der Sprache und Schrift der Volksgruppen ausdrücklich verankert worden war, war es in keiner der Gemeinden üblich, daß das Verfahren vor Staatsorganen in der Volksgruppensprache geführt wurde. Diese wurde nur auf bestimmten Ebenen oder in einzelnen Institutionen gebraucht. In manchen Gemeinden wurde das Verfahren nur auf Antrag in der Sprache der Volksgruppe geführt, während man sich in anderen Gemeinden eines Dolmetschers bediente, obwohl das Verfahren in der Volksgruppensprache durchzuführen gewesen wäre. Gründe dafür waren der Mangel an entsprechendem Fachpersonal bei Behörden und Gerichten sowie finanzielle Probleme, sodaß zweisprachige Texte und Beschlüsse staatlicher Behörden bzw. von Wirtschafts- und anderen Unternehmen oder Formulare oft nicht zur Verfügung gestellt wurden.

Was die Verwendung der Volksgruppensprache bei topographischen und anderen öffentlichen Aufschriften betrifft, so ist das Recht auf zweisprachige Schilder und Aufschriften in den Gebieten mit multinationaler Bevölkerungsstruktur meistens ebenfalls durch die Gemeindestatuten konkretisiert, wobei die Pflicht zur zweisprachigen Bezeichnung sich in der Regel auf folgende Objekte bezog bzw. bezieht: Bezeichnung von Orten, Straßen, Plätzen, Aufschriften und Warnschilder an öffentlichen Verkehrswegen, Anschlagtafeln und andere offizielle Aufschriften an Gebäuden staatlicher Behörden sowie im Innern der Gebäude, Aufschriften von Handwerks- und Geschäftsunternehmen, Aufschriften und Bezeichnungen an Erziehungs- und Kulturinstitutionen sowie der ehemals

---

[49] Vgl. *M. Domini*, Kroatien, in: Alpen-Adria (Anm. 6), 122 f.

sozialistischen Organisationen. In der Praxis wurden die Bestimmungen über topographische Aufschriften allerdings völlig unterschiedlich eingehalten bzw. umgesetzt, wobei dies für die italienische, ungarische und tschechische Volksgruppe eher von der jeweiligen Gemeinde abhing, während topographische Aufschriften für die slowakische Volksgruppe bzw. in ruthenischer und ukrainischer Sprache kaum zu finden sind.[50]

III. Kultur und Medien

1. Kultur

Nachdem in Art. 43 der Verfassung zwar allen Bürgern die Vereinigungsfreiheit, insbesondere auch zur Verfolgung nationaler und kultureller Ziele garantiert wird, Art. 15 der Verfassung jedoch nur völlig abstrakt von einem individuellen Recht auf Kulturautonomie gesprochen hatte, sieht nun das Nationalitätenverfassungsgesetz neben den Bestimmungen über das Erziehungs- und Bildungswesen und den Sprachgebrauch als organisatorisch-institutionelle Formen der Kulturautonomie in Art. 11 das Recht der Angehörigen ethnischer Gruppen vor, "kulturelle und andere Organisationen zu gründen, um ihre nationale und kulturelle Identität zu bewahren." Die Bestimmung, daß solche "Gesellschaften" (društva) autonom sind, tradiert nicht nur den Selbstverwaltungsgedanken, insofern die Kulturinstitutionen auch der Volksgruppen nach der alten Verfassung als sog. "interesne zajednice" nach dem Modell des Selbstverwaltungssozialismus rechtlich-organisatorisch institutionalisiert waren.[51] Wichtig ist in diesem Zusammenhang v.a., daß diese daher offensichtlich nicht nur als rein "private" Organisationen angesehen werden, sondern damit auch die Pflicht der Republik Kroatien und der entsprechenden Organe der Gemeindeselbstverwaltung verbunden wird, diese Organisationen im Rahmen der Möglichkeiten finanziell zu unterstützen. Die Finanzierung der kulturellen Interessenrepräsentation ist

---

50 Vgl. *M. Domini*, Kroatien, in: Alpen-Adria, 124 f.

51 Vgl. dazu *S. Devetak*, The Equality of Nations and Nationalities in Yugoslavia, Wien 1988, 17 f. und 35 f.

damit zumindest institutionell gewährleistet, sodaß die Bestimmung des Art. 3 des Nationalitätenverfassungsgesetzes nicht eine bloße Programmbestimmung bleibt.[52]

Die nationalen Verbände der Volksgruppen[53], die im sozialistischen System als spezifische Selbstverwaltungsorganisationen[54] institutionalisiert waren, bestehen weiter fort. Der erste in Kroatien gegründete Nationalverband war der Tschechoslowakische Verband, der im Jahre 1921 zwecks Koordinierung von Kulturarbeit und Schulwesen gegründet wurde. Die erste Tschechische Gesellschaft überhaupt war bereits 1874 in Zagreb gegründet worden. Die Tätigkeit der nationalen Verbände, ihre programmatische Orientierung und die Organisation sind in den Statuten der einzelnen Verbände festgelegt. In den Verbänden der Tschechen und Slowaken, der Italiener, der Ungarn sowie der ruthenischen und ukrainischen Volksgruppe sind dann diverse Folkloregruppen, Orchester, Chöre, Theatergruppen, Literatur- und Kunstgruppen mit z.T. eigenen Kulturheimen, Theatern und Bibliotheken zusammengeschlossen, die ein breites Spektrum von Veranstaltungen auf dem Gebiet des Theaters, der Pflege der Folklore, Literatur und Kunst durchführen, wobei Quantität und Qualität bei größeren und kleineren Gruppen unterschiedlich sind.

Über die politischen Schwierigkeiten, den traditionellen serbischen Kulturverband "Prosvjeta", der 1971 verboten worden war, wieder zu gründen, wurde bereits oben berichtet. Bereits am 25. November 1989 wurde die Serbische Kulturgesellschaft (SKD) "Zora" gegründet. Der erste Versuch zur Gründung dieser Gesellschaft im Juli dJ aus Anlaß des 600. Jahrestages der Schlacht auf dem Amselfeld war von den zuständigen Gerichtsorganen verboten worden. Von der kroatischen Öffentlichkeit

---

52 Art. 3: "Die Republik Kroatien schützt die Gleichberechtigung der ethnischen und nationalen Gemeinschaften oder Minderheiten und fördert ihre allseitige Entwicklung."

53 Die nachfolgenden Angaben beruhen auf *M. Domini*, Kroatien, in: Alpen-Adria (Anm. 6), 116 ff.

54 Vgl. allgemein *J. Kregar*, The Institutional und Legal Framework of Self-Management System, in: J. Kregar/I. Šimonović (eds.), Yugoslavia: Institutional Framework, Zagreb 1989, 77 - 86.

wurde die Gesellschaft als nationalistisch eingestuft, insbesondere auch wegen einer Rede von Jovan Opačić, der dafür strafrechtlich verurteilt wurde. Die wesentlich veränderten Verhältnisse der bereits pluralisierten politischen Landschaft Kroatiens zu Ende des Jahres 1989 ließen schließlich ihre Gründung zu.[55] Ebenso wurden serbische Kulturorganisationen in Rijeka und Gorski Kotor gegründet.

2. Medien

Art. 38 Abs. 2 der Verfassung garantiert in Zusammenhang mit dem Grundrecht auf Meinungsfreiheit insbesondere auch die Pressefreiheit und andere Arten der Information sowie das Recht, "öffentliche Informationseinrichtungen" frei zu gründen. Dieses Recht steht daher auch allen Angehörigen von Volksgruppen zu. Dieses individuelle Grundrecht wird schließlich durch Art. 10 des Nationalitätenverfassungsgesetzes konkretisiert, indem den Angehörigen der Volksgruppen das Recht gewährleistet wird, "Informations- und Verlagstätigkeiten in der eigenen Sprache und Schrift frei zu organisieren." Die Republik Kroatien und die Körperschaften der lokalen Selbstverwaltung haben die Pflicht, im Rahmen der Möglichkeiten diese Tätigkeiten finanziell zu unterstützen.[56] Als "Schutz der gleichberechtigten Partizipation in öffentlichen Angelegenheiten" wird schließlich noch in Art. 6 lit. d) des Nationalitätenverfassungsgesetzes allen Angehörigen der Volksgruppen der "Zugang zu den Medien" gewährleistet.

Im Bereich der Printmedien[57] hatte die italienische Volksgruppe noch im sozialistischen System je eine Tages- ("La voce del popolo") und Wochenzeitung ("Panorama") mit einer Auflage von ca. 4000-5000 Stück sowie Kinder- und Literaturzeitschriften. Außerdem wurde das Presseorgan des

---

55 Vgl. Naše teme 1990, 925.

56 Dies wird auch im Gesetz über öffentliche Information, Zakon o javnom informiranju, N.N. 22/1992, in Art. 8 Abs. 3 einfachgesetzlich konkretisiert.

57 Die nachfolgenden Angaben beruhen auf *M. Domini*, Kroatien, in: Alpen-Adria (Anm. 6), 119 f.

Kommunistischen Bundes Jugoslawiens, der "Komunist" ins Italienische übersetzt. Die ungarische Volksgruppe hatte ein Wochenblatt ("Magyar Kepes Ujsag") mit einer Auflage von ca. 3500 in Kroatien, ihr standen aber auch in der Vojvodina erscheinende Zeitungen und Zeitschriften zur Verfügung. Der "Komunist" wurde auch ins Ungarische übersetzt. Die tschechische und die slowakische Volksgruppe hatten eine gemeinsame Wochenzeitung ("Jednota") mit einer Auflage von rund 2000 Exemplaren sowie eine Kinder- und Kulturzeitschrift. Ebenso gab es für die ruthenische und ukrainische Volksgruppe eine Zeitschrift, wobei allen diesen Volksgruppen auch die in der Vojvodina erscheinenden Zeitschriften zur Verfügung standen. Alle diese Presseerzeugnisse sowie Lehrbücher und andere schulische Hilfsmittel werden auch in eigenen Verlagshäusern produziert, wobei die Verlagstätigkeit der italienischen und tschechischen Volksgruppe am aktivsten sind.

Was Sendungen im Rundfunk und Fernsehen betrifft, senden 9 von 52 Sendern auch Programme in den Sprachen der Volksgruppen: Tschechisch, Slowakisch, Ungarisch, Italienisch, Ukrainisch und Ruthenisch. Radio und TV Kopar senden ein ganztägiges Programm, Radio Rijeka, Pula, Osijek, Daruvar und Vukovar senden täglich Informationsprogramme bis zur Dauer von 30 Minuten. Im TV Zagreb werden auch ein bis zwei Mal monatlich Fernsehsendungen in den jeweiligen Sprachen der Volksgruppen bis zu 30 Minuten Dauer gesendet.

IV. Bildungs- und Erziehungswesen

Neben dem bereits in Art. 66 der Verfassung gewährleisteten Grundrecht, Privatschulen und Bildungsanstalten gründen zu dürfen, wird v.a. im Nationalitätenverfassungsgesetz auch das Recht auf Unterricht in der Volksgruppensprache im öffentlichen Schulsystem als Ausfluß der Kulturautonomie näher geregelt. Art. 14 gewährleistet den Angehörigen der Volksgruppen Erziehung und Bildung in ihrer eigenen Sprache und Schrift in Kindergärten und den Schulen nach eigenen Programmen, in denen insbesondere ihre Geschichte und Kultur zu berücksichtigen sind.

Art. 15 sieht schließlich vor, daß in Städten und Ortschaften außerhalb des Gebietes von autonomen Kreisen (kotarevi), in denen Volksgruppen die relative Mehrheit der Bevölkerung ausmachen, eigene Schulen oder Schulklassen mit Unterricht in der Sprache und Schrift der Volksgruppen einzurichten sind, wenn dies von diesen gewünscht wird. Sollte die Einrichtung eigener Schulen oder Klassen wegen der kleinen Zahl von Schülern nicht möglich sein, muß der Unterricht in den die Volksgruppenzugehörigkeit betreffenden Gegenständen wie beispielsweise Sprache, Literatur und Geschichte, wenn dies von den Eltern gewünscht wird, von Lehrern und Professoren abgehalten werden, die ebenfalls der jeweiligen Volksgruppe angehören.

Eine im internationalen Vergleich wohl einmalige Vorschrift enthält schließlich Art. 15 Abs. 3: "In Städten und Ortschaften außerhalb des Gebietes von Kreisen mit einem besonderen Statut, aus denen während und nach dem Zweiten Weltkrieg die autochthone Bevölkerung übriger ethnischer und nationaler Gemeinschaften und Minderheiten in ihre Heimatländer vertrieben oder eine Emigrationspolitik in die Heimatländer betrieben wurde, kann im Schulunterricht von der 4. Klasse Grundschule bis zum Ende der Mittelschule fakultativ im Fremdsprachenunterricht die Erlernung der Sprache dieser Volksgruppen vorgesehen werden, und zwar unabhängig vom Anteil, den diese Volksgruppen an der Bevölkerung dieses Gebietes haben."

Für das Schulwesen in den autonomen Kreisen gelten gem. Art. 49 im wesentlichen dieselben Bestimmungen wie schon in Art. 14 vorgesehen, Abs. 2 dieser Bestimmung sieht aber für Angehörige des kroatischen Volkes ebenfalls eigene Kindergärten und Schulen bzw. Klassen und Abteilungen vor, in denen in Kroatisch zu unterrichten ist, sodaß also im Schulwesen im Verhältnis von Serben und Kroaten ein Segregationsmodell institutionalisiert wird.

Für die übrigen Volksgruppen, also insbesondere Italiener, Ungarn, Tschechen, Slowaken, Ruthenen und Ukrainier, die ausdrücklich in Art. 1 des Gesetzes über Erziehung und Bildung in den Sprachen der

Volksgruppen vom 24.5.1979 demonstrativ aufgezählt werden, können daher die Bestimmungen dieses Gesetzes als weiter in Geltung stehend angesehen werden.[58] Nach Art. 2 und 3 dieses Gesetzes sind in den Gebieten, in denen Angehörige der Volksgruppen leben, Kindergärten, Schulen für die obligatorische Grundschulbildung (von 6 - 14 Jahren) sowie Schulen der berufsorientierten Mittelstufe zu gründen bzw., wenn die notwendigen Schülerzahlen nicht erreicht werden, Klassen oder Abteilungen einzurichten, in denen der Unterricht in der Sprache der Volksgruppen erfolgt. Wie insbesondere aus Art. 8 hervorgeht, wird für Gebiete, in denen Volksgruppen leben, die Zweisprachigkeit angestrebt. So ist einerseits kroatisch oder serbisch als Pflichtfach vorgesehen, umgekehrt müssen die Schüler in Schulen mit kroatischer Unterrichtssprache obligatorisch die jeweilige Sprache der Volksgruppe lernen, wenn in den Gemeindestatuten der gleichberechtigte Gebrauch von Sprache und Schrift der Volksgruppe verankert ist. Wenn nicht, ist die Erlernung der Volksgruppensprache fakultativ. Nach Art. 9 ist schließlich überhaupt die Möglichkeit der Errichtung von zweisprachigen Schulen vorgesehen, wobei durch Selbstverwaltungsakte zu bestimmen war, in welchen Fächern der Unterricht zwei- oder je nachdem einsprachig zu erfolgen hatte. Art. 10 sieht vor, daß die Lehrer und Erzieher in den Volksgruppenschulen selbst Angehörige der Volksgruppen zu sein haben, während für zweisprachige Schulen die Beherrschung beider Sprachen vorgeschrieben ist. Auch die Ausbildung der Lehrkräfte an pädagogischen Akademien und Universitäten hat in erster Linie in der Sprache der Volksgruppen stattzufinden (Art. 13). Was die innere Organisation und Arbeit in den Schulen selbst betrifft, so sieht Art. 15 vor, daß die "Arbeitssprache" die Volksgruppensprache ist, während in zweisprachigen Schulen kroatisch und die Sprache der Volksgruppe sozusagen "amtlich" auch bei Zeugnissen, Formularen, Siegeln etc. zu verwenden ist. Art. 11 schreibt schließlich vor, daß in der Verwaltung der Volksgruppenschulen die Angehörigen der jeweiligen Volksgruppe die Mehrheit bilden müssen, in Schulen mit zweisprachigem Unterricht ist eine proportionale Zusammensetzung vorgesehen.

---

58 Die deutsche Übersetzung dieses Gesetzes ist abgedruckt in: Alpen-Adria, Minderheiten (Anm. 6), 146 f.

Was nun die tatsächliche Situation des Erziehungs- und Bildungswesens der Volksgruppen betrifft, so gab es 1990 für die italienische Volksgruppe 18 Vorschuleinrichtungen für rund 550 Kinder, für die ungarische Volksgruppe 8 für 170 Kinder, während für die anderen Volksgruppen entweder Erziehungsgruppen, für die slowakische Volksgruppe nicht einmal dies, und für die ruthenische Volksgruppe zwei zweisprachige Kindergärten mit insgesamt 40 Kindern eingerichtet waren. Das Grundschulwesen war und ist der am besten entwickelte Teil der Erziehung und Bildung in den Sprachen der Volksgruppen, wobei hier alle Unterrichtstypen organisiert und durchgeführt wurden. Für die italienische Volksgruppe gibt es 19 Schulen und 102 Abteilungen mit rund 1600 Schülern, wobei der Unterricht ausschließlich in italienischer Sprache erteilt wird. Im Verbreitungsgebiet dieser Volksgruppe lernten etwa 20.000 Schüler die italienische Sprache. Für die ungarische Volksgruppe gibt es 13 Schulen mit rund 700 Schülern mit ungarischer Unterrichtssprache und 4 zweisprachige Schulen mit 350 Schülern. Der Grundschulunterricht in tschechischer Sprache wird in 12 Schulen rund 560 Schülern erteilt, während slowakisch nur als Pflicht- oder Wahlfach unterrichtet wird. Ruthenisch und Ukrainisch werden schließlich nur als Wahlfächer angeboten. Besondere Probleme bestehen für die Roma, deren Integration in das Schulsystem überhaupt auf große Schwierigkeiten stößt. Selbst wenn dies gelingt, ist der Unterricht in der Muttersprache aber nicht gesichert, sodaß Schüler der Volksgruppe der Roma größte Schwierigkeiten bei der Beherrschung des Unterrichtsprogramms haben, da sie die Unterrichtssprache nicht vollkommen beherrschen.

Die Fortsetzung der Schulbildung in der berufsorientierten Mittelschule mit vollständigem Unterricht in der Volksgruppensprache ist nur für die italienische Volksgruppe möglich, während für die ungarische und tschechische Volksgruppe ein zweisprachiger Unterricht organisiert wird. Für die ruthenische und ukrainische Volksgruppe wurden "als Ersatz" jedes Jahr Sommerseminare angeboten. Was die Hochschulausbildung betrifft, so können Angehörige der italienischen und ungarischen Volksgruppe an den pädagogischen Fakultäten Pula bzw. Osijek in ihrer Muttersprache studieren, Angehörige der slowakischen und ruthenischen Volksgruppe können das Studium in ihrer Muttersprache nur an den Hochschulen der

Autonomen Provinz Vojvodina fortsetzten, sofern sie zum Hochschulstudium nicht in ihre "Mutterländer" gingen. An den kroatischen Universitäten gibt es auch mehrere Lehrstühle für Nationalliteratur und -sprache, sodaß alle Volksgruppen ihre Muttersprache studieren können. Auf diese Weise wird auch der Bedarf an Lehrkräften im Mittelschulwesen befriedigt.

V. Die politische Repräsentation von Volksgruppen

1. Vereinigungs- und Parteigründungsfreiheit

Was die kulturelle, wirtschaftliche und politische Repräsentation ethnischer Gruppen betrifft, so wird schon durch Art 42 und 43 der Verfassung generell die Versammlungs- und Vereinigungsfreiheit als individuelles Grundrecht normiert, wobei festgelegt wird, daß "... Bürger frei politische Parteien, Gewerkschaften und andere Vereinigungen gründen, sich diesen anschließen oder aus ihnen austreten [können]", nachdem bereits Art. 6 im Grundlagenteil der Verfassung speziell die Parteigründungsfreiheit normiert und damit politische Parteien institutionell gewährleistet.[59] Die Vereinigungs- und Versammlungsfreiheit als individuell verfassungsgesetzlich gewährleistetes Recht wird dann auch im Nationalitätenverfassungsgesetz in Art. 2 lit. i) wiederholt und in Art. 4 Abs. 2 dieses Gesetzes zusätzlich als kollektives Recht der "ethnischen und nationalen Gemeinschaften oder Minderheiten" normiert, wobei diese Bestimmung wohl als institutionelle Gewährleistung der "Selbstorganisation" zu verstehen ist.[60] Insofern

---

59 Die Formulierung "das Recht sich frei zu vereinigen..", wie überhaupt die häufige Betonung der Freiheit in diesem Zusammenhang ist kein Pleonasmus, sondern hat, worauf *S. Sokol/ B. Smerdel*, Ustavno pravo (Verfassungsrecht), Zagreb 1992, 50 f. hinweisen, ausdrücklichen Antwortcharakter auf die frühere, kommunistische Verfassung, die dieses Recht auch garantierte, dessen Ausübung jedoch durch gesetzliche Vorschriften und noch mehr durch die politische Praxis "verunmöglicht" wurde.

60 Vgl. beispielsweise die Konkretisierung durch das Anstalts- und Stiftungsgesetz N.N. 76/1993, wie sich dies indirekt durch Art. 18 ergibt, demgemäß der Name einer Anstalt oder Stiftung den Namen einer ethnischen Gemeinschaft oder Minderheit, ihr Wappen oder ihre Fahne enthalten darf.

dies aber "in Übereinstimmung mit der Verfassung und diesem Gesetz" zu geschehen hat, wird mit diesem verfassungsgesetzlichen Vorbehalt auch auf die Einschränkung dieses Rechts hingewiesen, die sich schon aus der Verfassung ergibt.[61]

So ist sowohl in Art. 6 wie Art. 43 der Verfassung bereits ausdrücklich die Möglichkeit des Verbots aller Organisationen vorgesehen, die die demokratische Verfassungsordnung, Unabhängigkeit, Einheit oder territoriale Integrität der Republik Kroatien gefährden. Die Kompetenz, die Verfassungsmäßigkeit von Programmen und Tätigkeiten politischer Parteien zu überprüfen und deren Tätigkeit gegebenenfalls zu verbieten, kommt dem Verfassungsgericht zu.[62] Aber schon das Recht zur Gründung politischer Parteien ist nicht absolut, wie sich aus Art. 43 ergibt und durch Art. 4 des "Gesetzes über politische Organisationen"[63] konkretisiert wurde. Diese Bestimmung sieht vor, daß politische Organisationen nicht zu registrieren sind, "deren Programm oder Statut auf die gewaltsame Zerstörung der verfassungsmäßigen Ordnung, die Bedrohung der Unabhängigkeit des Landes, ... die Anfachung nationalen, rassischen und Glaubenshasses oder Intoleranz sowie die Propagierung von Gewalt oder Krieg... gerichtet ist." Gegen die Verweigerung der Registrierung kann gem. Art. 20 ein Verwaltungsgerichtsverfahren eingeleitet werden. Analoge Bestimmungen sieht auch das neue Parteiengesetz vor.[64]

---

61 Gem. Art. 15 des Versammlungsgesetzes, Zakon o javnom okupljanju, N.N. 22/1992, ist es verboten, bei Versammlungen Uniformen, Abzeichen oder andere Symbole zu tragen, mit denen zu Gewalt, Rassen- oder Glaubenshaß angestachelt wird. Eine Versammlung kann verboten werden, wenn aus den Begleitumständen hervorgeht, daß die verfassungsmäßige Ordnung bedroht, Straftaten begangen, öffentliche Ordnung, Frieden und Moral verletzt oder die Sicherheit von Leben und Eigentum bedroht wird (Art. 5 und 16).

62 Vgl. Art. 125 der Verfassung und Art. 35 ff. des Ustavni zakon o Ustavnom sudu Republike Hrvatske (Verfassungsgesetz über das Verfassungsgericht der Republik Kroatien), in: N.N. 13/1991, pos. 366, 21.3.1991, 423.

63 Vgl. Zakon o političkim organizacijama, N.N. 19/1990, pos. 381 und 76/1993, pos. 1550.

64 Vgl. Art. 17 und 24 des Zakon o političkim strankama, N.N. 76/1993. In Art. 11 und 12 wird ausführlich geregelt, daß der Name einer

Parteiverbotsverfahren wurden auch tatsächlich gegen die rechtsextremistische, nationalistische "Kroatische Partei des Rechts" (HSP) sowie die Serbische Demokratische Partei (SDS) eingeleitet, doch kam es zu keiner Entscheidung, nachdem nach innerparteilichen Veränderungen nach Ansicht des Verfassungsgerichts kein Anlaß mehr für ein Verbot bestand.

Nach Art. 62 des Nationalitätenverfassungsgesetzes ist schließlich jede Tätigkeit, Anstiftung oder Hilfeleistung zur Bedrohung der Existenz von Volksgruppen sowie die Anfachung von nationalem Haß, Diskriminierung oder Ungleichbehandlung strafrechtlich zu bestrafen. Dieser Gesetzgebungsauftrag wurde schließlich durch Art. 240 des neuen kroatischen Strafgesetzes erfüllt. Der Strafrahmen beträgt dabei bis zu zehn Jahren Gefängnis. Auch für die Bedrohung der Unabhängigkeit Kroatiens, bewaffneten Aufstand und Aufruf zum gewaltsamen Umsturz der verfassungsmäßigen Ordnung (Art. 232, 235 und 239) werden Gefängnisstrafen zwischen drei und zehn Jahren vorgesehen.[65]

a. Politische Parteien der Volksgruppen und regionalistische Parteien

Die "Serbische Demokratische Partei" (SDS) versteht sich ihrem Programm nach als unabhängige politische Organisation, gegründet zum Schutz der Interessen des serbischen Volkes, insb. der Serben in Kroatien. Die Partei wurde am 17. März 1990 in Knin von ungefähr 5000 Sympathisanten aus Norddalmatien, der Lika und anderen Regionen, in denen Serben leben gegründet. Ende 1990 hatte sie ungefähr 60.000 Mitglieder. Ihr Vorsitzender war der Psychiater Dr. Jovan Rašković aus Šibenik. Die Partei lehnte eine Zusammenarbeit mit anderen Parteien, die einen "nationalen Egozentrismus" vertreten ab, womit v.a. der Bund der Kommunisten Kroatiens gemeint war. Sie trat zuerst für die territoriale Autonomie auf Grund eines Referendums in den betreffenden Gebieten ein, wie sie auch eine Veränderung der territorial-administrativen Einteilung Kroatiens

---

politischen Partei kroatisch sein muß und keine staatlichen Kennzeichen oder den Namen eines anderen Staates enthalten darf, was wohl insbesondere gegen die SDS gerichtet ist.

65 N.N. 32/1993.

unter besonderer Berücksichtigung der Interessen der in Kroatien lebenden Serben forderte. In ihrem politischen Programm folgte sie damit stark den von der Demokratischen Partei in Belgrad vorgegebenen Strukturen.[66] Nach seinem Wahlsieg hatte Tudjman dem Vorsitzenden der SDS, Rašković, die Position des Vizepräsidenten des kroatischen Parlaments angeboten, die dieser aber ablehnte. Der nach seiner Ablehnung ernannte Serbe Simo Rajić legte sein Amt am 5. Januar 1991 nieder.[67] Die weitere Entwicklung dieser Partei und ihre Radikalisierung bis zur Anwendung von Gewalt wurde schon oben dargestellt.

Die betont istrisch-regionalistische Haltung, die sich bereits bei den Volkszählungsergebnissen 1991 angekündigt hatte, führte auch zur Gründung entsprechender Regionalparteien. Die erfolgreichste Regionalpartei mit fünf Abgeordneten im Sabor ist die "Istrische Demokratische Partei" (IDS).[68] Ihr Programm, der Regionalismus, wird mit der Parole: "Istrien den Istrianern" plakativ vertreten. Die Parteiführung fordert daher auch die Vertretung Istriens als gleichberechtigtes Mitglied in der "Versammlung der Regionen Europas". Innerhalb Kroatiens tritt die Partei für eine politische Autonomie ein.[69] Die kriegsbedingten Probleme dürften vielen Wählern die Hinwendung zur IDS "erleichtert" haben.[70] Aber auch das

---

66 Naše teme 1990, 925 ff.

67 Vgl. *H. Poulton*, The Balkans. Minorities and States in Conflict, London 1991, 25 f.; *W. Weilguny/A. Suppan/V. Heuberger/K. Koch*, Die Wahlen des Jahres 1990 in Mittel-, Ost- und Südosteuropa, 8.

68 Vgl. Izborna Komisija Republike Hrvatske. Izvješće br. 30, Zagreb 1992.

69 Naše teme 1990, 925 ff. Bei den Wahlen zur 2. Kammer des Sabor, der sog. Županijenkammer zur Repräsentation der Interessen der Regionen, die am 7.2.1993 stattfanden, erreichte das IDS zwei Drittel der Stimmen in Istrien und stellt nun drei Vertreter von insgesamt 63. Vgl. AdG 7.2.1993, 37572.

70 Vgl. *Z.P. Gwozdz*, "Istrische Forderungen illegitim", in: Der Standard, 20./21.11.1993, 2: So protestierten Politiker des IDS gegen den Zuzug von Kroaten nach Istrien, die planmäßig aus Mittelbosnien ausgesiedelt würden, sodaß damit die demographische und politische Struktur verändert werde. Gegen diese Proteste, die auch bei der Genfer Jugoslawienkonferenz vorgebracht worden waren, wurden vom extra-konstitutionellen kroatischen "Präsidialrat

Wahlverhalten der vielen jugoslawischen Offiziere und ihrer Familien in Pula, der großen, ehemaligen jugoslawischen Garnison, die wohl eher istrianisch als kroatisch wählten, dürfte für den Erfolg der IDS verantwortlich gewesen sein.[71] Als Reaktion auf die Autonomiebestrebungen der IDS wurde im März 1990 die "Istrische Volkspartei" (IPS) gegründet, die sich als Teil der kroatischen Bauernpartei versteht.[72] Ebenso regionalistische Ziele vertritt der "Demokratische Bund von Rijeka" (RDS), eine überparteiliche, übernationale Bürgerinitiative mit dem plakativen Wahlslogan: "Ideologien vergehen, Systeme ändern sich, aber Rijeka bleibt bestehen".[73] Bei den Županija-Wahlen vom 7. Februar 1993 trat schließlich auch eine dalmatinische Regionalpartei auf, die in Dalmatien jedoch nur drittstärkste Partei wurde. Ihr Programm ist v. a. als Reaktion auf die zentralistische Politik des HDZ unter Franjo Tudjman zu verstehen.[74]

Seit März 1990 verfügt auch die ungarische Minderheit über eine nationale Partei, die "Ungarische Volkspartei in Kroatien".[75] Hinzu kommen weitere Parteien auf ethnischer Grundlage, etwa der "Demokratische Bund der Albaner - Kroatien" (DSAH), die "Demokratische Partei der Muslime" (MDS) und eine Zigeunerpartei.

---

für Verteidigung und nationale Sicherheit" Drohungen mit "gesetzlichen Maßnahmen" geäußert.

71 Auch außerhalb Kroatiens scheint es das Bewußtsein einer "eigenständigen istrischen Identität" zu geben. So nannten bei der Frage nach dem Ferienort 20% der Slowenen Istrien und nur 2,58% Kroatien. Vgl. Kleine Zeitung, 19.9.1992, 4 f.

72 Naše teme 1990, 925 ff.

73 Naše teme 1990, 925 ff.

74 Vgl. "Keine Bevormundung durch Zagreb! Regionalisierungsbestrebungen in Dalmatien, in: Osteuropa 2/94, A 106 - 110.

75 *H. Poulton* (Anm. 67), 95.

2. Vertretung in den obersten Staatsorganen und der lokalen Selbstverwaltung

Während in der "Charta der Rechte der Serben und anderer Nationalitäten" gem. Pkt. V für die Serben und anderen Nationalitäten schon ein Recht auf proportionale Mitwirkung in den Organen der Gemeindeselbstverwaltung und den entsprechenden Staatsorganen prinzipiell postuliert worden war, wurde in Kap. IV des Nationalitätenverfassungsgesetzes die proportionale Repräsentation von Volksgruppen in der Staatsorganisation und der Gemeindeselbstverwaltung institutionell-organisatorisch konkretisiert.

Was die Möglichkeit der Repräsentation in den höchsten Staatsorganen betrifft, wurde in Art. 18 des Nationalitätenverfassungsgesetzes an die Unterscheidung in Volksgruppen mit mehr oder weniger als 8% Anteil an der Gesamtbevölkerung bedeutsame Rechtsfolgen geknüpft. So haben nur Volksgruppen mit mehr als 8% - d.h. in der Praxis nur die Serben in Kroatien - das Recht auf proportionale Vertretung im Sabor, der Regierung und den höchsten Gerichten. Volksgruppen mit einem Anteil von weniger als 8% wird hingegen das Recht eingeräumt, "zusammen fünf Abgeordnete in die Abgeordnetenkammer des Sabors" zu wählen. Diese Volksgruppenvertreter haben - abgehend vom sonst herrschenden Prinzip der Nationalrepräsentation - nach Abs. 3 die Aufgabe, "alle ethnischen und nationalen Gemeinschaften oder Minderheiten, die sie gewählt haben" zu repräsentieren und ihre Interessen zu schützen.

Die Wahl der Vertreter der Volksgruppen in den Sabor und die Gemeinderäte wird durch die entsprechenden Wahlgesetze näher geregelt, wobei hier das Wahlgesetz für die Abgeordnetenkammer des Sabor[76] dargestellt werden soll. Nachdem die ersten freien Wahlen im April/Mai 1990 nach dem Mehrheitswahlsystem durchgeführt worden waren, das noch die Illega-

---

[76] Zakon o izborima zastupnika u Sabor Republike Hrvatske, N.N. 22/1992 und 27/1992. Dieselben organisatorischen Regelungen sind auch im Gesetz zur Wahl der Repräsentationsorgane der lokalen Selbstverwaltung und Verwaltungseinheiten vorgesehen. N.N. 22/92 und 1/93.

lität des kurz zuvor entstandenen Mehrparteiensystems widerspiegelte[77], wurden die Wahlen vom 2. August 1992 schließlich nach einem gemischten Proportionalwahlrecht durchgeführt: während 64 Abgeordnete direkt in Einmannwahlkreisen zu wählen waren, wurden weitere 60 Abgeordnete aufgrund von Parteilisten nach dem System d'Hondt gewählt, wobei das gesamte Territorium der Republik einen Wahlkreis bildete. Die Bestimmung des Nationalitätenverfassungsgesetzes, die allen Volksgruppen mit weniger als 8%-Anteil an der Gesamtbevölkerung wenigstens fünf Abgeordnetensitze garantierte, wurde durch Art. 10 des Wahlgesetzes insoweit konkretisiert, als die entsprechenden Volksgruppen, nämlich Ungarn, Italiener, Tschechen und Slowaken, Ruthenen und Ukrainier sowie Deutsche und Österreicher namentlich aufgezählt und jeder Sprachgruppe ein Mindestsitz garantiert wird. Für die Wahl jedes Repräsentanten dieser Minderheiten ist nach der Bestimmung des Art. 23 ein eigener Wahlkreis zu bilden, wobei der Kandidat mit den meisten Stimmen gewählt ist.[78] Da jedoch nur vier besondere Wahlkreise, nämlich Buje für die italienische, je einer in Osijek für die ungarische und deutsch-österreichische und Daruvar für die westslawischen Minderheiten gebildet worden war, erklärte die Wahlkommission einen Kandidaten, der als Jude auf der Liste der Kroatischen Sozialliberalen Partei kandidiert hatte, für gewählt, um den 5. gesetzlich vorgesehenen Vertreter der Volksgruppen mit weniger als 8%igen Bevölkerungsanteil zu bestimmen.[79] Um schließlich die proportionale Repräsentation der Serben, für die keine eigenen, nationalen Wahlkreise zu

---

77 Vgl. allgemein *B. Smerdel*, Zakon o izboru odbornika i zastupnika SR Hrvatske (Gesetz über die Wahl der Delegierten und Abgeordneten der Sozialistischen Republik Kroatien), in: Naše teme 1990, 436 - 448.

78 Das schließt selbstverständlich nicht aus, daß weitere Repräsentanten dieser Minderheiten auch im Rahmen des allgemeinen Wahlverfahrens entweder als Einzelkandidaten oder auf einer Parteiliste gewählt werden können.

79 Vgl. Republika Hrvatska Izborna komisija Republike Hrvatske, Izvješće br. 30, Službeni rezultati za izbor zastupnika u Zastupnički dom Sabora Republike Hrvatske sa državnih listi, Zagreb, 11. kolovoza 1992 (Republik Kroatien, Wahlkommission der Republik Kroatien, Bericht Nr. 30, Amtliche Ergebnisse der Wahl der Abgeordneten zur Abgeordnetenkammer des Sabors der Republik Kroatien aufgrund der staatlichen Listen, Zagreb, 11. August 1992), 5.

bilden sind, sicherzustellen, sieht Art. 22 i.V.m. Art. 26 des Wahlgesetzes vor, daß die Zahl der Sitze in der Abgeordnetenkammer entsprechend erhöht werden kann, sodaß also entsprechend dem Proportionalitätserfordernis die serbischen Kandidaten der Parteilisten mit den meisten Stimmen als gewählt gelten.

Als Mandatshürde für den Proportionalausgleich durch Parteilisten auf Republiksebene sah dabei Art. 24 des Wahlgesetzes eine 3%-Klausel vor. Auf Antrag der Serbischen Volkspartei (SNS)[80], die bei den Wahlen nur 1,06% der Stimmen erreicht hatte, wurde jedoch deren Anwendung auf Parteilisten von Volksgruppen mit mehr als 8%-Bevölkerungsanteil vom Verfassungsgericht in seiner Entscheidung vom 6. Aug. 1992[81] für verfassungswidrig erklärt. Würde, so argumentierte das Verfassungsgericht, die 3%-Klausel auf die Parteilisten von Minderheiten angewandt, so wäre die Gewährleistung der Rechte gem. Art. 18 des Nationalitätenverfassungsgesetzes nicht möglich. Die Mandatshürde sei daher auf Parteilisten von Volksgruppen mit mehr als 8%-Anteil nicht anzuwenden. Die gegenteilige Auffassung würde im übrigen auch zu einer Ungleichbehandlung mit ethnischen Minderheiten mit weniger als 8%-Anteil führen, da für diese im Gesetz ein spezifisches Verfahren zur Wahl der Repräsentanten vorgesehen sei, das ihnen auch faktisch eine Mindestrepräsentation garantiert.

Als Vertreter der serbischen Volksgruppe wurden daher schließlich 13 Kandidaten - zwei von der Kroatischen Volkspartei, sieben von der Sozialdemokratischen Partei Kroatiens-PDS, den ehemaligen Kommunisten, und drei von der Serbischen Volkspartei (SNS) - neben den 120 im allgemeinen Wahlverfahren und 4 in nationalen Wahlkreisen gewählten Abgeordneten für gewählt erklärt, sodaß die Abgeordnetenkammer des Sabor insgesamt 138 Abgeordnete umfaßt.[82]

---

80 Dabei handelt es sich im Gegensatz zur SDS um eine "regierungsloyale" serbische Partei.

81 Vgl. N.N. 50/1992.

82 Izborna komisija, Službeni rezultati, 4.

Was nun die Möglichkeit des Einflusses der Volksgruppen auf den *Willensbildungs- und Entscheidungsprozeß* in den Staatsorganen betrifft, so ist darauf hinzuweisen, daß gem. Art. 81 der Verfassung die 2. Kammer des Parlaments, die sog. Županijenkammer[83], das Recht hat, zu allen Gesetzen, in denen nationale Rechte geregelt werden, eine Stellungnahme abzugeben.[84] Nach Art. 83 Verf. dürfen solche Gesetze dann von der Abgeordnetenkammer nur mit einer Mehrheit von zwei Dritteln aller Abgeordneten - also nicht nur der Anwesenden - beschlossen werden, sodaß zur Abänderung von Gesetzen mit nationalen Rechten den Vertretern der Volksgruppen zwar keine Sperrminorität zukommt, diese aber sicherlich eine erhöhte Bestandsgarantie haben. Die Abgeordnetenkammer hat schließlich auch einen ständigen Ausschuß für Menschenrechte und die Rechte der Volksgruppen eingesetzt.

Gem. Art. 20 des Nationalitätenverfassungsgesetzes ist schließlich von der Regierung der Republik Kroatien auch ein Büro für Volksgruppenfragen einzurichten, um die Umsetzung der Bestimmungen dieses Gesetzes im Bereich der Kultur, Bildung, des Zugangs zu den öffentlichen Medien und ihre verhältnismäßige Partizipation in den öffentlichen Diensten und anderen Institutionen sicherzustellen. In Gemeinden bzw. Kreisen mit einer verhältnismäßigen Zahl von Minderheitsangehörigen sind von der Regierung auch Regionalbüros für Volksgruppenfragen zu errichten.

---

83 Diese repräsentiert die "Regionen" Kroatiens, wobei 21 Županijen gebildet wurden, und ist, wie aus Art. 71 Abs. 2 und 4 der Verfassung hervorgeht, institutionell-organisatorisch eine Mischung aus amerikanischem und italienischem Senat: jede Županija wählt drei Abgeordnete, der Staatspräsident kann noch bis zu 5 weiteren Mitgliedern ernennen. Nach den Wahlen vom 7.2.1993 ist die regierende HDZ mit 37 Abgeordneten vertreten, das Wahlbündnis aus Sozialliberaler Partei und Volkspartei mit 16, die Bauernpartei mit 5, die IDS mit drei und Splitterparteien mit 2 Abgeordneten.

84 Wobei allerdings den Volksgruppen nach den einfachgesetzlichen Bestimmungen keine "besondere" Repräsentation unabhängig von Parteilisten gewährleistet ist. Die SNS hat daher auch vor dem Verfassungsgericht den Antrag auf Einleitung eines Verfahrens zur Prüfung der Verfassungsmäßigkeit dieser Gesetze gestellt.

Nach Art. 19 des Nationalitätenverfassungsgesetzes hätten schließlich die Angehörigen *aller* Volksgruppen das Recht auf proportionale Repräsentation in den Organen der lokalen Selbstverwaltung. Zur lokalen Selbstverwaltung gehören dabei nicht nur die Gemeinden und Städte, sondern auch die schon erwähnten Županijen[85]. Für die Wahlen in die Repräsentativorgane dieser Selbstverwaltungskörperschaften[86] sind analoge Bestimmungen wie für die Wahlen zur Abgeordnetenkammer des Sabor - wie schon oben im Detail ausgeführt - vorgesehen, wobei jedoch zu bemerken ist, daß die Unterscheidung in Volksgruppen mit mehr bzw. weniger als 8%-Anteil an der Bevölkerung keine Deckung in Art. 19 des Nationalitäten(verfassungs)gesetzes findet. Umgekehrt wird zum Schutz der "Mehrheit in der Minderheit" den Kroaten in jedem Fall ein proportionaler Anteil in den Gemeinde-, Stadt- und Kreisversammlungen in den beiden Kotarevi (Kreisen) mit Spezialstatus, die Einrichtungen der zuletzt zu besprechenden Form der Territorialautonomie sind, eingeräumt.

3. Territoriale Autonomie

Wie schon oben ausgeführt, wurden die Bestimmungen über einen "special status" in Pkt. IIc) des Haager Konventionsentwurfs in einer Novellierung des Nationalitätenverfassungsgesetzes "nachgebessert", wobei insbesondere zwei "autonome Kreise", die Kotarevi Glina und Knin, geschaffen wurden. Im vertikalen territorialen Staatsaufbau sind diese Kotarevi zwischen den Gemeinden und den ihnen übergeordneten Županijen Zadar-Knin sowie Sisak eingeordnet.[87] Die Organe der Kotarevi sind eine Versammlung, ein Exekutivrat, der Vorsitzende der Versammlung und ein Kreisgericht. Der eigene Wirkungsbereich der Kotarevi[88] umfaßt gem. Art. 26 des Nationalitätenverfassungsgesetzes die Raumordnung, wirtschaftliche

---

85 Vgl. das Gesetz über lokale Selbstverwaltung und Administration, N.N. 90/1992, pos. 2334 und das Gesetz über Gebiete der Županijen, Städte und Gemeinden in der Republik Kroatien, N.N. 90/1992, pos. 2333.

86 Vgl. das Kommunalwahlgesetz, N.N. 90/1992, pos. 2337.

87 Art. 3 des Gesetzes über die Gebiete der Županijen.

88 Für den übertragenen Wirkungsbereich sind der Vorsitzende der Versammlung sowie der Vorsitzende des Exekutivrates zuständig.

Entwicklung, Infrastruktur und kommunale Einrichtungen, Natur- und Umweltschutz, die Förderung aller Gebiete der Kultur im Interesse der Volksgruppen, das Gesundheitswesen, die Sicherstellung der gemeinsamen Interessen der Bevölkerung der Kotarevi auf dem Gebiete des höheren Schulwesens, öffentliche Ordnung und Sicherheit sowie das Verkehrswesen auf dem Gebiete der Kotarevi, der Schutz der Menschen-, Bürger- und nationalen Rechte aller Einwohner und der besondere Schutz der Angehörigen dieser Volksgruppen, die eine "Minderheit in der Minderheit" sind.

In die Kompetenz der Versammlungen der Kotarevi, die durch ein besonderes Statut geregelt werden, fällt gem. Art. 30 insbesondere die Beschlußfassung über alle Fragen der politischen, wirtschaftlichen, kulturellen und gesellschaftlichen Entwicklung auf dem Gebiete eines Kreises; die Annahme diverser Entwicklungspläne sowie die Beschlußfassung über das Budget und die Abschlußrechnung, die Gründung eigener Fonds, die Gründung öffentlicher und anderer Unternehmen sowie die Schaffung von medizinischen, sozialen, kulturellen und wissenschaftlichen Einrichtungen und Schulen. Zu diesem Zweck können von der Versammlung selbständige Verordnungen (propise i opće akte) erlassen werden, auf anderen Gebieten ist sie zur Erlassung von Durchführungsverordnungen ermächtigt. Gem. Art. 35 dürfen Verordnungen und Entscheidungen der Versammlung nicht gegen die Souveränität, Unabhängigkeit und völkerrechtliche Subjektivität der Republik Kroatien verstoßen. Gem. Art. 47 können die Organe einer Kotar in diesen Fällen auf Vorschlag der Regierung vom Präsidenten der Republik aufgelöst werden. Der Vorsitzende der Versammlung, die Vorsitzenden der Ausschüsse, Direktoren öffentlicher Unternehmen und andere gesetzlich bestimmte Personen werden von der Versammlung gewählt bzw. ernannt oder abberufen. Der Vorsitzende der Versammlung muß außerdem noch von der Regierung bestätigt werden.

Dem kroatischen Verfassungsgericht kommt die Kontrolle der Verfassungs- und Gesetzmäßigkeit der Verordnungen und generellen Rechtsakte der Kotarevi zu (Art. 35 Abs. 2), die Kontrolle der Gesetzmäßigkeit von

Bescheiden obliegt dem Verwaltungsgericht der Republik Kroatien (Art. 36 Abs. 3). Gem. Art. 38 sind schließlich eigene Gemeinde- und für jeden Kotar ein Kreisgericht einzurichten, das als zweite Instanz in den Angelegenheiten des eigenen Wirkungsbereichs zu entscheiden hat. Die Richter werden auf Vorschlag der Gemeinde- bzw. Kreisversammlung vom Gerichtsrat der Republik gewählt und abberufen. Gegen eine rechtskräftige zweitinstanzliche Entscheidung eines Kreisgerichts ist ein außerordentliches Rechtsmittel an das Oberste Gericht Kroatiens möglich, wird ein durch die Verfassung oder das Nationalitätenverfassungsgesetz gewährleistetes Menschenrecht oder Grundfreiheit verletzt, kann Beschwerde beim Verfassungsgerichtshof erhoben werden.

Gem. Art. 43 ff. wird auch die Polizeigewalt von den Kotarevi ausgeübt. Als Aufsichtsorgan ist gem. Art. 46 schließlich auch ein Regierungskommissär für jeden Kotar vorgesehen, der die Regierung gegenüber den Organen der Kotarevi vertritt, die Regierung über die Durchführung ihrer Entscheidungen sowie der Bestimmungen des Nationalitätenverfassungsgesetzes informiert.

Last but not least für den nationalen Ausgleich wohl eines der wichtigsten Instrumente sind die Proporzvorschriften für die personelle Zusammensetzung aller Organe und Behörden der Gemeinden und der beiden Kotarevi mit besonderem Statut. So müssen die Versammlungen, ihre Exekutivräte, alle öffentlichen Einrichtungen und die in ihnen Beschäftigten, die Gerichte und Polizeibehörden aus den Angehörigen der Volksgruppen im Verhältnis zur Zahl der Gemeinde- bzw. Kreisbewohner zusammengesetzt sein.

Es ist allerdings eine der tragischen Folgen des nach wie vor immer wieder aufflammenden Krieges in Kroatien, daß gerade die Bestimmungen über die territoriale Autonomie - auch aufgrund der Untätigkeit der UNPROFOR-Truppen in diesen "besetzten" Gebieten, ihrem Auftrag zur Entwaffung der serbischen Aufständischen nachzukommen - bisher nicht umgesetzt wurden.

Die rechtliche Stellung der Minderheiten in Lettland

Dominik Lentz / Hermann Müller*

I. Einleitung

1. Minderheitenrechte[1] in der ersten Periode der Staatlichkeit

Erstmals in der relativ kurzen Zeitspanne von 1918 bis 1940 fand Lettland zu einer eigenen Staatlichkeit[2]. Der Zusammenbruch des russischen Zarenreiches 1917 hatte zur Folge, daß im Zuge der Verselbständigung einiger Randstaaten nach dem ersten Weltkrieg aus den Ostseeprovinzen Estland, Livland und Kurland die beiden Staaten Estland (Eesti) und Lettland (Latvija) entstehen konnten[3]. So bildete sich am 17. November 1918 unter

---

* Wissenschaftliche Mitarbeiter am Institut. Der Beitrag gibt die Rechtslage vom 31.12.1993 wieder.

1 Vgl. zum Ganzen, insbesondere zur neuesten Rechtsentwicklung *C. Schmidt*, Der Minderheitenschutz in den baltischen Staaten. Dokumente und Analysen, Bd. 2 (Bonn 1993), mit deutschen Übersetzungen der minderheitenrelevanten Rechtsbestimmungen.

2 Zu der Geschichte der baltischen Staaten in dieser Zeit vgl. *G. v. Rauch*, Geschichte der baltischen Staaten (München, 3. Aufl. 1990); dazu auch *A. Šilde*, Die Entwicklung der Republik Lettland, in: B. Meissner, Die baltischen Nationen (Köln 1991), 63 ff.; *G. v. Pistohlkors*, Historische Einführung zum Problem der Eigenstaatlichkeit der baltischen Länder, in: G. Gutmann/ K.C. Thalheim/W. Wöhlke, Die Unabhängigkeit der baltischen Länder. Geschichte - Probleme - Perspektiven (Marburg/Lahn 1993), 3 ff.; *W.C. Clemens Jr.*, Baltic independence and Russian empire (London 1991), 28 ff.; eine einseitige, auf die am 14. Dezember 1918 gegründete Sozialistische Sowjetrepublik Lettland bezogene Darstellung bei *V.O. Miller*, Pervoe Suverennoe Gosudarstvo Latyšskogo Naroda (Der erste souveräne Staat des lettischen Volkes) (Riga 1988).

3 Vgl. insbesondere zu den ersten Forderungen nach administrativer Zusammenfassung der Ostseeprovinzen nach der Februarrevolution *G. v. Rauch*, Geschichte der baltischen Staaten, 38 ff; zu ersten Tendenzen der Ausbildung einer eigenen Staatlichkeit vgl. *E. Benz*, Die Revolution von 1905 in Estland, Livland und Kurland, Acta Baltica Bd. XXVIII (1990), 19 ff.; *U. Germanis*, Der Versuch zur Bildung einer Konstituante Lettlands (1917), Acta Baltica Bd. XIX/XX

dem Vorsitz von *J. Časke* der 39 Vertreter aller politischen Parteien[4] umfassende "Lettische Volksrat" als einziger Träger der höchsten Staatsgewalt. Nachdem dieser eine Provisorische Regierung unter *K. Ulmanis* ernannt hatte, rief der Lettische Volksrat am 18. November 1918 die selbständige, unabhängige, demokratische (nicht "Räte-"[5]) Republik Lettland innerhalb der ethnographischen Grenzen Kurland, Livland (südl. Teil) und Lettgallen aus[6].

a. Verfassungsrechtliche Ausgestaltung der Minderheitenrechte

Eine am selben Tag angenommene Plattform, welche teilweise als staatsrechtliche Grundlage der neuen Republik, teilweise als Regierungsprogramm aufgefaßt werden kann, nimmt in ihrem vierten Abschnitt, der mit "Rechte der Andersvölkischen" überschrieben ist, ausdrücklich Bezug auf die in Lettland lebenden nationalen Minderheiten[7]. So sollten die Minderheiten ihre eigenen Vertreter, welche nach dem Verhältniswahlrecht zu wählen waren[8], in die Verfassunggebende Versammlung und ebenso in die gesetzgebenden Stellen entsenden können. Genauso wurde vorgesehen, daß die Minderheiten an der Provisorischen Koalitionsregierung neben anderen politischen Parteien teilnehmen sollten[9]. Weiterhin wurde daran gedacht,

---

(1979/80), 48 ff.; knapp zu den wichtigsten Stationen der Entwicklung *M. Laserson*, Die Verfassungsentwicklung Lettlands, Das öffentliche Recht der Gegenwart IX (1922), 218 ff.

4 Mit Ausnahme der kommunistischen Linken und der extremen, deutschfreundlichen Rechten.

5 Vgl. *M. Laserson*, Das Verfassungsrecht Lettlands, Das öffentliche Recht der Gegenwart XII (1923/24), 259.

6 Text der Erklärung bei *M. Laserson* (Anm. 3), 221.

7 Text der ersten vier Abschnitte wiedergegeben bei *M. Laserson* (Anm. 3), 222.

8 Jedoch enthält die Plattform neben den Grundsätzen der allgemeinen, gleichen, unmittelbaren und geheimen Wahl keinen Hinweis darauf, wie der Wahlkörper bestimmt werden soll, vgl. Abschnitt IV, § 1 i.V.m. Abschnitt I, § 2 der Plattform.

9 Vgl. Abschnitt IV, § 2 i.V.m. Abschnitt III, §§ 2, 3 der Plattform.

die kulturellen und nationalen Rechte der nationalen Gruppen durch sogenannte "Grundgesetze" zu verbürgen[10].

Aufgrund der zwischenzeitlichen Besetzung durch die Rote Armee und der kurzzeitigen Etablierung einer Räterepublik nach russischem Vorbild trat die 150 Mitglieder starke Verfassunggebende Versammlung erst nach der Rückkehr der Lettischen Regierung aus Liepaja (Libau) am 1. Mai 1922 zusammen[11] und arbeitete eine an westeuropäischen Vorbildern orientierte Verfassung aus, welche dann am 15. Februar 1922[12] verabschiedet wurde und am 7. November 1922 in Kraft trat. Zwar beinhaltete der ursprüngliche Verfassungsentwurf - entsprechend der Vorgabe aus der Plattform - in Art. 115 und Art. 116 besondere Vorschriften über die Rechte nationaler Minderheiten, welche für den ersten Entwurf einstimmig und auch noch in zweiter Lesung angenommen worden waren[13]. Diese enthielten einerseits Bestimmungen, welche den Gebrauch der Minderheitensprache vor den Verwaltungs-, Selbstverwaltungs- und Gerichtsbehörden vorsahen. Des weiteren sollte den nationalen Minderheiten auch das Recht gewährt werden, in bezug auf kulturelle Angelegenheiten autonome öffentlichrechtliche Körperschaften zu bilden. Da aber die Minderheitenrechte im zweiten Teil der Verfassung über Rechte und Pflichten der Bürger ent-

---

10 Abschnitt IV, § 3.

11 Zu dem in Folge mit Rußland geschlossenen Friedensvertrag, der neben der gegenseitigen Anerkennung auch die weiteren Beziehungen zwischen beiden Staaten regelte, vgl. *D.A. Loeber*, Die Staatsverträge der baltischen Staaten mit Rußland von 1920 und 1991. Eine vergleichende Betrachtung, in: G. Hutmann/K.C. Thalheim/ W. Wöhlke (Anm. 2), 23 ff.

12 Orginalwortlaut in "Likumu un waldibas rihkojumu krahjums" (staatliches "Gesetzes- und Verordnungblatt"), vom 7.08.1922; deutscher Text bei *M. Laserson* (Anm. 5), 265-269. Zu dem in Folge mit Rußland geschlossenen Friedensvertrag, der neben der Anerkennung der Republik Lettland auch die weiteren Beziehungen zwischen den beiden Staaten regelte, vgl. *D.A. Loeber*, Die Staatsverträge der baltischen Staaten mit Rußland von 1920 und 1991. Eine vergleichende Betrachtung, in: G. Gutmann/K.C. Thalheim/ W. Wöhlke (Anm. 2), 23-31.

13 Vgl. hierzu *M. Garleff*, Die kulturelle Selbstverwaltung der nationalen Minderheiten in den baltischen Staaten, in: B. Meissner (Anm. 2), 92.

halten waren, welcher in dritter Lesung keine Mehrheit finden konnte, trat die Verfassung am Ende nur als ein die Staatsorganisation umfassender Rumpf[14] ohne garantierte Grundrechte und damit auch ohne Minderheitenrechte in Kraft[15].

Zudem waren die baltischen Staaten auch nicht in die Minderheitenverträge des Völkerbundes von 1918/20 mit einbezogen, da sie damals international *de iure* noch nicht anerkannt waren. Folglich wurde nach dem Aufnahmeantrag Lettlands vom Völkerbund die verbindliche Aufnahmebedingung ausgesprochen *"de prendre les mesures propres à assurer l'application des principes généraux inscrits dans les traités des minorités et leur demande de vouloir bien se mettre d'accord avec le Conseil sur les détails d'application"*[16]. Eine solche Erklärung gab die lettische Regierung am 7. Juli 1923 vor dem Völkerbund ab[17] und wurde daraufhin in den Völkerbund aufgenommen.

b. Einfachgesetzliche Ausgestaltung der Minderheitenrechte

Trotz der fehlenden verfassungsrechtlichen Ausgestaltung der Minderheitenrechte blieben diese von Seiten des lettischen Gesetzgebers nicht völlig unbeachtet. So fanden minderheitenrechtliche Bestimmungen auf einfachgesetzlicher Basis Eingang in das Verfassungsleben der jungen

---

14 Vgl. *M. Laserson* (Anm. 3), 226.

15 Vgl. *M. Laserson,* ibid., 226; *ders.* (Anm. 5), 258; allerdings wurden Art. 115 und Art. 116 in der an den Völkerbund gerichteten Erklärung über den Schutz der Minderheiten in Lettland als bereits geltendes Recht bezeichnet, vgl. Lettische Minoritätenerklärung, abgegeben vor dem Völkerbundrat in der Sitzung vom 7. Juli 1923, abgedruckt in: H. Kraus, Das Recht der Minderheiten (Berlin 1927), 174-176; zu den Gründen der Ablehnung des Grundrechtsteils der Verfassung vgl. *M. Garleff* (Anm. 13), 92, Fn 22; *A. Šilde* (Anm. 2), 65.

16 Vgl. Empfehlung betreffend die Aufnahme der Baltischen Staaten in den Völkerbund, angenommen von der 1. Völkerbundsversammlung auf Vorschlag *Lord Roberts Cecils* vom 15. Dezember 1920, abgedruckt bei *H. Kraus* (Anm. 15), 114.

17 Abgedruckt bei *H. Kraus* (Anm. 15), 174-176.

Republik. Im Bereich des Schulwesens[18] erhielten die Minderheiten zum Beispiel die Möglichkeit, ihre Angelegenheiten autonom zu gestalten. Von dieser Möglichkeit machten die deutsche, jüdische, russische, weißrussische und polnische Minderheit Gebrauch[19], indem sie eigene Verwaltungen für das Schulwesen einrichteten und dieses - jedoch weiterhin dem Bildungsministerium unterstellt - selbständig organisierten[20]. Auf Vorschlag der entsprechenden Minderheit wurden die Leiter dieser Abteilungen von der Regierung bestätigt. Durch diesen Bestellungsmodus war eine gewisse Unabhängigkeit dieser sog. "Bildungschefs" vom Bildungsminister und damit auch die Möglichkeit, eine selbständige Minderheitenpolitik zu betreiben, gewährleistet[21]. Den Bildungschefs kam über den Bildungssektor hinausgehende Bedeutung zu, da sie in allen Kulturangelegenheiten als Vertreter ihrer Minderheit herangezogen wurden[22]. Neben seiner Befassung mit allen allgemeinen Kulturangelegenheiten einer Minderheit wirkte der Leiter der Schulabteilung bei der Berücksichtigung von Angehörigen seiner Minderheit im Rahmen der staatlichen Kulturförderung gutachterlich mit und war auch für die finanziellen Theater- und Museumsmittel zuständig[23]. In diesem sehr weit gefaßten Autonomiegesetz kommt das schon in früheren Zeiten aufgegriffene Prinzip

---

18 Gesetz vom 18. Dezember 1919 über das Schulwesen nationaler Minderheiten, in dritter Lesung vom Lettischen Volksrat mit 132 Stimmen ohne Gegenstimmen bei 18 Enthaltungen angenommen (im weiteren MindG 1919); vgl. dazu auch *A. Silde* (Anm. 2), 66; *R. Wittram*, Die Schulautonomie in Lettland, in: Zeitschrift für Ostforschung 1 (1952), 258 ff; *M. Garleff*, Deutschbaltische Politik zwischen den Weltkriegen (Bad Godesberg 1976), 82 ff.

19 *R. Wittram* (Anm. 18), 260; zur deutschen Schulpolitik in Lettland vgl. auch *M. Garleff* (Anm. 18), 90 ff.

20 § 6 MindG 1919; vgl. hierzu ausführlich *M. Laserson* (Anm. 5), 263 ff.

21 Vgl. *R. Wittram* (Anm. 18), 259.

22 Vgl. § 7 MindG 1919: "Der Chef der Abteilung für die Schulen einer Minorität [vertritt] seine Nation in allen Kulturfragen mit dem Recht, mit allen Départements des Bildungsministeriums in Verbindung zu treten sowie auch mit beratender Stimme an den Sitzungen des Ministerkabinetts in allen Fragen teilzunehmen, die das kulturelle Leben der Nation berühren.", vgl. auch *R. Wittram* (Anm. 18), 259 ff.

23 *R. Wittram* (Anm. 18), 259.

der personalen Nationalautonomie zum Ausdruck[24]. Praktische Konsequenzen ergaben sich insoweit, als die Kommunen verpflichtet wurden, für je 30 Kinder einer Nationalität eine muttersprachliche Grundschule (7-8 Klassen umfassend) einzurichten[25]. Nach dem Staatsstreich vom 15. Mai 1934 wurden die Minderheitenverwaltungen jedoch wieder aufgehoben.

2. Die Entwicklung der Minderheitenrechte nach der Unabhängigkeitserklärung[26]

Auf der Grundlage der Souveränitätserklärung vom 28. Juli 1989[27] und der Deklaration vom 15. Februar 1990 über Fragen der Unabhängigkeit der Republik Lettland[28] verfaßte der Oberste Rat am 4. Mai 1990 die Deklaration über die Wiederherstellung der Republik Lettland[29], in welcher die Verfassung Lettlands vom 15. Februar 1920 wieder in Kraft gesetzt wird. Mit Ausnahme der Art. 1-3 und 6 wurde die Verfassung jedoch mit eben derselben Deklaration wieder bis auf weiteres ausgesetzt[30]. Unter

---

24 Vgl. auch *M. Garleff* (Anm. 13), 88.

25 *R. Wittram* (Anm. 18), 260.

26 Zur Minderheitenpolitik in der Lettischen Sozialistischen Sowjetrepublik vgl. *N. Muiznieks*, Latvia: origins, evolution, and triumph, in: I. Bremmer/R. Taras (Hrsg.), Nations and politics in the Soviet sucessor states (Cambridge 1993), 182 ff.

27 Sovetskaja Latvija vom 29.07.1989; vgl. zur Unabhängigkeitserklärung auch *D. Bungs*, Latvia: laying new foundations, RFE/RL Research Reports No. 1/1992, 61 ff.

28 Sovetskaja Latvija vom 16.02.1990.

29 Deklaration des Obersten Rates der Lettischen Sozialistischen Sowjetrepublik über die Wiederherstellung der Unabhängigkeit der Republik Lettland vom 4. Mai 1990, Latvijas Republikas Augstakas Padomes un Valdibas Zinotajas, 1990, Nr. 20, Pos. 356; deutsche Übersetzung in: Europa-Archiv 45 (1990), D 376, wie auch in *B. Meissner* (Anm. 2), 390 ff.

30 Vgl. zur Verfassungsentwicklung im einzelnen *H.-J. Uibopuu*, Die Verfassungs- und Rechtsentwicklung der baltischen Staaten 1988-1990, Berichte des Bundesinstituts für ostwissenschaftliche und internationale Studien, 61-1990 (Köln 1990); *ders.*, Die Rechtsentwicklung der baltischen Staaten in neuester Zeit, in: G. Gutmann/K.C. Thalheim/W. Wöhlke, (Anm. 2), 33 ff.; zur politischen Entwicklung *W.C. Walter Jr.* (Anm. 2), 74 ff., 98 ff., 110 ff.

dem Eindruck des ersten Moskauer Staatsstreiches erklärte die Republik Lettland ihre vollkommene Unabhängigkeit am 21. August 1991[31] und knüpfte so endgültig an die Zeit vor der Inkorporation in den sowjetischen Staatsverband am 17. Juni 1940 an.

Bereits vor der Unabhängigkeitserklärung wurden Änderungen in bezug auf die Minderheitenpolitik in Lettland, sicherlich angeregt durch ähnliche Vorgänge in den anderen baltischen Staaten, sichtbar.
So verabschiedete Lettland im Mai 1989 ein neues Sprachengesetz[32], im März 1991 ein sogenanntes Minderheitengesetz[33] und im Juni dann als letzte umfassende Maßnahme vor der Loslösung von der Sowjetunion ein neues Bildungsgesetz[34].

a. Die verfassungsrechtliche Ausgestaltung der Minderheitenrechte

In der Verfassung unterblieb jedoch erneut die Absicherung von Minderheitenrechten. Weder enthält die Verfassung von 1922, wie oben gezeigt, minderheitenrelevante Bestimmungen, noch waren solche in Bestimmungen der Verfassung der LettSSR von 1978, soweit sie in der Übergangsperiode zur Anwendung kommen konnten[35], enthalten.

---

31 So begründet die Präambel zu dem Verfassungsgesetz der Republik Lettland vom 21. August 1991 das Gesetz unter anderem damit, "... that on August 19, 1991, as a consequence of the coup, constitutional structures and state power and government of the USSR have ceased to exist ...".

32 Gesetz vom 5. Mai 1989, Sovetskaja Latvija vom 7. Mai 1989, in der Fassung vom 31. März 1992 (in Kraft seit dem 5. Mai 1992 bzw. 7. Juli 1993), im weiteren SprachenG; deutsche Übersetzung bei *C. Schmidt* (Anm. 1), 73 ff.

33 Gesetz über die freie Entwicklung nationaler und ethnischer Gruppen Lettlands und deren Recht auf Kulturautonomie vom 19. März 1991, Zinotajs Vedomosti 1991 Nr. 21/22 Nr. 167, im weiteren MindG 1991, deutsche Übersetzung bei *C. Schmidt* (Anm. 1), 69 ff.

34 Vom 19. Juni 1991, inzwischen vollständig in Kraft getreten, im weiteren BildG 1991, deutsche Übersetzung bei *C. Schmidt* (Anm. 1), 77 ff.

35 Vgl. Punkt 6 der Deklaration des Obersten Rates der Lettischen Sozialistischen Sowjetrepublik über die Wiederherstellung der

Andererseits wurden in der Deklaration über die Wiederherstellung der Unabhängigkeit der Lettischen Republik allen Staatsbürgern der Republik Lettland und allen dort lebenden Bürgern anderer Staaten "soziale, wirtschaftliche und kulturelle Rechte und sowie politische Freiheiten gemäß allgemein anerkannten menschenrechtlichen Normen" garantiert[36]. Hiermit wurde auch den Minderheiten ein menschenrechtlicher Mindeststandard zugesichert, welcher zumindest die Bestandsgarantien des Art. 27 des Internationalen Paktes über bürgerliche und politische Rechte[37] umfassen dürfte.

Das am 10. Dezember 1991 verabschiedete Verfassungsgesetz über Rechte und Pflichten der Bürger und Personen[38] geht ebenfalls nicht eigens auf die Minderheitenfrage ein. Es enthält jedoch - den Vorgaben der Unabhängigkeitserklärung folgend - in Abschnitt III einen umfassenden Menschenrechtskatalog, welcher die Stellung der in Lettland lebenden Minderheiten mitbestimmt.

So stellt Art. 2 VerfG programmatisch voran, daß jede Person das Recht hat, all das zu tun, was nicht gesetzlich verboten ist. Weiterhin schreibt Art. 12 VerfG fest, daß alle Personen vor dem Gesetz gleich sind und niemand seiner Rasse, seiner Nationalität, seines Geschlechts, seiner Sprache, seiner Parteizugehörigkeit, seiner politischen oder religiösen Überzeugung, seiner sozialen, materiellen oder beruflichen Stellung und

---

Unabhängigkeit der Republik Lettland vom 4. Mai 1990, der lautet: "Während der Übergangsperiode [zum damaligen Zeitpunkt als bis zur Einberufung einer neugewählten Saeima dauernd definiert] können die Normen der Verfassung der Lettischen SSR und andere Gesetzgebungsakte, die zur Zeit der Verabschiedung dieser Deklaration gelten, weiter Anwendung finden, soweit sie nicht den Artikeln 1, 2, 3 und 6 der Verfassung der Republik Lettland widersprechen. ...". Diese beschränkte Anwendbarkeit der Normen der Verfassung von 1978 wurde jedoch unter dem Eindruck des Moskauer Augustputsches 1991 durch das Verfassungsgesetz vom 21. August 1991 vollkommen aufgehoben.

36 Punkt 8 der Deklaration über die Wiederherstellung der Unabhängigkeit der Republik Lettland vom 4. Mai 1990.

37 vom 19. Dezember 1966 (BGBl 1973 II, 1534), für Lettland in Kraft getreten am 14.07.1992 (BGBl 1992 II, 1108), im weiteren IPbpR.

38 Vedomosti Verchovnogo Soveta i Pravitel'stva 1992 Nr. 4/5, Nr. 26, im weiteren VerfG; deutsche Übersetzung bei *C. Schmidt* (Anm. 1), 64 ff. Dieses Gesetz hat Verfassungsrang und kann daher nur mit einer 2/3-Mehrheit geändert werden.

Herkunft wegen diskriminiert werden darf. Ebenso wird einer jeden Person - allerdings unter Gesetzesvorbehalt - in Art. 21 und Art. 22 VerfG das Recht zugesprochen, Eigentum zu besitzen und sich unternehmerisch zu betätigen. Art. 30 VerfG garantiert die Meinungsfreiheit und sichert zu, daß niemand zur Preisgabe seiner Überzeugung gezwungen werden kann. Darüber hinaus spricht Art. 31 VerfG allen Personen das Recht zu, öffentliche Organisationen zu bilden, sofern diese nicht dem Gesetz widersprechen, und an deren Tätigkeit teilzunehmen. Weiterhin gewährleistet Art. 32 VerfG das Recht, sich friedlich zu versammeln. Art. 35 VerfG sichert neben der Festlegung der Trennung von Staat und Kirche eine allgemeine Religionsfreiheit, hierunter auch die Religionsausübungsfreiheit zu. Neben einem allgemeinen Anspruch auf Bildung (Art. 38 VerfG) enthält das VerfG in Art. 40 das Recht für Personen und Personenvereinigungen, Erziehungseinrichtungen auf unterschiedlichen Ebenen zu schaffen, wobei die Unterrichtssprache unabhängig von der Staatssprache frei gewählt werden kann. Abschließend postuliert das VerfG noch in Art. 41 die Pflicht eines jeden, die Bräuche und Traditionen des lettischen Volkes und auch jeder anderen nationalen und ethnischen Gruppe, die in Lettland lebt, zu achten. Insofern werden die klassischen Rechte, welche neben ihrem Wert als Menschenrechte auch von besonderer Relevanz für das kulturelle Leben von Minderheiten sind, allgemein gewährleistet.

Dem gegenüber steht Abschnitt II des Verfassungsgesetzes, welcher sich mit den Rechten und Pflichten der Staatsbürger befaßt. Hier fallen insbesondere Art. 8 und Art. 9 VerfG ins Auge, die das Spannungsverhältnis zu den allgemein garantierten Menschenrechten deutlich machen. So haben gem. Art. 8 VerfG nur Staatsbürger das Recht, in öffentlichen Ämtern zu dienen und darüber hinaus auch nur Staatsbürger das Recht, politische Parteien zu bilden[39]. Diese Bestimmung erhält ihre Brisanz insbesondere durch die Zusammenschau mit dem angestrebten Staatsangehörigkeitsgesetz[40], welches keineswegs alle in Lettland lebenden

39 Ob jedoch Nicht-Staatsbürger solchen Parteien beitreten dürfen, wird hierdurch nicht geregelt.

40 Vgl. hierzu den Beschluß des Obersten Rates der Republik Lettland über die Wiederherstellung der Rechte der Bürger der Republik

Minderheitenangehörigen als Staatsbürger umfassen soll. Hierdurch könnte die Möglichkeit der Minderheiten, durch Parteien aktiv an der Gestaltung des politischen Lebens teilzunehmen, eingeschränkt werden[41]. Art. 9 VerfG legt darüber hinaus fest, daß Grund und Boden oder andere Naturvorkommen ausschließlich in das Eigentum von Staatsbürgern übertragen oder verkauft werden dürfen, es sei denn, das diese Beschränkung völkerrechtlichen Verträgen zuwiderlaufe. Diese Regelung kann jedoch, auch wenn sie für den europäischen Raum ungewöhnlich erscheint, sowohl als mit dem Internationalen Pakt über bürgerliche und politische Rechte als auch mit dem Internationalen Pakt über wirtschaftliche, soziale und kulturelle Rechte[42] übereinstimmend betrachtet werden[43]. Des weiteren sei darauf hingewiesen, daß gem. Art. 10 VerfG nur Staatsbürgern die innere und äußere Freizügigkeit gewährt wird[44]. Andererseits differenziert Art. 9 MindG 1991 bezüglich der Freizügigkeit nicht zwischen Staatsbürgern und Nicht-Staatsbürgern[45]. Dennoch scheint der Verweis auf die Gesetzgebungsakte darauf hinzuweisen, daß auf Nicht-Staatsbürger, welche sich ständig in der Republik Lettland aufhalten, Ausländerrecht anzuwenden ist. Auch das Recht, registrierte Waffen zu besitzen, steht nur Staatsbürgern[46] zu. Bei Betrachtung dieser Vorschriften

---

Lettland und die Grundvoraussetzungen der Einbürgerung vom 15. Oktober 1991; hierzu ausführlich unten IV.

41 Vgl. hierzu im Einzelnen unten unter IV 2, IV 6 und V 2.

42 Auch dieser ist für die Republik Lettland am 14. Juli 1992 in Kraft getreten (BGBl. 1992 II, 1108).

43 Vgl. *J. de Meyer/Chr. Rozakis*, Report on Human Rights in the Republic of Latvia for the Parliamentary Assembly of the Council of Europe, Strasbourg, Doc. AS/Ad hoc-Bur-EE (43) 4 of 20 January 1992, Human Rights Law Journal 13 (1992), 244 f.

44 Wiederum eine Regelung, deren Schwierigkeit erst deutlich wird, wenn man die restriktive Staatsangehörigkeitsregelung berücksichtigt.

45 Dieser lautet:

"Die Lettische Republik garantiert allen ihren ständigen Einwohnern das Recht, frei Kontakte zu ihren Landsleuten in ihrer historischen Heimat und auch in anderen Staaten zu unterhalten sowie frei aus Lettland auszureisen und nach Lettland einzureisen gemäß den Gesetzgebungsakten der Lettischen Republik."

46 Eine Regelung, die wohl darauf gerichtet ist, ehemaligen Angehörigen der Sowjetarmee, die weiterhin in Lettland leben,

fällt auf, daß den Minderheiten zwar im allgemeinen Rahmen durchaus alle bedeutsamen Rechte zugestanden werden, ihnen aber die sehr wichtige - und noch im Verfassungsleben der ersten lettischen Republik von 1918 betonte - Möglichkeit genommen wird, ihre Interessen auf politischer Ebene zu vertreten. Insgesamt kann aber festgestellt werden, daß die in dem VerfG garantierten Menschenrechte mit dem internationalen Standard, wie er in der Allgemeinen Erklärung der Menschenrechte, den beiden Menschenrechtspakten von 1966, der Europäischen Menschenrechtskonvention und auch der Europäischen Sozialcharta zu entnehmen ist, entsprechen[47].

b. Die Definition des Minderheitenbegriffes

Bis heute findet sich in keinem lettischen Dokument eine Legaldefinition des Minderheitenbegriffes. Vielmehr taucht in den unterschiedlichen Dokumenten eine Vielzahl verschiedener Begriffe auf, welche voneinander abzugrenzen schwerfällt. So werden zum Beispiel die Begriffe ethnische Gruppe, nationale Gruppe, Nation oder Nationalität[48] nebeneinander gebraucht, ohne diese deutlich voneinander zu scheiden[49].
Diese Begriffsvielfalt wirft die Frage auf, welchen Minderheitenbegriff das lettische Gesetz zugrunde legt. Nach einer soziologischen Betrachtungsweise stellte jede ethnische Gruppe, die im Vergleich zur staatstragenden Nation einer numerischen Minderheit entspräche, auch eine Minderheiten-

---

ohne Staatsbürger zu sein, die Möglichkeit des Waffenbesitzes zu entziehen.

47 Vgl. *J. de Meyer/Chr. Rozakis* (Anm. 43), 245.

48 So zum Beispiel im MindG 1991, in dem die Begriffe Nation, indigene Nationalität, Nationalitäten und ethnische Gruppe nebeneinander verwendet werden. Der Begriff der "Nation" ist auf die lettische Nation bezogen, während der Begriff der "Nationalitäten" auf Volksgruppen hinzuweisen scheint, welche in anderen Staaten die staatstragende Bevölkerungsgruppe bilden. "Ethnische Gruppe" hingegen greift seinem Begriffsinhalt nach auf die rein ethnisch-soziologischen Unterscheidungsmerkmale einer Bevölkerungsgruppe zurück.

49 Darauf hinzuweisen ist, daß neben den allgemeinen Umschreibungen der unterschiedlichen Volksgruppen die Gruppe der Liven, der urprünglichen Bevölkerungsgruppe Lettlands, eigens genannt wird; Präambel des MindG 1991.

gruppe dar. Eine nationale Minderheit im staatsrechtlichen Sinne bezöge sich jedoch von vornherein nur auf Staatsangehörige der Republik Lettland und umfaßte daher nur die nationalen Gruppen, die zwar lettische Staatsangehörige wären, aber nicht zur mehrheitsbildenden nationalen Gruppe Lettlands gehörten[50]. Alle anderen Gruppen wären Ausländer im Rechtssinne und unterfielen genau genommen dem Ausländerrecht und nicht dem Minderheitenrecht. Im Völkerrecht hingegen weithin anerkannt[51] ist folgender Minderheitenbegriff:

> *"A minority is a group which is numerically inferior to the rest of the population and in a non-dominant position, whose members possess ethnic, religious or linguistic characteristics which differ from those of the rest of the population and who, if only implicitly, maintain a sense of solidarity, directed towards preserving their culture, traditions or language"*[52].

Daher ist davon auszugehen, daß das MindG 1991 im Sinne dieses Minderheitenbegriffes auszulegen ist, insbesondere da Lettland inzwischen auch den IPbpR, dessen Art. 27 ebenfalls dieser weite, auch Ausländer

---

50 Vgl. *E. Levits,* Die Ausländer- und Minderheitenproblematik der baltischen Staaten unter besonderer Berücksichtigung des Problems der Zuwanderer aus der Sowjetunion, in: G. Gutmann/ K.C. Thalheim/W. Wöhlke, (Anm. 2), 60 f.; vgl. zum Definitionsproblem auch *R. Hofmann,* Minderheitenschutz in Europa. Überblick über die völker- und staatsrechtliche Lage, ZaöRV 52 (1992), 2 f.

51 Vgl. z.B. *F. Ermacora,* Der Minderheitenschutz im Rahmen der Vereinten Nationen (Wien 1988), 39, 43; *N. Lerner,* Group rights and discrimination in international law (Dordrecht/Boston/London 1991), 8 ff.; *P. Thornberry,* Minorities and human rights law. The minorities' rights group report, 73 (London 1987), 3 f.; *L.B. Sohn,* The rights of minorities, in: L. Henkin (Hrsg.), The international Bill of Rights. The Covenant on Civil and Political Rights (1981), 276 ff.

52 *F. Capotorti,* Study on the right of persons belonging to ethnic, religous and linguistic minorities, ECOSOC Doc. E/CN.4/Sub.2/384 Rev.1, 1979, 9; *ders.,* The protection of minorities under multilateral agreements on human rights, in: S. Chandra, Minorities in international law (New Delhi 1985), 230; eine nahezu identische Definition stellte auch *J. Deschenes* auf in U.N. Doc. E/CN.4/Sub.2/1985/31.

umfassende[53] Minderheitenbegriff zugrunde liegt, ratifiziert hat. Diese Interpretation wird zudem dadurch gestützt, daß das MindG 1991 den Bewohnern Lettlands die Möglichkeit eröffnet, selbst ihre Zugehörigkeit zu einer Volksgruppe aufgrund ihres subjektiven Zugehörigkeitsempfindens zu bestimmen[54].

Insbesondere verliert aber der Begriff der Minderheit dadurch an Bedeutung, daß die im VerfG 1991 garantierten Rechte allen sich in Lettland aufhaltenden Personen gewährt werden[55], gleich ob sie einer Minderheit oder der staatstragenden Nation angehören. Als viel bedeutsamer kristallisiert sich somit der Begriff der Staatsangehörigkeit heraus, da von ihm eine tatsächliche rechtliche Differenzierung ausgeht[56].

c. Die demographische Situation in Lettland

Bevor weiter auf die rechtliche Situation der Minderheiten in Lettland eingegangen wird, soll zunächst, um die praktische Relevanz der Problematik deutlich zu machen, die demographische Lage innerhalb Lettlands aufgezeigt werden.

Bereits in den Zwischenkriegsjahren wies Lettland eine keineswegs einheitliche Bevölkerungsstruktur auf[57]. 1935 waren von der

---

53 *M. Nowak*, CCPR-Kommentar (1989), Art. 27 Rn. 11 ff., 16 f.; *Chr. Tomuschat*, Protection of minorities under Art. 27 of the International Covenant on Civil and Poltitical Rights, in: Festschrift für *H. Mosler* (Beiträge zum ausländischen öffentlichen Recht und Völkerrecht, 81) (1983), 960 ff.

54 Vgl. Art. 2 MindG 1991:"Jede Person, die ihren ständigen Aufenthalt in der Republik Lettland hat, hat das Recht, in Übereinstimmung mit ihrem nationalen Zugehörigkeitsgefühl ihre Volkszugehörigkeit frei zu bestimmen oder ihre Volkszugehörigkeit in amtlichen Dokumenten wieder herstellen zu lassen."

55 Art. 2 i.V.m. Art. 12 VerfG 1991; zudem werden die im MindG 1991 gewährten Rechte allen Personen gewährt, die ihren ständigen Aufenthalt in der Republik Lettland haben, Art. 1 MindG 1991.

56 Vgl. Abschnit II VerfG 1991, insb. Art. 8, 9 VerfG 1991; siehe hierzu unten IV.

57 Vgl. hierzu *G.E. Smith*, Soziale und geographische Veränderungen in der Bevölkerungsstruktur von Estland, Lettland und Litauen 1918-1940, Acta Baltica XIX/XX (1979/80), 118 ff., 154; *E. Levits*, Die demographische Situation in der UdSSR und in den baltischen

Gesamtbevölkerung 1.472.612 Personen lettischer Abstammung (75,5%), während in Lettland kaum 25% der Bevölkerung nicht-lettisch waren. Hiervon waren 206.499 Personen Russen (10,6%), 93.479 Juden (4,8%), 62.147 Deutsche (3,2%), 48.949 Polen (2,5 %), 26.867 Weißrussen (1,4%), 22.913 Litauer (1,2%) und 17.039 Personen anderer Herkunft (0,8%)[58]. Wie oben gezeigt, war die rechtliche Situation dieses Bevölkerungsanteils durch einen der Kulturautonomie nahekommenden Status gekennzeichnet. Diese wurde jedoch mit der Annexion der baltischen Staaten durch die Sowjetunion aufgehoben[59].

Aufgrund der Folgen der Kriegsereignisse und der forcierten Zuwanderung aus der übrigen Sowjetunion stellte sich das Verhältnis im Jahre 1989[60] erheblich verändert dar[61]. So war die Gesamtzahl der Bevölkerung auf 2.666.567 Personen gestiegen; hiervon waren 1.388.000 (52%) Letten[62]. Demgegenüber lebten 1989 906.000 (34%) Russen[63], 120.000 (4,4%)

Staaten unter besonderer Berücksichtigung von nationalen und sprachsoziologischen Aspekten, Acta Baltica XX (1981), 18 ff., 81 ff.; vgl. Tabelle unten.

58 *G.E. Smith* (Anm. 57), 154, mit weiteren Angaben zur Bevölkerungsstruktur von 1920.

59 *M. Bumanis*, Die Nationalitäten in Lettland, Acta Baltica XXVIII (1990), 275.

60 Da die letzte Volkszählung im Januar 1989 durchgeführt wurde, muß auf diese Zahlen zurückgegriffen werden. Zur Bevölkerungsentwicklung vgl. *E. Levits* (Anm. 50), 82.

61 Vgl. hierzu die detaillierte Analyse bei *E. Saar/M. Titma*, Migrationsströme im sowjetisierten Baltikum und ihre Nachwirkungen auf die baltischen Staaten nach Wiederherstellung der Selbständigkeit, Berichte des Bundesinstituts für ostwissenschaftliche und internationale Studien 9-1992 (Köln 1992); vgl. auch *G.E. Smith* (Anm. 57), 143 ff.

62 Vgl. hierzu *M. Bumanis* (Anm. 59), 275.

63 Hierunter sind nicht die damals in Lettland stationierten Soldaten der Sowjetarmee gefaßt, jedoch deren Familien und auch zivile Angestellte der Streitkräfte. Die Zahl der noch in Lettland stationierten Soldaten dürfte inzwischen von ungefähr 150.000 auf 15.000 gesunken sein, vgl. *D.L. Clarke*, Soviet armed forces in the Baltic States, RFE/RL Research Report No. 16/1992, 43; *D. Bungs*, Soviet troops in Latvia, RFE/RL Research Report No. 34/1992, 18 ff; *dies.*, Russian troop withdrawal from Latvia: an update, RFE/RL Research Report No. 49/1992, 28 ff.; *dies.*, Recent demographic changes in Latvia, RFE/RL Research Report, No. 50/1993, 44 ff.

Weißrussen, 92.000 ((3,5%) Ukrainer, 60.000 (2,3%) Polen, 35.000 (1,3 %) Litauer und 23.000 (0,9%) Juden in Lettland. Das fast ausgeglichene Verhältnis zwischen staatstragender Nation und anderen in der Republik Lettland lebenden Minderheiten[64] macht die Bedeutung der Minderheitenproblematik deutlich. Hier muß ein Ausgleich gefunden werden, welcher der Bedeutung aller Gruppen gerecht wird.

Bevölkerungsentwicklung in Lettland, aufgeschlüsselt nach Nationalitäten

	1920[65]	1935[66]	1959
Letten	1.159.396 (72,6)	1.127.612 (75,7)	1.297.881 (62,0)
Russen	91.477 (5,7)	206.499 (10,6)	556.448 (26,6)
Weißrussen	66.194 (4,2)	26.867 (1,4)	61.587 (2,9)
Ukrainer	-	1.844 (0,1)	29.440 (1,4)
Polen	52.244 (3,3)	48.949 (2,5)	49.774 (2,9)
Litauer	25.533 (1,6)	22.913 (1,2)	32.383 (1,5)
Juden	79.368 (5,0)	93.479 (4,8)	36.592 (1,8)
Esten	-	7.014 (0,4)	4.610 (0,2)
Deutsche	58.097 (3,6)	62.144 (3,2)	1.610 (0,1)
Andere	63.817 (4,0)	17.039 (0,8)	ca.17.000 (0,7)
Gesamt	1.596.131	1.950.502	2.093.485

64 Nach *D. Bungs*, Latvia: Towards full independence, RFE/RL Research Report No. 1/1993, 98, leben in Lettland 108 verschiedene Nationalitäten, von denen jedoch nur 18 eine Zahl von über 1000 in Lettland lebenden Angehörigen aufweisen.

65 Zahl in Klammern gibt den prozentualen Anteil an.

66 Die Daten für 1935 umfassen Angaben aus dem gesamten damaligen Gebiet, also auch des 1944 von der RSFSR beanspruchten 1260 qkm großen Gebietsstreifens. Dieser war von 44.166 Einwohnern besiedelt, von denen 38.215 russischer Abstammung waren.

	1970	1979[67]	1989
Letten	1.341.805 (56,8)	1.344.105 (53,7)	1.388.000 (52,0)[68]
Russen	704.599 (29,8)	821.464 (32,8)	906.000 (34,0)
Weißrussen	94.898 (4,0)	111.505 (4,5)	120.000 (4,4)
Ukrainer	53.461 (2,3)	66.703 (2,7)	92.000 (3,5)
Polen	63.045 (2,7)	62.690 (2,7)	60.000 (2,3)
Litauer	40.589 (1,7)	37.818 (1,5)	35.000 (1,3)
Juden	36.680 (1,6)	28.331 (1,1)	23.000 (0,9)
Esten	4.334 (0,2)	3.681 (0,1)	-
Deutsche	5.400 (0,2)	ca. 3.000 (0,1)	ca. 4.000 (0,1)
Andere	ca. 24.000 (1,0)	ca. 27.000 (1,1)	ca. 38.000 (1,5)
Gesamt	2.364.127	2.502.816	2.666.567

II. Das Recht auf Gebrauch der Minderheitensprache

1. Der private Bereich

Der Gebrauch der Sprachen in Lettland wird wird durch das SprachenG geregelt. Das SprachenG geht jedoch nur am Rande auf den Gebrauch der Sprache im privaten Bereich ein. Dies liegt darin begründet, daß die lettische Sprache während der Inkorporation der Lettischen Republik in den sowjetischen Staatsverband im öffentlichen Bereich systematisch verdrängt wurde. Daher ist es eine Hauptintention des Gesetzes, Lettisch

67 Vgl. zu den Ergebnissen der Volkszählung von 1979 auch die detaillierte Auswertung bei *J. Kadelis*, Nationale Zusammensetzung der Bevölkerung Lettlands, Acta Baltica XXIV (1986), 215 ff.

68 Inoffiziellen Angaben des Staatlichen Statistischen Komitees der Republik Lettland ist zu entnehmen, daß sich das Bevölkerungsverhältnis inzwischen durch die verstärkten Abwanderungen von Nicht-Letten aus und den Zuzügen von Letten nach Lettland leicht zugunsten der lettischen Bevölkerung verschoben hat, so daß der Anteil der lettischen Bevölkerung nach letzten Schätzungen bei 53,5% liegt, während der Anteil der russischsprachigen Bevölkerung, der Polen und Juden leicht gefallen ist, vgl. *D. Bungs*, Recent demographic changes (Anm. 63), 48 f.

als Staatssprache zu etablieren und den Gebrauch der Sprache zu schützen und zu fördern[69]. So befaßt sich das Sprachengesetz überwiegend mit dem Gebrauch der lettischen Sprache im öffentlichen Bereich und weniger mit dem Gebrauch des Lettischen oder anderer Sprachen im privaten Bereich. Lediglich die Präambel des Gesetzes betont, daß durch das SprachenG das Recht der Angehörigen anderer Minderheiten nicht beschränkt wird, sich ihrer Muttersprache oder anderer Sprachen zu bedienen. Des weiteren bestimmt nur Art. 5 SprachenG, daß die Sprachenwahl bei Kongressen, Sitzungen, Tagungen und sonstigen Versammlungen frei ist. Diese Rechte sind jedoch Ausfluß des allgemeinen Persönlichkeitsrechts und werden hier lediglich bestärkend wiederholt. Bei öffentlichen Veranstaltungen aber muß für eine Übersetzung ins Lettische gesorgt werden. Diese Verpflichtung gilt jedoch ausdrücklich nicht für Veranstaltungen von national-kulturellen Gesellschaften[70]. Insofern ist der Gebrauch der Muttersprache im privaten Bereich frei. Der Erwerb der Muttersprache und damit die Grundlage einer Kommunikation in derselben überhaupt, soll durch entsprechende Bildungseinrichtungen gewährleistet werden[71].

2. Behörden und Gerichte

Das SprachenG der Republik Lettland bestimmt in Art. 1, daß Lettisch Staatssprache ist. Daher wird auch der nicht-lettischen Bevölkerung die Möglichkeit garantiert, die lettische Sprache auf Kosten des Staates zu erlernen[72].

Lettisch ist somit offizielle und erste Amtssprache vor den Behörden der Republik Lettland. Auch innerhalb der staatlichen Institutionen ist die Geschäftssprache Lettisch. Jedoch kann auf Sitzungen und Konferenzen nach vorheriger Vereinbarung auch eine andere Sprache benutzt werden.

---

69 Präambel SprachenG; *E. Levits* (Anm. 50), 68; vgl. zu diesem Problem auch *R.J. Misiunas*, Baltic nationalism and Soviet language policy, in: H.R. Huttenbach (Hrsg.), Soviet nationalitiy policies. Ruling ethnic groups in the USSR (London 1990), 206 ff.

70 Art. 5 Abs. 3 SprachenG.

71 Art. 10 SprachenG; vgl. auch unten III.

72 Art. 2 SprachenG.

Hierbei ist jedoch der Veranstalter verpflichtet, auf Verlangen für eine Übersetzung ins Lettische zu sorgen[73].
Die von staatlichen Institutionen an Private ausgegebenen Dokumente sind in der Staatssprache abzufassen[74], wohingegen von privaten Unternehmen ausgegebene Dokumente neben der Staatssprache auch in einer anderen Sprache abgefaßt werden können[75]. Andererseits sind staatliche Institutionen auch verpflichtet, Dokumente in lettischer, englischer, deutscher und russischer Sprache entgegenzunehmen. Dokumenten in anderen Sprachen ist eine notariell beglaubigte Übersetzung beizufügen[76]. Die bevorzugte Stellung der englischen und der deutschen Sprache soll der internationalen Kommunikation dienen. Demgegenüber sollen durch die privilegierte Position des Russischen die Bedürfnisse der russischsprachigen Bevölkerung berücksichtigt werden[77]. Auf solche fremdsprachigen Eingaben hin können die staatlichen Institutionen nach ihrem Ermessen auch in der Eingabesprache antworten[78].
Um zu gewährleisten, daß im öffentlichen Bereich Lettisch als Staatssprache gebraucht werden kann, sind Angestellte der staatlichen Institutionen und auch privater Unternehmen, Organisationen und Institutionen verpflichtet, die Staatssprache in dem Umfang zu beherrschen, welcher zur Erfüllung ihrer Aufgaben notwendig ist[79]. Die hierfür gestellten Anforderungen und auch die Prüfungsanforderungen wurden in einem eigenen Statut niedergelegt[80]. Entsprechend diesem Statut darf nach dem 5. Mai 1992 kein Mitarbeiter mehr in eine Anstellung berufen werden, in welcher die Kenntnis der Staatssprache unerläßlich ist, sofern er die

---

73 Art. 6 SprachenG.

74 Art. 8 Abs. 1 SprachenG.

75 Art. 8 Abs. 2 SprachenG.

76 Art. 8 Abs. 3 SprachenG.

77 *E. Levits* (Anm. 50), 68.

78 Art. 9 SprachenG.

79 Art. 4 SprachenG.

80 Statut über die Bescheinigung der Staatssprachenkenntnisse vom 27. Mai 1992, bestätigt durch die Verordnung des Ministerrats der Lettischen Republik vom 27. Mai 1992, No. 189.

erforderlichen Kenntnisse nicht nachweist[81]. Für den Nachweis der Kenntnisse wurden drei Kenntnisstufen aufgestellt. Die erste (niedrigste) Stufe umfaßt elementares Sprachverständnis und Sprechfertigkeit. So soll man in Arbeitssituationen das Gesagte verstehen und hierauf in einfachen Worten antworten können und auch einfache geschriebene Texte, wie zum Beispiel Informationen oder Gebrauchsanleitungen verstehen können[82]. Die zweite (mittlere) Stufe erfordert die Fähigkeit, zu sprechen und im für die ausgeübte berufliche Tätigkeit unerläßlichen Maße zu schreiben. Hierunter fällt die Unterhaltung über Themen, welche im Zusammenhang mit den beruflichen Verpflichtungen stehen, das Verstehen von berufsbezogenen Texten und das Schreiben und Ausfüllen berufsbezogener Dokumente. Einschlägig sind diese Anforderungen zum Beispiel für Abteilungsleiter, Laborleiter, Krankenschwestern, Sachbearbeiter, etc.[83]. Die dritte (höchste) Stufe hingegen erfordert eine umfassende Fähigkeit, lettisch zu sprechen und zu schreiben. Diese Stufe müssen z.B. Unternehmensleiter, Volksdeputierte, Behördenleiter, Ärzte, Juristen und Richter, etc. beherrschen[84]. Andererseits ist privaten Unternehmern und Leitern privater Organisationen freigestellt, sofern sie die erforderlichen Kenntnisse nicht aufweisen, die Erfüllung der Anforderungen mittels von Übersetzern sicherzustellen[85].

Die Gerichtssprache vor lettischen Gerichten ist grundsätzlich die Staatssprache[86]. Verfahrensbeteiligten, die des Lettischen nicht mächtig sind, wird jedoch mittels eines Dolmetschers das Recht gewährleistet, sich mit den Prozeßunterlagen vertraut zu machen und in ihrer Muttersprache vor dem Gericht aufzutreten. Gerichtsdokumente und auch

---

81 Allgemeine Bestimmungen, Abs. 3 Sprachenstatut.

82 Teil II Sprachenstatut.

83 ibid.

84 ibid.

85 ibid.

86 Art. 12 Gerichtsverfassungsgesetz, vom 12. Juni 1981, Svod Zakonov Latvijskoj SSR, Bd. 8, 1-1; Art. 9 Zivilprozeßgesetzbuch vom 27. Dezember 1963, i.d.F.vom 25. Dezember 1980, Svod Zakonov Latvijskoj SSR, Bd. 8, 5-1; Art. 16 Strafprozeßgesetzbuch vom 6. Januar 1961, i.d.F. vom 21. Oktober 1982, Svod Zakonov Latvijskoj SSR, Bd. 9, 3-2; deutsche Übersetzung bei *C. Schmidt* (Anm. 1), 86 f.

Ermittlungsdokumente in Strafverfahren werden den Beteiligten in einer muttersprachlichen Übersetzung oder in einer anderen von ihnen beherrschten Sprache ausgehändigt[87].
Geographische Bezeichnungen und Namen von Institutionen, Unternehmen und anderen Organisationen werden grundsätzlich in lettischer Sprache verwandt und nur, sofern erforderlich, in andere Sprachen übersetzt[88].

3. Kultur und Medien

Der Gebrauch der Minderheitensprache im kulturellen Bereich wird auf keine Weise eingeschränkt. Vielmehr soll das Kennenlernen und die Ausübung der eigenen Kultur der Minderheiten gefördert werden[89]. Diesem Anliegen entsprechen auch die Bestimmungen des MindG 1991, die allen ständigen Einwohnern das Recht garantieren, nationale Gesellschaften zu bilden[90] und ihre nationalen Traditionen zu pflegen[91]. Dies ist nur möglich, wenn den Minderheiten auch das Recht gewährt wird, die mit ihrer Kultur untrennbar verbundene Muttersprache im kulturellen Bereich uneingeschränkt zu sprechen. So enthält konsequenterweise das SprachenG, wie bereits erwähnt, die explizite Regelung, daß der ansonsten vorgeschriebene Gebrauch der Staatssprache in öffentlichen Versammlungen für Versammlungen der kulturellen Vereinigungen nicht gilt[92]. Insofern ist der Gebrauch der Muttersprache auch im kulturellen Bereich uneingeschränkt möglich.
In bezug auf den Sprachgebrauch in den öffentlichen Medien enthält das MindG 1991 eine eigene Regelung. Art. 13 MindG 1991 spricht nationalen Vereinigungen das Recht zu, staatliche Massenmedien in Anspruch zu

---

87 Art. 9 Abs. 3 Zivilprozeßgesetzbuch; Art. 16 Abs. 3 Strafprozeßgesetzbuch.

88 Art. 16, Art. 17 SprachenG.

89 Vgl. u.a. Art. 41 VerfG; Präambel und Art. 1 MindG 1991; 1.3 Bild-Konzept.

90 Art. 5 MindG 1991.

91 Art. 8 MindG 1991.

92 Art. 5 Abs. 3 SprachenG.

nehmen und ihre eigenen Medien zu schaffen[93]. Darüber hinaus werden die lettischen Staatsorgane verpflichtet, die Publikation und die Verbreitung nationaler Zeitschriften und Literatur zu fördern[94]. Diese Vorschrift ist als eine Sollvorschrift und unter dem Vorbehalt des Möglichen stehend zu verstehen.

Allerdings ist die praktische Umsetzung dieser Bestimmungen schwierig zu überprüfen. Im Oktober 1992[95] erschienen in Lettland insgesamt 68 überregionale Tages- und Wochenzeitungen. Hiervon waren 16 in russischer und 52 in lettischer Sprache. Weiterhin gab es 37 regionale Zeitungen, von denen acht auf Russisch und 29 auf Lettisch erschienen. Daneben erschienen noch acht örtliche Zeitungen, von denen je vier auf Lettisch und auf Russisch gedruckt waren. Weiterhin wurden zum selben Zeitpunkt in Lettland 60 Magazine und Zeitschriften publiziert. Hiervon erschienen 15 auf Russisch, 42 auf Lettisch, wohingegen ein Magazin in Braille[96] gedruckt wurde. Dem Inhalt nach unterscheiden sich russische und lettische Publikationen nicht sehr[97], da all diese Publikationen weniger auf spezielle Minderheitenbelange als auf eine breite Leserschaft angelegt sind.

Im Bereich Radio und Fernsehen stellt sich die Lage ähnlich dar. Es gibt drei staatliche Radioprogramme, von denen das erste für eine lettischsprachige und das zweite für eine russischsprachige Hörerschaft gedacht ist, während das dritte sich wiederum mit klassischer Musik und Literatursendungen eher an die lettischsprachige Bevölkerung wendet[98]. Daneben gibt es einen privaten Radiosender, dessen Hauptprogrammanteil auf Russisch gesendet wird. Interessanterweise schalten unabhängig von ihrer Muttersprache die Mehrheit der Hörer russischsprachige Sender ein[99]. Hauptinformationsquelle jedoch für die Bevölkerung Lettlands ist das Fernsehen, dessen erstes Programm für ein lettischsprachiges und dessen

---

93 Art. 13 Abs. 1 MindG 1991.

94 Art. 13 Abs. 2 MindG 1991.

95 Angaben nach *D. Bungs*, The Baltic States (Media), Latvia, RFE/RL Research Report No. 39/1992, 66 ff.

96 Blindenschrift.

97 *D. Bungs* (Anm. 95), 66.

98 *D. Bungs* (Anm. 95), 68.

99 *D. Bungs* ibid.

zweites Programm für ein russischsprachiges Publikum gedacht ist[100]. Ein Fernsehkanal strahlt auch Sendungen aus, welche sich speziell mit Lettgallen, der östlichsten Region Lettlands, beschäftigen. Diese werden sowohl auf Russisch als auch auf Lettgallisch[101] gesendet. Darüber hinaus können in Lettland auch Programme des russischen Staatsfernsehens und westliche Sender empfangen werden.
Auffällig in allen Bereichen der Kommunikationsmedien ist, daß lediglich ein Angebot für die lettisch- und russischsprachige Bevölkerung besteht, andere Minderheiten jedoch überhaupt nicht berücksichtigt werden. Generell kann gesagt werden, daß zwar die lettischsprachigen Medien durchaus eine wichtige Rolle im Leben der Letten spielen, aber nur eine sehr untergeordnete Rolle im Leben der russischen oder anderen Minderheiten[102]. Dies liegt zum großen Teil daran, daß nur ein knappes Viertel der ethnisch nicht-lettischen Bevölkerung Lettlands fließend Lettisch spricht. Im Gegensatz dazu beherrschen die meisten ethnischen Letten das Russische hinreichend, um die russischsprachigen Medien zu nutzen[103].

III. Bildungs- und Erziehungswesen

Das Recht auf Bildung wird in Lettland durch das BildG, das SprachenG und andere auf die Bildung bezogene Normativakte der Republik Lettland geregelt[104]. Zu diesen anderen Akten sind das Konzept über die (Aus-) Bildung nationaler und ethnischer Gruppen[105] und das Musterstatut über

---

100 *D. Bungs*, ibid.

101 Lettischer Dialekt, der teilweise auch als eigene Sprache bezeichnet wird.

102 *D. Bungs* (Anm. 95), 69.

103 Vgl dazu auch *E. Levits* (Anm. 57), 103 ff., Tab. 38-40.

104 Art. 1 BildG 1991.

105 Beschluß des Kollegiums des Lettischen Bildungsministeriums vom 7. Juli 1992, Obrazovanie 1992 Nr. 12 (August), 12; deutsche Übersetzung bei *C. Schmidt* (Anm. 1), 80 ff.

die Sonntagsschulen nationaler und ethnischer Gruppen der Republik Lettland[106] zu zählen.
Das Bildungsgesetz sichert allen Personen, die ihren ständigen Aufenthalt in Lettland haben, ein Recht auf Bildung zu[107]. Eine Differenzierung zwischen Staatsangehörigen und Ausländern wird also auch hier nicht getroffen. In diesem Zusammenhang fällt jedoch die Regelung des Art. 69 BildG auf, der zwischen Ausländern und Nicht-Staatsangehörigen begrifflich differenziert, beiden Gruppen jedoch, sofern sie ihren ständigen Aufenthalt in Lettland haben und auch Steuern dort zahlen, dasselbe Recht auf Bildung zuspricht wie lettischen Staatsangehörigen[108]. Allen übrigen Ausländern wird das Recht auf Bildung im Rahmen von völkerrechtlichen Verträgen zugesichert[109]. Der Grundsatz der allgemeinen Bildungsfreiheit wird zudem durch das ausdrückliche Verbot verstärkt, Personen aufgrund ihrer sozialen oder materiellen Position, ihrer Rasse, Nationalität, ihres Geschlechts, ihrer Mitgliedschaft in einer religiösen, gesellschaftlichen oder politischen Organisation, ihres Berufes oder Aufenthaltsortes[110] zu diskriminieren.
Grundsätzlich wird der Unterricht in der Staatssprache (Lettisch) erteilt[111]. Jedoch können Angehörige anderer Nationalitäten[112] in Übereinstimmung

---

106 Beschluß des Bildungsministeriums vom 5. November 1991, im weiteren MS Sonntagsschule; deutsche Übersetzung bei *C. Schmidt* (Anm. 1), 84 ff.

107 Art. 2 BildG 1991.

108 Art. 69 Abs. 1 BildG 1991 lautet:

"Ausländer haben das Recht, in der Republik Lettland eine Erziehung in Übereinstimmung mit internationalen Regelungen und mit diesem Gesetz zu erhalten.

Ausländer und Nicht-Staatsbürger, die ihren ständigen Aufenthalt in der Republik Lettland haben und dort Steuern zahlen, haben dasselbe Recht, eine Erziehung zu erhalten, wie Staatsbürger der Republik Lettland."

109 Art. 69 Abs. 1 BildG 1991.

110 Art. 3 BildG 1991.

111 Art. 5 Abs. 1 Satz 1 BildG 1991.

112 Die Verwendung des Begriffes "Nationalität" wirft die Frage auf, ob hierunter nur Angehörige einer Minderheitengruppe fallen, die in einem anderen Staat die staatstragende Nation bilden oder dieser

mit dem Sprachengesetz[113] auch in ihrer Muttersprache unterrichtet werden. Der Staat ist verpflichtet, die Verwirklichung dieses Rechts zu ermöglichen[114]. Hierfür ist die Errichtung von Minderheitenschulen vorgesehen[115]. So existierten im Oktober 1992 in Lettland 530 lettische Schulen, 211 russische, 123 zweisprachige, 3 polnische, und jeweils eine ukrainische und eine jüdische Schule[116].
Die Errichtung dieser Schulen wird durch das Konzept der (Aus-)Bildung nationaler und ethnischer Gruppen der Republik Lettland geregelt, welches das Bildungswesen nationaler und ethnischer Gruppen als einen integralen Bestandteil des lettischen Bildungswesens auffaßt[117]. Es wird aber betont, daß Ziel der Erziehung und Ausbildung der Minderheiten sein soll, neben der Integration in den lettischen Staat und der Achtung seiner sozialen Werte die Entwicklung der eigenen nationalen Identität und des nationalen Selbstbewußtseins der Minderheit und auch den Erwerb der Muttersprache und das Kennenlernen der eigenen kulturellen Traditionen zu fördern[118]. Hauptsprache des lettischen Bildungssystems bleibt dennoch Lettisch[119]. Richtungsweisend in dem lettischen Bildungskonzept für Minderheiten ist, daß für die Lehrprogramme in den Lehreinrichtungen der Minderheiten auf Lehrpläne der ethnischen Heimat zurückgegriffen werden soll[120] und darüber hinaus angestrebt wird, daß die von den Erziehungseinrichtungen

---

Begriff alle in Lettland lebenden Minderheitengruppen (und damit auch die sog. "ethnischen Gruppen") umfassen soll.

113 Art. 10 SprachenG.

114 Art. 38 Abs. 1 i.V.m. Art. 40 VerfG 1991, Art. 5 Abs. 1, Sätze 2 und 3 BildG 1991.

115 Deren Gründung muß vom Volksbildungsministerium genehmigt werden, Art. 8 Nr. 4, Nr. 5 BildG 1991, und soll von den Bezirksselbstverwaltungen, den Selbstverwaltungen der Republiksstädte und den Stadtbezirksverwaltungen gefördert werden, Art. 10 Nr. 5 BildG 1991.

116 *I. Fall*, for the *UN Centre for Human Rights (Geneva)*, Allegations of discriminatory practices against minorities in Latvia, Report on a fact-finding mission to Riga, Latvia, 27 to 30 Oktober 1992, UN Centre for Human Rights (Geneva), § 51.

117 Art. 1.1 BildKonzept.

118 Art. 1.3 BildKonzept.

119 Vgl. Art. 2.1, 2.5 BildKonzept.

120 Art. 2.6 BildKonzept.

der Minderheiten erteilten Bildungszertifikate auch von der ethnischen Heimat[121] der Minderheiten akzeptiert werden. Als weitere Besonderheit ist die Möglichkeit zu erwähnen, Sonntagsschulen der Minderheiten auf Antrag der nationalen Kulturgesellschaft oder anderer juristischer oder natürlicher Personen zu errichten[122]. Diese Sonntagsschulen sollen mit dem Ziel eingerichtet werden, Angehörige von Minderheiten mit den Grundelementen ihrer nationalen Kultur vertraut zu machen[123]. Die Schule kann auf freiwilliger Basis für eine Dauer von bis zu drei Jahren besucht werden[124]. Auf Wunsch der Schüler kann die Erziehung in zweisprachiger Form, nämlich Lettisch-nationale Sprache oder Russisch-nationale Sprache, erfolgen[125]. Hauptinhalte des Unterrichts sind der Erwerb der Muttersprache und von Kenntnissen der muttersprachlichen Literatur der Minderheit, die Geschichte der Minderheitengruppe und ihre Wechselbeziehung zur Geschichte Lettlands, die Kultur des lettischen Volkes, dessen Sprache, Literatur und Geschichte und darüber hinaus die eigene Kultur der Minderheit[126]. Wie auch für andere private genehmigte Schulen[127] ist für Sonntagsschulen eine Mischfinanzierung aus staatlichen Subventionen und privaten Geldern vorgesehen[128].

---

121 Der Begriff der ethnischen Heimat erscheint hier nicht ganz eindeutig. Grundsätzlich kann damit nur ein eigener Staat gemeint sein, da nur er eigene Bildungseinrichtungen unterhält. Andererseits würden damit Minderheiten ausgeschlossen, die in keinem Staat die staatstragende Nation bilden. Das würde aber der Verwendung der Begriffe "Nation" und "ethnische Gruppe", welchen die gleichen Rechte zugesichert werden, im BildKonzept widersprechen.

122 Art. 2.4 BildKonzept i.V.m. MS Sonntagsschule.

123 Abs. 1 MS Sonntagsschule.

124 Abs. 5 i.V.m.Abs. 14 MS Sonntagsschule.

125 Abs. 8 MS Sonntagsschule.

126 Abs. 16 MS Sonntagsschule.

127 Diese können bis zu 80% des normalen Finanzaufkommens aus dem Staatshaushalt finanziert werden. Darüber hinaus wird auf Subventionen aus der ethnischen Heimat und private Spendenmittel verwiesen, Art. 4.3 BildKonzept.

128 Vgl. Kapitel 5 MS Sonntagsschule.

Der Erwerb der Staatssprache bleibt jedoch obligatorisch[129] und die ausreichende Beherrschung derselben Grundvoraussetzung für den Erhalt einer höheren Bildung[130], da zum einen die Absolventen der Mittelschule eine Prüfung in lettischer Sprache ablegen müssen[131] und zum anderen auch in staatlich finanzierten[132] höheren Bildungseinrichtungen ab dem zweiten Jahr Lettisch Unterrichtssprache ist[133]. Des weiteren müssen Studenten höherer Bildungseinrichtungen (Universitäten) ab dem zweiten Unterrichtsjahr Vorlesungen in drei Sprachen folgen können[134]. Ansonsten bleibt jedoch die Wahl der Sprache wissenschaftlicher Arbeiten frei. Ebenso kann die Vorlage und öffentliche Verteidigung dieser Arbeiten zur Erlangung wissenschaftlicher Grade nach Vereinbarung auch in einer anderen Sprache als Lettisch erfolgen[135].

IV. Staatsangehörigkeit

Die Regelung der Staatsangehörigkeit ist im Minderheitenrecht Lettlands eine Frage von hoher Brisanz[136]. Befürchtungen insbesondere der

---

129 Art. 12 SprachenG, Art. 5 Abs. 2 BildG 1991.

130 Art. 5 Abs. 3 BildG 1991.

131 Art. 5 Abs. 3 BildG 1991.

132 Ob hierunter nur staatliche Schulen oder auch staatlich finanzierte Minderheitenschulen fallen, ist dem Gesetzestext nicht zu entnehmen.

133 Art. 5 Abs. 4 BildG 1991.

134 Art. 5 Abs. 5 BildG 1991; welche diese sind, ist jedoch gesetzlich nicht bestimmt. Sofern ein Student keine ausreichenden Sprachkenntnisse besitzt, stellt die Bildungseinrichtung jedoch die Möglichkeit bereit, diese Kenntnisse zu erwerben (Art. 5 Abs. 5 Satz 2 BildG 1991).

135 Art. 14 SprachenG.

136 Parliamentary Assembly of the Council of Europe (Hrsg.), Human Rights in the Republic of Latvia, Doc.AS/Ad hoc-Bur-EE (43) 4 of 20 January 1992; abgedruckt in: HRLJ 13 (1992), 244 (249). UN Centre for Human Rights, Geneva (Hrsg.), Report on a Fact-finding Mission to Riga, Latvia, 27 to 30 October 1992, paragraph 18.

russischsprachigen Einwohner Lettlands[137] und psychologische Befindlichkeiten[138] spielen eine große Rolle.

1. Rechtliche Grundlagen

Bislang gibt es in Lettland kein Staatsangehörigkeitsgesetz. Das Recht der Staatsangehörigkeit ist durch einen Beschluß des Obersten Rates der Republik Lettland vom 15. Oktober 1991 geregelt[139].
Dieser Beschluß unterscheidet zwischen der bloß deklaratorischen Feststellung der Staatsangehörigkeit[140] einerseits und der Einbürgerung[141] andererseits.
Personen, die am 17. Juni 1940[142] die Staatsangehörigkeit der Republik Lettland besaßen, erhalten nach ihrer Registrierung[143] den Paß des Staatsbürgers der Republik Lettland; gleiches gilt für die Nachkommen dieser Personen. Die Feststellung der Staatsangehörigkeit beruht demnach auf dem Grundsatz des *ius sanguinis*. Die Feststellung der Staatsangehörigkeit ist unabhängig davon, ob die als Staatsbürger zu registrierende Person in der Republik Lettland lebt oder nicht. Im Ausland lebende Personen müssen eine anderweit bestehende Staatsangehörigkeit aufgeben[144]. Dies gilt indes nicht für diejenigen, die in der Zeit vom 17. Juni 1940 bis zum

---

137 FAZ vom 24.6.1993, 14.

138 Recommendations by the CSCE High Commissioner on National Minorities, HRLJ 14 (1993), 216 (220).

139 Deutsche Übersetzung des "Beschluß über die Wiederherstellung der Rechte der Bürger der Lettischen Republik und die Grundvoraussetzungen der Einbürgerung" bei *C. Schmidt* (Anm. 1).

140 Abschnitt 2 des Beschlusses.

141 Abschnitt 3 des Beschlusses.

142 Tag des Einmarsches der Roten Armee in Lettland, vgl. *B. Meissner*, Die Sowjetunion, die baltischen Staaten und das Völkerrecht (Köln 1956), 76.

143 Vgl. dazu das Gesetz über das Einwohnerregister vom 11.12.1991.

144 Ziffern 2.2 und 2.3 des Beschlusses.

21. August 1991[145] die Staatsangehörigkeit eines anderen Staates erworben haben[146].

Die Einbürgerung betrifft nur einen geringen Personenkreis[147]. Die Einbürgerung all derjenigen, die sich erst nach dem Zweiten Weltkrieg in Lettland niedergelassen haben, regelt der Beschluß nicht. Er verweist vielmehr auf ein künftig zu erlassendes Staatsangehörigkeitsgesetz[148]. In bezug auf dieses künftige Gesetz stellt der Beschluß gewisse Voraussetzungen der Einbürgerung auf. Diese Maßgaben sind allerdings für den Gesetzgeber nicht bindend, da dieser seine Beschlüsse ändern kann[149].

2. Rechtsfolgen

Die nach dem Zweiten Weltkrieg zugewanderten Einwohner Lettlands sind keine Staatsangehörigen der Republik Lettland. Eine Einbürgerung findet derzeit nicht statt[150].

---

145 Tag des Inkrafttretens des Verfassungsgesetzes über die Staatsqualität der Republik Lettland.

146 Beschluß des Obersten Rates der Republik Lettland vom 27. November 1991, Vedomosti VS i Pravitel'stva 1991 Nr. 49/50 Ziffer 534. Deutsche Übersetzung:

"Der Oberste Rat der Republik Lettland ordnet an:

1. Es wird festgelegt, daß die in Ziffer 2.2 des Beschlusses des Obersten Rates der Republik Lettland vom 15. Oktober 1991 "Über die Wiederherstellung der Rechte der Bürger der Republik Lettland und die Grundvoraussetzungen der Einbürgerung" niedergelegte Norm über die Vorlage der Ausbürgerungsgenehmigung und Ziffer 2.3 sich nicht auf Staatsbürger erstrecken, welche sich unter den Verhältnissen der Besetzung des Vaterlandes außerhalb Lettlands befanden und die Staatsangehörigkeit eines anderen Staates in der Zeit vom 17. Juni 1940 bis zum 21. August 1991 erhalten haben.

2. (*Inkrafttreten*)".

147 Ziffern 3.1 / 3.2 / 3.3 des Beschlusses.

148 Ziffer 3.4 des Beschlusses.

149 *E. Levits* (Anm. 50), 60.

150 *A.-C. Öst*, Who is Citizen in Estonia, Latvia and Lithuania?, in: The Advisory Board for International Human Rights Affairs (Hrsg.), Human Rights in the Baltic States (Helsinki 1993), 43 (69).

Die Nichtregelung der Einbürgerung wird damit begründet, daß der aus den Wahlen am 18. März 1990 hervorgegangene Oberste Rat der Republik Lettland nicht über die Rechtsmacht verfügt habe, ein Staatsangehörigkeitsgesetz zu erlassen[151]. Zwar hatte der Oberste Rat in Art. 5 der Unabhängigkeitserklärung vom 4. Mai 1990[152] die Zeit bis zur Einberufung der Saeima[153] zur Übergangsperiode erklärt; Art. 5 der Unabhängigkeitserklärung wurde aber durch das Verfassungsgesetz vom 21. August 1991[154] aufgehoben. Bereits die Unabhängigkeitserklärung[155] bestimmte jedoch, daß die höchste Staatsgewalt in Lettland bis zur Einberufung der Saeima von dem Obersten Rat ausgeübt würde. Das Verfassungsgesetz vom 21. August 1991 enthielt eine damit übereinstimmende Regelung[156]. Die

---

151 RFE/RL Research Report, Vol. 1, No. 50 (18 December 1992), 38 (39).

152 Deklaration des Obersten Rates der Lettischen Sowjetischen Sozialistischen Republik über die Wiederherstellung der Unabhängigkeit der Republik Lettland vom 4. Mai 1990; in deutscher Übersetzung abgedruckt in: Europa-Archiv 45 (1990), D 376.

153 Parlament der Republik Lettland.

154 Art. 2 des Verfassungsgesetzes über die Staatsqualität der Republik Lettland vom 21.8.1991. Die deutsche Übersetzung der authentischen englischen Fassung des Gesetzes lautet:

"Der Oberste Rat der Republik Lettland beschließt:

1. Lettland wird zu einer unabhängigen demokratischen Republik erklärt, in der das lettische Volk die souveräne Staatsgewalt innehat, und deren internationale Rechtsstellung durch die Verfassung der Republik Lettland vom 15. Februar 1922 bestimmt ist.

2. Artikel 5 der Deklaration über die Wiederherstellung der Unabhängigkeit der Republik Lettland, der die Übergangsperiode bis zur De-facto-Wiederherstellung der Staatsgewalt festlegt, wird aufgehoben.

3. Bis zu dem Zeitpunkt, in dem die Okkupation und Annexion Lettlands beendet und die Saeima der Republik Lettland einberufen ist, übt der Oberste Rat der Republik Lettland die oberste Staatsgewalt in vollem Umfang aus. Nur die Gesetze und Beschlüsse dieser obersten Staatsgewalt haben auf dem Gebiet der Republik Lettland rechtliche Gültigkeit.

4. (*Inkrafttreten*)".

155 Art. 5 der Unabhängigkeitserklärung.

156 Art. 3 des Verfassungsgesetzes vom 21.8.1991.

Begründung der Nichtregelung ist deshalb nicht schlüssig. An dem Erlaß eines Ausländergesetzes[157] sah sich der Oberste Rat jedenfalls nicht gehindert.
Wahlen zur Saeima haben mittlerweile am 5./6. Juni 1993 stattgefunden[158]. Das vorgebrachte staatsrechtliche Bedenken gegen den Erlaß eines Staatsangehörigkeitsgesetzes besteht somit nicht mehr.

Gerade im Hinblick auf die Wahlberechtigten ist es von Relevanz, daß die Frage der Staatsangehörigkeit erst von der jetzt bestehenden Saeima geregelt wird. Während bei der Wahl am 18. März 1990 noch alle Einwohner Lettlands[159] wahlberechtigt waren, hatten bei der Wahl am 5./6. Juni 1993 nur die lettischen Staatsangehörigen[160] das Wahlrecht. Den nach dem Zweiten Weltkrieg zugewanderten Einwohnern ist dadurch die Möglichkeit einer parlamentarischen Einflußnahme auf das Staatsangehörigkeitsrecht verwehrt. Gerade ihren rechtlichen Status wird das zu erlassende Staatsangehörigkeitsgesetz aber bestimmen. Bereits im Obersten Rat, der den Beschluß zur Staatsangehörigkeit vom 15. Oktober 1991[161] erlassen hat, waren die russische und die weißrussische Minderheit infolge des Wahlsystems deutlich unterrepräsentiert[162].

3. Voraussetzungen der Einbürgerung

Der Beschluß vom 15. Oktober 1991[163] schlägt fünf Voraussetzungen für die Einbürgerung[164] vor: Lettische Sprachkenntnisse auf dem Niveau der

---

157 Gesetz über die Einreise und den Aufenthalt fremder Staatsangehöriger und Staatenloser in der Republik Lettland vom 10.6.1992.

158 The Baltic Observer, June 11-17, 1993, 1.

159 Wahlberechtigt waren alle Einwohner Lettlands, die als Staatsangehörige der UdSSR registriert waren, vgl. UN Centre for Human Rights, Geneva (Anm. 136), paragraph 39.

160 Art. 1 Satz 1 des Gesetzes über die Wahl der Fünften Saeima vom 20.10.1992.

161 Vgl. Anm. 139.

162 Parliamentary Assembly of the Council of Europe (Anm. 136), 246.

163 Vgl. Anm. 139.

164 Ziffer 3.4 des Beschlusses.

Umgangssprache, die Aufgabe der früheren Staatsangehörigkeit, ein ständiger Aufenthalt in Lettland seit mindestens 16 Jahren, die Kenntnis der grundlegenden lettischen Verfassungsbestimmungen sowie das Leisten eines Treueids. Der Entwurf eines Staatsangehörigkeitsgesetzes von 1992 stimmt damit weitgehend überein[165].

a. Lettische Sprachkenntnisse

Kenntnisse der lettischen Sprache sind vor allem bei der russischsprachigen Bevölkerung kaum vorhanden. Selbst von denjenigen, die alle übrigen Voraussetzungen der Einbürgerung erfüllen, beherrschen dem Bericht des Zentrums für Menschenrechtsfragen zufolge nur etwa 25 bis 30 Prozent die lettische Sprache[166]. Die erforderlichen Sprachkenntnisse werden deshalb ein entscheidendes Hindernis für die Einbürgerung der Angehörigen der russischsprachigen Minderheit darstellen. Allerdings hat bereits das lettische Sprachengesetz vom 5. Mai 1989 die lettische Sprache zur Staatssprache erklärt[167] und ihre Verwendung für zahlreiche Bereiche verbindlich vorgeschrieben. Dennoch haben sich die russischsprachigen Einwohner Lettlands seither kaum Kenntnisse der lettischen Sprache angeeignet. Der Bericht des Zentrums für Menschenrechtsfragen führt diesen Umstand auf das in dieser Bevölkerungsgruppe vorherrschende Desinteresse an der lettischen Sprache zurück[168]. Der Hohe Kommissar der KSZE für nationale Minderheiten hat den lettischen Behörden empfohlen, bessere Voraussetzungen für das Erlernen der lettischen Sprache zu schaffen[169].

---

165 *J. Bojars*, The Citizenship and Human Rights Regulation in the Republic of Latvia, Osteuroparecht 39 (1993), 132 (141).

166 UN Centre for Human Rights, Geneva (Anm. 136), paragraph 25.

167 Art. 1 des Gesetzes über die Sprachen vom 5.5.1989; deutsche Übersetzung bei *C. Schmidt* (Anm. 1).

168 UN Centre for Human Rights, Geneva (Anm. 136), paragraph 26.

169 Recommendations by the CSCE High Commissioner on National Minorities (Anm. 138), 220.

b. Ständiger Aufenthalt

Von den für die Einbürgerung in Betracht kommenden Personen halten sich 93 Prozent seit mindestens 16 Jahren, 96 Prozent seit mindestens 10 Jahren und 98 Prozent seit mindestens 5 Jahren ständig in Lettland auf[170]. Obwohl das Erfordernis eines ständigen Aufenthalts von mindestens 16 Jahren die Einbürgerung nicht nachhaltig erschweren würde, hat der Hohe Kommissar der KSZE für nationale Minderheiten geraten, aus psychologischen Gründen eine Zeitspanne von fünf Jahren zu wählen.

4. Versagung der Einbürgerung

Als Versagungsgründe führt der Beschluß vom 15. Oktober 1991[171] insbesondere[172] auf: Dienst in den Streitkräften, in den inneren Truppen oder im Sicherheitsdienst der UdSSR[173], Entsendung als Kader der KPdSU oder des Komsomol nach Lettland[174] sowie das Fehlen einer legalen Existenzquelle[175].
In bezug auf den letztgenannten Versagungsgrund hat der Hohe Kommissar der KSZE für nationale Minderheiten anheimgestellt, diesen nicht auf den Fall der Arbeitslosigkeit anzuwenden[176].

---

170 Recommendations by the CSCE High Commissioner on National Minorities (Anm.138), 220.

171 Vgl. Anm. 139.

172 Ziffer 3.5 des Beschlusses.

173 Ziffer 3.5 Nr. 3 des Beschlusses. Ausgenommen von diesem Versagungsgrund sind freilich Wehrpflichtige, die im Zeitpunkt ihrer Einberufung ständig in Lettland lebten.

174 Ziffer 3.5 Nr. 6 des Beschlusses.

175 Ziffer 3.5 Nr. 8 des Beschlusses.

176 Recommendations by the CSCE High Commissioner on National Minorities (Anm. 138), 220.

5. Registrierung

Das für die Nichtstaatsangehörigen wichtigste Gesetz ist wohl das Registrierungsgesetz vom 11. Dezember 1991[177]. Von der Registrierung als Einwohner mit ständigem Aufenthalt in Lettland oder als Einwohner mit nur vorübergehendem Aufenthalt in Lettland hängt ab, ob der betreffende Einwohner dem Anwendungsbereich des Ausländergesetzes unterfällt[178]. Das Ausländergesetz findet Anwendung auf die Einwohner, die am 1. Juli 1992 nicht als Einwohner mit ständigem Aufenthalt in Lettland registriert waren[179].

a. Das Registrierungsgesetz

Durch Art. 11 des Registrierungsgesetzes[180] in Verbindung mit Art. 2 des Einführungsbeschlusses zum Registrierungsgesetz[181] wird der persönliche

---

177 Gesetz über das Einwohnerregister vom 11.12.1991 (Registrierungsgesetz).

178 Gesetz über die Einreise und den Aufenthalt fremder Staatsangehöriger und Staatenloser in der Republik Lettland vom 10.6.1992 (Ausländergesetz).

179 Art. 1 Abs. 2 des Beschlusses über das Verfahren des Inkrafttretens des Gesetzes über die Einreise und den Aufenthalt fremder Staatsangehöriger und Staatenloser in der Republik Lettland vom 10.6.1992 (Einführungsbeschluß zum Ausländergesetz). Die deutsche Übersetzung der authentischen englischen Fassung lautet:

"Dieses Gesetz findet ebenfalls Anwendung auf fremde Staatsangehörige und Staatenlose, die zum Zeitpunkt des Inkrafttretens dieses Gesetzes (*1.7.1992*) Einwohner Lettlands sind, ohne als Einwohner mit ständigem Aufenthalt registriert zu sein. Diese fremden Staatsangehörigen und Staatenlosen bedürfen einer Aufenthaltserlaubnis; widrigenfalls wird gemäß dem durch dieses Gesetz festgelegten Verfahren eine Ausreiseverfügung ergehen.".

180 Deutsche Übersetzung:

"In das Register werden Daten einer Person aufgenommen, die auf dem Territorium der Republik Lettland geboren oder nach Lettland übergesiedelt ist, mit Ausnahme von ausländischen Staatsbürgern, die einem besonderen völkerrechtlichen Schutz unterliegen.".

181 Beschluß über das Verfahren des Inkrafttretens des Gesetzes über das Einwohnerregister vom 17.12.1991 (Einführungsbeschluß zum Registrierungsgesetz). Deutsche Übersetzung (Art. 2):

Anwendungsbereich des Registrierungsgesetzes festgelegt. Danach wird grundsätzlich jeder Einwohner der Republik Lettland registriert. Ausgenommen sind freilich Angehörige des Militärs der früheren UdSSR, wobei offenbar die Bestimmung des Art. 2 des Einführungsbeschlusses zum Registrierungsgesetz extensiv ausgelegt wird. Von der Registrierung ausgeschlossen sind Militärangehörige aller Kategorien, selbst wenn sie Zivilisten waren[182].

Personen, die nicht registriert werden, gelten im Rechtssinne nicht als Einwohner der Republik Lettland. Sie unterfallen folglich nicht einmal dem Anwendungsbereich des Ausländergesetzes[183] und müßten *de iure* Lettland sofort verlassen. Einer Ausweisung dieses Personenkreises steht aber faktisch ein starker russischer Druck entgegen, der durch die bis heute in Lettland stationierten russischen Truppen nachhaltig verstärkt wird[184].

b. Die Durchführung der Registrierung

Das Verfahren der Registrierung ist durch eine gesonderte - hier nicht vorliegende - Verordnung geregelt[185]. Insbesondere die Definition des Begriffs des ständigen Aufenthalts durch diese Verordnung wird in dem

---

"Art. 11 des *Registrierungsgesetzes* erstreckt sich nicht auf Wehrdienstleistende, die ihren zeitlich begrenzten Wehrdienst bei auf dem Territorium der Republik Lettland stationierten Streitkräften der UdSSR ableisten und auf Personen, die bei militärischen Einheiten der bewaffneten Streitkräfte der UdSSR eingetragen sind.".

182 FAZ vom 24.6.1993, 14.

183 Vgl. Art. 1 Abs. 2 des Einführungsbeschlusses zum Ausländergesetz (Anm. 179).

184 Ein Termin für den Abzug der russischen Truppen aus Lettland steht nicht fest, vgl. SZ vom 4.9.1993, 8.

185 Vgl. Art. 21 des Registrierungsgesetzes. Deutsche Übersetzung:

"Das Verfahren der Erhebung von Daten für das Register durch Personen, Staatsorgane, Organe der Selbstverwaltung, Behörden, Unternehmen und Organisationen und die Nutzung der im Register enthaltenen Daten durch diese wird durch eine gesondere Verordnung des Département für Staatsbürger- und Einwanderungsangelegenheiten des Justizministeriums der Republik Lettland geregelt.".

Bericht des Zentrums für Menschenrechtsfragen stark kritisiert[186]. Der im Rechtssinne ständige Aufenthalt wird bei der Registrierung festgelegt[187]. Wenn der Aufenthalt in Lettland nach der Durchführungsverordnung als nur vorübergehend einzustufen ist, wird der ständige Aufenthalt außerhalb Lettlands verortet und demgemäß registriert. Allein dadurch wurden Einwohner Lettlands, die nicht die lettische Staatsangehörigkeit besaßen, der Anwendung des Ausländergesetzes unterworfen[188].

Bei der Registrierung seien - die in Lettland weit verbreiteten - Wohneinheiten mit gemeinsamen Küchen und sanitären Anlagen als bloße Schlafstätten angesehen worden. Das Wohnen in einer Schlafstätte gelte als nur vorübergehender Aufenthalt in Lettland[189]. Der Zeitraum des Aufenthalts in Lettland sei nur vom Zeitpunkt der Rückkehr von der letzten Auslandsreise an gerechnet worden. Auch dies habe einer Registrierung des ständigen Aufenthalts in Lettland entgegengestanden[190].

Neben der Durchführungsverordnung bezeichnet der Bericht des Zentrums für Menschenrechtsfragen auch die Verwaltungspraxis bei der Registrierung als teilweise willkürlich und diskriminierend. Es sei vorgekommen, daß Personen von den Registrierungsstellen schlicht abgewiesen worden seien[191].

---

186 UN Centre for Human Rights, Geneva (Anm. 136), paragraphs 41-43.

187 Art. 6 Nr. 3 des Registrierungsgesetzes. Deutsche Übersetzung:

"In das Register werden folgende persönliche Angaben aufgenommen:

...

Der Wohnort, für fremde Staatsangehörige und Staatenlose der Wohnort im Land des ständigen Aufenthalts;

...".

188 Art. 1 Abs. 2 des Einführungsbeschlusses zum Ausländergesetz (Anm. 179).

189 UN Centre for Human Rights, Geneva (Anm. 128), paragraph 41. Darauf bezugnehmend FAZ vom 24.6.1993, 14.

190 UN Centre for Human Rights, Geneva (Anm. 136), paragraph 41.

191 UN Centre for Human Rights, Geneva (Anm. 136), paragraph 41.

6. Aufenthaltsrecht

Art. 10 des Verfassungsgesetzes vom 10. Dezember 1991[192] gewährt nur lettischen Staatsangehörigen das Recht, den Wohnsitz in Lettland frei zu wählen. Die Einreisefreiheit ist aus dem Schutzbereich des Jedermann-Grundrechts des Art. 28 Abs. 1 des Verfassungsgesetzes ausgenommen. Sowohl die Einreise als auch der Aufenthalt in Lettland wird hinsichtlich der Einwohner, die dem persönlichen Anwendungsbereich des Ausländergesetzes unterfallen, durch dieses Gesetz geregelt. Hinsichtlich der Einwohner, die am 1. Juli 1992 als Einwohner mit ständigem Aufenthalt in Lettland registriert waren[193], besteht offenbar eine Regelungslücke. Der Status dieser Personengruppe ist zwischen dem der Staatsangehörigen und dem der sonstigen Ausländer[194] anzusiedeln.

Nach Art. 11 des Ausländergesetzes[195] bedarf jeder fremde Staatsangehörige oder Staatenlose einer Aufenthaltserlaubnis, wenn er sich länger als drei Monate in der Republik Lettland aufhält. Die Regelung des Verfahrens der Erteilung der Aufenthaltserlaubnis ist indes einem besonderen Gesetz vorbehalten[196].

---

192 Deutsche Übersetzung bei *C. Schmidt* (Anm. 1).

193 Vgl. Art. 1 Abs. 2 des Einführungsbeschlusses zum Ausländergesetz (Anm. 179).

194 Ausländer im Sinne des Art. 1 Abs. 2 des Einführungsbeschlusses zum Ausländergesetz.

195 Die deutsche Übersetzung der authentischen englischen Fassung lautet:

"Jeder fremde Staatsangehörige oder Staatenlose, der sich länger als drei Monate in Lettland aufhält, bedarf einer Aufenthaltserlaubnis.".

196 Art. 12 Abs. 2 des Ausländergesetzes. Die deutsche Übersetzung der authentischen englischen Fassung lautet:

"Das Verfahren der Erteilung befristeter und unbefristeter Aufenthaltserlaubnisse wird durch ein besonderes Gesetz geregelt.".

V. Vereinigungsfreiheit

Minderheitenspezifische Schranken der Vereinigungsfreiheit bestehen nur hinsichtlich der Gründung politischer Parteien. Im übrigen haben alle Einwohner Lettlands das Recht, Vereinigungen zu gründen oder ihnen beizutreten.

1. Vereine

Art. 31 des Verfassungsgesetzes über die Rechte und Pflichten des Menschen und Bürgers[197] gewährt jedermann das Recht, gesellschaftliche Organisationen zu gründen sowie an deren Arbeit teilzunehmen. Die Ausübung dieses Grundrechts wird durch das Gesetz über gesellschaftliche Organisationen und ihre Verbände[198] näher ausgestaltet.
Art. 1 Abs. 1 des Gesetzes[199] enthält eine Legaldefinition des Begriffs der gesellschaftlichen Organisation. Maßgeblich ist danach die gemeinsame Verfolgung eines gemeinsamen Zwecks. Diesem weiten Begriff der gesellschaftlichen Organisation unterfällt auch eine Vereinigung, deren Zweck in der Pflege der Tradition einer ethnischen oder nationalen Minderheit besteht. Eine entsprechende gesetzliche Regelung findet sich bereits im Gesetz über die freie Entwicklung nationaler und ethnischer Gruppen Lettlands und deren Recht auf Kulturautonomie[200]. Dieses Gesetz statuiert darüber hinaus eine Pflicht des Staates, nationale Vereinigungen sowohl

---

197 Verfassungsgesetz vom 10.12.1991; deutsche Übersetzung bei *C. Schmidt* (Anm. 1).

198 Gesetz vom 15.12.1992.

199 Die deutsche Übersetzung der authentischen englischen Fassung lautet:

"Eine gesellschaftliche Organisation kann von mindestens zehn Personen, die das 18. Lebensjahr vollendet haben, gegründet werden. Diese Personen müssen sich zusammengeschlossen haben, um einen Zweck, ausgenommen den der Gewinnerzielung, auf der Grundlage der Gleichheit im Rahmen der Gesetze und der Satzung durch gemeinsame Betätigung zu erreichen.".

200 Art. 5 Satz 1 des Gesetzes vom 19.3.1991; deutsche Übersetzung bei *C. Schmidt* (Anm. 1).

materiell als auch in sonstiger Weise zu unterstützen[201]. Diese objektive Pflicht des Staates bedarf aber der Umsetzung durch den Gesetzgeber, um tatsächlich wirksam zu werden. Eine solche Umsetzung ist bislang - soweit ersichtlich - nicht erfolgt.

Das Gesetz über gesellschaftliche Organisationen und ihre Verbände wiederholt der Sache nach Art. 31 des Verfassungsgesetzes vom 10. Dezember 1991. Danach hat jedermann das Recht, eine gesellschaftliche Organisation zu gründen[202]. Ebenso hat jedermann das Recht, einer gesellschaftlichen Organisation beizutreten[203] und sie auch wieder zu verlassen[204].

Gesellschaftliche Organisationen können sich zu Verbänden zusammenschließen[205]. Dies gibt den gesellschaftlichen Organisationen die Möglichkeit, ihre Interessen gemeinsam zu vertreten. Durchaus denkbar ist deshalb die Bildung von Dachverbänden nationaler oder ethnischer Vereinigungen,

---

201 Art. 5 Satz 2 des Gesetzes vom 19.3.1991; deutsche Übersetzung bei *C. Schmidt* (Anm. 1).

202 Art. 1 Abs. 1 des Gesetzes über gesellschaftliche Organisationen und ihre Verbände vom 15.12.1992.

203 Art. 6 Absätze 1 und 2 des Gesetzes. Die deutsche Übersetzung der authentischen englischen Fassung lautet:

"Jedermann, der das 16. Lebensjahr vollendet hat, kann Mitglied einer gesellschaftlichen Organisation werden, wenn er der Organisation beigetreten ist und die Bestimmungen der Satzung beachtet.

Bei Personen, die das 16. Lebensjahr nicht vollendet haben, bedarf der Beitritt der schriftlichen Zustimmung der Eltern oder des Vormunds.".

204 Art. 7 Abs. 2 des Gesetzes. Die deutsche Übersetzung der authentischen englischen Fassung lautet:

"Die Mitglieder gesellschaftlicher Organisationen haben das Recht, sich jederzeit durch schriftliche Erklärung gegenüber dem Vorstand oder dem Vorsitzenden von der Organisation zu trennen.".

205 Art. 2 des Gesetzes. Die deutsche Übersetzung der authentischen englischen Fassung lautet:

"Ein Verband gesellschaftlicher Organisationen wird durch mindestens zwei gesellschaftliche Organisationen gegründet, die sich zusammengeschlossen haben und die einen gemeinsamen Vorstand für die gegenseitige Abstimmung ihrer Tätigkeiten errichtet haben.".

die durch die Zahl ihrer Mitglieder ein großes gesellschaftspolitisches Gewicht erlangen könnten.
Sowohl die gesellschaftlichen Organisationen als auch ihre Verbände müssen sich einem Registrierungsverfahren unterziehen[206]. Gegen die Versagung der Registrierung ist ein Rechtsmittel gegeben[207].

2. Parteien

Nach Art. 8 Abs. 3 des Verfassungsgesetzes vom 10. Dezember 1991[208] haben nur lettische Staatsangehörige das Recht, politische Parteien zu gründen[209]. Der Eintritt in eine bestehende politische Partei steht neben den Staatsangehörigen auch den Einwohnern mit ständigem Aufenthalt in Lettland offen[210].
Nach der Legaldefinition[211] der politischen Partei besteht ihre Tätigkeit vor allem in der Entsendung von Parlamentsabgeordneten und in der Besetzung

---

206 Art. 10 Abs. 1 des Gesetzes.

207 Art. 14 des Gesetzes.

208 Deutsche Übersetzung bei *C. Schmidt* (Anm. 1).

209 Ebenso Art. 43 des Gesetzes über gesellschaftliche Organisationen und ihre Verbände vom 15.12.1992. Die deutsche Übersetzung der authentischen englischen Fassung lautet:

"Politische Organisationen sind Organisationen, die von lettischen Staatsangehörigen auf der Grundlage ihrer gemeinsamen politischen Ziele gegründet werden, um politische Tätigkeiten zu entfalten, um an Wahlkämpfen teilzunehmen, um Parlamentskandidaten zu nominieren, um die parlamentarische Tätigkeit der Abgeordneten zu kontrollieren und zu leiten, um das Programm der politischen Organisation durch die Vermittlung der Abgeordneten umzusetzen und um an der Gründung staatlicher Verwaltungseinrichtungen teilzunehmen.".

210 Art. 45 des Gesetzes über gesellschaftliche Organisationen und ihre Verbände vom 15.12.1992. Die deutsche Übersetzung der authentischen englischen Fassung des Gesetzes lautet:

"Lettische Staatsangehörige und Personen mit ständigem Aufenthalt in Lettland, die das 18. Lebensjahr vollendet haben und die einer politischen Organisation unter Beachtung der Bestimmungen der Satzung einzeln beigetreten sind, können Mitglieder der politischen Organisation sein.".

211 Vgl. Anm. 209.

öffentlicher Ämter. Das aktive[212] und das passive[213] Wahlrecht ist ebenso wie die Ausübung staatlicher Ämter[214] lettischen Staatsangehörigen vorbehalten. Insofern stellt sich die Beschränkung der Gründungsfreiheit politischer Parteien als bloße Folge der letztgenannten Beschränkungen dar.

3. Gewerkschaften

Der Bericht des Zentrums für Menschenrechtsfragen[215] bezeichnet den Verband Freier Gewerkschaften als eine der umfassendsten Organisationen in Lettland. Er vereinige annähernd die gesamte arbeitende Bevölkerung ohne irgendwelche ethnischen Unterschiede.

VI. Politische Repräsentation

1. Wahlrecht

Sowohl das aktive wie auch das passive Wahlrecht steht nur lettischen Staatsangehörigen zu[216].
Wahlberechtigt bei den Wahlen zur Saeima sind alle lettischen Staatsangehörigen, die das 18. Lebensjahr vollendet haben[217]. Wählbar sind alle

---

212 Art. 8 Abs. 1 des Verfassungsgesetzes vom 10.12.1991; deutsche Übersetzung bei *C. Schmidt* (Anm. 1).

213 Art. 8 Abs. 2 des Verfassungsgesetzes vom 10.12.1991.

214 Art. 8 Abs. 2 des Verfassungsgesetzes vom 10.12.1991.

215 UN Centre for Human Rights, Geneva (Anm. 136), paragraph 64.

216 Art. 8 Absätze 1 und 2 des Verfassungsgesetzes vom 10.12.1991; deutsche Übersetzung bei *C. Schmidt* (Anm. 1).

217 Art. 1 Satz 1 des Gesetzes über die Wahl der Fünften Saeima vom 20.10.1992. Die deutsche Übersetzung der authentischen englischen Fassung lautet:

"Alle lettischen Staatsangehörigen, die am Wahltag das 18. Lebensjahr vollendet haben, haben das Recht zu wählen.".

lettischen Staatsangehörigen, die das 21. Lebensjahr vollendet haben[218]. Demgegenüber waren bei der Wahl am 18. März 1990 noch alle Einwohner Lettlands, die als Staatsangehörige der UdSSR registriert waren, wahlberechtigt[219]. Der Verlust des Wahlrechts hat insbesondere den Unmut der russischen Bevölkerungsgruppe[220] erregt.
Die Beschränkung des Wahlrechts durch das Verfassungsgesetz vom 10. Dezember 1991 bezieht sich auch auf das Kommunalwahlrecht. Eine Änderung dieser restriktiven Bestimmung hinsichtlich des Kommunalwahlrechts könnte zu einer deutlichen Entspannung im Verhältnis der nichtlettischen Einwohner zum lettischen Staat führen. Allerdings dürfte einer Einführung des Kommunalwahlrechts für alle Einwohner der Umstand entgegenstehen, daß die lettischen Staatsangehörigen in manchen Städten nur noch eine zahlenmäßige Minderheit darstellen.

2. Gesellschaftlicher Konsultativrat der Nationalitäten[221]

Alle nationalen und ethnischen Gruppen haben das Recht, Vertreter in den Gesellschaftlichen Konsultativrat der Nationalitäten beim Obersten Rat der Republik Lettland zu entsenden[222].
Aufgaben und Kompetenzen des Konsultativrates sind in einem Statut[223] festgelegt. Der Aufgabenbereich des Konsultativrats ist auf minderheiten-

---

218 Art. 1 Satz 2 des Gesetzes über die Wahl der Fünften Saeima vom 20.10.1992. Die deutsche Übersetzung der authentischen englischen Fassung lautet:

"Ein lettischer Staatsangehöriger, der am ersten Tag der Wahlen das 21. Lebensjahr vollendet hat, kann in die Saeima gewählt werden, wenn er/sie die übrigen Voraussetzungen dieses Gesetzes erfüllt.".

219 Vgl. Anm. 159.

220 FAZ vom 24.6.1993, 14.

221 Vgl. dazu *C. Schmidt* (Anm. 1).

222 Art. 7 des Gesetzes über die freie Entwicklung nationaler und ethnischer Gruppen Lettlands und deren Recht auf Kulturautonomie vom 19.3.1991; deutsche Übersetzung bei *C. Schmidt* (Anm. 1).

223 Statut des Gesellschaftlichen Konsultativrates der Nationalitäten beim Obersten Rat der Republik Lettland vom 8.1.1991; deutsche Übersetzung bei *C. Schmidt* (Anm. 1).

relevante Sachgebiete beschränkt[224]. Exemplarisch genannt werden Fragen der Kultur, der Bildung, der Sprache, der nationalen Traditionen sowie Fragen des Schutzes von Denkmälern. Im Rahmen dieses Aufgabenbereichs steht dem Konsultativrat ein Gesetzesinitiativrecht zu[225]. Im übrigen besteht seine Tätigkeit aus Empfehlungen und Stellungnahmen.
In bezug auf die entscheidende Frage der Bildung des Konsultativrates verweist das Statut indes auf den Ausschuß des Obersten Rates der Republik Lettland für Menschenrechte und nationale Fragen[226]. Da dieser Parlamentsausschuß - soweit ersichtlich - noch nicht tätig geworden ist, existiert der Konsultativrat bislang nicht.

---

224 Abschnitt 2 des Statuts.

225 Ziffer 3.1 des Statuts.

226 Ziffer 4.2 Absatz 3 des Statuts.

Die rechtliche Stellung der Minderheiten in Litauen

MAHULENA HOŠKOVA*

I. Einleitung

Bekanntlich wurden die drei baltischen Staaten Estland, Lettland und Litauen am 17. September 1991 als Mitglieder in die Vereinten Nationen aufgenommen. Damit fand ein politisch wie rechtlich schwieriger Prozeß des Strebens nach Wiedererlangung der staatlichen Souveränität dieser drei Staaten seinen Abschluß, nachdem in der Folge des gescheiterten Staatsstreiches vom 18. - 21. August 1991 in der damaligen Sowjetunion die meisten Staaten die Unabhängigkeit der drei baltischen Republiken anerkannt hatten, darunter auch - am 6. September 1991 - die Sowjetunion selbst.

Im Rahmen dieses Berichts kann weder auf die völkerrechtliche Problematik der Rechtsstellung der baltischen Staaten nach ihrer zwangsweisen Eingliederung in die Sowjetunion im Sommer 1940[1] noch umfassend auf den geschichtlichen Prozeß eingegangen werden, der im Spätsommer 1991 zur völligen Wiedererlangung ihrer staatlichen Souveränität und Unabhängigkeit führte[2]. Immerhin seien die wichtigsten

---

* JUDr. (Prag), CSc.; wissenschaftliche Referentin am Institut.

1 Vgl. hierzu statt aller *B. Meissner*, Die Sowjetunion, die baltischen Staaten und das Völkerrecht (1956); *ders.*, Die staatliche Kontinuität, völkerrechtliche Stellung und außenpolitische Lage der baltischen Länder, in: B. Meissner (Hrsg.), Die Baltischen Nationen. Estland, Lettland, Litauen (2. Aufl. 1991), 270 ff.; *ders.*, Baltic States, in: R. Bernhardt (ed.), Encyclopedia of Public International Law, Vol. I (1992), 328 ff. (334 ff.); und *H.J. Uibopuu*, Die völkerrechtliche Stellung der baltischen Staaten (1965).

2 Vgl. hierzu etwa *T. Schweisfurth*, Vom Einheitsstaat (UdSSR) zum Staatenbund (GUS). Juristische Stationen eines Staatszerfalls und einer Staatenbundsentstehung, ZaöRV 52 (1992), 541 ff. (626 ff.) sowie *H.J. Uibopuu*, Estland unter der Sowjetherrschaft und auf dem Wege zur Unabhängigkeit, in: B. Meissner (Hrsg.), Die Baltischen Nationen. Estland, Lettland, Litauen (2. Aufl. 1991), 110 ff.; *E. Levits*, Lettland unter der Sowjetherrschaft und auf dem Wege zur

Daten betreffend Litauen kurz erwähnt: Noch vor den ersten freien und demokratischen Wahlen in der damaligen Litauischen SSR vom 24. Februar 1990 hatte deren Oberster Sowjet - dem estnischen Beispiel folgend[3] - am 18. Mai 1989 eine Deklaration über "die staatliche Souveränität" abgegeben[4]; der aus diesen Wahlen hervorgegangene Oberste Sowjet Litauens verabschiedete dann schon am 11. März 1990 eine "Unabhängigkeitserklärung"[5], in der sich bereits eine hier interessierende Garantie der Rechte "ethnischer Gemeinschaften" findet[6]. Nachdem auch der estnische Oberste Sowjet am 30. März 1990 eine entsprechende Unabhängigkeitserklärung verabschiedet hatte[7], reagierte die Sowjetunion mit dem "Sezessionsgesetz" vom 3. April 1990[8] und am 18. April 1990 mit der Verhängung einer Wirtschaftsblockade gegenüber Litauen. Die

---

Unabhängigkeit, *ibid.*, 139 ff. und *V.S. Vardys*, Litauen unter der Sowjetherrschaft und auf dem Wege zur Unabhängigkeit, *ibid.*, 223 ff.

3 Die "Souveränitätserklärung" Estlands vom 16.11.1988 (Vedomosti Verchovnogo Soveta i Pravitel'stva Estonskoj SSR 1988, Nr. 48, Pos. 685) findet sich in deutscher Übersetzung in Osteuropa 39 (1989), A 430 und bei *B. Meissner*, *ibid.*, 384 f. ; vgl. hierzu statt aller *S. Kofmel*, Rechtsentwicklung im Baltikum. Die neue Verfassung der Republik Estland, ZaöRV 53 (1993), 135 ff.

4 Vedomosti Verchovnogo Soveta i Pravitel'stva Litovskoj SSR 1989, Nr. 15, Pos. 167 und Sovetskaja Litva vom 19.5.1989, in deutscher Übersetzung bei *B. Meissner*, *ibid.*, 386 f.; vgl. hierzu *H.J. Uibopuu*, Die Verfassungs- und Rechtsentwicklung der baltischen Staaten 1988-1990, in: Berichte des Bundesinstituts für ostwissenschaftliche und internationale Studien (1990), 16 ff.

5 Vedomosti Verchovnogo Soveta i Pravitel'stva Litovskoj Respubliki 1990, Nr. 9, Pos. 222 (für eine deutsche Übersetzung vgl. Europa-Archiv 45 [1990], D 375 f. und bei *B. Meissner*, *ibid.*, 387 f.).

6 "Der litauische Staat unterstreicht seine Treue gegenüber den allgemein anerkannten Prinzipien des Völkerrechts, anerkennt die Unverletztlichkeit der Grenzen, wie das in der Schlußakte der Konferenz von Helsinki über Sicherheit und Zusammenarbeit in Europa von 1975 formuliert ist, gewährleistet die Menschen- und Bürgerrechte und die Rechte der nationalen Minderheiten." (zitiert nach *B. Meissner*, *ibid.*, 387).

7 Vedomosti Verchovnogo Soveta i Pravitel'stva Estonskoj Respubliki 1990, Nr. 12, Pos. 180; für eine deutsche Übersetzung vgl. *B. Meissner*, *ibid.*, 389.

8 Vedomosti SSSR 1990, Nr. 15, Pos. 252; vgl. hierzu statt aller *T. Schweisfurth* (Anm. 2), 598 ff.

Jahreswende 1990/91 war dann gekennzeichnet von dem Versuch sogenannter "Rettungskomitees zur Verteidigung des Sozialismus", die - unterstützt von den als "Schwarze Barette" bekannt gewordenen Sondertruppen des Innenministeriums (OMON) und regulären Fallschirmjägereinheiten - das Unabhängigkeitsstreben der baltischen Republiken gewaltsam unterbinden wollten. In diesem Zusammenhang kam es wiederholt zu gewaltsamen Auseinandersetzungen, bei denen in Wilna am 13. Januar 1991 vierzehn Menschen den Tod fanden und viele Hunderte verletzt wurden. Letztlich scheiterten diese "Rettungskomitees" am massenhaften Widerstand der baltischen Bevölkerung, die sich zudem bei Volksbefragungen mit überwältigenden Mehrheiten für die Unabhängigkeit ihrer Staaten aussprach[9]. Der nächste Schritt war dann die sogenannte "9+1 - Erklärung" vom 23. April 1991, in der "das Recht Lettlands, Litauens, Estlands, Moldawiens, Grusiniens und Armeniens, selbständig die Frage des Beitritts zum (neuen) Unionsvertrag zu entscheiden", von *Gorbatschow* und den anderen neun Unionsrepubliken ausdrücklich anerkannt wurde[10]. Nach dem Scheitern des Augustputsches 1991 verhielt sich Rußland, obwohl immer noch Unionsrepublik, wie ein unabhängiger Staat und erkannte am 24. August 1991 Estland und Lettland ausdrücklich als souveräne Staaten an[11]; wie eingangs erwähnt, folgte dann die Sowjetunion selbst am 6. September 1991 mit der völkerrechtlichen

---

9 Bei dem Referendum in Litauen am 9.2.1991 stimmten (bei einer Abstimmungsbeteiligung von 84.7 %) 90.5 % der Stimmberechtigten für die Unabhängigkeit; beim estnischen Referendum vom 3.3.1991 stimmten (bei einer Abstimmungsbeteiligung von 82.9 %) 77.8 % der Stimmberechtigten für die Unabhängigkeit, beim lettischen Referendum vom 3.3.1991 stimmten (bei einer Abstimmungsbeteiligung von 87.5 %) 73.7 % der Stimmberechtigten für die Unabhängigkeit (zitiert nach *B. Meissner*, *ibid.*, 405). *T. Schweisfurth*, *ibid.*, 629 weist zutreffend darauf hin, daß diese Ergebnisse bedeuten, daß auch viele nicht der jeweiligen Titularnation angehörende Abstimmungsteilnehmer für die Unabhängigkeit gestimmt haben.

10 Vgl. *T. Schweisfurth*, *ibid.*, 629.

11 *Ibid.*, 629. Der Umstand, daß eine ausdrückliche Anerkennungserklärung für Litauen nicht abgegeben wurde, wird dort überzeugend damit erklärt, daß Rußland Litauen schon durch die Unterzeichnung des russisch-litauischen Vertrages über die Grundlagen der zwischenstaatlichen Beziehungen vom 29.7.1991 als konkludent anerkannt betrachtete.

Anerkennung aller drei baltischen Staaten durch gleichlautende Beschlüsse des mit der Verfassungsrevision vom 5. September 1991 gebildeten Staatsrates der Sowjetunion[12].

Die innerstaatliche Konsolidierung Litauens dürfte - obwohl immer wieder von Problemen im Zusammenhang mit dem Abzug der russischen Truppen und ganz erheblichen wirtschaftlichen Schwierigkeiten überschattet - mit der Annahme der neuen Verfassung durch das Volk am 25. Oktober 1992, die gleichzeitig mit den Parlamentswahlen erfolgte, und der Volkswahl von *Algirdas Brazauskas* zum Staatspräsidenten am 14. Februar 1993 in rechtlicher wie wohl auch politischer Hinsicht nun abgeschlossen sein.

Bevor das eigentliche rechtliche Regime der Minderheiten in Litauen umfassend dargestellt wird, sind im Rahmen dieser Einleitung zunächst statistische Angaben zur Existenz von Minderheiten in Litauen und ihre rechtliche Definition zu geben, wobei angesichts der demographischen Entwicklung in allen drei baltischen Republiken zwischen 1940 und 1990 dem litauischen Staatsangehörigkeitsrecht besondere Bedeutung zukommt; danach ist der verfassungsrechtliche Rahmen der Rechtsstellung von Minderheiten in Litauen zu beschreiben, bevor ein Überblick über den Inhalt des noch aus der Zeit vor der Wiedererlangung der staatlichen Souveränität stammenden Gesetzes über nationale Minderheiten gegeben wird; schließlich ist noch auf die multi- wie bilateralen völkerrechtlichen Verpflichtungen Litauens auf dem Gebiet des Minderheitenschutzes und damit zusammenhängende Fragen einzugehen.

1. Demographische Situation und Staatsangehörigkeitsrecht Litauens

a) Litauen war während seiner Zugehörigkeit zur Sowjetunion in erheblich geringerem Umfang Ziel von Zuwanderern aus anderen Sowjetrepubliken, weshalb sich die demographische Lage für die Titularnation wesentlich günstiger darstellt als in Estland und Lettland[13].

---

12 *Ibid.*, 629 f.

13 Vgl. zum folgenden etwa *C. Schmidt*, Der Minderheitenschutz in der Republik Litauen, in: C. Schmidt, Der Minderheitenschutz in den

Zwar ist auch in Litauen der Anteil der Staatsnation im Vergleich zur Zwischenkriegszeit gesunken, doch stellen die Litauer ausweislich der Ergebnisse der letzten Volkszählung vom 12. Januar 1989 mit 79.6 % der Bevölkerung (2,92 Millionen Personen von insgesamt 3,67 Millionen Einwohnern) eine überwältigende Mehrheit dar. Die zahlenmäßig größte Minderheit wird gebildet von der russischsprachigen Bevölkerung, die 345.000 Personen umfaßte, was einem Anteil von 9.4 % an der Gesamtbevölkerung Litauens entspricht[14]. Die zahlenmäßig zweitgrößte Minderheit bilden polnischsprachige Personen, die zum größten Teil bereits Einwohner Litauens während der Zwischenkriegszeit waren oder zu deren Nachfahren zählen; diese Bevölkerungsgruppe umfaßte 1989 etwa 258.000 Personen, was einem Anteil von 7.0 % an der Gesamtbevölkerung Litauens entsprach[15]. Weitere nennenswerte Minderheitengruppen bilden die Weißrussen mit 63.000 Personen (1.7 % der Gesamtbevölkerung) und die Ukrainer mit 45.000 Personen (1.2 % der Gesamtbevölkerung), deren Angehörige zum größten Teil erst nach 1945 nach Litauen kamen. Die vor dem Zweiten Weltkrieg 7.6 % der damaligen Gesamtbevölkerung Litauens umfassende jüdische Minderheit wurde durch den Holocaust fast völlig vernichtet und zählte 1989 nur noch 12.000 Personen (0.3 % der Gesamtbevölkerung). Zur deutschen Volksgruppe, die entsprechend der deutsch-sowjetischen Vereinbarungen in den Jahren 1940/41 fast geschlossen ausgesiedelt wurde, bekannten sich 1989 schließlich nur noch 2.000 Personen (0.1 % der Gesamtbevölkerung).

---

baltischen Staaten (1993), 93 ff. sowie die Angaben bei *A.P. Gureckas*, Lithuania's Boundaries and Territorial Claims Between Lithuania and Neighbouring States, New York Law School Journal of International and Comparative Law 12 (1991), 107 ff. (148 ff.) und in: The Baltic States. A Reference Book (1991), 174 ff.

14 Der Anteil der russischsprachigen Bevölkerung Litauens, der vor 1940 unter 3 % der Gesamteinwohnerzahl betrug, war 1959 infolge der jedenfalls teilweise gesteuerten Zuwanderung und der durch die Deportationen vieler Litauer gesunkenen Gesamteinwohnerzahl auf 8.5 % der Gesamtbevölkerung gestiegen und seither nur mehr geringfügig angewachsen.

15 Insofern ist zu bemerken, daß der Anteil dieser Minderheit an der Gesamtbevölkerung seit 1959 zwar von damals 8.5 % stetig sank, angesichts des Zuwachses der Bevölkerung Litauens von seinerzeit 2,7 Millionen Menschen auf 3,67 Millionen Menschen im Jahre 1989 nominal aber auch geringfügig angestiegen ist.

Im Hinblick auf die historischen, sozialen und wirtschaftlichen Umstände der Zuwanderung der Angehörigen der russischsprachigen Minderheit nicht verwunderlich ist, daß diese hauptsächlich, nämlich zu 90 %, in den Städten und ihnen nahegelegenen Industriezonen siedelt[16]. Auch die weißrussische Minderheit findet sich zu 85 % in den Städten, vor allem in Vilnius[17]. Wenn auch die polnische Minderheit zu 58 % in den Städten lebt, verfügt sie aus historischen Gründen doch über einen ganz erheblichen Siedlungsschwerpunkt in Vilnius selbst und - als einzige Minderheit - über geschlossene ländliche Siedlungsgebiete, vor allem im Südosten Litauens, also den Gebieten, die zwischen 1922 und 1940 zu Polen gehörten[18].

Das litauische Recht, insbesondere auch das später noch ausführlich darzustellende Gesetz über nationale Minderheiten (Minderheitengesetz) vom 23. November 1989[19], kennt keine Legaldefinition des Minderheitenbegriffes. Im Hinblick auf die auch von Litauen mitgetragenen aktuellen

---

16 Nach den Angaben bei *A.P. Gureckas* (Anm. 13), 149 ff. beträgt der Anteil der russischen Minderheit an der Bevölkerung der Stadt Vilnius 20.3 % (117.000 Menschen), im Landkreis Vilnius 14.0 % (48.000 Menschen) und in der Stadt Memel 28.1 % (57.000 Menschen), im Landkreis Memel hingegen nur 4.2 % (3.000 Menschen).

17 Nach den Angaben bei *A.P. Gureckas*, *ibid.*, 149 ff. beträgt der Anteil der weißrussischen Minderheit an der Bevölkerung der Stadt Vilnius 5.2 % (30.000 Menschen).

18 Der Anteil der polnischen Minderheit an der Bevölkerung der Stadt Vilnius beträgt 18.7 % (108.000 Menschen), im Landkreis Vilnius jedoch 38.7 % (133.000); die entsprechenden Zahlen für die Angehörigen der litauischen Titularnation sind 50.6 % (292.000 Menschen) für Vilnius und 39.4 % (135.000 Menschen) - also kaum mehr als die polnische Minderheit - für den Landkreis Vilnius, vgl. *A.P. Gureckas*, *ibid.*, 149.

19 Vedomosti Verchovnogo Soveta i Pravitel'stva Litovskoj SSR 1989, Nr. 34, Pos. 485; dieses Gesetz wurde durch Gesetz vom 29.1.1991 in einigen Punkten geändert, vgl. Vedomosti Verchovnogo Soveta i Pravitel'stva Litovskoj Respubliki 1991, Nr. 4, Pos. 117. Für eine offiziöse englische Übersetzung dieses Gesetzes in der Fassung vom 29.1.1991 siehe Selected Anthology of Institutional, Economic and Financial Legislation (Vilnius State Publishing Center 1991), 68 ff.; für eine deutsche Übersetzung siehe *C. Schmidt* (Anm. 13), 113 ff.

Entwicklungen insbesondere im Rahmen des KSZE-Prozesses[20] wird aber davon auszugehen sein, daß hierunter jedenfalls alle Staatsangehörigen Litauens fallen, die entweder einem Volk angehören, das in einem anderen Land die staatstragende Nation bildet[21], oder, falls diese Voraussetzung nicht gegeben ist, sich nach objektivierbaren Kriterien als eigenständige ethnische Gruppe verstehen[22]. Ebenfalls in Übereinstimmung mit dem gegenwärtigen internationalen Standard[23] beruht die Zugehörigkeit zu einer nationalen Minderheit gemäß Art. 8 Minderheitengesetz[24] auf der freien Willensentscheidung einer Person (subjektives Moment), der aber insofern ein objektives Korrektiv beigegeben ist, als mindestens ein Elternteil dieser Person selbst Angehöriger der jeweiligen Minderheit (gewesen) sein muß. Während aufgrund der Bestimmungen des Minderheitengesetzes unklar war, ob auch Ausländer, also diejenigen Personen der Wohnbevölkerung Litauens, die nicht dessen Staatsangehörigkeit besitzen, als Angehörige einer Minderheit im Sinne dieses Gesetzes zu verstehen sind[25], ergibt sich nunmehr aus den beiden wichtigsten den nationalen Minderheiten gewidmeten Artikeln der neuen Verfassung vom 25. Oktober 1992, auf deren Bestimmungen noch näher einzugehen ist, daß nur litauische Staatsbürger Angehörige einer nationalen Minderheit im verfassungsrechtlichen Sinne sein können: So heißt es zum einen in Art. 37 der Verfassung: "Staatsbürger, die ethnischen Gemeinschaften angehören, haben das Recht, ihre Sprache, Kultur und Gebräuche zu entwickeln"[26], und in ihrem Art. 45: "Die ethnischen Gemeinschaften der Staatsbürger verwalten eigenständig

20 Vgl. hierzu nur *R. Hofmann*, Minderheitenschutz in Europa. Überblick über die völker- und staatsrechtliche Lage, ZaöRV 52 (1992), 1 ff. (12 ff.).

21 Hierunter fielen namentlich die russische, die polnische, die weißrussische, die ukrainische und die deutsche Minderheit.

22 Dies beträfe vor allem die Roma, die beim Zensus des Jahres 1989 0.1 % der Gesamtbevölkerung Litauens bildeten.

23 Vgl. nur *R. Hofmann* (Anm. 20), 3.

24 Diese Bestimmung lautet in offiziöser englischer Übersetzung (vgl. Anm. 19): "Every citizen of the Lithuanian SSR upon obtaining a passport shall be free to identify his ethnicity on the basis of the nationality of his parents or of one of his parents."

25 Vgl. hierzu *C. Schmidt* (Anm. 13), 101 f.

26 Übersetzung der Verf.

die Angelegenheiten ihrer nationalen Kultur, der Bildung, ihrer Organisationen, der Wohlfahrt und gegenseitiger Unterstützung. Der Staat unterstützt die ethnischen Gemeinschaften"[27].

b) Damit ist das in allen baltischen Staaten äußerst heikle Problem des Erwerbs ihrer Staatsangehörigkeiten angesprochen. Für Litauen ist zu bemerken, daß der Oberste Sowjet der (damaligen) Litauischen SSR schon am 3. November 1989 ein Staatsangehörigkeitsgesetz[28] verabschiedet hatte, das sich durch eine recht großzügige Verleihung der litauischen Staatsangehörigkeit an während der sowjetischen Herrschaft Zugewanderte auszeichnete. Zentrale Norm dieses Gesetzes war sein Art. 1, das den Kreis der litauischen Staatsangehörigen definierte: Nach dessen Abs. 1 sind zunächst litauische Staatsangehörige diejenigen Personen, die vor dem 15. Juli 1940, also vor der Annexion Litauens durch die Sowjetunion, die litauische Staatsangehörigkeit besaßen, sowie deren Abkömmlinge; daneben werden aber auch gemäß Art. 1 Abs. 2 dieses Gesetzes alle diejenigen Personen als litauische Staatsangehörige bezeichnet, die ihren ständigen Wohnsitz in Litauen haben und die selbst oder deren einer Eltern- oder Großelternteil dort geboren wurde, sofern sie nicht zugleich eine andere Staatsangehörigkeit innehaben. Allen anderen Personen, die am Tag des Inkrafttretens dieses Staatsangehörigkeitsgesetzes ihren ständigen Wohnsitz in Litauen hatten und über ein dauerhaften Arbeitsplatz oder eine dauerhafte rechtmäßige Existenzgrundlage verfügten, wurde das Recht eingeräumt, binnen zweier Jahre (also bis zum 4. November 1991) für die litauische Staatsangehörigkeit zu optieren; während dieses Zeitraums waren diese Personen gemäß Art. 35 des Staatsangehörigkeitsgesetzes hinsichtlich aller Rechte den litauischen Staatsangehörigen gleichgestellt. Nach Ablauf dieser Frist galten auch für diese Personen die in Art. 15 des Staatsangehörigkeitsgesetzes niedergelegten Einbürgerungsvoraussetzungen, die neben einer gewissen sozialen Eingliederung (Sprachkenntnisse, Innehaben eines

---

27 Übersetzung der Verf.

28 Vgl. hierzu *A. Zimmermann*, Litauen: Neues Staatsangehörigkeitsgesetz. Einleitung und Übersetzung, StAZ 45 (1992), 118 ff.; eine deutsche Übersetzung des Gesetzes findet sich auch bei *C. Schmidt* (Anm. 13), 117 f. und eine offiziöse englische Übersetzung in Selected Anthology (Anm. 19), 60 ff.

Arbeitsplatzes, Kenntnisse der litauischen Verfassung) einen mindestens zehnjährigen Aufenthalt in Litauen verlangen.

Dieses Staatsangehörigkeitsgesetz vom 3. November 1989 ist inzwischen durch das Gesetz über die Staatsbürgerschaft der Litauischen Republik vom 5. Dezember 1991[29], das also nach der internationalen Anerkennung der Wiedererlangung der Souveränität Litauens verabschiedet wurde, abgelöst worden. Der Kreis der litauischen Staatsbürger wird in Art. 1 dieses Gesetzes bestimmt: Nach seinem Abs. 1 sind litauische Staatsbürger alle diejenigen Personen, die vor dem 15. Juni 1940 Staatsangehörige Litauens waren, sowie ihre Kinder und Enkelkinder, sofern sie nicht eine andere Staatsangehörigkeit erworben haben; nach Abs. 2 alle diejenigen Personen, die zwischen dem 9. Januar 1919 und dem 15. Juni 1940 ihren ständigen Aufenthalt in Litauen hatten, sowie deren Kinder und Enkelkinder, sofern sie am Tag des Inkrafttretens dieses Gesetzes ihren ständigen Aufenthalt in Litauen hatten und nicht eine andere Staatsangehörigkeit besitzen; nach Abs. 3 alle diejenigen Personen, welche die litauische Staatsangehörigkeit vor dem 4. November 1991 unter der Geltung des Staatsangehörigkeitsgesetzes vom 3. November 1989 erworben oder wiedererlangt hatten[30]; sowie gemäß Abs. 4 und 5 des Gesetzes vom 5. Dezember 1991 diejenigen Personen, die nach Maßgabe dieses Gesetzes die litauische Staatsbürgerschaft erwerben. Dieser Erwerb der litauischen Staatsbürgerschaft erfolgt gemäß Art. 7 des Staatsbürgerschaftsgesetzes vom 5. Dezember 1991 insbesondere durch Geburt, wobei grundsätzlich das Abstammungsprinzip Anwendung findet, durch Ausübung eines bestehenden Rechtes auf Wiedererlangung der litauischen Staatsbürgerschaft sowie durch

---

29 Vedomosti Verchovnogo Soveta i Pravitel'stva Litovskoj Respubliki 1991, Nr.36, Pos.977; eine auszugsweise deutsche Übersetzung findet sich bei *C. Schmidt*, *ibid.*, 115 f.

30 Diese Bestimmung zielt insbesondere auf denjenigen Personenkreis, dem nach dem dargestellten Art. 1 Abs. 3 des Staatsangehörigkeitsgesetzes vom 3.11.1989 ein Optionsrecht auf Erwerb der litauischen Staatsangehörigkeit zugestanden war; von dieser Möglichkeit haben offenbar 90 % der potentiell Betroffenen, d.h. ethnisch nicht als Litauer anzusehenden Personen, Gebrauch gemacht; vgl. *R. Bernhardt/H. Schermers*, Lithuanian Law and International Human Rights Standards, Human Rights Law Journal 13 (1992), 249 ff. (253).

Einbürgerung. Die Voraussetzungen für eine Einbürgerung sind in Art. 12 dieses Gesetzes geregelt: Neben der Ablegung eines Eides auf die Republik Litauen müssen einbürgerungswillige Personen eine Prüfung über Kenntnisse der litauischen Sprache und der litauischen Verfassung ablegen sowie in den zehn Jahren vor Stellung des Einbürgerungsantrags ihren ständigen Aufenthalt in Litauen und dort einen dauerhaften Arbeitsplatz oder eine sonstige ständige rechtmäßige Einkommensquelle gehabt haben. Im internationalen Vergleich nicht unüblich, wenn auch wohl im Gegensatz zu aktuellen Trends jedenfalls in Westeuropa[31], ist die grundsätzliche Haltung des litauischen Staatsangehörigkeitsrechts, doppelte Staatsangehörigkeiten soweit wie möglich auszuschließen[32]; diese Grundtendenz könnte die Bereitschaft von Exillitauern und vor allem derjenigen Angehörigen der zwischen 1940 und 1991 zugewanderten Minderheiten, die nicht von dem erwähnten Optionsrecht zur Erlangung der litauischen Staatsangehörigkeit Gebrauch gemacht haben, die litauische Staatsangehörigkeit in der Zukunft zu erwerben, erheblich mindern.

2. Der verfassungsrechtliche Rahmen

Anknüpfend an die verfassungsrechtliche Tradition Litauens aus der Zwischenkriegszeit[33] und sicherlich auch bedingt durch die demographischen

---

31 Vgl. hierzu jüngst *K. Hailbronner*, Einbürgerung von Wanderarbeitnehmern und doppelte Staatsangehörigkeit, 38 ff.; zur doppelten Staatsangehörigkeit im Völkerrecht vgl. statt aller *A. Randelzhofer*, Nationality, in: R. Bernhardt (Ed.), Encyclopedia of Public International Law, Instalment 8 (1985), 416 ff. (422 f.).

32 Diese Grundtendenz spiegelt sich auch in den staatsangehörigkeitsrechtlichen Bestimmungen der Verfassungen Litauens wider: So hieß es in Art. 13 Abs. 2 der Provisorischen Verfassung der Republik Litauen vom 11.3.1990, daß "grundsätzlich ein Staatsangehöriger Litauens nicht gleichzeitig Staatsangehöriger eines anderen Staates sein kann"; in Art. 12 Abs. 2 der jetzt geltenden Verfassung vom 25.10.1992 wird bestimmt, daß "mit Ausnahme der gesetzlich bestimmten Fälle, niemand gleichzeitig Staatsbürger der Republik Litauen und eines anderen Staates sei kann."

33 Vgl. hierzu etwa *M. Garleff*, Die kulturelle Selbstverwaltung der nationalen Minderheiten in den baltischen Staaten, in: B. Meissner (Anm. 2), 87 ff. (89 ff.); *M. Laserson*, Das Minoritätenrecht der baltischen Staaten, ZaöRV 2 (1930/31), 40 1 ff. (417 f.); *J. Robinson*, Der

Verhältnisse finden sich minderheitenspezifische Bestimmungen in allen verfassungsrechtlichen Dokumenten der jüngsten Geschichte Litauens.

Insoweit ist zunächst darauf hinzuweisen, daß der aus den freien Wahlen am 24. Februar 1990 hervorgegangene Oberste Sowjet Litauens in seiner ersten Sitzung am 11. März 1990 nicht nur die oben[34] erwähnte "Unabhängigkeitserklärung", sondern auch das "Gesetz über die Wiederherstellung der Geltung der Verfassung Litauens vom 12. Mai 1938"[35] verabschiedete, mit dem die litauische Verfassung vom 20. April 1978 sowie die Verfassung der Sowjetunion vom 7. Oktober 1977 für das Gebiet der Republik Litauen außer Kraft und zugleich die Verfassung Litauens vom 12. Mai 1938 wieder in Kraft gesetzt wurde. Diese Verfassung war aber im Grunde nur für eine "juristische Sekunde" in Geltung, da der Oberste Sowjet Litauens in der selben Sitzung, also auch am 11. März 1990, das "Gesetz über die Vorläufige Verfassung der Republik Litauen"[36] verabschiedete, mit dem zum einen die Verfassung Litauens vom 12. Mai 1938 wieder außer Kraft und zugleich die sogenannte Vorläufige Verfassung der Republik Litauen in Kraft gesetzt wurde; ferner wurde durch dieses Gesetz bestimmt, daß von den bis dahin in Litauen geltenden Normen nur diejenigen weiterhin galten, die dieser Vorläufigen Verfassung nicht widersprachen.

Hinsichtlich der verfassungsrechtlichen Stellung nationaler Minderheiten in Litauen unter der Geltung dieser Vorläufigen Verfassung vom

---

litauische Staat und seine Rechtsentwicklung, JöR 16 (1928), 295 ff. und jüngst *C. Schmidt* (Anm. 13), 97 ff.

34 Vgl. oben Anm. 5.

35 Vedomosti Verchovnogo Soveta i Pravitel'stva Litovskoj Respubliki 1990, Nr. 9, Pos. 223; für eine deutsche Übersetzung s. *B. Meissner* (Anm. 2), 388.

36 Vedomosti Verchovnogo Soveta i Pravitel'stva Litovskoj Respubliki 1990, Nr. 9, Pos. 224; für eine offiziöse englische Übersetzung s. *S.P. Zumbakis* (Hrsg.), Lithuanian Independence. The Reestablishment of the Rule of Law (Chicago 1990), 62.

11. März 1990[37] ist zunächst zu bemerken, daß diese keinen ausdrücklichen "Minderheitenartikel" enthielt; allerdings fand sich in ihrem Art. 14[38] eine Bestimmung zur Gleichheit aller litauischen Staatsbürger vor dem Gesetz und in Art. 16[39] ein allgemeines Diskriminierungsverbot, wobei beide Bestimmungen als unzulässiges Differenzierungskriterium die "Nationalität" einer Person nennen. Hinsichtlich der Sprachenfreiheit war Art. 7[40] von Bedeutung, wonach Litauisch Staatssprache war, andererseits aber dem Staat die Verpflichtung auferlegt wurde, die Voraussetzungen für den Gebrauch und die Entwicklung der Sprachen der nationalen Minderheiten zu schaffen. Während das den Grundrechten gewidmete Kapitel 3 der Vorläufigen Verfassung, das durchaus den üblichen Standards eines modernen Grundrechtskatalogs entsprach, die dort garantierten Grundrechte wie etwa Meinungs-, Versammlungs- und Vereinigungsfreiheit allen litauischen Staatsangehörigen zusicherte, also keine besonderen Bestimmungen hinsichtlich nationaler Minderheiten enthielt, fanden sich im die "Soziale Entwicklung und Kultur" regelnden Kapitel 6 der Vorläufigen

37 Vedomosti Verchovnogo Soveta i Pravitel'stva Litovskoj Respubliki 1990, Nr. 9, Pos.225; für eine offiziöse englische Übersetzung s. Selected Anthology (Anm. 19), 6 ff.

38 Dieser lautete in offiziöser englischer Übersetzung (zitiert nach Selected Anthology, *ibid.*): "Citizens of Lithuania shall be equal before the law irrespective of race, sex, social origin, economic or material status, social views, religion or nationality."

39 Dieser lautete in offiziöser englischer Übersetzung (zitiert nach Selected Anthology, *ibid.*): "Citizens of Lithuania of different races and nationalities shall have equal rights. Any direct or indirect restriction of the rights of Lithuanian citizens, any direct or indirect establishment of privileges on the basis of social origin, public views, beliefs or nationality, the humiliation of a citizen on the basis of these characteristics, as well as kinds of propaganda of racial or national exclusiveness, discord, or disdain shall be prosecuted by law."

40 Dieser lautete in offiziöser englischer Übersetzung (zitiert nach Selected Anthology, *ibid.*): "(1) The Lithuanian language shall be the state language of the Republic of Lithuania. (2) The Republic of Lithuania shall ensure the use of the Lithuanian language in the activities of state and public bodies, educational, cultural, scientific, industrial and other institutions, enterprises and organizations, as well as ensure the state's commitment to the comprehensive development and teaching of the Lithuanian language. Conditions shall be created for the use and development of the languages of ethnic minorities."

Verfassung mit den Art. 55[41] und 57 Abs. 2[42] zwei für nationale Minderheiten äußerst wichtige Bestimmungen, nämlich die staatliche Garantie eines aus öffentlichen Mitteln zu fördernden Privatschulwesens der Minderheiten sowie die Verpflichtung zur Schaffung der Möglichkeit, Vorschul- und Lehrerbildungseinrichtungen zu unterhalten.

Die durch Volksabstimmung am 25. Oktober 1992 angenommene und sodann in Kraft getretene neue Verfassung Litauens[43] enthält weitgehend vergleichbare Regelung zur Rechtstellung nationaler Minderheiten wie die Vorläufige Verfassung vom 11. März 1990, allerdings wiederum keinen speziellen "Minderheitenartikel"[44]. Immerhin bestimmt der im Grundrechtsteil der Verfassung zu findende Art. 37: "Bürger, die nationalen Gemeinschaften angehören, haben das Recht, ihre Sprache, Kultur und Gebräuche zu entwickeln"[45]. Das in der Vorläufigen Verfassung noch in den Art. 14 bzw. 16 enthaltene Gleichheitsgebot bzw. Diskriminierungsverbot ist jetzt in einer Bestimmung, nämlich dem Art. 29[46], zusammengefaßt. Die

---

41 Dieser lautete in offiziöser englischer Übersetzung (zitiert nach Selected Anthology, *ibid.*): "Ethnic minorities comprising a substantial proportion of the citizenry shall have the right to independently manage the affairs of their ethnic culture, education, charity and mutual assistance. The state shall provide them with financial support."

42 Dieser lautete in offiziöser englischer Übersetzung (zitiert nach Selected Anthology, *ibid.*): "Possibilities shall be created for citizens of other nationalities residing in Lithuania to have preschool educational institutions, in which their children shall be taught in their native language, as well as training their teachers in their native language, to develop their national culture, to learn the Lithuanian language, and to study Lithuanian culture and history."

43 Die folgende Darstellung beruht auf einer der Verf. zur Verfügung stehenden offiziösen englischen Übersetzung dieser Verfassung; für eine auszugsweise deutsche Übersetzung s. *C. Schmidt* (Anm. 13), 108 ff.

44 Vgl. zum folgenden auch *C. Schmidt*, *ibid*, 102 f.

45 Übersetzung der Verf.

46 Dieser lautet (Übersetzung der Verf.): "Alle Personen sind vor dem Gesetz, vor dem Gericht und vor staatlichen Institutionen und Amtspersonen gleich. Keine Person darf, auf der Grundlage ihres Geschlechts, ihrer Rasse, Nationalität, Sprache, Herkunft, sozialen Lage, Religion, Überzeugung oder Meinung, in ihren Rechten irgendwie beeinträchtigt oder begünstigt werden."

jetzt in Art. 14 zu findende Bestimmung über Litauisch als Staatssprache unterscheidet sich insofern von der oben[47] genannten entsprechenden Vorschrift des Art. 7 der Vorläufigen Verfassung, als dessen die Minderheitensprachen betreffender Abs. 2 entfallen ist. Der in Kapitel 2 der Verfassung vom 25. Oktober 1990 enthaltene Grundrechtskatalog unterscheidet zwischen allen Menschen zustehenden "Jedermann-Rechten" und nur litauischen Staatsangehörigen gewährten "Bürgerrechten". Im Hinblick auf die Wahrung der Rechte der Minderheiten von besonderer Bedeutung sind die als "Jedermann-Rechte" formulierten Bestimmungen über die Meinungs-, Religions- und Gewissensfreiheit (Art. 25 und 26), die Freiheit von Kultur, Wissenschaft, Forschung und Lehre (Art. 42) und die Versammlungsfreiheit (Art. 36) sowie die als "Bürgerrecht" verankerte Vereinigungsfreiheit (Art. 35). Von potentiell großer Wichtigkeit ist dann die im "Gesellschaft und Staat" gewidmeten Kapitel 3 der Verfassung zu findende Bestimmung des Art. 45[48], der den nationalen Minderheiten u.a. das Recht gewährt, in Selbstverwaltung und mit Anspruch auf staatliche Unterstützung eigene Bildungs- und sonstige Einrichtungen zu betreiben. Im Unterschied zum oben[49] erwähnten Art. 55 der Vorläufigen Verfassung fehlt nunmehr die Einschränkung, daß solche nationale Gemeinschaften einen "beachtlichen Teil der Bevölkerung" bilden müssen, was bedeutet, daß die Einrichtungsgarantie und die Unterstützungspflicht des Art. 45 der Verfassung sich von Verfassungs wegen grundsätzlich auf alle nationalen Minderheiten beziehen. Insgesamt erscheint die Wertung gerechtfertigt, daß die neue Verfassung Litauens zwar sicherlich nicht als ausgesprochen "minderheitenfreundlich" zu bezeichnen ist, aber doch wohl die - auch im internationalen Vergleich - üblichen und für das Fortbestehen von nationalen Minderheiten notwendigen Vorschriften enthält.

---

47 Vgl. Anm. 40.

48 Dieser lautet (Übersetzung der Verf.): "Die nationalen Gemeinschaften der Staatsbürger verwalten eigenverantwortlich die Angelegenheiten betreffend ihre Nationalkultur, ihr Bildungs-, Vereinigungs- und Wohlfahrtswesen sowie gegenseitige Unterstützung. Der Staat gewährt den nationalen Gemeinschaften Unterstützung."

49 Vgl. Anm. 42.

3. Das Minderheitengesetz

Die unstreitig wichtigste allgemeine gesetzliche Regelung zur Rechtstellung nationaler Minderheiten ist das noch unter sowjetischer Herrschaft ergangene "Gesetz über nationale Minderheiten" vom 23. November 1989[50], das mit Gesetz vom 29. Januar 1991[51] in einigen Punkten geändert wurde.

In der Präambel dieses Gesetzes garantiert Litauen allen seinen Bürgern, unabhängig von ihrer ethnischen Zugehörigkeit, gleiche politische, wirtschaftliche und soziale Rechte, anerkennt die ethnische Identität und kulturelle Tradition seiner Bürger und fördert das ethnische Selbstbewußtsein und dessen Ausdruck. Gleichzeitig werden aber alle Angehörigen einer in Litauen siedelnden nationalen Minderheit verpflichtet, die litauische Verfassung und litauischen Gesetze zu beachten, Litauens staatliche Souveränität und territoriale Integrität zu schützen, an der Schaffung eines unabhängigen und demokratischen Staates in Litauen mitzuwirken und dessen Staatssprache, Kultur, Traditionen und Gebräuche zu achten. Die Vorschriften der Art. 1[52] und 2 Abs. 1[53] dieses Gesetzes enthalten grundlegende Bestimmungen zur Anerkennung und Förderung der ethnischen Identität nationaler Minderheiten und ein Verbot von

---

50 Vedomosti Verchovnogo Soveta i Pravitel'stva Litovskoj SSR 1989, Nr. 34, Pos. 485.

51 Vedomosti Verchovnogo Soveta i Pravitel'stva Litovskoj Respubliki 1991, Nr. 4, Pos. 117; für eine offiziöse englische Übersetzung s. Selected Anthology (Anm. 19), 68 ff. und für eine deutsche Übersetzung s. *C. Schmidt* (Anm. 13), 113 ff.

52 Dieser lautet (Übersetzung der Verf.): "(1) Die Litauische SSR, geleitet von den Prinzipien ethnischer Gleichheit und des Humanismus, gewährt allen auf ihrem Territorium lebenden nationalen Minderheiten das Recht auf freie Entwicklung und achtet jede nationale Minderheit und Sprache. (2) Jegliche Diskriminierung aufgrund von Rasse, ethnischer oder nationaler Zugehörigkeit oder einem sonstigen mit der ethnischen Zugehörigkeit verbundenen Merkmal ist verboten und wird gemäß den von den Gesetzen der Litauischen SSR festgelegten Verfahren bestraft."

53 Dieser lautet (Übersetzung der Verf.): "Der Staat garantiert allen Bürgern der Litauischen SSR, ungeachtet ihrer Nationalität, gleichen Schutz durch die Gesetze."

Diskriminierungen aufgrund ethnischer Zugehörigkeiten. In Art. 2 Abs. 2[54] dieses Gesetzes werden den nationalen Minderheiten die für die Wahrung und Entwicklung ihrer besonderen Identität essentiellen Rechte im Bereich des Bildungswesen, der Medien und des Zugangs zu öffentlichen Ämtern garantiert. Gemäß Art. 3[55] verpflichtet sich der litauische Staat, in gewissem Umfang Spezialisten zur Vermittlung der Kenntnisse der Kultur der nationalen Minderheiten auszubilden. In den Art. 4[56] und 5[57] wird

---

54 Dieser lautet (Übersetzung der Verf.): "Die litauische SSR garantiert unter Berücksichtigung der Interessen aller nationalen Minderheiten auf der Grundlage der Gesetze und der durch diese festgelegten Verfahren das Recht

- vom Staat Unterstützung zur Entwicklung ihrer Kultur und Bildung zu erhalten;

- auf Unterricht in der Muttersprache einer jeden Person durch Schaffung der Voraussetzungen für das Bestehen von Vorschuleinrichtungen, Unterrichtsstunden, Ausbildung an Grund- und Sekundarschulen sowie für die Einrichtung von Gruppen, Fakultäten und Fachbereichen an höheren Bildungsanstalten zur Ausbildung von Erziehern, Lehrern und anderen Spezialisten, die für die Erfüllung der Bedürfnisse der nationalen Gemeinschaften notwendig sind;

- auf Presse- und andere Druckerzeugnisse sowie auf Information in der Muttersprache;

- sich zu jeder Religion zu bekennen oder nicht zu bekennen sowie religiöse und nationale Riten in der Mutterspruche abzuhalten;

- sich in nationalen kulturellen Organisationen zu vereinigen;

- Kontakte mit Personen der gleichen ethnischen Zugehörigkeit im Ausland zu unterhalten;

- auf Vertretung in staatlichen Organen auf sämtlichen Ebenen auf der Grundlage allgemeiner, gleicher und direkter Wahlen; und

- auf Innehaben jeglicher Ämter in Organen des Staates oder der Regierung sowie in Unternehmen, Institutionen und Organisationen."

55 Dieser lautet (Übersetzung der Verf.): "Abhängig von den Bedürfnissen und (wirtschaftlichen) Möglichkeiten bilden die litauischen höheren Bildungsanstalten und spezialisierten Sekundarschulen, in Übereinkunft mit staatlichen und öffentlichen Organisationen, Fachkräfte zur Befriedigung der Belange besonderer nationaler Kulturen aus. Falls notwendig, können litauische Staatsangehörige zur Ausbildung in das Ausland entsandt werden."

56 Dieser lautet (in der Fassung vom 29.1.1991, Übersetzung der Verf.): "In den lokalen Behörden und Organisationen der administrativ-

gewährleistet, daß in den Siedlungsgebieten der nationalen Minderheiten deren Sprache neben Litauisch vor staatlichen Behörden benutzt und zweisprachige topographische Bezeichnungen verwendet werden können. Gemäß Art. 6 zählen auch die Kulturdenkmäler der nationalen Minderheiten zum kulturellen Erbe Litauens und werden vom Staat geschützt. Von besonderer Bedeutung für jede nationale Minderheit ist die in Art. 7[58] verankerte Einrichtungsgarantie privater Minderheitenschulen, denen der Staat Förderung gewährt. Aufgrund des Art. 8 dieses Gesetzes hat jeder litauische Staatsbürger das Recht, in seinen Paß seine Nationalität eintragen zu lassen. Durch Art. 9[59] wird die Vereinigungsfreiheit von Angehörigen nationaler Minderheiten gewährleistet; schließlich bestimmt Art. 10, daß besondere Körperschaften für Angelegenheiten der nationalen Minderheiten geschaffen werden können. Zu den meisten der im Minderheitengesetz grundsätzlich geregelten Fragen finden sich weitere Bestimmungen in den einschlägigen Spezialgesetzen, auf deren minderheitenspezifischen Inhalt später ausführlich einzugehen ist.

---

territorialen Einheiten, in denen eine nationale Minderheit kompakt siedelt, wird neben der Staatssprache die Sprache dieser nationalen Minderheit (Ortssprache) verwendet."

57 Dieser lautet (in der Fassung vom 29.1.1991, Übersetzung der Verf.): "Informierende Aufschriften auf dem Territorium der in Art. 4 genannten territorial-administrativen Einheiten können neben der litauischen Sprache auch in der Sprache der nationalen Minderheit (Ortssprache) angebracht werden."

58 Dieser lautet (in der Fassung vom 29.1.1991, Übersetzung der Verf.): "Die gesellschaftlichen und kulturellen Organisationen der nationalen Minderheiten können aus eigenen Mitteln ausbildende und kulturelle Einrichtungen schaffen. Der Staat gewährt den Organisationen und Einrichtungen, die der Befriedigung der Bildungs- und Kulturbedürfnisse dieser Minderheiten dienen, Unterstützung."

59 Dieser lautet (in der Fassung vom 29.1.1991, Übersetzung der Verf.): "Die gesellschaftlichen und kulturellen Organisationen der nationalen Minderheiten werden gegründet, funktionieren und beenden ihre Tätigkeit in dem durch die Gesetze bestimmten Verfahren."

4. Innerstaatliches Recht und Völkerrecht

Neben den Vorschriften des jeweiligen innerstaatlichen Rechts sind auch Regelungen des Völkerrechts für die Rechtsstellung nationaler Minderheiten von großer Bedeutung. Insofern ist zunächst festzustellen, daß vom litauischen Parlament ratifizierte völkerrechtliche Verträge als Bestandteil der litauischen Rechtsordnung gelten. Nachdem sich eine entsprechende Vorschrift schon in Art. 12 des Gesetzes über internationale Verträge der Republik Litauen vom 21. Mai 1991[60] fand, wurde dieses Prinzip durch Art. 138 Abs. 3 der neuen Verfassung Litauens vom 25. Oktober 1992[61] verfassungsrechtlich verankert. Hinsichtlich des Ranges völkerrechtlicher Verträge innerhalb der litauischen Rechtsordnung ergibt sich aus diesen Bestimmungen eindeutig, daß sie *unter* der Verfassung stehen; nicht geklärt erscheint aber, ob solche völkerrechtliche Verträge im Rang zwischen der Verfassung und einfachem Gesetzesrecht oder auf der gleichen Ebene wie Gesetze stehen, was das Problem zur Folge hätte, ob auf das Verhältnis zwischen völkerrechtlichen Verträgen und nationalen Gesetzen die *lex posterior* - Regel Anwendung fände.

Für die Rechtsstellung nationaler Minderheiten in Litauen ist ferner von Bedeutung, daß der Internationale Pakt über bürgerliche und politische Rechte vom 19. Dezember 1966 (und damit auch dessen für nationale Minderheiten einschlägige Art. 27) für Litauen am 20. Februar 1992 in Kraft trat[62]. In diesem Zusammenhang zu erwähnen ist auch, daß Litauen

---

60 Vedomosti Verchovnogo Soveta i Pravitel'stva Litovskoj Respubliki 1991, Nr. 16, Pos. 415. Diese Bestimmung lautet (Übersetzung der Verf.): "Internationale Verträge der Republik Litauen haben auf dem Gebiet der Republik Litauen Gesetzeskraft."

61 Diese Bestimmung lautet (Übersetzung der Verf.): "Internationale Verträge, die vom Sejm der Republik Litauen ratifiziert sind, bilden einen Bestandteil der Rechtsordnung der Republik Litauen."

62 Vgl. BGBl. 1992 II 429; s. hierzu auch die Anordnung des Obersten Sowjets der Republik Litauen über den Beitritt der Republik Litauen zu den Internationalen Pakten über bürgerliche und politische Rechte bzw. soziale, wirtschaftliche und kulturelle Rechte sowie zum Fakultativprotokoll zum Pakt über bürgerliche und politische Rechte vom 12.3.1991, Vedomosti Verchovnogo Soveta i Pravitel'stva Litovskoj Respubliki 1991, Nr. 9, Pos. 244.

schon am 5. September 1991 durch eine förmliche Erklärung des Obersten Sowjets der Republik Litauen[63] bekundet hat, daß es alle Verpflichtungen aus der Europäischen Menschenrechtskonvention vom 4. November 1950 respektieren und freiwillig erfüllen werde.

Näher einzugehen ist schließlich auf die von Litauen eingegangenen bilateralen Regelungen betreffend seine russische bzw. polnische Minderheiten, deren rechtliche und tatsächliche Situation die Beziehungen zwischen Litauen und Rußland bzw. Polen bisweilen erheblich belastet hat. Hinsichtlich der Rechtsstellung der russischen Minderheit ist insbesondere hinzuweisen auf zwei im minderheitenrechtlichen Zusammenhang einschlägige Vorschriften des oben[64] erwähnten Vertrages über die Grundlagen der zwischenstaatlichen Beziehungen der Republik Litauen und Rußland vom 29. Juli 1991. Zum einen enthält dieser Vertrag in seinem Art. 4 eine erhebliche Privilegierung von "Personen, die ein Recht auf die Staatsangehörigkeit der RSFSR haben", in bezug auf den Erwerb der litauischen Staatsangehörigkeit: Litauen verpflichtet sich hier nämlich, daß alle Personen, auf die dieses Kriterium zutrifft und die entweder vor dem 3. November 1989 bereits in Litauen dauerhaft ansässig waren und es immer noch sind oder die zwischen dem 3. November 1989 und dem 29. Juli 1991 nach Litauen dauerhaft zugezogen sind, ihr im damals geltenden litauischen Staatsangehörigkeitsgesetz vom 3. November 1989[65] garantiertes Optionsrecht auf Erwerb der litauischen Staatsangehörigkeit ausüben können, ohne daß sie litauische Sprachkenntnisse nachweisen müssen; ferner wird ihnen die Möglichkeit eingeräumt, eine doppelte Staatsangehörigkeit innezuhaben[66]. In spezifisch minderheitenrechtlicher

---

63 Vgl. Vedomosti Verchovnogo Soveta i Pravitel'stva Litovskoj Respubliki 1991, Nr. 26, Pos. 687. In diesem Zusammenhang ist anzumerken, daß Litauen am 14. Mai 1993 in den Europarat aufgenommen wurde und bei dieser Gelegenheit die EMRK gezeichnet hat; mit ihrem Inkrafttreten für Litauen ist daher bald zu rechnen.

64 Vgl. Anm. 11.

65 Vgl. oben unter I.1.b).

66 Insoweit ist darauf hinzuweisen, daß sowohl nach Art. 34 des litauischen Staatsangehörigkeitsgesetzes vom 3.11.1989 wie nach Art. 36 des litauischen Staatsangehörigkeitsgesetzes vom 5.12.1991 im Falle

Sicht von Belang ist zum anderen Art. 5 dieses Vertrages, in dem sich die beiden Vertragsparteien verpflichten, allen in Art. 4 des Vertrages genannten Personen, die auf ihrem Territorium leben, unabhängig von ihrer Nationalität die bürgerlichen und politischen, sozialen, wirtschaftlichen und kulturellen Rechte und Grundfreiheiten entsprechend den allgemein anerkannten Prinzipien und Normen des Völkerrechts zu gewährleisten, "einschließlich des Rechts der ethnischen, religiösen oder sprachlichen Minderheiten angehörenden Personen, gemeinsam mit anderen Mitgliedern einer solchen Gruppe oder einer offiziell registrierten Gemeinschaft, ihre Kultur zu entwickeln, sich zu ihrer Religion zu bekennen, Riten zu vollziehen und ihre Muttersprache zu gebrauchen". Hinzuweisen ist in diesem Zusammenhang schließlich auch auf die Erklärung des Obersten Sowjets der Republik Litauen über die Rechte der Russen in Litauen vom 22. Juli 1992[67], in der unter Hinweis auf die litauische Gesetzgebung namentlich zum Staatsangehörigkeits- und Minderheitenrecht und die bilateralen vertraglichen Beziehungen der in der Erklärung des Obersten Sowjets der Russischen Föderation vom 17. Juli 1992 geäußerte Vorwurf, daß die Rechte der russischen Bevölkerung im Baltikum verletzt würden, für Litauen zurückgewiesen wird.

Die Situation der polnischen Minderheit in Litauen stellt ohne Frage eine latente Belastung der Beziehungen zwischen Litauen und Polen dar. Diese verschärfte sich erheblich im Frühherbst 1991, als die litauische Regierung am 4. September 1991 zwei Bezirksräte im Siedlungsgebiet der polnischen Minderheit mit der Begründung auflöste, deren Führung habe im Zusammenhang mit dem gescheiterten Putsch in der Sowjetunion vom 19./21. August 1991 Regelungen ergriffen, welche die Interessen Litauens verletzten[68]. Immerhin mögen diese Spannungen dazu beigetragen haben,

---

eines Konfliktes zwischen den Bestimmungen eines völkerrechtlichen Vertrages und des litauischen Staatsangehörigkeitsgesetzes der Vorschrift des völkerrechtlichen Vertrages Vorrang zukommt.

67 Vedomosti Verchovnogo Soveta i Pravitel'stva Litovskoj Respubliki 1992, Nr. 22, Pos. 651.

68 Vgl. hierzu etwa *R. Bernhardt/H. Schermers* (Anm. 30), 253 und *C. Schmidt* (Anm. 13), 99; s. auch den Bericht des *Danske Helsingfors-*

daß zwar kein bilateraler völkerrechtlicher Vertrag über gutnachbarschaftliche Beziehungen mit Bestimmungen zur Rechtsstellung der jeweiligen Minderheiten geschlossen wurde, wohl aber von den beiden Regierungen am 3. Januar 1992 eine "Erklärung über freundschaftliche Beziehungen und gut-nachbarschaftliche Zusammenarbeit zwischen der Republik Polen und der Republik Litauen" verlautbart wurde[69]. Zufolge dieser Deklaration werden sich beide Seiten bemühen, für die jeweiligen nationalen Minderheiten Bedingungen zu schaffen, die ihre Belange hinsichtlich Sprache, Kultur, Religion und Erziehung, einschließlich des Unterrichts auf allen schulischen Ebenen, erfüllen und jegliche Diskriminierung im politischen, sozialen und wirtschaftlichen Leben verhindern sowie die Aufrechterhaltung grenzüberschreitender Kontakte ermöglichen. Beide Parteien verpflichten sich ferner sicherzustellen, daß Institutionen und Organisationen beider Minderheiten freiwillig um finanzielle Unterstützung (auch aus öffentlichen Mitteln) im Rahmen der Rechtsordnung beider Staaten nachsuchen können. Beide Parteien garantieren den Angehörigen der jeweiligen nationalen Minderheiten in Übereinstimmung mit den einschlägigen Bestimmungen der verschiedenen KSZE - Dokumente das Recht, ihre Namen und Vornamen in der Form benutzen zu können, wie sie in der jeweiligen Muttersprache geschrieben werden. In Einklang mit internationalen Standards werden sich beide Parteien jeglicher Handlung enthalten, die zu Änderungen der "nationality situation within the territories inhabited by national minorities" führen können. Staatsangehörigkeitsrechtliche Fragen betreffend Angehörige der beiden nationalen Minderheiten sollen entsprechend den völkerrechtlichen Regeln gelöst werden. Schließlich

---

Komité (The Danish Helsinki Committee) unter dem Titel "The Polish and Lithuanian Minorities in Lithuania and Poland Respectively" (ohne Datum), 1 ff. (4 f.).

69 Zu dieser Deklaration vgl. *M. Hošková*, Die rechtliche Stellung der Minderheiten in Polen, in: J.A. Frowein/R. Hofmann/S. Oeter (Hrsg.), Das Minderheitenrecht europäischer Staaten, Bd. 1 (1993), 258 ff. (275 ff.) und den vorstehend genannten Bericht des Danske Helsingfors Komité. Nach Abschluß dieses Berichts, nämlich am 26. April 1994, wurde in Vilnius ein litauisch-polnischer Vertrag über Freundschaft und Zusammenarbeit unterzeichnet, der u.a. die Respektierung der Rechte der jeweiligen nationalen Minderheiten, namentlich auf Bewahrung und Pflege ihrer nationalen Identität, ihrer Kultur, Religion und Sprache sowie auf grenzüberschreitende Kontakte, verankert; vgl. Archiv der Gegenwart 64 (1994), 38995.

erklären beide Staaten, daß sie die historischen und kulturellen Denkmäler beider Völker auf ihrem jeweiligen Territorium schützen werden. In rechtlicher Hinsicht ist zu betonen, daß es sich bei dieser Erklärung selbstverständlich nicht um einen bindenden völkerrechtlichen Vertrag handelt. Die obigen Ausführungen zur innerstaatlichen Anwendbarkeit der Bestimmungen solcher Verträge in Litauen treffen auf den Inhalt dieser Erklärung daher nicht zu.

II. Das Recht auf Gebrauch der Minderheitensprache

Die litauische Sprache gehört zu den wichtigsten Elementen der litauischen Staatlichkeit; diese Tatsache spiegelt sich etwa in der Präambel der neuen litauischen Verfassung vom 25. Oktober 1992 wider, derer entsprechender Bestandteil wie folgt lautet: "The Lithuanian nation ... having for centuries defended its freedom and independence, having preserved its spirit, native language, writing and customs, ... approves and declares this Constitution ..."[70].

1. Der private Bereich

Zur Benutzung der Sprachen im privaten Bereich gibt es in Litauen keine rechtliche Regeln; die Wahl der Sprache im privaten Kontakt liegt daher ausschließlich bei ihren Benutzern.

2. Behörden und Gerichte

Die Verfassung der Republik Litauen vom 25. Oktober 1992 bestimmt in ihrem Art. 14: "Litauisch ist Staatssprache." Die Grundprinzipien der Benutzung der Sprachen im amtlichen Verkehr[71] enthält das schon erwähnte Gesetz über die nationalen Minderheiten vom 23. November 1989

---

70 Zitiert nach einer vom litauischen Außenministerium gefertigten offiziösen Übersetzung der Verfassung.

71 Vgl. zum folgenden auch die knappe Übersicht bei *C. Schmidt* (Anm. 13), 105.

(Minderheitengesetz)[72], das mehrmals revidiert oder ergänzt wurde - zuletzt durch das Gesetz Nr. 117 vom 29.Januar 1991[73]. In seiner Präambel wird allgemein erklärt, daß "Angehörige aller in Litauen ansässigen Nationalitäten verpflichtet sind, ... Litauens Staatssprache ... zu achten". Das Gegengewicht zu dieser Pflicht schafft die in Art. 1 Abs. 1 des Minderheitengesetzes niedergelegte Verpflichtung des Staates "jede nationale Minderheit und Sprache zu achten"; jede Diskriminierung aufgrund der Sprache ist nach Art. 1 Abs. 2 verboten und wird gemäß den Vorschriften des litauischen Rechts bestraft[74]. Weiter bestimmt Art. 4 des Minderheitengesetzes, in der Fassung der Änderung vom 29. Januar 1991[75], daß auf lokaler Ebene in den Siedlungsgebieten nationaler Minderheiten vor örtlichen Behörden und den Organisationen der administrativ-territorialen Einheiten neben der Staatssprache Litauisch die Sprache der jeweiligen nationalen Minderheit benutzt werden kann.

Der Rahmen und der genauere Inhalt dieser Pflichten wurde durch einige ausführende Rechtsvorschriften präzisiert: Die Rolle der litauischen Sprache als Garant des nationalen Selbstbewußtseins wurde z.B. unterstrichen durch das Dekret des Präsidiums des Obersten Sowjets der [damaligen] Sowjetischen Republik Litauen "über die Sprache" vom 25. Januar 1989[76]. In Art. 1 des Dekrets wird der Status des Litauischen als Staatsprache als "... the official language, that is the principal means of official communication for the people of the Republic ..." festgelegt. Ferner heißt es dort: "Lithuanian shall be used in carrying out the business of state and social bodies, in all spheres of public education, culture, science,

---

72 Vgl. oben unter I.3.

73 Vedomosti Verchovnogo Soveta i Pravitel'stva Litovskoj Respubliki 1991,.Nr.4, Pos. 117.

74 Für eine deutsche Übersetzung dieser Vorschrift s. oben Anm. 52.

75 Für eine deutsche Übersetzung dieser Vorschrift s. oben Anm. 56.

76 Vedomosti Verchovnogo Soveta i Pravitel'stva Litovskoj SSR 1989, Nr. 4, Pos. 11; Für eine offiziöse englische Übersetzung s. Selected Anthology (Anm. 19), 70 ff. und für eine deutsche Übersetzung s. *C. Schmidt* (Anm. 13), 119 ff.; für eine juristische Analyse dieses Dekrets vgl. *H.J. Uibopuu*, Die Sprachengesetze der baltischen Unionsrepubliken, WGO - Monatshefte für Osteuropäisches Recht 31 (1989), 197 ff.

industry, public services, communications and other areas of social life, and in all enterprises, institutions, and other organisations of the Lithuanian SSR, irrespective of their institutional chain of command (with the exception of the armed forces)." Weiter wurde in Art. 2 des Dekrets bestimmt, daß "... the highest bodies of state power and government, ministries, departments, Soviets of People's Deputies and their executive committees, social organisations, enterprises, institutions, and other organisations shall conduct their business and correspondence in the Lithuanian language."

Eine weitere auf die Stärkung der Staatssprache im Verhältnis zu sonstigen Sprachen zielende Regel enthält die Bestimmung des Art. 2 Abs. 2 des Dekrets, der lautet: "Enterprises, institutions and organisations whose internal business until recently was conducted in the Russian language, shall begin to make the transition to conducting business and correspondence in the Lithuanian language within two years from the date of entry into force of this Decree; in certain cases, for valid reasons, and with the permission of the Presidium of the Supreme Soviet of the Lithuanian SSR, this transitional period may be extended by particular enterprises, institutions and organisations for an additional year, but these must guarantee that other organisations and citizens will be provided with the opportunity to communicate with them, resolve problems and receive documents in the Lithuanian language."

Auf die externen Kontakte der litauischen Behörden und sonstigen Institutionen zielt Art. 2 Abs. 3 des Dekrets, der lautet: "Correspondence with the bodies of state power and the government of the Union of Soviet Socialist Republics, with ministries and departments, social organisations, enterprises, institutions, and other organisations beyond the borders of the Lithuanian SSR, shall be conducted in the Russian language or in whatever language is acceptable to both parties."

Das Dekret regelt in seinem Art. 3 auch die Sprache, in der Gesetze und sonstige Rechtsvorschriften zu ergehen haben, indem es bestimmt: "The laws of the Lithuanian SSR, acts of the Supreme Soviet of the Lithuanian

SSR and its Presidium, resolutions and directives of the Council of Ministers, and documents of social organisations shall be issued in the Lithuanian language, promulgated in the Lithuanian language, and, as necessary, in the Russian language as well. Resolutions, directives, and other documents of ministries, departments, the Soviets of People's Deputies and their executive committees, enterprises, institutions, and organisations shall be issued in the Lithuanian language and, if necessary, translated into another language."

Der Benutzung der Staatsprache bei öffentlichen und amtlichen Verhandlungen ist der Art. 4 dieses Dekrets gewidmet: "Official assemblies, sessions, plenary sessions, meetings, sittings, congresses and other events shall be conducted in the Lithuanian language." Für die Personen, die Litauisch nicht beherrschen, werden Dienste von Dolmetschern gewährleistet, indem es heißt: "Persons, who do not know Lithuanian shall have the right to speak in their language; in such cases, their language will be translated into Lithuanian." Bei führenden Mitarbeitern der staatlichen Behörden werden gemäß Art. 6 des Dekrets Kentnisse des Litauischen verlangt: "The heads and other senior officers of the supreme bodies of state power and government of the Lithuanian SSR, ministries, departments, the Soviets of Peoples'Deputies and their executive committees, social organisations, enterprises, institutions and other organisations of the Republic shall know the Lithuanian language. Senior officers of the People's Courts, state notary offices, bodies of the Procuracy and Internal Affairs, institutions of public health, social security, trade, public service, transportation, communications, finance, housing, as well as other institutions shall provide their services in the Lithuanian language or in the language acceptable to both parties."

Wie wichtig die Frage der Durchsetzung von Litauisch als der allgemeinen Kommunikationssprache angesehen wird, läßt sich an den Schlußbestimmungen des Dekrets ableiten, welche die Aufgabe haben, die materiellen Rechte umzusetzen: Danach verpflichtet Art. 9 "... the state government bodies of the Lithuanian SSR to enhance the prestige of the Lithuanian language, preserve Lithuanian personal names and place-names, as well as provide general assistance to scholarly institutions devoted to the Lithuanian language, and create the material basis necessary for the development, research, and expansion of the Lithuanian language. At the same time, conditions shall be provided for the development of other languages used in the Republic." Nach Art. 10 Abs. 1 des Dekrets werden dann "... the heads of ministries, departments, the Soviets of People's Deputies and their executive committees, enterprises, institutions and organisations ..." direkt verantwortlich für die Implementierung dieser Anordnung im Rahmen ihrer entsprechenden Institutionen gemacht. Der Ministerrat der Republik Litauen schließlich wird gemäß Art. 10 Abs. 2 "... oversee the implementation of this Decree throughout the Republic; the Council of Ministers shall be responsible for providing facilities for the implementation of this Decree."

Weitere Regeln betreffend den Gebrauch der Sprachen vor den staatlichen Institutionen enthält das Gesetz vom 20. März 1992 über die Gerichte[77]. Gemäß Art. 58 dieses Gesetzes werden "Gerichtsverhandlungen in Litauisch geführt"; weiter wird aber bestimmt, daß "... den Prozeßbeteiligten, die Litauisch nicht beherrschen, die Dienste eines Dolmetschers gewährleistet" werden. Eine entsprechende Regelung findet sich nun auch in Art. 117 Abs. 2 und 3 der neuen Verfassung vom 25. Oktober 1992[78].

Zu den Regeln betreffend die Staatssprache, die eigentlich eher den negativen Rahmen des Umfangs der Benutzungsmöglichkeit sonstiger Sprachen schaffen, lassen sich auch die Normen zur Führung der Personennamen in den staatlichen Urkunden zählen: Das Dekret des Obersten Sowjets der Republik Litauen vom 31. Januar 1991 über die Schreibweise der Namen

---

77 Vedomosti Verchovnogo Soveta i Pravitel'stva Litovskoj Respubliki 1992, Nr.8, Pos.208.

78 Diese Bestimmungen lauten (in offiziöser englischer Übersetzung): "(2) In the Republic of Lithuania, court trials shall be conducted in the State language. (3) Persons who do not speak Lithuanian shall be guaranteed the right to participate in investigations and court proceedings through an interpreter." Insofern ist daran zu erinnern, daß gemäß Art. 14 der Verfassung Litauisch Staatssprache ist.

und Familiennamen im Ausweis[79] setzt die Vorschläge der Staatlichen Kommission für die Litauische Sprache um und bestimmt, daß "... die Vornamen und Namen im Ausweis des Staatsbürgers der Republik Litauen in den Schriftzeichen der litauischen Sprache geschrieben [werden], in Übereinstimmung mit den litauischen Eintragungen in den existierenden Ausweisen oder sonstigen Identitätsdokumenten, aufgrund derer der Ausweis herausgegeben wird." Auch die Vor- und Familiennamen der Personen anderer als litauischer Nationalität werden im Ausweis des Staatsbürgers der Republik Litauen grundsätzlich in den litauischen Schriftzeichen geschrieben. Auf Wunsch des Staatsbürgers, der schriftlich und in der vorgeschriebenen Form vorzulegen ist, können dabei gemäß Art. 2 des Dekrets die Vor- und Familiennamen entweder im Einklang mit der Aussprache und "ungrammatisiert" (d.h. ohne die litauischen Endungen) oder im Einklang mit der Aussprache und "grammatisiert" (d.h. mit dem Zusatz der litauischen Endungen) geschrieben werden. Die Vor- und Familiennamen der Personen, die früher die Staatsangehörigkeit eines anderen Staates besaßen, können gemäß Art. 3 des Dekrets im litauischen Ausweis auch im Einklang mit der Schreibweise im Ausweis oder im ihm entsprechenden Dokument dieses fremden Staates geschrieben werden. Auf das Verfahren eventueller Änderungen der Schreibweise im Ausweis von Staatsangehörigen der Republik Litauen bezieht sich Art. 4 des Dekrets; danach werden solche Änderungen im Einklang mit dem durch Gesetz noch näher zu bestimmenden Verfahren durchgeführt.

Am 1. März 1992 ist das Gesetz vom 23. Januar 1992 über das Bevölkerungsregister in Kraft getreten[80]. Obwohl nach der Nationalität der Person nicht gefragt wird, muß gemäß Art. 4 des Gesetzes im Register zu jedem Einwohner der Republik neben einer großen Zahl sonstiger Daten, z.B. der Staatsangehörigkeit, auch eine Information über seine Muttersprache aufgeführt werden. Die Daten aus dem Register können

79 Vedomosti Verchovnogo Soveta i Pravitel'stva Litovskoj Respubliki 1991, Nr. 5, Pos. 132.

80 Vedomosti Verchovnogo Soveta i Pravitel'stva Litovskoj Respubliki 1992, Nr. 5, Pos. 78.

nach Art. 10 des Gesetzes "... nur in der Form von Zusammenfassungen ..." veröffentlicht werden.

3. Die topographischen Bezeichnungen

Das Minderheitengesetz von 1989 mit der Änderung von 1991 brachte in seinem Art. 5[81] eine grundsätzliche Regelung, gemäß derer in den jenigen Gebieten Litauens, in denen nationale Minderheiten "kompakt siedeln" Aufschriften "informativen Charakters", wozu wohl auch Ortsschilder zählen dürften, neben Litauisch auch in der Sprache der jeweiligen nationalen Minderheit gehalten sein können.

Eine weitere hier potentiell einschlägige, allerdings untergesetzliche Bestimmung enthält das bereits erwähnte Dekret über die Sprache vom 25. Januar 1989[82] in seinem Art. 9. Danach sollen zwar zum einen "... state government bodies of the Lithuanian SSR ... enhance the prestige of the Lithuaanian language, preserve Lithuanian personal names and place-names", andererseits sollen aber auch die Voraussetzungen für die Entwicklung der anderen in Litauen gesprochenen Sprachen geschaffen werden.

4. Kultur und Medien

Die grundlegende Bestimmung der neuen litauischen Verfassung vom 25. Oktober 1992 im kulturrechtlichen Bereich ist ihr Art. 42, der zum einen eine Garantie der Kulturfreiheit und zum anderen eine staatliche Verpflichtung zur Förderung litauischer Kultur enthält[83]. Die verfassungsrechtlichen Grundlagen der Aktivitäten der Massenmedien sind zum einen die Garantie der Meinungs- und Informationsfreiheit in

---

81 Für eine deutsche Übersetzung dieser Vorschrift vgl. oben Anm. 57.

82 Vgl. oben Anm. 76.

83 Art. 42 lautet in offiziöser englischer Übersetzung: "(1) Culture, science, research and teaching shall be unrestricted. (2) The State shall support culture and science, and shall be concerned with the protection of Lithuanian history, art, and other cultural monuments and valuables."

Art. 25[84], wobei in rechtsvergleichender Hinsicht auffällt, daß die litauische Verfassung keine ausdrückliche Garantie der Presse-[85] oder Rundfunkfreiheit enthält, und zum anderen das Zensurverbot in Art. 44[86].

Für die Situation der nationalen Minderheiten von erheblicher Bedeutung ist der Umstand, daß sich der Staat im bereits mehrfach erwähnten Minderheitengesetz in dessen Art. 2 Abs. 2[87] gegenüber diesen Minderheiten zu einer weitgehenden Garantie von ihren Aktivitäten im Bereich von Kultur und Medien verpflichtet hat. In Art. 6 dieses Gesetzes findet sich die Feststellung, daß "Historical and cultural monuments of ethnic minorities shall be considered part of the cultural heritage of Lithuania and shall be protected by the state." Die durch die Novelle von 1991 geänderten Art. 7[88] und 9[89] regeln dann das Verhältnis des Staates zu den kulturellen Vereinigungen der nationalen Minderheiten[90].

---

84 Diese Bestimmung lautet in offiziöser englischer Übersetzung: "(1) Individuals shall have the right to have their own convictions and freely express them. (2) Individuals must not be hindered from seeking, obtaining, or disseminating information or ideas. (3) Freedom to express convictions, as well as to obtain and disseminate information, may not be restricted in any way other than as established by law, when it is necessary for the safeguard of the health, honour and dignity, private life, or morals of a person, or for the protection of constitutional order. (4) Freedom to express convictions or impart informations shall be incompatible with criminal actions, the instigation of national, racial, religious or social hatred, violence, or discrimination, the dissemination of slander, or misinformation. (5) Citizens shall have the right to obtain any available information which concerns them from State agencies in the manner established by law."

85 Zur einfachgesetzlichen Regelung der Pressefreiheit durch das Gesetz über die Presse und andere Massenmedien aus dem Jahre 1990 vgl. *R. Bernhardt/ H. Schermers* (Anm. 30), 254 f.

86 Diese Bestimmung lautet in offiziöser englischer Übersetzung: "(1) Censorship of mass media shall be prohibited.(2) The State, political parties, political and public organisations, and other institutions or persons may not monopolise means of mass media."

87 Für eine deutsche Übersetzung dieser Vorschrift vgl. oben Anm. 54.

88 Für eine deutsche Übersetzung dieser Vorschrift vgl. oben Anm. 58.

89 Für eine deutsche Übersetzung dieser Vorschrift vgl. oben Anm. 59.

90 S. hierzu unten unter IV.

Der Kultur der ethnischen Minderheiten in Litauen ist auch Art. 8 des erwähnten Dekretes über die Sprache vom 25. Januar 1989[91] gewidmet. Den Angehörigen der nationalen Minderheiten, die hier als "... persons whose native language is a language other than Lithuanian ...", definiert sind, werden gewährleistet "... appropriate facilities ... for publishing books and newspapers in their native language, and for establishing societies of language and culture, clubs, museums, theatres, musical groups etc." Nach Abs. 2 dieses Artikels kann in diesen "... cultural organisations established for persons whose native language is other than Lithuanian, correspondence and other business ... in the appropriate language ..." geführt werden.

Zur Gruppe der Rechtsnormen, die sich auf das kulturelle Leben der nationalen Minderheiten beziehen, kann man auch die Normen zählen, welche die Religionsfreiheit betreffen, die in der Verfassung selbst in ihrem Art. 26[92] gewährleistet wird. Zu erwähnen in diesem Zusammenhang ist auch die staatskirchenrechtliche Grundvorschrift des Art. 43 der Verfassung[93], die umfassend Rechte der Kirchen und anderer religiöser

---

91 Vgl. oben Anm. 76.

92 Diese Bestimmung lautet in offiziöser englischer Übersetzung: "(1) Freedom of thought, conscience, and religion shall not be restricted. (2) Every person shall have the right to freely choose any religion or faith and, either individually or with others, in public or in private, to manifest his or her religion or faith in worship, observance, practice or teaching. (3) No person may coerce another person or be subject to coercion to adopt or profess any religion or faith. (4) A persons's freedom to profess and propagate his or her religion or faith may be subject only to those limitations prescribed by law and only when such restrictions are necessary to protect the safety of society, public order, a persons's health or morals, or the fundamental rights and freedoms of others. (5) Parents and legal guardians shall have the liberty to ensure the religious and moral education of their children in conformity with their own convictions."

93 Diese Bestimmung lautet in offiziöser englischer Übersetzung: "(1) The State shall recognise traditional Lithuanian churches and religious organisations, as well as other churches and religious organisations provided that they have a basis in society and their teaching and rituals do not contradict morality or the law. (2) Churches and religious organisations recognised by the State shall have the rights of legal persons. (3) Churches and religious organisations shall freely proclaim the teaching of their faith, perform the rituals of their belief, and have houses of prayer, charity institutions, and educational institutions for the training of priests of

Organisationen anerkennt, gleichzeitig aber feststellt, daß es in Litauen keine Staatsreligion gibt. Schließlich ist auf Art. 2 Abs. 2[94] des erwähnten Minderheitengesetzes hinzuweisen, der den Angehörigen nationaler Minderheiten ausdrücklich Religions- und Religionsausübungsfreiheit garantiert.

III. Bildungs- und Erziehungswesen

Die Verfassung der Republik Litauen enthält in ihren Art. 40[95] und 41[96] die verfassungsrechtlichen Grundlagen des Bildungswesens. Für die Rechtsstellung der nationalen Minderheiten im Bereich des Bildungs- und

---

their faith. (4) Churches and religious organisations shall function freely according to their canons and statutes. (5) The status of churches and other religious organisations in the State shall be established by agreement or by law. (6) The teachings proclaimed by churches and other religious organisations, other religious activities and houses of prayer may not be used for purposes which contradict the Constitution and the law. (7) There shall not be a State religion in Lithuania."

94 Für eine deutsche Übersetzung dieser Vorschrift vgl. oben Anm. 54.

95 Diese Bestimmung lautet in offiziöser englischer Übersetzung: "(1) State and local government establishments of teaching and education shall be secular. At the request of parents, they shall offer classes in religious instruction. (2) Non-governmental teaching and educational institutions may be established according to the procedure established by law. (3) Institutions of higher learning shall be granted autonomy. (4) The State shall supervise the activities of establishments of teaching and education."

96 Diese Bestimmung lautet in offiziöser englischer Übersetzung: "(1) Education shall be compulsory for persons under the age of 16. (2) Education at State and local government secondary, vocational, and higher schools shall be free of charge. Everyone shall have an equal opportunity to attain higher education according to their individual abilities. Citizens who demonstrate suitable academic progress shall be guaranteed education at establishments of higher education free of charge." Zu dieser Übersetzung ist hinsichtlich des Abs. 2 anzumerken, daß der Begriff "secondary schools" insofern mißverständlich erscheint als hier solche Einrichtungen gemeint sind, die im Deutschen mit dem Begriff "allgemein bildende Schulen" bezeichnet werden.

Erziehungswesens[97] von besonderer Bedeutung sind vor allem auch die einschlägigen Bedingungen des mehrfach erwähnten Minderheitengesetzes. Zu nennen sind insbesondere dessen Art. 2 Abs. 2[98] mit der Gewährleistung des Rechts auf Unterricht in der Minderheitensprache auf allen Ebenen des Unterrichtswesens und die in seinem Art. 3[99] niedergelegte Verpflichtung zur Schaffung der Voraussetzungen für die Ausbildung von Lehrkräften, die in der Lage sind, in den jeweiligen Minderheitensprachen zu unterrichten.

Die nach dem Minderheitengesetz notwendigen gesetzlichen Ausführungsbestimmungen brachte das am 1. Juli 1991 in Kraft getretene Bildungsgesetz vom 25. Juni 1991[100]. Dieses Gesetz enthält in seinem Art. 10 eine Reihe von Bestimmungen über die Unterrichtssprache an den Schulen in Litauen; allgemein gilt gemäß seinem Abs. 1 die Regel, daß "... die Unterrichtssprache an den litauischen Schulen Litauisch ist." Weiter wird in Art. 10 Abs. 2 dieses Gesetzes bestimmt, daß für die zahlenmäßig großen und kompakt siedelnden nationalen Minderheiten die Voraussetzungen für die Gründung staatlicher oder durch den Staat unterstützter Vorschuleinrichtungen, allgemein bildender Schulen sowie für den Unterricht in der Muttersprache geschaffen werden. Die Eltern, Vormünder oder Pfleger sollen für die Kinder die entsprechende vorschulische Anstalt oder allgemein bildende Schule mit der jeweiligen Unterrichtssprache wählen. Eine unterschiedliche Regelung findet sich in Art. 10 Abs. 3 dieses Gesetzes und bezieht sich auf die zahlenmäßig kleinen und nicht kompakt siedelnden nationalen Gruppen: Um die Muttersprache zu erlernen und zu vervollkommnen können in den staatlichen allgemein bildenden Schulen Klassen oder fakultative Kurse sowie Sonntagsschulen eingerichtet werden.

---

97 Vgl. zum folgenden auch die knappe Übersicht bei *C. Schmidt* (Anm. 13), 103 f.

98 Für eine deutsche Übersetzung dieser Vorschrift s. oben Anm. 54.

99 Für eine deutsche Übersetzung dieser Vorschrift s. oben Anm. 55.

100 Vedomosti Verchovnogo Soveta i Pravitel'stva Litovskoj Respubliki 1991, Nr. 23, Pos. 593; für eine auszugsweise deutsche Übersetzung s. *C. Schmidt* (Anm. 13), 121 ff.

In den nicht-litauischen Ausbildungsanstalten erfolgt gemäß Art. 10 Abs. 4 dieses Gesetzes der Unterricht der litauischen Sprache und Literatur in der litauischen Sprache; auf Wunsch der Eltern oder der Schüler werden die Bedingungen für den Unterricht auch anderer Fächer in der litauischen Sprache geschaffen.

Alle mittleren allgemein bildenden Schulen sind gemäß Art. 10 Abs. 5 dieses Gesetzes weiter verpflichtet, jedenfalls die Kentnisse der litauischen Sprache entsprechend dem vom Ministerium für Kultur und Bildung bestimmten Standard zu vermitteln. Schließlich ist gemäß Art. 10 Abs. 6 auf dem ganzen Territorium der Republik Litauen die Möglichkeit für das Erlernen der litauischen Sprache zu schaffen. Wichtig für die Auslegung des Inhalts der angeführten Bestimmungen ist Art. 40 des Gesetzes, der eindeutig einen Vorrang der völkerrechtlichen Verträge vor dem litauischen innerstaatlichen Recht verankert: Falls ein völkerrechtlicher Vertrag, der für die Republik Litauen in Kraft ist, andere Regeln bestimmt als die im Bildungsgesetz niedergelegten, sind die Regeln des völkerrechtlichen Vertrages anzuwenden.

Von Bedeutung für das Verhältnis zwischen dem "litauischen" Schulwesen einerseits und dem Minderheiten-Schulwesen andererseits sind die sehr detaillierten Regelungen in der Verordnung der Regierung der Republik Litauen über das Perspektivische Programm der Ausbildung der nationalen Minderheiten in Litauen in den Mittel- und höheren Schulen sowie in den Hochschulen vom 31. Juli 1991[101], die ausdrücklich als Umsetzungsnorm für das Minderheitengesetz sowie für die Anordnung des Obersten Sowjets der Republik Litauen vom 29. Januar 1991 über die Beschlüsse der Staatskommission zur Untersuchung der Probleme des Östlichen Litauens[102] bezeichnet wurde (wobei erstaunlich ist, daß sie nicht auch als Umsetzungsnorm des Bildungsgesetzes deklariert wird). Vorausschickend ist zu bemerken, daß die litauische Regierung das Finanzministerium

101 Vedomosti Verchovnogo Soveta i Pravitel'stva Litovskoj Respubliki 1991, Nr. 26, Pos. 697.

102 Für eine offiziöse englische Übersetzung s. Selected Anthology (Anm. 19), 73 f.

angewiesen hat, bei der Aufstellung der Budgets für 1992 und die folgenden Jahre die für die Realisierung des Programmes notwendigen Finanzmittel vorzusehen.

Das Programm besteht aus einem allgemeinen Teil und drei Kapiteln, die als "Die Reform des allgemeinen Bildungssystems der Nationalen Minderheiten", "Die Formierung des Studenten-Kontingents der Hochschulen aus der Zahl der nationalen Minderheiten und die Organisation des Unterrichts" und "Die wissenschaftliche Forschung der Probleme der nationalen Minderheiten" bezeichnet werden.

Im allgemeinen Teil stellt die Regierung ihre Ziele auf dem Gebiet der Ausbildung der Angehörigen der nationalen Minderheiten dar; zu diesen Zielen gehört die freie und allseitige Entwicklung der Schaffenskraft der Personen aus dem Kreis der nationalen Minderheiten, ihre aktive Teilnahme am politischen, sozialen und kulturellen Leben Litauens, sowie die Gewährung der selben und gleichen Möglichkeiten für die Ausbildung in den Hochschulen Litauens für ihre Jugend. Im Zusammenhang damit sieht die Regierung eine Reform des allgemeinen Bildungssystems vor, das nach seiner Erarbeitung und Verwirklichung dem allgemeinen litauischen Standard entsprechen soll; gleichzeitig hierzu soll ein besonderes Programm für Ostlitauen ausgearbeitet werden. Grundsätzlich soll dabei die Vorbereitung der Lehrkräfte für ihre Tätigkeit an den Grundschulen sowie das Niveau des Unterrichts der Staatsprache an den Schulen der nationalen Minderheiten verbessert werden. Ferner sollen ein System zur Qualifizierung der geisteswissenschaftlichen Intelligenz der nationalen Minderheiten sowie landesweite und regionale Bildungszentren dieser Minderheiten und wissenschaftlichen Einheiten für die Forschung ihrer historischen und kulturellen Erbschaft und der ethnischen Prozesse in der Republik Litauen errichtet werden. Untersucht werden sollen die Bedürfnisse der Jugendlichen aus diesem Kreis der nationalen Minderheiten sowie die Möglichkeit des Abschlusses zwischenstaatlicher Verträge mit Lettland, Rußland, Ukraine, Weißrußland, Polen und sonstigen Staaten über die Qualifizierung und über Praktika hochqualifizierter Fachkräfte für die Befriedigung der speziellen

Bedürfnisse der in Litauen lebenden nationalen Minderheiten und über den Lehreraustausch.

Um diese Ziele zu erreichen, sollen folgende Maßnahmen getroffen werden: An erster Stelle steht die "Reform des Ausbildungssystems der nationalen Minderheiten", für die das Ministerium für Kultur und Bildung zuständig ist. In Art. 1 des Programmes wird das Ministerium mit der Aufgabe betraut, im Schuljahr 1991/92 zunächst das Unterrichtsprogramm in den russischen Schulen wiederherzustellen und mit dem Schuljahr 1992/93 die Reform der Struktur dieser Schulen anzugehen. Beschleunigt werden soll nach Art. 2 die Vorbereitung und Herausgabe der Lehrbücher und sonstiger Unterrichtsmittel für die Minderheitenschulen; für die Realisierung dieser Arbeit sollen befristete wissenschaftsmethodischen Gruppen unter Einbeziehung ausländischenr Fachkräfte gegründet werden und Konkurse für die besten Lehrbücher und sonstige Unterrichtsmittel ausgeschrieben werden. Gleichzeitig sollen gemäß dem Programm neue Unterrichtsmittel für Litauisch und die Sprachen der nationalen Minderheiten sowie für Literatur, Geschichte, und Geographie hergestellt werden; vorgesehen ist auch die Möglichkeit der Benutzung ausländischer Lehrbücher.

Im Jahre 1993 soll nach Art. 1 Abs. 3 des Programms eine Datenbank über die Pädagogen in den allgemein bildenden Schulen der nationalen Minderheiten eingerichtet werden. Nach Art. 1 Abs. 4 wird hinsichtlich der Qualifikation dieser Lehrkräfte großer Wert auf die tatsächliche Fähigkeit gelegt werden, den Unterricht in der Sprache der nationalen Minderheit abhalten zu können. Zufolge Art. 1 Abs. 5 sollen die Möglichkeiten für die Ausbildung qualifizierter Fachkräfte aus dem Kreis der nationalen Minderheiten in den höheren Bildungseinrichtungen erweitert werden: So sollen im Schuljahr 1991/92 an der Medizinischen Hochschule in Vilnius, an der Pädagogischen Hochschule in Vilnius und an der Kulturhochschule in Vilnius polnische Gruppen gebildet oder jedenfalls die Zahl der aus dieser Minderheit stammenden Lernenden erhöht werden. Je nach Bedarf und Möglichkeiten soll in den Berufs- und höheren Schulen der Republik Litauen der Unterricht derjenigen Fächer organisiert werden, die mit der

Kultur der nationalen Minderheiten (d.h. Sprache, nationale Geschichten, Folklore usw.) verbunden sind.

Die Aufgabe, sich um die Schaffung gleicher Bedingungen für die ganze Bevölkerung (d.h. Litauer, Polen, Russen, Weißrussen usw.) zu kümmern, wird durch Art. 2 des Programms den Gebietsverwaltungsorganen auferlegt. Der "Pädagogischen Universität" in Vilnius wird in Art. 3 des Programms empfohlen, im Rahmen der slawistischen Fakultät Zentren für die Ausbildung von Lehrern für die russischen und polnischen allgemeinbildenden Schulen zu gründen sowie einen Lehrstuhl für die weißrussische Sprache, Literatur und Kultur einzurichten. In Art. 5 wird dann den Studenten die Möglichkeit eröffnet, auf der Grundlage der Gegenseitigkeit ihr Studium ganz oder teilweise im Ausland zu absolvieren; Art. 6 schließlich beschäftigt sich mit der Frage der Verbesserung der Ausbildung der Lituanisten, "Russisten" und Polonisten an den litauischen Hochschulen.

Den Hochschulen der Republik Litauen wird durch Art. 6 weiter empfohlen, nach dem Wunsch der Abiturienten die Ablegung von Eintrittsprüfungen in derjenigen Sprache zu erlauben, in der sie die vorige Schule absolviert haben. In den an den Schulen organisierten Vorbereitungsabteilungen sollen Gruppen vorgesehen werden, in denen sich die Abiturienten aus dem Kreis der nationalen Minderheiten für den Unterricht in der Staatssprache vorbereiten können, wobei für sie die Voraussetzungen für die Beherrschung dieser Sprache noch im ersten Jahr des Unterrichts geschaffen werden sollen. Für die Studenten, die Angehörige der nationalen Minderheiten sind, sollen Vorlesungen über die Kultur und Geschichte Litauens und seine ethnischen Gruppen, der litauischen Sprache, der speziellen Terminologie ihrer Muttersprache sowie andere spezielle, fakultative Kurse abgehalten werden.

Nach Art. 7 des Programms werden das Ministerium für Kultur und Bildung und das Departement für die Nationalitäten bei der Regierung der Republik Litauen beauftragt, im Jahre 1991 ein Konzept der höheren Schulen und der Hochschulen für Polen, Juden, Russen und sonstige nationale Minderheiten sowie die Formen seiner Umsetzung zu entwickeln. Den Universitäten in Vilnius und Klaipeda (Memel) wird in Art. 8 des Programms empfohlen, die Möglichkeit der Gründung von Kollegien, Gymnasien oder sonstigen Schulanstalten der nationalen Minderheiten zur Vorbereitung der Schüler für den Unterricht in der Hochschule zu erwägen.

Die Gebietsverwaltungen, auf deren Territorien die nationalen Minderheiten kompakt leben, werden in Art. 9 beauftragt, Vorschläge für die Verteilung der Studienplätze in den Hochschulen für die Angehörigen der jeweiligen Minderheiten vorzubereiten. Diese Organe sollen sich ferner darum kümmern, daß eine möglichst große Zahl von Abiturienten aus diesen Gebieten ihre Ausbildung an Universitäten und sonstigen Hochschulen fortsetzt; weiter sollen sie Pläne zur Verbesserung der Arbeits- und Lebensbedingungen der jungen Fachkräfte mit dem Ziel ausarbeiten und umsetzen, daß die in die Hochschulausbildung aufgenommenen Abiturienten nach ihrem Studienabschluß in die entsprechenden Gebiete zurückkehren. Besondere Aufmerksamkeit soll dabei der Verfügbarkeit von Wohnungen für Pädagogen und und in der medizinischen Fürsorge Tätigen geschenkt werden.

Art. 10 des Programms ist der wissenschaftlichen Forschung der Probleme der nationalen Minderheiten gewidmet: Es wird empfohlen, bei dem Wissenschaftlichen Beirat Litauens eine Gruppe von Experten für die Bewertung der wissenschaftlichen und universitären Programme für die nationalen Minderheiten und die Vorbereitung von diesbezüglichen Empfehlungen einzusetzen. Das Departement für die Nationalitäten bei der Regierung der Republik Litauen und das Staatliche Zentrum der nationalen Forschung werden in Art. 11 mit der Koordinierung der wissenschaftlichen Forschung betreffend die in Litauen lebenden Minderheiten beauftragt. Die Vorschläge der Universität Vilnius zur Gründung eines Zentrums der Polonistik für die Ausbildung von Spezialisten, die Erforschung des allgemeinen historischen und kulturellen Erbes sowie für die Erforschung sonstiger Richtungen der Slawistik und Judaistik sollen nach Art. 12 verwirklicht werden; Wissenschaftler aus Polen, Rußland, Weißrußland, Lettland und anderen Staaten sollen zur Erforschung des kulturellen und historischen Erbes der in Litauen lebenden Minderheiten beigezogen werden.

Den geisteswissenschaftlichen Lehrstühlen an der Universität Vilnius und der Universität Klajpeda (Memel), dem Pädagogischen Institut in Vilnius, der Kunstakademie in Vilnius und dem Konservatorium in Vilnius wird in Art. 12 empfohlen, das Volkstum, die Dialekte, die Literatur und Kunst sowie die Kultur und Geschichte der nationalen Minderheiten zu erforschen. Schließlich werden in Art. 13 das Staatliche Zentrum der nationalen Forschung und das Institut für Philosophie, Soziologie und Recht beauftragt, die Bedürfnisse der in Litauen lebenden Minderheiten hinsichtlich der höheren Bildung zu untersuchen und im Jahre 1991 entsprechende Empfehlungen für die Periode 1992-1995 und im Jahre 1992 für die Periode bis zum Jahr 2000 vorzulegen.

Dieses sehr breit konzipierte Programm deckt somit einen großen Bereich der Problematik des Minderheitenschulwesens in Litauen ab. Obwohl es vorsichtig formuliert ist ("Perspektivisches Programm", "sollen", "wird empfohlen" usw.), sind seine Ziele durchaus ambitiös. Wie weit sie erfüllt werden bzw. werden können, bleibt offen: Nach den Erfahrungen mit der Entwicklung in anderen Staaten Ost- und Mitteleuropas ist die schwere finanzielle Lage im öffentlichen Sektor öfter eine Bremse für die Umsetzung der Programme. Der häufig nur als katastrophal zu bezeichnende Zustand des allgemeinen Schulwesens schränkt die Möglichkeiten der Entwicklung des Minderheitenschulwesens weiter ein, was dessen qualitative Änderung ohne zusätzliche Hilfe aus dem Ausland kaum realistisch erscheinen läßt. Als Versuch, diese Situation mit ausländischer Hilfe zu lösen, kann der Fall einer speziellen Norm angeführt werden, nämlich das Dekret des Präsidiums des Obersten Sowjets vom 19. Juni 1991 über die Bereitstellung der Mittel für den Bau der Schule mit Polnisch als Unterrichtssprache in Pabrad[103]. Nach diesem Dekret wird aus dem polnischen Hilfsfonds für die Republik Litauen ein Betrag von 100 Millionen Zloty für den Bau der Schule in der Stadt Pabrad bereitgestellt.

---

103 Vedomosti Verchovnogo Soveta i Pravitel'stva Litovskoj Respubliki 1991, Nr. 19, Pos. 504.

Schließlich ist noch auf die Möglichkeit der Errichtung von Minderheitenschulen als Privatschulen hinzuweisen, die sich aus Art. 9 des Bildungsgesetzes ergibt. Grundsätzlich sind solche Privatschulen gemäß Art. 36 Abs. 2 dieses Gesetzes von ihren Trägern zu unterhalten; jedoch können ihnen nach dieser Bestimmung staatliche Mittel zur Verfügung gestellt werden, ohne daß hierauf aber ein gesetzlich verankerter Anspruch besteht. Inwieweit diese Vorschrift angesichts der angespannten Lage der öffentlichen Haushalte in Litauen große praktische Bedeutung zukommt bzw. zukommen wird, bleibt abzuwarten.

IV. Spezifische Schranken der Vereinigungsfreiheit

Ein Grundprinzip der neuen litauischen Verfassung vom 25. Oktober 1992 ist die in ihrem Art. 35[104] verankerte Freiheit der Bürger, sich in Gesellschaften, politischen Parteien oder Verbänden zu vereinigen; diese ist garantiert, wenn deren Ziele und Tätigkeiten nicht der Verfassung und den Gesetzen widersprechen. Andererseits darf niemand gezwungen werden, einer Gesellschaft, politischen Partei oder einem Verband anzugehören. Die Gründung und Tätigkeit von politischen Parteien sowie sonstigen politischen und öffentlichen Organisationen wird durch Gesetz geregelt.

Das Parteiengesetz stammt von 25. September 1990[105] und enthält keine spezifisch minderheitenrechtlichen Bestimmungen. Das Recht, Mitglied einer politischen Partei zu werden, ist durch Art. 1 auf die litauischen Staatsbürger beschränkt. Ausdrücklich verboten ist die Tätigkeit ausländischer Parteien auf dem Gebiet Litauens: In Art. 2 Abs. 2 dieses Gesetzes

---

104 Diese Bestimmung lautet in offiziöser englischer Übersetzung: "(1) Citizens shall be guaranteed the right to freely form societies, political parties, and associations, provided that the aims and activities thereof do not contradict the Constitution and laws. (2) No person may be forced to belong to any society, political party, or association. (3) The founding and functioning of political parties and other political and public organisations shall be regulated by law."

105 Für eine offiziöse englische Übersetzung s. Selected Anthology (Anm. 19), 74 ff.

heißt es, daß "... political parties, their subdivisions and organisations of other countries may not be established and may not function on the territory of the Republic of Lithuania." Ferner gilt nach dieser Vorschrift, daß "... leading party institutions must operate only on the territory of the Republic of Lithuania." Erlaubt ist andererseits durch Art. 19 dieses Gesetzes ausdrücklich "... to maintain relations [der Parteien] with political parties of other countries, as well as international and other organisations."

Verboten ("strictly forbidden") sind gemäß Art. 2 Abs. 3 die Gründung oder Tätigkeit von Parteien, "... whose programm documents propagate and whose activities practice racial, religious, social class inequality and hatred, methods of authoritarian or totalitarian rule, methods of forcible (violent) seizure of power, war, and violent propaganda, violation of human rights and freedoms, or other ideas or actions which are incompatible with universally recognised norms of international law."

Spezielle Normen zur Vereinigungsfreiheit betreffend die nationalen Minderheiten bringt das Minderheitengesetz, wenn es in seinem Art. 2 erklärt, daß die Republik Litauen das Recht aller ethnischen Minderheiten "... to form ethnic (cultural) organisations" garantiert. Weiter enthält das Minderheitengesetz seit der Novelle vom 29. Januar 1991 die Bestimmung, daß die gesellschaftlichen und kulturellen Organisationen der nationalen Minderheiten "... shall also have the right to establish educational and cultural institutions on their account. The State shall provide aid to organisations and institutions that serve these minorities' educational and cultural purposes."

Einen Hinweis auf noch zu erlassende Normen, nämlich wohl ein eigenständiges Vereinigungsgesetz, enthält der durch die genannte Novelle geänderte Art. 9 des Minderheitengesetzes, der bestimmt, daß "Public and cultural organisations of ethnic minorities shall be established, shall function, and shall be dissolved or terminated according to the procedures established by law."

V. Politische Repräsentation

Für alle nationalen Minderheiten von besonderer Bedeutung sind gesetzliche Vorschriften, die ihnen die Mitwirkung am politischen Prozeß erleichtern. Insofern ist zunächst auf die Bestimmung des Art. 10 des Minderheitengesetzes[106] hinzuweisen, derzufolge beim litauischen Parlament, d.h. früher dem Obersten Sowjet und jetzt dem Sejm, sowie bei den Gemeinderäten spezielle Ausschüsse für Minderheitenfragen geschaffen werden *können*, während bei der litauischen Regierung ein solches Gremium einzurichten *ist*.

In dieser Bestimmung des Minderheitengesetzes spiegelt sich zugleich das Grundprinzip der territorial-administrativen Gliederung Litauens wider. Gemäß den Art. 101 und 102 der Vorläufigen Verfassung der Republik Litauen vom 11. März 1990[107] standen auf der untersten Ebene die mit verfassungsrechtlich abgesicherten Selbstverwaltungsbefugnissen versehenen Gemeinden und ländlichen Gebietskörperschaften; die mittlere Verwaltungsebene wurde gebildet von den jeweils mehrere Gemeinden und ländliche Gebietskörperschaften umfassenden Regionen und den kreisfreien Städten[108]. In allen diesen Gebietskörperschaften waren gemäß Art. 60 der Vorläufigen Verfassung sogenannte "Councils of People's Deputies" mit einer Mandatszeit von fünf Jahren zu wählen. Ihre in den Art. 101 ff. der Vorläufigen Verfassung abgesteckten Befugnisse lokaler und regionaler Selbstverwaltung waren bereits durch die Vorschriften des Gesetzes über

---

106 Diese Bestimmung lautet in offiziöser englischer Übersetzung: "(1) Public committees of ethnic minorities may be established through the Supreme Soviet and Local Soviets of People's Deputies of the Lithuanian SSR. The composition of such committees shall be coordinated with the public organizations of such ethnic minorities. The powers of these committees shall be established by the bodies that form them. (2) Under the Council of Ministers of the Lithuanian SSR, a Committee on Ethnic Minorities shall be established to address the social and cultural needs of ethnic minorities."

107 Vgl. oben Anm. 37.

108 Diese Regionen und kreisfreien Städte waren in Art. 101 Abs. 2 und 3 der Vorläufigen Verfassung namentlich aufgezählt.

die Grundlagen der örtlichen Selbstverwaltung vom 12. Februar 1990[109] näher geregelt worden. Alle diese Normen enthielten keine minderheitenspezifische Bestimmungen.

Im Vergleich hierzu sind die in den Art. 119 ff. zu findenden Vorschriften der neuen Verfassung vom 25. Oktober 1992 zur örtlichen Selbstverwaltung wesentlich weniger detailliert. Gemäß der Grundnorm des Art. 119[110] wird den durch Gesetz bestimmten Verwaltungseinheiten ein Recht auf Selbstverwaltung garantiert, das diese durch die in allgemeiner, gleicher, geheimer und direkter Wahl auf zwei Jahre gewählten lokalen Selbstverwaltungsräte, die wiederum zur Einrichtung von Exekutivorganen befugt sind, ausüben. Wie sich aus Art. 123 Abs. 1 der neuen Verfassung ergibt, ist offenbar das in der Vorläufigen Verfassung verankerte System einer Gliederung der territorialen Gebietskörperschaften in eine untere und mittlere Ebene beibehalten worden, da es dort: "In higher level administrative units, the administration shall be organised by the Government according to the procedures established by law."

Von entscheidender Bedeutung für die politische Repräsentation nationaler Minderheiten sind naturgemäß insbesondere die Gesetze über die Wahlen zu den auf den jeweiligen staatlichen Ebenen bestehenden Volksvertretungen. Die Wahlen zu diesen Organen auf der unteren und mittleren Selbstverwaltungsebene werden geregelt durch das Gesetz über die Wahl

---

109 Für eine offiziöse englische Übersetzung s. Selected Anthology (Anm. 19), 29 ff.

110 Diese Bestimmung lautet in offiziöser englischer Übersetzung: "(1) Administrative units provided by law on State territory shall be entitled to the right of self-government. This right shall be implemented through local government Councils. (2) Members of local government Councils shall be elected for a two-year-term on the basis of universal, equal and direct suffrage by secret ballot by the residents of their administrative units who are citizens of the Republic of Lithuania. (3) The procedure for the organisation and activities of self-government institutions shall be established by law. (4) Local government Councils shall form executive bodies which are accountable to them for the direct implementation of the laws of the Republic of Lithuania and the decisions of the Government and the local government Councils."

der Mitglieder der lokalen Selbstverwaltungsräte[111]. Von wohl noch größerer Bedeutung für die politische Repräsentation nationaler Minderheiten sind die Wahlen zum nationalen Parlament, insbesondere die Frage, ob hierbei Organisationen nationaler Minderheiten in gewissem Umfang privilegiert sind.

Bekanntlich fanden die ersten Parlamentswahlen nach der wiedergewonnenen Unabhängigkeit am 25. Oktober 1992 statt[112]. Wahlberechtigt waren auf der Grundlage des Wahlgesetzes vom 9. Juli 1992[113] alle volljährigen litauischen Bürger, die vor dem 1. Januar 1989 ihren Wohnsitz in Litauen hatten. Um die 141 Sitze im Sejm bewarben sich acht Parteien und 18 Listenverbindungen; 71 Abgeordnete wurden in direkter Wahl und 70 Abgeordnete gemäß dem Verhältniswahlrecht über Listen ins Parlament gewählt. Für die Erringung eines Direktmandats war die, gegebenenfalls in einem zweiten Wahlgang mit dem Charakter einer Stichwahl am 8. November 1992 zu erreichende, absolute Mehrheit notwendig. In minderheitenrechtlicher Sicht von besonderer Bedeutung ist, daß gemäß Art. 76 Abs. 2 des Wahlgesetzes Parteien nationaler Minderheiten insofern privilegiert waren als für sie die allgemeine Sperrklausel von 4% der abgegebenen Wählerstimmen, die notwendig war, um zur Verteilung der Listenmandate zugelassen zu werden, keine Anwendung fand. Hiervon profitierte vor allem die Partei der polnischen Minderheit, die mit 2.37 % der Stimmen - neben ihren zwei in direkter Wahl errungenen Abgeordnetenmandate - weitere zwei Listenmandate erhielt[114].

---

111 Vgl. Art. 4 Abs. 3 des Gesetzes über die Grundlagen der örtlichen Selbstverwaltung, vgl. oben Anm. 109, mit seinem Hinweis auf dieses der Verf. nicht zugänglich gewesene Wahlgesetz.

112 Vgl. zum folgenden Archiv der Gegenwart 1992, 37271 f.

113 Vedomosti Verchovnogo Soveta i Pravitel'stva Litovskoj Respubliki 1992, Nr. 22, Pos. 635.

114 Bekanntlich erzielte bei diesen Wahlen die aus der ehemaligen Kommunistischen Partei hervorgegangene Litauische Demokratische Arbeiterpartei unter *Algirdas Brazauskas* mit insgesamt 73 Mandaten einen - jedenfalls in dieser Höhe überraschenden - Sieg, während sich die für die Erlangung der Unabhängigkeit so verdienstvolle Sajudis unter Führung von *Vytautas Landsbergis* mit nur 28 Mandaten begnügen mußte; 16 Mandate erhielt die Christlich-Demokratische Partei, acht Mandate die Sozialdemokratische Partei, während sich

VI. Schlußbemerkung

Sicherlich ist es zum gegenwärtigen Zeitpunkt, in dem die Konsolidierung des neuen litauischen Staatswesens gerade erreicht scheint, noch zu früh, eine abschließende Wertung abzugeben über die Vereinbarkeit des litauischen Rechts zur Situation der nationalen Minderheiten mit den internationalen Standards wie sie insbesondere in den einschlägigen Dokumenten des KSZE - Prozesses, namentlich dem Kopenhagener Abschlußdokument über die menschliche Dimension der KSZE vom 29. Juni 1990[115], niedergelegt sind. Aufgrund der inzwischen in Litauen gegebenen verfassungsrechtlichen wie einfachgesetzlichen Lage ist zu sagen, daß die litauische Rechtsordnung die rechtliche Gleichheit der Angehörigen nationaler Minderheiten mit der Mehrheitsbevölkerung garantiert und ein allgemeines wie spezielles Diskriminierungsverbot enthält, allerdings - mitunter sicherlich notwendige - Maßnahmen einer positiven Diskriminierung wohl aber ausschließt. Wichtig ist auch die rechtliche Gewährleistung der Freiheit der Entscheidung jeder Person, sich zu einer nationalen Minderheit zu bekennen. Hinsichtlich der spezifischen Minderheitenrechte wie namentlich Recht auf Gebrauch der Minderheitensprachen vor staatlichen Behörden, auf auch grenzüberschreitende kulturelle Aktivitäten und auf Vereinigungsfreiheit dürfte das litauische Recht ganz weitgehend den internationalen Standards genügen. Gewisse Defizite bestehen wohl noch im Bereich des Bildungswesens; hier bleibt abzuwarten, ob und in welchem Umfang das dargestellte Regierungsprogramm ungeachtet der wirtschaftlichen Probleme des Landes auch in der Praxis umgesetzt werden wird. Ganz allgemein ist zu hoffen, daß sich die geschichtlich bedingten und erklärlichen Friktionen vor allem im Verhältnis zur polnischen Minderheit im Zuge einer von Polen selbst zu fördernden Stabilisierung der litauischen Staatlichkeit zunehmend abbauen lassen; insofern ist zu wünschen, daß der am 26. April unterzeichnete, auch

---

die restlichen Mandate auf kleinere Gruppen verteilten. In minderheitenrechtlicher Sicht auffällig ist, daß es der Organisation der polnischen Minderheit nicht gelungen ist, die Stimmen der insgesamt rund 7% der Gesamtbevölkerung darstellenden polnischen Minderheit auf sich zu vereinigen und die Zahl ihrer Abgeordneten im Vergleich zum vorherigen Parlament, wo ihre Fraktion noch acht Abgeordnete zählte, halbiert wurde.

115 Abgedruckt etwa in EuGRZ 17 (1990), 239 ff.

minderheitenrechtliche Bestimmungen umfassende Vertrag über gutnachbarschaftliche Beziehungen zwischen Litauen und Polen zu einer Lösung dieser Probleme beiträgt. Schließlich dürfte die am 14. Mai 1993 erfolgte Aufnahme Litauens in den Europarat und der damit notwendig verbundene Beitritt Litauens zur Europäischen Menschenrechtskonvention eine weitere Verbesserung der Rechtslage der nationalen Minderheiten bringen; immerhin haben deren Angehörige ja schon jetzt die Möglichkeit, sich mit Mitteilungen an den Menschenrechtsausschuß unter dem Internationalen Pakt über bürgerliche und politische Rechte vom 19. Dezember 1966 zu wenden, der bestimmte Minderheitenrechte in seinem Art. 27 garantiert.

Die rechtliche Stellung der Minderheiten in Rumänien

FRIEDERIKE BÖHMER*

I. Einleitung

Nach der Revolution vom Dezember 1989 trat in Rumänien das lange unterdrückte Problem der Minderheiten offen hervor[1]. Die während der Diktatur aufgestauten Frustrationen konnten sich erstmals entladen[2]. Nachdem das kommunistische Regime eine Politik der Zwangsassimilierung betrieben hatte[3], weckte das Land nun große Erwartungen, eine demokratische Gesellschaft zu errichten, in der auch die nationalen Minderheiten einen ihnen angemessenen Platz finden würden.

1. Bevölkerungsstruktur

Nach den vorläufigen Daten der Volkszählung von 1992[4] zählt Rumänien rund 23 Millionen Einwohner. Von diesen sind 89,4 % Rumänen[5], 7,1 %

---

* Wissenschaftliche Mitarbeiterin am Institut.

1 Vgl. *R. Wagner*, Homogenisierung und Selbstbestimmung, Zur Situation der Minderheiten in Rumänien, Europäische Rundschau, 20 (1992/2), 51 ff. (51).

2 Vgl. die der Verf. vorliegende Erklärung des Botschafters *T. Chebeleu* vom 1.7.1991 beim KSZE-Expertentreffen über nationale Minderheiten in Genf vom 1. bis 19.7.1991, 1.

3 Zum Minderheitenschutz vor 1989 vgl. *E. Kendi*, Minderheitenschutz in Rumänien (1992) sowie *B. Mihok*, Die rumänische Nationalitätenpolitik seit 1945, Südosteuropa 39 (1990), 204 ff. und T. *Veiter*, Die sprachenrechtliche Situation in der Mitte Europas, Archiv des Völkerrechts 28 (1990), 17 ff. (62 ff.).

4 Alle Resultate der Volkszählung zitiert nach Romania: Recensamintul populatiei si locuintelor 1992. Rezultate preliminare. Conferinta de presa. Comisia Nationala pentru Statistica. Bucuresti, 29.5.1992, 5.

5 Zu Beginn des Jahrhunderts waren es lediglich knapp 70 %, vgl. *R. Wagner* (Anm.1), 51.

Ungarn[6], 1,8 % Zigeuner[7], 0,5 % Deutsche und zahlenmäßig geringe Minderheitengruppen[8] von Ukrainern, Russen/Lippowanern, Türken, Serben, Tataren und Slowaken und weiteren[9]. Im Vergleich zu 1977[10] ist ein erheblicher Rückgang der ungarischen[11] und insbesondere der deutschen[12] Bevölkerung zu verzeichnen, die Zahl der Zigeuner dagegen nahm um 80 % von 1,1 % auf 1,8 % der Gesamtbevölkerung zu.

---

6 Nach transsilvanisch-ungarischen Quellen soll diese Zahl höher liegen, vgl. T. *Gallagher*, Ethnic Tension in Cluj, Radio Free Europe/Radio Liberty Research Report, Nr. 9 vom 26.2.1993, 27 ff. (27). In diesem Zusammenhang ist zu erwähnen, daß die ungarische Minderheit in den Bezirken Harghita (Hargita) und Covasna (Kovászna) 75 % und mehr und auch in den Bezirken Satu Mare (Szatmárnémeti) (Sathmar) und Bihor (Nagyvárad) (Großwardein) ein Drittel der Bevölkerung stellt.

7 Nach Angaben von Vertretern der Zigeuner soll auch diese Zahl wesentlich höher sein, vgl. Council of Europe, Parliamentary Assembly, Doc. 6901, Ziff. 39.

8 Vgl. hierzu *K. Zach*, Rumäniens kleine Minderheitengruppen, Europa Ethnica 39 (1/1982), 49 ff.

9 Insbesondere die Juden treten heute nach einer starken Auswanderungswelle politisch und kulturell kaum mehr in Erscheinung, vgl. *E. Kendi* (Anm. 3), 21 mwN; zur historischen Entwicklung vgl. *R. Wagner* (Anm. 1), 57.

10 Die Ergebnisse der Volkszählung von 1977 sind abgedruckt in Südosteuropa 42 (1993), 81.

11 Bei der ungarischen Minderheit ist lediglich der prozentuale Anteil an der Gesamtbevölkerung zurückgegangen, die absoluten Zahlen haben sich nur unwesentlich verändert; vgl. zur Situation bis 1987 *G. Tontsch*, Die Lage der deutschen und ungarischen Minderheit in Rumänien, in: K. Ginther/H. Isak (Eds.), Self-determination in Europe (1991), 137 ff. (138).

12 Die deutsche Bevölkerung ist dagegen von 1,7 % (1977) auf 0,5 % (1992) aufgrund einer sich seit den 70er Jahren ausweitenden Ausreisewelle zurückgegangen, vgl. bis 1987 *G. Tontsch*, *ibid.*, 138 und *E. Kendi* (Anm. 3), 22; zu den Gründen vgl. *A.U. Gabanyi*, Bleiben, gehen, wiederkehren? Zur Lage der deutschen Minderheit in Rumänien, Südosteuropa, 40 (1991), 493 ff.; siehe auch *J. Stark*, Heimat in Osteuropa. Das Problem territorialer Bindung am Beispiel deutscher Aussiedler in Rumänien in: G. Seewann (Hrsg.), Minderheitenfragen in Südosteuropa (1992), 99 ff.; R. *Wagner* (Anm. 1), 55 ff.; nach einer weiteren erheblichen Abwanderung zwischen 1992 und 1993 scheinen 1993 jedoch viele der noch verbliebenen Deutschen nicht aussiedeln zu wollen, vgl. Frankfurter Allgemeine Zeitung vom 21.9.1993, S. 6.

Die folgende Darstellung beschränkt sich in wesentlichen auf die rechtliche Stellung der ungarischen und der deutschen Minderheit, da von offizieller rumänischer Seite die Zigeuner eher als soziales denn als ein Minderheitenproblem angesehen werden[13].

2. Minderheitenrecht

Rumänien unternahm seit 1991 insbesondere im Hinblick auf seine gewünschte Einbeziehung in die europäischen Organisationen einige Anstrengungen, den Minderheitenschutz zu verbessern. Die Bemühungen um Integration zeigten bald Erfolg.

Nachdem Rumänien bereits seit dem 1. Februar 1991 Gaststatus im Europarat genoß[14], stellte es am 19. Dezember 1991 den Antrag auf Mitgliedschaft[15]. Am 28. September 1993 sprach die Parlamentarische Versammlung des Europarates ihre Empfehlung zur Aufnahme Rumäniens aus[16] und am 4. Oktober 1993 wurde Rumänien schließlich in den Europarat aufgenommen[17]. Bereits am 1. Februar 1993 war ein

---

13 Vgl. E. *Kendi* (Anm. 3), 22; D. *Ionescu*, The Gypsies Organize, Report on Eastern Europe, Nr. 26 vom 29.6.1990; *ders.*, Violence Against Gypsies Escalates, Report on Eastern Europe, Nr. 25 vom 21.6.1991; D. *Crowe*, The Gypsy Historical Experience in Romania in: D. Crowe/J. Kolsti (eds.), The Gypsies of Eastern Europe, 61 ff.; zur historischen Entwicklung vgl. R. *Wagner* (Anm. 1), 59; zu den neuesten Maßnahmen zur Integration der Zigeuner vgl. den Bericht des Wirtschafts- und Sozialrates der VN, E/CN.4/1992/28 vom 3.1.1992, 29.

14 Es scheint, als habe Rumänien aufgrund der Behandlung der ethnischen Minderheiten lediglich einen Gaststatus erhalten, vgl. *D. Ionescu*, Romania signs association accord with the EC, Radio Free Europe/Radio Liberty Research Report, Nr. 10 vom 5.3.1993, 33 ff. (36).

15 Frankfurter Allgemeine Zeitung vom 2.9.93, S. 6.; vgl. auch *A. Spielmann/J.A. Frowein*, Report on Human Rights in Romania, Human Rights Law Journal 1993, 133 ff. (133);

16 Frankfurter Allgemeine Zeitung vom 29.9.1993, S. 6.

17 Frankfurter Allgemeine Zeitung vom 5.10.1993, S. 6.

Assoziierungsabkommen[18] zwischen Rumänien und den Europäischen Gemeinschaften geschlossen worden[19].

Insbesondere die Mitgliedschaft im Europarat konnte nur erreicht werden, nachdem die europäischen Beobachter die rumänische Nationalitätenpolitik und -gesetzgebung einer kritischen Prüfung unterzogen hatten[20] und sowohl in der Verfassung als auch in den einfachen Gesetzen ein verbesserter Minderheitenschutz verankert wurde[21].

Die Verfassungsgebende Versammlung verabschiedete am 21. November 1991 die neue rumänische Verfassung[22], die unter Mithife und Anleitung einiger europäischer Experten ausgearbeitet worden war[23]. Die 29 Vertreter der ungarischen Minderheit[24] hatten geschlossen gegen die

---

18 Durch Gesetz Nr. 20 vom 23.2.1993 wurde das Abkommen von Rumänien ratifiziert, Monitorul Oficial Nr. 73 vom 12.4.1993.

19 Vgl. D. *Ionescu* (Anm. 14), 33; nicht unwesentlich dürfte bei diesem Abkommen auch die Unterstützung seitens der Bundesrepublik Deutschland gewesen sein, zu der sie sich in Art. 9 Abs. IV des deutsch-rumänischen Freundschaftsvertrages vom 21.4.1992 (vgl. dazu unten Anm. 62 ff.) bereit erklärte.

20 Frankfurter Allgemeine Zeitung vom 7.6.1993, S. 13; Council of Europe, Parliamentary Assembly, Political Affairs Commitee, *König*, Revised Memorandum on the situation of minorities in Romania, 4 f., 8.

21 Es fanden in Rumänien darüberhinaus einige internationale Treffen zu Minderheitenfragen statt, vgl. *T. Chebeleu* (Anm. 2), 7.

22 Monitorul Oficial Nr. 233 vom 21.11.1991; Abdruck einer inoffiziellen deutschen Übersetzung im Jahrbuch für Ostrecht 1992, 217.

23 Vgl. *A. Zidaru-Barbulescu*, Romania seeks admission to the Council of Europe, Radio Free Europe/Radio Liberty Research Report, Nr. 2 vom 8.1.1993, 11 ff. (12) und *A. Spielmann/J.A. Frowein* (Anm. 15), 137.

24 Insbesondere ist hier die Romániai Magyar Demokrata Szövetség (RMDSZ) (= Uniunea Democrata Maghiara din Romania = Democratic Alliance of Hungarians in Romania) zu nennen, die sich als politisch wichtigste Organisation der ungarischen Minderheit in Rumänien schon am 22.12.1989 konstituiert hatte, vgl. *D.P. Forna*, Bericht zur Lage der Volksgruppen in Rumänien, in: F. Ermacora/ H. Tretter/A. Pelzl (Hrsg.), Volksgruppen im Spannungsfeld von Recht und Souveränität in Mittel- und Osteuropa (1993), 85 ff. (86).

Annahme gestimmt[25], da sie in der Verfassung - in bezug auf den Minderheitenschutz - ein Einfallstor für Diskriminierungen sahen. Die Verfassung wurde am 8. Dezember 1991 durch Referendum angenommen[26], auch wenn sie in den mehrheitlich ungarisch bewohnten Gebieten mit sehr deutlicher Mehrheit abgelehnt wurde[27].

In der Verfassung wird Rumänien definiert als demokratischer und sozialer Rechtsstaat, der die Würde des Menschen, die Rechte und Freiheiten der Bürger, die freie Entfaltung der Persönlichkeit sowie die Gerechtigkeit und den politischen Pluralismus gewährleistet[28]. Die Verfassung schreibt aber auch - ungeachtet der über 10 % minoritären Volksgruppen - Rumänien als souveränen, unabhängigen, einheitlichen und unteilbaren Nationalstaat fest[29]. Diese Vorschrift unterliegt der Unveränderlichkeitsklausel des Art. 148 Abs. 1. Zwar wird die Einheit des rumänischen Volkes als

---

25 Die Vertreter der anderen Minderheiten stimmten hingegen für die Verfassung, vgl. E. *Kendi* (Anm. 3) 178 f.

26 Vgl. Art. 149 der Verfassung und das hierzu erlassene Gesetz Nr. 67 vom 23.11.1991 (Monitorul Oficial Nr. 236 vom 23.11.1991), Bekanntgabe: Monitorul Oficial Nr. 250 vom 14.12.1991; insgesamt sprach sich eine Dreiviertelmehrheit für die Verfassung aus, vgl. *E. Kendi*, *ibid.*, 179.

27 So gab es etwa im Kreis Harghita (bei einem ungarischen Bevölkerungsanteil von 84,7 %) 84,9 %, im Kreis Covasna (bei einem ungarischen Bevölkerungsanteil von 75,2 %) 77,6 % 'Nein'-Stimmen, vgl. *E. Kendi*, *ibid.*, 179.

28 Art. 1 Abs. 3: "România este stat de drept, democratic şi social, în care demnitatea omului, drepturile şi libertăţile cetăţenilor, libera dezvoltare a personalităţii umane, dreptatea şi pluralismul politic reprezintă valori supreme şi sînt garantate." In offizieller französischer Übersetzung: "La Roumanie est un Etat de droit, démocratique et social, dans lequel la dignité de l'être humain, les droits et les libertés des citoyens, le libre développement de la personalité humaine, la justice et le pluralisme politique représentent des valeurs suprêmes et sont garanties."

29 Art. 1 Abs. 1: "România este stat naţional, suveran şi independent, unitar şi indivizibil." In offizieller französischer Übersetzung: "La Roumanie est un Etat national, souverain et indépendant, unitaire et indivisible."

Grundlage des Staates verankert[30], doch Art. 4 Abs. 2 stellt fest, daß Rumänien das gemeinsame und unteilbare Vaterland aller seiner Bürger ohne Unterschied von Rasse, ethnischer Herkunft, Nationalität sei[31]. Ferner wird in Art. 6 den nationalen Minderheiten das Recht auf Bewahrung, Entwicklung und Äußerung ihrer ethnischen, kulturellen, sprachlichen und religiösen Identität zugesichert; die Maßnahmen des Staates zum Schutz der Minderheiten dürfen aber nicht gegen den Gleichheitsgrundsatz verstoßen und die anderen Bürger diskriminieren[32]. Desweiteren verdient Art. 20 Beachtung, der bestimmt, daß die verfassungsrechtlichen Vorschriften über die Rechte und Freiheiten der Bürger im Einklang mit den internationalen Vereinbarungen ausgelegt und angewendet werden müssen[33] und die internationalen Regelungen zum

---

30 Art. 4 Abs. 1: "Statul are ca fundament unitatea poporului român." In offizieller französischer Übersetzung: "L'Etat a pour fondement l'unité du peuple roumain."

31 Art. 4 Abs. 2: "România este patria comună şi indivizibilă a tuturor cetăţenilor săi, fără deosebire de rasă, de naţionalitate, de origine etnică, de limbă, de religie, de sex, de opinie, de apartenenta politică, de avere sau de origine socială." In offizieller französischer Übersetzung: "La Roumanie est la patrie commune et indivisible de tous ses citoyens, sans distinction de race, de nationalité, d'origine ethnique, de langue, de religion, de sexe, d'opinion, d'appartenance politique, de fortune ou d'origine sociale."

32 Art. 6: "(1) Statul recunoaşte şi garanteaza persoanelor aparţinînd minorităţilor naţionale dreptul la păstrarea, la dezvoltarea şi la exprimarea identităţii lor etnice, culturale, lingvistice şi religioase. (2) Măsurile de protecţie luate de stat pentru păstrarea, dezvoltarea şi exprimarea identităţii persoanelor aparţinînd minorităţilor naţionale trebuie să fie conforme cu principiile de egalitate şi de nediscriminare în raport cu ceilalţi cetăţeni români." In offizieller französischer Übersetzung: "(1) L`Etat reconnaît et garantit aux personnes appartenant aux minorités nationales le droit de conserver, de développer et d'exprimer leur identité ethnique, culturelle, linguistique et religieuse. (2) Les mesures de protection prises par l'Etat pour la conservation, le développement et l'expression de l'identité des personnes appartenant aux minorités nationales, doivent être conformes aux principes d'égalité et de non-discrimination par rapport aux autres citoyens roumains."

33 Art. 20 Abs. 1: "Dispoziţiile constituţionale privind drepturile şi libertăţile cetăţenilor vor fi interpretate şi aplicate in concordanţă cu Declaraţia Universală a Drepturilor Omului, cu pactele şi cu celelalte tratate la care România este parte." In offizieller französischer Übersetzung: "Les dispositions constitutionnelles portant sur les droits et les libertés des citoyens seront interpretées

Schutz der Menschenrechte im Fall einer Unstimmigkeit Vorrang vor den nationalen Gesetzen genießen[34]. Insbesondere sind somit die Allgemeine Erklärung der Menschenrechte und der Internationale Pakt über bürgerliche und politische Rechte bei der Auslegung der Verfassung heranzuziehen[35]. Die Europäische Menschenrechtskonvention jedoch wird von Rumänien erst im Zuge seiner Mitgliedschaft im Europarat in der nächsten Zeit ratifiziert werden.

Von einigen Minderheiten, vor allem der ungarischen, wurde in bezug auf die Verfassung[36] insbesondere gefordert, kollektive Minderheitenrechte aufzunehmen, ein eigenes Ministerium für diese Fragen einzurichten[37] und die Verfassung in bezug auf Art. 1 Abs. 1 dahingehend zu ergänzen, daß die Minderheiten vor einer zwangsweisen Assimilierung geschützt werden[38].

---

et appliquées en concordance avec la Déclaration Universelle des Droits de l'Homme, avec les pactes et les autres traités auxquels la Roumanie est partie."

34 Art. 20 Abs. 2: "Dacă există neconcordanţe între pactele si tratalele privitoare la drepturile fundamentale ale omului, la care România este parte, şi legile interne, au prioritate reglementările internaţionale." In offizieller französischer Übersetzung: "S'il y a des non-concordances entre les pactes et les traités portant sur les droits fondamentaux de l'homme, auxquels la Roumanie est partie, et les lois internes, les règlémentations internationales ont la primauté."

35 Besondere Bedeutung dürfte hierbei Art. 27 des UN-Paktes über bürgerliche und politische Rechte vom 19.12.1966 erlangen, der für Rumänien schon am 23.3.1976 in Kraft getreten war.

36 Die deutsche Minderheit beschränkte sich insoweit auf die Forderung nach Erlaß eines Minderheitenschutzgesetzes.

37 Vgl. *König* (Anm. 20) 4 f.; *M. Shafir*, Minorities Council raises questions, Radio Free Europe/Radio Liberty Research Report, Nr. 24 vom 11.6.1993, 35 ff. und *T. Gallagher* (Anm. 6), 27.

38 *König, ibid.*, 7.

Einfache Gesetze zum Minderheitenschutz gibt es bisher nur zum Teil[39], insbesondere fehlt noch ein allgemeines Minderheitengesetz[40]. Ein noch im Zuge der Verfassungsberatung von der deutschen Minderheit verfaßter Entwurf[41] eines derartigen Gesetzes enthielt detaillierte Bestimmungen über individuelle und kollektive Rechte zum allgemeinen Minderheitenschutz, zu Sprache, Unterricht, Kultur u.ä.[42] Es sollten insbesondere die staatlichen Organe verpflichtet werden, "die Erklärung über die Nationalität/ Volkszugehörigkeit zu akzeptieren"; ferner sollten "jegliche Nachforschungen in dieser Richtung" verboten sein[43]. Der Entwurf sah zudem vor, daß der Staat nichts unternehmen dürfe, was Neid- und Haßgefühle zwischen den Nationalitäten hervorrufen könnte[44], und daß jede Anstiftung zur Gewalt oder Gewaltanwendung aus diskriminierenden Motiven geahndet werde[45]. Darüberhinaus sollten politische Aktionen in Wahrnehmung der Interessen der Minderheiten nicht mit Strafe belegt werden dürfen[46]. Auch die Möglichkeit der Errichtung einer doppelten Staatsbürgerschaft für Minderheitenangehörige wurde erwogen[47]. Nach

---

39 So wurde am 29.1.1991 ein Gesetz zur Errichtung eines Instituts für Menschenrechte in Bukarest erlassen, Gesetz Nr. 9, Monitorul Oficial Nr. 24 vom 30.1.1991; in englischer Übersetzung abgedruckt in Bericht des Wirtschafts- und Sozialrats der VN, E/CN.4/1992/28 vom 3.1.1992, 43.

40 Der Entwurf eines solchen Gesetzes soll vom Minderheitenrat ausgearbeitet werden (vgl. unten Anm. 48 ff.). Ein solches Gesetz wird auch von der RMDSZ gefordert, vgl. das der Verf. vorliegende Memorandum of the RMDSZ on Romania's Admission to the Council of Europe vom 26.8.1993, 3.

41 Es handelt sich hierbei um einen der Verf. vorliegender unveröffentlichter Entwurf, der im November 1993 im Parlament zur Beratung für ein Minderheitengesetz herangezogen wurde.

42 Im folgenden werden im wesentlichen die Normen des allgemeinen Minderheitenschutzes aufgeführt, die bisher nicht in der Verfassung, einfachen Gesetzen oder Staatsverträgen Berücksichtigung fanden, zu den konkreten Einzelbestimmungen vgl. unten in den entsprechenden Abschnitten.

43 Art. 3 Abs. 1 des Entwurfes.

44 Art. 5 Abs. 2 des Entwurfes.

45 Art. 5 Abs. 3 des Entwurfes.

46 Art. 6 Abs. 2 des Entwurfes.

47 Art. 10 des Entwurfes.

Art. 8 des Entwurfes sollte der Staat den Minderheiten finanzielle Unterstützung zusichern.

Am 24. März 1993 wurde von der rumänischen Regierung ein Rat der nationalen Minderheiten errichtet[48], der zum ersten Mal am 14. April 1993 tagte[49]. Es soll sich hierbei um ein Bindeglied zwischen Regierung und den Vertretern der Minderheiten handeln[50]. Im Gründungsdekret heißt es[51], es sei ein 'governmental body' 'coordinated by the government's secretary-general[52]. In der ersten Sitzung wurde diese Bezeichnung dann in 'consultative governmental body' umgewandelt, um der Kritik - insbesondere von seiten der RMDSZ[53] - entgegenzutreten, daß es sich hierbei um ein reines JA-Sager-Gremium handle[54], was das Mißtrauen der ungarischen Minderheit gegenüber diesem Organ aber nur unwesentlich minderte[55]. Dieser Eindruck war auch dadurch entstanden, daß die Gründungsentscheidung vorsah, daß die Beschlüsse der Regierung, die Minderheitenfragen betreffen, vom Rat 'ratifiziert' werden[56]. Nach Aussagen seines Generalsekretärs soll der Rat auch selbst Entwürfe, insbesondere eines neuen Minderheiten- und Schulgesetzes ausarbeiten[57]. Der Rat umfaßt 14 Vertreter der Regierung und 36 Vertreter der 17 anerkannten Minderheitenorganisationen[58]. Jede nationale Minderheit hat,

---

48 Dekret Nr. 112, Monitorul Oficial Nr. 70 vom 5.4.1993.

49 Frankfurter Allgemeine Zeitung vom 2.9.1993, S. 6; vgl. auch *M. Shafir* (Anm. 37), 35.

50 Frankfurter Allgemeine Zeitung vom 2.9.1993, S. 6.

51 Vgl. *M. Shafir* (Anm. 37), 39.

52 Zum Generalsekretär der Regierung wurde *Viorel Hrebenciuc* ernannt, Frankfurter Allgemeine Zeitung vom 2.9.1993, S. 6.

53 Zu dieser wichtigsten politischen Organisation der ungarischen Minderheit in Rumänien vgl. oben Anm. 24.

54 *M. Shafir* (Anm. 37), 39.

55 *Ibid.*, 39.

56 *Ibid.*, 39.

57 *Ibid.*, 40.

58 *Ibid.*, 40.

repräsentiert von 3 Mitgliedern, ebenso wie die Regierung eine Stimme[59]. Beschlüsse werden mit 2/3-Mehrheit angenommen, wobei jeder Minderheit in den Fällen ein Vetorecht zusteht, bei denen sie unmittelbar betroffen ist[60]. Die Schwierigkeiten des Rates der nationalen Minderheiten, von diesen als angemessenes Vertretungsorgan akzeptiert zu werden, zeigt sich inzwischen vor allem darin, daß die Vertreter der Ungarn und der Zigeuner ihre Mitarbeit in diesem Gremium suspendiert haben.[61]

Für die Rechtsstellung der deutschen Minderheit von besonderer Bedeutung ist der am 21. April 1992 zwischen der Bundesrepublik Deutschland und Rumänien geschlossene Freundschaftsvertrag[62], in dessen Art. 15 und 16 der Schutz der deutschen Minderheit in Rumänien vereinbart wurde[63]. Bei der Frage der Zugehörigkeit einer Person zur

---

59 *Ibid.*, 40; diese Gleichstellung aller nationalen Minderheiten in Rumänien, ohne Rücksicht auf ihre zahlenmäßige Stärke, wird vor allem von der ungarischen Minderheit kritisiert.

60 *Ibid.*, 40.

61 Vgl. Council of Europe, Parliamentary Assembly, Doc. 6918, 7.

62 Monitorul Oficial Nr. 237 vom 24.9.1992; BGBl. 1993 II 1775.

63 Art. 15 lautet:
"(1) Die Vertragsparteien vereinbaren, die im Dokument des Kopenhagener Treffens über die menschliche Dimension der KSZE vom 29. Juni 1990 sowie in weiteren KSZE-Dokumenten niedergelegten Standards zum Schutze von Minderheiten als Recht anzuwenden.

(2) Die Angehörigen der deutschen Minderheit in Rumänien, das heißt rumänische Staatsangehörige deutscher Abstammung, haben demzufolge insbesondere das Recht, einzeln oder in Gemeinschaft mit anderen Mitgliedern ihrer Gruppe ihre ethnische, kulturelle, sprachliche und religiöse Identität frei zum Ausdruck zu bringen, zu bewahren und weiterzuentwickeln, frei von jeglichen Versuchen, gegen ihren Willen assimiliert zu werden. Sie haben das Recht, ihre Menschenrechte und Grundfreiheiten ohne jegliche Diskriminierung und in voller Gleichheit vor dem Gesetz voll und wirksam auszuüben. Die Angehörigen der deutschen Minderheit haben das Recht, wirksam an öffentlichen Angelegenheiten teilzunehmen, einschließlich der Mitwirkung an Angelegenheiten betreffend den Schutz und die Förderung ihrer Identität.

(3) Die Zugehörigkeit zur deutschen Minderheit in Rumänien ist persönliche Entscheidung jedes einzelnen, die für ihn keinen Nachteil mit sich bringen darf.

deutschen Minderheit wird lediglich an das objektive Kriterium der deutschen Abstammung angeknüpft[64], wobei jedoch die Zugehörigkeit zur Minderheit "persönliche Entscheidung jedes einzelnen ist"[65]. Der subjektive Faktor des Bekenntnisses zu deutscher Kultur und Tradition wurde dagegen nicht verankert. Hierdurch könnte die Gefahr bestehen, daß die Inanspruchnahme der Minderheitenrechte unmöglich gemacht wird[66]. Zwar verpflichtet sich Rumänien zum Schutz der Minderheit nach dem Standard der KSZE und es werden Fördermaßnahmen von beiden Vertragsparteien vereinbart, doch sind konkrete Programme nicht angesprochen[67]. Darüberhinaus ist nicht unerheblich, daß, wie es bereits Art. 6 Abs. 2 der Verfassung festlegt, eine positive Diskriminierung der Deutschen nicht zulässig ist[68]. Immerhin wurde mit den Bestimmungen dieses Vertrag

---

(4) Bei Meinungsverschiedenheiten über die Auslegung und Verwirklichung dieses Artikels werden die Vertragsparteien, unbeschadet der Bestimmungen von Artikel 5, die geltenden KSZE-Streitregelungsverfahren anwenden. Sie sind sich auch einig, daß im Interesse des Personenkreises, auf den sich dieser Artikel bezieht, und der Förderung der Verständigung, des Vertrauens und der gegenseitigen Achtung, keine der Vertragsparteien einseitig ein solches Streitregelungsverfahren für unanwendbar erklärt."

Art. 16 lautet:
"(1) Rumänien schützt und unterstützt die Identität der Angehörigen der deutschen Minderheit in Rumänien durch konkrete Förderungsmaßnahmen, insbesondere durch die Schaffung günstiger Bedingungen für das Wirken deutschsprachiger Schulen und Kultureinrichtungen in Gebieten, in denen Angehörige dieser Gruppen leben. Rumänien ermöglicht und erleichtert Fördermaßnahmen aus der Bundesrepublik Deutschland zugunsten der deutschen Minderheit in Rumänien.

(2) Die Vertragsparteien vereinbaren Programme mit konkreten Maßnahmen, um unter den gewandelten Bedingungen in Rumänien den Bestand der deutschen Minderheit zu sichern und um sie bei der Neugestaltung ihres gesellschaftlichen, kulturellen und wirtschaftlichen Lebens zu unterstützen. Diese Maßnahmen sind so zu gestalten und durchzuführen, daß sie nicht die Rechte anderer rumänischer Staatsangehöriger verletzen."

64 Art. 15 Abs. 1 Satz 1 des Vertrages.

65 Art. 15 Abs. 3 des Vertrages.

66 Vgl. *D. Blumenwitz*, Minderheiten- und Volksgruppenrecht (1992), 104.

67 *Ibid.*, 104.

68 Art. 16 Abs. 2 des Vertrages.

einigen Forderungen der deutschen Minderheit für ein Minderheitengesetz Rechnung getragen[69].

Auch zwischen Ungarn und Rumänien wird seit 1991 über einen bilateralen Vertrag verhandelt, in dem unter anderem die Rechte der ungarischen Minderheit garantiert werden sollen[70]. Für diesen soll der Vertrag zwischen Ungarn und der Ukraine, der am 6. Dezember 1991 abgeschlossen wurde, als Vorbild dienen[71]; die Verhandlungen kommen aber insbesondere deshalb ins Stocken, weil Rumänien darauf besteht, daß in den Vertrag aufgenommen wird, daß keiner der Staaten gegen den anderen Gebietsansprüche hat und Ungarn die Aufnahme von kollektiven Minderheitenschutzrechten verlangt[72]. Jeder der Vertragsparteien beruft sich gegenüber der Forderung der anderen Partei darauf, daß bereits entsprechende Regelungen in der Helsinki-Schlußakte oder anderen internationalen Übereinkommen aufgenommen worden seien[73]. Zwischen dem 15. und 18. September 1993 trafen sich in Bukarest die Außenminister der beiden Staaten, nachdem sich eine Annäherung anzudeuten schien[74]. Die Überwindung der Meinungsverschiedenheiten zwischen Budapest und Bukarest wurden anscheinend dadurch eingeleitet, daß personelle Veränderungen vorgenommen wurden und die Staaten fürchten, in Europa Anschluß zu verlieren[75]. Jedoch bestätigten sich auch bei diesem Treffen die grundsätzlichen Meinungsverschiedenheiten, so daß es nicht zur Unterzeichnung eines Vertrages kam[76].

---

69 Vgl. hierzu oben Anm. 41 ff.

70 *M. Shafir/A. Reisch*, Roundtable: Transylvania's past and future, Radio Free Europe/Radio Liberty Research Report, Nr. 24 vom 11.6.1993, 26 ff. (29); siehe auch *König* (Anm. 20), 5.

71 *M. Shafir/A. Reisch*, *ibid*., 31; zu diesem Vertrag s. auch M. *Hošková*, Die rechtliche Stellung der Minderheiten in der Ukraine (siehe unten).

72 Le Monde vom 16.9.1993, S. 26.

73 *M. Shafir/A. Reisch* (Anm. 70), 29.

74 Le Monde vom 16.9.1993, S. 26; genaueres vgl. *D. Ionescu/A. Reisch*, Still no Breakthrough in Romanian-Hungarian Relations, Radio Free Europe/Radio Liberty Research Report Nr. 42 vom 22.10.1993, 26 ff.

75 *Ibid*.

76 Frankfurter Allgemeine Zeitung vom 28.9.1993, S. 14.

II. Das Recht auf Gebrauch der Minderheitensprache

1. Der private Bereich

Der Gebrauch der Minderheitensprache im privaten Bereich ist in der Verfassung nicht ausdrücklich geregelt. In Art. 4 wird lediglich die Gleichheit der Bürger unabhängig von ihrer Sprache festgelegt, in Art. 6 Abs. 1 wird von einem Recht auf Wahrung der sprachlichen Identität gesprochen und in Art. 26 Abs. 1 von der Verpflichtung der Behörden, das "... Privatleben zu respektieren und zu schützen".

Ein einfaches Gesetz über die Minderheitensprachen gibt es - wie gesehen - noch nicht; es soll vom Rat für nationale Minderheiten ausgearbeitet werden.[77] Das Statut für die nationalen Minderheiten Rumäniens[78] vom 7. Februar 1945 (im weiteren Nationalitätenstatut genannt) legte ausdrücklich in seinem Art. 7 fest, daß in privaten Verhältnissen wie z.B. Schriftwechsel, Telefongespräche usw. die rumänischen Staatsangehörigen jede Sprache benutzen können.

2. Behörden und Gerichte

Gemäß Art. 13 der Verfassung ist die alleinige Amtssprache Rumänisch[79]; diese Vorschrift kann nicht einmal Gegenstand einer Verfassungsänderung sein[80].

---

77 In Art. 7 a des Entwurfes des Minderheitengesetzes der deutschen Minderheit (vgl. oben Anm. 41 ff.) ist ein Recht auf Gebrauch der Minderheitensprache im privaten Rahmen und in der Öffentlichkeit ausdrücklich verankert.

78 Dekret-Gesetz Nr. 85 vom 6.2.1945, Monitorul Oficial vom 7.2.1945; in deutscher Sprache abgedruckt in: E. Wagner (Hrsg.) Quellen zur Geschichte der Siebenbürger Sachsen 1191 - 1975 (1976), 339 ff. Dieses Statut ist zwar nicht formell außer Kraft gesetzt worden, wird aber nicht mehr angewendet.

79 Art. 13 der Verfassung lautet: "In România, limba oficială este limba română." In offizieller französischer Übersetzung: "En Roumanie, la langue officielle est la langue roumaine."

80 Art. 148 Abs. 1 der Verfassung lautet: "Dispoziţiile prezentei Constituţii privind caracterul national, independent, unitar şi

Das Gerichtsverfahren ist in der rumänischen Sprache durchzuführen[81]. Davon gibt es insofern Ausnahmen, als die Gründe einer Festnahme bzw. Verhaftung in derjenigen Sprache dem Betroffenen mitgeteilt werden muß, die er versteht[82], und bei Gerichtsverfahren ein Recht auf einen - nur im Strafverfahren kostenlosen - Dolmetscher gewährt wird[83].

Während in Art. 126 Abs. 2 des Verfassungsentwurfes vom Juli 1991 noch der freie Gebrauch der Minderheitensprache im Gerichtsverfahren vorgesehen war, wurde dies also in der Verfassung auf das allgemeine

---

indivizibil al statului român, forma republicană de guvernămînt, integritatea teritoriului, independenţa justiţiei, pluralismul politic şi limba oficială nu pot forma obiectul revizuirii." In offizieller französischer Übersetzung: "Les dispositions de la présente Constitution portant sur le caractère national, indépendant, unitaire et indivisible de l'Etat roumain, la forme républicaine de gouvernement, l'intégrité du territoire, l'indépendance de la justice, le pluralisme politique et la langue officielle ne peuvent pas faire l'objet de la révision."

81 Art. 127 Abs. 1 der Verfassung lautet: "Procedura judiciară se desfăşoară in limba română." In offizieller französischer Übersetzung: "La procédure judiciaire se déroule en langue roumaine."

82 Art. 23 Abs. 5 der Verfassung lautet: "Celui retinut sau arestat i se aduc de îndată la cunoştintă, în limba pe care o întelege, motivele reţinerii sau ale arestării, iar învinuirea, în cel mai scurt termen; învinuirea se aduce la cunoştinţă numai în prezenta unui avocat, ales sau numit din oficiu." In offizieller französischer Übersetzung: "La personne détenue ou arrêtée est informée immédiatement, dans la langue qu'elle comprend, des raisons de sa détention ou de son arrestation, et dans le plus bref délai, de l'accusation portée contre elle; l'accusation est portée à sa connaissance uniquement en présence d'un avocat, de son choix ou d'office."

83 Art. 127 Abs. 2 der Verfassung lautet: "Cetăţenii aparţinînd minorităţilor naţionale, precum şi persoanele care nu înţeleg sau nu vorbesc limba română au dreptul de a lua cunoştinţă de toate actele şi lucrările dosarului, de a vorbi în instanţă şi de a pune concluzii, prin interpret; în procesele penale acest drept este asigurat în mod gratuit." In offizieller französischer Übersetzung: "Les citoyens appartenant aux minorités nationales ainsi que les personnes ne comprenant pas ou ne parlant pas la langue roumaine ont le droit de prendre connaissance de tous les actes et les documents du dossier, de parler en instance et de deposer des conclusions, par l'intermédiaire d'un interprète; dans les causes pénales ce droit est assuré gratuitement."

justizielle Grundrecht reduziert, die Dienste eines Dolmetschers beanspruchen zu können[84]. Art. 126 Abs. 2 des Verfassungsentwurfs war als Verstoß gegen Art. 13 gesehen und unter dem Druck nationalistischer Kräfte trotz heftigen Protestes insbesondere des Verbandes der Ungarn (RMDSZ) geändert worden[85]. Zudem wurde vorgetragen, daß eine einheitliche Sprache bei mehreren Instanzen unumgänglich sei, jederzeit alle Unterlagen greifbar sein müßten und nur so die jeweiligen Fristen eingehalten werden könnten[86]. In Art. 6 des derzeit geltenden Gerichtsverfassungsgesetzes[87] wird die Bestimmung des Art. 127 der Verfassung lediglich wiederholt.

Im Nationalitätenstatut war für die Gerichtsbezirke mit einem Minderheiten-Anteil von mindestens 30 % der jeweiligen Bevölkerung noch vorgesehen, daß in bestimmten Fällen die Minderheitensprache zu akzeptieren sei[88].

Weder in der Verfassung noch in den einfachgesetzlichen Normen[89] finden sich für die öffentliche Verwaltung spezielle Sonderregeln für die von Minderheiten bewohnte Gebiete (Ablauf des Verfahrens in der Minderheitensprache, Aufstellung zweisprachiger Straßenschilder, zweisprachige

---

84 Vgl. E. *Kendi* (Anm. 3), 178; von seiten der deutschen Minderheit war wohl für das Gerichtsverfahren lediglich das Recht auf einen Dolmetscher gefordert worden, vgl. Art. 15 des Entwurfes für das Minderheitengesetz (vgl. oben Anm. 41 ff.). Dieser Umstand ist auch Gegenstand der Kritik der RMDSZ, vgl. deren Memorandum (vgl. oben Anm. 40).

85 Vgl. *E. Kendi*, *ibid.*, 178.

86 Vgl. den Bericht des Wirtschafts- und Sozialrates der VN, E/CN.4/1993/40 vom 5.2.1993, 12 und *A. Spielmann/J.A. Frowein* (Anm. 15), 139.

87 Gesetz Nr. 92 vom 4.8.1992, Monitorul Oficial Nr. 197 vom 13.8.1992.

88 Art. 6 und 8 ff.

89 Gesetz Nr. 69 zur örtlichen öffentlichen Verwaltung, Monitorul Oficial Nr. 238 vom 28.11.1991 und das Gesetz Nr. 70 zu den örtlichen Wahlen, Monitorul Oficial Nr. 239 vom 28.11.1991; die rumänische Regierung scheint jedoch die zweisprachige Benennung von Straßenschildern legalisieren zu wollen, vgl. Radio Free Europe/Radio Liberty News Briefs, 20.-24.9.1993, 12.

Benennung öffentlicher Einrichtungen und Ortsnamen etc.). Im Nationalitätenstatut fand sich noch eine solche Vorschrift[90] und auch der von der deutschen Minderheit verfasste Entwurf für das Minderheitengesetz sah spezielle Bestimmungen vor[91].

Nach Beurteilung der europäischen Beobachter[92] werden die Minderheitensprachen in der Praxis dann verwendet, wenn im Gerichtsverfahren die Parteien und die Richter der Minderheit angehören[93]; im Verwaltungsverfahren sei die Verwendung allgemein üblich[94].

3. Kultur und Medien

Die Verfassung trifft keine Sprachregelung für die Medien[95]. Auch im Gesetz über die audiovisuellen Medien[96] findet sich eine solche Norm nicht, während Art. 7 des Nationalitätenstatuts immerhin noch davon sprach, daß in Presse und Veröffentlichungen jede Sprache benutzt werden könnte.

---

90 Vgl. Art. 6 ff.

91 Zu diesem Entwurf vgl. näher oben Anm. 41 ff. Danach sollte bei einem Minderheitenanteil von mindestens 25 % an der jeweiligen Gesamtbevölkerung das Verwaltungsverfahren zum Teil in jeweiligen der Minderheitensprache durchgeführt werden und es seien genügend Beamte zur Verfügung zu stellen, die dieser Sprache mächtig sind (vgl. Art. 11 ff. des Entwurfes); gemäß den Art. 18 ff. sollten die Orts- und Straßennamen und die öffentlichen Einrichtungen auch in der Minderheitensprache zu benennen sein. Ähnliche Forderungen werden auch von der RMDSZ in ihrem bereits erwähnten Memorandum (vgl. oben Anm. 40) erhoben.

92 Anderer Ansicht sind die Vertreter der Ungarn.

93 Dies erscheint deshalb jedoch problematisch, weil es fast keine ungarischen oder andere einer Minderheit zugehörigen Richter gibt, vgl. hierzu *König* (Anm. 20), 8 f; ein Grund für diese geringe Anzahl könnte unter anderem darin liegen, daß gemäß Art. 50 Abs. 1 lit. d Gerichtsverfassungsgesetz (vgl. Anm. 87) ein Richter die rumänische Sprache beherrschen muß.

94 *A. Spielmann/J.A. Frowein* (Anm. 15), 139.

95 Sie verankert lediglich in Art. 6 Abs. 1 (vgl. oben Anm. 32) ein Recht auf "Wahrung der kulturellen Identität".

96 Gesetz Nr. 48 vom 21.5.1992, Monitorul Oficial Nr. 104 vom 25.5.1992.

Unabhängig von der Frage der Sprachregelung dürfte für die Minderheiten im Gesetz über die audiovisuellen Medien insbesondere entscheidend sein, daß "die Verunglimpfung von Land und Nation, die Aufstachelung zu (...) nationalem und Rassenhaß (...) und zu territorialem Separatismus und die Ausstrahlung von Informationen, die die nationale Sicherheit gefährden könnten (...)", verboten sind[97]. Es steht zu befürchten, daß diese Bestimmungen unter gewissen Umständen zu einer erheblichen Beeinträchtigung der Meinungsfreiheit der nationalen Minderheiten führen können[98].

Zwar werden Theateraufführungen, Zeitungen, Radio- und Fernsehsendungen[99], Bücher etc. auch in den Sprachen der Minderheiten angeboten[100] und vom Staat finanziell unterstützt, doch wird der Vorwurf erhoben, daß insbesondere die elektronischen Medien durch den Nationalen Rat der audiovisuellen Medien[101], der nach Auffassung der RMDSZ den Willen der Mehrheit repräsentiere, manipuliert würden.

---

97 Art. 2 Abs. 2 und Abs. 3 des Gesetzes.

98 Zum Medienwesen Anfang der 90er Jahre in Rumänien vgl. auch *E. Kendi* (Anm. 3), 149 ff. einerseits und *D.P. Forna* (Anm. 24), 88 andererseits.

99 Es wird jedoch der Vorwurf erhoben, daß bereits zugelassene Fernsehsendungen in deutscher und ungarischer Sprache immer wieder eingeschränkt worden seien (vgl. *A.U. Gabanyi* (Anm. 12), 506) und daß in manchen Siedlungsgebieten der Minderheiten die Sendungen gar nicht empfangen werden können.

100 Vgl. Romania, Ministry For Foreign Affairs, White Paper on the rights of persons belonging to national, ethnic, linguistic or religious minorities 1991, 43 ff. mit genauen Statistiken hierzu, 1992, 30 ff.; Berichte des Wirtschafts- und Sozialrates der VN, E/CN.4/1991/30 vom 8.1.1991, 25; E/CN.4/1993/40 vom 5.2.1993, 10.

101 Art. 11 und 25 ff. des Gesetzes über die audiovisuellen Medien; vgl zu diesem Vorwurf das bereits genannte Memorandum (Anm. 40) der RMDSZ.

III. Bildungs- und Erziehungswesen

1. Schulwesen

Gemäß Art. 29 Abs. 6 der Verfassung haben die Eltern das Recht, entsprechend ihrer Überzeugung die Erziehung ihrer Kinder sicherzustellen. Es wird verfassungsrechtlich ein Recht auf Unterricht gewährleistet[102]. Der staatliche Unterricht, der gemäß dem Verfassung, allerdings im Rahmen der Gesetze, kostenlos ist[103], wird grundsätzlich in der rumänischen Sprache gehalten, kann jedoch auch in einer international verbreiteten Sprache erfolgen[104]. Die Angehörigen der nationalen Minderheiten haben gemäß Art. 32 Abs. 3 das Recht, ihre Sprache zu erlernen und in dieser auch unterrichtet zu werden; die Ausgestaltung dieses Rechtes erfolgt durch Gesetz[105]. Der Staat gewährleistet zudem die Freiheit des religiösen Unter-

---

102 Art. 32 Abs. 1 der Verfassung lautet: "Dreptul la învăţătură este asigurat prin învăţămîntul general obligatoriu, prin învăţămîntul liceal şi prin cel profesional, prin învăţămîntul superior, precum şi prin alte forme de instrucţie şi de perfecţionare." In offizieller französischer Übersetzung: "Le droit à l'instruction est assuré par l'enseignement général obligatoire, par l'enseignement secondaire et par l'enseignement professionnel, par l'enseignement supérieur, ainsi que par d'autres formes d'instruction et de perfectionnement."

103 Art. 32 Abs. 4 der Verfassung lautet: "Invatamîntul de stat este gratuit, potrivit legii." In offizieller französischer Übersetzung: "L'enseignement public est gratuit, conformément à la loi."

104 Art. 32 Abs. 2 der Verfassung lautet: "Invatamîntul de toate gradele se desfasoara în limba româna. In conditiile legii, învatamîntul se poate desfasura si într-o limba de circulatie internationala." In offizieller französischer Übersetzung: "L'enseignement de tous les degrés est dispensés en roumain. Dans les conditions de la loi, l'enseignement peut être dispensé dans une langue de circulation internationale."

105 Art. 32 Abs. 3 der Verfassung lautet: "Dreptul persoanelor aparţinînd minorităţilor naţionale de a învăţa limba lor maternă şi dreptul de a putea fi instruite în această limbă sînt garantate; modalităţie de exercitare a acestor dreptrui se stabilesc prin lege." In offizieller französischer Übersetzung: "Le droit des personnes appartenant aux minorités nationales d'apprendre leur langue maternelle et le droit de pouvoir être instruites dans cette langue sont garantis; les modalités de l'exercice de ces droits sont determinées par la loi."

richts und in den staatlichen Schulen wird die Erteilung des Religionsunterricht gesetzlich garantiert[106].

Das von seiten der ungarischen Minderheit seit langem geforderte Schulgesetz[107] wird derzeit noch im Parlament beraten, ist aber bisher noch nicht erlassen worden[108]; es ergingen 1990 und 1991 jeweils für ein Schuljahr vorläufige Beschlüsse der Regierung[109], in denen festgelegt wurde, in welchen Bereichen Unterricht in der Minderheitensprache stattfinden kann und welche Fächer in Rumänisch abgehalten werden müssen. Mit Bezug auf die deutsche Minderheit verpflichtete sich Rumänien nach Art. 16 Abs. 1 des oben genannten Freundschaftsvertrages zur "Schaffung günstiger Bedingungen für das Wirken deutschsprachiger Schulen" in Gebieten der deutschen Minderheit[110].

Es findet bereits seit einigen Jahren in Rumänien Unterricht in fast allen Minderheitensprachen statt[111], wobei hauptsächlich von ungarischer Seite

---

106 Art. 32 Abs. 7 der Verfassung lautet: "Statul asigură libertatea învăţămîntului religios, potrivit cerintelor specifice fiecărui cult. In scolile de stat, învăţămîntul religios este organizat şi garantat prin lege." in offizieller französischer Übersetzung: "L'Etat assure la liberté de l'enseignement religieux, d'accord avec les necessités spécifiques de chaque culte. Dans les écoles publiques, l'enseignement religieux est organisé et garanti par la loi."

107 Detaillierte Vorschläge finden sich in den Art. 21 ff. des oben erwähnten (Vgl. Anm. 41 ff.) Entwurfes der deutschen Minderheit für ein Minderheitengesetz.

108 Vgl. M. *Shafir* (Anm. 37), 36, 40.

109 Beschluß Nr. 521 vom 12.5.1990, Monitorul Oficial Nr. 71-72 vom 16.5.1990 und Nr. 461 vom 25.7.1991; abgedruckt in den White Papers der Regierung (Anm. 100), 1991, 17 ff., 1992, 20 ff.; die verfassungsrechtlichen Grundlage für derartige Beschlüsse bildet Art. 107 der Verfassung.

110 Vgl. oben Anm. 63.

111 White Paper der Regierung (Anm. 100), 1991, 17 ff., 1992, 22; genaue statistische Angaben: 1991, 27 ff., 1992, 28 ff. und Wirtschafts- und Sozialrat der VN, E/CN.4/1993/40 vom 5.2.1993, 19; vgl. auch D.P. *Forna* (Anm. 24), 87 und E. *Kendi* (Anm. 3), 143 ff.; Wegen der Auswanderung vieler Deutscher sind jedoch einige der deutschen Schulen inzwischen zu gemischten Schulen umgewandelt worden, vgl. *A.U. Gabanyi*, (Anm. 12), 516.

Klagen zu hören sind[112]. Von dieser Minderheit wird insbesondere gefordert, daß mehr Unterricht in Ungarisch stattfinden soll und getrennte Schulen eingerichtet werden[113]. Nachdem diesen Forderungen bereits 1991 zum Teil nachgekommen wurde, wurden diese insbesondere von nationalistischen rumänischen Kräften mit Skepsis aufgenommen und infolgedessen einige Maßnahmen wieder rückgängig gemacht[114].

2. Universitäten

Gemäß Art. 32 Abs. 6 wird die Autonomie der Universitäten garantiert. Über die Sprachen, in denen der Unterricht stattfindet, findet sich in der Verfassung keine Regelung.

An verschiedenen Hochschulen findet die Lehre auch in mehreren Minderheitensprachen statt[115]. Von der ungarischen Minderheit wird jedoch gefordert[116], daß in Cluj-Napoca (Kolozsvár) (Klausenburg) eine rein ungarische Universität (wieder-)errichtet wird; bisher findet an dieser lediglich zum Teil Unterricht in Ungarisch statt[117].

---

112 Vgl. insoweit insbesondere die Ausführungen im erwähnten (Anm. 40) Memorandum der RMDSZ.

113 Vgl. etwa *König* (Anm. 20), 5.

114 Wirtschafts- und Sozialrat der VN, E/CN.4/1991/30 vom 8.1.1991,24.

115 Vgl. hierzu genauer VN, *ibid.*, 25 sowie E/CN.4/1993/40 vom 5.2.1993, 9.

116 Vgl. *M. Shafir*, The HDFR Congress: Confrontations postponed, Radio Free Europe/Radio Liberty Research Report, Nr. 9 vom 26.2.1993, 34 ff. (35).

117 Derzeit gibt es in Cluj-Napoca eine theologische Hochschule, in der in ungarischer Sprache unterrichtet wird, sowie die Babes-Bolyai Universität in Cluj-Napola und das Szentgyörgyi Istvan Theater-Institut in Tirgu-Mures (Marosvásárhely), in denen die Lehre zum Teil in Ungarisch erfolgt, vgl. White Paper der Regierung (Anm. 100), 1992, 22. Unter Hinweis auf universitäre Einrichtungen in Finnland (Abo/Turku) (vgl. hierzu *R. Hofmann*, Die rechtliche Stellung der Minderheiten in Finnland, in: J.A. Frowein/ R. Hofmann/S. Oeter [Hrsg.], Das Minderheitenrecht europäischer Staaten, Teil 1 [1993], 108 ff. [115 f.]) und in den spanischen Comunidades Autónomas des Baskenlands und Kataloniens (vgl. hierzu *S. Oeter*, Die rechtliche Stellung der Minderheiten in Spanien,

IV. Minderheitenspezifische Schranken der Vereinigungsfreiheit

Die Verfassung schreibt den Pluralismus in der rumänischen Gesellschaft als Voraussetzung für eine verfassungsmäßige Demokratie vor[118]. Die Gründung und Tätigkeit der politischen Parteien und Gewerkschaften unterliegt den gesetzlichen Bestimmungen[119] und die Parteien haben bei ihren politischen Aktivitäten die "nationale Souveränität, die Unverletzlichkeit des Staatsgebietes, die Rechtsordnung und die Grundsätze der Demokratie" zu beachten[120].

---

ibid., 369 ff. [390 ff.]) wird von der ungarischen Minderheit vor allem verlangt, daß die bis 1959 rein ungarischsprachige Universität Bolyai in Cluj-Napoca, die 1959 mit der dortigen rumänischen Babes-Universität zwangsvereinigt wurde (vgl. *R. Wagner* [Anm. 1], 52), wieder als rein ungarischsprachige Universität errichtet wird; diese Frage stellt offenbar eines der größten Probleme zwischen der rumänischen Regierung und der ungarischen Minderheit dar.

118 Art. 8 Abs. 1 der Verfassung lautet: "Pluralismul în societatea românească este o condiţie şi o garanţie a democraţiei constituţionale." In offizieller französischer Übersetzung: "Le pluralisme est dans la société roumaine une condition et une garantie de la démocratie constitutionnelle."

119 Art. 8 Abs. 2 und Art. 9 der Verfassung. Diese lauten (Art. 8 Abs. 2): "Partidele politice se constituie şi îşi desfăşoară activitatea in condiţiile legii. Ele contribuie la definirea şi la exprimirea voinţei politice a cetăţenilor, respectînd suveranitatea naţională, integritatea teritorială, ordinea de drept şi principiile democraţiei." In offizieller französischer Übersetzung: "Les partis politiques se constituent et exercent leur activité dans les conditions de la loi. Ils contribuent à la définition et à l'expression de la volonté politique des citoyens, tout en respectant la souveraineté nationale, l'intégrité territoriale, l'ordre de droit et les principes de la démocratie." Art. 9 der Verfassung lautet: "Sindicatele se constituie şi îşi desfăşoară activitatea potrivit cu statulele lor, în condiţiile legii. Ele contribuie la apărarea drepturilor şi la promovarea intereselor profesionale, economice şi sociale ale salariaţilor. " In offizieller französischer Übersetzung: "Les syndicats se constituent et exercent leur activité en conformité avec leurs propres statuts, dans les conditions de la loi. Ils contribuent à la défense des droits et à la promotion des intérêts professionnels, économiques et les principes de la démocratie."

120 Art. 8 Abs. 2 Satz 2 der Verfassung.

Die Versammlungsfreiheit ist verfassungsrechtlich in Art. 36[121], die Vereinigungsfreiheit in Art. 37[122] verankert. Minderheitenspezifische Einschränkungen dieser Rechte dürften bei entsprechender Anwendung des Art. 37 Abs. 2[123] möglich sein, der Parteien, die unter anderem gegen die "Souveränität, Integrität oder Unabhängigkeit Rumäniens" agieren, als verfassungswidrig bezeichnet.

Einfachgesetzlich wurden bisher ein Parteiengesetz[124] und ein Gewerkschaftsgesetz[125] erlassen.

In Art. 1 des Parteiengesetzes wird das Recht verbrieft, politische Parteien zu gründen, wenn es sich nicht um faschistische oder staatsfeindliche Parteien handelt; andere Beschränkungen nach Rasse, Nationalität etc. sind ausdrücklich nicht zulässig. Ziel der politischen Parteien und anderer Organisationen soll es sein, die nationale Souveränität, Unabhängigkeit,

---

121 Art. 36 der Verfassung lautet: "Mitingurile, demonstratiile, procesiunile sau orice alte întruniri sînt libere şi se pot organiza şi desfăşura numai în mod paşnic, fără nici un fel de arme. " In offizieller französischer Übersetzung: "Les meetings, les démonstrations, les processions ou toute autre réunion sont libres et peuvent s'organiser et se dérouler uniquement d'une manière pacifique et sans aucune arme."

122 Art. 37 Abs. 1 der Verfassung lautet: "Cetătenii se pot asocia liber în partide politice, în sindicate şi in alte forme de asociere." In offizieller französischer Übersetzung: "Les citoyens peuvent s'associer librement en partis politiques, en syndicats et en d'autres formes d'association."

123 Art. 37 Abs. 2 der Verfassung lautet: "Partidele sau organizaţiile care, prin scopurile ori prin activitatea lor, militează împotriva pluralismului politic, a principiilor statului de drept ori a suveranităţii, a integrităţii sau a independenţei României sînt neconstitutionale." In offizieller französischer Übersetzung: "Les partis ou les organisations qui, par leurs objectifs ou par leur activité, militent contre le pluralisme politique, les principes de l'Etat de droit ou la souveraineté, l'intégrité ou l'indépendance de la Roumanie sont inconstitutionnels."

124 Gesetz vom 31.12.1989 (ob es seit der Verabschiedung der neuen Verfassung ein neues Parteiengesetz gibt, ist der Verf. nicht bekannt); Auszug im White Paper (Anm. 100) 1992, 13.

125 Monitorul Oficial Nr. 164 vom 7.7.1991.

Integrität und Unabhängigkeit zu bewahren[126]. Die Organisationen der Minderheiten sind den politischen Parteien bei Wahlen rechtlich gleichgestellt[127]. Von seiten der ungarischen Minderheit wird insbesondere gefordert, die Parteien der Minderheiten aus staatlichen Mitteln angemessen finanziell zu fördern.[128]

Im Zusammenhang mit der Vereinigungsfreiheit könnte das Gesetz über die nationale Sicherheit[129] eine nicht unwesentliche Rolle spielen. Handlungen mit dem Ziel, die Souveränität, Einheit, Unabhängigkeit oder Unteilbarkeit des rumänischen Staates zu unterdrücken oder zu beeinträchtigen[130], oder Aktivitäten, welche die Verteidigungsfähigkeit oder andere ähnliche Interessen des Landes beeinträchtigen[131], oder das Initiieren, Organisieren, Begehen oder Unterstützen eines totalitären oder extremistischen Aktes kommunistischer, faschistischer, legionärer, rassistischer, antisemitischer, revisionistischer oder separatistischer Art[132] stellen eine Bedrohung der nationalen Sicherheit dar. Es erhebt sich insbesondere die Frage, was Separatismus in diesem Zusammenhang bedeutet und ob auch lediglich kulturelle Autonomiebestrebungen darunter fallen[133]. Eine Einschränkung könnten diese Bestimmungen möglicherweise dadurch erfahren, daß sie nicht derart interpretiert oder angewendet werden dürfen, daß das Recht auf Wahrnehmung eines verfassungsrechtlich garantierten Rechts eingeschränkt oder verboten wird[134]. Darüberhinaus

126 Art. 2 Abs. 1 des Gesetzes.

127 Art. 4 Abs. 2 des Parlamentswahlgesetzes (vgl. unten Anm. 140).

128 Vgl. das erwähnte (Anm. 40) Memorandum der RMDSZ.

129 Gesetz Nr. 51 vom 29.7.1991, Monitorul Oficial Nr. 163 vom 7.8.1991.

130 Art. 3 lit. a des Gesetzes.

131 Art. 3 lit. f des Gesetzes.

132 Art. 3 lit. h des Gesetzes.

133 Vgl. *O. Kolar*, Die politische und wirtschaftliche Entwicklung in Rumänien seit dem Dezember 1989, Österreichische Osthefte 1992, 518 ff. (520).

134 Art. 4 Abs. 1 des Gesetzes.

soll die nationale Sicherheit in Übereinstimmung mit internationalen Verträgen zum Schutz der Menschenrechte verwirklicht werden[135].

V. Politische Repräsentation

Allgemein ist das aktive Wahlrecht aller Bürger verbrieft in Art. 34, das passive in Art. 35 der Verfassung.

Für das Parlament[136] findet sich eine Regelung zum Wahlrecht in Art. 59 der Verfassung, für die Wahl des Präsidenten in Art. 81. Entscheidend für die Minderheiten ist Art. 59 Abs. 2[137]; die Organisationen der Minderheiten erhalten danach auch dann einen Sitz, wenn sie die an sich erforderlichen Stimmen nicht auf sich vereinigen können. Eingeschränkt wird dies jedoch dadurch, daß die Bürger einer nationalen Minderheit nur von einer einzigen Organisation repräsentiert werden können.

Bei den Organen der örtlichen öffentlichen Verwaltung werden die Räte und Bürgermeister, nicht dagegen die Präfekte gewählt[138].

---

135 Art. 5 des Gesetzes.

136 Gemäß Art. 58 Abs. 2 der Verfassung besteht dieses aus dem Abgeordnetenhaus und dem Senat.

137 Art. 59 Abs. 2 der Verfassung lautet: "Organizaţiile cetăţenilor aparţinînd minorităţilor naţionale, care nu întrunesc în alegeri numarul de voturi pentru a fi reprezentate în Parlament, au dreptul la cîte un loc de deputat, în condiţiile legii electorale. Cetăţenii unei minorităţi naţionale pot fi reprezentaţi numai de o singură organizaţie. " In offizieller französischer Übersetzung: "Les organisations des citoyens appartenant aux minorités nationales, lesquelles ne réunissent pas aux élections le nombre de votes nécessaires pour être représentées au Parlement, ont droit à un siège de député chacune, dans les conditions de la loi éléctorale. Les citoyens d'une minorité nationale peuvent être représentés uniquement par une seule organisation."

138 Vgl. Art. 120 ff. der Verfassung.

Nachdem am 14. März 1990 bereits ein Wahlgesetz für die Parlaments- und Präsidentschaftswahlen erlassen wurde[139], gibt es inzwischen neue Wahlgesetze für das Parlament[140], den Präsidenten[141] und auch für die Organe der örtlichen Verwaltung[142].

Wesentliche Vorschrift des Parlamentswahlgesetzes ist für die Minderheiten Art. 4; in den Absätzen 1 und 3 bis 5 wird die Regelung des Art. 59 Abs. 2 der Verfassung ausgestaltet und nach Abs. 2 sind die Organisationen der Minderheiten den politischen Parteien gleichgestellt. Während das Gesetz für die Präsidentenwahl keine minderheitenspezifischen Regelungen trifft, bestimmt Art. 2 des Lokalwahlgesetzes, daß das Wahlrecht unabhängig sei von Nationalität, Rasse, Sprache etc.

Der Forderung insbesondere der ungarischen Minderheit[143] nach Errichtung eines eigenen Minderheitenparlaments mit einem Vetorecht bei bestimmten Gesetzgebungsakten wurde bisher nicht Rechnung getragen.

Nach den letzten Wahlen vom 27. September 1992[144] sind von der ungarischen Minderheit im Parlament 12 Senatoren und 27 Abgeordnete

---

139 Gesetz Nr. 92 vom 14.3.1990, Monitorul Oficial Nr. 35 vom 18.3.1990.

140 Gesetz Nr. 68 vom 15.7.1992, Monitorul Oficial Nr. 164 vom 16.7.1992.

141 Gesetz Nr. 69 vom 15.7.1992, Monitorul Oficial Nr. 164 vom 16.7.1992.

142 Gesetz Nr. 70/1991, Monitorul Oficial Nr. 239 vom 28.11.1991.

143 Vgl. *M. Shafir* (Anm. 116), 36.

144 Die Wahlergebnisse im einzelnen sind veröffentlicht in Monitorul Oficial Nr. 257 vom 15.10.1992; zu diesen Wahlen vgl. M. *Shafir*, Romania's Elections: Why the Democratic Convention lost, Radio Free Europe/Radio Liberty Research Report, Nr. 43 vom 30.10.1992, 1 ff.; *M. Shafir*, Romania's Elections: More Change than meets the Eye, Radio Free Europe/Radio Liberty Research Report, Nr. 44 vom 6.11.1992.

und von Repräsentanten der anderen Minderheiten 13 Abgeordnete vertreten[145].

VI. Schlußbemerkung

Wie bereits gesehen, unternahm die rumänische Regierung einige Anstrengungen, um den Minderheitenschutz in Rumänien zu verbessern. Sowohl die einzelnen Bestimmungen der Verfassung als auch im besonderen die Errichtung des Minderheitenrates hinterließen bei den europäischen Beobachtern einen positiven Eindruck[146].

Einige der Rechtsnormen wurden deshalb kritisiert, weil sie so vage formuliert seien, daß sie möglicherweise gegen die Interessen der Minderheiten ausgelegt werden könnten[147]; insbesondere gegen die Art.1[148], 13[149], 30 Abs. 7[150], 32[151], 59 Abs. 2[152] und 127[153] der Verfassung

---

145 Es handelt sich hierbei um Abgeordnete, die nach Art. 59 Abs. 2 der Verfassung einen garantierten Sitz erhielten, d.h. ohne daß sie die an sich erforderliche Stimmenzahl erhielten.

146 Vgl. *A. Spielmann/J.A. Frowein* (Anm. 15), 136; Frankfurter Allgemeine Zeitung vom 2.9.1993, S. 6 und *M. Shafir* (Anm. 37) in Bezugnahme auf *König* (Anm. 20), der allerdings betonte, daß den formellen Schritten auch überzeugende materielle folgen müssen, 38.

147 Vgl den Bericht des Wirtschafts- und Sozialrats der VN, E/CN.4/1992/28 vom 3.1.1992, 28.

148 Vgl. oben bei Anm. 28 ff.

149 Vgl. oben bei Anm. 79.

150 Art. 30 Abs. 7 lautet: "Sînt interzise de lege defăimarea ţării şi a naţiunii, îndemnul la război de agresiune, la ură natională, rasială, de clasă sau religioasă, incitarea la discriminare, la separatism teritorial sau la violenţă publică, precum şi manifestările obscene, contrare bunelor moravuri." In offizieller französischer Übersetzung: "Sont interdites par la loi la diffamation du pays et de la nation, l'exhortation à la guerre d'aggression, à la haine nationale, raciale, de classe ou religieuse, l'incitation à la discrimination, au séparatisme territorial ou à la violence publique, ainsi que les manifestations obscènes, contraires aux bonnes moeurs."

151 Vgl. oben bei Anm. 102 ff.

wurden Bedenken erhoben[154]. Auch die Gesetze über die nationale Sicherheit[155] und über die audiovisuellen Medien[156] standen wegen ihrer Formulierungen über "separatistische Aktivitäten" im Kreuzfeuer der Kritik. In einigen Bereichen werden die gesetzlichen Regelungen darüberhinaus noch für unzureichend gehalten: So wurde ein Minderheitengesetz bislang noch nicht erlassen; auch sei die Frage einer Selbstverwaltung oder (einer ggf. auch nur auf bestimmte Bereiche bezogenen) Autonomie der Minderheiten[157] noch ungeregelt.

Der Hauptgrund der Spannungen zwischen der rumänischen Regierung und vor allem der ungarischen Minderheit scheint dennoch weniger die Frage des mangelnden gesetzlichen Minderheitenschutzes als die Frage der Durchsetzung dieser Normen zu sein[158], wobei Hoffnungen geäußert wurden, daß Rumänien als Mitglied des Europarates auch in seiner Minderheitenpolitik Fortschritte erzielen werde[159].

---

152 Vgl. oben bei Anm. 137; kritisiert wurde, daß die Angehörigen einer Minderheit lediglich von einer Organisation repräsentiert werden können.

153 Vgl. oben Anm. 81 und 83.

154 Auch Art. 50 Abs. 1 der Verfassung, welcher zur Landestreue verpflichtet, könnte minderheitenfeindlich ausgelegt werden.

155 Vgl. oben Anm. 129.

156 Vgl. oben Anm. 96.

157 Zum Teil werden Forderungen nach Selbstverwaltung bzw. nach Selbstregierung erhoben, zum Teil darüberhinaus auch die territoriale Autonomie erwogen, vgl. hierzu *M. Shafir* (Anm. 116), 35. Zu berücksichtigen ist insofern, daß es unter dem kommunistischen Regime zwischen 1952 und 1968 eine mit weitgehenden Selbstverwaltungskompetenzen ausgestattete Autonome Ungarische Region bzw. Autonome Ungarische Region Muresch gab, vgl. hierzu *E. Kendi* (Anm. 3), 47 ff.

158 Es fehlt nicht an politischen Absichtserklärungen zur Verbesserung der Lage, vgl. *T. Chebeleu* (Anm. 2) und *A. Spielmann/J.A. Frowein* (Anm. 15), 136; zur Überwachung der Durchführung der Bestimmungen setzte die 'Commission Free Democracy through Law' ein spezielles Gremium ein, vgl. *A. Zidaru-Barbulescu* (Anm. 23), 12 mwN.

159 Vgl. *König* (Anm. 20), 8; Frankfurter Allgemeine Zeitung vom 27.9.1993, S. 8; die Vertreter der ungarischen Minderheit sprachen sich deshalb für die Aufnahme Rumäniens in den Europarat aus.

Den staatlichen Organen wird auch heute noch der Vorwurf der Diskriminierung und Zwangsassimilierung gemacht[160]. Insbesondere seien die Minderheiten von leitenden Positionen meist ausgeschlossen[161]. Es wird der Verwaltung vorgeworfen, sie hätte die Angehörigen von Minderheiten diskriminiert, indem der Unterricht in ungarischer Sprache beschränkt[162], zweisprachige Straßenschilder entfernt[163] und Versammlungen rechtswidrig aufgelöst worden seien[164]. Den Gerichten wird mangelnde Unparteilichkeit hinsichtlich der Beurteilung der Ereignisse von Ende 1989 entgegengehalten[165]; zudem sollen bei Zusammenstößen von ethnischen Minderheiten lediglich die Beteiligten der Ungarn und der Zigeuner angeklagt und verurteilt[166], und bei einer Amnestie diese nicht berücksichtigt worden sein[167].

Es wird ferner der Verdacht geäußert, daß Maßnahmen der Regierung nicht nur zu dem Zweck unternommen wurden, den Minderheitenschutz zu verbessern, sondern auch um die nationalen Minderheiten und die internationale öffentliche Meinung zu beeinflussen[168] und bei den Organen des Europarats ein möglichst positives Bild zu hinterlassen, ohne aber

---

weil sie davon ausgingen, daß ein Mitglied in jedem Fall besser kontrolliert werden könne als ein Nichtmitglied.

160 Nach Auffassung der Menschenrechtskommission des Wirtschafts- und Sozialrates der VN gibt es jedoch diesbezüglich seit 1989 entscheidende Verbesserungen, vgl. E/CN.4/1991/30 vom 8.1.1991, 27.

161 So wurden beispielsweise in den mehrheitlich ungarischen Städten Harghita und Covasna die meisten leitenden Posten auf der Bezirksebene mit Rumänen besetzt, vgl. *M. Shafir* (Anm. 37), 37.

162 Vgl. *T. Gallagher* (Anm. 6), 27.

163 Vgl. *König* (Anm. 20), 3 und *T. Gallagher, ibid.*, 27.

164 Vgl. *König, ibid.*, 3 und *A. Zidaru-Barbulescu* (Anm. 23), 14.

165 So z.B. im Umgang mit der Bürgerrechtlerin *Doina Cornea*, zu Einzelheiten vgl. *A. Jonas*, Die Menschenrechte in Rumänien, Der Donauraum 30 (1989/1990/2), 3 ff. (36).

166 Vgl. *König* (Anm. 20), 3, 9 und Council of Europe, Parliamentary Assembly, Doc. 6901, Ziff. 43.

167 *König, ibid.*, 3.

168 M. *Shafir* (Anm. 37), 35.

substantielle Verbesserungen schaffen zu wollen[169]. So ist beispielsweise zu beachten, daß die Errichtung des Minderheitenrates und die Änderungen der Verfahrensfragen[170] zeitlich mit der Einsetzung der rumänischen Präfekten zusammenfiel[171]. Zudem wurden diese Maßnahmen der Regierung zugunsten der ungarischen Minderheit extensiv publiziert, während der Umstand, daß diese Minderheit drohte, an den Arbeiten des Minderheitenrates nicht weiter teilzunehmen, wenn die noch ausstehenden Verfahrensfragen nicht geregelt würden, im Dunkeln geblieben ist[172]. Die Vertreter der ungarischen Minderheit haben Ende August 1993 den Rat verlassen[173] und es erscheint nun fraglich, ob dessen Funktionieren überhaupt noch möglich ist.

Mißtrauen und Intoleranz zwischen den Rumänen und den ethnischen Minderheiten haben in den letzten Jahren immer wieder zu Zusammenstößen geführt[174]. Bisher konnten die staatlichen Organe nur unzureichend die nationalistischen Tendenzen auf der einen Seite und die zum Teil sehr weitgehenden Autonomie-Bestrebungen vor allem der ungarischen Minderheit in Einklang bringen[175].

---

169 *Ibid.*, 36.

170 Da die rumänische Regierung möglicherweise fürchtete, daß die Stimmen der ungarischen Minderheit bis zu den zuständigen Gremien des Europarats vordringen und die Aufnahme Rumäniens in den Europarat behindern könnten, sei versucht worden, die Forderungen nach Änderung der Verfahrensfragen wenigstens zum Teil durchzusetzen; auch sei *Viorel Hrebenciuc*, der General-Sekretär der Regierung, geradezu zum 'Anwalt' der Ungarn geworden; vgl. *M. Shafir*, *ibid.*, 39 f.

171 Vgl. *M. Shafir*, *ibid.*, 35.

172 *Ibid.*, 39 f.

173 Vgl. Council of Europe, Parliamentary Assembly, Doc. 6918, 7.

174 Z.B. im Bezirk Harghita im Dezember 1989 und in Tirgu-Mures (Marosvásárhely) (Neumarkt) im März 1990; ethnische Spannungen gab es auch in Cluj-Napoca seit der Wahl des Bürgermeisters *Georghe Funar*, dem die Verfolgung nationalistisch-rumänischer Ziele vorgeworfen wird, im Februar 1992, vgl. *T. Gallagher* (Anm. 6), 27.

175 Es werden auch Vorwürfe erhoben, der Staat provoziere zum Teil das Mißtrauen, vgl. *A. Zidaru-Barbulescu* (Anm. 23), 14.

Insgesamt bleibt zu hoffen, daß die erfolgte Aufnahme Rumäniens in den Europarat zu einer vollständigeren und auch großzügigeren Umsetzung der aktuellen europäischen Standards der doch weitgehend entsprechenden verfassungsrechtlichen und einfach-gesetzlichen Normen führt, und über den fortschreitenden Abbau des fraglos vorhandenen Mißtrauens zwischen rumänischer Mehrheitsbevölkerung und den einzelnen nationalen Minderheiten ein konfliktfreies Zusammenleben aller rumänischen Bürger erreicht wird.

Die rechtliche Stellung der Minderheiten in Rußland

Mahulena Hošková*

I. Einleitung

1. Vorwort

"Die Worte veralten einem im Munde" - mit dieser Bemerkung begann durchaus zutreffend *Georg Brunner* seine auf dem Stand vom September 1991 befindliche und sehr umfassende Darstellung zur tatsächlichen und rechtlichen Lage der nationalen Minderheiten in der - ehemaligen - Sowjetunion[1]. Diese Aussage, die man angesichts der wahrlich rasanten gesellschaftlichen und rechtlichen Entwicklungen auf alle ehemals sozialistischen Staaten Europas beziehen kann, gilt in besonderem Maße für die Nachfolgestaaten der Sowjetunion[2], namentlich auch für Rußland. Wegen dieser sehr schnellen und häufig wenig übersichtlichen Geschehnisse und der nicht immer zufriedenstellenden Zugänglichkeit amtlichen Materials, was insbesondere Gesetzesvorhaben und vor allem den fast völligen Mangel an verifizierbarer Verwaltungspraxis betrifft, unterscheidet sich der nachstehende Bericht zur Rechtsstellung nationaler Minderheiten in Rußland deutlich von vielen anderen, im Rahmen dieses Projektes erstellten Landesberichten; dies bezieht sich nicht zuletzt auch auf das

---

* JUDr. (Prag), CSc.; Wissenschaftliche Referentin am Institut.
Abkürzungen: RSFSR = Rossiskaja Sovetskaja Federativnaja Socialističeskaja Respublika (Russische Föderative Sowjetrepublik); Ved. RF = Vedomosti Rossiskoj Federacii (Gesetzblatt der Russischen Föderation [ab 1992]); Ved. RSFSR = Vedomosti RSFSR (Gesetzblatt der RSFSR [bis 1991]); Ved. SSSR = Vedomosti SSSR (Gesetzblatt der UdSSR).

1 *G. Brunner*, Minderheiten in der Sowjetunion, GYIL 34 (1991), 354 ff.

2 Zur Auflösung der Sowjetunion und der Entstehung der Gemeinschaft Unabhängiger Staaten (GUS) vgl. umfassend *T. Schweisfurth*, Vom Einheitsstaat (UdSSR) zum Staatenbund (GUS). Juristische Stationen eines Staatszerfalls und einer Staatenbundsentstehung, ZaöRV 52 (1992), 541 ff.

Fehlen umfassender empirischer Nachweise zur tatsächlichen Umsetzung der im folgenden vorgestellten rechtlichen Regelungen.

Nach der Volkszählung von 1979[3] lebten auf dem Gebiet der damaligen Russischen SFSR etwa 137.000.000 Menschen, von denen die Russen 82,6% zählten (im Jahre 1989 betrug ihr Anteil noch 81,5%). Die weiteren stärksten Bevölkerungsgruppen bildeten 1989 die Tataren (3,8%), die Ukrainer (3,0%) und die Tschuwaschen (1,2%), während sich die übrigen 10,5% der Bevölkerung auf alle anderen Völkerschaften verteilten.

Wie wenig erfolgreich die Nationalitätenpolitik des früheren sowjetischen Regimes war[4], wird nicht nur an den derzeitigen schweren gewaltsamen Nationalitätenkonflikten in einigen Gebieten der ehemaligen Sowjetunion wie namentlich in der Moldau, dem Kaukasus (insoweit ist auch Rußland unmittelbar betroffen) und einigen zentralasiatischen Republiken deutlich; dieser Befund zeigt sich etwa auch an den rechtlichen Vorschriften, die im Zusammenhang mit der Reformpolitik nach 1989 wegen ihres repressiven Charakters erst noch aufgehoben werden mußten[5]: Es handelte sich unter anderem um die Erlasse des Obersten Sowjets vom 28. August 1941 über die Übersiedlung der in den Wolgagebieten lebenden Deutschen, vom 27. Dezember 1943 über die Auflösung der Kalmückischen ASSR und die Bildung des Astrachan-Gebietes im Rahmen der RSFSR, vom 13. Dezember 1955 über die Aufhebung der Maßnahmen betreffend die Rechtsstellung der Deutschen und ihrer Familienangehörigen, die sich in den Sondersiedlungen befinden, vom 17. März 1956 über die Aufhebung der Maßnahmen betreffend die Rechtsstellung der Kalmücken und ihrer Familienangehörigen, die sich in den Sondersiedlungen befinden, sowie eine Reihe weiterer analoger Vorschriften betreffend Griechen, Bulgaren,

---

3 Für die nachfolgenden statistischen Angaben s. *G. Brunner* (Anm. 1), 398 ff. und *C. Schmidt*, Der Minderheitenschutz in der Rußländischen Föderation, in: C. Schmidt, Der Minderheitenschutz in der Rußländischen Föderation, Ukraine und Republik Weißrußland (1994), 9 ff. (29).

4 Für einen entsprechenden Überblick vgl. nur *G. Brunner*, *ibid.*, 357 ff.

5 Ved. SSSR Nr. 11, 13.3.1991.

Armenier, Krimtataren, Balkaren, Türken, Kurden, Tschetschenen, Inguschen und Karatschaier.

Wie "idyllisch" - und realitätsfern[6] - klang dagegen der Wortlaut des Nationen-Artikels 70 der sowjetischen Verfassung von 1977, die nach einer "...breitesten Volksdiskussion" verabschiedet wurde:
"(1) Die Union der Sozialistischen Sowjetrepubliken ist ein multinationaler Einheits- und Bundesstaat, der auf der Grundlage des Prinzips des sozialistischen Föderalismus im Ergebnis der freien Selbstbestimmung der Nationen und der freiwilligen Vereinigung gleichberechtiger sozialistischer Sowjetrepubliken gebildet wurde.
(2) Die UdSSR verkörpert die staatliche Einheit des Sowjetvolkes, sie schließt alle Nationen und Völkerschaften zum gemeinsamen Aufbau des Kommunismus zusammen."

Was mit "dem gemeinsamen Aufbau des Kommunismus" passierte, ist bekannt; was jedoch ist mit der Stellung der "Nationen", mit dem "Sowjetvolk", mit den "Völkerschaften" geschehen ? Im folgenden wird der Versuch einer Beschreibung der wichtigsten Aspekte ihrer heutigen rechtlichen Stellung im größten Teil des früheren Imperiums, Rußland, unternommen.

2. Die verfassungsrechtliche Grundlage

Am 26. Dezember 1991 hat der Oberste Sowjet der UdSSR die "Deklaration im Zusammenhang mit der Gründung der Gemeinschaft der unabhängigen Staaten" verabschiedet, wodurch "...die UdSSR als Staat und Subjekt des internationalen Rechts aufgehört hat zu existieren"[7]. Vorangegangen waren bekanntlich eine Vielzahl von "Souveränitätserklärungen" der Unionsrepubliken, darunter auch der RSFSR vom 12. Juni 1990[8].

---

6 Vgl. nur *G. Brunner* (Anm. 1), 360 ff.

7 Ved. SSSR Nr. 52, 25.12.1991; vgl. hierzu nur *T. Schweisfurth* (Anm. 2), 626 ff.

8 Vgl. hierzu *T. Schweisfurth*, *ibid.*, 586 ff. (588).

"Die Russische Föderation - Rußland ist ein souveräner föderativer Staat, geschaffen durch die historisch in ihm vereinigten Völker ...", lautet der am 21. April 1992 geänderte Anfang des Art. 1 der Verfassung der RSFR[9], die das staatliche Vermögen der Russischen Föderation als ein Eigentum des "vielnationalen Volkes" der Russischen Föderation (Art. 11) und als Träger der Souveränität und Quelle der Gewalt wieder sein" vielnationales Volk" bezeichnet (Art. 68). Gegenüber den anderen Staaten soll der souveräne Staat seine Aktivitäten unter anderem auf die allgemein anerkannten Prinzipien des Völkerrechts, darunter auch auf der Grundlage der Respektierung der Menschenrechte und Freiheiten, einschließlich der Rechte der nationalen Minderheiten, gründen (Art. 28).

Diese Änderung der Verfassung reflektiert manche Umwandlungen in der russischen Gesellschaft in den letzten Jahren. Vielleicht am deutlichsten ist die neue Entwicklung zu spüren gerade in denjenigen Partien der Verfassungsnovellierung, die sich mit den Grundrechten und Freiheiten der Bewohner der Föderation beschäftigen und die dann eine unmittelbare Wirkung auf die Stellung ihrer Völker hatten; ein Vorbild für diese Regelung war die am 22. November 1991 durch den Obersten Sowjet der RSFSR verabschiedete Deklaration der Rechte und Freiheiten des Menschen und Bürgers[10].

Ihre 40 Artikel sollten das Ziel verfolgen, "...die Gesetzgebung der RSFSR in Einklang mit den durch die internationale Gemeinschaft allgemein akzeptierten Standards der Rechte und Freiheiten des Menschen zu bringen." Für die Hierarchie der Rechtsnormen auf diesem Gebiet ist besonders wichtig Art. 1 Abs. 2 der Deklaration, der erklärt, daß "...die

---

9 Gesetz der Russischen Föderation Nr. 1084 vom 21.4.1992 "über die Änderungen und Ergänzungen der Verfassung (des Grundgesetzes) der Russischen Sowjetischen Föderativen Sozialistischen Republik", Ved. RSFSR Nr. 20, 21.5.1992; vgl. hierzu etwa *A.W. Mitskewits*, Stanovlenije osnov novovo konstitucionnogo stroja v Rossiskoj Federacii (= Bestimmung der Grundlagen des neuen verfassungsrechtlichen Gefüges der Russischen Föderation), Gosudarstvo i Pravo 1992, Heft 8, 11 ff.

10 Ved. RSFSR Nr. 52, 26.12.1991.

allgemein akzeptierten internationalen Normen im Zusammenhang mit den Menschenrechten Vorrang vor den Gesetzen der RSFSR haben und unmittelbar Rechte und Verpflichtungen der Staatsbürger der RSFSR begründen." Trotz dieser Erklärung treten diejenigen gesetzlichen Normen, die im Widerspruch zu den in völkerrechtlichen Menschenrechtskonventionen niedergelegten Prinzipien stehen, nicht automatisch außer Kraft: Nach der Anordnung des Obersten Sowjets Nr. 1865 vom 22. November 1991 sollten entsprechende Ausschüsse des Obersten Sowjets die Entwürfe, die die Gesetzgebung der RSFSR mit der erwähnten Deklaration in Einklang bringen sollen, vorbereiten und diese dem Obersten Sowjet vorlegen.

Obwohl die Deklaration damals noch keine ausdrückliche Bestimmungen zum Status der nationalen Minderheiten brachte, spricht Art. 55 Abs. 2 die Gleichheit aller vor dem Gesetz - unabhängig von Rasse, Nationalität, Sprache usw. - aus. Nach Art. 12 genießen alle Bewegungsfreiheit, sowie die Freiheit der Wahl des Aufenthaltsortes im Rahmen der RSFSR; dieses Recht kann nur durch ein Gesetz beschränkt werden. Jedermann ist gemäß Art. 16 Abs. 1 berechtigt, frei seine nationale Angehörigkeit zu bestimmen; nach Art. 16 Abs. 2 hat jedermann das Recht, seine Muttersprache zu benutzen, sowie das Recht auf Unterricht und Erziehung in der Muttersprache. Die Beleidigung der nationalen Würde wird nach dem Gesetz verfolgt (Abs. 3).

Nach Art. 40 der Deklaration sollte die Behörde eines Ombudsmans in das russische Staatssystem eingeführt werden: dieser "Parlamentarische Bevollmächtigte für die Menschenrechte" sollte die Parlamentskontrolle in bezug auf die Einhaltung der Menschenrechte und Grundfreiheiten ausüben (Abs. 1). Er war vom Obersten Sowjet für einen Zeitraum von fünf Jahren zu bestimmen; seine Rechte und die Art ihrer Umsetzung sollten in einem noch zu erarbeitenden Gesetz festgelegt werden (Abs. 3).

Eine Reihe von Regeln wurde aus dieser Deklaration in das V. Kapitel der am 21. April 1992 novellierten russischen Verfassung übernommen; dies galt zunächst für die Grundregel, daß die allgemein akzeptierten internationalen Normen bezüglich der Menschenrechte Vorrang vor den

Gesetzen der Russischen Föderation haben und unmittelbar Rechte und Verpflichtungen bewirken (Art. 32).

Der Staat garantierte in diesem V. Kapitel der Verfassung allen die Gleichheit ihrer Rechte und Freiheiten, unabhängig von Rasse, Nationalität, Sprache, Ort des Aufenthalts usw.(Art. 34). Gemäß Art. 46 der novellierten Verfassung hatte jedermann das Recht, frei seine nationale Angehörigkeit zu bestimmen; andererseits durfte niemand zur Bestimmung und Angabe seiner nationalen Angehörigkeit gezwungen werden. Durch Art. 35 wurde die Ausnutzung der Rechte und Freiheiten für die gewaltsame Änderung des verfassungsrechtlichen Gefüges und der Hervorrufung rassischen, nationalen oder religiösen Hasses verboten.

Das Territorium der Russischen Föderation erklärte Art. 70 der geänderten Verfassung als einheitlich und untrennbar; eine Änderung des verfassungsrechtlichen Status der Republiken, Regionen (*krajev*), Gebiete (*oblastej*), des autonomen Gebietes (*avtonomnoj oblasti*), der autonomen Kreise (*avtnonomnych okrugov*) sowie ihre Aufteilung und Vereinigung sollten nur aufgrund des Ausdrucks des Willens der Mehrheit der jeweiligen Wähler mit Bestätigung durch den Kongress der Volksdeputierten der Russischen Föderation stattfinden.

Ein wichtiger Bestandteil der russischen Verfassung sollte nach dem Beschluß Nr. 898 des Kongresses der Volksdeputierten vom 10. April 1992[11] der Inhalt des Gesetzes über die Verteilung der Kompetenzen zwischen den föderalen Organen der Staatsgewalt und den Organen der Staatsgewalt der souveränen (Teil-)Republiken der Russischen Föderation sowie den Organen der Bezirke, Gebiete, der Städte Moskau und Sankt Petersburg, des autonomen Gebietes und der autonomen Kreise im Rahmen der Russischen Föderation werden, dessen Grundlagen in der Form des Beschlusses des Obersten Sowjets Nr. 770 über

11 Ved. RF Nr. 17, 23.4.1992.

die Hauptprinzipien des national-staatlichen Gefüges ("Über den Föderativen Vertrag") am 16. Mai 1991 verabschiedet wurden[12].

3. Organisation des Staatsapparates in bezug auf die nationalen Minderheiten

Die novellierte russische Verfassung hat, im Zusammenhang mit der Unterzeichnung des Föderativen Vertrages, in ihrem Art. 72 die Fragen des Territoriums der Föderation und seiner Integrität, der Schaffung neuer Bezirke, Gebiete, autonomer Gebiete und autonomer Kreise und der Grenzen zwischen ihnen, sowie der Regulierung und des Schutzes der Menschenrechte und Freiheiten, zusammen mit den Rechten der Staatsbürger, den Fragen der Staatsbürgerschaft, sowie der Regulierung und des Schutzes der Rechte der nationalen Minderheiten, in die Zuständigkeit der föderalen Organe gelegt. Der Schutz der Menschenrechte und Freiheiten und der Rechte der Staatsbürger gehörte dabei zusammen mit dem Schutz der Rechte der nationalen Minderheiten nach ihrem Art. 84 in die gemeinsame Kompetenz der föderalen Staatsorgane und der Organe der Staatsgewalt der Teilrepubliken.

In die gemeinsame Zuständigkeit der föderalen Organe und der Organe der autonomen Gebiete und autonomen Bezirke fiel, neben dem Schutz der Menschenrechte und der Rechte der Staatsbürger, zusätzlich auch der Schutz der traditionellen Lebensart der sogenannten "nicht-zahlreichen Völker" (*maločislennych narodov*). Als Beispiel kann hier aufgeführt werden der Erlaß des Präsidenten der Russischen Föderation Nr. 1009 vom 22. April 1992 "über die dringenden Maßnahmen für den Schutz der Aufenthalts- und Wirtschaftsorte der nicht-zahlreichen Völker des Nordens"[13]. Für die traditionelle Art der Weidewirtschaft sollten den Hirten Weideplätze unentgeltlich oder aufgrund von Pachtverträgen zur Verfügung gestellt werden; gleichzeitig sollten auf der legislativen Ebene weitere Maßnahmen getroffen werden: Bis Ende 1992 sollten die Entwürfe

12 Ved. RSFSR Nr. 22, 30.5.1991.

13 Ved. RF Nr. 18, 7.5.1992.

der Gesetze "über den rechtlichen Status der ursprünglichen Völker des Nordens", sowie "über den rechtlichen Status des nationalen Gebiets, nationalen Landwirtschafts- und Siedlungssowjets, Stammes- und Gemeindesowjets der ursprünglichen Völker des Nordes" vorbereitet und auf die Tagesordnung des Obersten Sowjets gebracht werden.

Aus der Untersuchung der rechtlichen Materialien hat sich folgende Übersicht der auf der obersten staatlichen Ebene funktionierenden, für gewisse Aspekte der Nationalitätenpolitik zuständigen Organe ergeben: Bei dem Obersten Sowjet war bei dem Sowjet der Nationalitäten die Kommission für die nationalstaatliche Ordnung und internationale Beziehungen tätig[14]. Mit bestimmten Aspekten der Nationalitätenpolitik befaßte sich auch die Kommission für die unterdrückten und deportierten Nationen[15]. Für den Bereich des sogenannten "Sprachprojekts" war die Kommission für das kulturelle und natürliche Erbe der Nationen der Russischen Föderation zuständig. Bei der föderalen Regierung arbeitet unter der Leitung von *W. Tischkow* ein Komitee für Nationalitätenpolitik, das den Rang eines föderalen Ministeriums hat. Bei dem russischen Präsidenten entstand die Kommission für die Fragen des Staatsbürgertums[16].

Als oberstes Organ für den Schutz des Verfassungsgefüges der Russischen Föderation war das Verfassungsgericht tätig[17], gegründet nach dem Gesetz Nr. 621 vom 6. Mai 1991[18] und Nr. 1017 über das Verfassungsgericht vom 12. Juli 1991[19].

---

14 Ihr Vorsitzender war N.P. Medvedev; ihre Mitglieder sind aufgeführt in Ved. RF Nr. 27, 9.7.1992.

15 Ihr Vorsitzender war A.V. Anikijev; vgl. Ved. RF Nr. 27, 9.7.1992.

16 Ihre Mitglieder sind aufgeführt in Ved. RF Nr. 26, 2.7.1992.

17 Vgl. hierzu *T. Schweisfurth*, Der Start der Verfassungsgerichtsbarkeit in Rußland, EuGRZ 19 (1992), 281 ff.

18 Ved. RSFSR Nr. 19, 9.5.1991.

19 Ved. RSFSR Nr. 30, 25.7.1991.

4. Allgemeine " Minderheiten-Gesetzgebung"

Nach dem schon erwähnten Beschluß des Obersten Sowjets Nr. 770 vom 16. Mai 1991 über die Hauptprinzipien des nationalstaatlichen Gefüges ("Über den Föderativen Vertrag") wurde der Oberste Sowjet unter anderem verpflichtet,"... die Vorbereitung des gesetzlichen Aktes über die Garantien der gleichberechtigten Entwicklung der nationalen Minderheiten" fertigzustellen. Wie weit diese Arbeiten fortschritten, ist nicht bekannt; jedenfalls ist eine Reihe normativer Akte, die in den Status der Völker der RSFSR eingreifen, in Kraft getreten, deren Wirkung aber nicht nur auf die Minderheiten zielt:

An - zeitlich - erster Stelle sei der Beschluß des Obersten Sowjets der UdSSR Nr. 302 vom 7. März 1991 "über die Aufhebung gesetzgebender Akte im Zusammenhang mit der Deklaration des Obersten Sowjets der UdSSR vom 14. November 1989 über die Anerkennung als gesetzwidrig und verbrecherisch der unterdrückenden Akte gegen die Völker, die der gewaltsamen Übersiedlung unterworfen wurden, und die Gewährleistung ihrer Rechte" genannt[20]. Aufgrund dieses Beschlusses wurden folgende Erlasse des Obersten Sowjets der UdSSR aufgehoben:

- Vom 28. August 1941 über die Übersiedlung der in den Wolgagebieten lebenden Deutschen;
- vom 7. September 1941 über die administrative Struktur der ehemaligen Wolgarepublik der Deutschen;
- vom 27. Dezember 1943 über die Auflösung der Kalmückischen ASSR und die Bildung des Astrachan-Gebietes im Rahmen der RSFSR;
- vom 30. Juni 1945 über die Umwandlung der Krim-ASSR in das Krim-Gebiet im Rahmen der RSFSR;
- vom 13. Dezember 1955, Art. 2 über die Aufhebung der Maßnahmen betreffend die Rechtsstellung der Deutschen und ihrer Familienangehörigen, die sich in Sondersiedlungen befinden.

---

20 Ved. SSSR, Nr. 11, 13.3.1991; vgl. hierzu auch *T. Schweisfurth* (Anm. 2), 570 ff.

Außer Kraft gesetzt wurden ferner die entsprechenden Bestimmungen des Erlasses betreffend Krimtataren, Balkarier, Turk-Mescheten, Kurden, Inguschen, Tschetschenen und Karatschaier[21].

Aufgehoben wurden weiter Art. 2 der Erlasses des Präsidiums des Obersten Sowjets der UdSSR vom 31. Oktober 1957 über die Aufhebung der Beschränkungen betreffend die Staatsbürger aserbaidschanischer Nationalität, die im Jahre 1941 aus der Grusinischen SSR umgesiedelt wurden, sowie der Erlaß des Präsidiums des Obersten Sowjets der UdSSR vom 29. August 1964 über die Änderungen des Erlasses des Präsidiums des Obersten Sowjets der UdSSR vom 28. August 1941 über die Umsiedlung der im Wolgagebiet lebenden Deutschen.

Gemäß Art. 3 dieser Anordnung sollte der Präsident der UdSSR und das Ministerkabinett binnen eines Monates die Entscheidungen des ehemaligen "Staatlichen Ausschusses der Verteidigung der UdSSR und der Regierung für die Fragen der gewaltsamen Übersiedlung einiger Völker und Beschränkungen der Rechte der Staatsbürger aus diesen Völkern" revidieren. Diese Aufhebung der genannten normativen Akte bedeutet jedoch nicht die "automatische Lösung der nationalstaatlichen Stellung" dieser Völker (Art. 4); diese sollte bis Ende 1991 durch das Ministerkabinett der UdSSR zusammen mit den höchsten Organen der Staatsgewalt der Republiken organisiert werden (Art. 5). Zu einer umfassenden Regelung kam es aber nicht.

In der RSFSR wurde am 26. April 1991 das Gesetz Nr. 572 der RSFSR "über die Rehabilitierung der unterdrückten Völker" verabschiedet[22]. Die Rehabilitierung soll nach Art. 3 des Gesetzes die Anerkennung und Umsetzung des Rechtes der betroffenen Nationen auf die Wiederherstellung ihrer territorialen Integrität umfassen, sowie die Rückkehr der Völker, die keine eigene territoriale Struktur haben, gemäß ihrem Willen an die Orte

---

21 Vgl. zu diesem Komplex auch *T. Schweisfurth* (Anm. 2), 570 ff.

22 Ved. RSFSR Nr. 18, 2.5.1991.

ihres traditionellen Aufenthaltes auf dem Gebiet der RSFSR. Diese Bestimmung wurde jedoch durch die Regelung über die Übergangsperiode abgeschwächt; nach Art. 6 des Gesetzes Nr. 572 konnte für die Realisierung dieser Rechte "in den notwendigen Fällen" durch den Obersten Sowjet der RSFSR eine Übergangsperiode festgelegt werden, bis zu deren Ablauf die endgültige Verwirklichung der Rehabilitierung aufgeschoben werden konnte. Die politische Rehabilitierung bedeutet nach diesem Gesetz (Art. 8) das Recht auf freie nationale Entwicklung, sowie die Gewährleistung der politischen Rechte und Freiheiten nach der geltenden Gesetzgebung. Erwogen wurde auch die kulturelle Rehabilitierung, die, unter anderem, das Recht auf die Wiedereinführung der früheren historischen Namen der Siedlungsorte und Lokalitäten, die gesetzeswidrig in der Zeit der sowjetischen Macht abgelöst worden waren, erfaßt.

Auf dieses Gesetz bezieht sich die Umsetzungsnorm - der Beschluß des Obersten Sowjets der RSFSR Nr. 573 über die Ordnung der Implementierung des Gesetzes der RSFSR über die Rehabilitierung der unterdrückten Völker[23]. Der Sowjet der Nationalitäten war dadurch verpflichtet, eine Regelung über den Umfang der nationalkulturellen Autonomie auszuarbeiten, die die Rechte der nationalen Minderheiten auf den wiederhergestellten Territorien schützen sollte (Art. 7). Durch die Anordnung des ersten Vize-Vorsitzenden des Obersten Sowjets der RSFSR Nr. 817 vom 7. Juni 1991 wurde eine Kommission für die Vorbereitung der normativen Akte über die politische Rehabilitierung der gewaltsam deportierten Völker eingerichtet, sowie durch die entsprechende Anordnung Nr. 818 die Kommission für die Vorbereitung des normativen Akts über die politische Rehabilitierung der Kasaken.

Kurz danach wurde die ungenügende Realisierung des Rehabilitierungsgesetzes diskutiert[24]. Der Sowjet der Nationalitäten gab durch seine Verordnung Nr. 1396[25] in diesem Zusammenhang unter

---

23 Ved. RSFSR Nr. 18, 2.5.1991.

24 Dies ergibt sich etwa aus der Verordnung der Sowjets der Nationalitäten der RF Nr. 1396 vom 10.6.1992, Ved. RF Nr. 25, 25.6.1992.

25 Ved. RF Nr. 25, 25.6.1992.

anderem seinen zuständigen Kommissionen auf, die Ausarbeitung der normativen Akte über die Rehabilitierung der gewaltsam umgesiedelten Nationen zu beschleunigen; die Obersten Sowjets der Republiken und die Bezirks- und Gemeindesowjets sollten die Vorbereitung der Materialien und Vorschläge betreffend jede der unterdrückten und gewaltsam deportierten Nationen gleichfalls intensivieren[26].

Am 23. Juni 1992 unterzeichnete der Präsident der Russischen Föderation den Erlaß Nr. 1510 über die Aufhebung der Beschränkungen in den gesetzgebenden und sonstigen Akten, die als Grundlage für die Massenrepressionen und Angriffe gegen die Menschenrechte gedient haben[27]. Die verbreitete Praxis des früheren Regimes, Gesetze, untergesetzliche Normen und amtliche Direktiven ohne Publikation zu erlassen, wird im Text des Erlasses als die gröbste Verletztung der Normen des Staatslebens und der Menschenrechte bezeichnet. Der Erlaß ordnet an, bestimmte Gruppen von rechtlichen Akten sofort zu veröffentlichen; dies bezieht sich auch auf die Akte betreffend die gewaltsame Aussiedlung aus den Aufenthaltsorten, ohne Rücksicht auf den Zeitpunkt ihrer Genehmigung, also rückwirkend. Der bisherigen Verheimlichung entzogen werden sollen ebenfalls die Zahlen der Menschen, die in Straf- oder Verwaltungsprozessen oder aufgrund sonstiger Maßnahmen der Staatsgewalt für ihre politische oder religiöse Überzeugung oder für ihr soziales, nationales und sonstiges Bekenntnis, grundlos einer Strafe unterworfen wurden.

Zwei weitere hier bedeutsame normative Akte sind in Vorbereitung: Nach der Anordnung des Präsidenten des Obersten Sowjets Nr. 871 vom 30. März 1992 soll ein Gesetz "über die erzwungenen Umsiedlungen" vorbereitet werden[28]. Der Sowjet der Nationalitäten hat am 20. Mai 1992

---

26 Zur Umsetzung dieser Verordnung vgl. z.B. den Erlaß des Präsidenten der Russischen Föderation Nr. 1429 " über die Maßnahmen zur Realisierung des Gesetzes der Russischen Föderation 'über die Rehabilitierung der unterdrückten Nationen' in Bezug auf Kasachen", Ved. RF Nr. 25, 25.6.1992.

27 Ved. RF Nr. 26, 2.7.1992.

28 Ved. RF Nr. 16, 16.4.1992.

den Beschluß Nr. 1189 verabschiedet, in dem er bestimmt, in erster Lesung einen Entwurf des Gesetzes der Russischen Föderation über die "Grundlagen des rechtlichen Status der nicht-zahlreichen Völker der Russischen Föderation" zu erörtern; nach dem üblichen parlamentarischen Verfahren sollte der Entwurf dem Obersten Sowjet zur zweiten Lesung vorgelegt werden.[29]

Mit den sozialen Aspekten der Existenz der nicht-zahlreichen Völker befaßten sich mehrere Anordnungen des Vorsitzenden des Obersten Sowjets der Russischen Föderation zur sozialen Unterstützung einzelner Nationalitäten wie z.B. die Anordnungen Nr. 813-818 vom 30. März 1992[30].

II. Das Recht auf Gebrauch der Minderheitensprache

Art. 46 der am 21. April 1992 novellierten Verfassung der Russischen Föderation enthielt folgende Regelung: "Jedermann hat das Recht, seine eigene Sprache zu benutzen, einschließlich der Ausbildung und Erziehung in seiner Muttersprache." Bemerkenswert in diesem Zusammenhang ist, daß dieser Artikel zu denen gehörte, die nicht auf die Staatsbürger beschränkt waren, sondern die entsprechenden Rechte für "jedermann" garantierten. Die Beleidigung der nationale Würde des Menschen sollte nach dem Gesetz verfolgt werden.

Am 19. Juni 1991 war ein Beschluß des Sowjets der Republiken des Obersten Sowjets der RSFSR über das Projekt des Gesetzes der RSFSR "über die Sprachen der Völker der RSFSR" verabschiedet worden[31]. Darin heißt es, das Projekt des Gesetzes "über die Sprachen der RSFSR", das die Kommission des Sowjets der Nationalitäten des Obersten Sowjets der RSFSR in bezug auf die Fragen der Entwicklung der Kultur, Sprache, nationalen Tradition und des Schutzes des historischen Erbes ausgearbeitet hatte, zu erörtern.

---

29 Ved. RF Nr. 22, 4.6.1992.

30 Ved. RF Nr. 15, 9.4.1992.

31 Ved. RSFSR Nr. 25, 20.6.1991.

Dies geschah am 25. Oktober 1991, als das Gesetz über die Sprachen der Völker der RSFSR verabschiedet wurde[32]. Seine 28 Artikel sind in sieben Kapitel gegliedert. Der Umfang der Wirkung des Gesetzes wird in Art. 2 Abs. 2 beschrieben: Es umfaßt diejenigen Sphären der sprachlichen Kommunikation, die der juristischen Regulierung unterliegen, und bezieht sich ausdrücklich nicht auf den privaten, nicht-amtlichen Verkehr sowie nicht auf die Tätigkeiten der gesellschaftlichen und religiösen Vereinigungen und Organisationen. Durch den Art. 3 werden auf dem Gebiet der RSFSR die sprachliche Souveränität jedes Volkes, unabhängig von seiner Zahl oder seinem rechtlichen Status, sowie die sprachliche Souveränität jedes Individuums gewährleistet; diese dürfen nur aufgrund eines Gesetzes beschränkt werden (Art. 2 Abs. 3). Alle Sprachen der Völker der RSFSR haben aufgrund Art. 3 Abs. 1 das gleiche Recht auf ihre Bewahrung und Entwicklung.

Im Zusammenhang mit den historisch-kulturellen Traditionen wird Russisch als Staatssprache auf dem ganzen Territorium der RSFSR und als Grundlage der Kommunikation zwischen den Völkern bezeichnet (Art. 3 Abs. 2). Die im Rahmen der RSFSR bestehenden Republiken entscheiden allein über den rechtlichen Status der Sprachen der Völker auf ihrem Territorium; sie können auch die Staatssprache der Republik im Rahmen der RSFSR bestimmen (Art. 3 Abs. 3). In den Gebieten mit kompakter Siedlung einer Bevölkerungsgruppe, die kein eigenes nationalstaatliches oder nationalterritoriales Gefüge hat, kann aufgrund Art. 3 Abs. 4 neben der Staatssprache der RSFSR (Russisch) und der Staatssprache der jeweiligen (Teil-)Republik in der amtlichen Kommunikation die Sprache der lokalen Bevölkerung benutzt werden; die Art dieser Benutzung bestimmt die Gesetzgebung der RSFSR und der Republiken.

Das Ausmaß der sprachlichen Kenntnisse kann nicht als Grund für die Beschränkung der Sprachenrechte der Staatsbürger dienen (Art. 5 Abs. 2). Aufgrund des Art. 7 werden staatliche Programme zum Schutz und der

---

32 Ved. RSFSR Nr. 50, 12.12.1991; für eine deutsche Übersetzung s. *C. Schmidt* (Anm. 3), 69 ff.

Entwicklung der Völker der RSFSR eingeführt, die durch die Umsetzungsorgane realisiert werden sollen; hierauf muß bei der Erstellung aller Budgets auf den jeweiligen Staatsebenen angemessen Rücksicht genommen werden. Die staatlichen Programme sollen auf die Herausgabe von Literatur in den Sprachen aller Völker der RSFSR, die Finanzierung der wissenschaftlichen Forschung und die Benutzung aller Sprachen in den Massenmedien zielen (Abs. 2).

Zur Umsetzung dieser Pflicht wurde dann in der Russischen Föderation ein "Projekt der Konzeption des Staatlichen Programms für die Wahrung und Entwicklung der Sprachen der Russischen Föderation" vorbereitet; das Präsidium des Obersten Sowjets hat es mit seinem Beschluß Nr. 1397 vom 1. Juni 1992[33] zur Erörterung an die zuständigen Parlamentskommissionen und Ausschüsse sowie die sonstigen zuständigen staatlichen Organe verwiesen. Für die endgültige Vorbereitung des Projekts war die Kommission des Sowjets der Nationalitäten des Obersten Sowjets der Russischen Föderation für das kulturelle und natürliche Erbe der Völker der Russischen Föderation zuständig. Infolge der politischen Ereignisse des Jahres 1993 gingen die Arbeiten jedoch nicht im geplanten Maße voran.

1. Der private Bereich

Im privaten Bereich kann die Muttersprache ohne Beschränkungen benutzt werden. Das Sprachgesetz bezieht sich - wie erwähnt - auf diese Sphäre ausdrücklich nicht (Art. 1 Abs. 2).

2. Behörden und Gerichte

Die Amtssprache der Organe der Staatsgewalt wird durch Art. 11 des Sprachgesetzes von 25. Oktober 1991 geregelt: Nach seinem Abs. 1 wird die Arbeit in den höchsten gesetzgebenden Organen der RSFSR in der Staatssprache der RSFSR geführt (d.h. in Russisch). Auf den Sitzungen des Volksdeputiertenkongresses der RSFSR, den Tagungen des Obersten

---

33 Ved. RF Nr. 25, 25.6.1992.

Sowjets der RSFSR, den Sitzungen des Präsidiums des Obersten Sowjets oder einer der beiden Kammern des Obersten Sowjets (Nationalitäten- bzw. Republikensowjet) wurde den Abgeordneten das Recht gewährleistet, in irgendeiner der Staatssprachen der im Rahmen der RSFSR bestehenden Republiken zu sprechen; ihre Reden wurden ins Russische übersetzt (Abs. 3). Die Entwürfe von Gesetzen und sonstigen normativen Akten mußten den entprechenden Organen des Obersten Sowjets in der Staatssprache der RSFSR, also in Russisch, vorgelegt werden (Abs. 4).

Die Texte der Gesetze und sonstiger Rechtsakte, die durch den Obersten Sowjet der RSFSR und seine Organe, oder durch den Präsidenten der RSFSR verabschiedet wurden, wurden sowohl in der Staatssprache der RSFSR (Russisch) wie den Staatssprachen der im Rahmen der RSFSR bestehenden Republiken veröffentlicht; alle Fassungen haben einen offiziellen Charakter und die gleiche Authentizität (Art. 12). Die Texte der Gesetze und sonstiger Rechtsakte der im Rahmen der RSFSR bestehenden Republiken, die durch ihre gesetzgebenden Organe verabschiedet werden, werden in ihren Staatssprachen und in der Staatssprache der RSFSR im Einklang mit der Gesetzgebung der RSFSR und der Republiken veröffentlicht; alle Fassungen haben einen offiziellen Charakter und die gleiche Authentizität (Art. 13).

Art. 15 regelt die Benutzung der Sprachen bei der Arbeit der staatlichen Organe, Organisationen, Unternehmen und Behörden: Hier werden gemäß Abs. 1 die Staatssprache der RSFSR sowie die Staatssprachen der im Rahmen der RSFSR bestehenden Republiken und sonstige Sprachen der Völker der RSFSR benutzt. Den Staatsbürgern, die keine Staatssprache beherrschen, wird bei den Tagungen, Beratungen und Sitzungen dieser Institutionen das Recht gewährleistet, sich in der Sprache zu äußern, die sie beherrschen; im Notfall wird die Übersetzung gesichert (Abs. 2).

Die Rechtsprechungstätigkeit im Verfassungsgericht der RSFSR, dem Obersten Gericht der RSFSR, dem Obersten Schiedsgericht der RSFSR und sonstiger rechtsprechender Organe der RSFSR wird gemäß Art. 18 Abs. 1 in der Staatssprache der RSFSR geführt. Die Rechtsprechung in den im Rahmen der RSFSR bestehenden Republiken wird in der jeweiligen Staatssprache und/oder in der Sprache der Mehrheit der Bevölkerung, die kompakt in einem Territorium lebt, sowie in der Staatssprache der RSFSR im Einklang mit der Gesetzgebung der RSFSR ausgeübt (Art. 18 Abs. 2). Den Parteien, die die Verhandlungssprache nicht beherrschen, wird die Möglichkeit der Hilfe eines Dolmetschers sowie ihr Recht, sich in der Muttersprache zu äußern, garantiert (Abs. 3).

Aufgrund der Deklaration der Rechte und Freiheiten des Menschen und Bürgers vom 22. November 1992 wurden in der Strafprozeßordnung der Russischen Föderation durch das Gesetz Nr. 1389 vom 23. Mai 1992[34] zahlreiche Änderungen veranlaßt. Diese betreffen hauptsächlich die Verteidigungsrechte des Angeklagten; keine der neuen Bestimmungen enthält jedoch spezifische Normen für die Angehörigen der nationalen Minderheiten (wie etwa Sprache, Recht auf Dolmetscher usw.), deren diesbezügliche Rechtsstellung durch die oben erwähnten Bestimmungen des Sprachgesetzes und der Regelungen über die Gerichtssprache ohnehin zufriedenstellend geregelt ist.

Am 3. Juli 1991 hat der Oberste Sowjet der UdSSR das Gesetz Nr. 839 über das Verfahren der Änderung der Familiennamen, Vornamen und Vaternamen der Staatsbürger der UdSSR verabschiedet[35]; entsprechende Änderungen können ab dem Alter von 16 Jahren beantragt werden (Ziff. 1). Nach Ziff. 2 des Gesetzes wird diese Änderung durch die Personenstandsabteilung des Sowjets des Wohnorts des Antragsstellers vorgenommen. Der Ablehnung der Änderung kann binnen drei Monaten bei der entsprechenden Abteilung des höheren Sowjets widersprochen werden und, falls dies ohne Erfolg bleibt, bei dem Volksgericht. Das eigentliche Verfahren der Änderung der Namen soll durch die Regierung der UdSSR geregelt werden (Ziff. 3). Gleichzeitig mit der Verabschiedung dieses Gesetzes trat die Anordnung des Obersten Sowjets über die Ordnung

---

34 Ved. RF Nr. 25, 25.6.1992.

35 Ved. SSSR Nr. 29, 17.7.1991.

der Änderung der Familiennamen, Vornamen und Vaternamen vom 26. März 1971 außer Kraft.

3. Kultur und Medien

Auf die Bewahrung der Kultur der Minderheiten-Völker beziehen sich die sog. "Grundlagen der Gesetzgebung der Russischen Föderation über die Kultur"[36].

Das genannte Sprachgesetz vom 25. Oktober 1991 enthält einen Artikel mit dem Titel "Die Sprache der Massenmedien" (Art. 20). Die Herausgabe der allrussischen Zeitungen und Zeitschriften sowie die Sendungen des allrussischen Fernsehens und Rundfunks erfolgen prinzipiell in der Staatssprache der RSFSR. In den Massenmedien der Republiken werden neben der Staatssprache der RSFSR und den Staatssprachen der Republiken im Rahmen der RSFSR ebenfalls die Sprachen anderer Völker, die auf ihrem Territorium leben, benutzt (Abs. 2). Bei der Synchronisation der Film- und Videoproduktionen können unter Berücksichtigung der Bedürfnisse der Bevölkerung alle Sprachen benutzt werden (Abs. 3). Die Ordnung der Benutzung der Sprachen werden die Gesetze der RSFSR und der Republiken bestimmen (Abs. 4).

Nach Art. 10 des Sprachgesetzes hat jedes Volk der RSFSR, das kein eigenes Schrifttum hat, das Recht, sein eigenes Schrifttum zu schaffen. Der Staat gewährleistet gemäß Abs. 4 dazu die entsprechenden Bedingungen.

4. Die topographischen Bezeichnungen

Die Ordnung der Gewährleistung der Ortsnamen enthält Kapitel V des genannten Sprachgesetzes von 1991: Nach Art. 23 Abs. 1 legen die RSFSR, die im Rahmen der RSFSR bestehenden Republiken, die Kreise und

---

36 Vgl. Ved. RF Nr. 46, 9.10.1992; für eine deutsche Übersetzung s. *C. Schmidt* (Anm. 3), 78 ff. Dieser Rechtsakt sichert in seinem Art. 20 und 21 allen Völkern und ethnischen Gemeinschaften Rußlands das Recht auf Wahrung und Förderung ihrer nationalen Identität.

Gebiete, das autonome Gebiet und die autonomen Kreise der RSFSR im Einklang mit ihren Kompetenzen ein Verzeichnis der Territorien und Gebiete an, wo die geographischen Namen, die topographischen Bezeichnungen sowie die Wegweiser in der Staatssprache der RSFSR, den Staatssprachen der jeweiligen Republik der RSFSR und in den sonstigen Sprachen mit Rücksicht auf die Interessen der lokalen Bevölkerung geführt werden sollen. Die Verantwortung für diese Bezeichnungen tragen gemäß Art. 24 die Organe der Implementierungsgewalt.

Der Benennung und Umbenennung der Territorien, der Siedlungsorte und sonstiger Objekte ist Art. 25 gewidmet: diese sollen in den Sprachen der Völker der RSFSR im Einklang mit der Gesetzgebung der RSFSR und der Republiken durchgeführt werden.

Als normative Grundlage für die Wiederherstellung der lokalen Namen dient das oben bereits genannte Gesetz Nr. 572 über die Rehabilitierung der unterdrückten Völker, dessen Art. 11 Abs. 2 lautet: "Dies [die kulturelle Rehabilitierung] bedeutet auch die Anerkennung des Rechtes der unterdrückten Völker auf die Wiederherstellung der früheren historischen Benennungen der Siedlungen und Lokalitäten, die ihnen in der Periode der sowjetischen Macht genommen wurden."

Als Beispiel der rechtlichen Lösung der Benennung bestimmter geographischer Orte können zwei Erlasse des Präsidiums des Obersten Sowjets aufgeführt werden: Es handelt sich um den Erlaß Nr. 1677 vom 6. Juli 1992 über die Benennung der Ortschaften der Gebiete von Bezhanick und Dno im Territorium von Pskow (Pleskau)[37] und den Erlaß Nr. 1678 vom 7. Juli 1992 über die Benennung der Ortschaften auf dem Territorium der Rayons von Pronsk und Sasowsk im Territorium von Rjasan[38]. Beide Erlasse beginnen mit folgendem Wortlaut:" Das Präsidium des Obersten Sowjets ordnet an, den [dann jeweils genannten] Ortschaften folgende Benennungen zu verleihen: ...".

---

37 Ved. RF Nr. 28, 16.7.1992.

38 *Ibid.*

III. Bildungs- und Erziehungswesen

Allgemeine Regeln, die das Recht auf Ausbildung gewährleisten, enthielt Art. 57 der am 21. April 1992 novellierten Verfassung; ohne Ausnahmen hat danach "... jedermann das Recht auf Ausbildung. Die allgemeine Zugänglichkeit sowie die Unentgeltlichkeit der Ausbildung im Rahmen der staatlichen Ausbildungsstandards werden garantiert." Jedermann hatte weiter das Recht, auf der Grundlage eines Concours unentgeltlich Ausbildung in den staatlichen höheren Lehranstalten zu erhalten.

Entscheidende Bedeutung für die Angehörigen nationaler Minderheiten mit eigener Sprache auf dem Gebiet des Bildungs- und Erziehungswesen kam Art. 46 der Verfassung zu, demzufolge jedermann das Recht auf Bildung und Erziehung in seiner Muttersprache hat.

Für die Organisation der Ausbildung wird eine wichtige Rolle das Bildungsgesetz (Zakon o obrazovanii) spielen, das der Oberste Sowjet der Russischen Föderation am 22. Mai 1992 zwar schon verabschiedet hat; nach geringfügigen Änderungen trat es am 11. Juli 1992 in Kraft[39].

Zur Ausbildung in der Muttersprache äußert sich Art. 9 des bereits mehrfach genannten Gesetzs über die Sprachen der Völker der RSFSR[40]: Nach seinem Abs. 1 haben die Staatsbürger der RSFSR das Recht auf die freie Wahl der Sprache ihrer Ausbildung und ihres Unterrichts. Der Staat sichert auf dem Gebiet der RSFSR die Einrichtung eines Systems von Ausbildungs- und Unterrichtsinstitutionen oder sonstiger Formen der Ausbildung oder Erziehung in den Sprachen der Völker der RSFSR (Abs. 2). Das Recht der Wahl der Anstalt mit der gewünschten Ausbildungssprache der Kinder steht im Rahmen der geltenden Gesetzgebung den Eltern oder anderen gesetzlichen Vertretern zu (Abs. 3). Die Unterrichtssprache in den mittleren und

---

39 Ved. RF Nr. 30, 16.7.1992.

40 Ved. RSFSR Nr. 50, 12.12.1991.

höheren Bildungseinrichtungen bestimmt die Gesetzgebung der RSFSR und der im Rahmen der RSFSR bestehenden Republiken (Abs. 4). Denjenigen Staatsbürgern, die außerhalb der Grenzen ihrer nationalstaatlichen oder nationalterritorialen Gebietskörperschaften leben oder die keine solchen Formationen haben, und den Angehörigen der "nicht-zahlreichen" Völker und ethnischen Gruppen gewährleistet der Staat Hilfe bei der Organisation verschiedener Formen der Ausbildung und Erziehung in ihrer Muttersprache, unabhängig von ihrer Zahl und entsprechend ihren Bedürfnissen (Abs. 5).

Der Staat ist gemäß Art. 10 dieses Sprachengesetzes verpflichtet, die Bedingungen für das Studium und den Unterricht der Muttersprache und sonstiger Sprachen der Völker der RSFSR für die Staatsbürger zu sichern (Abs. 1). Russisch als Staatssprache der RSFSR wird an den mittleren und höheren Bildungseinrichtungen gelehrt (Abs. 2).

Hinsichtlich der Kompetenzverteilung gehörten die allgemeinen Fragen der Erziehung, Ausbildung, Wirtschaft und Kultur nach dem novellierten Art. 81 der Verfassung in die gemeinsame Zuständigkeit der Organe der Föderation und der (Teil-)Republiken sowie nach Art. 84 der Verfassung in die Zuständigkeit der staatlichen Organe der autonomen Gebiete und Bezirke.

IV. Spezifische Schranken der Vereinigungsfreiheit

Die Vereinigungsfreiheit war in Art. 50 der Verfassung folgendermaßen garantiert: "Die Staatsbürger der Russischen Föderation haben das Recht auf Vereinigung. Beschränkt werden kann dieses Recht nur aufgrund einer Entscheidung des Gerichtes aufgrund des Gesetzes."

In Art. 21 der oben erwähnten Grundlagen der Gesetzgebung über die Kultur wurde den Minderheitenangehörigen das Recht zuerkannt, Nationalgesellschaften, Landsmannschaften oder kulturelle Vereinigungen zu schaffen. Solche Minderheitenvereinigungen können u.a. auch

Presseerzeugnisse herausgeben und grenzüberschreitende Kontakte pflegen. Allerdings darf durch die Ausübung dieser Rechte "durch einzelne Minderheiten nicht anderen Minderheiten Schaden" zugefügt werden[41].

V. Politische Repräsentation

Regelungen betreffend die Sicherung einer angemessenen politischen Repräsentation nationaler Minderheiten sind nach zutreffender Auffassung für die Wahrung und Entwicklung ihrer besonderen Identität von herausragender Bedeutung. Insoweit ist für die Rechtslage in der Russischen Föderation vorab zu bemerken, daß bislang rechtliche Maßnahmen in diesem Bereich nur auf der - tatsächlich aber durchaus wichtigen - Ebene der lokalen Selbstverwaltung ergriffen wurden. Diese werden daher nachstehend zunächst behandelt. Da die Teilhabe an der politischen Repräsentation notwendig den Besitz der jeweiligen Staatsangehörigkeit eines Staates voraussetzt, ist auch noch kurz auf das neue Staatsangehörigkeitsrecht der Russischen Föderation, sowie die Frage der Bewegungsfreiheit in Rußland einzugehen.

1. Repräsentation auf der lokalen Ebene

Der Sowjet der Nationalitäten des Obersten Sowjets der Russischen Föderation hat am 10. Juni 1992 den Beschluß Nr. 1491 über den "Entwurf des Gesetzes der Russischen Föderation über die Änderungen und Ergänzungen des Gesetzes der RSFSR über den Status des Volksdeputierten der örtlichen Sowjets der Volksdeputierten der RSFSR" gefaßt; der Entwurf sollte demnächst zu seiner zweiten Lesung auf die Tagesordnung Obersten Sowjets gebracht werden[42]. Ein anderer Beschluß zur Erarbeitung eines weiteren Gesetzesprojekts betrifft die Budgetrechte der Vertretungsorgane und Organe der Verwaltungen der Kreise, Gebiete, der Städte Moskau und Sankt Petersburg, sonstiger autonomer

41 Vgl. *C. Schmidt* (Anm. 3), 25.

42 Ved. RF Nr. 26, 27.2.1992.

Einrichtungen und der lokalen Selbstverwaltung[43]. Das Gesetz sollte dann im üblichen Gesetzgebungsverfahren des Obersten Sowjets angenommen werden.

Die rechtliche Grundlage der lokalen Selbstverwaltung findet sich in dem 96 Bestimmungen umfassenden Gesetz Nr. 1010 über die lokale Selbstverwaltung in der RSFSR vom 6. Juli 1991[44]. Die lokale Selbstverwaltung ist gemäß Art. 1 des Gesetzes verpflichtet, bei ihrer Tätigkeit unter anderem auf die nationalen und ethnischen Besonderheiten der Bevölkerung einzugehen. Das System der lokalen Selbstverwaltung gründete sich bisher auf die Existenz der Sowjets als der Vertretungsorgane der staatlichen Gewalt (Art. 2). Den Staatsbürgern wurde durch Art. 6 Abs. 1 die Vollständigkeit ihres Rechtes auf Teilnahme an dieser Verwaltung garantiert; verboten war jede Beschränkung der Bürgerrechte aufgrund, unter anderem, der rassischen oder nationalen Zugehörigkeit.

In die Zuständigkeit der Bezirkssowjets gehörte gemäß Art. 55 Abs. 20 dieses Gesetzes, "... im Einklang mit den Gesetzen den entsprechenden Organen Vorschläge über den Status der Sprachen der kompakt auf dem Territorium unter der Verwaltung des Sowjets lebenden nationalen Gruppen und nicht-zahlreichen Völker vorzulegen." Zu den Aufgaben der Bezirksadministration gehörte nach Art. 63 Abs. 2 dieses Gesetzes auch, die Entwicklung eines Netzes von Einrichtungen der Volksbildung zu planen; gemäß Abs. 3 hatte sie ebenfalls die Aufgabe, auf ihrem Gebiet die Arbeit der Kultur- und Bildungseinrichtungen mit Rücksicht auf die nationalkulturellen Traditionen der Bevölkerung zu organisieren.

Mit der Problematik der lokalen Selbstverwaltung hängt auch eng zusammen die grundsätzliche Frage der territorialen Gliederung des Staates, die sich derzeit noch in einer Übergangsphase befindet: Der Oberste Sowjet

---

43 Ved. RF Nr. 22, 4.6.1992.

44 Ved. RSFSR Nr. 29, 18.7.1991; vgl. hierzu *V.T. Prochorov/V.S. Kašo*, Organy territorialnogo obščestvennogo samoupravlenija v sisteme mestnogo samoupravlenija (= Institutionen der territorialen öffentlichen Selbstverwaltung im System der lokalen Selbstverwaltung), Gosudarstvo i Pravo 1992, Heft 7, 36 ff.

der Russischen Föderation hat am 3. Juli 1992 das Gesetz Nr. 1868 über die Feststellung der Übergangsperiode für die staatsterritoriale Abgrenzung in der Russischen Föderation verabschiedet[45]. Während dieser Periode, die bis zum 1. Juli 1995 dauert, sollen diejenigen Maßnahmen getroffen werden, die für die Fälle umstrittener territorialer Zugehörigkeiten aufgrund einer angestrebten Einigung der interessierten Parteien und aufgrund der geltenden Gesetzgebung eine Regelung herbeiführen. Im Laufe dieser Zeit sollen auch die Probleme der unterdrückten Völker gemäß Art. 6 des bereits erwähnten Gesetzes der RSFSR "über die Rehabilitierung der unterdrückten Völker" gelöst werden; für jedes Volk soll ein Gesetz ausgearbeitet werden.

Kern dieser Gesetzgebung scheint jedoch Art. 6 des Gesetzes zu sein: Er erklärt, daß das einseitige Ergreifen von Maßnahmen, die die territoriale Gliederung des Staates betreffen, verboten sind; entsprechende Aktivitäten, die auf das Ergreifen solcher Maßnahmen und auf Änderungen von Grenzen im Rahmen der Russischen Föderation zielen, werden unter Strafe gestellt (Abs. 3)[46].

2. Staatsangehörigkeit als Voraussetzung der Politischen Repräsentation

Da die Teilhabe an der politischen Repräsentation das Innehaben der Staatsangehörigkeit der Russischen Föderation voraussetzt, sind kurz die Grundzüge des neuen Staatsangehörigkeitsrechts dieses Staates vorzustellen. Mit der formellen Auflösung der Sowjetunion am 26. Dezember 1991 ist auch die sowjetische Staatsangehörigkeit erloschen.

---

45 Ved. RF Nr. 32, 13.8.1992.

46 Vgl. in diesem Zusammenhang auch den Beschluß des russischen Verfassungsgerichts vom 13.3.1992 betreffend die Frage der Verfassungsmäßigkeit einiger Rechtsakte der Republik Tatarstan, insbesondere deren Verfassungsänderungsgesetz vom 18.4.1991, in dem unter anderem die Bestimmung über die Zugehörigkeit dieser Republik zur Russischen Föderation gestrichen worden war; dies wurde vom Verfassungsgericht wegen Verstoßes gegen die Verfassung der Russischen Föderation für verfassungswidrig erklärt; vgl. hierzu näher *T. Schweisfurth*, Der Start der Verfassungsgerichtsbarkeit in Rußland, EuGRZ 19 (1992), 281 ff., (296 f.).

Der größte der sogenannten Nachfolgestaaten, die Russische Föderation, hat am 28. November 1991 ein eigenes Staatsangehörigkeitsgesetz erlassen. Nach redaktionellen Änderungen im Zusammenhang mit der formellen Auflösung der Sowjetunion wurde es am 6. Februar 1992 neu veröffentlicht[47]. Die dort bestimmte Tatbestände, durch die die russische Staatsangehörigkeit erworber wird oder werden kann (Art. 12), sind die Anerkennung, Geburt, Registrierung, Aufnahme (Einbürgerung), Wiederherstellung, Option sowie Erwerbstatbestände bei Kindern aufgrund der Familienverwandtschaftsverhältnisse. Verloren werden kann diese Staatsangehörigkeit durch Entlassung auf Antrag (Art. 23 Abs. 1 lit.a), Registrierung des Austritts (Art. 23 Abs. 1 lit.b), falls wenigstens ein Ehegatte eine ausländische Staatsangehörigkeit besitzt und der Betreffende diese Staatsangehörigkeit erwirbt; Aufhebung des Einbürgerungsbeschlusses, wenn der Betreffende den Beschluß durch wissentlich falsche Angaben erwirkt hat, sowie Option im Falle eines Gebietsverlustes durch Rußland (Art. 21)[48]. Entsprechende Grundlage für diese Gesetzgebung war Art. 35 der russischen Verfassung.

3. Bewegungsfreiheit als eine der Voraussetzungen der politischen Repräsentation

Die in Washington ansässige Gruppe zur Überwachung der Menschenrechtsvereinbarungen in der Schlußakte von Helsinki, *Helsinki Watch*, hat Rußland beschuldigt, seinen Bürgern auch weiterhin das Recht auf Bewegungsfreiheit und freie Wahl des Wohnsitzes zu verweigern. Dem Bericht dieser Organisation zufolge gelten in Rußland bei der Erteilung von Aufenthaltsgenehmigungen noch immer Beschränkungen aus dem Jahr 1932, womit damals vor allem eine Flucht der verarmten Landbevölkerung in die Städte verhindert werden sollte. Ein Erlaß von 1974 verlangte zudem, daß jeder russische Bürger, der seinen Wohnsitz länger als sechs Wochen verlassen wollte, sich dies mittels eines Stempels in seinem Personalausweis

---

47 Ved. RF Nr. 6, 6.2.1992.

48 Vgl. hierzu *E. Levits*, Das Staatsangehörigkeitsrecht Rußlands, Das Standesamt 88 (1992), 171 ff.

genehmigen lassen müsse. Diese Regelung wurde, nach *Helsinki Watch*, gezielt gegen Minderheiten eingesetzt[49].

Diese Praxis stand in eindeutigem Gegensatz zu Art. 42 der novellierten Verfassung der Russischen Föderation; danach hat jedermann das Recht auf Bewegungsfreiheit sowie die Wahl des Aufenthalts- und Wohnortes im Rahmen der Russischen Föderation.

In diesem Zusammenhang hat die russische Regierung die Liberalisierung des Melderechts angekündigt. Anstatt der bisherigen Pässe und Aufenthaltsgenehmigungen sollen Personalausweise nach westeuropäischem Muster eingeführt werden, wie das Innenministerium mitteilte. Die neuen Ausweise enthalten im Unterschied zu dem auf die Zarenzeit zurückgehenden Meldesystem keine Angaben mehr über die ethnische Zugehörigkeit, den Familienstand oder Vorstrafen. Die ersten Personalausweise, die an alle Bürger über 16 Jahre ausgegeben werden, sollen Anfang 1994 ausgestellt werden[50].

Am 15. Juni 1992 hat das Präsidium des Obersten Sowjets eine Anordnung Nr. 1499 über die Erarbeitung eines Entwurfes des Gesetzes der Russischen Föderation über die Bewegungsfreiheit sowie die Wahl des Aufenthalts- und Wohnortes auf dem Gebiet der Russischen Föderation gefaßt[51]. Der Entwurf sollte aufgrund dieser Anordnung zur Diskussion in die parlamentarischen Kommissionen und Ausschüsse verwiesen werden; der Ausschuß des Obersten Sowjets für die Beziehungen zwischen den (Teil-) Republiken, regionale Politik und Zusammenarbeit sollte den Entwurf, auch aufgund der Vorschläge und Bemerkungen der oben genannten Organe, fertigstellen und ihn dem Obersten Sowjet der Russischen Föderation zur Erörterung vorlegen.

---

49 Vgl. Süddeutsche Zeitung vom 31.8.1992.

50 Vgl. Süddeutsche Zeitung, Nr. 203, 1992, S. 9.

51 Ved. RF Nr. 26, 2.7.1992.

VI. Zum Status einzelner Minderheiten (Auswahl)

Angesichts der so großen Zahl nicht-russischer Völker auf dem Gebiet der Russischen Föderation würde eine auch nur einigermaßen umfassende Darstellung ihrer rechtlichen Stellung den Rahmen dieses Berichtes sprengen; sie kann daher hier nicht geleistet werden. Näher eingegangen wird nachstehend jedoch zunächst auf die in vieler Hinsicht besonders problematische Lage der rußlanddeutschen Minderheit. Vorzustellen sind auch die Grundzüge einiger von Rußland geschlossener bilateraler Verträge, in denen sich spezifische Regelungen zur Rechtsstellung nationaler Minderheiten finden.

1. Die deutsche Minderheit

In den Nachfolgestaaten der Sowjetunion leben nach den Angaben der rußlanddeutschen Autonomie-Organisation "Wiedergeburt" etwa 2 Millionen Angehörige der deutschen Minderheit[52]. In Rußland selbst steht diese deutsche Minderheit mit etwa 850.000 Angehörigen an 14. Stelle der Skala der Minderheitenvölker. Bekanntlich war ihr künftiges Schicksal in der letzten Zeit wiederholt Gegenstand intensiver deutsch-russischer Verhandlungen und Abkommen, die überwiegend dem Ziel dienen, eine angemessene Perspektive für das Verbleiben dieser Minderheit auf dem Gebiet der Russischen Föderation zu schaffen. Dies geschah und geschieht bekanntlich vor dem Hintergrund einer unter den Rußlanddeutschen nachwievor sehr verbreiteten Bereitschaft zur Auswanderung nach Deutschland einerseits und dem - in Rußland offenkundig äußerst

---

52 Zur Entwicklung der Rechtslage der deutschen Minderheit in den letzten Jahren des Bestehens der Sowjetunion vgl. etwa *A. Eisfeld*, Zur jüngsten Entwicklung der Autonomiebewegung der Sowjetdeutschen, Osteuropa 40 (1990), 11 ff.; *ders.*, Teilerfolge und Rückschläge für die Autonomiebewegung der Sowjetdeutschen, Osteuropa 40 (1990), 849 ff.; *B. Meissner*, Die föderative Umgestaltung der Sowjetunion und ihre Auswirkungen auf die Lage der Deutschen, in: *D. Blumenwitz/H. von Mangoldt* (Hrsg.), Menschenrechtsverpflichtungen und ihre Verwirklichung im Alltag (1990), 59 ff. (67 ff.) und *G. Brunner* (Anm. 1), 372 f.

umstrittenen - Bestreben nach der Wiederherstellung autonomer Territorialstrukturen zugunsten dieser Minderheit.

a) Zur Verdeutlichung dieser mangelnden Einigkeit hinsichtlich der Gestaltung der Zukunft der Rußlanddeutschen lassen sich beispielhaft zwei Begebenheiten aus jüngerer Zeit anführen.

Im August 1992 hat in Moskau der vierte Kongreß der genannten rußlanddeutschen Autonomiebewegung "Wiedergeburt"[53] getagt. Eine knappe Mehrheit der 400 Delegierten wollte offenbar den jahrelangen Kampf um die im Jahre 1924 gegründete und im Jahre 1941 von Stalin aufgelöste Wolgarepublik aufgeben und statt dessen die Ausreise (nach Deutschland, Argentinien oder Kanada) als vorrangiges Ziel in der Satzung verankern. Von einer anderen Gruppe der Delegierten wurde diese Vorstellung nachhaltig abgelehnt. Dieser Vorgang war ein weiterer Beweis dafür, daß auch innerhalb der Rußlanddeutschen die Vorstellungen über die Frage einer territorialen Autonomie der deutschen Minderheit sich sehr stark unterscheiden: So war z.B. im Jahre 1988 die "Variante Königsberg" entstanden, ein Vorschlag, die Rußlanddeutschen in Nordostpreußen anzusiedeln. In diesen Gebieten haben die Rußlanddeutschen wohl nie gelebt; weder die sowjetische noch die russische Regierung und auch nicht Polen oder Litauen zeig(t)en für diese Vorstellung Unterstützung.

Ein weiteres, durchaus repräsentatives Beispiel dafür, wie umstritten die Frage der Wiederherstellung der Autonomie der Rußlanddeutschen ist, bilden die Äußerungen von Professor *A.A. Achtamzjan*[54] anläßlich einer Konferenz zum Thema "Rußland und Deutschland in Europa: Die 90er Jahre". Nach seiner Meinung könnte gegenwärtig die Schaffung

---

53 Im Juni 1991 hat sich aus der "Wiedergeburt" ein Teil abgespalten, aus dem der "Verband der Deutschen in der Sowjetunion", nach der Auflösung der UdSSR in "Verband der Deutschen" umbenannt, enstanden ist (in der Süddeutschen Zeitung vom 2.3.1992 als Gesellschaft der Deutschen in der Sowjetunion bezeichnet).

54 Leiter der Katedra der Europa- und Amerikaabteilung des Moskauer Staatlichen Institutes für Internationale Beziehungen (MGIMO); ein Bericht über diese Tagung findet sich in Diplomatičesckij Vestnik, No 9-10, 15. Mai - 31. Mai 1992, S. 33.

weitreichender deutscher autonomer Strukturen angesichts der in vieler Hinsicht noch unvollendeten, geltenden Gesetzgebung im Bereich der administrativ-territorialen Gliederung zu unerwünschten Präzedenzen in sonstigen Gebieten führen. Aus diesem Grund sei es nötig, erst noch normale Bedingungen in der Orten des Aufenthalts der deutschen Minderheit zu schaffen.

b) Als Grundlage der deutsch-sowjetischen Beziehungen diente der Vertrag über gute Nachbarschaft, Partnerschaft und Zusammenarbeit zwischen der Sowjetunion und der Bundesrepublik Deutschland vom 9. November 1990[55]; der Stellung der "sowjetischen Staatsbürger der deutschen Nationalität" ist Art. 15 dieses Vertrages gewidmet. Die Vertragsparteien haben sich darin geeinigt, die Möglichkeiten des Unterrichts der Sprache der jeweils anderen Vertragspartei in den Schulen und höheren Bildungsinstitutionen zu verbreitern. Die Initiativen zur Gründung zweisprachiger Schulen sollen unterstützt werden. Ferner wird den sowjetischen Staatsbürgern deutscher Nationalität und den aus der Sowjetunion stammenden Personen mit ständigem Aufenthalt auf dem Gebiet der Bundesrepublik Deutschland, die ihre Sprache, Kultur oder Traditionen bewahren wollen, die Möglichkeit gewährleistet, ihre nationale, sprachliche und kulturelle Eigenständigkeit zu entwickeln. Im Einklang damit und im Rahmen der geltenden Gesetze werden die Vertragsparteien diese Möglichkeit sichern und solchen Personen oder ihren Organisationen ihre Hilfe gewähren.

In einem Beschluß vom 22. April 1991 äußerte sich das Präsidium des Obersten Sowjets besorgt darüber, daß trotz der "Maßnahmen zur Regulierung der Probleme der sowjetischen Deutschen auf dem Territorium der RSFSR"[56] die Zahl der Auswanderer aus Kreisen der deutschen Minderheit weiterhin anstieg: Während es sich im Jahre 1989 noch um 100.000 Menschen handelte, stieg ihre Anzahl im Jahre 1990 bereits auf 150.000 Personen und für 1991 wurde mit rund 400.000

---

55 BGBl. 1991 II 702.

56 Vgl. den Beschluß des Präsidiums des Obersten Sowjets Nr. 25 vom 22.4.1991.

Auswanderern gerechnet. Vor diesem tatsächlichen Hintergrund wurde aufgrund des genannten Beschlusses eine Kommission des Obersten Sowjets für die Probleme der sowjetischen Deutschen eingesetzt, die bis zum 20. Mai 1991 eine Konzeption für sozialökonomische und politische Programme für die Wiederherstellung der Staatlichkeit der deutschen Minderheit ausarbeiten sollte. Weiter sollte die genannte Kommission, zusammen mit dem Staatskomitee für die Nationalitäten, die Frage der Möglichkeit der Gründung national-territorialer Körperschaften in den Orten des kompakten Siedlungsgebiets der sowjetischen Deutschen auf dem Gebiet der RSFSR studieren und bis zum 1. Dezember 1991 die entsprechenden Entwürfe dem Obersten Sowjets vorlegen[57].

Drei Monate später, am 1. Juli 1991 hat der Präsident der RSFSR seinen Erlaß Nr. 939 über die Bildung des deutschen nationalen Rayons im Altaibezirk unterschrieben. In der siebenzeiligen präsidentialen Anordnung wurde entschieden, ein Deutsches Nationalgebiet zu bilden sowie die Gemeinde Nekrasowo als Administrationszentrum dieses Gebietes zu bestimmen, die gleichzeitig ihren ursprünglichen Namen Halbstadt wieder erhielt. Die Orientierung der politischen Bestrebungen der Angehörigen der deutschen Minderheit auf die Einrichtung solcher deutscher Gebietskörperschaften an der Wolga, im Gebiet von Omsk[58], im Altai-Gebirge und in der Ukraine war anläßlich des Zweiten Außerordentlichen Kongresses der Rußlanddeutschen in Moskau im März 1991 auch vom Parlamentarischen Staatssekretär im (deutschen) Bundesministerium des Innern, *Horst Waffenschmidt*, vorgeschlagen worden.

---

57 Mitglieder der Kommission des Präsidiums des Obersten Sowjets der RSFSR für die Probleme der sowjetischen Deutschen waren: a) folgende Mitglieder des Obersten Sowjets der RSFSR: A.F. Bir (Vorsitzender der Kommission), S.S. Dzamaldinow, V.P. Dordziew, V.I. Ikonnikow, V.A. Isaew, V.N. Prudnikow, J.D. Rudkin und A.F. Tschajkowskij; sowie b) folgende Vertreter des Rates der sowjetischen Deutschen: G.G. Grout, G.A. Wolter, W.F. Weingart, W.F. Disendorf, W.O. Daines, J.G. Maurer und A.W. Schmidt.

58 Hier ist im Frühjahr 1992 der zweite deutsche nationale Rayon (Landkreis) mit dem Verwaltungsmittelpunkt Assowo entstanden, vgl. FAZ vom 20.2.1992, S. 7.

Von ganz erheblicher potentieller Bedeutung für die weitere Entwicklung der Situation der rußlanddeutschen Minderheit dürfte das am 23. April 1992 in Bonn von *Horst Waffenschmidt* und dem in der deutschen Presse als "russischer Nationalitätenminister" bezeichneten Leiter des Komitees für Nationalitätenpolitik im Range eines Ministers, *Walerij Tischkow*, unterzeichnete deutsch-russische "Protokoll über die Zusammenarbeit zur stufenweisen Wiederherstellung der Staatlichkeit der Rußlanddeutschen"[59] werden; diese Einschätzung steht allerdings - jedenfalls gegenwärtig - noch unter dem Vorbehalt, daß die tatsächliche Umsetzung des Inhalts dieses Protokolls in Rußland offenbar auf nicht unerhebliche Schwierigkeiten stößt.

Von besonderer Bedeutung sind die Bestimmungen der Art. 1 und 4 dieses Protokolls. Nach Art. 1 Abs. 1 bekräftigt die Regierung der Russischen Föderation ihre Absicht, stufenweise die Republik der Wolgadeutschen in den traditionellen Siedlungsgebieten wiederzuerrichten, allerdings unter der Voraussetzung, daß dadurch die Belange der dort jetzt ansässigen Bevölkerung nicht geschmälert werden. Deutsche wie russische Regierung erklärten ferner, daß sie diese Absicht mit dem Ziel unterstützen wollen, so die Verwirklichung der nationalen und kulturellen Identität der Rußlanddeutschen zu gewährleisten. Interessant ist vor allem auch die Bestimmung des Art. 1 Abs. 2 des Protokolls, wonach im Einklang mit dem in der Allgemeinen Erklärung der Menschenrechte und im Internationalen Pakt über bürgerliche und politische Rechte verbürgten Recht auf Freizügigkeit der Zuzug in die zu schaffende Republik allen Deutschen offenstehen wird, die im Hoheitsgebiet der Staaten, die zur ehemaligen UdSSR gehörten, leben oder gelebt haben. Diese Bestimmung ist im Hinblick auf die oben dargestellten Beschränkungen der Freizügigkeit gerade von Angehörigen nationaler Minderheiten von hoher praktischer Bedeutung. Gemäß Art. 1 Abs. 3 werden die von der russischen Seite zu ergreifenden Maßnahmen unter anderem folgende Regelungen enthalten: Erstellung eines Stufenplans zur Umsetzung der beschlossenen staatlichen Akte, Art und Umfang einer Übergangsphase, Zuzugsmodalitäten, Recht

---

59 Vgl. Bull. 1992, S. 410 ff.

auf Erhalt und Erwerb von Boden sowie Festsetzung des Status und der Zuständigkeiten der autonomen Gebietskörperschaften und der künftigen Republik im Einklang mit der Verfassung und den Rechtsvorschriften der Russischen Föderation. Gemäß Art. 4 Abs. 1 dieses Protokolls verpflichten sich beide Seiten, zur Unterstützung der deutschen Minderheit in Rußland bei der Pflege ihrer nationalen Identität und der Wiederherstellung der Staatlichkeit der Wolgadeutschen die Gewährung ungehinderter Möglichkeiten zu fördern, kulturelle, soziale, gemeinschaftsfördernde und Bildungseinrichtungen zu schaffen, die das Zusammengehörigkeitsgefühl der Deutschen stärken und das Zusammenleben von Menschen deutscher und anderer Nationalität begünstigen. Nach Art. 4 Abs. 2 wird die russische Seite die Gründung derartiger Einrichtungen legislativ und organisatorisch sicherstellen; die deutsche Seite wird personelle und sachliche Hilfe leisten.

Offenkundig in engem Zusammenhang mit der Unterzeichnung dieses Protokolls hat dann am 21. Mai 1992 der Präsident der Russischen Föderation seinen Erlaß über die "Schaffung der Ansiedlungen der Russischen Deutschen in der Wolga-Region auf der Basis der Agrokomplexe und die Garantien ihrer sozialökonomischen Entwicklung" herausgegeben[60]. Dieser Rechtsakt ist in fünf Artikel gegliedert: Der Präsident bestimmte, daß auf dem Gebiet der Bezirke von Wolgograd, Samara und Saratow (also im Bereich der ehemaligen Wolgarepublik der Rußlanddeutschen), im Einklang mit einem gemeinsamen russisch-deutschen Projekt und unterstützt durch die deutsche Regierung, kompakte Ansiedlungen der russischen Deutschen auf der Basis von "Agrokomplexen" geschaffen werden (Art. 1). Die Regierung der Russischen Föderation soll, aufgrund Art. 2 dieses Erlasses, ihre Arbeit in Bezug auf die Aufnahme des erwähnten gemeinsamen Projekts beschleunigen. Die Leiter der zuständigen Verwaltungsbehörden sind nach Art. 3 des Erlasses zu folgenden Maßnahmen verpflichtet:

- die freie Übertragung von Grundstücken in das Eigentum der Staatsbürger in den im Einklang mit diesem Erlaß eingerichteten Ansiedlungen zu gewährleisten;

---

60 Ved. RF Nr. 22, 4.6.1992.

- Vorschläge zur Änderung der administrativen Organisation dieser Gebiete, mit Rücksicht auf die Formierung der lokalen Selbstverwaltungsorgane in diesen Siedlungen, in der vorgeschriebenen Ordnung vorzubereiten;
- zusammen mit den zuständigen Ministerien und Behörden der Russischen Föderation das staatliche Programm der Schaffung der Ansiedlungen der Russischen Deutschen auf der Basis der "Agrokomplexe" in der Wolga-Region auszuarbeiten und dieses innerhalb einer Frist von zwei Monaten der Regierung der Russischen Föderation vorzulegen.

Nach Art. 4 des Erlasses ist die Regierung weiter gehalten, die Bereitstellung von Haushaltsmitteln für die Realisierung des genannten staatlichen Programms vorzubereiten, zunächst vor allem für die Schaffung von Wohnraum, die Melioration der landwirtschaftlichen Flächen, den Bau von Landstraßen und Einrichtungen der Wasserversorgung sowie die Versorgung dieser Ansiedlungen mit Gas und Elektrizität. Sie soll ebenfalls die Rahmenbedingungen der Übersiedlung der rußlanddeutschen Staatsbürger in diese Ansiedlungen ausarbeiten, worunter auch die Frage der Übernahme der mit der Umsiedlung an die neuen Wohnorte verbundenen Kosten fällt. In Art. 5 findet sich schließlich eine Regelung, derzufolge Waren, die in das Territorium der Russischen Föderation für die Realisierung dieses Programms importiert werden, von Zollabgaben befreit sein sollen.

c) Bekanntlich ist der Prozeß der stufenweisen Wiederherstellung der Staatlichkeit der Wolgadeutschen mittlerweile ganz offenbar wegen der erheblichen Widerstände der lokalen Bevölkerung ins Stocken geraten. Wie der Prozeß der Gründung der Wolgarepublik ablaufen könnte, läßt sich am nachfolgend geschilderten Beispiel der Republik Inguschien darstellen.

Am 4. Juni 1992 hat der Oberste Sowjet der Russischen Föderation seinen Beschluß Nr. 1308 über die Ordnung des Inkrafttretens des Gesetzes der Russischen Föderation über die "Schaffung der Inguschen-Republik im

Rahmen der Russischen Föderation" gefaßt[61]. Damit hat der Oberste Sowjet angeordnet (Abs. 1), im Einklang mit Art. 104 und 109 der Verfassung der Russischen Föderation, den Art. 1 des Gesetzes der Russischen Föderation über die "Schaffung der Inguschen-Republik in Rahmen der Russischen Föderation" zur Bestätigung durch den Kongreß der Volksdeputierten einzubringen. In Kraft treten sollen Art. 2, 3 und 4 dieses Gesetzes mit der Zeit ihrer Veröffentlichung (Art. 2). Das Präsidium des Obersten Sowjets soll, bis zur Schaffung der obersten Organe der neuen Republik, einen vorübergehenden Vertreter der Russischen Föderation bestimmen und seine Kompetenzen festlegen. Dem Präsidenten der Russischen Föderation wird empfohlen, bis zur Schaffung dieser Organe die Frage der Organisation der Leitung in der Republik zu klären und die Spitze der vorläufigen Administration Inguschien zu ernennen. Die staatliche Kommission, welche die Regierung der Russischen Föderation zu diesem Zweck eingesetzt hat, soll, im Einklang mit der Verfassung der Russischen Föderation und aufgrund einer herbeizuführenden Einigung aller interessierten Parteien, bis zum 31. Dezember 1993 Vorschläge zur Bestimmung der Grenzen der Inguschen-Republik und der Grundzüge des Funktionierens ihrer künftigen Organe vorlegen (Abs. 5). Alle staatlichen Organe, Institutionen, Organisationen und Behörden müssen schon jetzt die Wahrung der verfassungsrechtlichen Rechte und Freiheiten der Staatsbürger in Inguschien ohne Rücksicht auf ihre nationale Angehörigkeit gewährleisten.

2. Die polnische Minderheit

Als Grundlage des neuen russisch-polnischen bilateralen Minderheiten-Regimes dient der Vertrag zwischen der Polnischen Republik und der Russischen Föderation über freundschaftliche und gutnachbarschaftliche Zusammenarbeit vom 22. Mai 1992[62]. Art. 16 Abs. 1 des Vertrages enhält die Erklärung beider Seiten, sich gemäß allgemeinen internationalen

61 Ved. RF Nr. 24, 18.6.1992.

62 Vgl. hierzu *M. Hošková*, Die rechtliche Stellung der Minderheiten in Polen, in: J.A. Frowein/R. Hofmann/S. Oeter (Hrsg.), Das Minderheitenrecht europäischer Staaten (1993), 258 ff. (267).

menschen- und minderheitenrechtlichen Standards zu verhalten. Neben der Gewährleistung der entsprechenden religiösen Erziehung und Ausbildung garantieren die Parteien nach Abs. 3 dieses Artikels den aus Rußland stammenden Staatsbürgern der Republik Polen sowie den Staatsbürgern der Russischen Föderation polnischer Abstammung die Erhaltung und Entwicklung ihrer ethnischen Identität, eigenen Kultur sowie die Lehre der Muttersprache auf der vorschulischen wie schulischen Ebene.

3. Minderheitenregelungen in sonstigen völkerrechtlichen Verträgen

Zu nennen sind in diesem Zusammenhang die von Rußland noch zur Zeit des Bestehens der Sowjetunion mit anderen Republiken geschlossenen Kooperationsverträge[63], die typischerweise eine Minderheitenschutzklausel enthalten, die sich auf die Bewahrung und Entwicklung der ethnischen, kulturellen, sprachlichen und religiösen Identität der nationalen Minderheiten bezieht. Solche Verträge wurden geschlossen etwa mit der Ukraine am 19. November 1990, Kasachstan am 21. November 1990 und Weißrußland am 18. Dezember 1990[64].

Im Hinblick auf die gewaltsamen Auseinandersetzungen in der Republik Moldowa sind die russischen Bemühungen um einen entsprechenden Vertrag mit diesem Staat zu sehen. Mit Beschluß Nr. 1146 vom 16. März 1992[65] hat das Präsidium des Obersten Sowjets der Russischen Föderation bestimmt, sich an das Präsidium des Parlaments der Republik Moldowa mit dem Vorschlag zu wenden, eine Arbeitsgruppe für die Beschleunigung der Erarbeitung und Ratifizierung des beabsichtigten bilateralen Abkommens über die Grundlagen der Beziehungen zwischen beiden Staaten einzusetzen. Bis zum 1. Juni 1992 sollte danach die russische Regierung die Entwürfe für Regierungsabkommen und Verträge zu den Fragen der Staatsangehörigkeit, Menschenrechte, Bevölkerungsmigration, Eigentum, wirtschaftlichen Mechanismen usw. vorbereiten und vorlegen.

---

63 Vgl. hierzu *G. Brunner* (Anm. 1), 386 f.

64 Für den Text dieser Verträge s. Ved. RSFSR Nr. 7, 14.2.1992.

65 Ved. RF Nr. 21, 28.5.1992.

VII. Schlußbemerkung

Am 26. Juni 1992 hat das Verfassungsgericht der Russischen Föderation seine Erklärung Nr. 1572 veröffentlicht[66], in der es darauf aufmerksam machte, daß "... die verabschiedeten Gesetze, die Erlasse des Präsidenten und der Regierung nicht umgesetzt worden sind oder die gewünschten Ergebnisse nicht erreichen." Für die Atmosphäre, in der die Fragen der nationalen und ethnischen Minderheiten gelöst - oder richtiger nicht gelöst - werden, ist besonders bedeutsam der folgende Teil dieses Dokuments: "Scharf bleibt die Problematik der Integrität Rußlands: Die tausendjährige russische Staatlichkeit ist das allgemeine Eigentum aller seiner Völker. Mit dem verfassungsrechtlichen System Rußlands sind vereinbar weder Separatismus noch verschiedentliche Versuche, die unitarisch-bürokratische Ordnung des Staates zu beleben, noch die Ignorierung der Souveränität der Nationen Rußlands, der legalen Interessen ihrer Regionen." Die Erklärung endet mit einem Appell an alle staatlichen Organe, politischen Parteien und bürgerlich-politischen Bewegungen sowie die russischen Staatsbürger "... dringend die Stimme der Vernunft und des Rechts zu hören. Der Weg in die Zukunft liegt in der strengen Wahrung der Verfassung und der Gesetze."

Zur Frage der tatsächlichen Anwendung der Gesetze auf dem Gebiet der Russischen Föderation äußerte sich schon der Entwurf der Anordnung des dritten (Außerordentlichen) Kongresses der nationalen Abgeordneten der RSFSR vom 5. April 1991[67]; in seinem Abs. 4 wurde deklariert, daß die Gesetze der UdSSR, die von ihr im Rahmen ihrer an sie durch die RSFSR übertragenen Zuständigkeit verabschiedet worden waren, auf dem gesamten Territorium der RSFSR gelten; auch käme den Gesetzen und sonstigen normativen Akte der RSFSR, die durch die zuständigen Organe der RSFSR erlassen seien, Rechtskraft auf dem gesamten Territorium der RSFSR zu. Gleichzeitig enthielt dieser Entwurf in seinem Abs. 8 einen

---

66 Ved. RF Nr. 27, 9.7.1992.

67 Ved. RSFSR Nr. 16, 18.4.1991.

Appell an den Obersten Sowjet, die Vorbereitung eines Gesetzes über die "Garantien der gleichberechtigten Entwicklung der nationalen Minderheiten" fertigzustellen; in diesem Projekt sollten ebenfalls die Mechanismen der Garantien ihren Vertretung in den Organen der Staatsgewalt auf allen Ebenen gelöst werden.

Mit diesen Zitaten ist ein Kernproblem der Beschäftigung mit der gegenwärtigen Rechtslage in Rußland angesprochen. Ganz offenbar wird ein erheblicher Teil der "in Moskau" verabschiedeten Gesetze und dort erlassenen Verordnungen in der Praxis wenig oder gar nicht befolgt. Dieser Befund gilt anscheinend in ganz hohem Maße auch für das Gebiet der rechtlichen Stellung der Minderheiten. Es erscheint daher kaum angebracht, auf der Grundlage des zur Verfügung stehenden Materials eine diesbezügliche Wertung - und schon gar nicht im Hinblick etwa auf die minderheitenspezifischen Errungenschaften des KSZE-Prozesses - abzugeben. Mit aller Zurückhaltung hinsichtlich der nicht geklärten Frage der tatsächlichen Praxis läßt sich allenfalls sagen, daß die dargestellte Gesetzgebung der Russischen Föderation, insbesondere die einschlägigen Bestimmungen des Grundrechtsteils der am 21. April 1992 novellierten Verfassung und vor allem des Sprachengesetzes, die gesetzliche Grundlage für eine Entwicklung bieten, die den KSZE-Standards entsprechen könnte. Voraussetzung hierfür wäre ferner auch, daß die für viele der unter Stalin deportierten und unterdrückten Völker immer noch ausstehende umfassende Rehabilitierung endlich vollendet wird. Die gegenwärtige politische und wirtschaftliche Lage bietet jedenfalls eher Anlaß zu der Befürchtung, daß ein Ende der immer bedrohlicher erscheinenden Nationalitäten-Konflikte noch nicht abzusehen ist.

VIII. Nachtrag

Der vorstehende Bericht wurde weitgehend im Winter 1992/93 fertiggestellt. Bekanntlich ist seither die politische und rechtliche Ordnung Rußlands tiefgreifenden Problemen ausgesetzt gewesen, die in den Auseinandersetzungen zwischen Staatspräsident *Jelzin* und Parlamentspräsident

Chasbulatow kulminierten. An dieser Stelle kann keine rechtliche Bewertung der Vorgänge von Anfang Oktober 1993 abgegeben werden, die zur Auflösung des Parlaments und der Durchführung von Neuwahlen Mitte Dezember 1993 führten.

Am 12. Dezember 1993 wurde durch Referendum auch die neue Verfassung der Russischen Föderation angenommen, die in erheblichem Umfang auf den im Frühjahr 1993 erstellten Verfassungsentwürfen beruht; dies gilt insbesondere für den von der von Präsident *Jelzin* eingesetzten Verfassungsversammlung vorgelegten Entwurf[68]. Daher sollen nachstehend ganz kurz dessen für die Rechtstellung nationaler Minderheiten wichtigen Bestimmungen vorgestellt werden.

Schon in Art. 3 Abs. 1 wird als Träger der Souveränität "ihr multinationales Volk" bezeichnet. In Art. 5 wird die Russische Föderation als "bestehend aus Republiken, Territorien, Gebieten, Städten mit föderalen Bedeutung, autonomen Gebieten und autonomen Kreisen" definiert. Von besonderer Bedeutung ist Art. 13 Abs. 4, der wie folgt lautet: "Die Bildung und die Tätigkeit von gesellschaftlichen Vereinigungen, deren Ziele und Handlungen auf eine gewaltsame Veränderung der Grundlagen der verfassungsmäßigen Ordnung und eine Verletzung der Integrität der Russischen Föderation, die Untergrabung der Sicherheit des Staates, die Schaffung von in der Verfassung der Russischen Föderation und den föderalen Gesetzen nicht vorgesehenen Machtstrukturen, bewaffneten Formationen, die Entfesselung von sozialen, nationalen und religiösen Streitigkeiten, einschließlich der Propaganda der Auserwähltheit oder anderer Formen der Diskriminierung wegen gewisser Kennzeichen, der sozialen, nationalen, rassischen, religiösen Zugehörigkeit gerichtet sind, sind unzulässig".

---

68 Text des Entwurfs ist abgedruckt z.B. in Izvestija vom 16.7.1993, S. 3-6. Vgl. Konstitucija Rossiskoj federacii, Moskva, Juridiceskaja literatura (1993).

Unter den Grundrechtsbestimmungen sei hingewiesen auf das Diskriminierungsverbot in Art. 19 Abs. 2[69] und die für die Rechtsstellung nationaler Minderheiten ganz entscheidende Vorschrift des Art. 24, der wie folgt lautet: "Jeder hat das Recht, seine nationale Zugehörigkeit frei zu bestimmen und anzugeben. Niemand kann zur Bestimmung und zum Angeben seiner nationalen Zugehörigkeit gezwungen werden. Jeder hat das Recht, seine nationale Sprache zu verwenden, die Sprache der Kommunikation, der Erziehung, des Unterrichts und des Schöpfertums frei zu wählen." In sprachenrechtlicher Hinsicht von großer Bedeutung ist auch Art. 68[70] der Verfassung: Dieser bestimmt zum einen Russisch als die Staatssprache Rußlands; zum anderen gibt er den Republiken das Recht, ihre eigenen Staatssprachen festzulegen; schließlich wird allen Völkern Rußlands das Recht auf Wahrung, Erlernen und Entwicklung ihrer Muttersprache garantiert. Nach Art. 69 der Verfassung sollen weiter die Rechte der zahlenmäßig kleinen, alteingesessenen Völker in Übereinstimmung "... mit den allgemein anerkannten Prinzipien und Normen des Völkerrechts und den internationalen Verträgen der Russischen Föderation durch die Verfassung der Russischen Föderation und die föderalen Gesetze ..." garantiert werden.

Zuletzt sei noch auf Art. 2 des II. Teils der Verfassung, der den Schluß- und Übergangsbestimmungen gewidmet ist, hingewiesen; danach werden auch

---

69 Diese Bestimmung lautet: "Die Gleichheit der Rechte und Freiheiten wird durch den Staat unabhängig von Geschlecht, Rasse, Nationalität, Sprache, Herkunft, Vermögens- und Dienststellung, Wohnort, Verhältniss zur Religion, Überzeugungen, Zugehörigkeit zu gesellschaftlichen Organisationen, aber auch von anderen Umständen garantiert."

70 Diese Bestimmung lautet: "(1) Die offizielle Staatssprache auf dem gesamten Territorium der Russischen Föderation ist die russische Sprache. Sie wird in allen staatlichen Organen und Einrichtungen der Russischen Föderation verwendet.

(2) Die Republiken haben das Recht, ihre Staatssprachen festzulegen. In den staatlichen Organen und Einrichtungen der Republiken werden sie neben der Staatssprache der Russischen Föderation verwendet.

(3) Der Staat garantiert allen Völkern der Russischen Föderation ihr Recht auf Bewahrung der Muttersprache, auf die Schaffung der Bedingungen für ihr Erlernen und ihre Entwicklung."

nach Inkrafttreten der neuen Verfassung grundsätzlich alle Gesetze und andere Normen weiter angewendet, sofern sie nicht mit der neuen Verfassung unvereinbar sind. Diese - jedenfalls vorläufige - Weiteranwendung betrifft wohl auch die in diesem Bericht behandelten einfachgesetzlichen Rechtsakte.

Die rechtliche Stellung der Minderheiten in Serbien

JOSEPH MARKO*

I. Einleitung

1. Bevölkerungsstruktur und regionale Verteilung

Bezogen auf das gesamte Territorium der Republik Serbien setzt sich die Bevölkerung nach den Ergebnissen der Volkszählung von 1991 wie folgt zusammen: von 9.791.475 Einwohnern deklarierten sich 65,8 % als Serben, 17,2 % als Albaner, 3,5 % Ungarn und immerhin 3,2 % als "Jugo-Slawen" (Vgl. die folgende Tabelle).[1]

Der Vergleich zur Volkszählung von 1981 ergibt damit eine relative Abnahme der Serben an der Gesamtbevölkerung Serbiens um 0,6 %. Dem geringen absoluten Wachstum der Serben von knapp 250.000 stand hingegen eine albanische Bevölkerungsexplosion - v.a. in der Autonomen Provinz Kosovo - von 14 % auf 17,2 % der serbischen Gesamtbevölkerung gegenüber. In absoluten Zahlen nahm damit die albanische Bevölkerung um 380.000 zu, was eine Zuwachsrate von knapp unter 30 % bedeutet! Hingegen erfuhren alle übrigen in Serbien lebenden Nationalitäten im Zeitraum 1981-1991 absolut wie relativ eine Abnahme ihres Bevölkerungsanteils.

Der Anteil der vorwiegend in der Autonomen Provinz Vojvodina lebenden Ungarn, nach den Albanern die zweitgrößte Bevölkerungsgruppe, sank von

---

* Ass. Prof. *Dr. Joseph Marko*, Institut für Öffentliches Recht und Politikwissenschaften an der Rechtswiss. Fakultät der Karl-Franzens-Universität Graz.

1 The National Composition of Yugoslavia's Population, 1991, in: Yugoslav Survey, 1/1992. Vgl. auch *H. Büschenfeld*, Ergebnisse der Volkszählung 1991 in Jugoslawien, in: Osteuropa 1992, 1095-1101 sowie *G. Seewann*, Die Ethnostruktur der Länder Südosteuropas aufgrund der beiden letzten Volkszählungen im Zeitraum 1977-1992, in: Südosteuropa 193, 80.

4,7 % auf 3,5 %. Der absolute Verlust von 45.000 bedeutet damit eine Reduktion um 11 %.

Trotz fortschreitender Emigration nach Kroatien hielt sich die relative wie absolute Abnahme der Kroaten an der Gesamtbevölkerung Serbiens in Grenzen, wenn man die 1991 nicht als Kroaten klassifizierten ethnischen Gruppen von Bačka Bunjevci sowie die Katholiken von Šokci eben nicht gesondert zählt. Die absolute Abnahme von 16.570 (anstatt von 40.000 wie in der offiziellen Statistik) bedeutet damit nur ein relativ geringes Absinken von 1,6 % auf 1,3 % an der Gesamtbevölkerung.

Auch alle übrigen, kleineren Nationalitäten (Rumänen, Ruthenen, Slowaken und Vlachen) erfuhren im Zeitraum 1981-1991 eine Bevölkerungsabnahme, wobei diese sowohl bei den Türken als auch den Bulgaren in erster Linie auf Emigration zurückzuführen ist.

Nationalität	**1981**	**%**	**1991**	**%**
Gesamt	9.313.677	100	9.791.475	100
Serben	6.182.159	66,4	6.428.420	65,8
Albaner	1.303.032	14,0	1.686.661	17,2
Ungarn	390.468	4,2	345.376	3,5
Jugo-Slawen	441.941	4,7	317.739	3,2
Muslime	215.166	2,3	237.358	2,4
Kroaten *	149.368	1,6	109.214	1,1
Bačka Bunjevci *	-	-	21.662	0,2
Montenegriner	147.466	1,6	140.024	1,4
Roma	110.959	1,2	137.265	1,4
Slowaken	73.207	0,8	67.234	0,6
Mazedonier	48.986	0,5	47.577	0,4
Rumänen	53.693	0,6	42.386	0,4
Bulgaren	33.455	0,4	25.214	0,3
Ruthenen	19.758	0,2	18.339	0,2
Vlachen	25.596	0,3	17.557	0,2
Türken	13.890	0,1	11.501	0,1
Slowaken	12.006	0,1	8,340	0,1

Quelle: Yugoslav Survey, 1/1992

Untersucht man die Bevölkerungsstruktur der beiden Autonomen Provinzen, so zeigt sich, daß die Bevölkerungsstruktur des Kosovo äußerst homogen ist: der albanischen Mehrheitsbevölkerung von 85 % (Stand 1981), Tendenz steigend, stehen 13 % Serben sowie 3,7 % Moslems, weiters

2,2 % Roma, 1,7 % Montenegriner, 0,8 % Türken und 1,1 % Angehörige anderer Volksgruppen gegenüber.[2] In der Zwischenkriegszeit hatten sich zirka 40.000 orthodoxe slawische Bauern - vorwiegend Serben und Montenegriner - im Kosovo angesiedelt, während gleichzeitig mehr als eine halbe Million ethnischer Albaner vertrieben wurden.[3] In den letzten hundert Jahren hat sich die Bevölkerung des Kosovo fast verachtfacht. So steht dem Rückgang der Sterblichkeitsrate eine hohe Geburtenrate sowie ein Ansteigen der durchschnittlichen Lebensdauer und eine verbesserte Ausbildung gegenüber. Aufgrund der hohen Geburtenrate besteht eine besonders junge Bevölkerungsstruktur: 1981 machten die unter 15-jährigen schon 41,4 % der Bevölkerung aus. Kosovo gehört zu den europäischen Gebieten mit der höchsten Besiedlungsdichte (1981: 145/qkm).[4]

In der Vojvodina wird von den offiziellen Statistiken für 1981 folgendes nationales Bevölkerungsverhältnis genannt: ca. 54 % Serben stehen als stärkste nationale Minderheit die Ungarn mit ca. 19 % gegenüber. Weiters leben in der Vojvodina Slowaken, Rumänen und Ruthenen.[5]

2. Die Rechtsstellung der nationalen Minderheiten im Verfassungssystem

Wenngleich in Art. 1 der serbischen Verfassung vom 28. September 1990[6] die Republik Serbien als "der demokratische Staat aller in ihr lebenden

---

2 Einen Vergleich der Volkszählungsergebnisse 1961, 1971 und 1981 bietet die Tabelle: The Population of Kosovo, in: Yugoslav Survey 4/1989, 25. Die Volkszählung 1991 wurde von den Albanern boykottiert. Statistische Angaben beruhen daher auf Schätzungen und sind mit Vorsicht zu betrachten. Vgl. *T. Varady*, Collective Minority Rights and Problems in Their Legal Protection: The Example of Yugoslavia, in: East European Politics and Societies 1992, 266; *H. Poulton*, The Balkans. Minorities and States in Conflict, London 1991, 15.

3 *Poulton* (Anm. 2), 57 ff.

4 Kosovo, in: Yugoslav Survey 4/89, 3-28.

5 *Poulton* (Anm. 2), 15.

6 Vgl. Službeni glasnik Republike Srbije (im folgenden SgRS), god. XLVI, broj 1/1990. Diese ist im Original und deutscher Übersetzung abgedruckt in *J. Marko/T. Borić* (Hrsg.), Slowenien-Kroatien-Serbien. Die neuen Verfassungen, Graz-Wien-Köln 1991, 318-351

Staatsbürger" bezeichnet wird und gem. Art. 2 die Souveränität nicht dem Volk, sondern allen Staatsbürgern zukommt, also der Wortlaut der Verfassung im normativen Teil von ethnischen Anklängen auf das Nationalstaatsprinzip frei ist, finden sich solche durchaus auch in der Präambel der serbischen Verfassung, wo vom jahrhundertelangen Kampf des serbischen Volkes für die Freiheit und von seinen staatsbildenden Traditionen die Rede ist und schließlich die Verabschiedung der Verfassung als Ausdruck der "Entschlossenheit" bezeichnet wird, "den demokratischen Staat des serbischen Volkes zu schaffen, in dem den Angehörigen aller Nationen und Nationalitäten die Verwirklichung der nationalen Rechte gesichert wird".[7]

Auch die neue serbische Verfassung übernimmt daher die Terminologie und Unterscheidung der Verfassungen des kommunistischen Jugoslawien zwischen Nationen und Nationalitäten,[8] spricht also nicht von Minderheiten und stellt diese insbesondere durch die Bestimmung des Art. 13 mit den Staatsbürgern serbischer Volkszugehörigkeit gleich. "Die Staatsbürger haben die gleichen Rechte und Pflichten sowie den gleichen Schutz vor staatlichen und anderen Organen ohne Rücksicht auf Rasse, Geschlecht, Geburt, Sprache, nationale Zugehörigkeit, Glaubensbekenntnis, politische

---

und 449-458. Vgl. auch die Einführung von Stefan *Lilić*, Die Verfassung der Republik Serbien, in: J. Marko/T. Borić (Hrsg.), Slowenien-Kroatien-Serbien, 286-319 sowie *B. Milosavjević*, Osnovne karakteristike nacrta novog Ustava SR Srbije (Grundlegende Merkmale des Entwurfs der neuen Verfassung der SR Serbien), in: Opština 6-7/1990, 5-15.

7 Vgl. dazu auch *V. Dimitrijević*, The Absolute Nation State: Postcommunist Constitutions, in: Jugoslovenska revija za međunarodno pravo 2-3/1992, 167-177, insb. 174: "... the state is, as put sincerely by the Serbian Constitution, owned in the first place by the dominant ethnic group and, in the second place, by people who can qualify as members of a recognized ethic community, and who are officially treated as historical guests. According to the Preamble of its Constitution, Serbia is 'a democratic State of the Serbian people in which members of other nations and national minorities will be able to exercise their national rights ...'." In Fn 7) wird schließlich darauf hingewiesen, daß "people (narod) is taken in the ethnic meaning ..."

8 Vgl. unten Anm. 50.

oder andere Überzeugung, Bildung, soziale Herkunft, Vermögensverhältnisse oder sonstige politische Eigenschaften."

In einer Reihe von Bestimmungen werden den Angehörigen der "anderen Nationen und Nationalitäten", wie dies in Art. 32 formuliert wird, ohne daß diese in der Verfassung jemals namentlich genannt würden, neben den allgemeinen, allen Staatsbürgern zukommenden Freiheiten und Grundrechten auch besondere individuelle und kollektive Rechte garantiert, die in den folgenden ausgewählten Bereichen näher ausgeführt werden, wobei allerdings schon an dieser Stelle darauf hinzuweisen ist, daß der historisch-politische Ausgangs- und Angelpunkt - trotz der vehementen politischen Probleme, die unten im entsprechenden Kapitel zur politischen Repräsentation ausführlich geschildert werden - auch in der neuen serbischen Verfassung das Rechtsinstitut der Territorialautonomie geblieben ist, auch wenn der Umfang der Kompetenzen und die Befugnisse der Organe stark eingeschränkt wurden.[9]

II. Das Recht auf Gebrauch der Sprache

1. Sprachenfreiheit

Gemäß Art. 49 der Verfassung wird den Staatsbürgern neben der Freiheit, "ihre nationale Zugehörigkeit und Kultur zum Ausdruck zu bringen", auch "die Freiheit der Verwendung ihrer Sprache und Schrift" als individuelles Grundrecht gewährleistet.

2. Behörden und Gerichte

Gem. Art. 171 der Verfassung der SFRJ 1974 war den Angehörigen der Nationalitäten das Grundrecht garantiert, "sich bei der Wahrnehmung ihrer Rechte und Pflichten sowie im Verfahren vor staatlichen Organen und

---

9 Vgl. dagegen *P. Ralić*, Minority rights in Serbia: facts, figures, orientations, published by the Ministry of Information of the Republic of Serbia, Beograd 1992.

Organisationen, die öffentliche Befugnisse ausüben, ihrer Sprache und Schrift zu bedienen."[10] Dieses Recht war dann nicht nur durch ein serbisches Republiksgesetz, sondern insbesondere auch durch zwei Gesetze der beiden Sozialistischen Autonomen Provinzen (SAP) Vojvodina und Kosovo konkretisiert[11], die im folgenden näher dargestellt werden sollen, um die Rechtslage nach der neuen Verfassung und dem neuen serbischen Amtssprachengesetz 1991 vergleichend beurteilen zu können.

Das Gesetz der SAP Vojvodina unterschied dabei zwischen Verfahren vor den Organen der Provinz einerseits und vor den Gemeindeorganen andererseits. Im Verfahren vor den Organen der Provinz waren fünf Sprachen gleichberechtigt: Serbokroatisch, Ungarisch, Slowakisch, Rumänisch und Ruthenisch. Im Verfahren vor den Gemeindeorganen war hingegen nur jene Volkssprache gleichberechtigt, die im Statut der Gemeinde verankert war. Ähnliche Bestimmungen waren auch im Gesetz Kosovos vorgesehen. Zwischen Albanisch und Serbokroatisch gab es keinerlei rechtliche Unterschiede, Türkisch konnte zwar bei allen Provinzorganen verwendet werden, auf der lokalen Ebene jedoch nur, wenn dies durch das Gemeindestatut vorgesehen wurde.

Nach den Bestimmungen des serbischen Republiksgesetzes konnten die Angehörigen von Volksgruppen in Verfahren vor Republiksorganen ihre Sprache und Schrift benutzen und in ihrer Sprache Bitten, Beschwerden, Anregungen etc. einbringen. Auf ihr Verlangen mußten alle Entscheidungen und Aktenstücke ihnen in ihrer Sprache schriftlich ausgestellt werden, wobei dieses Verlangen schon als gestellt galt, wenn der erste

---

10 Die Verfassung der SFRJ 1974 ist von *C. Höcker-Weyand* übersetzt und mit einer Einleitung versehen abgedruckt in: G. Brunner/ B. Meissner (Hrsg.), Die Verfassungen der kommunistischen Staaten, Paderborn 1980, 115-251.

11 Zakon o načinu ostvarivanja prava pripadnika narodnosti na upotrebu svog jezika i pisma kod republičkih organa, SgSRS 14/1971; Zakon o načinu obezbedjivanja ravnopravnosti jezika i pisama naroda i narodnosti u odredjenim organima, organizacijama i zajednicima, Službeni glasnik SAP Vojvodine, 29/77; Zakon o ostvarivanju ravnopravnosti jezika i pisama naroda i narodnosti, Službeni glasnik SAP Kosova, 48/77, 11/85 und 9/87.

Verfahrensschritt in der Sprache der Volksgruppe unternommen wurde. Das Protokoll, das in serbokroatischer Sprache zu führen war, mußte, wie auch in Serbokroatisch gehaltene Ausführungen von Parteien, auf Verlangen übersetzt werden. Waren die Republiksorgane der Volksgruppensprache nicht mächtig, mußte das Verfahren auf Kosten der Behörde mit Hilfe eines Dolmetschers geführt werden (Art. 2, 3 und 4). Nach Art. 8 waren diese Bestimmungen im Verfahren bei Gerichten, der Staatsanwaltschaft und anderen rechtsprechenden Organen inklusive des Verfassungsgerichts anzuwenden. Ähnliche Regelungen galten auch für das Parlament und die Regierung der SR Serbien.

Besonders hervorzuheben sind jedoch die Bestimmungen, die in den Autonomen Provinzen anzuwenden waren.

Nach Art. 5 des Gesetzes der SAP Vojvodina war in Gebieten, in denen in den Gemeindestatuten die Gleichberechtigung der Volksgruppensprachen verankert war, das gesamte Verfahren bei Organen und Organisationen mit öffentlichen Befugnissen sowie der gesamte äußere Verkehr mit den Parteien in der Sprache der Volksgruppen zu führen. Ebenso waren alle generell-abstrakten Normen (propise i druge opšte akte) neben Serbokroatisch auch in der jeweiligen Volksgruppensprache zu publizieren. Diese Verpflichtung bezog sich auch auf Arbeitsunterlagen für Sitzungen, Verlautbarungen für die Öffentlichkeit etc. Nach Art. 10 war Verfahrenssprache jene Sprache, in der von der Partei, die das Verfahren einleitete, der erste Schritt unternommen wurde. In einem Verfahren, das von Amts wegen eingeleitet wurde, mußten die Sprachen verwendet werden, die im Gemeindestatut als gleichberechtigt verankert waren, sodaß in der Praxis zumeist in zwei Sprachen begonnen wurde.[12] In einem Verfahren mit mehreren Parteien konnten sich diese entweder über eine Verfahrenssprache einigen, ansonsten mußte es zweisprachig geführt

---

12 Vgl. *K. Čavoški*, Pravni položaj jezika nacionalnih manjina (narodnosti) u Jugoslaviji, in: Institut za uporedno pravo (izd.), Pravo i pravo na upotrebu jezika (Die Rechtsstellung der Sprachen nationaler Minderheiten [Nationalitäten] in Jugoslawien, in: Institut für Rechtsvergleichung (Hrsg.), Recht und das Recht auf den Gebrauch der Sprache), Beograd 1989, 183.

werden. Bei drei oder mehr gleichberechtigten Sprachen entschied die Mehrheit der Parteien über die Verhandlungssprache, für die nicht dieser Sprache Mächtigen mußte gedolmetscht werden (Art. 9). Wurde zweisprachig verhandelt, mußte auch das Protokoll zweisprachig geführt werden, Schriftstücke und Ausführungen von Parteien mußten übersetzt werden (Art. 12). Auch das Verfahren in zweiter Instanz wurde in der Volksgruppensprache, d.h. in der bzw. den Sprachen des Verfahrens erster Instanz durchgeführt.

Das entsprechende Sprachengesetz der SAP Kosovo enthielt im großen und ganzen die entsprechenden Bestimmungen wie das Gesetz der SAP Vojvodina, erweiterte aber den Anwendungsbereich von den Gemeinde- und Provinzorganen auch auf Gerichte, die Staatsanwaltschaft, Organisationen der Vereinten Arbeit und andere Selbstverwaltungsorganisationen, das Unterrichtswesen und die "gesellschaftspolitischen Organisationen", d.h. also den Bund der Kommunisten und die im Sozialistischen Bund des Werktätigen Volkes als eine Art Volksfrontorganisation zusammengeschlossenen Organisationen.[13] Einige Bestimmungen dieses Gesetzes wurden aber von serbischer Seite als "Beweis" für die Unterdrückung bzw. Diskriminierung des Serbischen im Kosovo angeführt. So wurde schon aus der Reihenfolge der Aufzählung der Sprachen - nämlich zuerst Albanisch und erst an zweiter Stelle Serbokroatisch - von *Kosta Čavoški* abgeleitet, daß daher der Eindruck erweckt werde, daß Albanisch die Sprache einer "Nation", Serbokroatisch aber "nur" die einer Nationalität sei, was in der Praxis zu einer "ständigen Unterdrückung" der serbokroatischen Sprache geführt habe, da dem Albanischen der Vorrang eingeräumt worden sei.[14] Ob dies bei einem 90%-igen Bevölkerungsanteil in der Praxis vielleicht auch nicht anders sein kann, wird von diesem Autor allerdings dann nicht weiter erwogen.

---

13 Vgl. dazu allgemein nur *W. Höpken*, Sozialismus und Pluralismus in Jugoslawien, München 1984 und *J. Seroka/R. Smiljković*, Political Organizations in Socialist Yugoslavia, Durham 1986.

14 *Čavoški* (Anm. 12), 185 f.

Bereits durch die Amendments zur serbischen Verfassung sowie zu den Verfassungen der beiden Autonomen Provinzen im Jahre 1989 im Gefolge der Bundesverfassungsnovelle vom Dezember 1988 wurden diese Sprachenregelungen jedoch eingeschränkt.[15] Im Amandman XXVII der Verfassung Serbiens wurde ausdrücklich Serbokroatisch als Amtssprache für das Gebiet der Republik Serbien, also inklusive der beiden Autonomen Provinzen festgelegt. Die Bestimmungen dieses Amandmans wurden dann auch prompt noch vom jugoslawischen Bundesverfassungsgericht als bundesverfassungswidrig bezeichnet.[16] Amandman XLIV der Verfassung Kosovo postulierte wiederum die Gleichberechtigung der serbokroatischen und albanischen Sprache, während Amandman XXXVI der Verfassung der Vojvodina ausdrücklich Serbokroatisch als Amtssprache festlegte. Die anderen Sprachen, also Ungarisch, Slowakisch, Rumänisch und Ruthenisch werden als gleichberechtigt "neben" dem Serbokroatischen bezeichnet.

Art. 8 der neuen serbischen Verfassung 1990 übernahm dann die Regelung des Amandman XXVII: Nach Abs. 1 wird die serbokroatische Sprache als Amtssprache der Republik Serbien bezeichnet und die amtliche Verwendung des cyrillischen Alphabets festgelegt, während zugunsten des lateinischen Alphabets ein Gesetzesvorbehalt gemacht wird. Abs. 2 sieht weiters vor, daß territorial beschränkt auf die "von den Nationalitäten bewohnten Gebiete der Republik Serbien" neben der serbokroatischen Sprache und dem cyrillischen Alphabet auch die Sprachen und Schriften dieser Nationalitäten in amtlicher Verwendung stehen.

---

15 Amandman XXVII der serbischen Verfassung, SgSRS 11/89; Amandman XLIV der Verfassung Kosovos, SgSAP Kosova, 24/1989 und Amandman XXXVI der Verfassung der Vojvodina, SgSAP Vojvodina, 20/89. Vgl. auch *D. Vranjanac,* Pravni položaj jezika naroda i narodnosti Jugoslavije u Ustavnim amandmanima iz 1988 i 1989. (Die Rechtslage der Sprachen der Nationen und Nationalitäten Jugoslawiens nach den Verfassungsnovellen 1988 und 1989), in: Institut uporedno pravo (izd.), Pravo, 187 ff.

16 Vgl. *D. Burković/D. Kušar,* Mišljenje Ustavnog suda Jugoslavije o suprotnosti Amandmana na Ustave Republika i Ustave Autonomnih Pokrajina sa Ustavom SFRJ (Die Feststellung der Verfassungswidrigkeit der Amendments der Verfassung der Republiken und Autonomen Provinzen gegenüber der Verfassung der SFRJ durch das Bundesverfassungsgericht Jugoslawiens), in: Opština 3-5/1990, 37-49. Vgl. Yugoslav Survey 2/1990, 66 f.

Diese Bestimmung der Verfassung wird schließlich durch das Gesetz vom 27. Juli 1991 über die amtliche Verwendung der Sprachen und Alphabete näher geregelt.[17] Die serbokroatische Sprache wird in Art. 1 zu serbisch "umdefiniert" und in Art. 2 der territoriale und sachliche Anwendungsbereich festgelegt. Gem. Art. 4 können Organe und Organisationen mit öffentlichen Befugnissen ihre Aufschriften und Bezeichnungen neben cyrillisch auch in lateinischen Buchstaben schreiben, in Firmenzeichen darf sogar ausschließlich das lateinische Alphabet verwendet werden. Auch das in Art. 123 der Verfassung gewährleistete Grundrecht, daß jedermann im Verfahren vor Gericht oder einem anderen staatlichen Organ oder einer Organisation mit öffentlichen Befugnissen seine Sprache verwenden darf und über die Tatsachen in seiner Sprache in Kenntnis gesetzt zu werden hat, wird durch Art. 6 dieses Gesetzes wiederholt.

Die Kap. II und III dieses Gesetzes regeln den amtlichen Gebrauch des lateinischen Alphabets und der Sprachen der Nationalitäten. So legt Art. 8 fest, daß Gemeinden, in denen in größerer Zahl Angehörige von Völkern leben, die traditionell das lateinische Alphabet verwenden, dessen amtliche Verwendung im Gemeindestatut festzulegen haben. Die Gemeindeorgane solcher Gemeinden müssen dann den Bürgern auf ihr Verlangen Entscheidungen und andere Schriftstücke in lateinischer Schrift ausfertigen, Formulare sind in beiden Schriftarten zu drucken. Nach Art. 11 entscheiden wiederum die Gemeinden, in denen Angehörige von Nationalitäten leben, in ihrem Statut, ob deren Sprache als Amtssprache zu verwenden ist. Die Sprachen der Nationalitäten, die bei den Organen der Autonomen Provinzen zu verwenden sind, sollen ebenfalls in deren Statuten festgelegt werden. Für das erstinstanzliche Verwaltungs-, Straf-, Zivil- oder sonstiges Verfahren gilt gem. Art. 12 Abs. 1 die Regel, daß es in serbischer Sprache zu führen ist. Als Ausnahme von dieser Grundregel ist dann durch Kann-Bestimmungen vorgesehen, daß das Verfahren auch in der Sprache einer Nationalität geführt werden kann, wenn diese Sprache bei den jeweiligen Organen amtlich verwendet oder dies von den Angehörigen der Minderheit

17 SgRS, br. 45/1991, Pos. 614.

verlangt wird. Wird jedoch von einer Partei des Verfahrens Serbisch verlangt, so ist das Verfahren in Serbisch zu führen. Protokolle sind jedenfalls auch in serbischer Sprache zu führen, wobei deren Text als authentisch gilt. Für Verfahren in 2. Instanz gilt gem. Art. 15 ff. ausnahmslos die Regel, daß sie in Serbisch zu führen sind, alle Schriftstücke dieses Verfahrens sind jedoch von den Organen der 1. Instanz zu übersetzen, wenn das Verfahren in 1. Instanz in einer anderen Sprache geführt wurde. Angehörige von Nationalitäten haben daher in der zweiten Instanz nur noch die Rechte, wie sie in den Art. 16 und 17 auch für jene Gebiete gelten, in denen die Sprache der Nationalitäten nicht Amtssprache ist. So haben sie nach Art. 16 lit a) ff. das Recht, mündlich und schriftlich ihre Sprache zu benutzen, insbesondere Anregungen, Beschwerden oder Vorschläge in ihrer Sprache einzubringen. Auf ihr Verlangen müssen ihnen Entscheidungen und andere Schriftstücke, insb. Zeugenaussagen, in Übersetzung ausgefertigt werden. Diese Bestimmungen gelten auch für das Verfahren vor dem Verfassungsgericht. Ausführungen in den Nationalsprachen sind in Serbisch zu protokollieren, Ausführungen in Serbisch auf Verlangen zu übersetzen, wobei ein Dolmetscher zu verwenden ist, wenn der die Verhandlung führende Organwalter die jeweilige Minderheitensprache nicht ausreichend beherrscht.

Die Art. 19 und 20 sehen schließlich zweisprachige topographische Aufschriften und Bezeichnungen, insbesondere für Ortschaften, Straßen und Plätze, Verkehrszeichen sowie für Firmennamen und -aufschriften vor. Die Strafbestimmungen der Art. 23 ff. normieren für Übertretungen dieses Gesetzes Geldstrafen.

Vergleicht man nun diese Regelungen mit den früher für die Vojvodina geltenden Sprachbestimmungen, so zeigt sich, daß die Möglichkeit des Gebrauchs von Minderheitensprachen als gleichberechtigter Amtssprachen territorial auf die Ebene der Gemeinden und sachlich auf Verfahren in der 1. Instanz beschränkt wird, wobei selbst diese Möglichkeiten durch Kann-Bestimmungen und das Verlangen nur einer Partei, daß das Verfahren in Serbisch zu führen ist, zunichte gemacht und der Gebrauch der Minderheitensprache als Verfahrenssprache damit verhindert werden kann.

Durch dieses Amtssprachengesetz wird daher die "besondere" Gleichberechtigung der Nationalitäten auf das schon durch die Verfassung garantierte "allgemeine" Menschenrecht, in Verfahren vor Behörden und Gerichten sich seiner Sprache zu bedienen und in dieser Sprache über den Inhalt des Verfahrens informiert zu werden, reduziert.

III. Schule, Kultur und Medien

Art. 171 Abs. 2 der Verfassung der SFRJ 1974 hatte den Angehörigen der Nationen und Nationalitäten "auf dem Territorium einer jeden Republik oder autonomen Gebietskörperschaft das Recht auf Unterricht in ihrer Sprache" garantiert. Diese Bestimmung wurde dann etwa durch Art. 218 der Verfassung Kosovo mit folgendem Wortlaut konkretisiert: "In den Grund-, Mittel- und höheren Schulen sowie Hochschulen und Fakultäten bzw. in ihren Abteilungen werden in Übereinstimmung mit dem Gesetz die Bedingungen für den Unterricht in der Muttersprache bzw. Albanisch, Serbokroatisch und Türkisch sichergestellt. Die Angehörigen anderer Nationen und Nationalitäten Jugoslawiens haben in Einklang mit dem Gesetz der Provinz das Recht auf Unterricht in ihrer Sprache". Art. 219 der Verfassung postulierte schließlich Albanisch, Serbokroatisch und Türkisch als gleichberechtigte Unterrichtsgegenstände. Da auch hier wiederum die "Diskriminierung" des Serbokroatischen und damit der Serben aus der Reihenfolge der Aufzählung der Sprachen abgeleitet wurde[18], wurde tatsächlich in Amandman XLIV[19] Serbokroatisch an die 1. Stelle gereiht. Auf einfachgesetzlicher Ebene waren schließlich der Gebrauch der Sprache und Schrift auf dem Gebiet der Erziehung und Bildung durch entsprechende Gesetze der Republik und der Autonomen Provinzen geregelt.[20]

---

18 *Čavoški*, Pravni položaj, 176.

19 Sl.l. SAP Kosova, 24/89.

20 Vgl. dazu *S. Teslić*, Jezici i pisama u oblasti vaspitanja i obrazovanja (Die Sprachen und Schriften auf dem Gebiet der Erziehung und Bildung), in: Institut za uporedno pravo (izd.), Pravo, 190-200.

Art. 247 der Verfassung der SFRJ 1974 bot den Nationalitäten eine besondere institutionelle Garantie, Kulturorganisationen zu gründen sowie Zeitungen und Zeitschriften in ihrer Sprache herauszugeben. Diese Bestimmung wurde auch fast wörtlich durch Art. 194 der Sozialistischen Verfassung Serbiens und Art. 4 der Verfassung der SAP Kosovo sowie der SAP Vojvodina übernommen.

Was das Presse- und Informationswesen und die Frage der Verwendung der Volksgruppensprachen betrifft, so war dies in den sozialistischen Verfassungen Serbiens und der Autonomen Provinzen nicht ausdrücklich normiert, doch wurde eine institutionelle Garantie für das Presse- und Informationswesen aus dem Recht des "öffentlichen Gebrauchs der Sprache" abgeleitet.[21]

Die Bestimmung des Abs. 4 des Amandman XXVII zur serbischen Verfassung, daß die Volksgruppensprachen in den autonomen Gebieten in "gleichberechtigter amtlicher und öffentlicher Verwendung" zu stehen haben, wurde auch in den entsprechenden Amendments der Verfassung des Kosovo und der Vojvodina wiederholt, wobei diese Sprachen dann namentlich aufgezählt werden.[22]

Art. 32 Abs. 4 der neuen serbischen Verfassung 1990 gewährt den "Angehörigen anderer Nationen und Nationalitäten" das Grundrecht auf Bildung in ihrer Sprache, steht jedoch unter Gesetzesvorbehalt. Mit Gesetz vom 21.5.1992 wurde dann auch tatsächlich - wie schon im Amtssprachengesetz - der Gebrauch der Minderheitensprachen im Unterricht drastisch eingeschränkt. Art. 44 postuliert die allgemeine Vereinigungsfreiheit und ist daher auch die verfassungsrechtliche

---

21 Vgl. Amandman XXVII zur sozialistischen Verfassung Serbiens, SgSRS, 11/1989 sowie *V. Čok*, Jezici i pisama u javnom informisanju (Die Sprachen und Schriften im öffentlichen Informationswesen), in: Institut za uporedno pravo (izd.), Pravo, 201-208.

22 Vgl. Amandman XLIV Verfassung Kosovo, Sl. list. SAPK, 24/89; Amandman XXXVI Verfassung Vojvodina stav. 2, Sl. list SAPV, 20/1989. Vgl. auch oben zur Bundesverfassungswidrigkeit des serbischen Amandmans Anm. 14.

Grundlage für die Gründung kultureller Organisationen, während in Art. 46 die "Freiheit der Presse und anderer Arten der öffentlichen Information" als Grundrecht normiert wird. Nach Art. 44 sind allerdings Tätigkeiten verboten, die "die Aufwiegelung und Anstachelung nationaler, rassischer und glaubensmäßiger Intoleranz und Haß zum Ziel haben", sodaß also durchaus auch kulturelle Aktivitäten von Volksgruppen - wie die serbische Repressionspolitik im Kosovo zeigt - in diesem Sinne "interpretiert" werden könnten. Aber auch die Presse- und Informationsfreiheit steht unter dem Vorbehalt, daß durch Gerichtsbeschluß die Verbreitung von Presseerzeugnissen oder anderer Informationen untersagt werden kann, wenn "zu nationaler, rassischer oder glaubensmäßiger Intoleranz und Haß" aufgerufen wird. Das Verbot von Zeitungen und anderen Druckwerken sowie die Möglichkeit einstweiliger Verfügungen gegen deren Verbreitung wird im "Gesetz über öffentliche Information" ausführlich geregelt.[23]

Wie jedoch die tatsächliche Situation insbesondere der Albaner im Kosovo und der Ungarn in der Vojvodina als der zahlenmäßig größten Minderheit zeigt, sind diese verfassungsrechtlichen Bestimmungen sowie einfachgesetzlichen Regelungen eher als "legalistische" Basis zu verstehen, auf der die Rechte der Nationalitäten im Vergleich zur Situation vor dem Zerfall Jugoslawiens nicht nur eingeschränkt, sondern in der Anwendung in der Praxis zum Großteil beseitigt worden sind.

Gerade die Vojvodina war aufgrund der Nationalitätenvielfalt mit einem Dutzend Religionen und Sekten, fünf Amtssprachen, die in der Praxis bis zu viersprachigen öffentlichen Aufschriften und Ortstafeln führen konnten, einem ausgebauten Schulsystem für die Minderheiten, das vor allem für die ungarische Volksgruppe bis zur Universitätsebene in Novi Sad reichte, und trotz seiner - durch die Vertreibung der Volksdeutschen nach 1945 - durchaus nicht immer konfliktfreien älteren Vergangenheit im kommunistischen Jugoslawien doch ein Paradigma für Mitteleuropa, ein Laboratorium des multikulturellen Zusammenlebens.[24]

---

23 Zakon o javnom informisanju, SgRS Nr. 19/1991, Art. 20 ff.

24 Vgl. *S. Liht*, Vojvodina - The Paradigm of Central Europe, unpubl. Manuskript, Kongreß Ethnische Minderheiten in Europa, Warmbad

Selbst der mit ca. 25.000 Angehörigen fast unbekannten "offiziellen" Volksgruppe der Ruthenen, deren Sprache als "Amtssprache" anerkannt wurde, war die Erhaltung ihrer Kultur und Identität nur in der Vojvodina möglich. Die Auswanderung ihrer Vorfahren aus der nordöstlichen Karpatenregion war in zwei Wellen im 18. und 19. Jahrhundert erfolgt. Das erste ruthenische Buch erschien dann 1904 in Novi Sad, die erste Grammatik 20 Jahre später. In 5 Gemeinden der Vojvodina haben sie eine Mehrheit. Der Grundschulunterricht in der Muttersprache war zwar gesichert, aber eine höhere Schulausbildung mußte schon in serbokroatisch geprägter städtischer Umgebung stattfinden, sodaß es durchaus zu einem "natürlichen" Assimilationsdruck, insbesondere auf die Intelligenz, kam. Eine Wochenzeitung "Ruske slovo" erscheint in Novi Sad.[25]

Nach der Machtübernahme miloševićtreuer Gefolgsleute und im Gefolge des bewaffneten Aufstandes der Serben in Slawonien, also an der Grenze zur Vojvodina, und des darauf folgenden Krieges der jugoslawischen Bundesarmee im Herbst 1991, die zur völligen Zerstörung Vukovars und der umliegenden Dörfer führte, hat sich aber die Situation der Volksgruppen drastisch geändert. Hatten die Ungarn ca. 200 Grundschulen, das entwickeltste Pressewesen mit 1 Tages-, 3 Wochenzeitungen, 4 Monatsschriften und 9 Periodika[26] sowie regelmäßige Rundfunksendungen, so wird von den Vertretern der Ungarn beklagt, daß seit der Veränderung der gesetzlichen Grundlagen seit 1990 eine offene Einschüchterungs- und Assimilationspolitik betrieben werde, sodaß Ungarisch als Muttersprache in fast keiner Schule mehr eingesetzt werden dürfe.[27] Nachdem die Absetzung

---

Villach, Sept. 1990; "Vielfalt und Widersprüche der Vojvodina", in: NZZ, 12./13.8.1989, 5 sowie jüngst *H. Glassl*, Vojvodina, in: M. Weitmann (Hrsg.), Der ruhelose Balkan, München 1993, 293-304.

25 Vgl. NZZ, 12./13.8.1989, 5 sowie *P.R. Magosci*, The Problem of National Affiliation among the Rusyns (Ruthenians) of Yugoslavia, in: Europa Ethnica 1977, 5-8 und *ders.*, Scholarly Seminar on the Codification of the Rusyn Language, in: ÖOH 1993, 182-185.

26 Vgl. Zeitungen der Volksgruppen, in: Europa Ethnica 1977, 146.

27 Vgl. *Poulton* (Anm. 2), 93 ff.; Ungarn in der Vojvodina fordern mehr Rechte, in: Der Standard (Wien), 21.2.1992, 4; Die Gefahr einer Serbisierung der Vojvodina wächst, in: FAZ, 27.2.1993, 5. Der

des ungarischen Chefredakteurs der ungarischen Tageszeitung "Magyiar Szo", die an Wochentagen rund 25.000 Exemplare druckte und am Wochenende das Doppelte dieser Auflage aufwies, noch im Oktober 1990 vom Obersten Gericht der Vojvodina für ungesetzlich erklärt und die Entscheidung daher aufgehoben worden war, wurde er anschließend neuerlich als "anti-serbisch" entlassen, die Entscheidung das zweite Mal jedoch vom Obersten Gericht bestätigt.[28]

Die Nationalitäten in der Vojvodina sprechen daher übereinstimmend von einer "Stimmung des Terrors und der Einschüchterung", wobei jedoch auch der serbische Bevölkerungsanteil mit rund 54 % durchaus keinen einheitlichen Block darstellt. Der autochtone Teil der Serben, der hier seit Jahrhunderten lebt, ist *ein*, wenn auch großer Mosaikstein dieses multikulturellen Bildes, während die intoleranten und aggressiven Gruppen aus den Reihen der frisch Zugewanderten kommen. Den alteingesessenen Serben geht es daher wie der liberalen Opposition in Serbien selbst. Jede Kritik am Wahnsinn des Militarismus wird von Miloševićs Parteigängern als Hochverrat denunziert. Und die Ansiedlung von Serben dauert an. Flüchtlingen aus Slawonien und der Krajina werden in der Vojvodina neue Wohnorte zugewiesen.[29]

Präsident der Demokratischen Gemeinschaft der Ungarn der Vojvodina erklärte Anfang des Jahres 1993, daß seit 1991 25.000 Ungarn die Provinz verlassen hätten, um sich dem Dienst in der Armee zu entziehen oder weil man ihnen keine Arbeit gebe. Seit 1990 habe das serbische Parlament 17 neue Gesetze erlassen, die die Rechte der ungarischen Minderheit einschränkten oder beseitigten. Vgl. AdG v. 3.3.1993, 37626.

28 *Poulton* (Anm. 2), 94 sowie NZZ, 12./13.8.1989, 5.

29 Vgl. "Die Vojvodina - Jugoslawiens vergessene Provinz. Minderheiten als Leidtragende des Bürgerkriegs", in: NZZ, 22./23.2.1992, 5; *E. Deak/M. Brandenstein*, Die aktuelle Lage der ungarischen Minderheit in der Woiwodina (Serbien), in: Der Donauraum H. 1-2/1992, 47 ff. und die Berichte über die Vojvodina in: T. Zülch (Hrsg.), >Ethnische Säuberung< - Völkermord für >Großserbien<. Eine Dokumentation der Gesellschaft für bedrohte Völker, Hamburg 1993, 139 ff.

Noch schlimmer ist allerdings die Situation im Kosovo. Im Zuge ihrer "Sondermaßnahmen"[30] gingen die serbischen Behörden schon sehr früh gegen die Medien vor. Schon am 5. Juli 1990 besetzte die Polizei die Rundfunk- und Fernsehanstalt in Prishtina, 1300 Journalisten und Techniker verloren ihre Arbeitsplätze, Nachrichten und andere Programme sind nun entweder aus dem Serbischen übersetzt oder überhaupt in serbischer Sprache. Einen Monat später wurden die Büros der einzigen albanischsprachigen Tageszeitung "Rilindja" besetzt und 250 Journalisten entlassen. Journalisten wurden verhaftet, gefoltert und im Schnellverfahren zu Gefängnisstrafen bis zu 60 Tagen verurteilt.[31] Im Juli 1993 wurde schließlich auch das Verlagshaus "Rilindja", in dem noch eine Frauen- und eine Landwirtschaftszeitung herausgegeben worden waren[32], endgültig geschlossen, sodaß es keinerlei albanische Presseerzeugnisse mehr gibt.

Dieselbe Situation besteht im Schulwesen. Nach 1945 waren noch rund drei Viertel der Albaner Analphabeten. In rund 250 Grundschulen gingen etwa 27.000 Schüler, von denen mehr als die Hälfte Kinder serbischer Familien waren. Selbst 1970/71, nach der "Wende" in der jugoslawischen Innenpolitik, gab es immer noch nicht mehr als 370 Grundschulen. Erst 1958 war die erste Hochschule, die Pädagogische Hochschule in Prishtine, gegründet worden, seit 1970 hatte dann Kosovo seine eigene Universität mit 13 Fakultäten und bereits mehr als 70 % der Lehrkräfte wurden von der albanischen Volksgruppe gestellt.[33] Im Zuge der Einführung eines "einheitlichen" Lehrplanes für die Republik Serbien wurde schließlich im Sommer 1990 verlangt, nicht wie bisher nach dem albanischen, sondern

---

30 Vgl. dazu im Detail unten die Ausführungen zu "Kosovokonflikt und die serbische Frage".

31 Vgl. zur Repressionspolitik seit 1981 insb. *J. Reuter*, Die albanische Intelligenz im Kosovo, in: Südosteuropa 1990, 309-317 sowie *ders.*, Die "Isolation der albanischen Intelligenz". Südamerikanische Methoden in Kosovo, in: Südosteuropa 1989, 378-384.

32 Vgl. AdG v. 2.9.1993, 38171. 1977 hatten die Albaner über 1 Tages-, 5 Monats- und 6 Halbmonatszeitungen sowie 10 periodische Schriften mit einer Gesamtauflage von 7,5 Millionen Stück verfügt. Vgl. Europa Ethnica 1977, 14 f.

33 Vgl. *C. v. Kohl/W. Libal*, Kosovo: gordischer Knoten des Balkan, Wien 1992, 130 f.

nach dem serbischen Lehrplan zu unterrichten, was nach einer Welle von Protesten und Verhandlungen schließlich zu einem generellen Boykott des Schulunterrichts durch die albanische Bevölkerung führte.[34] Durch ein serbisches "Maßnahmengesetz" wurde auch die "Geltung des Gesetzes über das Hochschulwesen" außer Kraft gesetzt.[35] Mittlerweile ist - wie auch im Gesundheitswesen, da keine Albaner in Spitälern behandelt werden - von den Albanern eine Parallelstruktur im Schulwesen aufgebaut worden, wo die entlassenen Lehrer etwa 400.000 Kindern in Privatwohnungen "privat" Unterricht erteilen.[36]

IV. Schranken der Vereinigungsfreiheit

Art. 43 und 44 gewährleisten die Versammlungs- und Vereinigungsfreiheit als individuelle Grundrechte. Während die Grundrechtsschranke bei der Versammlungsfreiheit den entsprechenden Tatbeständen der EMRK entspricht[37], geht die spezifische Grundrechtsschranke bei der Vereinigungsfreiheit, die ausdrücklich die Gründung politischer Parteien

---

34 Vgl. *P. Gstettner*, Bericht über die Fact-Finding Mission der International Helsinki Federation for Human Rights/IHF vom 1. bis 6.12.1991 nach Kosovo und Makedonien, abgedruckt in: Dardania (Wien), Bd. 2 (1993), 290 ff., der durchaus kritisch auch darauf hinweist, daß die gewaltsamen Unterdrückungsmaßnahmen und die versuchte kulturelle Hegemonie Serbiens im Kosovo sich auch auf eine jahrelang praktizierte, segregationsfördernde Kultur- und Schulpolitik stützen konnten, die von der albanischen Führung mitgetragen wurde. Diese Politik bestand vor allem in dem Versäumnis, die regionale Mehrsprachigkeit und Multikulturalität aufzuwerten und als vorteilhafte Bildungschance für alle zu etablieren. Vgl. auch die Auflistung von "nackten" Fakten bei *D. Gashi*, Die Zerstörung des Bildungswesen der Albaner in Jugoslawien, in: Dardania (Wien), Bd. 2 (1993), 265-269.

35 SgSRS 45/1990, pos. 756.

36 Vgl. *C. Seddon*, Kosovo: Schule im Untergrund, in: Der Standard, 4. Juni 1993, A4.

37 Nach dem noch vor der neuen Verfassung erlassenen Versammlungsgesetz (Zakon o javnim okupljanjima gradjana, SgSRS 14/1990) ist in Art. 9 Z. 1 auch vorgesehen, daß Versammlungen zu verhindern bzw. aufzulösen sind, die die Gleichberechtigung der Nationen und Nationalitäten stören.

und Gewerkschaften umfaßt, wesentlich weiter. So sind nach Art. 44 Abs. 2 Tätigkeiten verboten, "welche die gewaltsame Änderung der verfassungsmäßigen Ordnung, die Verletzung der territorialen Integrität und Unabhängigkeit der Republik Serbien, die Verletzung der verfassungsmäßig gewährleisteten Freiheiten und Rechte der Menschen und Staatsbürger, die Aufwiegelung und Anstachelung nationaler, rassischer und glaubensmäßiger Intoleranz und Haß zum Ziel haben." Dies ist auch ein gerichtlicher Straftatbestand. Für das Verbot der Tätigkeit politischer Parteien und anderer Organisationen ist gem. Art. 125 der Verfassung das Verfassungsgericht zuständig. Die Gründung, Registrierung und das Verbot "politischer Organisationen" ist ausführlich einfachgesetzlich geregelt, wobei auffällt, daß solche Organisationen nicht nur wegen "nationalistischer" Programme und Tätigkeiten, sondern auch wegen Geldannahme von "fremden Personen" verboten werden können[38], sodaß also die Finanzierung politischer Organisationen von Volksgruppen durch ihre Mutterländer ausgeschlossen wird.

V. Politische Repräsentation

1. Staatsorganisation

Was die Integration in die Staatsorganisation, also das Parlament, die Regierung und die obersten Gerichte der Republik betrifft, sind - im Gegensatz zu den sozialistischen Verfassungen - keine besonderen Regelungen für die Repräsentation und Partizipation von Volksgruppen oder ethnischen Minderheiten mehr vorgesehen. Gerade die "Delegationen" der Autonomen Provinzen im serbischen Republikparlament waren ja als besondere Diskriminierung Serbiens und Aushöhlung der "Souveränität" der serbischen Republik im Zuge des Vorwurfs der

38 Vgl. schon Art. 12 des Zakon o političkim organizacijama, in: SgSRS 37/1990, pos. 609 und das Gesetz über die Finanzierung politischer Organisationen, SgSRS 30/1992, pos. 728.

"Dreiteilung" Serbiens gebrandmarkt worden.[39] Hervorzuheben ist nur, daß die serbische Verfassung aber auch nicht vom Prinzip der Nationalrepräsentation ausgeht, da gem. Art. 76 die Abgeordneten die Bürger des Wahlkreises, in dem sie gewählt wurden, repräsentieren.

2. Parteien

Abgesehen von den im folgenden Abschnitt im Detail ausgeführten Entwicklungen im Kosovo kam es auch in der Vojvodina im Zuge der revolutionären Umgestaltung Serbiens zur Gründung politischer Parteien bzw. kulturpolitischer Organisationen der Volksgruppen zur "unpolitischen" Vertretung ihrer ethnischen Interessen.

Die größte Partei, die "Demokratische Gemeinschaft der Ungarn in der Vojvodina" (DZVM) wurde im Februar 1990 in Novi Sad gegründet. In ihrem Gründungsprogramm nennt sie die proportionale Vertretung in Verwaltung und Justiz sowie die Verwendung des Ungarischen als Unterrichtssprache als ihre Hauptziele. Auf ihrem ersten, im September 1990 abgehaltenen Parteitag, an dem 400 Delegierte teilnahmen, die ca. 20.000 Parteimitglieder repräsentierten, forderten sie als Reaktion auf die de facto Eliminierung der territorialen Selbstverwaltung als autonomer Provinz eine dreifache Autonomie: eine territoriale in der nördlichen Batschka, wo sie die Mehrheit bilden, eine lokale für die mehrheitlich ungarischen Dörfer außerhalb dieses Gebiets und eine kulturelle für alle in Serbien lebenden Ungarn.[40] Die DVZM nahm im Gegensatz zu den Albanern im Kosovo auch an den Wahlen zum serbischen Republiksparlament im Dezember 1990 teil und gewann 6 der insg. 250 Sitze, wobei weitere 4 ihrer Kandidaten in der Stichwahl nur knapp unterlagen.[41] Bei den vorgezogenen Parlamentswahlen im Dezember 1992 erhielt sie sogar 9 Mandate, während

---

39 Vgl. dazu unten die Ausführungen im Abschnitt "Kosovokonflikt und die serbische Frage".

40 Vgl. *Poulton* (Anm. 2), 93 ff. und AdG v. 25.6.1993, 37982 Fn. 2.

41 Die Wahlergebnisse sind abgedruckt in: Politika, sreda, 26. decembar 1990, 5f. Vgl. auch *K. Romanić*, Izbori u Republici Srbiji 1990 god. (Die Wahlen in der Republik Serbien 1990), in: Pravni život, 1-2/1991, 97-118.

sie bei den Parlamentswahlen im Dezember 1993 wieder auf 5 Mandate zurückfiel.[42]

Auch die Kroaten gründeten eine "Demokratische Gemeinschaft der Kroaten in der Vojvodina" (DSHV). Im Gegensatz zu den Ungarn, die zwar Angriffen in den Medien ausgesetzt waren, wurden die Aktivitäten der kroatischen Partei, die als "faschistisch" beschimpft wurde, jedoch stark behindert, insbesondere dadurch, daß Aktivisten der Partei in das Militär einberufen wurden und nicht selten innerhalb der jugoslawischen Volksarmee in derem Krieg in Slawonien kämpfen mußten.[43] Trotzdem kandidierte auch die DSHV bei den Wahlen und errang 3 Sitze, ein weiterer Kandidat unterlag erst bei der Stichwahl.[44]

Ebenfalls bei den Wahlen 1990 hatte auch ein "Bund der Reformkräfte der Vojvodina" (SRSJV und UJDI) als regionaler Ableger einer jugoslawisch orientierten Partei kommunistischer "Dissidenten" und Intellektueller 3 Sitze gewonnen. Einer dieser drei Abgeordneten, Dr. *Tibor Varady*, international anerkannter Universitätsprofessor für internationales Privatrecht und Privatrechtsvergleichung an der Universität Novi Sad, hat 1992 kurzzeitig auch das ihm angetragene Amt des serbischen Justizministers übernommen.

Während die Albaner im Kosovo die Wahlen weitgehend boykottierten, sodaß fast ausschließlich Kandidaten der Sozialistischen Partei Slobodan Miloševićs in den Wahlkreisen im Kosovo gewählt wurden, errang auch eine "Demokratische Reformpartei der Muslime" (DRSM) 1 Sitz in der Stichwahl.[45]

---

42 Vgl. AdG v. 29.12.1992, 37478 und AdG v. 19.12.1993, 38509.

43 Vgl. NZZ, 22./23.2.1992, 5 und AdG v. 3.3.1993, 37626: So beklagte der Vorsitzende der Demokratischen Gemeinschaft der Kroaten, Bela *Tonković*, auch, daß es im Zolldienst, in der Polizei und in der Justiz kaum mehr Kroaten oder Ungarn gebe, selbst in mehrheitlich nichtserbischen Städten wie Subotica.

44 Vgl. Politika, 26. decembar 1990, 5 f.

45 Vgl. Politika, 26. decembar 1990, 6.

Noch im Mai 1990 wurde auch eine "Jugoslawische Allianz der Ruthenen und Ukrainer" in Novi Sad gegründet, die sich jedoch politischer Aktivitäten enthalten und ausschließlich der Bewahrung der ethnischen Identität der Ruthenen und Ukrainer annehmen wollte. Im November 1990 wurde schließlich auch eine "Gemeinschaft der Rumänen in Jugoslawien" gegründet.[46]

Eine Reihe ethnisch oder regional definierter Parteien war bis März 1991 nach dem Partiengesetz in das entsprechende Register eingetragen: So eine sozial-demokratische Partei der Roma Serbiens, eine sozialdemokratische Liga der Vojvodina, eine "Allserbische Nationalbewegung" mit Sitz in Novi Sad, die demokratische Gemeinschaft der Türken mit Sitz in Prizren (Kosovo), eine Unabhängige Volkspartei der Vlachen, die demokratische Gemeinschaft der Bulgaren in Jugoslawien und auch eine demokratische Gemeinschaft der Kroaten im Kosovo.[47]

VI. Territoriale Autonomie

1. Der Kosovo-Konflikt und die sog. "serbische Frage"

Die gesamte politische Entwicklung, die zur Übernahme der Macht Slobodan Miloševićs in Serbien und in deren Gefolge zum Zerfall Jugoslawiens geführt hat, ist - neben den wirtschaftlichen Rahmenbedingungen - ohne den zentralen Stellenwert des Kosovokonflikts, der nach dem Tode Titos 1980 in eine "heiße Phase" kam, nicht zu verstehen. Wenngleich hier nicht der Platz ist, die Geschichte der politischen Entwicklung sowie des rechtlichen Status Kosovos[48] in der wünschenswerten Deutlichkeit

---

46 Vgl. *Poulton* (Anm. 2), 95.

47 Veröffentlicht in: SgRS 12/1991. Vgl. auch SgRS 55/1992.

48 Hierzu muß verwiesen werden auf *J. Reuter*, Die Albaner in Jugoslawien, München 1982; *A. Pipa/S. Repeshti* (eds.), Studies on Kosovo, New York 1984; Albaner in der SFR Jugoslawien. Verfassungsrechtliche und sozialökonomische Lage und Verwirklichung der nationalen Rechte, in: Internationale Politik (Belgrad), Nr. 939, 20. Mai 1989, 11 ff.; *D. Breznik*, The Population of

nachzuzeichnen, sind zur Beurteilung der rechtlichen Bestimmungen der neuen serbischen Verfassung doch einige Eckdaten vor allem der jüngsten Entwicklung seit 1990 unabdingbar.

Während zwischen den beiden Weltkriegen im S-H-S Staat und unter der Königsdiktatur das Gebiet Kosovo und Metohija, das im Gefolge der Balkankriege auf der Londoner Botschafterkonferenz 1913 zum Großteil Serbien zugeschlagen worden war, ohne rechtlichen Spezialstatus blieb, ja die Albaner nicht einmal als Minderheit anerkannt wurden, wurde für Kosovo und Metohija - nicht aber für die Albaner in Mazedonien, Montenegro und im Sandžak, der überhaupt zwischen Montenegro und Serbien geteilt worden war, oder aber auch für die Serben in Kroatien - durch Art. 2 und 106 der kommunistischen jugoslawischen Bundesverfassung 1946 und durch die serbische Republiksverfassung 1947 nach dem Modell der Sowjetunion die Form der Territorialautonomie als "autonome Region" vorgesehen, während die Vojvodina von vorneherein institutionell und kompetenzmäßig eine Stufe höher als "autonome Provinz" eingerichtet wurde.[49]

Kosovo, in: Yugoslav Survey 4/1989, 3 ff.; *A. Pipa*, The Political Situation of the Albanians in Yugoslavia, With Particular Attention to the Kosovo Problem: A Critical Approach, in: East European Quarterly 1989, 159 ff.; *J. Reuter*, Die jüngste Entwicklung in Kosovo, in: Südosteuropa 1989, 333 ff.; *B. Horvat*, Kosovsko pitanje (Die Kosovofrage), 2. Auflage, Zagreb 1989; *R. Qosja*, Nezaštićena sudbina. Temeljna razmatranja o položaju i zahtjevima Albanaca na Kosovu i u Jugoslaviji danas (Ungeschütztes Los. Grundlegende Erwägungen über die Lage und Forderungen der Kosovoalbaner im heutigen Jugoslawien), Zagreb 1990; *V. Pešić*, Serbia and Kosovo, unpubl. Manuskript, Kongreß Ethnische Minderheiten in Europa, Warmbad Villach, Sept. 1990; *J. Reuter*, Albanische Intelligenz (Anm. 31), 309 ff.; *V. Surroi*, The Albanians of Kosova, unpubl. Manuskript, Kongreß Ethnische Minderheiten in Europa, Warmbad Villach, Sept. 1990; *H. Büschenfeld*, Kosovo - Nationalitätenkonflikt, Köln 1991; Disput um Kosovo. Streitgespräch zwischen Staatspräsident Jović und der Akademie der Wissenschaften in Priština, in: Osteuropa 5/1991, A 284 ff.; *Kohl/Libal*, Kosovo (Anm. 33), Fn 26.

49 Die Verfassung der Föderativen Volksrepublik Jugoslawien ist abgedruckt in: *J.F. Triska*, Constitution of the Communist Party-States, Stanford 1968, 454 ff.; vgl. im übrigen zur weiteren verfassungsrechtlichen Entwicklung *J. Djordjević*, Ustavno Pravo (Verfassungsrecht), Beograd 1982, 666 ff.; *S. Repishti*, The Evolution

Nach dem Sturz Alexander Rankovićs 1966 kam es 1968 auch im Kosovo zu Demonstrationen, wobei die politische Hauptforderung war, Kosovo den Status einer gleichberechtigten 7. Republik in der jugoslawischen Föderation zuzuerkennen. Dies wurde mit demographischen sowie ethnisch-nationalen Argumenten begründet: so wurde einerseits erklärt, daß es mehr Albaner gebe als "Montenegriner" und "Mazedonier", die nach 1945 verfassungsrechtlich als "staatstragende Völker" mit dem Recht zu einer eigenen Republik anerkannt worden waren. Andererseits wurde die Faktizität eines eigenständigen montenegrinischen oder mazedonischen "Volkes" in Frage gestellt und darauf hingewiesen, daß auch diese "Völker" mit dem Recht auf eigene Republik (=Nation) ethnisch "künstlich" nach 1945 als konstitutive Elemente geschaffen worden waren. Diese Forderung nach einer eigenen Republik innerhalb der Föderation wurde den Albanern zwar unter Hinweis auf die zentrale verfassungsrechtliche Unterscheidung in Nationen und Nationalitäten verweigert[50], nach der den Albanern als "Nationalität"

---

of Kosova's Autonomy Within the Yugoslav Constitutional Framework, in: *A. Pipa/S. Repishti* (Anm. 48), 195 ff.; *R. Marković*, Autonomous Provinces in the Contemporary Constitutional System of the SFRY, in: Yugoslav Law 1985, 105 ff. wie auch *M. Beckmann-Petey*, Der jugoslawische Föderalismus, München 1990, insb. 106 ff.

50 So könnten "Völker" ohne eigenen Nationalstaat außerhalb der jugoslawischen Föderation ihren "Nationalstaat" als "souveräne" Republik innerhalb der jugoslawischen Föderation verwirklichen, während andere Volksgruppen wie die Ungarn, Tschechen oder eben auch die Albaner ihren souveränen Nationalstaat hätten und daher innerhalb der Föderation nur den Status als Nationalität beanspruchen könnten. Vgl. *M. Beckmann-Petey*, Föderalismus, 113. Implizit wird dieser dogmatischen Unterscheidung zwischen Nationen und Nationalitäten daher nicht nur unterstellt, daß ein Volk nicht zwei Nationalstaaten konstituieren könne, sondern auch, daß Nationalitäten ex definitione kein Recht auf eine Republik zukomme. Nach dem Wortlaut der Bundesverfassung 1974 steht dann im übrigen nur den Nationen, nicht aber den Nationalitäten das "Recht eines jeden Volkes auf Selbstbestimmung, das Recht auf Loslösung eingeschlossen" zu (Einführungsteil, Grundsätze I). Neben dieser "nationalen" Struktur des Föderalismus trat mit Einführung des Selbstverwaltungsssystems seit 1950 die zweite, "sozialistische" Struktur: durch diese sollten entsprechend der marxistischen Theorie u.a. auch die Ursachen für nationale Konflikte überhaupt beseitigt werden. Dementsprechend wurde zusätzlich zur territorial-administrativen Struktur des Staates die Form der "sozialistischen Gemeinschaft" als höherer Form der Vergemeinschaftung

nach der Verfassung eben kein Recht auf eine "Republik" als staatlicher Einheit zustehe, wie umgekehrt die politische Forderung nach einer entsprechenden "Verfassungsreform" vom Machtzentrum der Kommunistischen Partei, dem Bund der Kommunisten Jugoslawiens (BdKJ), unter der Führung *Josip Broz Titos* als Aufwiegelung zu Nationalitätenhaß "interpretiert" und dementsprechend strafgerichtlich verfolgt wurde. So wurden die Anführer der albanischen Nationalbewegung zu mehrjährigen Haftstrafen verurteilt, der Parteiapparat und die staatlichen Organe und Medien "gesäubert".[51]

Den politischen Forderungen wurde jedoch insofern Rechnung getragen, als die Organstruktur und die Kompetenzen der Autonomen Provinzen nach den Verfassungsnovellen 1968, 1969 und 1971 letztlich durch die Bundesverfassung 1974 so ausgebaut wurden, daß die Autonomen Provinzen organisatorisch-institutionell den Republiken als konstitutive Elemente der Föderation gleichgestellt waren. So hatten sie eine eigene Verfassungs-, Gesetzgebungs- und Budgethoheit, die Organstruktur der gesetzgebenden, exekutiven und judikativen Gewalt war der der Republiken inklusive eigener Verfassungsgerichtshöfe spiegelbildlich nachgeformt. Auch im

---

eingeführt, in der die "Arbeiterklasse" ihre Selbstverwaltungsrechte in abgestuften "Selbstverwaltungsgemeinschaften" ausübt. Dies führte schließlich in der jugoslawischen Bundesverfassung 1974 zur zweiten fundamentalen definitorischen Unterscheidung, der gemäß Art. 3 die Republiken sowohl als Staaten wie Selbstverwaltungsgemeinschaften bezeichnet werden, während nach Art. 4 die Autonomen Provinzen "nur" Selbstverwaltungsgemeinschaften sind. Durch die "herrschende" Lehre der Verfassungsinterpretation wurde ihnen daher wiederum das Recht auf Selbstbestimmung inklusive Sezession abgesprochen. Vgl. allgemein auch *I. Šimonović*, Selfmanagement, Nation, Federalism, in: J. Kregar/I. Šimonović, Yugoslavia: Institutional Framework, Zagreb 1989, 35-43.

51 Dies muß jedoch im politischen Gesamtzusammenhang gesehen werden, da ja 1968 auch in Kroatien und Slowenien eine von den kommunistischen Republiksführungen ausgehende oder zumindest von ihnen geduldete "Nationalbewegung" entstanden war, die dann von Tito 1971 ebenso wie die serbische "liberale" KP-Führung 1972 "gesäubert" wurden. Vgl. dazu nur *O.N. Haberl*, Parteiorganisation und nationale Frage in Jugoslavien, Berlin 1976; *A. Carter*, Democratic Reform in Yugoslavia. The Changing Role of the Party, London 1982; *S.L. Burg*, Conflict and Cohesion in Socialist Yugoslavia. Political Decision Making since 1966, Princeton 1983.

Hinblick auf den Willensbildungs- und Entscheidungsprozeß in den Organen der Föderation waren sie den Republiken gleichgestellt, da sie direkt repräsentiert waren: in der Bundesversammlung und im Bundesverfassungsgericht proportional, im Staatspräsidium sogar paritätisch. Schlußendlich wurden die Autonomen Provinzen durch die Bundesverfassung in ihrem Bestand garantiert. Änderungen ihres Gebiets oder ihrer Grenzen wären ohne Zustimmung nicht möglich gewesen. Durch die Einführung des Prinzips des "kolektivno odlučivanje i odgovornosti" (Konsensprinzip) durch die Bundesverfassungsnovelle 1981 erhielten sie sogar noch die Möglichkeit, Entscheidungen in föderativen Organen durch ein Veto zu blockieren. Der durch diese Verfassung gewährte Autonomiestatus lief daher auf eine zumindest gleichwertige politische Selbstbestimmung wie für die Republiken im Rahmen der Föderation hinaus, wenngleich nicht übersehen werden darf, daß de facto der alles überwölbende Integrationsrahmen und daher auch die Grenze der politischen Unabhängigkeit das Machtzentrum der Führungseliten des Bundes der Kommunisten Jugoslawiens war.

In diser Phase kam es auch zu einer "Albanisierung" der Provinz, insofern die überproportionale Repräsentation von Serben und Montenegrinern in den Provinzorganen beseitigt und Albanisch zur gleichberechtigten Amtssprache gemacht wurde. Durch den Ausbau des Bildungssystems (Universität Prishtine) setzte ein rapider kultureller Aufschwung ein und über den Entwicklungsfonds wurde versucht, durch Induzierung einer industriellen Entwicklung zu einem Abbau des innerjugoslawischen Nord-Süd-Konflikts zwischen relativ reich und absolut arm zu kommen.

Gerade diese Form der staatsrechtlichen Ausgestaltung der Territorialautonomie nach der jugoslawischen Bundesverfassung 1974 wurde dann jedoch ab Mitte der achtziger Jahre als sog. "serbische Frage" zum Ausgangspunkt aller politischen Konflikte, die schließlich zur Desintegration des kommunistischen Jugoslawien führten. Ausgehend von Schriften serbischer Verfassungsrechtler und Philosophen, dann übernommen in einem "Memorandum der serbischen Akademie der Wissenschaften" 1986 - das wohl als die "geheime" Regierungserklärung Miloševićs angesehen werden kann, obwohl oder gerade weil er sich nie öffentlich dazu bekannte, sich aber völlig an dieses politische Programm hielt - wird die Diskriminierung Serbiens in der jugoslawischen Föderation behauptet. So sei Serbien im Gegensatz zu den anderen Republiken durch die bloße Einrichtung Autonomer Provinzen "dreigeteilt", sodaß die Republik Serbien als einzige in der jugoslawischen Föderation nicht mehr über ihre "volle Staatlichkeit" bzw. Souveränität verfüge.[52] Die jugoslawische Föderation nach der Verfassung 1974 war daher nach Meinung serbischer Wissenschaftler und Politiker eine "asymetrische" Föderation, die ausschließlich Serbien in seinen Souveränitätsrechten diskriminierte.[53] Der erste Versuch, diese im Sinne der "serbischen Frage" institutionellen Ungleichgewichte zu beseitigen, war daher die Bundesverfassungsnovelle 1988[54], die im Sinne Serbiens a) zu einer Rezentralisierung der Föderation und b) zu einem Abbau der Autonomierechte der Vojvodina und Kosovos führte. Die entsprechenden Verfassungsänderungen auch in der serbischen Republiksverfassung konnten aber erst nach massiven Druck gegen die gewählten

---

52 Vgl. "Memorandum SANU" (grupa akademika Srpske akademije nauka i umetnosti o aktuelnim društvenim pitanjima u našoj zemlji - Wissenschaftlergruppe der Serbischen Akademie der Wissenschaften und Künste zu aktuellen gesellschaftlichen Fragen in unserem Lande), abgedruckt in: Naše teme (Zagreb) 1989, 128 ff., insb. 152. Vgl. zum Entstehen der "serbischen Frage" auch *A.N. Dragnich*, The Rise and Fall of Yugoslavia: The Omen of the Upsurge of Serbian Nationalism, in: East European Quarterly 1989, 183 ff.

53 Vgl. *J. Djordjević*, Status autonomije (pokrajine) i položaj SR Srbije (Der Status der Autonomie [der Provinz] und die Lage der SR Serbien), in: Opština Nr. 9-10/1988, 15 ff.; *M. Jovičič*, Neravnopravnost SR Srbije sa ostalim Republikama u Federaciji (Die Nichtgleichberechtigung der SR Serbien gegenüber den anderen Republiken in der Föderation), in: Pravni život 1988, 934 ff.; *R. Lukić*, Ostvarivanje Funkcije SR Srbije kao države (Die Verwirklichung der Funktion der SR Serbien als Staat), in: Pravni život 1988, 927 ff.; *M. Jovičič*, Putevi i stranputice jugoslovenske ustavnosti, Beograd 1989, insb. 217 ff.; *R. Lukić*, 600 Jahre seit der Schlacht auf dem Amselfeld, in: Internationale Politik Nr. 942-3, 5. Juli 1989, 8 ff.; *R. Marković*, Zašto Kosovo ne može postati republika (Warum Kosovo nicht Republik werden kann), in: Pravni život 1989, 1017 ff.; *A. Prija*, Serbien und die Welt, in: Internationale Politik Nr. 978, 5. Januar 1991, 10 ff.

54 Službenin list (Amtsblatt) SFRJ br. 70/ god. XLIV, 26. studenoga 1988, Pos. 932. Vgl. dazu *H. Roggemann*, Zur Verfassungsdiskussion in der SFR Jugoslawien, in: Recht in Ost und West 1989, 273 ff.

Vertreter der Vojvodina und Kosovos durchgesetzt werden, insofern diese durch "spontane" Massendemonstrationen - im Kosovo noch zusätzlich im Ausnahmezustand mit Massenverhaftungen - zum Teil zum Rücktritt gezwungen und durch miloševićtreue Politiker ersetzt wurden.[55] Erst danach setzten die Versuche Sloweniens - das als "kleines" Zweimillionenvolk gegen serbische Hegemoniebestrebungen sehr sensibilisiert war und aus prinzipiellen rechtsstaatlichen Erwägungen gegen die serbisch dominierte Politik der Bundesorgane im Kosovo opponierte[56], die nach den "Massenunruhen" 1981 diesen sukzessive in ein Militärregime[57] verwandelt hatten - und später auch noch Kroatiens ein, den Bundesstaat in eine Konföderation umzuwandeln. Alle diesbezüglichen Vorschläge - insbesondere der Anfang Oktober 1990 von Slowenien und Kroatien ausgearbeitete und veröffentlichte Vertragsentwurf für eine jugoslawische Konföderation, institutionell völlig dem Muster des EWG-Vertrags nachgebildet[58] - wurde jedoch von der serbischen Regierung nicht einmal ignoriert.

Nachdem am 26. Juni 1990 vom serbischen Parlament ein "Gesetz über das Verfahren der Republiksorgane bei außerordentlichen Umständen" und dessen Anwendung auf Kosovo beschlossen worden war[59], obwohl ein solcher "Zustand" in keiner Weise verfassungsrechtlich gedeckt war, wurde am 2. Juli 1990 von 114 albanischen Abgeordneten des Parlaments von Kosovo durch eine "Verfassungserklärung" die Unabhängigkeit Kosovos

---

55 Vgl. dazu *J. Reuter*, Entwicklung Kosovo (Anm. 48), 33 ff. und *W. Libal*, Das Ende Jugoslawiens, Wien 1991, 137 ff.

56 Ich halte es daher für falsch, von einem "Nationalitätenkonflikt" zwischen Serbien und Slowenien zu sprechen wie dies *J. Reuter*, Vom ordnungspolitischen zum Nationalitätenkonflikt zwischen Serbien und Slowenien, in: Südosteuropa 1990, 571-586 mit seinem Titel zum Ausdruck bringt.

57 Vgl. dazu auch den Bericht der Helsinki Watch und Internationalen Helsinki Föderation, Jugoslawien: Die Kosovo-Krise, März 1990, abgedruckt in: Dardania (Wien) Bd. 1 (1990), 173-227; *C. v. Kohl/ W. Libal*, Kosovo (Anm. 33), 76 ff.

58 Dieser ist in deutscher Übersetzung abgedruckt in: *J. Marko/T. Borić* (Anm. 6).

59 In deutscher Übersetzung in *J. Marko/T. Borić* (Anm. 6), 352 ff.

und gleichzeitig Kosovo zu einer gleichberechtigten Einheit innerhalb der jugoslawischen Föderation mit dem gleichen konstitutionellen Status wie die anderen Republiken proklamiert.[60] Daraufhin wurde von Serbien mittels Maßnahmengesetzgebung vom 13. Juli das Parlament aufgelöst, die Regierung abgesetzt und eine Sonderverwaltung eingesetzt.[61] Alle diese Maßnahmegesetze standen in eklatantem Widerspruch zur geltenden jugoslawischen Bundesverfassung. Am 7. September 1990 wurde daraufhin in Kačanik von albanischen Abgeordneten des aufgelösten Parlaments erneut die Unabhängigkeit proklamiert und eine Verfassung verabschiedet.[62]

De jure[63] und de facto[64] wurde die Repression und Unterdrückung der albanischen Bevölkerung durch die serbischen Organe danach noch weiter

---

60 Vgl. Archiv der Gegenwart (AdG) v. 8. August 1990, 34786 ff.

61 Diese Rechtsakte sind in deutscher Übersetzung abgedruckt in: *J. Marko/T. Borić* (Anm. 6), 359 ff.

62 Vgl. Republik Kosova-Parlament der Republik, Verfassung der Republik Kosova, 2. erweiterte Aufl., Prishtine 1992.

63 So wurde wiederum durch ein serbisches Maßnahmengesetz vom 13. März 1991 das "Präsidium der Sozialistischen Autonomen Provinz Kosovo" aufgehoben (SgRS, br. 15/god. XLLVII, Pos. 114). Durch Gesetz vom 16. Juli 1991 wurden die "Bedingungen, Art und Verfahrensweisen der Zuteilung landwirtschaftlichen Grundes für die Bürger, die auf dem Territorium der Autonomen Provinz Kosovo und Metohija leben und arbeiten wollen" festgelegt (SgRS br. 43, Pos. 553). Schon in SgSRS 15/1990 ist ein "Programm für die Verwirklichung des Friedens, der Freiheit, Gleichheit, Demokratie und der Prosperität in der SAP Kosovo" zu finden, das einem Kolonisierungsprogramm gleichkommt. Vgl. auch "Expropriation of Kosova Farmland: A Recent Case", in: Kosova Information Center (eds.), Serbian Colonization and Ethnic Cleansing of Kosova. Documents & Evidence, Prishtine 1993, 99 ff.

64 Vgl. beispielsweise den Bericht über die systematischen Menschenrechtsverletzungen von *E. Dujaka*, "Die Kurden Europas". Genozid im Kosovo?, in: Der Standard, 2. Juli 1991, 23; *G. Mayer*, "Mit bloßen Händen", in: Profil Nr. 25, 15. Juni 1992, 62 ff.; *C. v. Kohl/W. Libal*, Kosovo (Anm. 33), 132 ff. und 140 ff. sowie *Poulton* (Anm. 2), 57 ff. Wie sehr sich im übrigen nationalistische Argumentationsweisen in ihrer ideologischen Struktur mit der Berufung auf "historische Rechte" überall gleichen, zeigt ein interessanter Vergleich zwischen Kosovo und Siebenbürgen, der unter dem Titel "Ethnischer Anspruch gegen historische Rechte" in der NZZ, 28./29.11.1992, 25, erschienen ist.

verschärft. Daß es aber auch den Muslimen des Sandžak, der 1945 zwischen Serbien und Montenegro geteilt worden war, nicht besser geht, zeigen Berichte über Folterungen und Morde mit dem Ziel der "ethnischen Säuberung" auch in diesem Gebiet.[65]

Vom 26.-29. Sept. 1991 wurde schließlich im Kosovo ein geheimes Referendum durchgeführt, das von der serbischen Polizei nicht verhindert werden konnte. Auf der Grundlage einer Resolution des Kosovo-Parlaments über ein "Kosovo als souveräner und unabhängiger Staat mit dem Recht der konstitutiven Mitwirkung in einer Allianz von souveränen Republiken (in Jugoslawien) auf der Basis der Freiheit und vollen Gleichberechtigung der souveränen Republiken in der Allianz" sprachen sich bei einer Wahlbeteiligung von 87 % dabei 99,87 % für diese Resolution aus. Am 23. Oktober wurde eine vom "Untergrund"parlament gewählte Regierung gebildet.[66]

Am 27.4.1992 wurde in Beograd die "Bundesrepublik Jugoslawien" (BRJ) mit dem Anspruch proklamiert[67], automatischer Rechtsnachfolger der SFJ

---

65 Am 10. Oktober 1991 kam es zu einer Abstimmung über politische und territoriale Autonomie. Sechs serbische und drei montenegrinische Gemeinden schlossen sich zu einer "muslimischen Autonomen Region Sandžak" zusammen, die jedoch von der serbischen Regierung nicht anerkannt wird. Vgl. zu den historischen und gegenwärtigen Aspekten *H.-J. Härtel*, Sandžak, in: *Weithmann* (Hrsg.), Balkan (Anm. 24), 205-208; *W. Höpken*, Türkische Minderheiten in Südosteuropa, in: *H.G. Majer* (Hrsg.), Die Staaten Südosteuropas und die Osmanen. FS *Hans Hartl* zum 75. Geburtstag, München 1989, 223-254 und "Folterungen und Morde im Sandschak. Muslime werden unterdrückt", in: FAZ, 8.5.1992, 6.

66 Vgl. den Text dieser Resolution als Dokument 01 No 06/91 der Republic of Kosova, Assembly of the Republic, Prishtine, 22. September 1991 sowie AdG v. 11.12.1991, 36296.

67 Vgl. die "Declaration On New Yugoslavia", in: Review on International Affairs (Belgrade), Nr. 1004, 1.V.1992, 1 f. Das Institut für Europäische Studien Beograd bezeichnet in seiner Broschüre "Inter-Ethnic Conflicts and War in Former Yugoslavia" (Juli 1992) die Verfassung des "3. Jugoslawien" als "illegales und illegitimes Surrogat".

zu sein, was durch Avis No. 10 der Badinter-Kommission[68] zurückgewiesen wurde. Die BRJ sei ein neuer Staat, der denselben Bedingungen für die Anerkennung durch die EG unterliege wie die anderen Republiken Ex-Jugoslawiens.[69] Dazu ist ergänzend auszuführen, daß gerade diese Bedingungen, insbesondere was den Minderheitenschutz betrifft, wie er im Kapitel II über "Menschenrechte und Rechte ethnischer und nationaler Gruppen" der Haager Jugoslawienkonferenz vom 23.10.1991 gefordert wird, überhaupt nicht erfüllt werden.[70] Die am 31.5.1992 durchgeführten Wahlen für das Parlament der BRJ wurden von fast allen Oppositionsparteien boykottiert und entsprachen nach Einschätzung des KSZE-Büros für demokratische Institutionen und Menschenrechte keineswegs demokratischen Anforderungen.[71]

Am 24. Mai 1992 fanden schließlich wiederum im Kosovo von den Albanern organisierte Parlaments- und Präsidentenwahlen statt. Der Vorsitzende der Demokratischen Union des Kosovo, *Ibrahim Rugova,*

---

68 Conférence pour la paix en Yougoslavie. Commission d'arbitrage, Avis Nr. 10, Paris 4 juillet 1992.

69 Vgl. dazu die Beschlüsse der EG-Außenminister zur Anerkennung neuer Staaten: Erklärung zu den "Richtlinien für die Anerkennung neuer Staaten in Osteuropa und der Sowjetunion" sowie die "Erklärung zu Jugoslawien", in: Presse- und Informationsamt der (deutschen) Bundesregierung, Bulletin Nr. 144, 19.12.1991, 1173 f.

70 So werden in den Artikeln 11, 15, 20 und insb. 45-48 der Verfassung der Bundesrepublik Jugoslawien den Angehörigen der nunmehr sogenannten "nationalen Minderheiten" eine Reihe von besonderen Grundrechten eingeräumt, doch fehlen organisatorisch-institutionelle Gewährleistungen und insbesondere Bestimmungen über den "special status", der ja auch am kroatischen Nationalitätenverfassungsgesetz moniert worden war und nachgebessert wurde. Vgl. Ustav Zavezne Republike Jugoslavije, Beograd 1992, hrsg. vom Verlag der Službeni list. So könnte man zwar die Auffassung vertreten, daß insbesondere was den "special status" betrifft, die Territorialautonomie Kosovos und der Vojvodina in der serbischen Verfassung dem entsprechen, doch werden durch die diesbezüglichen Bestimmungen - wie weiter unten im Text gezeigt wird - die Anforderungen des Haager Konventionsentwurfs weder im Hinblick auf die Organe noch deren Kompetenzen erfüllt. Von der Einhaltung in der Praxis und des "Ausnahmezustands" im Kosovo ganz zu schweigen.

71 Vgl. auch *U. Rudberg*, Wahlfälschung: Auch Tote stimmten ab, in: Der Standard, 9. Juni 1992, 2.

wurde als einziger Kandidat mit 95 % der abgegebenen Stimmen zum Präsisdenten gewählt. Obwohl 22 Parteien und Gruppierungen zu den Wahlen antraten, errang die Demokratische Union fast alle Parlamentssitze. Zwei Abgeordente sind unabhängig, einer ist Vertreter der moslemischen Partei und einer gehört der Parlamentarischen Partei an.[72]

Staats- und völkerrechtlich gesehen nehmen nun Serbien wie Kosovo-Albaner damit zwei extrem gegensätzlich Positionen ein. Während nach der serbischen Verfassung 1990 das wieder so genannte Kosovo-Metohija territorial Bestandteil der Republik Serbien ist, dessen schon weit eingeschränkter Autonomiestatus durch die Maßnahmengesetzgebung und die de facto Repression auf Null reduziert wurde, haben die Albaner Kosovo unter Inanspruchnahme des Selbstbestimmungsrechts zu einem unabhängigen und souveränen Staat erklärt, der nach Aussagen seiner gewählten Vertreter auch international Anerkennung beansprucht.[73]

---

72 Vgl. AdG v. 15. Juni 1992, 36875 sowie das Interview mit dem Premier *Bojar Bukoshi* in: Der Standard, 22.5.1992, 2 und *L. Klingl*, Dichter als Hoffnung für den Kosovo, in: Der Standard, 27./28.5.1992, 4.

73 Vgl. *I. Rugova*, Kosova - Schlüsselproblem des Balkan, in: Dardania (Wien), Bd. 2 (1993), 218-221. Vgl. auch *H.J. Hoppe*, Für Freiheit und Selbstbestimmung. Albanische Stimmen zum Kosovo-Problem, in: Osteuropa 10/1993, A 588 f. sowie "Rugova für internationales Protektorat Kosovo", in: Der Standard, 3.12.1993, 4. Die politische Lage wird nicht zuletzt schließlich noch dadurch verkompliziert, daß die Albaner in Mazedonien, nachedem sie die Wahlen und das Referendum vom 9.9.1991 boykottiert hatten, selbst am 11./12.1.1992 ein Referendum über die Autonomie durchführten. Damit steht als politische Option auch ein Zusammenschluß aller Albaner des ehemaligen Jugoslawien zu einem Staat innerhalb einer neuen eventuellen Föderation am Horizont, die wegen der damit verbundenen Grenzänderungen und Gebietsverluste für Serbien, Makedonien und Montenegro unvorhersehbare Komplikationen mit der Ausweitung auf die angrenzenden Nachbarstaaten birgt.

2. Die Bestimmungen über die Territorialautonomie nach der neuen serbischen Verfassung

In den Art. 108 bis 112 der neuen serbischen Verfassung wird die Territorialautonomie der nun wieder in Kosovo und Metohija umbenannten autonomen Provinz sowie der Vojvodina geregelt.

Als Organe sind nunmehr eine Versammlung, die direkt zu wählen ist, ein Exekutivrat und Verwaltungsorgane vorgesehen, sodaß also im Vergleich zur Verfassung 1974 den autonomen Provinzen die gesamte judikative Gewalt inklusive eigener Verfassungsgerichte genommen wurde. Sieht man sich die Kompetenzen der Organe der Provinz gem. Art. 109 näher an, so fällt auf, daß der Versammlung auch keine Gesetzgebungskompetenz mehr zukommt oder sie gar eine verfassungsgebende Gewalt hätte, da nach Art. 110 nunmehr das Statut der höchste Rechtsakt der Provinz ist, der jedoch nur nach vorhergehender Zustimmung des serbischen Republiksparlaments verabschiedet werden kann. Die Kompetenz, allgemeine Akte, "mit denen einzelne Fragen von Interesse für die Bürger der autonomen Provinzen auf dem Gebiete der Kultur, der Bildung, der amtlichen Verwendung der Sprachen und Schriften der Nationalitäten, des öffentlichen Informationswesens, des Gesundheits- und sozialen Schutzes, der gesellschaftlichen Kinderfürsorge, des Schutzes und der Förderung der Umwelt, der Städteplanung und auf anderen gesetzlich festgelegten Gebieten geregelt werden", in "Einklang mit der Verfassung und dem Gesetz" zu erlassen, ist daher nicht mehr als verfassungsrechtliche Grundlage zur Erlassung von Durchführungsverordnungen.

Zwar bleiben also die Form der Territorialautonomie und die Bezeichnung als Autonome Provinzen aufrecht, doch wird damit letztlich die institutionelle Ausgestaltung der Autonomie in den Art. 108-112 noch unter den für die Gemeindeselbstverwaltung vorgesehenen Status reduziert, insofern deren Statute nicht vorab durch das Republiksparlament zu "bewilligen" sind. Damit verstieße diese Verfassung in gravierender Weise gegen die bei Verabschiedung der neuen serbischen Verfassung zweifellos noch geltende jugoslawische Bundesverfassung, die ja den Status und die organisatorisch-institutionellen Strukturen der Autonomen Provinzen als föderative Einheiten garantierte.

Aber die serbische Regierung versuchte in der Folge selbst diese rudimentären Formen von Territorialautonomie noch weiter auszuhöhlen. So wurde Anfang Februar 1992 eine Neuordnung der Verwaltungsgrenzen in der Vojvodina mit der offensichtlichen Absicht bekanntgegeben, solche gemischtsprachige lokale Einheiten zu schaffen, in denen die Ungarn keine Mehrheit mehr aufweisen.[74] Und noch 1991 hatte die serbische Regierung einen Gesetzesentwurf im Republiksparlament eingebracht, um die "Majorisierung" der Serben im Kosovo durch gerrymandering zu "verhindern", der dann allerdings vom Parlament nicht angenommen wurde.[75]

Vergleicht man schließlich die Regelungen der serbischen Verfassung auch mit den auf der Haager Jugoslawienkonferenz vom 23. Oktober 1991 im Konventionsentwurf vorgesehenen "special status" für Gebiete, in denen die Mehrheit der Bevölkerung von Volksgruppen gestellt wird, so zeigt sich sehr deutlich, daß diese keineswegs den dort formulierten Anforderungen, insbesondere dem Pkt. II c) lit. d und lit. e entsprechen, die hier abschließend als Maßstab für die internationale Anerkennung Serbiens oder des "Dritten Jugoslawien" wiedergegeben werden sollen. Ein solcher Sonderstatus muß umfassen:

lit d) I eine gesetzgebende Körperschaft,
II Verwaltungsstrukturen einschließlich regionaler Polizeikräfte und
III eine Gerichtsbarkeit, die für Fragen dieses Gebietes zuständig ist und die Bevölkerungsstruktur dieser Region in seiner Zusammensetzung repräsentiert sowie

lit e) Bestimmungen für eine effektive internationale Kontrolle.[76]

---

74 Vgl. NZZ, 22./23.2.1992, 5.

75 Zit. n. *Varady* (Anm. 2), 268.

76 Zit. n. *Borba*/Edicija: Dokumenti, Specijalni izdanje, Beograd, Nov. 1991, 38 f. In deutscher Übersetzung ist der Pkt. II c) auch wiedergegeben in Europäische Akademie Bozen, Entwurf zu einer Konvention über die Grundrechte der Europäischen Volksgruppen (Zusatzprotokoll zur EMRK), 3. Fassung, 15. Januar 1992, 28 f.

Die rechtliche Stellung der Minderheiten in Slowenien

JOSEPH MARKO*

I. Einleitung: Bevölkerungsstruktur und regionale Verteilung

Schon im Zuge des Zusammenbruchs Jugoslawiens und der Unabhängigkeitsbestrebungen der Republik Slowenien wurde immer wieder die weitgehende "ethnische" Homogenität hervorgehoben, da der Anteil der Slowenen an der Gesamtbevölkerung nach der Volkszählung 1991 87,8% ausmacht (Vgl. auch die folgende Tabelle).[1] Als verfassungsrechtlich ausdrücklich hervorgehobene Volksgruppen machen die ungarische und italienische sowie die Volksgruppe der Roma insgesamt nur 0,7% der Gesamtbevölkerung aus. Einen durchwegs größeren Anteil bilden daher die Angehörigen der - wie sie in der kommunistischen Rechtsordnung noch so genannt wurden - "Nationen und Nationalitäten" der anderen ehemaligen jugoslawischen Republiken, insbesondere der Serben und Kroaten mit zusammen rund 5%, während der Anteil der Muslime mit 1,4% sicher auch auf die Flucht und Emigration der Albaner aus dem Kosovo zurückzuführen ist, da ja gerade Slowenien sich seit den "Massenunruhen" im Kosovo im Jahre 1981 zunehmend auf die Seite der Kosovo-Albaner gestellt und die von Serbien dominierte "Pazifierungs-" und

---

* Ass. Prof. Dr. *Joseph Marko*, Institut für Öffentliches Recht und Politikwissenschaften an der Rechtswissenschaftlichen Fakultät der Karl-Franzens-Universität Graz. Der Verfasser dankt Mg. *Miro Cerar*, Univ. Ass. an der Rechtswissenschaftlichen Fakultät der Universität Ljubljana und Sekretär der Verfassungskommission des Slowenischen Parlaments, für seine unermüdliche Hilfe bei der Beschaffung von Material und Informationen.

1 Vgl. neben den in der Tabelle angegebenen Quellen noch *Herbert Büschenfeld*, Ergebnisse der Volkszählung 1991 in Jugoslawien, in: Osteuropa 1992, 1095 - 1101 und *Gerhard Seewann*, Die Ethnostruktur der Länder Südosteuropas aufgrund der beiden letzten Volkszählungen im Zeitraum 1977 - 1992, in: Südosteuropa 1993, 78 - 82, insb. 81.

Unterdrückungspolitik der Bundesorgane in den achtziger Jahren scharf kritisiert hatte.[2]

Das Hauptsiedlungsgebiet der 3.064 Italiener (0,16%) auf dem Gebiet der Republik Slowenien sind die drei istrischen Gemeinden Izola/Isola, Koper/Capodistria und Piran/Pirano, die nach 1945 im Zuge des Konflikts um Triest Teil der Zone B waren, der unter jugoslawischer Verwaltung stand. Nach einem starken Einbruch bei der Volkszählung von 1981, als sich nur mehr 2.187 Personen zur italienischen Nationalität bekannten, wird 1991 wieder der Stand von 1961 (3.072) erreicht. Diese Zunahme dürfte allerdings in erster Linie auf eine "Rückbesinnung" einer Vielzahl jener zurückzuführen sein, die sich in den siebziger und achtziger Jahren freiwillig oder unfreiwillig als "Jugoslawen"[3] deklarierten, wobei die Abnahme außerhalb der offiziell als gemischtsprachig anerkannten Gebiete stärker war. So fiel ihr Bevölkerungsanteil im Zeitraum 1961 bis 1981 von 0,19% auf 0,12 %. 1981 lebten 87 %, das sind in absoluten Zahlen 1.870 Angehörige der italienischen Volksgruppe in den drei national gemischten Gemeinden, so daß sich für dieses Gebiet folgende Bevölkerungszusammensetzung ergab: 70,3% Slowenen, 3,3% Italiener, 12,6% Kroaten, 4,5% Serben, 1,3% Muslime u.a. In den Bereichen Industrie und Agrarwirtschaft unterrepräsentiert, ist die italienische Volksgruppe im Dienstleistungssektor und hier v.a. im Bereich Verwaltung/Bildung, besonders auf Grund der großen Anzahl italienischer Institutionen, eher überproportional repräsentiert.

Wie in Kroatien besteht auch in Slowenien die Möglichkeit sich als "regional" zu deklarieren. Seit 1971 gibt es in dieser Kategorie eine kontinuierliche Zunahme von 2.705 auf 5.254 (= 0,27%) bei der

---

2 Vgl. dazu meinen Bericht zu Serbien in diesem Band mit den entsprechenden Nachweisen.

3 Zur Herausbildung des "Jugoslawismus" als "übernationalen" Integrationsfaktor vgl. die empirischen Untersuchungen von *S.L. Burg/Michael L. Berbaum*, Community, Integration, and Stability in Multinational Yugoslavia, in: American Pol.Sc.Rev., Vol. 83, No. 2, June 1989, 535-554. Wie in Kroatien hat sich die Zahl der "Jugoslawen" auch in Slowenien von 26.263 im Jahre 1981 auf 12.307 im Jahre 1991 mehr als halbiert.

Volkszählung von 1991, wobei dies wohl ebenfalls auf die Region Istrien und eine eigene "istrische Identität" zurückzuführen sein dürfte, deren Multikulturalität aus der Tiefe der Jahrhunderte kommt.[4]

Ähnlich wie für die Italiener stellt sich die Situation der Ungarn dar, doch konnten sie den kontinuierlichen Rückgang ihres Bevölkerungsanteils nicht stoppen. Bekannten sich 1953 noch 11.019 Personen (0,75%) zu dieser Volksgruppe, so waren es 1991 nur mehr 8.503 Personen (0,43%). Was die regionale Verteilung betrifft, so sind sie hauptsächlich in dem Gebiet zwischen ungarischer Grenze und dem Fluß Mur, dem sog. "Prekmurje", beheimatet. 1981 waren 88% der in Slowenien lebenden Ungarn in den gemischtsprachigen Gebieten des Gemeindeverbandes von Lendava/ Lendva sowie von Murska Sobota im Prekmurje wohnhaft. Im gesamten gemischtsprachigen Gebiet ist eine hohe Überalterung und damit ein "negatives" Wachstum der ungarischen Bevölkerung festzustellen. Die schlechte wirtschaftliche Situation des Prekmurje - einer rückständigen Agrarregion - führte sowohl zu einer Verminderung des slowenischen (sogar etwas stärker) als auch des ungarischen Bevölkerungsanteils.[5] Auch in dem wirtschaftlich etwas besser entwickelten Lendava konnten die Ungarn diesen Trend nicht stoppen, während sich hier nicht nur der Anteil

---

4 Noch Mitte des 19. Jahrhunderts waren dreizehn ethnographische Nuancen in Istrien, dem Schnittpunkt romanischer, slawischer und deutschsprachiger Kultur festzustellen. Vgl. *Kristian Sotriffer*, Istrien und der Karst. Geschichte, Kultur und Landschaft, Linz 1972, insb. 55 ff und *Darko Darovec*, Pregled zgodovine Istre, (Abriß der Geschichte Istriens), Koper 1992.

5 Aufgrund der ökonomischen und sozial-strukturellen Faktoren sprach *Maria Poszonec*, die Abgeordnete der ungarischen Minderheit in der Staatsversammlung des slowenischen Parlaments, in ihrem Koreferat "Zastopstvo italijanske in madžarkske narodne skupnosti v državnem zboru Republike Slovenije in v občinskih organih (Die Vertretung der italienischen und ungarischen Volksgruppe im slowenischen Parlament und in den Gemeindeorganen)" beim Kongress "Volksgruppen in Europa" am 5./6. Nov. 1993 in Drobollach/Kärnten von einer ständigen "natürlichen" Assimilation, die mittlerweile für die ungarische Volksgruppe existenzbedrohend wird. Die Schaffung von Arbeitsplätzen, um insbesondere die Abwanderung höherqualifizierter Jugendlicher aus dem Prekmurje zu verhindern, bildet daher für die ungarische Minderheit eine Überlebensfrage.

der Slowenen erhöhte, sondern es sogar zu einem Zuzug von Arbeitskräften aus anderen Republiken kam. Mehr als ein Drittel der Angehörigen der ungarischen Volksgruppe ist im Agrarsektor tätig. Damit liegt ihr Anteil um 20% über dem Republiksdurchschnitt. Ebenso ist ihr Anteil unter den im Ausland tätigen Gastarbeitern im Vergleich mehr als doppelt so hoch.

Als dritte, in der Verfassung ausdrücklich genannte Volksgruppe sind die Roma zu nennen. Ihre Zahl wird bei der Volkszählung von 1991 mit ca. 6.500 (0,33 %) angegeben.[6] Seit dem 14. Jahrhundert leben Roma auf dem Gebiet der heutigen Republik Slowenien, sodaß sie ebenfalls als autochthone Minderheit angesehen werden. Ständige Roma-Siedlungen gibt es heute im nordöstlichen Teil Sloweniens an der Grenze zu Ungarn sowie im Süden, nahe der Grenze zu Kroatien. In diesen Gebieten, über 10 Bezirke verstreut, leben heute etwa 5.300 Roma. Hinzu kommt eine größere Anzahl von Roma im Einzugsbereich größerer Städte, v.a. um Maribor an der Grenze zur Steiermark/Österreich.

Quantitativ wesentlich größere Bevölkerungsgruppen stellen, wie einleitend angesprochen, die Kroaten mit 54.212 (2,76%), die Serben mit 47.911 (2,44%) und die Muslime mit 26.842 (1,37%). Neben Mazedoniern (4.432), Montenegrinern (4.396) und Albanern (3.629) sind schließlich auch noch Österreicher (199) und Deutsche (546) zu nennen, deren geringe Zahl auf die historischen Ereignisse, auf die im nächsten Kapitel näher eingegangen wird, zurückzuführen ist. Wie in Kroatien hat sich die Zahl der "Jugoslawen" auch in Slowenien nach der Unabhängigkeitserklärung von 26.263 im Jahre 1981 auf 12.307 mehr als halbiert.[7]

---

6 Selbst in ein und derselben offiziellen Publikation variieren die Angaben über die Zahl der in Slowenien lebenden Roma zwischen 2.293 (= 0,12%), 2.874 und ca. 6500. Vgl. Institute for Ethnic Studies-Ljubljana/Information Bureau-Government of the Republic of Slovenia (eds.), Ethnic Minorities in Slovenia. On the Occasion of the World Conference on Human Rights in Vienna, 14-25 June 1993, Ljubljana 1993, 9 und 13.

7 Bei der Volkszählung von 1961 deklarierten sich erstmals 2.784 Personen als "Jugoslawen"; 1971 waren dies 26.263.

Tabelle: Der Anteil der Volksgruppen an der Bevölkerung Sloweniens

Nation	1971	%	1981	%	1991	%
Gesamt	1.727.137		1.891.864		1.965.986	
Slowenen	1.624.029	94,03	1.712.445	90,51	1.727.018	87,84
Italiener	3.001	0,17	2.187	0,12	3.064	0,16
Ungarn	9,785	0,56	9,496	0,50	8,503	0,43
Serben	20.521	1,19	42.182	2,23	47.911	2,44
Kroaten	42,657	2,47	55,625	2,94	54.212	2,76
Muslim	3.231	0,19	13.425	0,71	26.842	1,37
Jugo-Slawen	6.744	0,39	26.263	1,39	12.307	0,63
Regional	2.705	0,15	4.018	0,21	5.254	0,27
Roma	977	0,05	ca. 1.435	0,07	6.500	0,12*
Österreicher	278	0,0	180	0,01	199	0,01
Deutsche	422	0,02	380	0,02	546	0,03
Mazedonier	1.613	0,09	3.288	0,17	4.432	0,23
Montenegriner	1.978	0,11	3,217	0,17	4,396	0,22
Albaner	1.281	0,07	1.985	0,10	3.629	0,18

(Die Gesamtsumme ergibt nicht 100%, da die Kategorie "Übrige" nicht angeführt ist.)

* Extrem divergierend sind die Angaben zur Zahl der Roma. Selbst in ein und derselben offiziellen slowenischen Publikation werden folgende Zahlen genannt: 2.293, 2.874 und ca. 6500.

Quelle: Vgl. Institute for Ethnic Studies - Ljubljana / Information Bureau - Governement of the Republik of Slovenia (eds.), Ethnic Minorities in Slovenia. On the Occasion of the World Conference on Human Rights in Vienna, 14-25 June 1993, Ljubljana 1993. Weiters Slowenien, in: Land Kärnten (Hrsg.), Arbeitsgemeinschaft Alpen-Adria. Die Minderheiten im Alpen-Adria Raum, Klagenfurt 1990, 203; The National Composition of Yugoslavia's Population, 1991, in: Yugoslav Survey, vol. 33, Nr. 1/1992.

II. Die verfassungsrechtliche Stellung der Volksgruppen

1. Slowenien - ein Nationalstaat?

Im Gegensatz zur alten Verfassung der Sozialistischen Republik Slowenien 1974[8], die in Art. 1 noch die "Sozialistische Republik Slowenien" als "Staat ... des slowenischen Volkes und der italienischen sowie ungarischen Nationalität" bezeichnet hatte, somit die ethnische Konnotation durch den Bezug des Staates auf das slowenische Volk hergestellt hatte, definiert Art. 3 der neuen slowenischen Verfassung vom 23. Dezember 1991[9] Slowenien als "Staat aller seiner Staatsbürgerinnen und Staatsbürger, der auf dem bleibenden und unveräußerlichen Selbstbestimmungsrecht des slowenischen Volkes beruht." Die "teilweise innere Widersprüchlichkeit dieser Formulierung" wird von *Miro Cerar* in seinem Verfassungskommentar als politischer Kompromiß zwischen dem ethnisch indifferenten Staatsnationskonzept und dem ethnisch bestimmten Nationalstaatskonzept angesehen.[10]

---

8 Vgl. Časopisni Zavod Uradni List SR Slovenije, Ustava Socialistične Republike Slovenije, Ljubljana 1974.

9 Uradni list Republike Slovenije, štev. 33/1991 (im folgenden abgekürzt Ur.l.RS, Nr./Jahr). Eine amtliche deutsche Übersetzung ist herausgegeben von Časopisni Zavod Uradni List Republike Slovenije, Verfassung der Republik Slowenien, Ljubljana 1992. Vgl. allgemein zur politischen und verfassungsrechtlichen Entwicklung *Carole Rogel*, Slovenia's Independence: A Reversal of History, in: Problems of Communism, vol. XL (1991), Nr. 4, 31 - 40; *Miro Cerar*, Die verfassungsrechtlichen Grundlagen der Konstituierung des Staates Slowenien, in: Joseph Marko/Tomislav Borić (Hrsg.), Slowenien-Kroatien-Serbien. Die neuen Verfassungen, Graz-Wien-Köln 1991, 100 - 140; *Peter Jambrek*, Ustavna demokracija. Graditev slovenske demokracije, države in ustave (Demokratie und Verfassung. Die Schaffung der slowenischen Demokratie, des Staates und der Verfassung), Ljubljana 1992; Skupina avtorjev, Nova Ustavna ureditev (Autorenkollektiv, Die neue verfassungsrechtliche Ordnung), Ljubljana 1992; *L. Ude/F. Grad/M. Cerar*, Ustava Republike Slovenije z uvodnim komentarjem in stvarnim kazalom (Die Verfassung der Republik Slowenien mit einem Einführungskommentar und Sachregister), Ljubljana 1992 und die einzelnen Beiträge in Slovensko politološko društvo, Problemi konsolidacije demokracije (Slowenische Politologische Gesellschaft, Probleme der demokratischen Konsolidierung), Ljubljana 1993.

10 *Ude/Grad/Cerar*, Ustava (Anm. 9), 28 f.

So sei daher der in der Verfassung gebrauchte Begriff "narod" in diesem Sinne zweideutig und führe zu der Frage, wer nun eigentlich der Träger des Selbstbestimmungsrechts sei: die Slowenen als "historisch-sprachlich-ethnische Gemeinschaft" oder die Slowenen als Summe der Staatsbürger, wobei er schließlich davon ausgeht, daß die zukünftige Identifikation mit dem "Slovenstvo" eine ausdrücklich staatsbürgerliche Bedeutung annehmen wird. Auch *Vojin Dimitrijević*[11] sieht in derselben Formulierung des Selbstbestimmungsrechts des slowenischen Volkes in der Präambel und der Formulierung in Art. 3 einen Kompromiß "between *ethnos* and *demos* "[12], der Ausdruck der "self-determination of the ethnic group as the basis of the nation-state" sei. Damit wird allerdings implizit unterstellt, daß das völkerrechtliche Selbstbestimmungsrecht der erste Schritt zur Abgrenzung und Ausgrenzung auch innerhalb der neuen staatlichen Strukturen sei, um "auf der Basis des Nationalstaatskonzepts" die nationale Homogenisierung der Bevölkerung herbeizuführen.

Nun ist aber die Anwendung der Gleichung Selbstbestimmungsrecht des Volkes durch staatliche Unabhängigkeit und Souveränität = Streben nach Nationalstaat und ethnischer Homogenisierung gerade auf Slowenien - verglichen mit den Transformationsprozessen in anderen ost- und südosteuropäischen Staaten[13] - wohl am wenigsten berechtigt. Zum anderen ist diese Gleichung Selbstbestimmungsrecht = Nationalstaat

---

11 *Vojin Dimitrijević*, The Absolute Nation State: Post-Communist Constitutions, in: Jugoslovenska revija za međunarodno pravo 2-3/1992, 170 f.

12 Die Herausarbeitung des westeuropäischen Staatsnations- und mittel-/osteuropäischen Volksnationskonzepts in der Dichotomie von Demos und Ethnos als Idealtypen wurde von *Emerich Francis*, Ethnos und Demos. Soziologische Beiträge zur Volkstheorie, Berlin 1965 geleistet.

13 Vgl. so nach Meinung von *Wladimir Wolkow*, Ethnokratie - ein verhängnisvolles Erbe in der postkommunistischen Welt, in: Aus Politik und Zeitgeschichte B 52-53/1991, 35 - 43 für viele ehemalige sowjetische Republiken und "fast alle" - aber eben nur fast! - Republiken Jugoslawiens; weiters die einzelnen Beiträge in *Margareta Mommsen*, Nationalismus in Osteuropa. Gefahrvolle Wege in die Demokratie, München 1992; *Endre Kiss*, Notizen zum postsozialistischen Nationalismus, in: Geschichte und Gegenwart 1/1993, 43 - 52.

jedoch auch grundsätzlich mit *Victor Zaslavsky* zu hinterfragen, der m.E. zu Recht darauf hinweist, daß zum Verständnis der nationalen Probleme in postkommunistischen Gesellschaften sehr wohl zwischen ethnischer Mobilisierung und Nationalismus zu differenzieren ist.[14] Es ist daher paradox, so *Zaslavsky*, daß Slowenien und Kroatien "in perfectly democratic referendums overwhelmingly voted for their independence and dissolution of Yugoslavia, West European governments" jedoch "kept calling for support of the 'united and democratic Yugoslavia'."[15] Und tatsächlich war ja gerade von Slowenien und Kroatien noch im Oktober 1990 der Entwurf eines Konföderationsvertrages veröffentlicht worden, der bis in die wörtlichen Formulierungen eine Übersetzung des EWG-Vertrages ist[16], vom serbisch dominierten Block des jugoslawischen Staatspräsidiums jedoch als Verhandlungsangebot nicht einmal ignoriert wurde. Nun ist aber "the upsurge of ethnic mobilization ... a universal and inevitable reaction to the collapse of multiethnic Soviet-type societies", wie *Zaslavsky* ausführlich darstellt, da "activating kinship, friendship, and ethnic ties has been one of the most common modes of adaptation in crisis-ridden Soviet-type societies. As a result, nationality has become the most potent base of social mobilization."[17] Worauf es daher ankommt, ist zu differenzieren, worauf sich die "energy of ethnic mobilization" wendet: gegen identifizierbare Minoritäten mitten in der Mehrheitsbevölkerung, gegen andere ethno-territoriale Nachbarn mit dem Ziel, alte historische Konflikte auszutragen und Grenzen zu verändern, oder gegen ein imperiales Zentrum und die hegemonistische Nation mit dem Ziel, einen eigenen, unabhängigen Staat zu errichten. Nun trifft aber der erste Fall, nämlich Diskriminierung und Unterdrückung der Volksgruppen auf Slowenien, wie die Bestimmungen zum Schutz der Volksgruppen in der slowenischen Verfassung zeigen, die

14 Vgl. *Victor Zaslavsky*, Nationalism und Democratic Transition in Postcommunist Societies, in: Daedalus, Spring 1992, vol. 121, N° 2, 106.

15 *Zaslavsky* (Anm. 14), 97.

16 Vgl. Vjesnik (Zagreb), 5. Oktober 1990, 5. Dieser Entwurf ist in deutscher Übersetzung abgedruckt in: J. Marko/T. Borić (Anm. 9), 366-378.

17 *Zaslavsky* (Anm. 14), 106 f.

im folgenden näher ausgeführt werden, zum mindesten nach den Buchstaben des Gesetzes nicht zu; der zweite Fall, Nachbarschaftskonflikte und Grenzstreitigkeiten - abgesehen von Zwisten mit Italien um die Weitergeltung des Osimo-Vertrages und Reziprozitätsforderungen für die Rechtsstellung der slowenischen Volksgruppe in Triest und Julisch-Venetien[18] sowie mit Kroatien um den Zugang zum offenen Meer - kaum. Schwerpunkt und Ziel der ethnischen Mobilisierung in Slowenien, für die die "Mladina"-Affäre[19] der letztlich auslösende Funke war, war vielmehr nicht die Ab- und Ausgrenzung anderer ethnischer Gruppen, sondern die Hegemoniebestrebung des Milošević-Regimes in Serbien[20], sodaß die

---

18 Eine ausgezeichnete historisch-literarisch-kulturelle "Geschichte" dieses multikulturellen Raumes von Triest und seinem "Hinterland" bieten *Claudio Magris/Angelo Ara*, Triest. Eine literarische Hauptstadt in Mitteleuropa, München-Wien 1987, weiters "Unbehagen über neuen Minderheitenvertrag", in: Kleine Zeitung Graz, 14.1.1992, 6; "Die zwei neuen Staaten trennen Italiener in Istrien", in: Der Standard, 17.1.1992, 2; Slowenien und Italien sprechen über Osimo, in: Kleine Zeitung Graz, 18.2.1993, 6 und "Sloweniens unruhige Italiener", in: Der Standard, 9.3.1993, 4.

19 So kam es im Juni 1988 zu Massendemonstrationen in Ljubljana, nachdem vier Personen, davon drei Journalisten des Jugendmagazins "Mladina" verhaftet und vor einem Militärgericht angeklagt worden waren. *Janez Janša*, der spätere slowenische Verteidigungsminister im sog. 10-Tage Krieg gegen die jugoslawische Bundesarmee, hatte über Pläne der Bundesarmee berichtet, Slowenien zu besetzen. Dieses Verfahren vor dem Militärgericht, das "symbolisch" noch dazu in Serbokroatisch geführt wurde, vereinigte alle slowenischen Oppositionsgruppen und die Führung der slowenischen KP, sodaß eine breite Massenbewegung für Rechtsstaat und Demokratie entstand.

20 Entsprechende Verfassungsänderungen der serbischen Republiksverfassung 1989 konnten erst nach massivem Druck gegen die gewählten Vertreter der Vojvodina und Kosovos durchgesetzt werden, insofern diese durch "spontane" Massendemonstrationen - im Kosovo noch zusätzlich im Ausnahmezustand mit Massenverhaftungen - zum Teil zum Rücktritt gezwungen und durch miloševićtreue Politiker ersetzt wurden. Erst danach setzten die Versuche Sloweniens ein, gegen die neuen serbischen Zentralisierungsversuche gegenzusteuern, da es als "kleines" Zweimillionenvolk gegen serbische Hegemoniebestrebungen sehr sensibilisiert war und schon aus prinzipiellen rechtsstaatlichen Erwägungen gegen die serbisch dominierte Politik der Bundesorgane im Kosovo opponierte, die nach den "Massenunruhen" 1981 diesen sukzessive in ein Militärregime verwandelt hatten. Vgl. nur *Jens Reuter*, Vom ordnungspolitischen zum Nationalitätenkonflikt zwischen Serbien und Slowenien,

slowenischen Bemühungen um einen unabhängigen Staat als Reaktion auf die Gefahr eines von den National-Kommunisten in Serbien dominierten "jugoslawischen" Bundesstaates zu sehen sind.[21] Gerade die Formulierung des Art. 3 der neuen slowenischen Verfassung, in der vom "bleibenden und unveräußerlichen" Selbstbestimmungsrecht gesprochen wird, hat m.E. daher nichts mit Nationalismus zu tun, sondern nur Antwortcharakter, wenn man bedenkt, daß ja gerade die Ausübung des Selbstbestimmungsrechts der Völker, das im Einleitungsteil der jugoslawischen Bundesverfassung 1974 ausdrücklich verankert war, von serbischen Verfassungsjuristen unter Zuhilfenahme einer "Konsumtionstheorie" vehement bestritten worden war.[22]

2. Das System des Rechtsschutzes in der Verfassung

Auf Anregung der Vertreter der ethnischen Minoritäten wurde noch in der Phase der Ausarbeitung der neuen slowenischen Verfassung anstelle des Terminus "nationale Minderheit" der als neutral betrachtete Begriff

---

in: Südosteuropa 1990, 571 - 586, *Josip Furkes*, Der unaufhaltsame Aufstieg des Slobodan Milošević. Der serbische Nationalismus und der Zerfall Jugoslawiens, in: Josip Furkes/Karl-Heinz Schlarp (Hrsg.), Jugoslawien: Ein Staat zerfällt, Reinbek 1991, 63 - 89; *Wolfgang Libal*, Das Ende Jugoslawiens, Wien-Zürich 1991, insb. 111 ff. und *Mojmir Križan*, Nationalismen in Jugoslawien. Von postkommunistischer nationaler Emanzipation zum Krieg, in: Osteuropa 1992, 121-140.

21 Vgl. auch die diesbezüglichen vergleichenden Analysen von *Križan*, Nationalismen, 127 ff. und insb. 134 ff., der zu dem Ergebnis kommt, daß in vielen Beiträgen zum "slowenischen nationalen Programm" eine Art Kontrastprogramm zur Ideologie des serbischen Nationalismus gesehen werden kann. Während der serbische parakommunistische Nationalismus ein Versuch der kommunistischen "Nomenklatura" sei, eine neue Legitimationsbasis für ihre Herrschaft zu finden, stehe der nichtexpansionistische, europafreundliche Nationalismus Sloweniens vor der Alternative, bei Weiterführung einer ethnischen Mobilisierung zur Provinzialisierung Sloweniens zu führen, als Prozeß der Europäisierung sich aber selbst abzuschaffen.

22 Vgl. dazu *J. Marko*, Die neuen Verfassungen: Slowenien-Kroatien-Serbien. Ein Vergleich, in: J. Marko/T. Borić (Anm. 9), insb. 23 ff. Diese "Konsumtionstheorie" wird grundlegend rechtstheoretisch und verfassungsdogmatisch widerlegt von *Ivan Kristan*, Pravica do samoodločb e slovenskoga naroda (Das Selbstbestimmungsrecht des slowenischen Volkes), in: Nova revija, Nr. 95, März 1990, 284-296.

"nationale Gemeinschaft" (narodna skupnost) verwendet, um die mit dem Begriff "Minderheit" verbundene pejorative Konnotation zu vermeiden. Ebenso bestand die einhellige Ansicht aller Parteien, daß der den Minderheiten zu garantierende Schutz keinesfalls unter jenem der Sozialistischen Verfassung von 1974 liegen dürfe[23], der in den Art. 250 und 251 bereits eine Reihe von "besonderen Rechten der italienischen bzw. ungarischen Nationalität und ihrer Angehörigen" vorgesehen hatte. Neben den in diesen beiden Artikeln verankerten Rechtsinstituten mit der Funktion der Autonomie waren weiters solche mit der Funktion der Integration in Art. 157 und 370 der Verfassung vorgesehen. So mußte die italienische bzw. ungarische Volksgruppe im Delegationssystem[24] "entsprechend" vertreten sein. 1986 gehörte je ein Angehöriger der italienischen wie ungarischen Volksgruppe dem "gesellschaftspolitischen Rat" des slowenischen Parlaments an.[25] Ein eigene parlamentarische Kommission für Nationalitätenfragen war drittelparitätisch mit slowenischen, italienischen und ungarischen Vertretern zusammenzusetzen.

Hervorstechendstes Merkmal der neuen slowenischen Verfassung in bezug auf die Definition der Volksgruppen ist die gem. Art. 5 und 64 der Verfassung erfolgende Qualifikation der italienischen und ungarischen Volksgruppe als "autochthon", womit also deren schon in der Verfassung 1974 hervorgehobene Stellung weiter beibehalten wird, während Art. 65 einen Verfassungsauftrag darstellt, die Rechtsstellung und die Sonderrechte der in Slowenien lebenden Gemeinschaft der Roma durch Gesetz zu regeln. Obwohl diese im Wortlaut der Bestimmung nicht ausdrücklich als "autochthone" Volksgruppe bezeichnet werden, werden sie ebenfalls als

---

23 Vgl. Institute for Ethnic Studies-Ljubljana, Ethnic Minorities (Anm. 6), 17.

24 Vgl. dazu grundlegend aus rechtlicher Sicht *Christine Höcker-Weyand*, Die Rechtsinstitute und Rechtsinstitutionen des jugoslawischen Selbstverwaltungssystems, Berlin 1980, 166-194, aus empirisch-politischer Sicht *Wolfgang Höpken*, Sozialismus und Pluralismus in Jugoslawien, München 1984, insb. 287 ff.

25 Vgl. Slowenien, in: Land Kärnten (Hrsg.), Arbeitsgemeinschaft Alpen-Adria. Die Minderheiten im Alpen-Adria Raum, Klagenfurt 1990, 206.

solche angesehen.[26] Die verfassungsrechtliche "Auszeichnung" als "autochthone Volksgruppe" hat aber nicht nur programmatisch-symbolische Funktion, an diese Unterscheidung werden auch unterschiedliche Rechtsfolgen geknüpft. So sollen offensichtlich nur den autochthonen Volksgruppen "besondere Rechte" zukommen, die den anderen, ja auch in Slowenien lebenden ethnischen Gruppen daher nicht zustehen. Dabei handelt es sich insbesondere um die in Art. 64 der Verfassung geregelten individuellen und kollektiven Rechte. Da die Meinungs-, Informations-, Presse-, Versammlungs- und Vereinigungsfreiheit als "allgemeine" Menschenrechte durch Art. 39 und 42 der Verfassung gewährleistet werden, dürfen die "besonderen" individuellen und kollektiven Rechte des Art. 64 - nämlich zur Erhaltung der nationalen Identität Organisationen zu gründen, Wirtschafts-, Kultur- und wissenschaftliche Forschungstätigkeiten sowie Tätigkeiten auf dem Gebiet des öffentlichen Nachrichten- und Verlagswesens zu entwickeln - wohl nicht e contrario so ausgelegt werden, daß dies den "nicht-autochthonen" Volksgruppen daher verboten sei. Wohl aber verbindet sich mit den "Sonderrechten" auf diesem Gebiet eine institutionelle Gewährleistung, als gem. Abs. 2 dieses Artikels die Einrichtung von Selbstverwaltungskörperschaften einen Verfassungsauftrag darstellt. Die anderen Volksgruppen dürfen sich nach Art. 145 der Verfassung "zur Geltendmachung ihrer Interessen" zwar auch "auf der Grundlage der Selbstverwaltung zusammenschließen", ihnen ist aber in weiterer Folge insbesondere kein Recht auf Erziehung und Ausbildung in ihrer Sprache im öffentlichen Schulsystem garantiert, nach Art. 11 ist nur Italienisch oder Ungarisch territorial beschränkt auf lokaler Ebene ebenfalls Amtssprache und nach Art. 80 Abs. 3 ist ebenfalls nur der italienischen und ungarischen Volksgruppe ein Mindestsitz in der Staatsversammlung (državni zbor), der ersten Kammer des slowenischen Parlaments, gewährleistet.

---

26 Vgl. Institute for Ethnic Studies-Ljubljana, Ethnic Minorities (Anm. 6), 18: "The status and special rights of Romany ethnic communities in Slovenia are guaranteed by Article 65 of the Constitution and shall be determined by a special statute. In this context it is important to stress that Romany ethnic communities are considered one of the autochthonous ethnic communities in Slovenia though they do not have a mother state with which they can exercise special connections."

Noch im Zuge der Ausarbeitung der Verfassung waren Initiativen unternommen worden - unter bezug auf die historischen Gegebenheiten[27] - auch die deutschsprachige Volksgruppe als "autochthone" Volksgruppe in der Verfassung zu verankern, obwohl - oder gerade weil - sie nach offiziellen Angaben nur mehr einige hundert Personen umfaßt und Art. 64 Abs. 4 die Sonderrechte der autochthonen Volksgruppen ja ausdrücklich "ungeachtet der Anzahl der Angehörigen" gewährleistet. Organisatorischer Kristallisationspunkt der deutschsprachigen Volksgruppe und entsprechender Bemühungen der Vertretung ihrer Interessen ist der Verein "Freiheitsbrücke/Most svobode" in Maribor. Diese Versuche stießen jedoch bei der slowenischen Regierung auf keine Gegenliebe[28], zumal die historisch belasteten Beziehungen auch nach der Unabhängigkeit Sloweniens nicht ohne "symbolische" Spannungen blieben, wie die Proteste

---

27 Gerade in der sog. Untersteiermark waren ja bis zum Ende des I. Weltkrieges die Städte Marburg/Maribor, Pettau/Ptuj und Cilli/Celje - in der deutschnationalen Diktion der Zeit als "deutsches Festungsdreieck" bezeichnet (vgl. *Hugo Suette*, Der nationale Kampf in der Südsteiermark, München 1936, 91) - von 70% bis zu 85% deutschsprachig, während das bäuerliche Umland slowenisch geprägt war. Noch in der zweiten Hälfte des 19. Jahrhunderts kam es jedoch aufgrund des Bestrebens des liberal-deutschnationalen Lagers, seine Vorherrschaft in den politischen Repräsentativkörperschaften zu bewahren, zu intensiven Nationalitätenkonflikten, die sogar zum Sturz einer österreichischen Regierung führten, nämlich der Regierung Windischgrätz 1895 beim Versuch der Einführung slowenischer Parallelklassen am deutschen Gymnasium in Cilli/Celje. (Vgl. *Robert A. Kann*, Das Nationalitätenproblem der Habsburgermonarchie, Bd. 1, Graz-Köln 1964, 306). Nach dem I. Weltkrieg und im Gefolge des II. Weltkrieges kam es jedoch zu massenhaften Auswanderungen und Vertreibungen, sodaß die Möglichkeit des öffentlichen Bekenntnisses zur deutschsprachigen Volksgruppe - trotz aller sonstigen Liberalisierungen in den achtziger Jahren - bis zum Ende des kommunistischen Systems prekär blieb.

28 Vgl. die diesbezüglichen Ausführungen des Obmanns des Vereins "Freiheitsbrücke/Most svobode", *Dušan Kolnik*, beim Kongreß "Volksgruppen in Europa" in Drobollach, 6. Nov. 1993 (unveröffentl. Manuskript). Aus einem Grundsatzpapier des österreichischen Außenministeriums v. 20.1.1992 geht auch hervor, daß Österreich sich berufen fühlt, "in dem Maß als sich eine deutschsprachige Minderheit in Slowenien konstituiert, ... deren Anliegen gegenüber der slowenischen Regierung zu vertreten." Vgl. *Georg Possanner*, Slowenisch-kroatische Garantien, in: Der Standard, 5.2.1992, 2.

der Regierung des österreichischen Bundeslandes Kärnten bei der slowenischen Regierung zeigten, da die slowenische Nationalbank als Symbol auf den neuen slowenischen Tolarbanknoten den "Fürstenstein" abdruckte.[29]

Eine neue, gesetzlich nicht als solche anerkannte Minderheit stellen schließlich auch die Immigranten, zumeist Gastarbeiter aus anderen Republiken des früheren Jugoslawien dar. Nach der Unabhängigkeit von 1991 wurde beinahe 170.000 Personen "anderer jugoslawischer Nationalität", die seit dem Ende des 2. Weltkrieges allein oder mit ihren Familien nach Slowenien gekommen sind und sich hier niedergelassen haben, die slowenische Staatsbürgerschaft zuerkannt.[30] Als Bürger Sloweniens gelten damit auch für sie alle individuellen, von der Verfassung garantierten Rechte. Sie können ethnische Organisationen und Vereine gründen, ihre Sprache und Schrift benutzen, ihre spezifische ethnische Kultur entfalten und damit ungehindert und frei ihre ethnische Identität zum Ausdruck bringen. Obwohl ihnen von der Verfassung keine Kollektivrechte zuerkannt wurden, gibt es in der Realität dennoch in den größeren Städten einige Volksschulen, in denen in der Sprache der Immigranten unterrichtet wird.[31]

---

29 Anstatt daß dies von der Kärntner Regierung als Symbol einer "gemeinsamen" Vergangenheit angesehen worden wäre, da der Fürstenstein auf der Karnburg im heutigen Kärnten Teil einer in slowenisch gehaltenen Inthronisationszeremonie der Kärntner Herzöge bis ins 16. Jahrhundert war. Vgl. dazu und zur (rechts)historischen Entwicklung des heutigen slowenischen Raumes *Edith Stöckl-Marko/Joseph Marko*, Slovenia. Constitutional Chronology, in: A. Blaustein/G.H. Flanz (eds.), Constitutions of the Countries of the World, New York, October 1992.

30 Vgl. zum slowenischen Staatsbürgerschaftsgesetz *Miroslava Geć-Korošec*, Überblick über das Rechtssystem der selbständigen Republik Slowenien, in: WGO-MfOR 1992, 345-347. Eine deutsche Übersetzung findet sich in JOR XXXIII/2, 1992.

31 Vgl. Institute for Ethnic Studies-Ljubljana, Ethnic Minorities (Anm. 6), 20.

III. Das Recht auf den Gebrauch der Minderheitensprache

1. Sprachenfreiheit

Im Gegensatz zu Art. 137 der sozialistischen Verfassung Kroatiens 1974, wo das Recht zum Gebrauch der eigenen Sprache und Schrift als kollektives Recht der Nationen und Nationalitäten und Ausdruck ihrer Gleichberechtigung verankert war, sodaß die neue kroatische Verfassung entsprechend dem ideologischen Paradigmenwechsel vom Selbstverwaltungssozialismus zum Liberalismus nun nicht mehr von Sprachen*gleichheit* der Nationen und Nationalitäten ausgeht, sondern die Sprachen*freiheit* als individuelles Grundrecht verankert[32], normierte bereits die sozialistische Verfassung Sloweniens 1974 in Art. 212 die Sprachenfreiheit als Menschenrecht. Auch die neue slowenische Verfassung 1991 verankert die Sprachenfreiheit ausdrücklich in Art. 61 als Menschenrecht. So steht "jedermann" das Recht zu, "seine Sprache und Schrift zu gebrauchen."

2. Behörden und Gerichte

Neben der in der jugoslawischen Bundesverfassung 1974 in Art. 246 verankerten Gleichberechtigung der Sprachen der Nationen und Volksgruppen - wobei weiters bestimmt war, daß die Sprachen der Nationen im "amtlichen Gebrauch" sind[33] - hatte auch schon die sozialistische Verfassung Sloweniens 1974 in Art. 212 Slowenisch als Amtssprache normiert. Art. 250 Abs. 2 sah weiters vor, daß in den gemischtsprachen Gebieten italienisch und ungarisch gleichberechtigt sind. Die Gemeindestatuten, die Geschäftsordnungen der Gemeindeparlamente und der Gerichte sowie anderer Organisationen mit öffentlichen Befugnissen führten dann die Art und Weise der Verwirklichung der Grundsätze und

---

32 Vgl. dazu meinen Bericht zu Kroatien in diesem Band mit den entsprechenden Nachweisen.

33 Die Verfassung der Sozialistischen Föderativen Republik Jugoslawien 1974 ist von *Christine Höcker-Weyand* übersetzt und mit einer Einleitung versehen abgedruckt in: G. Brunner/B. Meissner (Hrsg.), Verfassungen der kommunistischen Staaten, Paderborn u.a. 1980, insb. 203.

Bestimmungen bezüglich der Gleichberechtigung der Sprachen und Schriften aus.[34] Von grundlegender Bedeutung waren dabei zwei Bestimmungen, die in nahezu identer Formulierung in den betreffenden Statuten enthalten waren und sind: "Die slowenische und die italienische bzw. ungarische Sprache sind im national gemischten Gebiet gleichberechtigt" sowie "die Gleichberechtigung und der Gebrauch der Muttersprache im gesamten öffentlichen und gesellschaftlichen Leben" werden den Gemeindebürgern, die einer Nationalität angehören, durch die Gemeinde garantiert.[35]

Auch Art. 11 der neuen slowenischen Verfassung setzt Slowenisch als Amtssprache fest, ausdrücklich ist aber hier schon in der Verfassung verankert, daß auch Italienisch und Ungarisch Amtssprache in den Gemeindegebieten sind, "in denen die italienische oder ungarische Volksgruppe" lebt. Obwohl also die Kroaten mit rund 2,7% der Gesamtbevölkerung die zahlenmäßig größte Volksgruppe ausmachen, ist die amtliche Verwendung des Kroatischen nun nicht mehr möglich. Die Angehörigen der ehemaligen Nationen und anderen Nationalitäten Jugoslawiens sind daher auf das in Art. 62 der Verfassung verankerte individuelle Grundrecht verwiesen, nachdem "jedermann" das Recht hat, "bei der Verwirklichung seiner Rechte und Pflichten sowie in den Verfahren vor Staatsorganen und anderen den öffentlichen Dienst ausübenden Organen die eigene Sprache und Schrift auf die gesetzlich festgelegte Weise zu verwenden."

Damit ergibt sich für die "autochthonen Volksgruppen" einerseits und alle übrigen andererseits eine entscheidende institutionelle Differenzierung: ersteren ist das Recht auf ein Verfahren in ihrer Sprache gewährleistet, während sonst das Verfahren in Slowenisch geführt wird, "jedermann" aber das Recht hat, seine Muttersprache zu verwenden und mit Zeugenaussagen etc. in seiner Sprache vertraut gemacht zu werden.

---

34 *Silvo Devetak*, The Equality of Nations and Nationalities in Yugoslavia, Wien 1988, 60 ff., zählte über 50 generelle Rechtsakte, in denen die Gleichberechtigung der Sprachen geregelt war.

35 Slowenien, in: Alpen-Adria (Anm. 25), 215.

Folgende Gesetze regeln auf Republiksebene die Zweisprachigkeit vor Gericht in den ethnisch gemischten Gebieten: das Gesetz über die Ordentlichen Gerichte, das Gesetz über Selbstverwaltungsgerichte, das Gesetz über die Staatsanwaltschaft, das Gesetz über Rechtshilfe und das Gesetz über das Grundbuch.[36]

Die Gesetze über die Ordentlichen Gerichte und über die Selbstverwaltungsgerichte[37] bestimmen, daß in den ethnischen gemischten Gebieten die Verhandlungen in italienisch oder ungarisch durchzuführen sind, wenn eine der beteiligten Parteien eine dieser Sprachen verwendet. In Analogie dazu führt die Staatsanwaltschaft ihre Verhandlungen ebenfalls in einer der beiden Sprachen. Das Gesetz über das Grundbuch bestimmt, daß dieses in ethnisch gemischten Gebieten in italienisch oder ungarisch zu führen ist, wenn ein Antrag auf Eintragung in einer der beiden Sprachen gestellt wird.

In den Verfahrensregelungen[38] werden im Detail die bilinguale Durchführung von Prozessen, wenn eine der beteiligten Parteien slowenisch und die andere italienisch oder ungarisch verwendet, behandelt. So ist festgelegt, daß das Gericht auch dann dementsprechend verfahren muß, wenn zwar ein Antrag auf slowenisch gestellt wurde, aber eine Partei vor Prozeßbeginn erklärt, den Prozeß selbst in italienisch oder ungarisch führen zu wollen. Mit dieser Bestimmung wurde auf die Möglichkeit Rücksicht genommen, daß ein Mitglied einer der beiden Minderheiten nur deshalb einen Antrag in slowenisch machte, weil ihm keine adäquate Rechtsberatung in der Minderheitensprache zur Verfügung stand. Umgekehrt steht es den Parteien zu, während des gesamten Prozesses oder auch nur Teilen davon, auf den Gebrauch der Muttersprache zu verzichten. Beigefügt wurde den Verfahrensbestimmungen eine Liste von Formularen, gerichtlicher Ladungen und anderer Vordrucke, die in den ethnisch gemischten Gebieten

---

36 Ur.l.SRS, 10/77.

37 Vgl. zum folgenden Institute for Ethnic Studies-Ljubljana, Ethnic Minorities (Anm. 6), 23 ff.

38 Ur.l.SRS, 26/8, Art. 26 - 34.

zweisprachig vorhanden sein müssen. Die Verfahrensbestimmungen für die sog. Gerichte der assoziierten Arbeit beinhalten ebenso genaue Bestimmungen über die Durchführung von Gerichtsverfahren.

Zusätzliche Bestimmungen zur Durchführung zweisprachiger Verfahren bestehen für das Ordentliche Gericht von Murska Sobota (auch Teile von Lendava/Lendva betreffend), die die Gewährung einer Prämie für die Beherrschung von Ungarisch vorsehen. Ebenso enthalten ist eine Liste von Stellen, für die Ungarisch nicht erforderlich ist. In den Gebieten von Prekmurje wird das Prinzip der Zweisprachigkeit durchgängig in allen Phasen des Verfahrens angewandt. Einzig für das Protokoll auf Ungarisch besteht eine Ausnahme (auf Grund eines Mangels an Schreibmaschinen mit ungarischer Tastatur und qualifizierten Schreibkräften). Den Mitgliedern der ungarischen Minderheit werden Rechtsakte in zweisprachiger Ausfertigung ausgehändigt.

In der Küstenregion bemühen die Mitglieder der italienischen Minderheit die Gerichte zumeist in Grundstücksangelegenheiten und Erbschaftsprozessen.

Im Grundbuchamt des Gerichts von Koper/Capodistria stellen nur wenige Angehörige der italienischen Minderheit Anträge. Ihnen werden Beschlüsse nur auf ausdrücklichen Wunsch auch auf italienisch ausgefertigt. In Piran/Pirano wird das Grundbuch auch auf Slowenisch geführt (früher in Italienisch), ebenso werden auch die Dokumente auf Slowenisch ausgefertigt. In Lendava/Lendva wird zwar eine mündliche Kommunikation auf Ungarisch garantiert, die Verfahren werden allerdings in Slowenisch durchgeführt. In den Grundbuchämtern außerhalb der ethnisch gemischten Gebiete liegen zweisprachige Formulare für Grundbuchauszüge auf.

Firmen, deren Namen in den Satzungen zweisprachig angeführt sind, werden auch so in den entsprechenden Handelsregistern registriert.

Wurde in einem zweisprachigen Verfahren vom Rechtsmittel der Berufung Gebrauch gemacht, so muß das Gericht erster Instanz die Berufung und den gesamten Akt in Slowenisch übersetzen, bevor es beides dem Gericht zweiter Instanz vorlegt. Die Partei wird nicht mit den Kosten der Übersetzung belastet. Die Berufungsinstanz für Murska Sobota ist das Obergericht von Maribor. Da es außerhalb des ethnisch gemischten Gebiets liegt, gibt es hier keine zweisprachigen Verfahren zweiter Instanz. Das Berufungsgericht für Koper/Capodistria befindet sich am selben Ort. Ihm sind sowohl qualifizierte Richter als auch Beamte, die Italienisch beherrschen, zugeteilt.

Analoge Bestimmungen wie für die Gerichtsbarkeit gelten auch für die Verwaltungsbehörden.[39] In den ethnisch gemischten Gebieten werden Verwaltungsverfahren in Italienisch oder Ungarisch geführt sowie Bescheide in dieser Sprache erlassen, wenn eine der Parteien diese Sprachen verwendet. Den Mitgliedern der beiden Volksgruppen sind zweisprachige Formulare für den Verkehr mit Verwaltungsorganen und öffentlichen Einrichtungen garantiert. Ebenso werden für alle Bewohner dieser Gebiete Dokumente wie Identitätskarten und Pässe zweisprachig ausgefertigt. Im Gegensatz zur Slowakei, wo ja die Schreibweise der Namen der ungarischen Minderheit durch ein entsprechendes "Namensgesetz" zu Konflikten mit dieser Volksgruppe geführt hat, müssen die Namen der Angehörigen der Volksgruppen der Volksgruppensprache entsprechend geschrieben werden.[40]

Ausschreibungen für Beamtenstellen in ethnisch gemischten Gebieten, für die die Kenntnis beider Sprachen erforderlich ist, werden speziell definiert. Dabei handelt es sich in erster Linie um Dienstposten, wo die Beamten direkten Kontakt mit den Mitgliedern der beiden ethnischen Minderheiten haben.

Gesetze, Verordnungen[41] und Gemeindestatute legen schließlich fest, daß Ortsnamen und öffentliche Ankündigungen, Bekanntmachungen, etc. in

---

39 Ur.l.SRS, 24/79, 12/82, 39/85 und 18/88.

40 Ur.l.SRS, 2/87.

41 Ur.l.SRS, 5/80 und 10/80.

beiden Sprachen angebracht werden müssen. So wird die Zweisprachigkeit in diesen Regionen - im Gegensatz etwa zur tatsächlichen Lage der slowenischen Volksgruppe im österreichischen Bundesland Kärnten - auch öffentlich "sichtbar" praktiziert.

Gemäß der Geschäftsordnung der Staatsversammlung[42] stand und steht es den Vertretern der italienischen und ungarischen Volksgruppe zu, im Parlament ihre Muttersprache zu verwenden. In der Arbeit der Parlamentskommission für Nationalitäten hatte sich schon in der Vergangenheit tatsächlich eine Zwei- bzw. Dreisprachigkeit durchgesetzt. Während der Tagungen der alten Räte selbst wurden Reden der Delegierten der ungarischen oder italienischen Volksgruppe in Ausnahmefällen übersetzt.[43]

IV. Medien und Kultur

Der autochthonen ungarischen und italienischen Volksgruppe wird durch Art. 64 der Verfassung ausdrücklich das "Sonderrecht" gewährleistet, "zur Erhaltung ihrer nationalen Identität Organisationen zu gründen, Wirtschafts-, Kultur- und wissenschaftliche Forschungstätigkeiten sowie Tätigkeiten auf dem Gebiet des öffentlichen Nachrichten- und Verlagswesens zu entwickeln." Diese Rechte sind jedoch auch den anderen Volksgruppen - wie schon oben ausgeführt - durch die individuellen Grundrechte der Meinungs- und Pressefreiheit gem. Art. 39 sowie der Vereinigungsfreiheit gem. Art. 42 garantiert. Der Unterschied besteht daher nur darin, daß dies den autochthonen Volksgruppen also zusätzlich noch in der Form eines "kollektiven Rechts" gewährleistet wird, worin jedoch nichts anderes als eine spezifische institutionelle Gewährleistung verbunden mit Leistungspflichten der Republik Slowenien zu erblicken ist. Dies kommt auch im weiteren Wortlaut dieser Bestimmung klar zum Ausdruck: So werden von den Angehörigen der autochthonen

---

42 Vgl. Ur.l.RS, 40/93.

43 Slowenien, in: Alpen-Adria (Anm. 25), 216.

Volksgruppen nicht Vereine, sondern Selbstverwaltungskörperschaften[44] gegründet, wobei für die Besorgung ihrer eigenen wie übertragenen Aufgaben die Mittel vom Staat sicherzustellen sind.

Was nun die tatsächliche Situation der Volksgruppen auf dem Gebiete der Medien und Kultur allgemein betrifft, so ist für die Situation vor 1990 auf den ausgezeichneten Länderbericht in dem von der ARGE Alpen-Adria in fünf Sprachen herausgegebenen Sammelband über die Minderheiten im Alpen-Adria Raum zu verweisen.[45]

Herzstück für Kultur und Medien der italienischen Volksgruppe auch in Slowenien ist das Verlagshaus EDIT in Rijeka/Fiume/St. Veit am Pflaum, von dem u.a. seit 1944 die Tageszeitung "La Voce del popolo" (1987 mit einer Auflage von 4.200 Stück), das alle zwei Monate erscheinende Magazin "Panorama", das vierteljährliche Literaturmagazin "La Battana", das auch von Slowenien mitfinanziert wird, sowie die Kinderzeitschrift "Arcobaleno" herausgegeben werden. Weiters werden von den italienischen Selbstverwaltungsgemeinschaften selbst eine Reihe von Publikationen herausgegeben, die für das kulturelle und gesellschaftliche Leben dieser Region von großer Bedeutung sind. So die "Voci della Medusa" in Koper/Capodistria, der monatliche "Informatore" in Izola/Isola und die Literaturzeitschrift "Il Trillo" in Piran/Pirano. Hinzu kommen die von der "Ethnischen Vereinigung der Küstenregion" und den ethnischen Vereinigungen von Izola/Isola, Koper/Capodistria und Piran/Pirano herausgegebenen Mitteilungen und Nachrichten.

Radio Koper/Capodistria begann 1949 mit der Ausstrahlung italienischsprachiger Sendungen. Heute sendet es täglich 24 Stunden.

---

44 Dies sah auch schon Art. 251 der sozialistischen Verfassung 1974 vor, sodaß die Volksgruppen sich als sog. "interesne skupnosti" im Rahmen des Selbstverwaltungsorganisationssystems konstituierten. Vgl. zu diesen "interesne skupnosti" auch *Devetak* (Anm. 34), 17, 21 und 35 ff.

45 Slowenien, in: Alpen-Adria (Anm. 25), 205 f. und 213 ff. Vgl. zum folgenden auch Institute for Ethnic Studies-Ljubljana, Ethnic Minorities (Anm. 6), 32f.

Ebenfalls in Koper/Capodistria befindet sich eine TV-Station, die seit 1971 Fernsehprogramme für die italienische Minderheit in Slowenien und Kroatien ausstrahlt. Von den ungefähr 11 Stunden täglicher Sendezeit sind 10 Stunden in italienisch und eine Stunde in slowenisch. Das Programm beinhaltet auch drei tägliche Nachrichtensendungen. TV-Koper/ Capodistria selbst produziert Programme über die italienische Volksgruppe in Slowenien und Kroatien und ihr Siedlungsgebiet, die Region Istrien-Kvarner.

Seit 1956 wurde das Wochenblatt "Népújság", zur Zeit mit einer Auflage von etwa 2.150 Exemplaren, für die ungarische Volksgruppe herausgegeben. Nachdem eine in der Vojvodina publizierte ungarische Zeitschrift eingestellt wurde, beabsichtigten die Herausgeber des "Népújság" auch eine monatliche Kinderbeilage zu realisieren. Die literarische Reihe "Muratai" sowie "Lendavski zvezki" mit kulturellen und historischen Beiträgen werden von den ungarischen ethnischen Vereinigungen selbst herausgegeben. Der "Almanac Naptár" mit wirtschaftlichen, politischen und kulturellen Beiträgen, die sich speziell an die ungarische Minderheit in Slowenien wenden, wird seit 1960 in Ungarisch publiziert. Fallweise wird von der Gemeinde Lendava/Lendva auch ein zweisprachiges Informationsblatt herausgegeben. Radio Lendava/Lendva strahlte täglich etwa sechs Stunden ungarischsprachige Programme aus. Ungefähr in vierzehntägigem Rhythmus wurde von RTV Slovenija das Programm "Mostovi-Hidak" ausgestrahlt, das von ungarischen Redakteuren aus Lendava/Lendva gestaltet wurde und über die unterschiedlichsten Aktivitäten der ungarischen Minderheit berichtete. Ab 1.1.1994 soll nun wöchentlich eine halbstündige Fernsehsendung in ungarischer Sprache ausgestrahlt werden.[46]

Etwas paradox klingt wohl eine Bestimmung des neuen slowenischen "Privatisierungsgesetzes"[47], die sich ausdrücklich auf den Népújság und den

---

46 *Poszonec* (Anm. 5) , 5.

47 Gesetz über die Eigentumsumwandlung von Unternehmen, Ur.l.RS 55/92 idF 31/93. Dieses Gesetz ist in deutscher Übersetzung abgedruckt bei *Tomislav Borić/Willibald Posch* (Hrsg.), Privatisierung

ungarischen Rundfunk bezieht. Nach dem Wortlaut der Bestimmung des Art. 3 Abs. 3 werden "Mittel und Vermögen, die gemäß der Eröffnungsbilanz den Organisationseinheiten der Redaktion Népújság und dem Ungarischen Rundfunk im Rahmen des Informationsunternehmens Murska Sobota gehören, *auf die Weise privatisiert*, daß sie ausgesondert und für Bedürfnisse der ungarischen Volksgemeinschaft in der Republik Slowenien in das Eigentum der Republik übertragen", also *verstaatlicht* werden.

Was die Organisation von Kulturvereinigungen betrifft, so ist insbesondere auf die "Ethnische Vereinigung der Küstenregion" hinzuweisen, die sich v.a. um die Entwicklung kultureller Aktivitäten im gesamten ethnisch gemischten Gebiet bemüht. Die "Comunitá degli Italiani" in Izola/Isola, Koper/Capodistria und Piran/Pirano repräsentiert sowohl die hauptberuflich wie freiwillig an der Kulturarbeit für die italienische Volksgruppe Mitarbeitenden. Diese Gruppen treten in zahlreichen, unterschiedlichen kulturellen Veranstaltungen in den ethnisch gemischten Gebieten Sloweniens und Kroatiens auf. In den Zentralbibliotheken von Koper/Capodistria, Izola/Isola und Piran/Pirano gibt es über 54.000 Bücher in italienischer Sprache. Hinzu kommt eine vielfältig ausgeprägte Zusammenarbeit dieser Vereinigungen auch mit den Organisationen der in Kroatien lebenden italienischen Minderheit. Neben dem schon erwähnten Verlag EDIT in Rijeka sind als wichtigste davon das Italienische Theater in Rijeka/Fiume sowie das Zentrum für Historische Forschung in Rovinj/Rovigno zu erwähnen. Diese Einrichtungen werden gemeinsam von den Republiken Kroatien und Slowenien finanziert.

Für die ungarische Volksgruppe gibt es in den Gebieten von Lendava/Lendva sowie Murska Sobota die Ungarische Ethnische Vereinigung des Prekmurje.[48] Zur Ausstattung und Tätigkeit dieser

---

und Ungarn, Kroatien und Slowenien. Rechtsvergleich, Wien-New York 1993, 227 f.

48 Diese ist als Selbstverwaltungsinteressengemeinschaft noch nach den Bestimmungen der kommunistischen Verfassung 1974 eingerichtet worden. Höchstes Organ ist eine Versammlung. Neben einem Exekutivrat gibt es verschiedene Kommissionen und einen

Vereinigung gehören Büchereien, Verlagsprogramme, kulturelle Gruppen sowie v.a. auch die Pflege von Kontakten mit den Mutterländern. In den ethnisch gemischten Gebieten von Murska Sobota und Lendava/Lendva gibt es mehr als 50 ungarische kulturelle Gruppen wie Chöre, Schauspiel- und Volkstanzgruppen. Traditionell gut ist die kulturelle Kooperation mit Ungarn. So arrangiert die Ungarische Ethnische Vereinigung Festivitäten und kulturelle Austauschprogramme mit Ungarn. Ein am 6. November 1992 zwischen Ungarn und Slowenien unterzeichneter Vertrag zum gegenseitigen Schutz der jeweiligen im Partnerland lebenden Minderheit hat nun neue Wege und Möglichkeiten zu einer weiteren Intensivierung derartiger Beziehungen eröffnet. Der Großteil der ungarischen oder zweisprachigen Editionen wird vom 1954 gegründeten Verlag "Pomurska založba" in Murska Sobota publiziert. Die Zentralbibliothek von Lendava/Lendva und ihre Filialen besitzen über 20.000 Bücher und Zeitschriften in ungarischer Sprache, ebenso gibt es eine große Anzahl ungarischsprachiger Bücher in der Lokalbibliothek von Murska Sobota.

Zur Finanzierung der speziellen Rechte und Aktivitäten der ethnischen Minderheiten werden - wie schon erwähnt - vom Budget der Republik Slowenien eigens Mittel dafür garantiert und bereitgestellt, ebenso wie auch von den Budgets der ethnisch gemischten Gebiete. Ebenso werden vom Staat jene Institutionen der italienischen Minderheit in Kroatien mitfinanziert, die für die Minderheit in beiden Staaten von Bedeutung sind. Hinzu kommen die vom Ministerium für Schule und Sport bereitgestellten Mittel, die für zusätzliche Vor- und Schulprogramme, kleinere Gruppen und die Kosten der Schulbücher notwendig sind.

V. Erziehungs- und Bildungswesen

Nach Art. 213 und 250 der sozialistischen Verfassung 1974 war nicht nur den Angehörigen der italienischen und ungarischen Volksgruppe die

---

Fachdienst zur Besorgung von Aufgaben auf dem Gebiet der Erziehung und Bildung, Kultur und Information. Vgl. *Poszonec* (Anm. 5), 4.

Erziehung und Bildung in ihrer Sprache gewährleistet, sondern auch den Angehörigen der anderen Nationen und Nationalitäten Jugoslawiens, wobei für die autochthonen Volksgruppen ein Ausgestaltungsvorbehalt im Hinblick auf ein zweisprachiges Schulsystem gemacht wurde. Für die ethnisch gemischten Gebiete war dabei nicht nur die Verpflichtung zur Erlernung der slowenischen Sprache, sondern umgekehrt auch die Erlernung der Volksgruppensprache vorgeschrieben. Diese Bestimmungen wurden schließlich in einem eigenen Gesetz näher geregelt.[49]

Nach der neuen slowenischen Verfassung 1991 wird nurmehr den autochthonen Volksgruppen gem. Art. 64 das Recht auf Erziehung und Ausbildung in ihrer Sprache und ein Gesetzesvorbehalt zur Festlegung des Gebietes gemacht, in dem ein zweisprachiges Schulwesen Pflicht ist. Andere Volksgruppen haben daher auf der Grundlage von Art. 61 nur noch ein Recht zur Führung von Privatschulen oder -kindergärten.

Was nun die tatsächliche Situation auf dem Gebiete des Schul- und Erziehungswesens betrifft, so wurden bereits vor dem Schuleintritt alle Kinder in den gemischtsprachigen Gebieten systematisch mit der jeweiligen Zweitsprache bekannt gemacht.

Im Schulsystem selbst gibt es für die ethnisch gemischten Gebiete zwei Modelle:

1) Nach den Bestimmungen des Londoner Memorandums von 1954, des Vertrags von Osimo von 1977 und dem Italienisch-Slowenischen Abkommen von 1992 wurde für die italienische Volksgruppe der Küstenregion ein einsprachiges Schulsystem errichtet, das vom Kindergarten bis zur Matura/Abitur reicht. Der gesamte Unterricht wird in diesen Schulen in Italienisch abgehalten. Lehrer wie das gesamte Schulpersonal müssen italienischer Muttersprache sein. Sowohl für Slowenen als auch Italiener des gemischtsprachigen Gebietes ist das

49 Gesetz zur Durchführung der Sonderrechte der Angehörigen der italienischen und ungarischen Volksgruppe auf dem Gebiet der Erziehung, Ur.l.SRS, 12/82. Die relevanten Bestimmungen dieses Gesetzes sind in englischer Übersetzung abgedruckt in: Institute for Ethnic Studies-Ljubljana, Ethnic Minorities (Anm. 6), 52 ff.

Erlernen der jeweiligen Zweitsprache obligatorisch. Im Schuljahr 1991/92 gab es neun italienische Grundschulen mit 516 Schülern und drei italienische Mittelschulen mit 233 Schülern. Auf Universitätsebene besteht die Möglichkeit eines Studiums an der Abteilung für Italienische Sprache und Literatur der Pädagogischen Fakultät in Koper/Capodistria sowie am Lehrstuhl für Italienische Sprache und Literatur der Geisteswissenschaftlichen Fakultät in Ljubljana. Darüberhinaus können die Mitglieder der italienischen Minderheit auch Universitäten in Italien oder die kroatischen Universitäten in Pula und Rijeka besuchen. Alle diese Universitäten bieten spezielle Kurse für Lehrer der Schulen der italienischen Minderheit an. Schulbücher und Unterrichtsmaterialien werden in Slowenien ausgearbeitet, andere mit Zustimmung der slowenischen Stellen auch aus Italien importiert. Andere Schulbücher werden vom Verlag EDIT in Rijeka, dem bedeutendsten Verlagshaus der italienischen Minderheit in Kroatien, den slowenischen Bedürfnissen angepaßt, hergestellt.

2) Im Prekmurje gibt es seit 1959 ein zweisprachiges Schulsystem. Gemeinsam mit den slowenischen Kindern besuchen die Kinder der ungarischen Volksgruppe zweisprachige Kindergärten und Grundschulen. Per Gesetz wurde bestimmt, daß das gesamte Schulpersonal zweisprachig sein muß und damit alle Fächer zweisprachig unterrichtet werden, wobei Slowenisch allerdings in den höheren Klassen in bestimmten Fächer, v.a. den naturwissenschaftlichen, überwiegt. Ebenso sind sämtliche schuladministrativen Angelegenheiten und Dokumente sowie die Kommunikation mit den Eltern zweisprachig. Auch die meisten Schulbücher sind zweisprachig. Mit Ausnahme des Unterrichts in der jeweiligen Zweitsprache kann jedes Kind in seiner Muttersprache antworten. Zur Erhaltung der nationalen Identität erhalten die Schüler der ungarischen Volksgruppe speziellen Unterricht in ungarischer Geschichte, Geographie und Kultur. Im Schuljahr 1991/92 besuchten 1.408 Schüler zehn zweisprachige Grundschulen. Nach der Grundschulausbildung besteht für Kinder der ungarischen Volksgruppe die Möglichkeit, eine bilinguale Mittelschule in Lendava/Lendva, wo einige Gegenstände zweisprachig unterrichtet werden, oder eine reguläre slowenische Schule zu besuchen. Auch für berufsbildende Schulen gibt es einige zweisprachige Kurse (so für

die Lehrerausbildung oder Wirtschaftsfächer). Außerhalb des gemischtsprachigen Gebietes können Angehörige in eigenen Schulen spezielle Ungarischkurse als Wahlfach besuchen. Weiters besteht an der Fakultät für Bildungswissenschaften der Universität Maribor ein Lehrstuhl für ungarische Sprache und Literatur, ebenso ein ungarisches Lektorat an der Geisteswissenschaftlichen Fakultät in Ljubljana. Eine Vielzahl von Schülern und Studenten der ungarischen Volksgruppe besucht aber auch Mittelschulen und Universitäten in Ungarn. Schulbücher und Unterrichtsmaterial werden in enger Kooperation mit den betreffenden Stellen und Institutionen Ungarns erstellt. So wird auch die Lehrerfortbildung von ungarischen Universitäten übernommen, wie auch der Schüleraustausch während der Sommermonate sowie der Einsatz ungarischer Gastlehrer für spezielle Gegenstände wie Geographie, Geschichte und Kunst zur Praxis geworden sind.

Zur interkulturellen Kommunikation in beiden ethnisch gemischten Gebieten wurden eine Reihe von Versuchsprojekten gestartet.

Große, zum Teil auch erfolgreiche, Bemühungen werden gemacht, den Kindern der Roma zumindest eine Grundschulausbildung zukommen zu lassen. Mangels geeigneter Lehrer gibt es keinen Unterricht in ihrer Muttersprache. Hinzu kommt das Problem, daß Roma-Kinder beim Eintritt in die Schule zumeist kein Slowenisch beherrschen. Bis dato wurde bereits eine Roma-Vereinigung gegründet, die sich um die mannigfachen Interessen der Roma in Slowenien bemüht.

VI. Politische Repräsentation

1. Vereinigungsfreiheit

Die allgemeine und besondere Vereinigungsfreiheit der Art. 42 und 64 der neuen slowenischen Verfassung wurde bereits oben in Zusammenhang mit Kultur und Medien ausgeführt. Eine ausdrückliche verfassungsgesetzliche Verankerung der Freiheit der Gründung politischer Parteien findet sich im

Gegensatz zu den Verfassungen Kroatiens und Serbiens nicht.[50] Wohl aber ist wie dort gem. Art. 160 der slowenischen Verfassung dem Verfassungsgericht die Kompetenz zugewiesen, über die Verfassungswidrigkeit der Akte und Tätigkeit politischer Parteien zu entscheiden.

In diesem Zusammenhang hat wohl auch Art. 63 der Verfassung seine Bedeutung, indem gem. Abs. 1 jede Anstiftung zu nationaler, Rassen-, Glaubens- oder anderer Diskriminierung sowie jedes Schüren nationaler, Rassen-, Glaubens- oder anderer Feindschaft und Unduldsamkeit für verfassungswidrig erklärt wird.[51] Dies wird auch auf einfachgesetzlicher Ebene im "Gesetz über politische Organisation", das schon 1989 erlassen worden war[52], bestätigt. So ist gem. Art. 4 dieses Parteiengesetzes die Vereinigung in und zu einer politischen Organisation mit dem Ziel des Schürens nationaler, Rassen- oder Glaubensfeindschaft und Intoleranz verboten.

An kulturpolitischen Organisationen und politischen Parteien von Volksgruppen sind insbesondere folgende Organisationen zu nennen:

Die "Unione degli Italiani dell'Istria e di Fiume" wurde bereits am 10. Juli 1944 gegründet. Artikel 1 proklamiert "die Durchsetzung der spezifischen Anliegen der Angehörigen der italienischen Nationalität auf dem Gebiet der Kultur und Sprache [...], womit das verfassungsmäßige Recht auf Entfaltung der eigenen nationalen Identität in Anspruch genommen wird." Die Union vertrat nicht nur die Interessen der in Slowenien und Kroatien lebenden Italiener, sondern stellte auch das Bindeglied zum Mutterland Italien dar.[53]

---

50 Vgl. *Marko*, Verfassungen, in: J. Marko/T. Borić (Anm. 9), 31 f.

51 Vgl. *Cerar*, Ustavno sodišče (Verfassungsgericht), in: Ude/Grad/Cerar (Anm. 9), 83.

52 Zakon o političnem združevanju, Ur.l.SRS 42/89.

53 Slowenien, in: Alpen-Adria (Anm. 25), 206.

Des weiteren wurden eine "Muslimanische-Demokratische Partei" im März 1990 in Koper und eine "Italienische Gemeinschaft" am 22. Januar 1990 in Piran gegründet.[54] Letztere zählt ungefähr 100 Mitglieder. Das Programm bezieht sich in erster Linie auf die Entwicklung der italienischen Nationalität als autonomer Bestandteil dieser Region. Sie tritt für die Einführung der Zweisprachigkeit in den Schulen, die Möglichkeit des Grenzübertritts nur mit einem Personalausweis, die Demilitarisierung der Grenze und die völlige Sprach- und Pressefreiheit in beiden Sprachen ein.[55] Der bekannte italienische Schriftsteller *Fulvio Tomizza*, der mit seinen Romanen, insb. "Materada" und "Das Liebespaar aus der Via Rossetti" den Zusammenstoß des italienischen und südslawischen Kulturkreises in und um Triest beschrieben hat, tritt in jüngster Zeit auch politisch in Erscheinung. So setzt er sich für ein autonomes Istrien "als Brücke nach Europa" ein.[56]

Was die ungarische Volksgruppe betrifft, wird diese von der Abgeordneten in der Staatsversammlung, *Maria Poszonec*, als "überparteilich" definiert.[57] Daher gebe es weder eine eigene ungarische Partei auf ethnischer Grundlage, noch habe die ungarische Volksgruppe eine Nahebeziehung zu einer der politischen Parteien. Die Gemeinsamkeit der Volksgruppe in sie betreffenden Fragen sei vielmehr für den Fortbestand der Volksgruppe notwendig und würde durch das Hineintragen von parteipolitischen Auseinandersetzungen gefährdet.

2. Staatsorganisation

Wie schon unter Pkt. II.2. ausgeführt, war die italienische und ungarische Volksgruppe im Delegationssystem des sozialistischen Selbstverwaltungsmodells vertreten und je ein Delegierter gehörte auch dem "gesellschaftspolitischen" Rat des Parlaments an. Eine eigene parlamentarische Kommission war sogar drittelparitätisch zusammengesetzt und

---

54 Zit.n. Naše teme 1990, S. 937 ff.

55 Zit.n. Naše teme 1990, S. 937 ff.

56 Vgl. das Interview mit ihm in: Der Standard, 6.4.1992, 3.

57 *Poszonec* (Anm. 5), 2 f.

arbeitete zwei- bzw. sogar dreisprachig.[58] Auf Gemeinde- und regionaler Ebene gab es mehr Delegierte: so waren von 96 Delegierten in den gesellschaftspolitischen Räten von vier Parlamenten des national gemischten Küstengebietes (drei Gemeindeparlamente: Izola, Koper und Piran sowie das Küstenparlament) 12 Angehörige der italienischen Nationalität und im Gemeindeparlament von Lendava waren vier von 20 Delegierten Angehörige der ungarischen Nationalität.[59]

Diese institutionellen Strukturen mit der Funktion der Integration der Volksgruppen in die Staatsorganisation werden im wesentlichen auch von der neuen Verfassung übernommen. So ist gem. Art. 64 Abs. 3 i.V.m. Art. 80 Abs. 3 der italienischen und ungarischen Volksgruppe je ein Mindestsitz in der Staatsversammlung, der ersten Kammer des Parlaments, neben der Repräsentation in den Vertretungsorganen der lokalen Selbstverwaltung garantiert. Dies wird schließlich durch entsprechende Bestimmungen in Wahlgesetzen[60] näher institutionell-organisatorisch konkretisiert:

---

58 Einen guten Überblick über die Partizipation im politischen Entscheidungsprozeß im sozialistischen System bietet Slowenien, in: Alpen-Adria (Anm. 25), 207 ff. Durchaus kritisch wird darin hervorgehoben, daß die institutionelle Komplexität des Selbstverwaltungssystems für die Volksgruppen zu großen Problemen führte, da die vielen Räte und Gremien aufgrund der zahlenmäßigen Schwäche und der spezifischen sozialen und beruflichen Struktur trotz "Opferbereitschaft" nicht beschickt werden konnten. Dieser Zustand habe daher keine "Vergesellschaftung" der Problematik der italienischen und ungarischen Nationalität ermöglicht, d.h. daß ihre Probleme nicht zu einem "normalen" Bestandteil der allgemeinen gesellschaftlichen, ökonomischen, kulturellen und politischen Bereiche ihres Umfeldes wurden, geschweige denn des Staates in seiner Gesamtheit.

59 Vgl. Kap. Slowenien, in: Alpen-Adria (Anm. 25), 206.

60 Vgl. Ur.l.RS, 44 und 46/92. Eine englische Übersetzung der entsprechenden Wahlrechtsbestimmungen ist abgedruckt in: Institute for Ethnic Studies-Ljubljana, Ethnic Minorities (Anm. 6), 41 ff. Vgl. auch *Boris Jesih*, Zastopstvo italijanske in madžarske narodne skupnosti v državnem zboru Republike Slovenije in v občinskih organih (Die Vertretung der italienischen und ungarischen Volksgruppe im slowenischen Parlament und in den Gemeindeorganen) beim Kongress "Volksgruppen in Europa" am 5./6. Nov. 1993 in Drobollach/Kärnten (unveröff. Manuskript), 2 ff.

So sind zur Wahl der Abgeordneten der autochthonen Volksgruppen spezielle Wahlkreise zu bilden. In den gemischtsprachigen Gebieten des Küstenlandes und des Prekmurje werden eigene Wählerlisten auf der Grundlage eines speziellen, nationalen Wählerverzeichnisses erstellt. Die Selbstverwaltungsgemeinschaften der Volksgruppen sind für das Anlegen dieser Verzeichnisse verantwortlich. Unter Vermischung des Territorialitäts- und Personalitätsprinzips wird dann insbesondere festgelegt, daß Mitglieder der italienischen und ungarischen Volksgruppe, deren ständiger Wohnsitz außerhalb jener Gebiete liegt, in denen diese Volksgruppen leben, durch schriftlichen Antrag sich in diese Wählerverzeichnisse eintragen lassen können.

Eigene Wahlkommissionen dieser besonderen Wahlkreise sind für die Organisation und Abwicklung der Wahl der Abgeordneten der Volksgruppen verantwortlich, wobei vorgesehen ist, daß zumindest ein Mitglied der jeweiligen Volksgruppe diesen angehören muß. Das kann natürlich als Schwäche dieses Gesetzes angesehen werden, da man auch fordern könnte, daß alle Mitglieder der Wahlkommission der betreffenden Volksgruppe angehören sollten.

Kandidieren kann jedes Mitglied der italienischen oder ungarischen Volksgruppe, das zumindest 30 Unterstützungserklärungen seiner Volksgruppe vorweisen kann. Der Wähler bestimmt durch eine Reihung auf der Liste (z.B. 1-3) den Abgeordneten der jeweiligen Volksgruppe, wobei der Kandidat mit den meisten Punkten aufgrund von Platzzahlen gewählt ist.[61]

Was nun den Willensbildungs- und Entscheidungsprozeß in der Staatsversammlung betrifft, so ist nach der Geschäftsordnung der Staatsversammlung verpflichtend eine Volksgruppenkommission einzurichten, die Empfehlungen zu allen die Minderheiten betreffenden Fragen und Problemen abgeben kann. Die Zusammensetzung dieser Kommission beruht auf einer ethnischen "Drittelparität", d.h. sie besteht aus je drei Vertretern der entsprechenden ethnischen Gruppen. In der Praxis des Entscheidungsprozesses

---

61 *Jesih* (Anm. 60), 4 weist darauf hin, daß das doppelte Stimmrecht für Volksgruppenangehörige in der Praxis zu keinen Problemen führte.

dieser Kommission kommt es zu keinem Überstimmen einer Volksgruppe.[62] Aber auch ex constitutione haben die beiden Minderheitenabgeordneten gem. Art. 64 Abs. 5 ein absolutes Vetorecht bei allen Angelegenheiten, die ausschließlich die Minderheiten betreffen.

Im Apparat der slowenischen Regierung ist auch ein eigenes Büro für Volksgruppenangelegenheiten eingerichtet, dessen Aufgabe es ist, die Tätigkeiten der Volksgruppen zu koordinieren und das ordnungsgemäße Funktionieren ihrer Organisationen zu unterstützen. Was das diplomatische Corps betrifft, so ist der slowenische Botschafter in Ungarn beispielsweise ein Angehöriger der ungarischen Volksgruppe.

Für den Bereich der lokalen Selbstverwaltung lagen bei Abschluß des Berichts noch keine entsprechenden Gesetze vor, sondern waren noch im Entwurfsstadium. Neben der schon in Art. 64 Abs. 3 der Verfassung prinzipiell verankerten Vertretung der autochthonen italienischen und ungarischen Volksgruppe im Rahmen der Selbstverwaltungsorgane sieht der Entwurf des Gesetzes über die lokale Selbstverwaltung vor, daß in den Gebieten mit autochthoner Roma-Besiedlung auch deren Vertreter in die lokalen Gemeindekörperschaften aufzunehmen sind. Hingegen bestehen in Gebieten mit einem größeren Bevölkerungsanteil der Roma bereits besondere Kommissionen zur Hilfestellung für Roma, die aus Repräsentanten der Roma und der Berufsvertretungen zusammengesetzt sind.

---

62 *Poszonec* (Anm. 5), 3.

Die rechtliche Stellung der Minderheiten in der Ukraine

Mahulena Hošková*

I. Einleitung

Wenige Tage nach dem gescheiterten Augustputsch, nämlich am 24. August 1991, erklärte die Ukraine ihre Unabhängigkeit von der Sowjetunion; durch das Referendum vom 1. Dezember 1991 wurde dieser Schritt von der ukrainischen Bevölkerung mit großer Mehrheit gebilligt[1]. Der neue Staat[2] umfaßt ein Territorium von 603.700 qkm mit einer Bevölkerung von 53 Millionen Einwohnern, die aus mehr als 130 Ethnien besteht[3]. Die ethnischen Minderheiten machen etwas weniger als ein Drittel der Gesamtbevölkerung der Ukraine aus, nämlich geringfügig mehr als 14 Millionen Menschen.[4]

Die meisten ethnischen bzw. nationalen Minderheiten in der Ukraine entstanden als eine Folge von, mitunter auch geplanten, Bevölkerungsmigrationen in der Zeit zwischen dem 7. und dem

---

* JUDr. (Prag), CSc.; Wissenschaftliche Referentin am Institut.

1 Vgl. Akt der Verkündung der Unabhängigkeit der Ukraine vom 24.8.1991, Pravda Ukrainy vom 31.8.1991 sowie den Beschluß des Obersten Sowjets der Ukraine vom 24.8.1991 über die Verkündung der Unabhängigkeit der Ukraine, Pravda Ukrainy vom 31.8.1991. Bei dem Referendum vom 1.12.1991 sprachen sich 80,2% der Teilnehmer für die Unabhängigkeit aus; dies bedeutet, daß auch ein großer Teil der nichtukrainischen Bevölkerung dieses Vorgehen unterstützte, vgl. *R. Solchanyk*, Ukraine: From Sovereignty to Independence, RFE/RL Research Report, 1/1992, 35 ff.

2 Vgl. hierzu auch das Gesetz vom 12.9.1991 über die Rechtsnachfolge der Ukraine, Pravda Ukrainy vom 21.9.1991.

3 Für einen detaillierten Überblick vgl. *V. Jevtuch*, Zur Lage der ethnischen Minderheiten in der Ukraine, Österreichische Osthefte 35 (1993), 243 ff. (245) und *C. Schmidt*, Der Minderheitenschutz in der Rußländischen Föderation, Ukraine und Republik Weißrußland (1994), 97 ff. (102). Diese Angaben beruhen auf den Ergebnissen der Volkszählung des Jahres 1989.

4 *V. Jevtuch, ibid.*

19. Jahrhundert. Als regionale Minderheiten werden heute in der Ukraine die Russen und die Weißrussen betrachtet, die gemeinsam mit dem ukrainischem Volk seit ihrer Formierung aus den Wurzeln der altrussischen Völkerschaften zwischen dem 14. und 16. Jahrhundert das Territorium der heutigen Ukraine bewohnen. Auch zahlenmäßig ist die russische Minderheit die stärkste - sie zählt derzeit über 11 Millionen Personen[5]. Danach folgen die Juden (etwa 500.000)[6], Weißrussen (440.000), Moldauer (über 324.000), Bulgaren (233.000) und Polen (220.000)[7]. Weniger als 200.000 Angehörige haben dann die folgenden Minderheiten: die ungarische (163.000)[8], die rumänische (134.000)[9], die griechische (98.000), die tatarische (87.000), die armenische (54.000), die der Roma (48.000), die krimtatarische (47.000)[10], die deutsche (38.000)[11], die aserbaidschanische (37.000), die gagausische (32.000), die georgische (23.500), die tschuwaschische (20.500) und die usbekische (20.000) Minderheit; alle anderen Minderheitern zählen weniger als 20.000 Menschen[12]. Die Siedlungsstruktur der nationalen Minderheiten spiegelt häufig die historischen Grenzveränderungen wider: So siedeln die Moldauer in den an die Republik Moldau angrenzenden Gebieten, die Polen vor allem in Ostgalizien um Lemberg, die Ungarn im Transkarpatengebiet und die Rumänen um Czernowitz, um Odessa und ebenfalls im Transkarpatengebiet; kompakt siedeln ferner die Bulgaren (im Süden der Ukraine), die Griechen (um Donezk), die Krimtataren (auf der Krim) und die Gagausen (im südlichen Bessarabien). Die Russen als zahlenmäßig stärkste Minderheit sind über die ganze Ukraine verstreut mit Konzentrationen auf der Krim sowie um Lugansk, Donezk und Charkov[13].

---

5 Vgl. hierzu *S. Stewart*, Ukraine's Policy towards Its Ethnic Minorities, RFE/RL Research Reports 2/36 vom 10.9.1993, 55 ff. (57 f.).

6 *Ibid.*, 59.

7 *Ibid.*, 62.

8 *Ibid.*, 61.

9 *Ibid.*, 60.

10 *Ibid.*, 58.

11 *Ibid.*, 58.

12 Vgl. *V. Jevtuch* (Anm. 3), 245.

13 *Ibid.*, 246.

Allgemein ist in den letzten Jahren eine Zunahme der Zahl Angehörigen nationaler Minderheiten in der Ukraine zu beobachten, bei den Krimtataren, Usbeken, Aserbaidschanern und Turkmenen sogar eine Verdoppelung in den Jahren 1979 - 89. Die Ursache hierfür waren, neben den unterschiedlich hohen Geburtenraten, starke Migrationsbewegungen innerhalb der ehemaligen Sowjetunion. Dies gilt insbesondere für die während und nach dem Zweiten Weltkrieg deportierten Krimtataren: Den Angaben des ukrainischen Ministeriums für Statistik zufolge äußerten 97,5% (nämlich mehr als 152.000 Menschen) aller in Usbekistan, Kasachstan, Tadschikistan und Kirgisien wohnhaften Krimtataren den Wunsch, auf die Krim umzusiedeln; den gleichen Wunsch äußerten auch 5.000 - 7.000 Krimtataren aus der Region Krasnodar (insgesamt mehr als 21.000 Menschen), woraus zu schließen ist, daß die krimtatarische Bevölkerung der Ukraine in den nächsten Jahren erheblich anwachsen wird.[14]

Eine der komplizierten Fragen der Außenbeziehugen der Ukraine betrifft ihr Verhältnis zu dem größten Nachbarn - zur Russischen Föderation. Dies gilt auch für den Bereich der jeweiligen nationalen Minderheiten: So tagte im August 1992 in Kiev der Erste Weltkongreß der Ukrainer; eines seiner Ziele war es, das nationale Bewußtsein der Ukrainer gegenüber Rußland zu stärken und den Folgen der Politik der langjährigen Russifizierung des ukrainischen Volkes zu begegnen. Diese begann auch in der Ukraine gezielt unter Zar Peter I. und verstärkte sich noch nach der Oktober-Revolution im Jahre 1917; gegründet wurde sie damals auf die Parole über die "neue geschichtliche Gesellschaft - das sowjetische Volk". Ein Ergebnis dieser Entwicklung war unter anderem die Verdrängung der ukrainischen Sprache aus den Bereichen der staatlichen Tätigkeiten, den Produktionsverhältnissen und der Wissenschaft.[15]

---

14 *Ibid.*, 246 ff.

15 S. hierzu O někotorych posledstvijach politiki russifikaciji dlja Ukrainy (= Über etliche Folgen der Politik der Russifizierung für die Ukraine); dieser interne Bericht liegt der Verf. vor.

Auf der anderen Seite leben in der Russischen Föderation 4,4 Millionen Ukrainer, was 3% der Bevölkerung Rußlands entspricht. Insoweit wird von der ukrainischen Seite vorgebracht, daß es in Rußland keine elementare Unterstützung des Staates zugunsten der ukrainischen Minderheit gebe; es bestünden sogar weniger ukrainische Schulen und sonstige Einrichtungen als in den 20er und 30er Jahren.

Das Streben nach der nationalen und kulturellen Parität der Russen in der Ukraine und der Ukrainer in Rußland steigt; gefordert wird vor allem eine Reihe von Einrichtungen für die ukrainische Gemeinde in Moskau, wie die Bildung eines ukrainischen Kulturzentrums oder die Möglichkeit des regulären Empfangs des ukrainischen Rundfunks und Fernsehens sowie der Schaffung ukrainischer Forschungs- und Unterrichtszentren. Die Kosten der Errichtung und des Unterhalts dieser Einrichtungen soll, nach den ukrainischen Vorstellungen, den Kosten entsprechen, welche die Regierung der Ukraine für die russische Minderheit aufwendet.

1. Die verfassungsrechtlichen Grundlagen

a) Die noch geltende *ukrainische Verfassung* wurde am 20. April 1978 als Verfassung einer der Teilrepubliken der UdSSR verabschiedet[16]. In ihrem Text befindet sich in bezug auf die Stellung der nationalen Minderheiten eine einzige Bestimmung, ihr Art. 73, der die Benutzung der Sprachen regelt: Grundsätzlich wird darin die ukrainische Sprache als Staatsprache bestimmt, wobei der Staat "...eine allseitige Entwicklung und das allseitige Funktionieren der ukrainischen Sprache in allen Bereichen des gesellschaftlichen Lebens ..." gewährleistet. Der russischen Sprache bleibt die Funktion der Sprache des "interethnischen Verkehrs der Völker" der Sowjetunion. Andere Nationalsprachen können danach verwendet werden bei der Tätigkeit der verschiedenen staaatlichen, gesellschaftlichen und wirtschaftlichen Institutionen, "die am Wohnort einer Mehrheit von Staatsbürgern einer anderen Nationalität gelegen sind". Näheres zum Verfahren des Gebrauchs der Sprachen in der Ukraine wird danach durch

16 Diese Verfassung wurde geändert am 27.10.1989 und 14.2.1992; vgl. Pravda Ukrainy vom 27.10.1989 und 7.4.1992.

ein Gesetz bestimmt, nämlich das später näher zu behandelnde Gesetz über die Sprachen der Ukrainischen SSR vom 28. Oktober 1989[17].

b) Aufgrund der genannten "Unabhängigkeitsakte" der Ukraine wurde im Rahmen der Verfassungskomission des ukrainischen Parlaments ein *Entwurf der neuen Verfassung* ausgearbeitet[18], der in seinen 258 Artikeln, gegliedert in neun Teile, die Grundlagen des unabhängigen sozialen und demokratischen Staates festlegen soll.

In bezug auf die Stellung der nationalen Minderheiten enthält er folgende Bestimmungen: Als eines der allgemeinen Prinzipien wird in Art. 2 niedergelegt, daß "...the constituitonal order of Ukraine is based on the principle of priority of human and civic rights and freedoms". Weiter soll gemäß Art. 3 Abs. 1 gelten, daß "...the sole source of state power is the people, which consists of the citizens of Ukraine of all nationalities".

Keine Gruppe der Gesellschaft darf nach Art. 3 Abs. 5 "...appropriate the right to exercise the state power". Ferner heißt es in Art. 4 einerseits, daß "...the state recognises and supports local and regional self-government, shall not interfere with its sphere of activity", während Art. 7 bestimmt, daß "...the territory of Ukraine is one, indivisible, inviolable and whole. Questions regarding changes to the territory and state borders of Ukraine shall be resolved only by an all-Ukrainian referendum."

Eine allgemeine Bedeutung bezug auf die Minderheitenrechte haben zwei weitere Bestimmungen des Verfassungsentwurfs: So erklärt Art. 5 nicht nur den Vorrang des Rechts, sondern in seinem Abs. 2 auch, daß "...norms of the Constitution are direct working norms..."; zum Verhältnis zwischen den Normen der innerstaatlichen Ordnung und den internationalen Verträgen heißt es in Art. 8 Abs. 2: "Duly ratified or approved and officially published

---

17 S. Pravda Ukrainy vom 3.11.1989; für eine deutsche Übersetzung vgl. *C. Schmidt* (Anm. 3), 121 ff.

18 Vgl. Pravda Ukrainy vom 21. 7. 1992; eine offizielle englische Übersetzung unter dem Titel "Constitution of Ukraine" wurde in Kiev am 10.6.1992 herausgegeben, eine auszugsweise deutsche Übersetzung findet sich bei *C. Schmidt*, *ibid.*, 110 ff.

international treaties entered into by Ukraine shall become part of the body of laws and are binding on the activities of governmental bodies, legal entities and private persons."[19]

Minderheitenspezifische Regelungen finden sich in einer ganzen Reihe von Bestimmungen des Verfassungsentwurfs: So enthält Art. 12 den allgemeinen Gleichheitssatz, in dessen Rahmen auch die Gleichheit "...without any distinctions as to ...the ethnicity..." garantiert wird. Die eigentliche Minderheitenvorschrift ist dann Art. 13 des Entwurfes, der lautet: "Everyone has the right to maintain and defend his or her national heritage. Citizens of Ukraine belonging to ethnic minorities have the right to freely express, maintain and develop their ethnic, cultural, linguistic and religious identity and to preserve and develop their culture. Affiliation with an ethnic minority is a matter of free choice for every person. The state shall protect the ethnic, cultural, linguistic and religious identity of all ethnic minorities and shall provide conditions for their encouragement."

Aus dem Grundrechtskatalog seien folgende weitere Bestimmungen genannt, die für die Rechtsstellung der Angehörigen von nationalen Minderheiten von großer potentieller Bedeutung sind: Art. 28, der die Religionsfreiheit verankert; Art. 29, der die Meinungsäußerungs- und Informationsfreiheit regelt; Art. 31, der die Vereinigungsfreiheit garantiert; Art. 32, der die Versammlungsfreiheit zusammen mit ihren spezifischen Schranken (Anmeldepflicht, Gewährleistung der öffentlichen Sicherheit und Ordnung) enthält; Art. 48, der das Recht auf Bildung formuliert sowie Art. 49 mit dem Recht auf Teilnahme am kulturellen Leben. Schließlich sei auf Art. 65 hingewiesen, wonach sich der Staat verpflichtet "...to provide equal possibilities for every person and citizen as the foundation of social justice."

Von besonderer Bedeutung für das Minderheitenrecht in den Nachfolgestaaten der Sowjetunion ist bekanntlich das Staatsangehörigkeitsrecht, das

---

19 Vgl. hierzu auch das Gesetz vom 10.12.1991 über die Wirksamkeit internationaler Verträge auf dem Territorium der Ukraine, Pravda Ukrainy vom 9.1.1992.

in Art. 15 des Verfassungsentwurfs seine Grundregeln finden soll: Als Grundprinzip gilt danach, daß "Ukraine has a singular citizenship" und "a citizen of Ukraine may not possess, at the same time, the citizenship of another state."

Zur Wahrung der Rechte nationaler Minderheiten wird vielfach eine Stärkung der Befugnisse territorialer Untergliederungen gefordert. Diesem Anliegen kommt der Verfassungsentwurf der Ukraine kaum entgegen, heißt es doch in Art. 104 ganz grundsätzlich: "Ukraine shall be a unitarian state. The territorial structure of Ukraine shall be based upon principles of the unity, indivisibility, inviolability and integrity of the state territory...". Andererseits bestimmt Art. 105 des Entwurfs: "The opinions of citizens residing in the respective territories and the needs of development of regional and local self-government shall be taken into consideration in solving problems of the territorial structure of Ukraine." Wenn sich aus der Formulierung "...shall be taken into consideration..." nur wenig über den Umfang der Verpflichtung des Staatsapparates gegenüber der Minderheitenbevölkerung ableiten läßt, ist die Beschränkung ihrer Eigenständigkeit in der folgenden Bestimmung des Art. 106 eindeutig: "The conclusion of any political agreements and unions between separate administrative and territorial units through the means of their local and regional self-governments is inadmissible. They may only conclude agreements on matters within their sphere of responsibility."

Als "administrative territorial units" bezeichnet der Entwurf der Verfassung in seinem Art. 107 Abs. 1 die "regions (land), districts, cities, settlements and villages ". Für nationale Minderheiten von größter Bedeutung könnte jedoch die Bestimmung des Art. 107 Abs. 2 des Entwurfs werden; dieser lautet: "National administrative territorial units may be formed in localities of traditionally compacted communities of national minorities in accordance with the wishes of residents of the respective territories and with the purpose of satisfying the citizens' national, cultural, spiritual and linguistic needs". Ferner heißt es in Art. 108, daß "...the creation, enlargement, liquidation or change of borders of administrative territorial units shall be implemented by initiative of the given bodies of local and regional self-government, taking into consideration the opinion of the concerned population by means of an advisory opinion poll."

Kapitel 17 des Entwurfs (Art. 110 - 113) bringt dann die Regeln betreffend die *Autonome Republik Krim*, wobei in Art. 110 betont wird, daß sie "a component part of Ukraine..." ist. Diese Bestimmungen würden auf verfassungsrechtlicher Ebene den Inhalt der schon geltenden einfachgesetzlichen Rechtslage verankern, nämlich des Gesetzes vom 12. Februar 1991 über die Wiederherstellung der ASSR der Krim[20] und des Gesetzes vom 29. April 1992 über den Status der autonomen Republik der Krim[21]. Zum Sonderstatus der Krim[22] gehört gemäß Art. 111 Abs. 2 des Entwurfs weiter, daß "the Autonomous Republic of Crimea shall have its own Constitution which conforms to the National Assembly of Ukraine [*sic!*]." Die ukrainischen Gesetze sind nach Art. 113 auf dem Gebiet der Krim verbindlich; ferner soll die Autonome Republik Krim nach Art. 112 des Entwurfs "...participate in the decision-making process on isssues related to the authority of Ukraine, in the National Assembly of Ukraine, Cabinet of Ministers of Ukraine and other state bodies of Ukraine..."(Art.112)[23].

Die Regelungen über das aktive und passive Wahlrecht in die Organe der staatlichen Gewalt finden sich im Teil IV. des Entwurfs: Das allgemeine aktive Wahlrecht haben nach Art. 119 alle Staatsbürger, welche das Alter von 18 Jahren erreicht haben. In die erste Kammer der Nationalen Versammlung, den Abgeordnetenrat, der nach dem Entwurf aus 350 Mitgliedern bestehen soll, sind nach Art. 127 Abs. 2 des Entwurfs wählbar

---

20 Pravda Ukrainy vom 14.2.1991.

21 Pravda Ukrainy vom 6.5.1992.

22 Bekanntlich weist die erst 1954 an die Ukraine gekommene Krim eine besondere Bevölkerungsstruktur auf: Von ihren 2,4 Millionen Einwohnern sind 1,63 Millionen Russen (67,0%), 625.000 Ukrainer (25,8%), 50.000 Weißrussen (2,1%) und - bei allerdings wohl steigender Tendenz - 38.000 Krimtataren (1,6%); vgl. die Nachweise bei *C. Schmidt* (Anm. 3), 105.

23 Zum Sonderstatus der Krim vgl. weiter: Zajavlenije Komiteta po delam nacionalnostej pri Kabinete ministrov Ukrainy, Pravda Ukrainy 8.4.1992; Zajavlenije Komiteta po delam nacionalnostej pri Kabinete ministrov Ukrainy, Pravda Ukrainy 8.5.1992.

die ukrainischen Staatsbürger, die das Alter von 25 Jahren erreicht haben, das aktive Wahlrecht und einen ständigen Aufenthalt in der Ukraine besitzen und deren Bildung einen als "generally adequate" bezeichneten Stand hat. In die zweite Kammer des Parlaments, den Delegiertenrat, der in Art. 128 des Entwurfs "...as a territorially representative body..." bezeichnet wird, werden 5 Delegierte aus jeder Region, der Autonomen Republik Krim und der Stadt Kiev gewählt; wählbar ist nach dieser Bestimmung jeder Staatsbürger, der das Alter von 35 Jahren erreicht hat, einen ständigen Aufenthalt "...in the territory of a constituency for at least 10 years..." besitzt und die gleichen Anforderungen hinsichtlich des Ausbildungsgrades wie Mitglieder der ersten Kammer erfüllt.

Das ukrainische Parlament, die Nationale Versammlung, hat nach Art. 135 des Entwurfs "...exclusive legislative powers...", unter anderem in Sachen betreffend "rights and freeedoms of people and citizens", "citizenship", "the principle duties of people and citizens", "rights of national minorities", "status of languages" sowie "demographic, migration, immigration and emigration policy".

Fragen betreffend die Verfassungsmäßigkeit "...of certain laws and legislative acts ..." sollen gemäß Art. 239 des Entwurfs durch das Verfassungsgericht der Ukraine entschieden werden, dem der Teil VIII des Entwurfs gewidmet ist; erwähnt sei in diesem Zusammenhang, daß Art. 243 die Individualbeschwerde vorsieht, wobei "...the Constitutional Court shall consider the constitutionality of laws and other legal acts on citizen's complaint if the case has been considered and decided by the general courts and the citizen believes that laws and legal acts utilized in the case contradict to the constitutiotn. The citizen's complaints shall be submitted to the Constitutional Court through the Representative of National Assembly of human rights"[24].

---

24 Zum Aufbau des Rechtsstaates in der Ukraine s. *B. Nohaylo*, Toward the rule of law. Ukraine, RFE/RL Research Report, 1/27 vom 3.7.1992, 50 ff.

Zu betonen ist natürlich, daß es sich bei diesem Entwurf, der am 30. Juni 1992 von Präsident *Kravčuk* als dem Vorsitzenden der Verfassungskommission vorgestellt wurde, noch nicht um geltendes Recht handelt. Viele seiner Bestimmungen sind nachwievor äußerst umstritten (etwa auch die Regelungen über den Umfang der Kompetenzen der lokalen Selbstverwaltungsorgane), so daß keineswegs sicher ist, ob und wann dieser Entwurf jemals in dieser Form in Kraft treten wird. Viele Experten haben auch Bedenken, den Text der neuen Verfassung durch das jetzige Parlament verabschieden zu lassen. Als Alternative wurde z.B. vorgeschlagen, die Verfassung einer besonderen Verfassungsgebenden Versammlung vorzulegen und von ihr verabschieden zu lassen. Beide Möglichkeiten werden derzeit erörtert[25].

2. Organisation des Staatsapparates in bezug auf die nationalen Minderheiten

Derzeit gibt es in der Ukraine zwei Organe, die für den Minderheitenschutz verantwortlich sind: Es sind dies der Rat der Nationalitätengesellschaften und das seit 1991 bestehende Staatskomitee für Nationalitätenangelegenheiten beim Ministerrat der Ukraine (seit April 1993 Ministerium für Nationalitätenfragen und Migrationen), das die Selbstverwaltung ethnischer Minderheiten im Bereich der Exekutive unterstützen soll.

3. Allgemeine Minderheitengesetzgebung

a) Am 1. November 1991 hat der Oberste Sowjet der Ukraine die *Deklaration der Rechte der Nationalitäten der Ukraine* verkündet[26], die als ein Vorläufer des späteren "Minderheitengesetzes" anzusehen ist. In ihrer Präambel wurde insbesondere die Bedeutung der Allgemeinen Erklärung der Menschenrechte sowie der durch Ukraine ratifizierten Internationalen Pakte über die Grundfreiheiten und Grundrechte herausgestellt.

---

25 Vgl. East European Constitutional Review, Vol. 1, Winter 1993, 11 und *ibid.*, Spring 1993, 14.

26 S. Pravda Ukrainy vom 5.11.1991; für eine deutsche Übersetzung vgl. *C. Schmidt* (Anm. 3), 117 f.

Der Ukrainische Staat verpflichtete sich zunächst in Art. 1 der Deklaration, "... für alle Völker, nationalen Gruppen, Staatsbürger, die auf seinem Territorium leben, die gleichen politischen, wirtschaftlichen, sozialen und kulturellen Rechte zu garantieren." Diskriminierung aufgrund der Nationalität ist verboten und wird gemäß den Gesetzen bestraft.

Diese allgemeine Grundlage wurde durch eine Reihe Bestimmungen konkretisiert: So erklärt Art. 1 Abs. 2, daß die Vertreter der Völker und der nationalen Gruppen aufgrund der gleichen Rechte in die Organe der Staatsgewalt aller Stufen gewählt werden und beliebige Funktionen in den Verwaltungsorganen, in den Behörden und sonstigen Einrichtungen und Organisationen bekleiden. Aufgrund des Art. 2 gewährleistet der Staat weiter das Recht aller Nationalitäten auf die Bewahrung ihrer traditionellen Ansiedlungen und sichert die Existenz der national-administrativen Einheiten.

Eine weitere Gruppe von Rechten befaßt sich mit der Benutzung der Sprachen der Nationalitäten der Ukraine: Im Zusammenhang mit der Möglichkeit der Schaffung der national-administrativen Einheiten wird in Art. 2 weiter die Verpflichtung des Staats deklariert, die entsprechenden Bedingungen für die Entwicklung aller nationalen Sprachen und Kulturen zu schaffen. In Art. 3 findet sich die Garantie für alle Völker und nationalen Gruppen, frei ihre Muttersprache benutzen zu können, und zwar in allen Sphären des gesellschaftlichen Lebens einschließlich der Ausbildung, der Produktion sowie des Informationsempfangs oder der Informationsverbreitung. Weitere in Art. 3 enthaltene Regeln betreffen die Einzelheiten dieses Rechts in Anbindung an die Bestimmungen des Sprachgesetzes von 1989: dementsprechend kann im Rahmen der administrativ-territorialen Einheiten, wo eine bestimmte Nationalität kompakt lebt, ihre Sprache neben der Staatssprache, d.h. Ukrainisch, benutzt werden. Der ukrainische Staat gewährleistet für seine Bürger auch das Recht der freien Benutzung des Russischen. In den Regionen, wo mehrere Nationalgruppen kompakt leben, kann neben dem Ukrainischen als der Staatssprache diejenige Sprache als Amtssprache dienen, die für die ganze Bevölkerung des bestimmten Gebietes "annehmbar" ist.

Ferner wird in Art. 4 allen Staatsbürgern aller Nationalitäten das Recht gewährt, ihre Religion auszuüben, ihre nationalen Symbole zu benutzen, ihre nationalen Feste zu feiern sowie an den traditionellen Bräuchen ihrer Völker teilzunehmen. Gemäß Art. 5 sind die geschichtlichen und kulturellen Denkmäler der Völker und nationalen Gruppen auf dem Gebiet der Ukraine durch ein Gesetz geschützt.

Die Besonderheiten der Vereinigungsfreiheit in bezug auf die ethnischen Minderheiten werden in Art. 6 niedergelegt: Der ukrainische Staat garantiert für alle Nationalitäten das Recht, ihre Kulturzentren sowie ihre Gesellschaften, Landsmannschaften und Vereinigungen zu gründen. Diese Organisationen können die Tätigkeit ausüben, die auf die Entwicklung der nationalen Kultur zielt; insbesondere können sie nach der gesetzlich vorgesehenen Ordnung Massenveranstaltungen organisieren sowie die Schaffung nationaler Zeitungen, Zeitschriften, Verlage, Museen, künstlerischer Kollektive, Theater oder Filmstudios fördern. In Art. 7 findet sich dann das allerdings auf die nationalen Kulturzentren und Gesellschaften sowie die Vertreter der nationalen Minderheiten beschränkte Recht auf "freie Kontakte mit der geschichtlichen Heimat".

b) Um die in dieser Deklaration eher weit konzipierten Rechte der Nationatitäten der Ukraine auch gesetzlich zu sichern, wurde am 25. Juni 1992 das *Gesetz über nationale Minderheiten in der Ukraine* verabschiedet[27], das in eine Präambel und 17 Artikel gegliedert ist. Den Anwendungsbereich des Gesetzes definiert Art. 3, der lautet: "Zu den nationalen Minderheiten gehören die Gruppen der Staatsbürger der Ukraine, die nach ihrer Nationalität nicht Ukrainer sind und die ein Gefühl des nationalen Bewußtseins und der Gemeinsamkeit zeigen." Im Vergleich mit der Deklaration wurde der Rahmen mancher gewährleisteter Rechte durch die Begrenzung auf "...die Staatsbürger der Republik" präzisiert; so werden z.B. gemäß Art. 1 "...den Staatsbürgern der Republik unabhängig von ihrer nationalen Herkunft die gleichen politischen, sozialen, wirtschaftlichen und

---

27 Vgl. Pravda Ukrainy vom 16.7.1992; für eine deutsche Übersetzung vgl. *C. Schmidt*, *ibid.*, 118 ff.

kulturellen Rechte und Freiheiten gewährleistet..". Ähnlich genießen (nur) die Staatsbürger der Ukraine auf gleicher Grundlage den Schutz des Staates.

Ein auch in der legislatorischen Tradition der vergangenen Epoche stehendes Gegengewicht zu den Rechten der Minderheiten gegenüber dem Staat wird in der Verankerung einer Loyalitätspflicht der Angehörigen der Minderheiten gegenüber dem Staat deutlich: Alle Bürger der Ukraine sind nach Art. 2 verpflichtet, die Verfassung und die Gesetze der Ukraine zu achten, die staatliche Souveränität und territoriale Integrität zu schützen sowie die Sprachen, Kulturen, Traditionen, Gewohnheiten und die religiöse Identität des ukrainischen Volkes und aller nationalen Minderheiten zu achten.

Auf die Hierarchie der Regeln betreffend die Umsetzung des Katalogs der Minderheitenrechte bezieht sich Art. 4 des Gesetzes: Die mit der Zugehörigkeit zu einer nationalen Minderheit entstandenen Rechte werden "...durch die Verfassung der Ukraine, dieses Gesetz, die sonstigen auf ihrer Grundlage beruhenden Gesetzgebungsakte sowie durch die internationalen Verträge der Ukraine bestimmt." Weiter heißt es in Art. 17, daß die Ukraine zur internationalen Zusammenarbeit auf diesem Gebiet beiträgt, insbesondere durch den Abschluß und die Verwirklichung entsprechender multilateraler und bilateraler Verträge. Falls der völkerrechtliche Vertrag, dessen Partei die Ukraine ist, andere Bestimmungen enthält als diejenigen, die in der ukrainischen Gesetzgebung über die nationalen Minderheiten gelten, sind gemäß Art. 19 die Bestimmungen des internationalen Vertrags anzuwenden. Der Problematik der Sanktionierung des Verstoßes gegen Rechte der Minderheiten ist schließlich Art. 18 gewidmet; danach ist jede direkte oder indirekte Beschränkung dieser Rechte und Freiheiten nach nationalen Merkmalen verboten und wird durch Gesetz bestraft.

Der eigentliche Katalog der Minderheitenrechte und Freiheiten beginnt, in Art. 6, mit dem Recht auf die national-kulturelle Autonomie: Diese umfaßt das Recht auf Benutzung und Studium der Muttersprache in den staatlichen Schuleinrichtungen, auf Entwicklung der kulturellen Traditionen, auf Verwendung nationaler Symbole, auf Feiern der nationalen Feiertage, auf die Ausübung der eigenen Religion, auf Befriedigung der Bedürfnisse in Literatur, Kunst und Massenmedien, auf Gründung nationaler schulischer oder kultureller Anstalten sowie auf jegliche sonstige Tätigkeit, die der geltenden Gesetzgebung nicht widerspricht. Ferner verpflichtet sich der Staat in Art. 7, Maßnahmen zur Ausbildung von Pädagogen für den Minderheitenunterricht zu treffen und auf der Grundlage zwischenstaatlicher Abkommen die nationalen Minderheiten bei der Ausbildung solcher Lehrkräfte im Ausland zu unterstützen.

In Art. 8 wird die Frage der parallelen Benutzung einer Minderheitensprache als Amtssprache geregelt: In den Gebieten, wo die Mehrheit der Bevölkerung einer nationalen Minderheit angehört, kann in der Arbeit der Staatsorgane und sonstigen Institutionen neben Ukrainisch auch die Sprache der nationalen Minderheit benutzt werden. Nach Art. 9 haben die Staatsbürger, die nationalen Minderheiten angehören, das Recht ohne Diskriminierung in alle Ämter der Organe der gesetzgebenden, vollziehenden und rechtsprechenden Gewalt, der lokalen und regionalen Selbstverwaltung, der Armee und sonstiger Institutionen oder Unternehmen gewählt oder ernannt zu werden. Der Staat garantiert in Art. 10 den nationalen Minderheiten das Recht auf die Erhaltung einer lebensfähigen Umwelt in ihren traditionellen und gegenwärtigen Siedlungsgebieten. Fragen der Rückkehr der deportierten Völker in die Ukraine werden nach dieser Bestimmung aufgrund gesetzlicher Maßnahmen und internationaler Verträge gelöst.

Gemäß Art. 11 haben die Staatsangehörigen der Ukraine das Recht, ihre Nationalität frei zu wählen; jeglicher Zwang zum Verzicht auf die eigene Nationalität ist unzulässig. Jeder Staatsbürger hat gemäß Art. 12 auch das Recht auf die Führung seiner nationalen Familien-, Vor- und Vatersnamen; diejenigen Staatsangehörigen, zu deren nationaler Tradition die Führung eines Vatersnamens nicht gehört, haben das Recht, in ihren Ausweis nur den Vor- und Familiennamen eintragen zu lassen.

Hinsichtlich des Umfangs und den Formen der Umsetzung ihrer Rechte sind die Angehörigen der nationalen Minderheiten gemäß Art. 13 frei. Sie üben sie persönlich sowie durch die entsprechenden staatlichen Organe und gesellschaftlichen Vereinigungen aus. Die Mitgliedschaft bzw. Nichtmitgliedschaft eines Staatsbürgers, der einer nationalen Minderheit angehört, in einer gesellschaftlichen Vereingung einer nationalen Minderheit darf nicht als Grund für die Beschränkung seiner Rechte dienen. Die staatlichen Organe sind gemäß Art. 14 auch verpflichtet, die Tätigkeit der nationalen gesellschaftlichen Vereinigungen zu unterstützen, die ihre Tätigkeit im Rahmen der geltenden Rechtsordnung ausüben. Zu den Rechten dieser Vereinigungen gehört nach dieser Vorschrift, im Einklang mit der ukrainischen Verfassung, den Gesetzen über die Wahlen der Volksdeputierten der Ukraine und der Abgeordneten der lokalen Sowjets eigene Kandidaten bei solchen Wahlen aufzustellen. Das Recht der Angehörigen der nationalen Minderheiten, Kontakte mit Personen ihrer Nationalität sowie ihren gesellschaftlichen Vereinigungen außerhalb der Ukraine zu pflegen, wird gemäß Art. 15 gewährleistet.

Der Organisation des Staatsapparates auf dem Gebiet der nationalen Minderheiten wurden weitere zwei Bestimmungen des Gesetzes gewidmet: Nach Art. 5 sind bei dem Obersten Sowjet der Ukraine und - falls notwendig - bei den lokalen Sowjets der Volksdeputierten ständige Kommissionen für die Fragen der inter-ethnischen Beziehungen tätig, deren Kompetenz das Gesetz jedoch nicht weiter klärt. In den lokalen exekutiven Organen können ihre Unterstufen arbeiten. Bei den lokalen Sowjets der Volksdeputierten können beratende Organe geschaffen werden, die aus den Vertretern der nationalen Minderheiten zusammengestellt werden. Als "zentrales Organ der staatlichen Exekutivgewalt" wurde auf diesem Gebiet das Ministerium für die Nationalitäten der Ukraine bezeichnet; bei diesem Ministerium soll aufgrund des Gesetzes als beratendes Organ der Rat der Vertreter der gesellschaftlichen Vereinigungen der nationalen Minderheiten der Ukraine tätig werden. Schließlich findet sich in Art. 16 die Vorschrift, daß in das staatliche Budget der Ukraine spezielle Haushaltszuweisungen für die Entwicklung der nationalen Minderheiten eingestellt werden.

c) Der Text des Gesetzes hat sich ganz offensichtlich aus der Deklaration der Rechte der Nationalitäten entwickelt. Dennoch läßt sich an den Unterschieden zwischen beiden Dokumenten, vor allem bei Heranziehung auch des Gesetzentwurfes[28], eine zunehmende Tendenz zum Realismus auf diesem Gebiet feststellen: Im Unterschied zur Deklaration hat z.B. das Gesetz den Umfang der Mehrheit der Rechte auf die Staatsbürger der Ukraine beschränkt. Völlig aus dem Text des Gesetzes herausgefallen ist jeglicher Hinweis auf die "territorialen Einheiten", deren Bildung noch im Gesetzentwurf detailliert geregelt war[29]. Als geringerer Unterschied kann die eindeutigere Verankerung der Freiheit der Führung des Namens sowie die Erweiterung des Rechts, Kontakte mit Angehörigen der eigenen Volksgruppe im Ausland zu pflegen, von einem kollektiven auf ein individuelles Recht bezeichnet werden.

Trotz des umfangreichen Katalogs der individuellen sowie der kollektiven Rechte scheinen Zweifel an der Einschätzung angebracht zu sein, daß "...die neue Regelung also sozusagen zur Wiedergeburt einer Form von ethnischer Selbstverwaltung führt: schon 1926 gab es in der Ukraine 12 nationale (deutsche, bulgarische, russische, polnische) Kreise und 600 Dorfräte."[30] Die Zuständigkeit der Kommissionen bei den lokalen Sowjets sowie die beratende Funktion der Organe bei diesen Sowjets bleibt nach dem Gesetz noch ziemlich ungewiß. Die genaue Form der "Selbstverwaltung" wird wahrscheinlich später durch die Verfassung und nicht durch einfaches Gesetz bestimmt werden.

---

28 S. Zakon Ukrainy o nacionalńych menšinstvach v Ukraine, Pravda Ukrainy vom 20.5.1992.

29 Vgl. Art. 15, 16 und 17 des Entwurfs.

30 So *V. Jevtuch* (Anm. 3), 252.

4. Bilaterale völkerrechtliche Verpflichtungen der Ukraine

Aus der vorstehenden Darstellung wurde schon die Bedeutung deutlich, welche die Ukraine bilateralen Regelungen auf dem Gebiet des Minderheitenschutzes zumißt.

Schon die *Deklaration über die Prinzipien und grundlegenden Richtlinien der Entwicklung der ukrainisch-polnischen Beziehungen* vom 13. Oktober 1990[31] sprach in ihrem Art. 8 von der Achtung und Gewährleistung der Rechte und der Verbesserung der Lage der jeweiligen Minderheiten, d.h. der ukrainischen in Polen und der polnischen in der Ukraine, sowie von der Garantie der Möglichkeit einer vollständigen Befriedigung ihrer kulturellen und religiösen Bedürfnisse wie ihres Bedarfs an Unterricht in der jeweiligen Muttersprache und der Schaffung der gebotenen Bedingungen für die Unterhaltung der notwendigen grenzüberschreitenden Kontakte. Diese Prinzipien wurden dann später im *Vertrag zwischen der Republik Polen und der Ukraine über gute Nachbarschaft, freundschaftliche Beziehungen und Zusammenarbeit* vom 18. Mai 1992[32] verankert. In seinem Art. 11 wird bestimmt, daß die Vertragsparteien im Einklang mit den allgemein verbindlichen internationalen Standards zum Schutz der nationalen Minderheiten das Recht der Angehörigen der polnischen Minderheit in der Ukraine und der ukrainischen Minderheit in Polen, einzeln oder zusammen mit den anderen Angehörigen ihrer Minderheit, auf Wahrung, Ausdruck und Entwicklung ihrer ethnischen, kulturellen, sprachlichen und religiösen Identität ohne jegliche Diskriminierung anerkennen. Zur Verwirklichung dieser Ziele verpflichteten sich die Vertragsparteien auf Maßnahmen zur Umsetzung des Rechts auf Unterricht in der Muttersprache und ihrer freien Verwendung[33].

---

31 Pravda Ukrainy vom 17.10.1990; für eine auszugsweise deutsche Übersetzung s. *C. Schmidt* (Anm. 3), 130 f.

32 Vidomosti Verchovnoji Rady Ukrajiny vom 27.10.1992; für eine deutsche Übersetzung der einschlägigen Bestimmungen s. *M. Hošková*, Die rechtliche Stellung der Minderheiten in Polen, in: J.A. Frowein/R. Hofmann/S. Oeter (Hrsg.), Das Minderheitenrecht europäischer Staaten - Teil 1 (1993), 258 ff. (268 ff.).

33 Für Einzelheiten vgl. *M. Hošková, ibid.*, 268 ff.

Ausführliche Regeln zum bilateralen Minderheitenschutz finden sich auch in der *Erklärung über die Prinzipien der Zusammenarbeit zwischen der Republik Ungarn und der Ukrainischen Sozialistischen Sowjetrepublik auf dem Gebiet der Sicherung der Rechte der nationalen Minderheiten* vom 31. Mai 1991[34]. Neben allgemeinen Prinzipien zum rechtlichen Rahmen des Minderheitenschutzes bekennen sich die Parteien zum Recht der jeweiligen Minderheiten, eigene Organisationen und Vereine zu gründen und zu betreiben (Art. 6), die Muttersprache im privaten wie gesellschaftlichen Leben zu verwenden (Art. 9), ihre Muttersprache zu erlernen und in ihrer Muttersprache zu lernen (Art. 10), in ihrer Muttersprache die jeweilige Religion auszuüben (Art. 12) sowie zum Recht, Informationen in der Muttersprache zu verbreiten (Art. 13). Zur Umsetzung dieser Prinzipien war gemäß Art. 16 eine gemischte Kommission aus Vertretern staatlicher Institutionen und Angehörigen der jeweiligen Minderheiten zu bilden[35]. Zur rechtlichen Umsetzung auch des Inhalts dieser Erklärung wurde am 6. Dezember 1991 der *ukrainisch-ungarische Vertrag über die Grundlagen der guten Nachbarschaft und Zusammenarbeit* unterzeichnet[36].

Über den genauen minderheitenrechtlichen Inhalt des am 29. Juni 1993 unterzeichneten *slowakisch-ukrainischen Vertrages über gute Nachbarschaft, Freundschaft und Zusammenarbeit*[37] ist zur Zeit noch nichts Näheres bekannt.

Neben diesen staatlichen bilateralen Akten sei noch hingewiesen auf eine Reihe von Dokumenten, die Vertreter der Grenzgebiete der Ukraine und der Russischen Föderation im Juni 1993 unterzeichnet haben[38]. Diese

---

34 Eine vom ungarischen Außenministerium besorgte offizielle deutsche Übersetzung dieser Erklärung und des dazugehörigen Protokolls vom gleichen Tag findet sich bei *C. Schmidt* (Anm. 3), 131 ff.

35 Vgl. Art. 1 des in Anm. 34 genannten Protokolls.

36 Vidomosti Verchovnoji Rady Ukrajiny vom 15.9.1992.

37 Vgl. die Notiz in der Prager Tageszeitung Telegraf vom 30.6.1993.

38 Vgl. hierzu den Bericht in der Izvestija vom 1.7.1993.

haben in erster Linie wirtschaftliche Inhalte: So beklagen die betroffenen Parteien, daß die Trennung beider Staaten für die ökonomische Entwicklung dieser Gebiete irreparablen Schaden bringe, weshalb beide Staaten Gesetze verabschieden sollten, die eine weitgehende grenzüberschreitende wirtschaftliche Zusammenarbeit ermöglichen würden. Minderheitenrechtliche Regeln betreffend vor allem die russische Minderheit in den Grenzgebieten der Ukraine wurden offensichtlich nicht angestrebt.

II. Das Recht auf Gebrauch der Minderheitensprache

Die Geschichte der Durchsetzung von Ukrainisch als Kultur- und Staatssprache wird, jedenfalls von ukrainischer Seite, in erster Linie als Geschichte des Kampfes gegen die starke Stellung des Russischen, der "Russifizierung" der Ukraine, gesehen[39].Die Politik der Russifizierung der ukrainischen Kultur begann danach schon unter Zar *Peter I.*, der einen Erlaß über das Verbot, die kirchlichen Bücher in Ukrainisch herauszugeben, verkündete. Bekannt war ebenso der Zirkular des Innenministers *Valujev* vom 18. Juli 1863 "über das Verbot des ukrainischen Schrifttums". Im Einklang damit wurde streng verboten, in Ukrainisch diejenigen Bücher zu drucken, die als Lehrbücher oder allgemein für die Grundlektüre des

---

39 Genannt werden in diesem Zusammenhang namentlich die Anordnung von Peter I. über das Verbot der Herausgabe von Büchern in Ukrainisch (1720); die Anordnung des Synods über die Beschlagnahme der ukrainischen Fibeln bei der Bevölkerung und Entfernung der ukrainischen Texte aus den kirchlichen Büchern (1769); das Valujev-Zirkular über das Verbot der Herausgabe von Büchern in Ukrainisch (1863); der Emsk-Akt über das Verbot des Imports der ukrainischen Bücher aus dem Ausland, das Verbot des ukrainischen Theaters und der Herausgabe von Noten ukrainischer Lieder (1876); der Beschluß des Senats über die "Schädlichkeit" der Kultur- und Aufklärungstätigkeit in der Ukraine (1908); die Anordnung von Nikolai II. über die Abschaffung der ukrainischen Presse (1914); die Verordnung über das obligatorische Studium der russischen Sprache (1938); die Verordnung des Zentralkomitees der KPdSU über die Stärkung des Studiums und Unterrichts der russischen Sprache und Literatur ("Brezhnew-Zirkular", 1978); die Verordnung des Zentralkomitees der KPdSU über die Stärkung des Studiums des Russischen in den Schulen ("Andropov-Verordnung, 1983) und die Verordnung des Plenums der KPdSU über die einzige offizielle allstaatliche Sprache (Russisch) in der UdSSR (1989).

Volkes bestimmt waren (einschließlich der Texte zu musikalischen Werken), solche Literatur aus dem Ausland einzuführen oder Lieder in Ukrainisch zu komponieren.

Einen Umbruch der Russifizierung sollte das bereits erwähnte, am 28. Oktober 1989 verabschiedete, umfangreiche *Gesetz über die Sprachen in der Ukrainischen SSR*[40] (SprachG), dessen 40 Artikel in sechs Teile gegliedert wurden. Jegliche Privilegierung oder Beschränkung der Rechte des Einzelnen nach sprachlichen Kriterien oder die sprachliche Diskriminierung sind nach seinem Art. 8 unzulässig. Die Organisation des Vollzugs des Gesetzes obliegt gemäß Art. 9 SprachG dem Ministerrat der Ukrainischen SSR, seine Kontrolle den Sowjets der Volksdeputierten.

1. Der private Bereich

Das Ergebnis der langjährigen "Russifizierung" schlägt sich sehr deutlich in den Angaben nieder, welche die Bevölkerung der Ukraine bei der Volkszählung von 1989 hinsichtlich ihrer Muttersprache machte. Danach ist Russisch nicht nur bei den Russen selbst, sondern auch bei vielen anderen nationalen Minderheiten als Muttersprache verbreitet[41]: 98,4% aller Russen, 87,5% der Karaimer, 90,6% der Juden, 78,8% der Griechen, 72,3% der Finnen, 70,2% der Karelier, 67,2% der Deutschen, 65,5% der Esten, 64% der Koreaner, allerdings nur (oder sogar) 12,3% der Ukrainer gaben Russisch als ihre Muttersprache an. Folgende Minderheiten haben sich ihre ethnischen Sprachen als Muttersprache am besten bewahrt: Ungarn (95,7%), Araber (81,7%), Krimtataren (92,6%), Tabassaranen (80,4%), Gagausen (79,5%), Moldauer (78%), Aserbaischaner (72,4%), Usbeken (71,5%), Bulgaren (69,5%) und Rumänen (62,3%). Ukrainisch hingegen findet sich bei den ethnischen Minderheiten als Muttersprache relativ

40 S. Pravda Ukrainy vom 3.11.1989; für eine deutsche Übersetzung s. *C. Schmidt* (Anm. 3), 121 ff.; zur Sprachenfrage in der Ukraine vgl. allgemein *R. Solchanyk*, The Politics of Language in Ukraine, RFE/RL Research Report 2/10 vom 5.3.1993 sowie *J. Martinyk*, Attitudes toward Language in Ukraine, RFE/RL Research Report 1/37 vom 18.9.1992.

41 Vgl. zum folgenden die Angaben bei *V. Jevtuch* (Anm. 3), 248 f.

selten; Ausnahmen sind hier nur Polen (66,6%), Slowaken (32,7%) und Tschechen (30,7%). Der Gesammteil aller Minderheitenangehörigen, die Ukrainisch als Muttersprache angaben, beträgt jedoch nicht mehr als 12,8%.

In der Präambel des Sprachgesetzes findet sich die grundlegende Bestimmung, daß "...die Wahl der Sprache des persönlichen Verkehrs der Staatsbürger...ihr unveräußerliches Recht ist." Dementsprechend bestimmt Art. 5 SprachG, daß den Bürgern der Ukrainischen SSR das Recht garantiert wird, ihre Nationalsprache oder jede beliebige andere Sprache zu gebrauchen. All dies läßt den Schluß gerechtfertigt erscheinen, daß der Gebrauch der Minderheitensprache im privaten Bereich ausreichend gesichert ist.

2. Behörden und Gerichte

Allgemein gilt nach dem Sprachgesetz, nämlich seiner Präambel und seinem Art. 2 Abs. 1, daß "...Ukrainisch in der Ukrainischen Republik die Staatssprache ist...", wobei dem Russischen gemäß Art. 4 Abs. 2 SprachG die Rolle "... der Sprache des interethnischen Verkehrs unter den Völkern der Sowjetunion..." zugewiesen wurde. Die dritte Ebene besteht aus den Nationalsprachen, denen genügend Raum zu gewähren ist.

Diese grundsätzliche Entscheidung spiegelt sich in einer Reihe konkreter Normen wider: So sind z.B. gemäß Art. 10 SprachG die Akte der höchsten Organe der Staatsmacht und -verwaltung in ukrainischer Sprache zu erlassen und in ukrainischer und russischer Sprache zu veröffentlichen. Die Akte der Ministerien und Behörden werden gemäß Art. 10 Abs. 2 SprachG in ukrainischer Sprache sowie, sofern erforderlich, auch in einer anderen Sprache veröffentlicht.

Als eine allgemeine Regelung gilt daneben, daß gemäß Art. 3 SprachG bei der Arbeit der Staats-, Partei- und gesellschaftlichen Organe, der Unternehmen, Institutionen und Organisationen, die an den Wohnorten einer Mehrheit von Bürgern einer anderen Nationalität belegen sind, neben der ukrainischen Sprache deren Nationalsprachen Anwendung finden können. Interessant erscheint die Regelung des Art. 3 Abs. 3 SprachG, wonach in den Fällen, daß Bürger einer anderen Nationalität als derjenigen, die die Bevölkerungsmehrheit in einer der genannten administrativ-territorialen Einheiten und Siedlungen ausmacht, die nationale Sprache nicht im gebotenen Umfang beherrschen, oder wenn in den Grenzen dieser administrativ-territorialen Einheiten und Siedlungen mehrere Nationalitäten kompakt siedeln und keine von ihnen die Bevölkerungsmehrheit des betreffendes Gebietes ausmacht, bei der Arbeit der Institutionen alternativ entweder die ukrainische Sprache oder eine Sprache, die für die gesamte Bevölkerung annehmbar ist, Anwendung finden kann.

Das Gerichtsverfahren wird in der Ukraine gemäß Art. 18 SprachG in der ukrainischen Sprache durchgeführt. Zufolge Art. 18 Abs. 2 SprachG können aber auch in Gerichtsverfahren die eben genannten Regelungen des Art. 3 Abs. 2 und 3 SprachG analog Anwendung finden. Bei Straf- und Zivilsachen ist Beteiligten, welche die Gerichtssprache nicht beherrschen, nach Art. 18 Abs. 3 SprachG ein Dolmetscher beizugeben; daneben wird ausdrücklich das Recht gewährleistet, vor Gericht in der Muttersprache aufzutreten. Schriftstücke sind den Beteiligten auf ihr Verlangen in einer Übersetzung in eine von ihnen beherrschte Sprache auszuhändigen. Dieselben Regeln gelten gemäß Art. 19 SprachG für die Ordnungswidrigkeitenverfahren. Die Tätigkeit der Notare findet nach Art. 20 SprachG grundsätzlich in der Sprache statt, die am jeweiligen Ort Gerichtssprache ist; gegebenenfalls müssen Übersetzungen der notariellen Dokumente in eine andere Sprache ausgestellt werden. Für schiedsgerichtliche Verfahren ist nach Art. 22 SprachG Ukrainisch im Verkehr unter sich in der Ukraine aufhaltenden Beteiligten zu benutzen, hingegen Russisch im Kontakt mit Subjekten außerhalb des Territoriums der Ukraine; dieselbe Regelung gilt gemäß Art. 23 SprachG für die staatsanwaltschaftliche Aufsicht. Die Rechtshilfe, d.h. Beratung von Bürgern, kann im Unterschied dazu nach Art. 23 SprachG in der für die Parteien annehmbaren Sprache geleistet werden.

3. Kultur und Medien

Der Sprache von Kultur und Medien sind zwei Bestimmungen des Sprachgesetzes gewidmet. Nach Art. 32 garantiert der Staat das Funktionieren der ukrainischen Sprache sowie anderer Sprachen im Bereich des kulturellen Lebens der Republik. Der Staat gewährleistet auch Übersetzungen von Literatur jeglicher Art in das Ukrainische und in andere Nationalsprachen, sowie von Filmen in das Ukrainische. Die Entwicklung des ukrainischsprachigen Kinos und der Theaterkunst wird vom Staat unterstützt.

Zur Sprache der Massenmedien bestimmt Art. 33 SprachG, daß in der "...Ukraine die Sprache der offiziellen Medien die ukrainische Sprache ist. Sprache der offiziellen Massenmedien können desweiteren auch die Sprachen anderer Nationalitäten sein."

Trotz dieser Gesetzeslage wird der Umfang der Minderheitenpresse als "bescheiden" bezeichnet[42], da es bislang nur 21 Zeitungen gibt, die in den Sprachen von Minderheiten publiziert werden: Das Staatspressekomitee hat zum 3. Februar 1992 insgesamt 2291 Zeitungen registriert, von denen 41,1% in Russisch gedruckt wurden, und 375 Zeitschriften, von denen sogar 58,9% in Russisch erschienen. Von 7046 im Jahre 1990 publizierten Büchern waren in Russisch 69,0% gedruckt, im Vergleich zu 28,5% in Ukrainisch. Daneben ist zu berücksichtigen, daß jedes Jahr ungefähr 160 Millionen Bücher in russischer Sprache in die Ukraine "importiert" wurden.

Obwohl es sich systematisch vielleicht nicht eigentlich um den Kulturbereich handelt, soll doch erwähnt werden, daß das Sprachgesetz auch die Sprache der Informatik (gemäß Art. 31 SprachG auf der Grundlage des Ukrainischen und des Russischen) und der Post (gemäß Art. 34 innerhalb der Ukraine in Ukrainisch und Russisch) regelt.

---

42 *Ibid.*, 251.

4. Topographische Bezeichnungen und Eigennamen

Den topographischen Bezeichnungen in der Ukraine ist Art. 38 SprachG gewidmet: Danach sind diese grundsätzlich "in ukrainischer Sprache zu bilden und auszugeben". Ausdrücklich genannt sind dabei Siedlungen, administrativ-territoriale Einheiten, Straßen, Plätze, Flüsse. Diese können jedoch desweiteren in die Nationalsprache der Bevölkerungsmehrheit des jeweiligen Ortes übertragen werden. Nicht-ukrainische topographische Bezeichnungen sind gegebenenfalls zu transkribieren.

Schließlich garantiert Art. 39 SprachG allen Bürgern der Ukraine das Recht, ihre Namen in Übereinstimmung mit ihrer nationalen Tradition zu wählen[43].

III. Bildungs- und Erziehungswesen

In den Jahren der "Russifizierung" der ukrainischen Bevölkerung ist die Zahl der Schulen, an denen in den Sprachen unterschiedlicher Nationalitäten unterrichtet wurde, deutlich gesunken[44]. Noch 1929 gab es in der Ukraine insgesamt 3564 Schulen mit Unterricht in anderen Sprachen; außer 1539 russischen Schulen gab es 786 mit Unterricht in Jiddisch, 628 mit Deutsch, 381 mit Polnisch, 16 mit Moldauisch, 8 mit Tatarisch und 2 mit Assyrisch. Darüber hinaus gab es auch Fach- und Hochschulen, die Spezialisten in Minderheitensprachen unterrichteten.

Nach den Angaben des ukrainischen Ministeriums für Statistik wurden zu Anfang des Schuljahres 1991/92 in den täglichen allgemein bildenden Schulen von der Gesamtzahl von 6,836 Millionen Schülern 3,368 Millionen (49,3 %) in Ukrainisch und 3,417 Millionen (50 %) in Russisch unterrichtet. Sehr deutlich ist das Übergewicht des Russischen im Hochschulbereich: Hier wurden im Jahre 1991 nur 17,4% der Studenten in Ukrainisch und

---

43 Vgl. hierzu auch die oben (I. 3.) dargestellte, entsprechende Regelung in Art. 12 des Minderheitengesetzes.

44 Vgl. zum folgenden *V. Jevtuch* (Anm. 3), 249 ff.

66,4% in Russisch unterrichtet. Immerhin hatten 1991 aber eine Reihe von Schulen als Unterrichtssprache Minderheitensprachen vorgesehen, nämlich 105 Schulen Rumänisch, 88 Schulen Ungarisch und 3 Schulen Polnisch[45].

Die Minderheitensprachen können allerdings auch fakultativ unterrichtet werden: Dementsprechend wird z.B. Moldauisch in 12 Schulen, Rumänisch in 33, Ungarisch in 60, Polnisch in 48, Bulgarisch in 69, Krimtatarisch in 153, Tschechisch in 2, Slowakisch in 4, Neugriechisch in 8, Jiddisch in 11, Gagausisch in 5, die Zigeunersprache und Türkisch in je einer Schule gelehrt[46].

Ähnlich ist die Situation im Hinblick auf das Lehrmaterial: Obwohl rund 60,0% aller in der Ausbildung befindlichen Personen Ukrainer sind, wurde 66,2% der Lehrmaterialien in Russisch herausgegeben und nur 33,9% in Ukrainisch; hinzukommt noch, daß unter den Lehrern 54% Ukrainer und 40% Russen waren. Als gravierend wird häufig das Problem der - jedenfalls bislang - mangelnden Kontakte der Minderheiten zu Angehörigen der eigenen Ethnie im Ausland gesehen, die geeignete Lehrbücher zur Verfügung stellen könnten[47].

Nach Art. 25 Abs. 1 SprachG ist die freie Wahl der Unterrichtssprache der Kinder das "unveräußerliche Recht der Bürger" der Ukraine. Ferner garantiert diese "jedem Kind das Recht auf Erziehung und Bildungserwerb in der Nationalsprache." In den Art. 26 ff. SprachG wird dann die Benutzung der Sprachen in jeder Stufe des ukrainischen Schulsystems geregelt: In den Vorschuleinrichtungen soll nach Art. 26 SprachG die Erziehung in der ukrainischen Sprache erfolgen; in Gegenden kompakter Siedlung von Bürgern anderer Nationalitäten können Vorschuleinrichtungen geschaffen werden, in denen die Erziehung in der Nationalsprache oder in einer anderen Sprache erfolgt. Daneben besteht soweit erforderlich die Möglichkeit der Einrichtung besonderer Gruppen,

---

45 *Ibid.*, 251.

46 *Ibid.*, 251.

47 *Ibid.*, 251.

in denen die Erziehung in einer anderen Sprache als in der Einrichtung insgesamt geschieht. Dasselbe Prinzip gilt gemäß Art. 27 SprachG für die allgemeinbildenden Schulen, wobei in Art. 27 Abs. 4 SprachG jedoch festgelegt ist, daß das Erlernen der ukrainischen und der russischen Sprache in diesen allgemeinbildenden Schulen obligatorisch ist. In den berufstechnischen Fachschulen, mittleren Spezial- und höheren Bildungseinrichtungen wird nach Art. 28 der Unterricht in der ukrainischen Sprache und in bestimmten Fällen parallel auch in der Nationalsprache der Bevölkerungsmehrheit durchgeführt; das Erlernen der ukrainischen Sprache muß jedoch gemäß Art. 27 Abs. 4 SprachG gewährleistet sein. Abiturienten, die sich an mittleren Spezial- oder höheren Bildungseinrichtungen eingeschrieben haben, haben zufolge Art. 29 Abs. 1 SprachG sogar eine "Wettbewerbs-Aufnahmeprüfung" über ihre Kenntnis der ukrainischen Sprache abzulegen.

IV. Spezifische Schranken der Vereinigungsfreiheit

Vor etwa drei Jahren entstanden die ersten gesellschaftlichen und kulturellen Organisationen von Minderheiten in der Ukraine[48]. Es waren dies die Gesellschaft der jiddischen Kultur, die Polnische Gesellschaft für Kultur und Bildung und andere. Heute gibt es allein in Kiev ähnliche Vereinigungen der Assyrer, Bulgaren, Weißrussen, Moldauer, Rumänen, Polen, Juden, Deutschen, Armenier, Georgier, Ungarn, Tschechen, Slowaken, der turksprachigen Völker sowie der Zigeuner und anderer Minderheiten. Die Gesamtzahl dieser Organisationen beläuft sich in der Ukraine derzeit auf etwa 100. Im Jahre 1990 vereinigten sich alle diese Gesellschaften im "Rat der Nationalitätengesellschaften der Ukraine".

Die gesetzliche Grundlage für die Tätigkeit dieser Vereinigungen ist das *Gesetz des Obersten Sowjets der Ukrainischen SSR über die Vereinigungen von Bürgern vom 16. Juni 1992*[49], das die Vereine, Parteien und gesellschaft-

---

48 *Ibid.*, 252.

49 Vidomosti Verchovnoji Rady Ukraijiny vom 25.8.1992, Nr. 34, Pos. 504.

lichen Organisationen betrifft, deren Zweck nicht Gewinnerzielung ist.[50] Die Vereinigungen erlangen mit Registrierung ihre Rechtsfähigkeit.

Die spezielle Norm für die Vereinigungen der nationalen Minderheiten enthält das oben bereits behandelte Gesetz über die nationalen Minderheiten vom 25. Juni 1992[51] (MindG), insbesondere dessen Art. 14. Dieser verpflichtet die Staatsorgane, die Aktivitäten der nationalen gesellschaftlichen Vereinigungen zu fördern, die ihre Tätigkeit in Übereinstimmung mit der geltenden Gesetzgebung verwirklichen. Weiter stellt diese Bestimmung fest, daß die nationalen gesellschaftlichen Organisationen das Recht haben, ihre Kandidaten als Deputierte bei den Wahlen der Organe der Staatsgewalt in Übereinstimmung mit der Verfassung und den Gesetzen über die Wahlen der Volksdeputierten und der Deputierten der örtlichen Sowjets aufzustellen.

Zu den Rechten der nationalen gesellschaftlichen Vereinigungen gehört gemäß Art. 15 MindG weiter, in dem in der Ukraine festgelegtem Verfahren frei Kontakte zu Personen ihrer Nationalität und deren gesellschaftlichen Vereinigungen außerhalb der Grenzen aufzunehmen und zu unterhalten. Sie können von ihnen "...Hilfe zur Befriedigung sprachlicher, kultureller und geistiger Bedürfnisse..." erhalten; das Gesetz rechnet auch mit der Teilnahme dieser Vereinigungen an der Aktivität der internationalen nichtstaatlichen Organisationen.

V. Politische Repräsentation

Das Bild der politischen Parteien in der heutigen Ukraine kann nur als "atomisiert" bezeichnet werden. Es gibt mehr als 20 Parteien; das Wachstum ihrer Zahl war bemerkenswert nach 1991, als die für die Registrierung einer Partei erforderliche Mindestzahl an Mitgliedern von 3000 auf 300 Personen

---

50 S. WGO - MfOR 1992, 341.

51 Vgl. oben Anm. 27.

gesenkt wurde[52]. Derzeit lassen sich wohl sechs politische Blöcke ausmachen, wobei einer von ihnen die regionalen Parteien sind, die aber ihre endgültige Position im politischen Gefüge der Ukraine noch suchen[53]. Allgemein wird der Einfluß der politischen Parteien in der heutigen Ukraine als eher gering beschrieben[54].

Die rechtliche Grundlage der Tätigkeit der politischen Parteien in der Ukraine ist wie bei den gesellschaftlichen Vereinigungen das *Gesetz des Obersten Sowjets der Ukraine über die Vereinigungen von Bürgern* vom 16. Juni 1992[55]; diese sind unter anderem berechtigt, direkt ihre Kandidaten für die Parlamentswahlen zu nominieren. Eine andere einschlägige Rechtsquelle ist das *Gesetz vom 27. Oktober 1989 über die Wahl der Volksdeputierten der Ukrainischen SSR*[56], das jedoch keine privilegierende Vorschriften zugunsten nationaler Minderheiten enthält[57].

Vollständigkeitshalber muß noch die Bestimmung des Art. 5 MindG erwähnt werden: Diese verankert die Existenz ständiger Kommissionen für Fragen der interethnischen Beziehungen bei dem Obersten Sowjet der Volksdeputierten.

Zur politischen Repräsentation der nationalen Minderheiten auf der *lokalen Ebene* äußert sich Art. 5 MindG: Danach arbeiten bei den örtlichen Sowjets der Volksdeputierten, "...sofern erforderlich...", ständige Kommissionen in Fragen der interethnischen Beziehungen. Auf gesellschaftlicher Ebene können bei denselben Sowjets beratende Organe

---

52 Vgl. *A. Wilson/ A. Bilous*, Political Parties in Ukraine, Europe-Asia Studies 45 (1993), 693 ff.

53 Vgl. zur Struktur der politischen Kräfte in der Ukraine *T. Kuzio/ R. Solchanyk*, Democratic political blocks in Ukraine, RFE/RL Research Report 2/16 vom 16.4.1993.

54 Vgl. auch *P. Potichnyi*, The Multi-Party System in Ukraine, Berichte des Bundesinstituts für ostwissenschaftliche und internationale Studien, 1992.

55 S. Anm. 49.

56 Pravda Ukrainy vom 1.11.1989.

57 Vgl. *C. Schmidt* (Anm. 3), 108.

aus Vertretern nationaler Minderheiten gebildet und tätig werden. Ziemlich einschränkend klingt neben der Wahl des Wortes "...können..." auch die Regel, daß "...das Verfahren der Bildung durch die betreffenden Sowjets...festgelegt wird." Das *Gesetz über die Wahlen der Deputierten der örtlichen Volksdeputiertenräte der Ukrainischen SSR von 27. Oktober 1989*[58] bringt in diesem Zusammenhang keine spezielle Bestimmungen.

Schließlich ist in diesem Zusammenhang noch auf das Innehaben der ukrainischen Staatsangehörigkeit als Voraussetzung für die Ausübung der meisten politischen Rechte hinzuweisen. Die entsprechenden Regelungen finden sich im *Gesetz vom 8. Oktober 1991 über die Staatsangehörigkeit der Ukraine*[59]. Das Gesetz geht von dem Prinzip der einheitlichen ukrainischen Staatsangehörigkeit aus; die doppelte Staatsangehörigkeit ist gemäß seinem Art. 1 Abs. 2 jedoch auf der Grundlage bilateraler zwischenstaatlicher Abkommen zulässig. Ukrainische Staatsangehörige sind nach Art. 2 diejenigen Personen, die "...im Zeitpunkt des Inkrafttretens des Gesetzes in der Ukraine leben, unabhängig von Herkunft,...rassischer und nationaler Zugehörigkeit,...Sprache", die nicht Staatsangehörige anderer Staaten sind und sich nicht gegen den Erwerb der ukrainischen Staatsbürgerschaft aussprechen; Staatsangehörige der Ukraine sind ferner Personen, die in staatlichen Diensten tätig sind, Wehrdienst ableisten oder außerhalb der Ukraine ausgebildet werden, sofern sie auf dem Territorium der Ukraine geboren wurden oder nachgewiesen haben, dauerhaft auf ihrem Territorium zu leben, sofern sie nicht Staatsangehörige anderer Staaten sind und innerhalb eines Jahres nach Inkrafttreten des Gesetzes für die ukrainische Staatsangehörigkeit optiert haben.

---

58 Vidomosti Verchovnoji Rady UkrSS 1989, Beilage zu Nr. 45, Pos. 627.

59 Pravda Ukrainy vom 14.11.1991; für eine auszugsweise deutsche Übersetzung s. *C. Schmidt* (Anm. 3), 115 ff. Am 26.9.1992 wurden einige Gesetzgebungsakte im Zusammenhang mit der Verabschiedung des Gesetzes über die Staatsangehörigkeit aufgehoben, z.B. Art. 6 des Gesetzes über Wahlen der Volksdeputierten vom 27.10.1989 oder Art. 6 des Gesetzes über Wahlen der Deputierten der örtlichen Volksdeputiertenräte vom 27.10.1989.

Der Erwerb der ukrainischen Staatsangehörigkeit erfolgt gemäß Art. 16 des Gesetzes aufgrund Geburt, Abstammung, Aufnahme oder Wiederaufnahme in die Staatsangehörigkeit sowie aus sonstigen, in diesem Gesetz oder völkerrechtlichen Verträgen der Ukraine vorgesehenen Gründen. In die Staatsangehörigkeit der Ukraine kann ein ausländischer Staatsangehörige gemäß Art. 17 aufgrund eines Antrages aufgenommen werden, wobei folgende weitere Voraussetzungen erfüllt sein müssen: Verzicht auf die ausländische Staatsangehörigkeit, ein grundsätzlich dauerhafter Aufenthalt auf dem Territorium der Ukraine im Zeitraum der letzten fünf Jahre (diese Voraussetzung gilt jedoch nicht für die Personen, die auf dem ukrainischen Territorium geboren wurden oder deren Elternteil oder Großvater oder Großmutter auf dem Territorium der Ukraine geboren wurden), Beherrschung der ukrainischen Sprache in eine zur Verständigung notwendigem Umfang, Vorhandensein einer legalen Existenzgrundlage sowie Achtung und Erfüllung der Verfassung der Ukraine. Ein vereinfachtes Verfahren sieht das Gesetz für mit ukrainischen Staatsangehörigen verheiratete Frauen vor.

Diese nur als ausgesprochen einbürgerungsfreundliche Regelung der Staatsangehörigkeit hat sicherlich in erheblichem Umfang zum jedenfalls bislang verhältnismäßig problemlosen Zusammenleben der verschiedenen nationalen Minderheiten mit der ukrainischen Bevölkerungsmehrheit beigetragen.

VI. Schlußbemerkung

Angesichts der ganz fundamentalen Umbruchsituation, in der sich die Ukraine auch noch zwei Jahre nach Erlangung ihrer Unabhängigkeit in politischer, rechtlicher, sozialer und wirtschaftlicher Hinsicht befindet, erscheint es kaum möglich, ein auch nur einigermaßen abschließendes Urteil über die rechtliche Stellung der nationalen Minderheiten in diesem Staat abzugeben. Zu betonen ist jedoch, daß jedenfalls die einfachgesetzliche Verankerung ihrer Rechte internationalen Standards, wie sie etwa im Rahmen des KSZE - Prozesses festgelegt wurden, ganz weitgehend entspricht. Inwieweit diese Bestimmungen auch effektiv und umfassend in die Praxis umgesetzt wurden und werden, läßt sich angesichts der immer noch dürftigen Quellenlage kaum beurteilen. Ein Indiz für die relative Zufriedenheit der nationalen Minderheiten mit ihrer rechtlichen und tatsächlichen Lage ist jedoch der Umstand, daß es in der Ukraine - anders als in ihrem Nachbarstaat Moldawien oder in anderen Nachfolgestaaten der Sowjetunion - nicht zu gewaltsamen Auseinandersetzungen zwischen ukrainischer Mehrheit und den verschiedenen nationalen Minderheiten gekommen ist. Inwieweit Bestrebungen vieler Politiker der Krim, den Anschluß an die Ukraine wieder rückgängig zu machen, was in der Tat die Zustimmung der dortigen russischen Mehrheit findet, diesen Befund ändern werden, läßt sich derzeit kaum sicher beurteilen. Ebenso scheinen vor allem auch religiös geprägte Auseinandersetzungen um die Benutzung bestimmter Gotteshäuser im Gebiet um Lemberg bislang nicht zu wirklich ernsthaften Störungen des Zusammenlebens von Polen und Ukrainern geführt zu haben. Auch aus dem Siedlungsgebiet der ungarischen Minderheit westlich des Karpatenbogens und der rumänischen Minderheit in der Bukowina gibt es keine Meldungen über wirklich nachhaltige Probleme[60]. Insgesamt scheint somit die Einschätzung gerechtfertigt, daß die rechtliche Lage der nationalen Minderheiten in der Ukraine als im Hinblick auf die sich entwickelnden europäischen Standards gegenwärtig und angesichts des nur kurzen Zeitraums der Unabhängigkeit als zufriedenstellend angesehen werden kann. Wünschenswert bleibt natürlich eine auch verfassungsrechtliche Absicherung dieser bislang nur einfachgesetzlich geregelten Stellung der nationalen Minderheiten; es ist daher zu hoffen, daß der Prozeß der Verfassungsgebung bald zu einem erfolgreichen Ende kommt und die oben dargestellten Bestimmungen des Verfassungsentwurfs zum Minderheitenschutz in Kraft treten werden.

---

60 Vgl. aber jüngste Berichte (FAZ vom 14.10.1993, S. 6) über das Verbot einer Organisation der rumänischen Minderheit in Czernowitz ("Mihai Eminescu") und ein Strafverfahren gegen eine rumänischsprachige Zeitung ("Plai rumanesc") wegen Verstoßes gegen Art. 3 der Verfassung, der Aufrufe zu gewaltsamen Grenzveränderungen verbietet. Die Zeitung hatte nach diesen Berichten die rumänische Auffassung wiedergegeben, derzufolge die Annexion der seinerzeit rumänischen Gebiete Bessarabien und Nordbukowina durch die Sowjetunion im Jahre 1940 als illegal anzusehen sei.

Der Status der Minderheitensprachen vor Behörden und Gerichten

KARIN OELLERS-FRAHM*

I. Einleitung

Im Zusammenhang mit dem politischen Umbruch und der Ausarbeitung neuer Verfassungen in einer Reihe von Staaten des ehemaligen Ostblocks hat die Frage des Minderheitenschutzes aufgrund der Bevölkerungsstruktur dieser Länder erneut erheblich an Aktualität gewonnen. Auf internationaler und auf nationaler Ebene sind daher vermehrt Bemühungen zu verzeichnen, durch die Gewährleistung von speziellen Minderheitsrechten das friedliche Zusammenleben von Gruppen unterschiedlicher Herkunft, Religion oder Sprache zu fördern.
Einigkeit besteht inzwischen wohl weitgehend darüber, daß die Bewahrung und Berücksichtigung der kulturellen, sprachlichen und sonstigen Eigenarten von Minderheiten anzustreben ist, ja daß hierin eine Bereicherung des nationalen Lebens zu sehen ist.

Soweit besteht also durchaus Konsens, bezüglich der Frage aber, wie der Minderheitenschutz im einzelnen aussehen sollte und wie er tatsächlich in den verschiedenen Staaten ausgestaltet ist, bestehen erhebliche Unterschiede. Diese Unterschiede haben die verschiedensten Ursachen, die teils in der allgemeinen politischen Haltung Minderheiten gegenüber zu finden sind, teils aus Sachzwängen erwachsen, denn Minderheitenschutz kostet Geld, und gerade das Erfordernis der finanziellen Aufwendungen kann dem im Grundsatz akzeptierten großzügigen Minderheitenschutz erhebliche Grenzen setzen.
Unter diesem Aspekt drückt das Kopenhagener Dokument der KSZE, Teil IV, Punkt 34, das insoweit wörtlich in den deutsch-polnischen Vertrag über

---

* Dr. iur., wissenschaftliche Referentin am Institut. Der nachfolgende Beitrag beruht auf dem Vortrag, den die Verf. am 20.10.1993 im Rahmen des vom Institut veranstalteten Kolloquiums "Das Minderheitenrecht europäischer Staaten" gehalten hat.

gute Nachbarschaft vom 17. Juni 1991 übernommen worden ist, mit der in der Akzentsetzung offenen Formel, daß der Schutz gewährleistet wird, "wo immer dies möglich und notwendig ist", die ständige Suche nach einem Kompromiß zwischen dem Erstrebenswerten und dem Machbaren aus und ist, so ist zu hoffen, darauf angelegt, daß im Laufe der Entwicklung das Nötige an Gewicht gewinnt, weil immer mehr möglich wird.

Auf dem Hintergrund dieser Vorbemerkungen soll im Folgenden untersucht werden, wie die Berücksichtigung von Minderheiten im Verkehr mit Behörden und Gerichten geregelt ist und ob sich ein Mindeststandard aus dieser Praxis ermitteln läßt, der, wo er noch nicht durchsetzbar ist, angestrebt werden sollte, um Minderheiten auch im Amtsverkehr adäquate Behandlung zuteil werden zu lassen.

II. Die Staatenpraxis

1. Vorbemerkung

a. Zunächst ist festzuhalten, daß der Schutz der Minderheiten vor Behörden und Gerichten sich ausschließlich auf den Aspekt der sprachlichen Besonderheit der Minderheiten bezieht; ihre ethnischen, kulturellen, religiösen oder sonstigen Merkmale bleiben dabei völlig außer Betracht, denn das auf sie anzuwendende Recht ist allein das Recht des Staates, in dem sie leben. Von den zwei Funktionen, denen die Sprache dient, nämlich einerseits Träger der Gedanken und somit Mittel der Entfaltung der Persönlichkeit des einzelnen oder einer Gruppe zu sein, und andererseits als Mittel der Kommunikation zwischen Mitgliedern einer nicht homogenen Gemeinschaft zu dienen, ist es diese zweite Funktion, die im Amtsverkehr vorrangig gefragt ist.

Der Gebrauch der eigenen Sprache im Amtsverkehr stellt sich damit als eine Maßnahme dar, die anders als die übrigen Aspekte des Minderheitenschutzes nicht primär und nicht ausschließlich vom Gedanken des Erhaltes und der Förderung der Sprache als Träger von Kultur und Identität der

Minderheit geleitet sind - was nicht ausschließt, daß dies auch einmal - so z.B. in der Schweiz und in Kroatien - ein Motiv für die Regelung der Amtssprachen ist[1]. Dennoch wird diese Aussage dadurch bestätigt, daß die Minderheitensprache bisweilen vor Behörden und Gerichten schon deshalb nicht benutzt werden könnte, weil sie nicht über eine entsprechende Rechtsterminologie verfügt und diese erst entwickelt werden muß, damit die Sprache vor Gericht verwendet werden kann. Als Beispiel sei auf die walisische Sprache vor englischen Gerichten verwiesen, sowie auf die besondere Kommission in Italien, die eingesetzt wurde, um eine Rechtsterminologie für die deutschsprachigen Südtiroler zu erarbeiten[2].

b. Eine weitere Feststellung, die nach Durchsicht der Landesberichte vorauszuschicken ist, betrifft die Tatsache, daß nicht **alle** Minderheiten im Verkehr mit Behörden und Gerichten berechtigt sind, sich ihrer Sprache zu bedienen, ja daß sie nicht einmal ohne weiteres Anspruch auf kostenlose Übersetzung haben, wie sie jedem sprachunkundigen Ausländer zusteht, wenn man, wie dies hier geschieht, die Staatsangehörigkeit des Staates, in dessen Gebiet die Minderheit lebt, als Qualifikationsmerkmal der Minderheit voraussetzt[3]. Auf diese Frage ist später noch näher zurückzukommen.

Die Tatsache, daß nicht alle Minderheiten ihre Sprache vor Behörden und Gerichten verwenden können, ist wiederum Ausdruck des notwendigen Kompromisses zwischen dem verständlichen Wunsch der Minderheit, sich

---

1 Vgl. *D. Richter*, Die rechtliche Stellung der Minderheiten in der Schweiz, in: J.A. Frowein/R. Hofmann/S. Oeter (Hrsg.), Das Minderheitenrecht europäischer Staaten, Teil I (1993), S. 308, 313 und *J. Marko*, Die rechtliche Stellung der Minderheiten in Kroatien, *supra* 103 ff.

2 Vgl. *T. Marauhn*, Die rechtliche Stellung der walisischen Minderheit in Großbritannien, in *op. cit.* Anm. 1, 160, 170, sowie *K. Oellers-Frahm*, Die rechtliche Stellung der Minderheiten in Italien, *ibid.*, 192, 203 f.

3 So die einhellige Definition in den neueren internationalen Instrumenten zum Minderheitenschutz im Rahmen der KSZE und des Europarats. Vgl. hierzu *R. Hofmann*, Minderheitenschutz in Europa. Überblick über die völker- und staatsrechtliche Lage, in Zeitschrift für ausländisches öffentliches Recht und Völkerrecht, 52 (1992), 2 f.

in jeder Situation ihrer Sprache bedienen zu können, und den Möglichkeiten des Staates, diesem Wunsch in Organisation und personeller Ausstattung nachzukommen. In der Praxis ist dieser Interessenkonflikt in unterschiedlicher Art gelöst worden. Immer aber ist festzustellen, daß Grundlage für die Zulassung der Minderheitensprache(n) vor Verwaltung und Justiz eine territoriale Konzentration der Minderheit ist, wobei die Minderheit bisweilen örtlich gesehen sogar die Mehrheit darstellt, in anderen Fällen eine bestimmte Minderheitendichte Voraussetzung für die Amtssprachenordnung ist[4].

Das heißt, daß sich die Sprachordnung ganz vorrangig nach dem **Territorialitätsprinzip** richtet, wonach Minderheiten in geschlossenen Siedlungsgebieten in der Regel im Rahmen der Föderalisierung oder Regionalisierung ein gewisses Maß an Autonomie gewährt wird, das grundsätzlich auch die Regelung der Sprachordnung umfaßt. Es bleibt diesen Gebietskörperschaften dann überlassen, die erforderlichen Maßnahmen zu ergreifen, um die Sprachgebiete und ihre Homogenität zu schützen. Dieses Prinzip liegt der Regelung Belgiens, Finnlands, Großbritanniens in bezug auf Wales, Italiens für drei Regionen mit Sonderstatut, Österreichs, der Schweiz, Spaniens, Ungarns und Rußlands zugrunde. Bisweilen ist es mit Elementen des anderen Leitprinzips des Minderheitenschutzes, des **Personalitätsprinzips**, kombiniert, z.B. in Finnland, Ungarn und Großbritannien. Das Personalitätsprinzip, das das individuelle Recht eines Minderheitenmitglieds umschreibt, seine Sprache benutzen zu können, mindestens aber Übersetzungen bzw. Dolmetschdienste auf Staatskosten zu erhalten, ist im Bereich des amtlichen Sprachgebrauchs jedoch in reiner Form nirgends verwirklicht, allerdings kommt das ungarische Minderheitengesetz vom 7.7.1993 dem sehr nahe. Ebenso sieht eine Reihe der Staaten des ehemaligen Ostblocks ausdrücklich zumindest vor Gerichten die meist unent-

---

4 So wird in Finnland bei 8% oder 3000 Einwohnern pro örtlicher Bezugsgröße die Mehrsprachigkeit im Amtsverkehr ermöglicht, in Österreich liegt der Prozentsatz in den anerkannten Minderheitengebieten bei 25%, in der ehemaligen Tschechoslowakei bei 20% und im italienischen Entwurf eines Minderheitengesetzes bei 15% landesweit und nicht nur in den Gebieten mit anerkannten Minderheiten.

geltliche Beiordnung eines Dolmetschers vor, wenn die Sprachkenntnise des Betroffenen in der Amtssprache unzureichend sind, so z.B. Litauen, Rumänien und Bulgarien, wobei die beiden letzteren ansonsten keinen Minderheitenschutz kennen. Damit ist also festzustellen, daß Streuminderheiten grundsätzlich keinen Rechtsanspruch darauf haben, ihre Sprache vor Behörden oder Gerichten zu benutzen, was jedoch Abweichungen in der Praxis nicht ausschließt.

c. Schließlich ist darauf zu verweisen, daß nicht alle Berichtsstaaten den Schutz von Sprachgemeinschaften dem Bereich des Minderheitenrechts zuordnen, was mit den Gründen des Entstehens der Gruppe eng zusammenhängt, hier aber nicht näher behandelt werden kann. Teilweise ergeben sich die Sonderrechte aus Berücksichtigung historisch gewachsener Volksgruppen (so z.B. in Spanien) oder Sprachgemeinschaften annähernd gleicher Stärke (z.B. in der Schweiz und in Belgien), ein Umstand, der hier aber nicht weiter zu berücksichtigen ist, zumal sich im Inneren dieser weitgehend homogenen Sprachgruppen in aller Regel auch wiederum Minderheitenprobleme stellen.

2. Die Regelungsmodelle

Diese Vorbemerkungen machen schon deutlich, daß die Sprachordnung im Amtsbereich unterschiedliche Ausgestaltungen aufweist, die sich jedoch, wenn man etwas vereinfacht, auf nur drei verschiedene Modelle zurückführen lassen. Dabei kommt es im vorliegenden Zusammenhang nicht darauf an, Details oder Nuancen zu berücksichtigen, sondern Schemata für den Schutz der Minderheitensprachen im Amtsverkehr aufzuzeigen, aus denen möglicherweise allgemeine Standards zu entnehmen sind.

Unter diesem Vorbehalt sind folgende drei Modelle aus den vorliegenden Berichten erkennbar:

a) Die Identität von National- und Amtssprache (unter Gewährung ausschließlich der Gleichbehandlung für Minderheiten);

b) Die Gemischtsprachigkeit; hierbei handelt es sich um die Zulassung von mehr als einer Sprache vor Behörden und Gerichten, die ihrerseits in drei verschiedenen Formen feststellbar ist:
   aa) dem Bestehen von zwei oder mehr offiziellen Amtssprachen;
   bb) der Gleichstellung einer oder mehrerer weiterer Sprachen mit der Amtssprache;
   cc) dem Recht des einzelnen, seine Sprache im Amtsverkehr zu benutzen.

   Alle drei Varianten führen zum gleichen Ergebnis, nämlich dem Recht auf Gebrauch der betroffenen Sprache(n) im Amtsverkehr.

c) Schließlich findet sich die örtliche Einsprachigkeit zugunsten einer - gesamtstaatlichen - Minderheit, die örtlich die ganz überwiegende Mehrheit darstellt, und die in ihrer Regelung wie das unter Punkt a) umschriebene Modell wirkt, indem es nämlich nur **eine** örtliche Amtssprache gibt. Dieses Modell wird jedoch im Vergleich zur Regelung unter a) wesentlich dadurch relativiert, daß es sich hier in der Regel um besondere Konstellationen handelt, die bereits landesweit zur Zulassung mehr als einer Amtssprache geführt haben.

In der Praxis entscheiden sich die Staaten nun nicht für das eine oder andere Modell, sondern wenden diese je nach der Situation in Kombination an, und selbst auf dem Gebiet von anerkannten Minderheiten ist die Regelung nicht unbedingt einheitlich, so daß ein abgestuftes bzw. gemischtes System des Minderheitenschutzes die Regel ist: Minderheiten, die im Rahmen der Dezentralisierung der Staaten mit eigener Gebietshoheit ausgestattet sind wie z.B. die Sprachgemeinschaften in Belgien, die inzwischen den Status von Regionen erlangt haben; drei Regionen mit Sonderstatut in Italien, insbes. Südtirol; die Kantone Bern, Freiburg, Wallis und Graubünden in der Schweiz und die Autonomen Gebiete in Spanien, sehen innerhalb ihres Zuständigkeitsbereichs wiederum Sprachordnungen für die örtlichen Minderheiten vor, wobei diese Regelungen nicht mit denen des übergeordneten Gebiets übereinstimmen müssen, sondern aufgrund des unterschiedlichen Verhältnisses von örtlicher Mehrheit und örtlicher Minderheit(en) sogar meist davon abweichen und auch ihrerseits wiederum nicht einheitlich für verschiedene Minderheiten sein müssen. Aber auch unter Berücksichtigung dieser Verflechtungen der Regelungsmodelle sind es doch immer nur die drei oben aufgezeigten Grundstrukturen, die zur Anwendung kommen. Daher sollen diese Modelle nun detaillierter betrachtet werden unter Benennung repräsentativer, ausgewählter Beispielsfälle, aber ohne Anspruch oder auch nur Absicht, die Praxis jeweils erschöpfend einzuordnen und darzustellen.

1. Modell a): Identität von National- und Amtssprache

Staaten, in denen die Verfassung National- und Amtssprache gleichsetzt und die über den Gleichheitssatz hinaus keine Minderheitenrechte kennen, lassen grundsätzlich keine Minderheitensprache(n) im Amtsverkehr zu. Dies ist insbesondere naheliegend in zentralistisch organisierten Staaten, die ganz allgemein bereits offiziell das Bestehen von Minderheiten ignorieren, so z.B. Frankreich und die Türkei, sowie Bulgarien, Griechenland und Rumänien[5]. Aber auch Staaten, die grundsätzlich das Vorhandensein von Minderheiten anerkennen und diese durchaus in bestimmten Bereichen fördern, kennen bisweilen nur **eine** Amtssprache, wie z.B. die Bundesrepublik Deutschland und Polen, sowie auch Lettland in seiner neuen Verfassung, die im Verkehr mit Behörden und Gerichten auch von Angehörigen der Minderheiten zu benutzen ist.

---

5 Für die Türkei ist darauf zu verweisen, daß der Minderheitenbegriff ausschließlich religiöse Minderheiten meint. Diese Definition liegt auch dem wichtigsten Rechtsdokument zum Minderheitenschutz, dem Vertrag von Lausanne von 1923, zugrunde. Dennoch enthält der Vertrag in Art. 39 Abs. 5 eine allgemeine Regelung für den Sprachgebrauch vor Gerichten, wonach "den türkischen Staatsangehörigen, die eine andere Sprache als Türkisch sprechen, ... ohne Rücksicht auf das Bestehen einer Amtssprache für die mündliche Benutzung ihrer eigenen Sprache vor Gericht die notwendigen Erleichterungen gewährt [werden]". Vgl. *C. Rumpf*, Die rechtliche Stellung der Minderheiten in der Türkei, in *op. cit.* Anm. 1, 448, 459 ff.; für Griechenland ist darauf zu verweisen, daß die Trennung von Staat und Kirche nicht vollzogen wurde und daher für Muslime die Mufti-Ämter einen Teil der zivilen Gerichtsbarkeit ausüben, vgl. *A. Filos*, Die rechtliche Stellung der Minderheiten in Griechenland, *supra* S.69; für Rumänien ist anzumerken, daß die Praxis offenbar nicht so strikt ist wie die Rechtsregeln vermuten lassen, vgl. *F. Böhmer*, Die rechtliche Stellung der Minderheiten in Rumänien, *supra* S.231.

Ein gewisses Einlenken ist aber auch in diesen Staaten festzustellen[6]: In Frankreich wird der Gebrauch von Minderheitensprachen und -dialekten in drei Departements zugelassen, wenn alle Beteiligten sich darauf einigen oder aber - und das gilt z.B. auch in Polen und Lettland - wenn die Kenntnis der Amtssprache ungenügend ist, was in der Praxis wohl nur selten der Fall ist. Auf diese letztgenannte Klausel, die an die Rechtssprechung des europäischen Gerichtshofs für Menschenrechte zu Art. 6 EMRK, der Gewährleistung eines fairen Verfahrens für sprachunkundige Angeklagte anknüpft, ist später noch zurückzukommen[7].

Auch in der Bundesrepublik Deutschland gibt es gewisse Ausnahmen für Friesen, Sorben und Dänen, wobei diese allerdings keinen Rechtsanspruch auf den Gebrauch ihrer eigenen Sprache haben. Eine Ausnahme gilt inzwischen für die Sorben aufgrund des Einigungsvertrages und den entsprechenden Ausführungsgesetzen[9]. Ebenfalls in Polen sind sprachliche Vorrechte für Minderheiten im Amtsbereich möglich, die sich aus neueren Rechtsnormen ergeben, denn das Dekret über die Amtssprachenregelung vom 30. November 1945 wird zumindest teilweise durch den deutsch-polnischen Vertrag über gute Nachbarschaft vom 17. Juni 1991 relativiert, der in Art. 20 Abs. 1 niederlegt, daß die Parteien sich bemühen, den Gebrauch der Minderheitensprache zu gewährleisten, "wo immer dies möglich und notwendig ist" - eine Klausel, die wohl nur Anspruch auf Gebrauch der eigenen Sprache gibt, wenn die Amtssprache nicht hinreichend beherrscht wird und der mit einer amtlichen Übersetzung

---

6 Eine Ausnahme bildet die Türkei, die in der Praxis auf einer strikten Anwendung des Gleichheitssatzes und des Diskriminierungsverbots besteht und damit gerade diese Grundrechte pervertiert zulasten von Minderheiten - immerhin 47 sind statistisch ermittelt -, was zu einem übermäßigen Assimilationsdruck führt. Vgl. *C. Rumpf*, Die rechtliche Stellung der Minderheiten in der Türkei, in *op. cit.* Anm. 1, 448, 483 ff.

7 Vgl. hierzu *J. Polakiewicz*, Die rechtliche Stellung der Minderheiten in Frankreich, *op. cit.* Anm. 1, 126, 139 ff.

9 Vgl. *M.J. Hahn*, Die rechtliche Stellung der Minderheiten in Deutschland, in *op. cit.* Anm. 1, 62, 83 ff.

Genüge getan sein wird[10]. Mit Blick auf das sich für Polen abzeichnende Minderheitenrecht ist aber davon auszugehen, daß der Minderheitenschutz auch vor Behörden und Gerichten im Laufe der Zeit verstärkt wird.
Erstaunlich ist vor diesem Hintergrund die sehr zurückhaltende Regelung des Gebrauchs der Minderheitensprache im Amtsverkehr in Deutschland. Hier sind es sicher nicht die mangelnden Finanzmittel, die der Regelung zugrundeliegen, denn im schulischen Bereich z.B. ist die Unterstützung für Minderheiten sehr großzügig. Es zeichnet sich aber inzwischen ein stärkeres Problembewußtsein in dieser Frage ab, das Ausdruck zunächst in vertraglich niedergelegten Bestimmungen gefunden hat, aber sich auch in der aktuellen politischen Diskussion, insbesondere im Rahmen der Verfassungsrevision, niederschlägt[11].

2. Modell b): Gemischtsprachigkeit

Neben den soeben genannten Staaten mit der für Minderheiten unbefriedigenden Zulassung nur einer Amtssprache, nämlich der Nationalsprache, erfolgt in einer ganzen Reihe von Staaten der Schutz der Minderheiten im amtlichen Verkehr durch Anerkennung der Gemischtsprachigkeit. Wie oben schon erwähnt, kann diese resultieren aus dem Recht auf Gebrauch der Muttersprache, der offiziellen Gleichstellung mehrerer Sprachen oder aber der Anerkennung der Minderheitensprache(n) als zusätzlicher Amtssprache. Da das Ergebnis jeweils die Gewähr des Gebrauchs der eigenen Sprache in dem betreffenden Gebiet ist, ist eine weitere Berücksichtigung der Ausgangslage nicht erforderlich.
Gemischtsprachigkeit findet sich in Gebieten, in denen die Minderheit(en) einen erheblichen , aber nicht den ganz überwiegenden Teil der örtlichen Bevölkerung stellt, wie z.B. in Belgien das Sprachgebiet Brüssel-Hauptstadt, in Italien die Regionen Trient-Südtirol, Aosta-Tal und Friaul-Julisch-Venetien, in der Schweiz v.a. der Kanton Graubünden; bisweilen ist eine prozentuale Mindestbegrenzung des Minderheitenanteils auf lokaler

---

10 Vgl. *M. Hošková*, Die rechtliche Stellung der Minderheiten in Polen, in *op. cit.* Anm. 1, 258, 266 und 278 f.

11 Vgl. *M.J. Hahn*, Die rechtliche Stellung der Minderheiten in Deutschland, in *op. cit.* Anm. 1, 69 ff.

Ebene, Gemeinde oder Bezirk, vorgesehen, um die Gemischtsprachigkeit zu begründen (in Finnland 8% oder 3000 Einwohner pro Gemeinde, in Österreich 25%, in der ehemaligen Tschechoslowakei 20% für die slowakische Teilrepublik und 15% im italienischen Gesetzentwurf *Labriola*, 50% in Kroatien). Ist der erforderliche Anteil erreicht, so besteht Anspruch auf Gebrauch der eigenen Sprache.

Interessant ist in diesem Zusammenhang die Entscheidung des Schweizerischen Bundesgerichts aus dem Jahre 1980, das für den Kanton Freiburg festlegte, daß jedenfalls bei einem Minderheitenanteil von 26% gegenüber der Mehrheit bzw. 23% Gesamtanteil an der Bezirksbevölkerung die bezirkliche Gemischtsprachigkeit noch zu Recht verweigert werden könne; dies sei aber nicht unbedingt verallgemeinerungsfähig und nicht unbedingt in gleicher Weise auf die Schulsprache übertragbar, was den Charakter der Amtssprache als schlichtes Kommunikationsmedium unterstreicht[12].

Auch in den Reformstaaten des ehemaligen Ostblocks ist aufgrund der Vielzahl der Volksgruppen auf das System der Gemischtsprachigkeit zurückgegriffen worden. So sieht die russische Verfassung vom 12.12.1993 in Art. 68 Abs. 1 zwar Russisch als Amtssprache vor, aber gemäß Art. 68 Abs. 2 bestimmen die Teilrepubliken selbst über ihre Staatssprache, die dann neben Russisch verwendet werden kann. In der Ukraine gilt aufgrund des Gesetzes über nationale Minderheiten vom 25.6.1992 ebenfalls Gemischtsprachigkeit in Gebieten, in denen die Mehrheit der Bevölkerung einer nationalen Minderheit angehört. In Slowenien ist Gemischtsprachigkeit auf lokaler Ebene für die in der Verfassung vom 23.12.1991 als "autochtone Volksgruppen" bezeichneten Italiener und Ungarn in den Gebieten zulässig, in denen diese Gruppen siedeln. Ebenso ist in Serbien gemäß Art. 8 Abs. 2 der Verfassung vom 28.9.1990 lokal Gemischtsprachigkeit zulässig.

---

12 Vgl. *D. Richter*, Die rechtlicher Stellung der Minderheiten in der Schweiz, in *op. cit.* Anm. 1, S. 341.

aa) Im *Behördenverkehr* ist dies auf lokaler Ebene durch entsprechende Besetzung der Ämter im allgemeinen nicht problematisch; der Gebrauch der Sprache richtet sich hier regelmäßig nach der Sprachzugehörigkeit des betroffenen Bürgers unter Androhung der Nichtigkeit des Aktes bei Nichtbefolgung dieser Vorschrift. Öffentliche Akte werden zwei- oder mehrsprachig erlassen, ebenso sind Ortsschilder und Behördenaufschriften u.ä. mehrsprachig. Der Minimalstandard der Realisierung der Gemischtsprachigkeit besteht in dem Anspruch auf amtliche Übersetzung oder die Beigabe eines Dolmetschers. Im allgemeinen gilt diese Regelung sowohl für die der Gebietshoheit unterstehenden Behörden als auch die des Zentralstaats in dem betreffenden Gebiet.

bb) Schwieriger gestaltet sich die Zulassung der Gemischtsprachigkeit vor *Gerichten*. Hierbei muß unterschieden werden zwischen Verfahren vor örtlichen Gerichten mit Sitz und Zuständigkeit im Bereich der besonderen Sprachordnung und denen vor höheren Gerichten mit überregionaler Zuständigkeit, selbst wenn sie ihren Sitz im Gebiet der besonderen Sprachordnung haben. Aus den Berichten ergibt sich nämlich durchgehend, daß die Zwei- oder Mehrsprachigkeit vor örtlichen Gerichten sich vor höheren Instanzen in der Regel nicht fortsetzt, so daß sich die Frage stellt, ob überhaupt und wenn, in welcher Form, der Schutz der Minderheiten hier fortzuführen ist.[13]

i) Vor **örtlichen** Gerichten wird der Gemischtsprachigkeit auf unterschiedliche Weise Rechnung getragen: eine erste Möglichkeit liegt darin, daß Wahlfreiheit bezüglich der anzuwendenden Sprache besteht und das Verfahren dann **ein**sprachig in der gewählten Sprache stattfindet. Das ist der Fall in Südtirol, in Österreich, in drei Kantonen der Schweiz (Freiburg, Wallis, Bern, wenn die Revision der Kantonsverfassung verabschiedet wird), grundsätzlich auch in Wales sowie in Serbien, Kroatien und Slowenien.

---

13 Dieses Problem stellt sich nicht in Staaten, die, wie Belgien, Finnland und die Schweiz, landesweit mehrere Amtssprachen zulassen, deren Gebrauch vor allen staatlichen Organen frei ist.

Nach der zweiten Möglichkeit kann das Verfahren selbst gemischtsprachig ablaufen und drittens wird die Gemischtsprachigkeit verwirklicht, indem die Minderheitensprache zwar nicht Verfahrenssprache ist, aber alle Akten und das Verfahren durch Beigabe eines Übersetzers oder Dolmetschers auf Staatskosten in die Minderheitensprache übertragen werden.
Da das Verfahren nach Möglichkeit nur in einer Sprache stattfinden sollte, ist bei Wahlmöglichkeit die Einigung der Parteien auf die Verfahrenssprache erforderlich. Erfolgt eine Einigung nicht, so wird unter Gewährleistung der Übersetzung der Prozeß in **einer** Sprache abgehalten, in der Regel der des Klägers, nur im Strafverfahren der des Beklagten (so z.B. in Südtirol). Allerdings ist es in der italienischen Region Südtirol inzwischen auch möglich, daß innerhalb des Verfahrens verschiedene Sprachen verwendet werden, ja daß der Rechtsbeistand einer Partei eine andere Sprache benutzt als sein Mandant[14].

Die Mindestgarantie in gemischtsprachigen Gebieten stellt die amtliche Übersetzung bei einer vorgegebenen Verfahrenssprache dar, eine Regelung, die relativ weit verbreitet ist. Sie findet sich z.B. in Finnland, Österreich, der ehemaligen Tschechoslowakei, im italienischen Aosta-Tal, sowie in Großbritannien für Wales, obwohl gerade für Wales darauf zu verweisen ist, daß der *Welsh Language Act* von 1967 ausdrücklich den Gebrauch der walisischen Sprache vor Gericht gewährleistet. Hier ist aber der fortgesetzte Gebrauch der englischen Sprache der naheliegende Ausweg aus dem Problem der noch weitgehend fehlenden walisischen Rechtsterminologie.
In den neuen Staaten des Ostens ist diese Regelung nahezu überall anzutreffen: in Rußland, in der Ukraine, in Litauen und Estland, die, wie oben betont, örtlich Gemischtsprachigkeit im Amtsverkehr zulassen, aber auch in den Staaten, die keinen ausdrücklichen Minderheitenschutz kennen, wie Bulgarien und Rumänien.

ii) Vor **höheren** Gerichten ist die Zulässigkeit des Gebrauchs auch anderer Sprachen als der nationalen Amtssprache(n) grundsätzlich nicht

14 Vgl. *K. Oellers-Frahm*, Die rechtliche Stellung der Minderheiten in Italien, in *op. cit.* Anm. 1, 192, 203.

vorgesehen. Abgesehen von den Sonderregeln für Belgien, Finnland und die Schweiz mit ihrer Mehrzahl von Amtssprachen, ist das Recht auf Gebrauch der Minderheitensprache ausdrücklich auf Gerichte mit Sitz im jeweiligen Gebiet der gemischten Sprachordnung beschränkt[15].

Regelungen für den Gebrauch der Minderheitensprache vor höheren Gerichten sind die seltene Ausnahme. So findet sich nur im italienischen Bericht ein Hinweis darauf, daß ein in Südtirol deutsch- oder zweisprachig begonnenes Verfahren vor dem Kassationshof bzw. dem Staatsrat, dem höchsten ordentlichen bzw. Verwaltungsgericht, in jedem Fall auf Italienisch fortgesetzt wird, wobei jedoch eine Übersetzung auf Kosten des Gerichts erfolgt[16]. Für die Schweiz bestehen Sonderregelungen in den Kantonen Bern, Freiburg, Wallis und Graubünden zumindest bis zur Instanz des Kantonsgerichts, im übrigen gilt die allgemeine Amtssprachenregelung. In Österreich scheint ein Recht auf Verhandlungsführung in einer Minderheitensprache auch bei Verfahren vor dem Verwaltungsgerichtshof und dem Verfassungsgerichtshof möglich zu sein, was aber wohl noch nicht offiziell bestätigt ist[17], und in Serbien kann die eigene Sprache auch vor dem Verfassungsgericht benutzt werden in Übereinstimmung mit Art. 123

---

15 Vgl. z.B. für Wales den *Welsh Language Act* von 1967, Section 1 bei *T. Marauhn*, Die rechtliche Stellung der walisischen Minderheit in Großbritannien, in *op. cit.* Anm. 1, 168; Art. 99 des Statuts für Südtirol, bei *K. Oellers-Frahm*, Die rechtliche Stellung der Minderheiten in Italien, *ibid.*, 201, für Österreich Art. 7 Abs. 3 des Wiener Staatsvertrages vom 15. Mai 1955, bei *T. Marauhn*, Die rechtliche Stellung der Minderheiten in Österreich, *ibid.*, 235 ff. und für Spanien Art. 231 Abs. 2 des Gerichtsverfassungsgesetzes, bei *S. Oeter*, Die rechtliche Stellung der Minderheiten in Spanien, *ibid.* 383 f.; für Rußland Art. 18 Abs. 1 des Sprachgesetzes vom 25.10.1991, das nach wohl h.M. weiterhin gilt, vgl. bei *M. Hošková*, Die rechtliche Stellung der Minderheiten in Rußland, *supra* S. 261 f.; für Kroatien Art. 13 der Verordnung über Art und Voraussetzungen des Gebrauchs von Sprache und Schrift der Volksgruppen in Verfahren vor Verwaltungsbehörden und Organisationen mit öffentlichen Befugnissen, die noch aus dem sozialistischen System stammt, bei *J. Marko*, Die rechtliche Stellung der Minderheiten in Kroatien, *supra* S. 108, sowie für Slowenien, *ders.*, Die rechtliche Stellung der Minderheiten in Slowenien, *supra* S. 336 f.

16 Vgl. *K. Oellers-Frahm*, Die rechtliche Stellung der Minderheiten in Italien, in *op. cit.* Anm. 1, 204.

17 Vgl. *T. Marauhn*, Die rechtliche Stellung der Minderheiten in Österreich, in *op. cit.* Anm. 1, 238.

der Verfassung vom 28.9.1990, der ein Grundrecht auf Verwendung der eigenen Sprache im Verfahren vor Gerichten und anderen Staatsorganen enthält[18].

Damit ist also festzustellen, daß sich vor höheren Gerichten der Schutz der Minderheiten nicht fortsetzt, ja daß nicht einmal die Übersetzung in die Minderheitensprache überall garantiert ist. Hierin liegt eine Inkonsequenz, die wohl v.a. auf die Kompetenzverteilung zwischen Zentralstaat und Gebietskörperschaften bei der Sprachordnung zurückzuführen ist, die diesen Zustand zwar erklären, aber nicht rechtfertigen kann. Darauf ist später zurückzukommen.

3. Modell c): Einsprachigkeit zugunsten der örtlichen Mehrheit

Ein "umgekehrtes" Minderheitenproblem ergibt sich dort, wo in einem territorial begrenzten Gebiet nahezu ausschließlich **eine** Sprachgruppe vertreten ist. Es handelt sich hierbei um die Staaten, die sich aus mehreren, annähernd gleich großen, zusammenhängend siedelnden Sprachgruppen zusammensetzen und dieser Tatsache durch die Form der Dezentralisierung sowie z.T. Anerkennung mehrerer Amtssprachen Rechnung getragen haben. Zu nennen sind hier insbesondere Belgien mit seiner besonderen Regelung in Art. 23 der Verfassung, sowie die Schweiz, die in Art. 116 Abs. 2 der Verfassung die Sprachen der drei großen Sprachgruppen als Amtssprachen anerkennt, aber Sonderregelungen für einige Kantone vorsieht, die ihrerseits **ein**sprachige Bezirke haben, z.B. Bern, Freiburg, Wallis und Graubünden, sowie auch Finnland insbesondere mit seiner Regelung für die Aland-Inseln.

In diesen Staaten ist die örtliche Amtssprache allein die der örtlichen Mehrheit, eine Regelung, die für die örtlichen Mehrheiten sicher als großzügig anzusehen ist, aber für die dortigen Minderheiten nachteilig ist. Denn im örtlichen Behördenverkehr gilt hier nur **eine** Amtssprache, die der ört-

---

18 Vgl. demgemäß Art. 16 a) ff. Gesetz über die amtliche Verwendung der Sprachen und Alphabete vom 27.7.1991, *J. Marko*, Die rechtliche Stellung der Minderheiten in Serbien, *supra* S. 295 f.

lichen Mehrheit, obwohl in der Praxis z.T. Spracherleichterungen für Angehörige der örtlichen Minderheit(en) gewährt werden.

Obwohl in Rußland und der Ukraine vergleichbare Ausgangssituationen angetroffen werden, ist hier nicht das Modell der örtlichen Einsprachigkeit zugunsten der örtlichen Mehrheit gewählt worden. In diesen Staaten tritt vielmehr jeweils die Sprache der örtlichen Mehrheit neben die offizielle Staatssprache, Russisch bzw. Ukrainisch, so daß diese in jedem Fall angewendet werden kann und damit die Nachteile für die örtliche Minderheit vermieden werden, eine Regelung, für die vieles spricht.

Im Gerichtswesen hingegen gilt in diesen Gebieten nicht grundsätzlich dasselbe, da gerade in Staaten mit dieser Konstellation die Gerichtsordnung oft in zentraler Zuständigkeit verbleibt, damit die allgemeine Amtssprachenregelung die örtliche überlagern kann. Zu verweisen ist z.B. auf die spanische Regelung, die sich aus dem zentralstaatlichen Gesetz über die Gerichtsverfassung ergibt, das in Art. 231 das Kastilische als Verfahrenssprache vorschreibt, in Abs. 2 dann allerdings Ausnahmen für die Autonomen Gemeinschaften zuläßt[19].

Dort, wo auch vor Gerichten nur die Amtssprache der örtlichen Mehrheit verwendet wird, stellt sich grundsätzlich wiederum im Instanzenzug die Frage nach der Fortschreibung des Minderheitenprivilegs. Allerdings wird, wie bereits dargelegt, hier die Problemlage z. T. dadurch entschärft, daß in diesen Staaten auf nationaler Ebene mehr als eine Amtssprache anerkannt ist.

Eine sicher beispielhafte Regelung für den Schutz der Minderheitensprache im gerichtlichen Instanzenzug findet man daher allein in Belgien. Die belgische Lösung führt den Minderheitenschutz im Gerichtswesen konsequent durch, obwohl gerade diesbezüglich Ausnahmen von der allgemeinen Anerkennung des freien Gebrauchs der Sprachen nach der

---

19 Vgl. *S. Oeter*, Die rechtliche Stellung der Minderheiten in Spanien, in *op. cit.* Anm. 1, 383 f.

Verfassung möglich wären[20]. Da aber Art. 23 der Verfassung Einschränkungen des freien Sprachgebrauchs der drei Landessprachen Niederländisch, Deutsch und Französisch, nur "für Handlungen der öffentlichen Gewalt und für Gerichtsangelegenheiten" zuläßt, bleibt für den einzelnen Bürger auch in diesen Bereichen die Wahlmöglichkeit bestehen, allenfalls wird dieses Recht durch Verweisung an ein Gericht im Sprachraum seiner bevorzugten Sprache gewährleistet[21]. Nur beim Gebrauch der Sprache seitens der Behörden oder Gerichte können daher Ausnahmen bestehen, die z.B. die Ausfertigung des Urteils oder die Bereitstellung von Dolmetsch- und Übersetzungsdiensten betreffen. Die Berücksichtigung der freien Sprachenwahl geht so weit, daß selbst der Schiedshof, der die Funktion eines Verfassungsgerichts ausübt, seine Urteile nicht nur in Niederländisch und Französisch, die durch Gesetz im Gerichtswesen gleichgestellt sind [22], sondern auch Deutsch verfaßt, wenn das Verfahren in Deutsch eingeleitet wurde oder wenn die Nichtigkeit einer Norm festgestellt wird.

Hier ist also das **subjektive Recht** des einzelnen auf Gebrauch seiner Sprache von der ersten bis zur letzten Instanz gewährleistet, dem auf Gerichtsseite als Mindestgarantie die Bereitstellung von Übersetzungs- und Dolmetschdiensten gegenübersteht. Dieses sicher vorbildliche Modell ist in Belgien aufgrund der besonderen Sprachstrukturen der Bevölkerung ohne große Probleme zu realisieren und daher, obwohl dies wünschenswert wäre, auf andere Staaten wohl kaum übertragbar, zumal das Vorhandensein von nur drei räumlich konzentriert siedelnden "Minderheiten" bzw. Sprachgruppen ein weiterer günstiger Faktor ist.

---

20 Art. 23 der Verfassung lautet: "Der Gebrauch der in Belgien gesprochenen Sprachen ist frei; er darf nur durch Gesetz und allein für Handlungen der öffentlichen Gewalt und für Gerichtsangelegenheiten geregelt werden."

21 Vgl. *R. Mathiak*, Die rechtliche Stellung der Minderheiten in Belgien, in *op. cit.* Anm. 1, 1, 22 ff.

22 *Ibid.*, 34 f.

III. Internationale Regelungen

Nach der Betrachtung der Regelungen zum Schutze der Minderheiten vor Behörden und Gerichten anhand der nationalen Berichte ist nunmehr kurz zu prüfen, ob die soeben dargelegten Regelungen, Sprachgebrauch nur nach dem Territorialitätsprinzip und zufriedenstellend allenfalls in gemischtsprachigen Gebieten, den bestehenden internationalen Anforderungen entspricht. Denn, wie eingangs erwähnt, ist die Aktivität internationaler Gremien im Bereich des Minderheitenschutzes seit dem Zusammenbruch des Blocksystems sehr intensiv gewesen und spiegelt daher mit ihren Regelungsentwürfen einen Überblick über den aktuell konsensfähigen Stand des Minderheitenschutzes wider, auch wenn keines der in Betracht gezogenen Instrumente in Kraft ist. Im einzelnen handelt es sich um die nur politisch verbindlichen Dokumente der KSZE (Kopenhagener Dokument über die Menschliche Dimension vom 29. Juni 1990, die Charta von Paris über ein neues Europa sowie das Genfer Dokument vom 19. Juli 1991), die am 18. Dezember 1992 von der Versammlung der Vereinten Nationen angenommene "Erklärung über die Rechte von Angehörigen nationaler oder ethnischer, religiöser und sprachlicher Minderheiten", den Konventionsentwurf vom 8. Februar 1991 der Kommission für Demokratie durch Recht (Venedig-Kommission), den Entwurf der Parlamentarischen Versammlung des Europarats für ein Minderheitenprotokoll zur EMRK vom 28. Mai 1992 sowie den Entwurf des Europarats einer "Europäischen Charta der Regional- und Minderheitensprachen" vom 5. November 1992[23].

Während alle diese Instrumente das Recht auf den freien Gebrauch der eigenen Sprache im privaten Bereich bestätigen, sind die Regeln für den amtlichen Verkehr wenig präzise oder fehlen, wie im Entwurf der Vereinten Nationen, völlig. Das Kopenhagener Dokument der KSZE, das für

---

23 Zu den älteren Instrumenten vgl. *J.P. Gromacki*, The Protection of Language Rights in International Human Rights Law: A Proposed Draft Declaration of Linguistic Rights, Virginia Journal of International Law 32 (1992), 515 ff.

die Diskussion des Minderheitenrechts richtungsweisend war, legt z.B. in Teil IV, Punkt 34 nieder

> "die Teilnehmerstaaten werden sich darum bemühen, Angehörigen nationaler Minderheiten, ungeachtet der Notwendigkeit, die offizielle Sprache oder die offiziellen Sprachen des betreffenden Staates zu erlernen, in Einklang mit den anwendbaren nationalen Rechtsvorschriften entsprechende Möglichkeiten für den Unterricht ihrer Muttersprache... sowie, wo immer dies möglich und notwendig ist, für deren Gebrauch bei Behörden zu gewährleisten".

Das Genfer Expertentreffen hat diese Bestimmung nicht nur nicht näher konkretisieren können, sondern den Gebrauch der Muttersprache im Amtsverkehr überhaupt nicht erwähnt.

Ähnlich vage wie die Kopenhagener Bestimmung ist Art. 8 des Entwurfs der Venedig-Kommission. Hier wird das Erfordernis eines bestimmten Bevölkerungsanteils der Minderheit, ohne irgendwelche konkretere Angaben, vorausgesetzt, damit ein Anspruch auf Gebrauch der eigenen Sprache im Verkehr mit politischen, administrativen oder gerichtlichen Behörden der Region entsteht, was allerdings auch wiederum unter dem sehr weiten Vorbehalt "as far as possible" steht. Dieser Vorbehalt ist hingegen im Entwurf des Minderheitenprotokolls zur EMRK nicht enthalten, der in Art. 7 Abs. 3 das Recht auf Gebrauch der eigenen Sprache "im Umgang mit den Verwaltungsbehörden sowie in Verfahren vor Gericht und Rechtsinstanzen" festschreibt, allerdings mit der schon von der Venedig-Kommission bekannten Einschränkung, daß dies nur in Regionen gilt, " in denen sich ein wesentlicher Teil einer nationalen Minderheit niedergelassen hat", also wiederum die Ausrichtung am Territorialitätsprinzip. Eine auf den ersten Blick wesentlich detailliertere Regelung enthält die Europäische Charta der Regional- und Minderheitensprachen in Art. 9, der der Sache nach aber auch nicht weiter geht als die bereits angeführten Dokumente, da Absatz 1 eine weite Vorbehaltsklausel enthält, wonach die Vertragsparteien eine Verpflichtung zur Berücksichtigung der Minderheiten- bzw. Regionalsprache nur übernehmen "bezüglich derjenigen Gerichtsbezirke, in denen die Zahl der Einwohner, welche die Regional- oder Minderheitensprachen benutzen, die nachstehenden Maßnahmen rechtfertigt, entsprechend der Lage, in der sich jede dieser Sprachen befindet, und unter der Bedingung, daß die Nutzung der durch diesen Absatz gebotenen Möglichkeiten nach Auffassung des Richters eine ordentliche Rechtspflege nicht behindert".

Ähnlich ist Artikel 10 Abs. 1 abgefaßt, der den Gebrauch der eigenen Sprache vor Verwaltungsbehörden und öffentlichen Versorgungsleistungen betrifft. Er stellt ebenfalls auf den Anteil der Einwohner anderer Sprachen ab und verpflichtet die Parteien zur Berücksichtigung dieser Sprachen nur "im Rahmen des Zumutbaren". Hier sind so viele Kautelen eingebaut, daß nicht mehr viel konkret Verpflichtendes vorhanden ist, außer dem Aufzeigen von gutem Willen.

Damit läßt sich, ohne auf diese Instrumente näher einzugehen, feststellen, daß konkrete Maßstäbe aus diesen Regelungen nicht zu gewinnen sind, daß sich aber abzeichnet, daß die Berücksichtigung von Minderheitensprachen im Amtsverkehr von einer zahlenmäßigen örtlichen Stärke abhängig gemacht wird, sich also am Territorialitätsprinzip ausrichtet, und somit nur gruppenrechtlich orientiert gewährt wird - wie dies ja auch in der bestehenden Praxis der verschiedenen Staaten ganz überwiegend gehandhabt wird.

Daß dieser Ausgangspunkt nur zu einem unzureichenden Minderheitenschutz führt, da nicht alle Minderheiten erfaßt werden, wurde schon betont. Dem steht aber regelmäßig der Gedanke der Zumutbarkeit als Kriterium der Zulassung von anderen als der oder den Amtssprache(n) in den internationalen Instrumenten gegenüber.

Die Aufnahme der Klausel der Zumutbarkeit scheint insbesondere deshalb angemessen und verständlich, da gerade die Staaten, in denen sich gegenwärtig dringende Minderheitenfragen stellen, nämlich die neuen

Demokratien im ehemaligen Ostblock, vor zahlreichen großen Aufgaben stehen, die alle erheblichen finanziellen Aufwand erfordern, weshalb in diesem Rahmen ein allmähliches Vorgehen verständlich ist. Das wäre eine befriedigende Erklärung, wenn nicht in diesem Zusammenhang auffallen würde, daß eine derartige Zumutbarkeitsklausel in den genannten internationalen Instrumenten nicht in gleicher Weise z.B. für den Bereich der Bildung vorgesehen ist, obwohl auch hier nicht unerhebliche Aufwendungen des Staates zur Realisierung dieses Rechts erforderlich sind. Daraus läßt sich auf eine unterschiedliche Gewichtung der einzelnen Bereiche des Minderheitenschutzes schließen, die wiederum nicht ganz ungerechtfertigt erscheint, und die z.B. auch in nationalen Entscheidungen angeklingt; verwiesen sei hier nochmals auf die Entscheidung des Schweizerischen Bundesgerichts von 1980, das die Übertragbarkeit des Erfordernisses von bestimmten Anteilen der Minderheit in der örtlichen Bevölkerung zur Begründung der Gemischtsprachigkeit vor Gerichten auch auf die Schulsprache nicht ohne weiteres für angezeigt hält.

Gerade im Amtsverkehr ist die zurückhaltende Regelung der Rechte der Minderheiten einerseits Ausdruck der Notwendigkeit, ein gemeinsames Kommunikationsmittel für das Zusammenleben der Bürger im Staat und mit dem Staat zu haben, zum anderen ist sie auch im Zusammenhang mit der Definition der Minderheit zu sehen, die in allen genannten Instrumenten das Kriterium der Staatsangehörigkeit des Staates, auf dessen Gebiet die Minderheit lebt, enthält. Damit wird, wohl zurecht, grundsätzlich vorausgesetzt bzw. zumindest im Sinne des Kopenhagener KSZE-Dokuments erstrebt, daß die Minderheiten die offizielle Sprache des Staates, dessen Staatsangehörigkeit sie haben, kennen oder erlernen[24], so daß die Zulassung auch ihrer Sprachen im Amtsverkehr mehr in die Richtung eines Entgegenkommens des Staates geht als tatsächlich ein Erfordernis der Wahrung der Identität der Minderheiten erfüllt[25]. Ohne in die Diskussion über das Kriterium der Staatsangehörigkeit der Minderheiten eintreten zu wollen, ist aber die Frage zu stellen, was im Falle der

24 So z.B. ausdrücklich Art. 3b) Abs. 1 der bulgarischen Verfassung.

25 Vgl. *M. Tabory*, Language Rights as Human Rights, Israel Yearbook on Human Rights, 10 (1980), 167 ff.

durchaus vorhandenen Ausnahmen zu dieser Regel gilt, also für Minderheitenangehörige, die die offizielle Sprache nicht hinreichend oder gar nicht beherrschen, um sich im Behörden- und Gerichtsverkehr mit der ohnehin oft auch für die sprachmächtigen Bürger komplizierten Fachsprache zurechtzufinden.

Diese Situation kann sich durchaus ergeben, und zwar eher für Gebiete mit Minderheitenprivilegien als für Streuminderheiten. Wenn nämlich in unterer Instanz die Wahl der Gerichtssprache frei ist, also eine Konfrontation mit der sehr speziellen Rechtsterminologie nicht notwendigerweise erfolgt, könnte in der Tat ein Sprachdefizit vorliegen. Dies erscheint umso naheliegender, wenn man, im Vorgriff auf den Beitrag von T. Marauhn, darauf verweist, daß z.T. in den Gebieten mit großem Minderheitenanteil Kindergärten, Schulen und sogar Universitäten angeboten werden, die ausschließlich die Minderheitensprache benutzen, so daß die Minderheitenangehörigen im täglichen Leben und im Laufe ihrer schulischen Ausbildung nicht gezwungen sind, die Nationalsprache zu erlernen.

Nach der Rechtslage in fast allen westlichen Berichtsstaaten, nämlich Belgien, Italien, Finnland, Schweiz, Spanien, Großbritannien, Österreich - die neuen Staaten des ehemaligen Ostblocks haben sich allerdings erfreulicherweise weitgehend zu einer anderen Lösung, Anspruch auf Übersetzung, entschieden -, und ebenfalls nach den Regelungen der internationalen Entwürfe zum Minderheitenschutz werden diese Personen, ebenso wie Streuminderheiten, überhaupt nicht geschützt, haben also grundsätzlich keinen Anspruch, ihre Sprache vor Gerichten und Behörden zu gebrauchen und haben ebenfalls keinen Anspruch auf Zuweisung eines Dolmetschers oder Übersetzers aufgrund ihrer Zugehörigkeit zu einer Minderheit.

Diese Sachlage legt aber dann die Frage nahe, ob die allgemeinen individualrechtlichen Menschenrechtsinstrumente, insbesondere für die hier betrachteten Staaten die EMRK, vielleicht ausreichenden Schutz bieten, um diese Minderheitenangehörigen vor Behörden und Gerichten adäquat zu berücksichtigen.

IV. Der menschenrechtliche Status der Minderheitensprachen

Die EMRK enthält ausschließlich für den Verkehr mit Gerichten eine Sprachregelung. Nach Art. 6 Abs. 3 e) ist nämlich zum Zwecke der Verständigung mit dem Gericht die kostenlose Zuweisung eines Dolmetschers vorgesehen, wenn "der Angeklagte die Verhandlungssprache des Gerichts nicht versteht oder sich nicht darin ausdrücken kann". Rechtsprechung des Gerichtshofs liegt bisher allein bezüglich der Anwendung dieser Vorschrift auf Ausländer vor[26], bei denen die Unkenntnis der Gerichtssprache in der Regel klar erkennbar ist. Für Minderheitenangehörige würde grundsätzlich dieselbe Vermutung gelten, wenn sie nicht Staatsangehörige des Staates wären, auf dessen Gebiet sie leben. Da aber das Kriterium der Staatsangehörigkeit inzwischen ganz überwiegend als Begriffsmerkmal von Minderheiten herangezogen wird, um die Verpflichtungen des Staates beim Minderheitenschutz in den heutigen multikulturellen Gesellschaften sinnvoll zu begrenzen, ist zu fragen, ob Minderheitenangehörigen hieraus ein Nachteil erwachsen könnte. Bei Staatsangehörigen gilt allgemein die Vermutung der Kenntnis der Nationalsprache, so daß die Zuweisung eines Dolmetschers in Strafverfahren wegen unzureichender Kenntnis der Gerichtssprache anders als allgemein bei Ausländern wohl an verschärfte Kriterien des Nachweises gebunden sein würde. Aufgrund entsprechender Äußerungen der Europäischen Menschenrechtskommission kann aber gar kein Zweifel daran bestehen, daß bei einer derartigen Konstellation grundsätzlich Art. 6 Abs. 3 e) EMRK zur Anwendung kommen würde[27]. Ob aber schon verstärkte Anforderungen an den Nachweis der Sprachunkenntnis als eine

---

26 Vgl. die Entscheidungen im Fall *Luedicke*, *Belkacem* und *Koc* von 1979 sowie *Öztürk* von 1984, EuGRZ 1979, 34 sowie 1985, 62. Vgl. hierzu auch *J.A. Frowein/W. Peukert*, Europäische Menschenrechtskonvention, EMRK-Kommentar, 1985, zu Art. 6, S. 180, Randnummer 139 ff.

27 Vgl. hierzu insbesondere den Fall *Bideault* gegen Frankreich, No. 11261/84 vom 6. Dezember 1986, sowie noch deutlicher die Entscheidung im Fall *Arnau* gegen Spanien, No. 13054/87, Entscheidung vom 13. Juli 1989, in denen deutlich wird, daß ein Minderheitenangehöriger, der zurecht geltend macht, daß er die Landessprache nicht beherrscht, Anspruch auf einen Dolmetscher in Strafverfahren hat.

Benachteiligung der Minderheiten im Sinne einer Ausländerungleichbehandlung angesehen werden können, ist durchaus fraglich, und läßt sich angesichts des Fehlens allgemeiner Kriterien für die Nachprüfung der Sprachkenntnis nicht eindeutig beantworten. Nach der hier vertretenen Auffassung jedoch ist eine Ausländerungleichbehandlung von Minderheiten bei höheren Anforderungen an den Nachweis der Sprachunkenntnis nicht gegeben.
Damit ist also ein ausreichender Schutz von Minderheitenangehörigen beim Gebrauch der eigenen Sprache vor Gerichten nach der EMRK sichergestellt, wenn auch seine Beschränkung allein auf Strafverfahren und ausschließlich auf Gerichte zu eng erscheint.

Dennoch ist es von diesem Befund dann aber nur noch ein kleiner logischer Schritt zu der Feststellung, daß dieser Standard auch allgemein als erforderlicher Minimalschutz für Minderheiten akzeptabel ist, allerdings nicht beschränkt auf Strafverfahren, sondern ganz allgemein im Behörden- und Gerichtsverkehr, wenn die Nichtzuweisung eines Dolmetschers eine Verletzung des Prinzips des *fair trial* darstellen würde. Eine ganz allgemeine Zuweisung bei jedem Behörden- oder Gerichtsgang würde, das ist offensichtlich, jedes vertretbare Maß sprengen.

Damit wäre als Individualrecht, also auf der Grundlage des Personalitätsprinzips, der Mindeststandard erreicht, der als Ausfluß des gruppenbezogenen Rechts in gemischtsprachigen Gebieten gewährleistet wird, und der auch in internationalen Instrumenten, besonders deutlich in Art. 9 und 10 der Europäischen Charta der Regional- und Minderheitensprachen, als minimale Gewährleistung aufgestellt ist. Daß diese Lösung, Zuweisung eines Dolmetschers vor Behörden und Gerichten bei unzulänglicher Sprachkenntnis, der nach der EMRK geforderte, aber auch ausreichende Minimalstandard ist, findet Bestätigung darin, daß genau diese Regelung in fast allen Staaten des ehemaligen Ostblocks, die um Aufnahme in den Europarat nachgesucht und diese z.T. inzwischen erlangt haben, und die daher Minderheitengesetze erlassen haben, anzutreffen ist. Dies gilt z.B. für Polen, Rumänien, Bulgarien, Ungarn, Lettland, Litauen, Estland, Kroatien, Serbien und Rußland, wobei allerdings Estland, Rumänien, Bulgarien und

Litauen die Beiordnung eines Dolmetschers nur vor Gericht, und hier auch nicht in jedem Fall unentgeltlich, vorsehen[28]. Damit wird der Minderheitenschutz im Bereich der Amtssprachenregelung auf die Ebene des allgemeinen Menschenrechtsschutzes gestellt mit der Folge, daß ein besonderes Minderheitenprivileg nicht vorgesehen werden muß, was allerdings nur in Rumänien und Bulgarien der Fall ist. Eine wohl erstrebenswerte, aber in der Praxis nicht überall realisierbare Alternative zu diesem unabdingbaren Mindeststandard wäre in der Gewährleistung eines entsprechenden, ausdrücklich den Minderheitenangehörigen eingeräumten Rechts zu sehen, das diesen generell vor Behörden und Gerichten den Gebrauch der eigenen Sprache unter Zuweisung eines Dolmetschers zusichert.

V. Schlußbemerkungen

Das Ergebnis, zu dem die von den Landesberichten und den internationalen Instrumenten vermittelte Sachlage führt, kann nur sehr begrenzt als zufriedenstellend angesehen werden:
nur in gemischtsprachigen Gebieten ist der Minderheit bzw. den Minderheiten ein Recht auf Gebrauch ihrer Muttersprache vor Behörden und Gerichten zugesichert, solange der örtliche Rahmen bzw. die örtliche Zuständigkeit nicht überschritten werden. Die anderen beiden aufgezeigten Modelle berücksichtigen Minderheiten grundsätzlich nicht, sondern wenden allein die landesweite oder örtliche Mehrheitssprache an. Daß in der Praxis hier z.T. Spracherleichterungen für Minderheiten eingreifen, ändert nichts daran, daß ohne rechtliche Verfestigung ein adäquater Minderheitenschutz nicht gegeben ist. Schließlich ist als weiteres, erhebliches Defizit der untersuchten Praxis festzustellen, daß von vornherein alle nicht territorial konzentriert siedelnden Minderheiten, die Streuminderheiten, unberücksichtigt geblieben sind, auch wenn diese z.T. einen nicht unerheblichen Anteil der örtlichen Bevölkerung bilden.

---

28 Vgl. hierzu die jeweiligen Berichte von *M. Hošková* für Rußland, *supra* S. 262, Bulgarien, *supra* S. 13, Litauen, *supra* S. 196 und Rumänien, *supra* S. 229 f.; *J. Marko* für Serbien, *supra* S. 296 und Kroatien, *supra* S. 107 ff.; *H.-J. Uibopuu* für Estland, *supra* S. 40.

Selbst wenn man in Ausführung der internationalen Instrumente, die alle in unterschiedlicher Formulierung vom Territorialitätsprinzip ausgehen, eine nähere Konkretisierung des für das Wirksamwerden des Schutzes erforderlichen Anteils der örtlichen Bevölkerung vornehmen würde, z.B. in Anlehnung an den italienischen Gesetzentwurf eine Dichte von 15% auf örtlicher Ebene, Gemeinde oder Bezirk, festlegen würde, so blieben doch wiederum alle geringeren Minderheitenkonzentrationen unberücksichtigt.

Daher drängt sich doch immer wieder jedenfalls als Mindeststandard eine Lösung auf, die nicht von den Gruppenrechten der Minderheit ausgeht, sondern von den Individualrechten der Minderheitenangehörigen, und die sich nicht nach Bevölkerungsanteilen richtet, sondern nach dem Stand der Sprachkenntnisse des einzelnen. Wer die vor Behörden und Gerichten verwendete Sprache nicht hinreichend beherrscht, muß das Recht auf kostenlose Übersetzung haben, wie es jedem Angeklagten zumindest im Rahmen der Mitgliedstaaten des Europarats, allerdings nur beschränkt auf Strafverfahren, zusteht, wenn ansonsten der Grundsatz des *fair trial* verletzt würde. Das Kriterium der Staatsangehörigkeit als Vermutung zugunsten der Kenntnis der Sprache heranzuziehen, kann daher nur als **widerlegliche** Vermutung verstanden werden, da gerade auch andere Bereiche des Minderheitenschutzes, insbesondere im Rahmen der Kultur- und Bildungspolitik, sich hemmend auf das grundsätzlich notwendige und erstrebenswerte Erlernen der Nationalsprache auswirken können. Damit bietet sich also die Orientierung allein am Stand der - nachzuprüfenden - Sprachkenntnisse an, um im Behörden- und Gerichtsverkehr Minderheitenangehörigen ein faires Verfahren zuzusichern, und das umso mehr, als sich gezeigt hat, daß selbst großzügige Sprachregelungen zugunsten der Minderheiten gravierende Lücken aufweisen, die Minderheitenangehörige unangemessen benachteiligen. Die Regelungen der neuen Staaten im Osten sind als Bestätigung dieser Forderung zu begrüßen.

Auch unter dem Aspekt der Zumutbarkeit erscheint der hier gefundene Mindestanspruch realistisch und seine Inanspruchnahme begrenzt, da

Minderheitenangehörige in aller Regel die Sprache des Staates, in dem sie leben, kennen.

Diese Erwägungen führen zu dem Ergebnis, daß als Mindeststandard ein Individualrecht auf Zuweisung eines Dolmetschers bei mangelnden Sprachkenntnissen gewährleistet sein sollte, und zwar nicht nur in Strafverfahren, sondern vor Behörden und Gerichten, wenn dies erforderlich ist, um das Recht auf ein faires Verfahren zu wahren. Dieses Recht allerdings muß nicht als ein minderheitenspezifisches Recht ausgestaltet sein, sondern als ein allgemeiner menschenrechtlicher Anspruch, der allein aus dem Stand der Sprachkenntnis erwächst, unabhängig von der Zugehörigkeit zu einer Minderheit. Damit wäre dann, als Mindestgarantie - denn darüberhinausgehende privilegierende Minderheitenregelungen sind natürlich willkommen - keine andere Regelung erforderlich als die, die für jede Person mit unzureichender Sprachkenntnis gilt. Diese Lösung hätte den weiteren großen Vorteil, daß die Frage der Zugehörigkeit zu einer in einer besonderen Sprachordnung nicht berücksichtigten Sprachgruppe oder einer Streuminderheit unerheblich ist.

Auch einer Gegenüberstellung der Interessen der Minderheiten und des Staates, auf dessen Gebiet sie leben, hält dieses Ergebnis stand, das einen Ausgleich zwischen dem Wunsch auf Gebrauch der eigenen Sprache und dem staatlichen Interesse an der Einheitlichkeit des Staates sowie einer wirtschaftlich effektiven Organisation finden muß. Es ist nicht unbillig, dem Minderheitenangehörigen das Erlernen der Sprache des Staates, dessen Staatsangehöriger er ist, zuzumuten; es ist andererseits auch nicht unbillig, den Staat für Dolmetsch- und Übersetzungskosten aufkommen zu lassen, wenn dieser Stand noch nicht erreicht ist und ohne Dolmetscher ein faires Verfahren nicht durchgeführt werden kann. Daß zum Erreichen der Kenntnis der Nationalsprache insbesondere die Minderheitenpolitik im Bereich der schulischen Ausbildung eine wesentliche Rolle spielt, klang schon an und verdeutlicht abermals, daß Minderheitenschutz und das legitime Interesse des Staates an einem gewissen Grad von Integration - und das ist ja durchaus etwas anderes als Assimilation - einander nicht ausschließen, sondern sich ergänzen müssen. Gerade in dem so wesentlichen Bereich der Kommunikation der Bürger in dem Staat und mit dem Staat ist die Bedeutung der Sprache als gemeinsames, verbindendes Medium unbestreitbar und gestattet daher m. E. eine andere, geringere Förderung als sie der Sprache in ihrer Eigenschaft als Träger der Kultur der Minderheit zukommen sollte. Insofern ist der menschenrechtliche Schutz, wie ihn die EMRK vorgibt, für den Bereich des Amtsverkehrs als Mindeststandard akzeptabel und stellt im Sinne des eingangs zitierten Kopenhagener KSZE-Dokuments das "Notwendige" dar, solange mehr noch nicht möglich ist.

Der Status von Minderheiten im Erziehungswesen und im Medienrecht

THILO MARAUHN*

I. Einführung

Sowohl auf nationaler als auch auf internationaler Ebene spielt das Recht zum Gebrauch der Minderheitensprache eine zentrale Rolle für den Minderheitenschutz[1]. Dies ist nicht weiter verwunderlich, denn Sprache schafft Identität. Nationen und Minderheiten definieren sich weitgehend durch ihre gemeinsame Sprache. Gerade im Kontext des minderheitenspezifischen Erziehungswesens verdient das Verhältnis zwischen Sprache, Gesellschaft und Kommunikation denn auch besondere Beachtung. Illustrativ ist insoweit das in der Soziolinguistik entwickelte Konzept der kommunikativen Kompetenz[2]. Danach beinhaltet Sprachfähigkeit nicht nur

---

* Dr. iur., wissenschaftlicher Referent am Institut. Der nachfolgende Beitrag beruht auf einem Vortrag, den der Verf. am 20.10.1993 im Rahmen des vom Institut veranstalteten Kolloquiums "Das Minderheitenrecht europäischer Staaten" gehalten hat.

Abkürzungen: AJIL = American Journal of International Law; BGE = Entscheidungen des Schweizerischen Bundesgerichts; BVerfGE = Entscheidungen des Bundesverfassungsgerichts; BVerwGE = Entscheidungen des Bundesverwaltungsgerichts; DGVR = Deutsche Gesellschaft für Völkerrecht; EGMR = Europäischer Gerichtshof für Menschenrechte; EMRK = Europäische Menschenrechtskonvention; EuGRZ = Europäische Grundrechte-Zeitschrift; GG = Grundgesetz; GVBl. = Gesetz- und Verordnungsblatt; HRLJ = Human Rights Law Journal; IPBPR = Internationaler Pakt für bürgerliche und politische Rechte; JBl. = Juristische Blätter; öBGBl. = österreichisches Bundesgesetzblatt; VfGH = Verfassungsgerichtshof; ZBl. = Schweizerisches Zentralblatt für Staats- und Gemeindeverwaltung; ZP = Zusatzprotokoll.

1 Zu Art. 27 IPBPR jüngst *S. Spiliopoulou*, Protection of Minorities under Article 27 of the International Covenant on Civil and Political Rights and the Reporting System of the Human Rights Committee, in: F. Horn/T. Tervashonka (Hrsg.), Writings in Human and Minority Rights. Juridica Lapponica 8 (1994), 57 ff., 73: "Language rights are probably the most essential part of the provision."

2 Einführend zum Begriff der kommunikativen Kompetenz *D.C. Kochan*, Vorwort, in: ders. (Hrsg.), Sprache und kommunikative

die grammatisch korrekte Verwendung von Sprache, sondern auch die Kenntnis sozial und kulturell determinierter Normen für das Verfassen und Verstehen von Äußerungen sowie die Beachtung der angemessenen Gebrauchskontexte. Über die Aneignung der Sprache innerhalb und mittels einer bestimmten Sozialstruktur hinaus geht es im Bildungs- und Erziehungswesen auch um die Aneignung der sozialen Wirklichkeit im Hinblick auf bestimmte Einstellungen und Wertungen mittels der Sprache. Dabei ist zu bedenken, daß schon allein Sprachformen gelegentlich eine ideologisierende Wirkung entfalten können. Sprache ist nämlich nicht nur Reflex sozialer Beziehungen, sondern in hohem Maße auch Mittel zum Aufbau und Erhalt einer sozialen Praxis.

Vor diesem Hintergrund kommen dem Erlernen der Minderheitensprache und ihrem Gebrauch als Unterrichtssprache im folgenden besondere Bedeutung zu. Allerdings bleiben die Ausführungen nicht darauf beschränkt. Es wird vielmehr weiter die Frage aufzuwerfen sein, inwieweit die Realisierung eines minderheitenspezifischen Bildungs- und Erziehungswesens sich in erster Linie als privatgesellschaftliche Aufgabe darstellt, für die der Staat nur einen Freiraum schaffen muß, oder als eigene Angelegenheit des Staates zu begreifen ist. Dabei wird ähnlich wie in der Privatschulfrage das Spannungsverhältnis zwischen gesellschaftlicher Autonomie und Staatsräson im Bildungs- und Erziehungswesen aufzuwerfen sein. Ob alles "auf die Ausbildung des Menschen in der höchsten Mannigfaltigkeit"[3] ankommen soll oder ob Zweck des Staates die Verwirklichung der Vernunft ist und diese "in der sich durchdringenden Einheit der Allgemeinheit und der Einzelheit"[4] besteht, wie es ideengeschichtlich in den unterschiedlichen Positionen von *Wilhelm von*

Kompetenz. Theoretische und empirische Beiträge zur sprachlichen Sozialisation und Primärsprachdidaktik (1973), 7 ff., 9 f.; näher zu den funktionalen Rollen von Sprachen *D. Hymes*, Modelle für die Wechselwirkung von Sprache und sozialer Situierung, in: D.C. Kochan (Hrsg.), *ibid.*, 80 ff.

3 *W. v. Humboldt*, Bildung und Sprache (besorgt von C. Menze, hrsg. von T. Rutt [1979]), 10, zit. nach *L.T. Lemper*, Privatschulfreiheit. Zur Genese, Praxis und Chance eines Grundrechtes (1989), 27.

4 *G.W.F. Hegel*, Grundlinien der Philosophie des Rechts (hrsg. von J. Hoffmeister [1956]), 208, zit. nach *Lemper*, *ibid.*, 23.

Humboldt einerseits und von *Hegel* andererseits zum Ausdruck kommt[5], ist im Kontext der Minderheitenproblematik neu zu hinterfragen. Dabei ist zu bedenken, daß der freiheitlich-humanistische Pluralismus, der das Gemeinwohl nicht im vorgegebenen Staatszweck, sondern erst im Ringen der gesellschaftlichen Mannigfaltigkeit um den richtigen Weg erblickt, die Diskussion um den Minderheitenschutz in Europa befördern kann. Nicht ohne Grund gewinnt in der jüngeren völkerrechtlichen Diskussion die wechselseitige Interdependenz von Menschenrechten, Minderheitenrechten und Demokratie zunehmend an Bedeutung[6].

Schließlich wird - auch in Anbetracht der mit einer minderheitenfreundlichen Ausgestaltung des Schul- und Erziehungswesens verbundenen finanziellen Belastungen - Tendenzen nachzugehen sein, die über den Grundsatz der Rechtsgleichheit und Nichtdiskriminierung erheblich hinausgehen. Die Notwendigkeit staatlicher Duldung und Förderung bei der Pflege und Erhaltung minderheitenspezifischer Besonderheiten kann letztlich auch zu "Ansprüchen auf Absonderung und auf rechtsungleiche Behandlung im Verhältnis zur Mehrheit"[7] führen. Wie die Erörterung der neueren völkerrechtlichen Bemühungen im Bereich des Minderheitenschutzes zeigen wird, dürften entsprechende Ansprüche sich alsbald auch in Richtung auf Justiziabilität entwickeln[8]. Diese Fragen werden besonders auch im letzten Teil der vorliegenden Ausarbeitung zu bedenken sein, wenn es um den Zugang zu und die Förderung von Presse, Funk und Fernsehen im Interesse von Minderheiten geht.

Die vielfältigen Möglichkeiten, dem Minderheitenschutz in der Ausgestaltung des Erziehungswesens Rechnung zu tragen, sollen anhand von

---

5 Zur Bedeutung des ideengeschichtlichen Hintergrunds für die Privatschuldiskussion vgl. *Lemper, ibid.*, 21 ff.

6 Zur Entwicklung eines Demokratiegebots im Völkerrechts vgl. *T.M. Franck*, The Emerging Right to Democratic Governance, AJIL 86 (1992), 46 ff.

7 *L. Wildhaber*, Menschen- und Minderheitenrechte in der modernen Demokratie (Rektoratsrede vom 27.11.1992). Baseler Universitätsreden, 88. Heft (1992), 18.

8 *Id.*; vgl. dazu auch unten II.2.

Regelungsmodellen, die sich aus der vergleichenden Untersuchung des Minderheitenrechts europäischer Staaten ableiten lassen, erläutert werden. Dabei ist auch zu prüfen, ob diese Modelle unter Berücksichtigung internationaler, insbesondere europäischer Bemühungen, Schlußfolgerungen auf einen europäischen (Mindest-)Standard zulassen. Eine Bewertung der einzelnen Regelungsmodelle soll nicht nur deren Eignung zum Erreichen internationaler "Vorgaben" zum Gegenstand haben, sondern auch die Diskussion der Frage vorbereiten, wie im Erziehungswesen - unter Vermeidung von Assimilation und Segregation - Minderheitenschutz durch Integrationsmodelle erfolgen kann.

II. Erziehungswesen

1. Überblick über nationale Regelungsmodelle

Jedenfalls dort, wo eine Minderheit nicht über das gesamte Staatsgebiet verteilt ist, sondern in einem relativ geschlossenen Gebiet siedelt, in dem sie vielleicht sogar die relative Mehrheit der Bevölkerung ausmacht, bieten sich Regelungen mit territorialem Bezug an. Entsprechendes gilt für Staaten, deren Bevölkerungsstruktur sich einer Aufteilung in Mehrheit und Minderheit verschließt, weil es sich um zahlenmäßig nahezu gleich große Gruppen handelt, die sich zudem jeweils auf bestimmte Gebiete verteilen. Zum Schutz und Erhalt solcher tradierter Sprach- und Siedlungsgebiete knüpfen einschlägige Bestimmungen - ebenso wie die Normen, die den Status der Minderheitensprachen vor Behörden und Gerichten regeln[9] -, vielfach[10] an das Territorialitätsprinzip an[11]. Zweifellos wird den jeweiligen

---

9 Vgl. dazu oben *K. Oellers-Frahm*, Der Status der Minderheitensprache vor Behörden und Gerichten.

10 Nicht alle betroffenen Staaten knüpfen in den einschlägigen Bestimmungen unmittelbar an das Territorialitätsprinzip an; gleichwohl ergibt sich eine territoriale Begrenzung des Minderheitenschulwesens schon durch die Siedlungsgebiete der Minderheiten und aufgrund zahlenmäßiger Voraussetzungen für die Einrichtung von Minderheitenschulen bzw. -klassenverbänden oder -zügen.

Bevölkerungsgruppen dadurch ein besonderer Schutz zuteil. Zugleich aber werden möglicherweise vorhandene Segregationstendenzen gefördert. Des weiteren besteht die Gefahr, daß der Einzelne Einschränkungen seiner gegebenenfalls individualrechtlich garantierten Sprachenfreiheit erleidet. Dies gilt insbesondere dann, wenn keine Möglichkeit besteht, die Wirkung des Territorialitätsprinzips zu umgehen, etwa dadurch, daß Eltern ihre Kinder zum Zwecke anderssprachigen Unterrichts in eine Nachbargemeinde schicken. Gleichwohl entschied in der Schweiz das Verwaltungsgericht Bern im Fall *Hartmann u.a. gegen Einwohnergemeinde Nidau*[12] ähnlich wie das Schweizer Bundesgericht im Rechtsfall *Derungs*[13], das Territorialitätsinteresse überwiege das individuelle Sprachinteresse. Im *Belgischen Sprachenfall* erkannte der Europäische Gerichtshof für Menschenrechte, daß eine auf dem objektiven Kriterium des Territorialitätsprinzips beruhende Regelung nicht willkürlich und diskriminierend sei. Weder Art. 14 EMRK i.V.m. Art. 2 S. 1 des I. Zusatzprotokolls noch Art. 8 EMRK würden verletzt[14]. Dennoch erscheint eine ausschließlich am Territorialitätsprinzip orientierte Regelung bedenklich, jedenfalls dann, wenn es relative Minderheiten oder eine stärkere Streuung der einzelnen Bevölkerungsgruppen gibt. So ist es nicht verwunderlich, daß das Territorialitätsprinzip gelegentlich durch Elemente des Personalitätsprinzips gelockert wird - dies zum Teil lediglich aufgrund behördlicher

---

11 Zur besonderen Bedeutung des Territorialitätsprinzips in der Schweiz vgl. *D. Richter*, Die rechtliche Stellung der Minderheiten in der Schweiz, in: J.A. Frowein/R. Hofmann/S. Oeter (Hrsg.), Das Minderheitenrecht europäischer Staaten, Teil 1. Beiträge zum ausländischen öffentlichen Recht und Völkerrecht, Band 108 (1993), 308 ff., 326 ff. S. außerdem *S. Oeter*, Die rechtliche Stellung der Minderheiten in Spanien, in: *ibid.*, 369 ff., 391 f. sowie *R. Mathiak*, Die rechtliche Stellung der Minderheiten in Belgien, in: *ibid.*, 1 ff., 44.

12 Bernische Verwaltungsrechtsprechung (BVR) 1976, 283 ff. sowie ZBl. 1977, 234 ff., jeweils in Auszügen. Mehrfach hatte das Schweizer Bundesgericht Gelegenheit im Kontext der Schulsprache Aussagen über die Reichweite von Sprachenfreiheit einerseits und Territorialitätsprinzip andererseits zu treffen; vgl. dazu *Richter* (Anm. 11), 351 f.

13 BGE 100 I a 462 (= EuGRZ 1975, 103).

14 Urteil des EGMR vom 23.7.1968, EUGRZ 1975, 298 ff., 303.

Praxis[15]. Im Gegensatz zum Gebrauch von Minderheiten- oder Regionalsprachen vor Behörden und Gerichten ist eine solche Lockerung des Territorialitätsprinzips zumindest in bezug auf Kindergärten, Vorschulen und Primarschulen in Anbetracht der längeren und intensiveren Bindung an die Erziehungseinrichtung von größerer Bedeutung.

Beachtung verdient das Verhältnis von Personalitäts- und Territorialitätsprinzip im Minderheitenschulwesen Kärntens. Grundsätzlich gilt in Kärnten aufgrund von Art. 7 Z. 2 des Staatsvertrags von Wien vom 15. Mai 1955[16] das Personalitätsprinzip. In einem Erkenntnis vom 15. Dezember 1989[17] unterscheidet der österreichische Verfassungsgerichtshof dann allerdings zwischen einer allgemeinen Garantie für jeden Minderheitsangehörigen in Kärnten (Personalgarantie) und einer gesteigerten, territorial gebundenen Garantie für Minderheitsangehörige im "autochthonen Siedlungsgebiet" der Minderheit[18]. Hier führt das Territorialitätsprinzip zu einem höheren Schutzniveau[19]. Nach Auffassung des VfGH entspricht nur eine Kombination von Sprachgebiets- und Personalschutz dem Geist und Wortlaut von Art. 7 Z. 2 des Staatsvertrags von Wien.

Zum Verhältnis zwischen Territorialitäts- und Personalitätsprinzip ist schließlich anzumerken, daß die Verknüpfung von Minderheiten-Schutz-

---

15 S. dazu hinsichtlich des Schweizer Kantons Freiburg *Richter* (Anm. 11), 353 f.; zur Durchbrechung des in Art. 4 des belgischen Gesetzes vom 30.7.1963 über den Sprachgebrauch im Unterrichtswesen enthaltenen Territorialitätsgrundsatzes vgl. *Mathiak* (Anm. 11), 1 ff., 46 ff., insbes. 48 f.

16 öBGBl. Nr. 152/1955.

17 VfGH JBl. 112 (1990), 645 ff.

18 Vgl. dazu *T. Marauhn*, Die rechtliche Stellung der Minderheiten in Österreich, in: Frowein/Hofmann/Oeter (Anm. 11), 225 ff., 249 ff.; ausführlich *P. Pernthaler*, Personalitätsprinzip und Territorialitätsprinzip im Minderheitenschulwesen, JBl. 112 (1990), 613 ff., 615 f.

19 *Pernthaler* (*ibid.*, 61) weist darauf hin, daß aus der Rechtsprechung des VfGH folge, daß das Personalitätsprinzip nicht gegen das Territorialitätsprinzip ausgespielt werden dürfe und der inzwischen in den autochthonen Siedlungsgebieten erreichte Schutz auf den für ganz Kärnten geltenden verfassungsrechtlichen Mindeststandard heruntergesetzt werden dürfe.

rechten mit dem tradierten Siedlungsgebiet einer Minderheit nach dem Territorialitätsprinzip zwar wichtig ist, man aber nicht außer acht lassen darf, daß "die moderne Wirtschafts- und Gesellschaftsordnung sehr stark von räumlicher Mobilität und Urbanisierung traditionell ländlicher Gebiete in Richtung von "zentralen Orten" mitgeprägt ist."[20] Gerade mit Blick auf das Schulwesen ist *Pernthaler* zuzustimmen, wenn er fortfährt: "Die teilweise Öffnung des Minderheitenrechts gegenüber diesen Wanderungsbewegungen durch die Kombination von Territorialitäts- und Personalitätsprinzip scheint daher grundsätzlich ein moderner und zukunftsorientierter Aspekt des Minderheitenrechts"[21] zu sein.

a. Unterrichtssprache/Unterrichtsgegenstand (während der Pflichtschulzeit)

Mittlerweile werden Minderheiten- oder Regionalsprachen in staatlichen Schulen zumindest als Unterrichtsgegenstand regelmäßig angeboten[22]. Gelegentlich besteht sogar eine gesetzliche Verpflichtung, eine bestimmte

---

20 *Ibid.*, 618.

21 *Id.*

22 In Bulgarien haben die Schüler mit anderer Muttersprache als Bulgarisch lediglich das Recht, ihre Muttersprache außerhalb staatlicher Schulen "unter dem Schutz und der Kontrolle des Staates" zu erlernen. Gemäß Art. 1 der Verordnung Nr. 232 des Ministerrats vom 29.11.1991 wird nunmehr die jeweilige nicht-bulgarische Muttersprache von der dritten bis zur achten Klasse der Gemeindeschulen als fakultatives Fach unterrichtet. Vgl. oben *M. Hošková*, Die rechtliche Stellung der Minderheiten in Bulgarien, unter III. - Eine für die Minderheitsangehörigen erheblich schlechtere und dem europäischen Trend nicht entsprechende Lage ist in Serbien und der Türkei vorzufinden. In Serbien wurde trotz des - zwar unter Gesetzesvorbehalt stehenden - in Art. 32 Abs. 4 der neuen serbischen Verfassung von 1990 den Angehörigen anderer Nationen und Nationalitäten gewährten Grundrechts auf Bildung in ihrer Sprache mit Gesetz vom 21.5.1992 der Gebrauch der Minderheitensprachen im Unterricht drastisch eingeschränkt. Dazu und besonders zur Lage in der Vojvodina und im Kosovo vgl. oben *J. Marko*, Die rechtliche Stellung der Minderheiten in Serbien, unter III. Zur Situation in der Türkei vgl. *C. Rumpf*, Die rechtliche Stellung der Minderheiten in der Türkei, in: Frowein/Hofmann/Oeter (Anm. 11), 448 ff., 491 f.

Mindestzahl an Wochenstunden anzubieten[23]. Das Angebot erstreckt sich zumeist auf die gesamte Pflichtschulzeit. In einigen Staaten sind Regionalsprache und Amtssprache des Staates in gleichem Umfang zu erlernen[24].

Als Unterrichtssprache werden Minderheiten- oder Regionalsprachen vorrangig in Primarschulen eingesetzt[25]. Allerdings wird ein solcher Unterricht gelegentlich auch an eine Mindestschülerzahl geknüpft oder nicht notwendigerweise wohnortnah angeboten. So hat das spanische Verfassungsgericht klargestellt, daß aus der Verfassung keinerlei subjektives Recht folge, die Schulerziehung der Kinder in der von den Eltern gewünschten Sprache (auch wenn dies Kastilisch ist) in einer bestimmten, möglichst wohnortnahen Schule zu erlangen[26]. In Ungarn räumte zwar schon das 1985 erlassene Gesetz über das Bildungswesen die Möglichkeit ein, daß Kinder von Minderheitsangehörigen entweder in ihrer Muttersprache oder zweisprachig unterrichtet würden; Lehrer- und Geldmangel führen allerdings - wie die ungarische Regierung selbst einräumt - zu erheblichen Defiziten in der Praxis[27]. Wird der Primarschulunterricht in der Regionalsprache erteilt, stellt sich die Frage, wann das Erlernen der zweiten - regelmäßig der Amtssprache des Staates -

---

23 Vgl. dazu beispielsweise die Bestimmungen einzelner Autonomer Gemeinschaften in Spanien, *Oeter* (Anm. 11), 391 ff.

24 In Katalonien sind die katalanische und die kastilische Sprache in allen Schulzweigen und auf allen Ebenen der Schulerziehung zwingend als Schulfächer zu unterrichten; vgl. dazu *Oeter*, *ibid.*, 389. - Das Erlernen der jeweiligen Zweitsprache ist in der von der italienischen Volksgruppe besiedelten Küstenregion Sloweniens für Slowenen und Italiener obligatorisch; vgl. dazu oben *J. Marko*, Die rechtliche Stellung der Minderheiten in Slowenien, unter V.

25 In Frankreich gibt es für die Vermittlung selbst eines Teils der allgemeinen Lehrinhalte in einer der Regionalsprachen bislang keine gesetzliche Grundlage; allerdings haben Privatschulen und wenige öffentliche Schulen einen solchen Unterricht auf experimenteller Grundlage eingerichtet. Vgl. dazu *J. Polakiewicz*, Die rechtliche Stellung der Minderheiten in Frankreich, in: Frowein/Hofmann/Oeter (Anm. 11), 126 ff., 150. - Zu den mit dem Territorialitätsprinzip in der Schweiz verbundenen Problemen vgl. allerdings *Richter* (Anm. 11), 350 ff.

26 S. dazu *Oeter* (Anm. 11), 397 m.w.Nachw.

27 Vgl. dazu *G. Nolte*, Die rechtliche Stellung der Minderheiten in Ungarn, in: Frowein/Hofmann/Oeter (Anm. 11), 501 ff., 520 ff.

einsetzt. Häufig ist die Zweitsprache schon in der Grundschule zu erlernen[28]. Allerdings gibt es zum Teil selbst innerhalb eines Landes erhebliche Unterschiede. So beispielsweise in Belgien[29]: Dort setzt normalerweise der Unterricht in der Zweitsprache erst ab dem fünften Schuljahr ein, in Brüssel und in den Gemeinden mit Sonderstatut allerdings schon ab dem dritten Schuljahr; in den deutschsprachigen Primarschulen beginnt der Französischunterricht, früher als gesetzlich vorgeschrieben, bereits im ersten Schuljahr mit zwei Wochenstunden und in spielerischer Form auch schon im Kindergarten. Die Gründe für eine so unterschiedliche Ausgestaltung sind nicht nur in unterschiedlichen sprachpolitischen, sondern auch in unterschiedlichen pädagogischen Auffassungen zu suchen.

Über den Primarschulunterricht hinaus gibt es sehr unterschiedliche Regelungsmodelle. Die Spannweite reicht vom Angebot des kompletten Sekundarschulunterrichts in der Minderheitensprache (so beispielsweise das System des Sprachseparatismus in der italienischen Region Trient-Südtirol) über gemischte Modelle (ein Teil des Unterrichts in der Minderheitensprache, ein Teil in der Staatssprache - so beispielsweise in Belgien in einem Teil der Schulen des deutschen Sprachgebiets) bis hin zur Rückführung der Minderheitensprache auf den Unterrichtsgegenstand (so beispielsweise die Situation der kroatischen Sprache im Burgenland).

Jedenfalls vom normativen Befund her gehen die Neuregelungen in einer Reihe osteuropäischer Staaten über die bislang beschriebenen Tendenzen hinaus. Zweifel an der Realisierbarkeit solcher normativen Vorgaben scheinen allerdings nicht nur im Hinblick auf die Finanzierbarkeit

---

28 So beispielsweise in Finnland (s. dazu *R. Hofmann*, Die rechtliche Stellung der Minderheiten in Finnland, in: Frowein/Hofmann/Oeter [Anm. 11], 108 ff., 115), in Kärnten (*Marauhn* [Anm. 18], 248) und in Trient-Südtirol, wo in den deutschsprachigen Schulen ab dem zweiten Grundschuljahr Italienisch, in den italienischen Schulen ab dem zweiten Grundschuljahr Deutsch zu lehren ist (*K. Oellers-Frahm*, Die rechtliche Stellung der Minderheiten in Italien, in: Frowein/Hofmann/Oeter [Anm. 11], 192 ff., 213).

29 *Mathiak* (Anm. 11), 46, 48.

angebracht[30]. Dennoch verdient allein schon die Bereitschaft, die legislativen Grundlagen für einen zukunftsorientierten Minderheitenschutz zu schaffen, Beachtung. So werden in der Ukraine[31] und in Rußland[32] das Recht auf Bildung und Erziehung in der jeweiligen Muttersprache grundsätzlich gewährleistet: Sowohl Art. 25 Abs. 1 des ukrainischen Sprachgesetzes als auch die russische Verfassung und Art. 9 Abs. 1 des russischen Sprachgesetzes[33] garantieren die freie Wahl der Unterrichtssprache. Während dann in der Ukraine das Erlernen der russischen und der ukrainischen Sprache in den allgemeinbildenden Schulen obligatorisch ist, gilt dies in Rußland gemäß Art. 10 Abs. 2 Sprachengesetz nur für die mittleren und höheren Bildungseinrichtungen. Auch die rumänische Verfassung gewährleistet in Art. 32 Abs. 3 den Minderheitsangehörigen das Recht, ihre Sprache zu erlernen und in dieser unterrichtet zu werden[34]. Zwar steht diese Bestimmung unter Gesetzesvorbehalt. Die - mangels Verabschiedung des Schulgesetzes auf Rechtsverordnungen gestützte[35] - Praxis seit 1990 gibt dem Unterricht in der Minderheitensprache jedoch tatsächlich erheblichen

30 Ob die russischen Ressourcen ausreichen, damit der Staat seinen in Art. 9 des Sprachengesetzes genannten Verpflichtungen nachkommen kann, scheint alles andere als sicher zu sein; zu den Verpflichtungen vgl. oben *M. Hošková*, Die rechtliche Stellung der Minderheiten in Rußland, unter III. Auch die Realisierbarkeit des Regierungsprogramms der litauischen Regierung für die Ausbildung der nationalen Minderheiten in Litauen in den Mittel- und höheren Schulen vom 31.7.1991 kann in Zweifel gezogen werden, wenn man sich dessen hohen Anspruch vor Augen führt. Ohne zusätzliche finanzielle Hilfe aus dem Ausland dürften die Bemühungen gerade auch in Anbetracht der angespannten Haushaltslage nur begrenzt Chancen auf Erfolg haben. S. dazu oben *M. Hošková*, Die rechtliche Stellung der Minderheiten in Litauen, unter III.

31 Vgl. dazu oben *M. Hošková*, Die rechtliche Stellung der Minderheiten in der Ukraine, unter III.

32 S. dazu *Hošková*, Die rechtliche Stellung der Minderheiten in Rußland (Anm. 30), unter III.

33 Zu den Grenzen vgl. insbesondere Art. 9 Abs. 4 und 5 des Sprachengesetzes, *Hošková*, *ibid.*, unter III.

34 Vgl. oben *F. Böhmer*, Die rechtliche Stellung der Minderheiten in Rumänien, unter III.1.

35 Zuletzt Verordnung Nr. 283 vom 21.6.1993, Monitorul Oficial Nr. 171 vom 22.7.1993 (Maßnahmen betreffend den Unterricht im Schul-/Hochschuljahr 1993/94 (Art. 59 ff.).

Raum. In den drei baltischen Staaten finden sich im Vergleich zum russischen oder ukrainischen Modell zum Teil zwar restriktivere Regelungen[36]. So ist in Estland[37] beispielsweise vorgesehen, daß bis zum Jahr 2000 in staatlichen und örtlichen Gymnasien auf die estnische Unterrichtssprache überzugehen ist. Gleichwohl ist die grundsätzliche Gewährleistung des Rechts auf Unterricht in der Minderheitensprache in allen drei baltischen Staaten vor allem auch im Hinblick auf ihre Geschichte und ihr durch den hohen russischen Bevölkerungsanteil kompliziertes Verhältnis zu Rußland beachtlich.

Um sowohl Assimilations[38]- als auch Segregationstendenzen[39] zu vermeiden, scheint ein Modell vorzugswürdig, das in der Vorschulerziehung und in der Primarschule den Schwerpunkt auf den Gebrauch der Minderheitensprache als Unterrichtssprache legt, um dann im Sekundarunterricht

---

36 Vgl. dazu *Hošková*, Die rechtliche Stellung der Minderheiten in Litauen (Anm. 30), unter III; *D. Lentz/H. Müller*, Die rechtliche Stellung der Minderheiten in Lettland, unter III. Für Estland vgl. den Text zur nachfolgenden Anm.

37 Dazu näher oben *H.-J. Uibopuu*, Die rechtliche Stellung der Minderheiten in Estland, unter IV.

38 Unglücklicherweise werden Integration und Assimilation häufig begrifflich nicht sorgfältig voneinander getrennt. Anders schon die ILO-Konvention Nr. 107 (International Labour Organisation Convention [No. 107] Concerning the Protection and Integration of Indigenous and Other Tribal and Semi-Tribal Populations in Independent Countries, abgedruckt bei H. Hannum [Hrsg.], Documents on Autonomy and Minority Rights [1993], 9 ff.), die in Art. 2 Abs. 2 zwischen Assimilation und Integration unterscheidet; allerdings ist die Konvention vor dem Hintergrund damals herrschender Assimilationstendenzen gleichwohl kritisch zu bewerten (dazu insbesondere *P. Thornberry*, International Law and the Rights of Minorities [1991], 343 ff.). Wenn im vorliegenden Zusammenhang von Integration die Rede ist, so ist damit die **identitätswahrende (!) Integration** in Abgrenzung von Assimilation und Segregation gemeint.

39 Wenig überzeugend, weil auf Segregation ausgerichtet, scheinen vor diesem Hintergrund die im kroatischen Nationalitätenverfassungsgesetz vorgesehenen Bestimmungen für das Schulwesen in den autonomen Kreisen; näher dazu unter II.1.b. unten und oben bei *J. Marko*, Die rechtliche Stellung der Minderheiten in Kroatien, unter IV. - Kritisch zu bewerten ist auch das System des Sprachseparatismus in der italienischen Region Trient-Südtirol; vgl. *Oellers-Frahm* (Anm. 28), 212 f.

eine stufenweise Einführung auch der Mehrheits- oder Amtssprache als Unterrichtssprache vorzusehen. Mit dem Erlernen der Zweitsprache sollte frühzeitig begonnen werden - wenn möglich in spielerischer Form schon im Kindergarten -, besonders dann, wenn es sich um eine zweite Regionalsprache handelt. Im Gegensatz zur bewußten Aneignung einer Fremdsprache, dem sogenannten gesteuerten Fremdsprachen-Erwerb, kann nämlich das Erlernen einer Zweitsprache in frühester Kindheit durch ungesteuerten Erwerb zu (beinahe) muttersprachlicher Kompetenz führen.

b. Schulorganisation[40]

Es ist bemerkenswert, in welchem Umfang die **Schulgesetzgebung und Kompetenzen der Schulorganisation** in den Händen von Gliedstaaten, autonomen Gemeinschaften und Regionen liegen. Selbst wenn das Bildungswesen - wie beispielsweise in Italien - in der Kompetenz des Zentralstaates liegt, haben die Regionen nicht unerheblichen Einfluß auf die konkrete Ausgestaltung des Minderheitenschulwesens[41]. In stark föderativen Staatsgebilden liegt die Schulhoheit regelmäßig bei den Gliedstaaten, so in der Schweiz bei den Kantonen[42], in Deutschland bei den Bundesländern[43] und in Belgien - aufgrund der Verfassungsänderung vom 15. Juli 1988 - bei den Gemeinschaften[44]; in Spanien unterscheiden sich die Kompetenzen der Autonomen Gemeinschaften im Schulbereich je nach Ausbaustand der Autonomie[45]; in Rußland hat die Gesetzgebung der im Rahmen der RSFSR bestehenden Republiken neben der Gesetzgebung der RSFSR u.a. Bedeutung für die Unterrichtssprache in den mittleren und

---

40 Behandelt werden in diesem Abschnitt die Kompetenzverteilung hinsichtlich Schulgesetzgebung und -organisation, die Schulträgerschaft (insbesondere auch die Privatschulfrage), die Schulaufsicht, die Bedeutung des Elternrechts und die Einrichtung zweisprachiger Züge oder Schulen.

41 Vgl. dazu *Oellers-Frahm* (Anm. 28), 212 ff.

42 Mangels geregelter Zuständigkeit des Bundes, Art. 27 Bundesverfassung.

43 Mangels Zuständigkeit des Bundes, Art. 70 GG.

44 S. dazu *Mathiak* (Anm. 11), 43 ff.

45 Näher dazu *Oeter* (Anm. 11), 388 ff. m.w.Nachw.

höheren Bildungseinrichtungen[46]. Die Kompetenzverteilung zugunsten von Gliedstaaten oder Gemeinschaften führt zwar zu einer gewissen Sachnähe; sie kann auch dazu dienen, den Minderheitenschutz im Bildungs- und Erziehungswesen zu verstärken. Dies ist aber jedenfalls dann nicht zwingend, wenn die Minderheiten auch im Gliedstaat wiederum eine Minderheit bilden. Wie die Auseinandersetzungen um das Minderheitenschulwesen in Kärnten in den achtziger Jahren zeigen, kann es in einem solchen Fall für den Minderheitenschutz durchaus vorteilhaft sein, wenn wesentliche Gesetzesänderungen in der Kompetenz des Bundes liegen[47]. Es würde den Rahmen der Ausführungen zum Minderheitenschutz im Erziehungswesen allerdings sprengen, an dieser Stelle der grundsätzlichen Frage nachzugehen, inwieweit der Bundesstaat als Organisationsform eines multinationalen Staates von Bedeutung ist[48].

Von größerer Bedeutung als die legislative Kompetenzverteilung zwischen Zentralstaat und Regionen ist im Schulwesen die Frage nach dem **Schulträger**. Die gesetzlichen Bestimmungen können regelmäßig nur einen Rahmen für das Minderheitenschulwesen schaffen, dessen konkrete Ausgestaltung von einer Vielzahl anderer Faktoren abhängig ist. Dabei kommt dem Schulträger besondere Bedeutung zu[49]. Bei staatlichen Schulen sind

---

46 So - neben den einschlägigen Verfassungsnormen - insbesondere Art. 9 Abs. 4 des Sprachengesetzes; vgl. *Hošková*, Die rechtliche Stellung der Minderheiten in Rußland (Anm. 30), unter III.

47 Aufgrund eines Gutachtens des VfGH vom 19. März 1958 (VfSlg. 3314/1958) ist anerkannt, daß das Volksgruppenrecht in Österreich Bundessache ist. Zu den Auseinandersetzungen um das Minderheitenschulrecht in Kärnten vgl. *Marauhn* (Anm. 18), 247 f., 250 f. - In der ČSFR gab es auf zentralstaatlicher Ebene nur allgemeine Bestimmungen; wesentliche Befugnisse lagen in den Händen der beiden Republiken. Insbesondere waren für die Umsetzung des Nationalitäten-Schulwesens die Ministerien für Schulwesen der Republiken zuständig. Vgl. dazu *M. Hošková*, Die rechtliche Stellung der Minderheiten in der Tschechoslowakei, in: Frowein/Hofmann/Oeter (Anm. 11), 407 ff., 426, 429.

48 Vgl. dazu ausführlich unten *S. Oeter*, Minderheiten im institutionellen Staatsaufbau.

49 Beispielhaft insoweit § 14 des estnischen Privatschulgesetzes, wonach der Schuleigentümer die Unterrichtssprache bestimmt; vgl. *Uibopuu* (Anm. 37), unter IV.

dies in der Regel die Gemeinden. Sie erhalten häufig vom Zentral- oder Gliedstaat finanzielle Zuwendungen zur Förderung des Unterrichts für Minderheiten. Es handelt sich hierbei teilweise um beachtliche Beträge: so stellte beispielsweise die britische Regierung im Haushaltsjahr 1992/93 für den Schulunterricht in walisischer Sprache 1,9 Millionen £ zur Verfügung[50]; in Ungarn wendet der Staat gegenwärtig insgesamt etwa 1,3 Milliarden Forint auf[51]. Nicht nur die zweckentsprechende Verwendung des Geldes[52], sondern auch die Beachtung der gesetzlichen Vorgaben können allerdings Probleme aufwerfen. Auf die Bedeutung der staatlichen Schulaufsicht in diesem Zusammenhang und auf das Mitspracherecht von Minderheitengemeinschaften oder -angehörigen in Schulsachen wird später noch näher einzugehen sein.

Zunächst sind jedoch einige Anmerkungen zur Einrichtung eines **minderheitenspezifischen Privatschulsystems**[53] angezeigt. Regelmäßig ist die Einrichtung von Privatschulen durch Minderheitenorganisationen oder kirchliche Träger in den untersuchten europäischen Rechtsordnungen zulässig. Daß das Erlernen der Amts- oder Staatssprache auch in diesen Schulen zumeist Pflicht ist, wirft keine besonderen Probleme auf. Schwierig ist dagegen die Frage zu beantworten, inwieweit eine staatliche Verpflichtung besteht, die Privatschulen in der Mittelausstattung den Staatsschulen gleichzustellen. In Polen beispielsweise können private Schulen von ihren Ausgaben pro Schüler bis zu 50 % der entsprechenden Ausgaben in staatlichen Schulen aus dem Budget der Gemeinden oder des Staatshaushalts ersetzt

---

50 Dieser Betrag wird aufgrund von *Section* 21 des *Education Act* von 1980 zur Verfügung gestellt; insgesamt sollen 7,6 Millionen für die direkte Förderung der walisischen Sprache eingesetzt werden (vgl. dazu *Marauhn*, Die rechtliche Stellung der walisischen Minderheit in Großbritannien, in: Frowein/Hofmann/Oeter (Anm. 11), 160 ff., 185 f. m.w.Nachw.).

51 *Nolte* (Anm. 27), 522.

52 *Ibid.*, 522.

53 Ob staatliche oder Privatschulen eingerichtet werden, hängt zumeist nicht (allein) mit minderheitenspezifischen Problemen zusammen. Häufig spielen auch ideologische Gesichtspunkte eine zentrale Rolle (vgl. dazu für Deutschland beispielsweise *L.T. Lemper* [Anm. 3], 224 ff.).

erhalten[54]. Dies scheint vertretbar, weil Unterricht in Minderheitensprachen an staatlichen Schulen gewährt wird. Gibt es keine entsprechenden staatlichen Schulen, so läßt sich auf die Dauer ein Verweis der Minderheit auf die Möglichkeiten des Privatschulsystems wohl nur dann rechtfertigen, wenn die Privatschulen im wesentlichen über die gleichen Mittel wie die staatlichen Schulen der Mehrheit verfügen. Dies ist in Schleswig-Holstein der Fall; das Beispiel des dänischen Schulvereins zeigt, daß auch privatrechtliche Trägervereine eine im Sinne des Minderheitenschutzes befriedigende Lösung darstellen können[55]. Im schleswig-holsteinischen Schulgesetz ist vorgesehen, daß die Schulen der dänischen Minderheit hundert Prozent der Mittelausstattung staatlicher Schulen erhalten[56]. Dies geht erheblich über den Betrag hinaus, den Privatschulen im deutschen Schulsystem üblicherweise erhalten (ca. sechzig Prozent)[57]. Da die Grundversorgung mit (muttersprachlichem) Unterricht ansonsten eigentlich dem Staat obliegt, ist die Ungleichbehandlung der minderheitenspezifischen Privatschulen gegenüber den übrigen Privatschulen gerechtfertigt[58]. Bis zu 80 % des normalen Finanzbedarfs können genehmigte private Schulen auch in Lettland aus dem Staatshaushalt erhalten; darüber hinaus verweist das lettische Konzept über die Ausbildung nationaler und

---

54 *M. Hošková*, Die rechtliche Stellung der Minderheiten in Polen, in: Frowein/Hofmann/Oeter (Anm. 11), 258 ff., 288.

55 Zu den Einzelheiten des deutschen Systems vgl. *M.J. Hahn*, Die rechtliche Stellung der Minderheiten in Deutschland, in: Frowein/Hofmann/Oeter (Anm. 11), 62 ff., 89 ff.

56 § 63 Abs. 5 schleswig-holsteinisches Schulgesetz i.d.F. vom 2.8.1990 (GVBl. Schleswig-Holstein, 451), geändert durch Gesetz vom 12.12.1990 (GVBl. Schleswig-Holstein, 615).

57 Vgl. dazu auch die Dokumentation und Diskussion des Finanzhilfe-Urteils des Bundesverfassungsgerichts vom 8.4.1987 (EuGRZ 1987, 242 ff.; BVerfGE 75, 40) in: *F. Müller* (Hrsg.), Zukunftsperspektiven der Freien Schule (1988); vgl. außerdem *F.-R. Jach*, Schulvielfalt als Verfassungsgebot (1991), 53 ff.

58 Das Bundesverwaltungsgericht hat Unterschiede bei der Höhe der Förderung privater Sondervolksschulen nicht ausgeschlossen und es mit dem Gleichheitssatz des Art. 3 Abs. 1 GG für vereinbar gehalten, daß in Bayern Sondervolksschulen für Erziehungsschwierige freier Träger nur 80 %, derartigen Schulen kirchlicher Träger aufgrund staatsvertraglicher Regelungen die volle Förderung zusteht (BVerwGE 74, 134).

ethnischer Gruppen[59] auf Subventionen aus der ethnischen Heimat und private Spenden[60]. Bemerkenswerte Bestimmungen zur Finanzierung von Einrichtungen der kulturellen Selbstverwaltung enthält auch das am 26. Oktober 1993 angenommene Gesetz über die Kulturautonomie der Minderheitsvölker Estlands[61]. Während Grundschulen aus dem allgemeinen Staatsbudget zu finanzieren sind, werden sonstige Bildungsorganisationen mit Mitteln des jeweiligen Lokalbudgets versorgt. Darüber hinaus ist auch Unterstützung aus dem Ausland zulässig.

Wie die **Schulaufsicht** gegenüber privaten und staatlichen Schulen gleichermaßen erfolgen kann, soll exemplarisch anhand der polnischen Rechtslage erläutert werden. Auf der Grundlage des Gesetzes Nr. 425 vom 7. September 1991 über das Bildungssystem erging am 24. März 1992 eine Verordnung über die Organisation der Bildungseinrichtungen für Minderheiten[62]. Gemäß § 2 dieser Verordnung wird die Aufsicht über die Verwirklichung der spezifischen Bildungsrechte nationaler und ethnischer Minderheiten vom sogenannten "Kurator für Bildung" (*Kurator oswiaty*) ausgeübt. Dieser ist dem Minister für nationale Bildung unterstellt und für die Umsetzung der staatlichen Schulpolitik auf dem Gebiet einer Wojewodschaft verantwortlich. Dabei wird er von einem "Bildungskuratorium" (*Kuratorium oswiaty*) unterstützt. Die Funktion des Kurators entspricht in etwa der eines Präsidenten des Oberschulamtes in Deutschland. Die Gründung privater Schulen erfolgt durch Eintragung in eine sogenannte "Evidenzliste", die beim örtlich zuständigen "Kurator für Bildung" geführt wird; dieser übt auch die pädagogische Aufsicht über die privaten Schulen aus. Wenn auch in den Einzelheiten anders ausgestaltet, so kann man vergleichend doch feststellen, daß zumeist sowohl über die privaten Schulen (insbesondere durch Genehmigungserfordernisse) als auch über die von kommunalen Trägern eingerichteten Schulen stets eine staatliche Schulaufsicht wacht, zu deren besonderem Aufgabenbereich auch die Einhaltung

---

59 Es handelt sich bei dem Bildungskonzept um einen normativen Akt; vgl. *Lentz/Müller* (Anm. 36), unter III.

60 *Ibid.*

61 Dazu näher *Uibopuu* (Anm. 37), unter III.

62 Vgl. dazu und zum folgenden *Hošková* (Anm. 54), 285 f., 288.

entsprechender Bestimmungen zugunsten der jeweiligen Minderheiten gehört[63].

Damit ist allerdings noch nichts zur Rolle der Minderheitsangehörigen selbst gesagt. Abgesehen von der Einrichtung privater Schulen[64] ist es wohl eher die Ausnahme, Minderheitengemeinschaften ein **Initiativrecht** in bezug auf die Einrichtung von Schulen mit muttersprachlicher Ausbildung einzuräumen, wie dies in § 17 Abs. 3 des Entwurfs für ein ungarisches Minderheitengesetz vorgesehen ist[65]. Von größerer Bedeutung als dieses Initiativrecht ist es, wie der Wunsch von Kindern und Erziehungsberechtigten, eine bestimmte Schule zu besuchen, Berücksichtigung findet. Regelmäßig ist das entscheidende Moment für die Eingliederung eines Schülers in das Minderheitenschulwesen ein entsprechender Antrag der Erziehungsberechtigten[66]. Allerdings muß diesem Antrag nicht zwingend entsprochen

---

63 So liegt die Verantwortung für die Implementierung der Verordnung Nr. 232 des bulgarischen Ministerrats über den Unterricht in der Muttersprache in den Gemeindeschulen beim Ministerium für Bildung und Wissenschaft; vgl. *Hošková* (Anm. 22), unter III.a.E. - Erheblich größeren Freiraum für die Minderheiten gewährt das Gesetz über die Kulturautonomie der Minderheitsvölker Estlands vom 26.10.1993 (vgl. *Uibopuu* [Anm. 37], unter III.).

64 Hinzuweisen ist in diesem Zusammenhang auf das Gesetz über die Kulturautonomie der Minderheitsvölker Estlands vom 26.10.1993, das den Minderheiten - und zwar selbst dann, wenn es sich dabei um Ausländer oder Staatenlose handelt - ein Recht auf Einrichtung und Unterhaltung von Kultur- und Bildungseinrichtungen einräumt und im Rahmen der Kulturautonomie die Kompetenz verleiht, muttersprachliche Unterrichtsanstalten zu organisieren, zu verwalten und zu kontrollieren; für Nachweise im einzelnen vgl. *Uibopuu* (Anm. 37), unter IV.

65 Vgl. dazu *Nolte* (Anm. 27), 523. - In Griechenland wird den Angehörigen der muslimischen Minderheit in West-Thrazien ein individuelles Antragsrecht hinsichtlich der Gründung einer Minderheitenschule eingeräumt; das Recht steht nicht der Minderheit als solcher zu. Deutlich wird dies auch daran, daß einer der antragstellenden Eltern oder Erziehungsberechtigten als Gründer der Schule gilt. Näher dazu oben *A. Filos*, Die rechtliche Stellung der Minderheiten in Griechenland, unter III.1.

66 So beispielsweise in Belgien (*Mathiak* [Anm. 11], 44 f.), Österreich (in Kärnten gilt das sogenannte Anmeldeprinzip; vgl. *Marauhn* [Anm. 18], 248), Polen (*Hošková* [Anm. 54], 284 f.) und Spanien (dort gibt es für die ersten Jahre der Grundschulerziehung in Katalonien ein Wahlrecht; vgl. *Oeter* [Anm. 11], 389). - Für ein Recht der Eltern,

werden. Abhängig ist das u.a. von einer genügenden Zahl solcher Anträge und von den örtlichen Gegebenheiten. Es ist an dieser Stelle auf die Ausführungen zum Territorialitäts- und Personalitätsprinzip zurückzukommen. So ist noch einmal auf die Entscheidungen des spanischen Verfassungsgerichts vom 27. November 1989 und vom 12. Februar 1990 hinzuweisen, in denen klargestellt wurde, daß aus der spanischen Verfassung keinerlei subjektives Recht folge, die Schulerziehung der Kinder in der von den Eltern gewünschten Sprache in einer bestimmten, möglichst wohn(ort) nahen Schule zu erlangen[67]. Auch die Entscheidung des Europäischen Gerichtshofs für Menschenrechte im *Belgischen Sprachenfall*[68] macht deutlich, daß nicht von einem unbegrenzten Anspruch auf Besuch einer bestimmten Schule ausgegangen werden kann. Allerdings darf die Ablehnung eines Antrags nicht willkürlich sein und muß vor allem der besonderen Situation von Minderheiten Rechnung tragen. Dabei spielt die gesetzlich geforderte Mindestzahl an Schülern für die Einrichtung eines Klassenzugs eine Rolle. Die Praxis ist sehr unterschiedlich und reicht von sieben bis zu sechzehn Schülern[69]. Ist die Minderheitensprache nur Unterrichtsgegenstand oder findet nur ein Teil des Unterrichts in der Minderheitensprache statt, so kann man auch Schüler eines Jahrgangs, gegebenenfalls sogar Schüler mehrerer Jahrgänge zusammenfassen; diesen Ansatz verfolgt beispielsweise § 6 der polnischen Verordnung über die Organisation der Bildungseinrichtungen für Minderheiten vom 24. März 1992[70].

Ein letztes Problem des Schulorganisationsrechts ist die Einrichtung entweder **ein- oder zweisprachiger Schulen**, Schulzüge oder Klassenverbände, die Frage also, ob Mehrheitsangehörige am Unterricht in der Minder-

---

entsprechend ihrer Überzeugung die Erziehung ihrer Kinder sicherzustellen bzw. die Schule mit der entsprechenden Ausbildungssprache zu wählen vgl. auch die Rechtslage in Rumänien (*Böhmer* [Anm. 34], unter III. [Art. 29 Abs. 6 der Verfassung]) und Rußland (*Hošková* [Anm. 30], unter III. [Art. 9 Abs. 3 Sprachengesetz]).

67 Vgl. dazu oben Text zu Anm. 26.

68 Vgl. dazu oben Text zu Anm. 14.

69 Vgl. dazu *Mathiak* (Anm. 11), 44 f.; *Hošková* (Anm. 54), 287; *Nolte* (Anm. 27), 522 f.

70 Näher dazu *Hošková* (Anm. 54), 287.

heitensprache ebenso teilnehmen wie Minderheitsangehörige am Unterricht in der Staatssprache. So wurde in Wales die walisische Sprache auf der Grundlage des *Education Reform Act* von 1988 Pflichtfach für alle Schüler (also sowohl englisch- als auch walisischsprachige) zwischen fünf und sechzehn Jahren; allerdings haben einige Schulen die gesetzlich eröffnete Möglichkeit wahrgenommen, aus dem einheitlichen Lehrplan auszuscheiden[71]. Diskussionen um eine gemeinsame Volksschule gab es in den achtziger Jahren in Kärnten[72]. Dort initiierten die FPÖ und der "Kärntner Heimatdienst" eine Diskussion um die Minderheitenschule in Kärnten und brachten mit dem sogenannten "Elternrecht" unter Verweis auf Art. 2 des I. ZP zur EMRK ein Schlagwort in die Öffentlichkeit, das jedenfalls ursprünglich die ethische Begründung für eine Segregation liefern sollte. Die schließlich verabschiedete Reform vom Sommer 1988 führte unter bestimmten Voraussetzungen eine Trennung von deutschsprachigen und slowenischsprachigen Schülern auch an zweisprachigen Volksschulen ein[73]. Die Einrichtung von Parallelklassen für zum zweisprachigen Unterricht Angemeldete und für nicht Angemeldete erfolgt nun schon dann, wenn mindestens je sieben Schüler vorhanden sind. Kritik gegenüber den neuen Bestimmungen scheint vor allem deshalb angezeigt, weil das bis 1988 praktizierte zweisprachige Schulsystem einen wesentlichen größeren Beitrag zur Integration leisten konnte[74] als dies die neue Gesetzeslage vermag.

Die Vorteile eines den zweisprachigen Unterricht fördernden Modells liegen vor allem darin, daß die Minderheits- oder Volksgruppenangehörigen in das Mehrheitsvolk integriert werden, ohne ihre eigene Identität aufgeben zu müssen. Die Schule - und vor allem die Grundschule - kann als gesellschaftlicher Integrationsfaktor dazu beitragen, Konflikten vorzubeugen und Konflikte zu verhindern. Sie kann das zwischenmenschliche

---

71 Vgl. dazu *Marauhn* (Anm. 50), 184 f., insbes. auch Fußnote 116.

72 Dazu vgl. insbesondere *R. Unkart*, Rechtspolitische Erwägungen zur Minderheitenschule, Der Donauraum 28 (1986), 51 ff.

73 Vgl. *Marauhn* (Anm. 18), 248.

74 Vgl. dazu *F. Ermacora*, Minderheitenschule in Kärnten, Österreichisches Jahrbuch für Politik 1988, 535 ff., 537.

Miteinander gerade auch mit Blick auf später möglicherweise auftretende objektive Interessengegensätze im lokalen Bereich bewahren. Trotz dieser wohl kaum zu bestreitenden positiven Funktion zweisprachiger Erziehung lassen sich weder aus der Sicht der Mehrheit noch aus der Perspektive der Minderheit klare Tendenzen festmachen. So wird beispielsweise in Kroatien einerseits Zweisprachigkeit angestrebt, während speziell in den autonomen Kreisen im Verhältnis von Serben und Kroaten ein Segregationsmodell institutionalisiert wird[75]. Auch in Slowenien stehen sich für die ethnisch gemischten Gebiete zwei Modelle gegenüber: Im Siedlungsgebiet der italienischen Volksgruppe in der Küstenregion gibt es ein einsprachiges Schulsystem, das allerdings das Erlernen der jeweiligen Zweitsprache für Slowenen und Italiener vorschreibt. Demgegenüber gibt es im Prekmurje ein zweisprachiges Schulsystem, so daß die Kinder der ungarischen Volksgruppe gemeinsam mit slowenischen Kindern Kindergärten und Grundschulen, zum Teil auch weiterführende Schulen besuchen können[76]. Stark auf Abgrenzung bedacht ist die ungarische Minderheit in Rumänien, die die Einrichtung getrennter Schulen fordert[77].

c. Kindergarten und Vorschule einerseits, Berufsausbildung und Studium andererseits

Der Gebrauch der Minderheiten- und Regionalsprachen in **Kindergarten und Vorschule** ist in der Regel keinen rechtlichen Beschränkungen unterworfen[78]. Allerdings fehlt es großenteils an gesetzlichen Bestimmungen über die Einrichtung solcher Kindergärten. Gibt es sie doch, so besteht zumeist kein Rechtsanspruch auf Einrichtung. Häufig wirft vor allem aber die Finanzierung erhebliche Probleme auf. Dies gilt in besonderem Maße für private Kindergärten. Trotz der mehr als zufriedenstellend erscheinenden Rechtslage in Ungarn beispielsweise, werden nach

---

75 Dazu *Marko* (Anm. 39), unter IV.

76 Näher dazu *Marko* (Anm. 24), unter V.

77 *Böhmer* (Anm. 34), unter III.1.

78 Für Frankreich ist darauf hinzuweisen, daß eine Möglichkeit, die elsässische Mundart zu pflegen, sogar nur in den Kindergärten und in der Vorschule besteht; vgl. dazu *Polakiewicz* (Anm. 25), 153.

Regierungsangaben dort in lediglich fünf Prozent der Nationalitätenkindergärten ständig Beschäftigungen in der Muttersprache abgehalten[79]. Dem oben angesprochenen Integrationsgedanken kann auch in der Kindergarten- bzw. Vorschulerziehung Rechnung getragen werden. So ist es im deutschen Sprachgebiet in Belgien üblich, den Kindern Französischkenntnisse in spielerischer Form schon im Kindergarten zu vermitteln[80]. Im Burgenland und in Kärnten gibt es zweisprachige Kindergärten; es besteht allerdings keine Verpflichtung zur Einrichtung solcher Kindergärten[81].

Universitäten, die ausschließlich in der Minderheiten- oder Regionalsprache lehren, sind die Ausnahme. Bemerkenswert ist die Situation in Katalonien[82]. Dort hat die gesetzliche Zielvorstellung der Zweisprachigkeit zur faktischen Gleichberechtigung des Katalanischen und Kastilischen auf der Ebene der universitären Ausbildung geführt. Das Sprachengesetz gibt Professoren wie Studenten das Recht, im Unterricht die gewünschte Sprache zu wählen. Dieses positive Modell ist eher außergewöhnlich[83]. Eine andere Möglichkeit, der Minderheiten- oder Regionalsprache auch in der universitären Ausbildung mehr Raum zu geben, wurde in Wales gewählt. Dort wurde die Universitätsausbildung in walisischer Sprache in einer Reihe von Fächern, beispielsweise Pädagogik, walisische Geschichte, Philosophie, Geographie, Theologie u.a. ermöglicht[84]. Ähnlich umfassende universitäre Einrichtungen für eine Minderheit finden sich im wesentlichen nur noch in Finnland (Abo/Turku)[85]. Zumeist gibt es keine Möglichkeit, in der Minderheitensprache als Unterrichtssprache eine universitäre Aus-

---

79 Vgl. *Nolte* (Anm. 27), 521.

80 *Mathiak* (Anm. 11), 48.

81 *Marauhn* (Anm. 18), 245.

82 S. dazu näher *Oeter* (Anm. 11), 390 f.

83 Hinzuweisen ist auf die Möglichkeiten für das Verfassen wissenschaftlicher Arbeiten beispielsweise in Estland: § 23 des estnischen Sprachgesetzes bestimmt, daß die freie Sprachwahl bei wissenschaftlichen Publikationen in Estland nicht behindert wird. Dies gilt auch für die Verteidigung von Dissertationen. Vgl. dazu näher *Uibopuu* (Anm. 37), unter III.4.

84 *Marauhn* (Anm. 50), 185.

85 Vgl. dazu *Hofmann* (Anm. 28), 115 f.

bildung zu erhalten[86]. Um gleichwohl die Minderheiten- und Regionalsprachen zu berücksichtigen, bieten einzelne Universitäten ergänzende Studieneinheiten über regionale Sprache und Kultur (so die Universität Strasbourg seit Herbst 1985)[87] oder einen Studiengang mit der Minderheitensprache als Unterrichtsgegenstand an (in Deutschland wurde beispielsweise an der Universität Kiel wurde eine "Nordfriesische Wörterbuchstelle mit einer friesischen Professur" eingerichtet, und an der Universität Leipzig besteht ein Institut für Sorabistik)[88]. Daneben liegt jedenfalls für Angehörige solcher Minderheiten, deren Muttersprache in einem anderen, zumeist einem Nachbarstaat Staatssprache ist, ein Studium im Ausland nahe[89]. Eine solche Möglichkeit wird beispielsweise von Angehörigen sowohl der italienischen als auch der ungarischen Minderheit in Slowenien genutzt[90]. Dieser Weg steht allerdings nicht allen vergleichbaren Minderheiten offen. So ist es für Angehörige der muslimischen Minderheit in Griechenland, die über keine universitären Einrichtungen in Griechenland verfügt, mit großen Problemen verbunden, zum Studium in die Türkei zu gehen, denn ein Gesetz aus dem Jahre 1955 sieht die Möglichkeit vor, daß "Ausländer mit griechischer Staatsangehörigkeit", die Griechenland in der Absicht verlassen, nicht zurückzukehren, ihre griechische Staatsangehörigkeit verlieren können[91].

Neben der universitären Ausbildung gibt es auch Berufsschulen und andere Formen beruflicher Aus- und Weiterbildung, in denen in der Minderheiten-

---

86 In Rumänien gibt es an verschiedenen Hochschulen ein Lehrangebot in Minderheitensprachen. Die ungarische Minderheit fordert allerdings - auch unter Hinweis auf die Situation in Finnland und Spanien - die (Wieder-)Errichtung einer rein ungarischen Universität in Cluj-Napoca (vgl. *Böhmer* [Anm. 34], unter III.2.).

87 *Polakiewicz* (Anm. 25), 153.

88 *Hahn* (Anm. 55), 93, 95.

89 Interessante Perspektiven eröffnet insoweit das litauische Regierungsprogramm der Ausbildung der nationalen Minderheiten in Litauen in den Mittel- und höheren Schulen sowie in den Hochschulen vom 31.7.1991 (vgl. dazu *Hošková* [Anm. 30], unter III.).

90 *Marko* (Anm. 24), unter V.

91 *Filos* (Anm. 65), unter III.4.

sprache gelehrt wird. Bei der Förderung von Minderheiten- und Regionalsprachen in Studium und Berufsausbildung sollte allerdings bedacht werden, daß bestimmte berufliche Optionen ausreichende Kenntnisse auch im Fachvokabular der Staats- oder Amtssprache voraussetzen. Sind diese Sprachkenntnisse gegeben, so ist weiter sicherzustellen, daß eine Anerkennung der Abschlüsse gewährleistet ist, wie sie etwa auch im Verhältnis Inländer/Ausländer von Bedeutung ist[92].

d. Vermittlung von Kultur und Geschichte der Minderheiten

Konfliktvorbeugung und Konfliktverhinderung im Zusammenleben von Mehrheit und Minderheit erfordern mehr als die (rechtliche) Gewährleistung des Gebrauchs der Minderheitensprache. Um die Integration und das friedliche Zusammenleben im Lande zu ermöglichen und zu fördern, ist es notwendig, die jeweils andere Bevölkerungsgruppe kennenzulernen, und Verständnis für andere, ungewohnte Verhaltens- und Lebensweisen zu wecken. Aus diesem Grund ist es wichtig, die Vermittlung von Kultur und Geschichte der Minderheiten auch in den Unterricht der Mehrheit aufzunehmen. Einige Staaten bieten Kultur und Geschichte der Minderheiten nicht nur als Unterrichtsgegenstand an, sondern verpflichten auch die Mehrheitsangehörigen zur Teilnahme an entsprechenden Lehrveranstaltungen bzw. die Lehrenden zur Vermittlung entsprechender Kenntnisse. In Deutschland ist im Schulgesetz des Freistaats Sachsen vorgesehen, sämtlichen Schülern Grundkenntnisse aus der Geschichte und Kultur der Sorben zu vermitteln[93]. Die öffentlichen Schulen in Polen sind verpflichtet, in ihrer didaktischen und sonstigen erzieherischen Tätigkeit ganz allgemein die regionalen kulturellen Traditionen zu unterstützen[94]. Der deutsch-polnische Vertrag vom 17. Juni 1991 verpflichtet die Vertragsparteien dazu, im Zusammenhang mit dem Unterricht von Geschichte und Kultur in Bildungseinrichtungen die Geschichte und Kultur der im Vertrag genannten

---

92 Zur Inländergleichbehandlung und ihrer Bedeutung für den Minderheitenschutz vgl. auch *Oellers-Frahm* (Anm. 3), unter IV.

93 Vgl. dazu *Hahn* (Anm. 55), 93 f.

94 *Hošková* (Anm. 54), 285.

Minderheiten zu berücksichtigen[95]. Der Bedeutung dieser Vermittlung von Geschichte und Kultur der Minderheiten entspricht es auch, daß sie in einigen internationalen Dokumenten mittlerweile Berücksichtigung gefunden hat.

2. Völkerrechtliche[96] Entwicklungen

Die bisherigen Ausführungen haben sich auf die in den europäischen Ländern nachweisbare nationale Praxis beschränkt. Auf der Suche nach einem europäischen (Mindest-)Standard spielen daneben aber auch internationale Regelungen eine Rolle. Es soll hier weniger die Frage aufgeworfen werden, ob die nationalen Regelungen den bestehenden oder im Entstehen begriffenen internationalen Anforderungen entsprechen; denn die Staatenpraxis geht - wie die nachfolgenden Ausführungen zeigen werden - schon jetzt in einigen Ländern über den bisher in internationalen Regelungen zum Ausdruck kommenden Konsens hinaus. Dort, wo dies nicht der Fall ist, können die bislang ausgehandelten internationalen Dokumente lediglich dazu beitragen, die Grundausrichtung des Minderheitenschutzes im Erziehungswesen zu definieren. Ihnen fehlen nämlich weitgehend die für diesen Bereich erforderlichen Differenzierungen; darüber hinaus ist gegenwärtig - abgesehen von den menschenrechtlichen Gewährleistungen der internationalen Pakte und der EMRK - ohnehin keines der in Betracht gezogenen Instrumente in Kraft.

Im folgenden sollen zunächst die menschenrechtlichen Gewährleistungen skizziert werden, wobei die kollektiven Aspekte im Vordergrund stehen werden[97], um dann vor allem auf die am 18. Dezember 1992 von der Voll-

---

95 *Ibid.*, 288 f.

96 Bei den im folgenden zu skizzierenden Entwicklungen handelt es sich zum großen Teil um noch nicht rechtsverbindliche Vereinbarungen, teilweise auch um bloß politische Absprachen, die gleichwohl Tendenzen zu einer Verrechtlichung erkennen lassen.

97 Zum Gruppenschutz über kollektive Aspekte individueller Menschenrechte vgl. die Überlegungen von *E. Riedel*, Gruppenrechte und kollektive Aspekte individueller Menschenrechte, in: W. Kälin u.a., Aktuelle Probleme des Menschenrechtsschutzes, DGVR Heft 33 (1994), 49 ff.

versammlung der Vereinten Nationen angenommene "Erklärung über die Rechte von Angehörigen nationaler oder ethnischer, religiöser und sprachlicher Minderheiten"[98], den Entwurf der Parlamentarischen Versammlung des Europarats für ein Minderheitenprotokoll zur EMRK vom 28. Mai 1992[99] und den Konventionsentwurf vom 8. Februar 1991 der sogenannten Venedig-Kommission[100] einzugehen. Die auf dem Gipfeltreffen der Staats- und Regierungschefs der damals 32 Europaratsstaaten am 8./9. Oktober 1993 in Wien verabschiedete Erklärung zum Schutz nationaler Minderheiten[101] bleibt hinter den zuletzt genannten Entwürfen erheblich zurück.

a. Menschenrechtliche Gewährleistungen

In **Art. 27 des IPBPR** heißt es, daß den Angehörigen von Minderheiten nicht das Recht vorenthalten werden darf, gemeinsam mit anderen Angehörigen ihrer Gruppe ihr eigenes kulturelles Leben zu pflegen[102]. Art. 27 IPBPR geht über Art. 15 des Sozialpakts hinaus, der nur die Teilnahme am kulturellen Leben und nicht die Pflege einer spezifischen Kultur garantiert. Der Ausdruck "kulturelles Leben" in Art. 27 IPBPR ist umfassend zu verstehen[103]. Er beinhaltet auch das Recht auf Weitergabe dieser Kultur im Wege der Erziehung an folgende Generationen. Dabei ist es unerheblich, ob dies durch Errichtung eigener Schulen oder durch eine entsprechende Rücksichtnahme auf die Kultur von Minderheiten in öffentlichen Schulen erfolgt. Es ist umstritten, ob Art. 27 IPBPR ein

---

98 UN GA Resolution 47/135; Text auch abgedruckt in: A. Phillips/ A. Rosas (Hrsg.), The UN Minority Rights Declaration (1993), 121 ff.

99 Text abgedruckt in: EuGRZ 1993, 152 f.

100 Text abgedruckt in: HRLJ 1991, 270 ff.

101 Text abgedruckt in: EuGRZ 1993, 484 ff., 485 f.

102 Zu den folgenden Ausführungen vgl. *M. Nowak*, CCPR-Kommentar (1989), Art. 27 des Paktes, Rdnrn. 40 f.

103 Zurückhaltend zur Interpretation des Begriffs "kulturelles Leben" *Thornberry* (Anm. 38), 187 ff. Demgegenüber meint *Spiliopoulou* unter Hinweis auf die Bewertung der Staatenberichte durch den Menschenrechtsausschuß, Art. 27 IPBPR klare Verpflichtungen zumindest hinsichtlich des Rechts zum Gebrauch der Minderheitensprache im Bildungs- und Erziehungswesen entnehmen zu können (*dies.* [Anm. 1], 79).

unbedingtes Recht auf Errichtung eigener Schulen gewährt[104] oder ob den Staaten ein größerer Gestaltungsspielraum zukommt. Jedenfalls aber muß den einer Minderheit angehörenden Kindern eine effektive Möglichkeit gewährt werden, sich mit Sprache und Kultur ihrer Vorfahren vertraut zu machen[105]. Insbesondere dürfen die Vertragsstaaten - insoweit greift das in Art. 27 IPBPR enthaltene Recht auf Gebrauch der gemeinsamen Sprache - **nicht verhindern**, daß die Kinder ihre Sprache in (öffentlichen oder privaten) Schulen erlernen und weiterentwickeln[106].

Minderheitenschutz im Erziehungswesen wird im Rahmen der **Europäischen Menschenrechtskonvention** auf der Grundlage von Art. 2 des I. Zusatzprotokolls und Art. 14 EMRK gewährleistet. Art. 2 des I. Zusatzprotokolls legt es schon von der Formulierung her nahe, daß es sich hier in erster Linie um ein Abwehrrecht handelt. Wie der Gerichtshof im *Belgischen Sprachenfall* ausführte, gewährt diese Bestimmung keinen Anspruch darauf, daß der Staat einen bestimmten Schultyp einrichtet oder finanziert[107]. Allerdings machte der Gerichtshof deutlich, daß dann von einer Diskriminierung gesprochen werden könne, wenn Mitglieder einer sprachlichen Gruppe klar gegenüber anderen Personen innerhalb eines bestimmten Gebiets benachteiligt würden, im konkreten Fall galt die Wohnsitzvoraussetzung nur für eine von zwei Sprachgruppen[108]. Zuvor hatte schon die Kommission in ihrem Bericht betont, daß die angegriffenen Maßnahmen diskriminierend seien, weil sie darauf zielten, Minderheiten zu assimilieren. Daß der Zugang zu Schulen überhaupt von sprachlichen

---

104 *L.B. Sohn*, The Rights of Minorities, in: L. Henkin (Hrsg.), The International Bill of Rights - The Covenant on Civil and Political Rights (1981), 270 ff., 284.

105 *C. Tomuschat*, Protection of minorities under article 27 of the International covenant on civil and political rights, in: FS für Hermann Mosler. Beiträge zum ausländischen öffentlichen Recht und Völkerrecht, Band 81 (1983), 949 ff., 972 f.

106 *Nowak* (Anm. 102), Rdnr. 41.

107 Vgl. oben Anm. 14. Zum Belgischen Sprachenfall vgl. jüngst die kritische Würdigung bei *C. Hillgruber/M. Jestaedt*, Die Europäische Menschenrechtskonvention und der Schutz nationaler Minderheiten (1993), 29 ff.

108 EuGRZ 1975, 298 ff., 305.

Kriterien abhängig gemacht werde, sei allerdings als solches keine Verletzung von Art. 14[109].

b. Minderheitenspezifische Gewährleistungen

Die **UN-Deklaration vom 18. Dezember 1992** enthält zwei Bestimmungen, die speziell auf den Minderheitenschutz im Erziehungswesen zielen.

In Art. 4 Abs. 3 heißt es: "States should take appropriate measures so that, wherever possible, persons belonging to minorities have adequate opportunities to learn their mother tongue or to have instruction in their mother tongue." Diese Bestimmung geht auf einen Vorschlag des österreichischen Delegierten vom Dezember 1991 zurück[110]. Der Text ist durch eine Reihe von Formulierungen stark abgeschwächt; so heißt es beispielsweise "should" statt "shall"; es werden Begriffe wie "appropriate", "whenever possible" und "adequate" verwendet. Außerdem wird nicht qualitativ zwischen Unterrichtsgegenstand und Unterrichtssprache differenziert ("or"). Trotz aller Abschwächungen legt die Formulierung "have adequate opportunities"/"have instruction" allerdings nahe, daß der Staat jedenfalls minimale Ressourcen für den Unterricht - gewissermaßen eine Grundausstattung - zur Verfügung stellen soll.

Art. 4 Abs. 4 der UN-Deklaration lautet: "States should, where appropriate, take measures in the field of education, in order to encourage knowledge of the history, traditions, language and culture of the minorities existing within their territory. Persons belonging to minorities should have adequate opportunities to gain knowledge of the society as a whole." Diese - auf einen Vorschlag der *Minority Rights Group* zurückgehende - Bestimmung versucht einerseits, zu einem besseren Verständnis der Bedürfnisse der Minderheit

---

109 Für weitere Praxis der Straßburger Organe vgl. Yearbook of the European Convention on Human Rights 11 (1968), 412; 14 (1971), 398; 17 (1974), 148. Zum *Fouron-Fall* vgl. *Hillgruber/Jestaedt* (Anm. 107), 32 f.

110 Vgl. dazu und zum folgenden *P. Thornberry*, The UN Declaration: Background, Analysis and Observations, in: A. Phillips/A. Rosas (Hrsg.), The UN Minority Rights Declaration (1993), 11 ff., 49.

bei der Mehrheit beizutragen; andererseits wird von den Minderheiten erwartet, daß sie sich nicht auf "fundamentalistische" Positionen im Sinne eines "ethnonationalism"[111] mit der Folge der Selbstisolierung zurückziehen. Auf die Integrationsfunktion solcher Normen ist bei der Analyse der Staatenpraxis schon hingewiesen worden.

Der **Entwurf** der Parlamentarischen Versammlung des Europarats für ein **Minderheitenprotokoll zur EMRK vom 28. Mai 1992** befaßt sich in Art. 8 mit dem hier zu erörternden Problemkreis. Art. 8 Abs. 1 garantiert den Angehörigen nationaler Minderheiten das Recht, nicht nur ihre Muttersprache zu lernen, sondern auch an staatlichen Erziehungs- und Ausbildungseinrichtungen in ihrer Muttersprache unterrichtet zu werden. Hinsichtlich des Standorts solcher Einrichtungen ist allerdings die geographische Verteilung der Minderheit zu berücksichtigen. Daneben sind die Angehörigen der Minderheiten nach Art. 8 Abs. 2 dazu berechtigt, im Rahmen des staatlichen Rechtssystems ihre eigenen Schulen, Erziehungs- und Ausbildungseinrichtungen zu gründen und zu unterhalten. Der Entwurf sieht allerdings keine Verpflichtung des Staates vor, die Privatschulen finanziell zu unterstützen. Anders als die UN-Deklaration, die nur objektive Staatenverpflichtungen zum Gegenstand hat, soll das Protokoll subjektive Rechte begründen. Außerdem will es nicht nur alternativ, sondern kumulativ gewährleisten, daß die Minderheitensprache als Unterrichtsgegenstand und als Unterrichtssprache eingesetzt wird. Es sei nur darauf hingewiesen, daß die vorgesehenen Bestimmungen des Art. 8, abgesehen von den baltischen Staaten, auch bei der Prüfung der slowakischen und rumänischen Beitrittsanträge eine besondere Rolle spielten[112]. Eine Schwäche des Protokolls ist, daß es nur sehr allgemeine Bestimmungen über das minderheitenspezifische Erziehungswesen und keine besonderen Differenzierungen enthält.

Nachdem zuvor schon die österreichische Delegation im Ministerkomitee des Europarats am 26. November 1991 einen Entwurf für ein

---

111 *Ibid.*

112 *H. Klebes*, Der Entwurf eines Minderheitenprotokolls zur EMRK - Einführung, EuGRZ 1993, 148 ff., 150 f.

Zusatzprotokoll eingebracht hatte[113], beschlossen die Staats- und Regierungschefs der Europaratsstaaten auf ihrem Wiener Gipfeltreffen am 8./9. Oktober 1993, das Ministerkomitee zu beauftragen, "die Arbeit an der Redaktion eines Protokolles aufzunehmen, das die Europäische Menschenrechtskonvention im kulturellen Bereich durch Bestimmungen ergänzt, die individuelle Rechte, besonders für Angehörige nationaler Minderheiten, gewährleisten"[114].

Die Art. 8 und 9 des **Konventionsentwurfs der Venedig-Kommission**[115] enthalten eine sehr ausdifferenzierte Regelung. Art. 9 S. 1 bestimmt, daß staatliche Schulen Angehörigen der Minderheit die Möglichkeit geben müssen, in der Pflichtschulzeit die Minderheitensprache zu erlernen. Voraussetzung ist nach Art. 8, daß die Minderheit einen "substantial percentage of the population of a region or of the total population" erreicht. Nach Möglichkeit soll zumindest ein Teil der Schulausbildung unter Verwendung der Muttersprache als Unterrichtssprache gewährt werden. Ist ein Staat nicht in der Lage, diese Möglichkeiten an öffentlichen Schulen zu eröffnen, so muß er den Kindern auf Wunsch den Besuch privater Schulen gestatten. Ausdrücklich stellt Art. 9 S. 4 des Entwurfs klar, daß der Staat in einem solchen Fall das Erlernen der Staats- oder Amtssprache als verpflichtenden Unterrichtsgegenstand vorschreiben kann. Viele der im Entwurf der Venedig-Kommission enthaltenen Kriterien sind in der Staatenpraxis wiederzufinden. Die Berücksichtigung des Territorialitätsprinzips, die Differenzierung zwischen Unterrichtssprache und Unterrichtsgegenstand, die Möglichkeit, gegebenenfalls Privatschulen besuchen zu können, und die grundsätzliche Pflicht, die Amtssprache zu erlernen, sind in vielen der untersuchten nationalen Regelungen schon zu finden.

---

113 Text abgedruckt bei *Hillgruber/Jestaedt* (Anm. 107), 117 ff.

114 EuGRZ 1993, 484 ff., 486.

115 Vgl. dazu auch die Einführung von *G. Malinverni*, HRLJ 1991, 265 ff. Für eine eingehende Auseinandersetzung mit den Bestrebungen im Europarat (Protokoll-Entwurf der österreichischen Delegation vom 26.11.1991 und Entwurf der Venedig-Kommission) s. jüngst auch *Hillgruber/Jestaedt* (Anm. 107), 91 ff.

Zur am 5. November 1992 zur Unterzeichnung aufgelegten **Europäischen Charta der Regional- oder Minderheitensprachen** ist anzumerken, daß sie in Art. 8 zwar vielfältige Differenzierungen enthält, aber aufgrund des in Art. 2 Abs. 2 vorgesehenen Modus, wonach jede Vertragspartei insgesamt fünfunddreißig Absätze aus Teil III der Charta anwenden muß, nicht wesentlich dazu beitragen kann, einen europäischen Standard zu entwickeln oder gar zu gewährleisten. Interessant ist allenfalls, daß Regelungen enthalten sind, die die Vermittlung von Geschichte und Kultur zum Gegenstand haben (Art. 8 Abs. 1 *lit.* g), und daß es eine Bestimmung über Aufsichtsorgane in bezug auf den Unterricht der Regional- oder Minderheitensprachen gibt (Art. 8 Abs. 1 *lit.* i). Auch in der **Kopenhagener KSZE-Erklärung** verpflichten sich die teilnehmenden Staaten, im Rahmen der Vermittlung von Kultur und Geschichte in Bildungs- und Erziehungseinrichtungen "to take account of the history and culture of national minorities"[116]. Das **Genfer KSZE-Dokument** vom 19. Juli 1991[117] nimmt in Abschnitt IV Erfahrungen teilnehmender Staaten zur Kenntnis, u.a. bei der finanziellen Förderung minderheitenspezifischer Bildungseinrichtungen, etwa von Privatschulen, sowie bei der Anerkennung im Ausland erworbener Abschlüsse, wo Staaten die Ausbildung in der Minderheitensprache nicht auf allen Ebenen gewährleisten können.

c. Europäischer (Mindest-)Standard?

Die soeben angesprochenen völkerrechtlichen Entwicklungen sind für sich genommen hinsichtlich der Herausbildung eines europäischen (Mindest-) Standards zum gegenwärtigen Zeitpunkt nur begrenzt aussagekräftig. Zum einen sind sie - abgesehen von den menschenrechtlichen Gewährleistungen

---

116 Abs. 34 der Kopenhagener Erklärung vom 29.6.1990; zum Minderheitenschutz im Rahmen der KSZE vgl. insbes. auch *A. Bloed*, The CSCE and the Protection of National Minorities, in: A. Phillips/A. Rosas (Hrsg.), The UN Minority Rights Declaration (1993), 95 ff. und *J. Helgesen*, The Protection of Minorities in the Conference on Security and Cooperation in Europe (CSCE): A Note on the Helsinki Document 1992, in: J. Packer/K. Myntti, The Protection of Ethnic and Linguistic Minorities in Europe (1993), 15 ff.

117 Text abgedruckt in: HRLJ 1991, 332 ff.

- nicht rechtsverbindlich; zum anderen sind sie - abgesehen von dem Entwurf der Venedig-Kommission - in bezug auf das Erziehungswesen relativ undifferenziert; schließlich lassen sie auch nur den Schluß auf einen minimalen Konsens zu, nämlich den, daß die Minderheiten- oder Regionalsprache zumindest als Unterrichtsgegenstand angeboten werden soll - und daß für den Fall, daß der Staat nicht dazu in der Lage ist, dies an den öffentlichen Schulen zu gewährleisten, die Einrichtung von Privatschulen zulässig sein soll. Dieser Konsens geht nicht wesentlich über die menschenrechtlichen Verpflichtungen aus dem IPBPR und der EMRK hinaus. Trotz dieser kritischen Bewertung tragen die genannten Dokumente in ihrer Gesamtheit doch dazu bei, bestimmte Probleme deutlich zu machen und Lösungsmöglichkeiten anzuregen. Dies gilt insbesondere für die Europäische Charta der Regional- oder Minderheitensprachen, deren umfangreiche Aufzählung in ihrem Art. 8 im folgenden als Ausgangspunkt für die zusammenfassende Bewertung der europäischen Staatenpraxis herangezogen werden soll. Wenn auch keine vollständige Übereinstimmung der Staatenpraxis festzustellen ist, so kann man doch aus der Zusammenschau der internationalen Dokumente und der nationalen Praxis Rückschlüsse auf einen möglichen europäischen (Mindest-)Standard ziehen.

Die Minderheiten- oder Regionalsprache als Unterrichtsgegenstand in der gesamten Pflichtschulzeit anzubieten, scheint im wesentlichen zum gemeinsam erreichten Standard in Europa zu gehören. Nicht durchgängig gewährleistet ist dagegen die Verwendung der Minderheitensprache als Unterrichtssprache. Gleichwohl läßt sich eine Tendenz erkennen, dies zumindest im Primarschulunterricht anzustreben. Das Erlernen der Amts- oder Zweitsprache wird regelmäßig spätestens mit dem Beginn des Sekundarschulunterrichts verpflichtend, häufig - und mit guten Gründen - aber auch schon erheblich früher. In der Vorschul- und Kindergartenerziehung wird der Minderheitensprache ein hoher Stellenwert eingeräumt, ohne allerdings einen entsprechenden Rechtsanspruch zu gewähren. Für die Minderheitsangehörigen ist von großer Bedeutung, wo die entsprechenden Bildungs- und Erziehungseinrichtungen angeboten werden. Regelmäßig knüpfen die nationalen Regelungen ebenso wie die internationalen Instrumente, wenn auch in unterschiedlichen Formulierungen, an das Territorialitätsprinzip an. Stellenweise scheint allerdings eine Auflockerung des Territorialitätsprinzips durch Elemente des Personalitätsprinzips geboten. Dies erfordert nicht unbedingt die Einrichtung weiterer Schulen, sondern kann auch in der Form geschehen, daß den Minderheitsangehörigen Transportmöglichkeiten zu entsprechenden Ausbildungsstätten angeboten werden, abstrakt also durch eine Verstärkung der individualrechtlichen Komponente des Minderheitenschutzes.

Gegenwärtig ist zwar weder in der Staatenpraxis noch in den internationalen Instrumenten ein klarer Rechtsanspruch auf die finanzielle Förderung privater Bildungs- und Erziehungseinrichtungen der Minderheit zu belegen. Allerdings wird man wohl sagen können, daß ein bloßer Verweis der Minderheit auf die Möglichkeiten des Privatschulsystems nicht den soeben zusammengefaßten Anforderungen entsprechen dürfte, wenn die Privatschulen nicht in der Mittelausstattung den öffentlichen Schulen der Mehrheit angenähert oder gar gleichgestellt werden.

Bei der beruflichen Bildung und im Hochschul- und Universitätsbereich geht die Praxis sehr auseinander; die internationalen Instrumente enthalten zumeist keine Bestimmungen über diesen Bereich des Erziehungswesens. Wünschenswert wäre jedenfalls ein Mindestangebot in der Minderheitensprache, um der Abwanderung von Minderheitsangehörigen aus ihren tradierten Siedlungsgebieten entgegenzuwirken. Sollte dies nicht möglich sein, so ist wenigstens bei Minderheiten, deren Muttersprache im benachbarten Ausland Amts- oder Staatssprache ist, daran zu denken, im Ausland erworbene Abschlüsse anzuerkennen.

Eine bislang weder im nationalen Recht noch in internationalen Instrumenten ausreichend diskutierte Möglichkeit, den Minderheitenschutz im Erziehungswesen zu verstärken, ist die stärkere Beteiligung von Minderheitsangehörigen an der Planung und Einrichtung von Ausbildungsstätten und an der Schulaufsicht. Damit ist allerdings schon die

Stellung der Minderheiten im institutionellen Staatsaufbau angesprochen, auf die hier nicht näher eingegangen werden soll[118].

3. Identitätswahrende Integration?

Mehrfach ist in den bisherigen Ausführungen der Integrationsgedanke ins Spiel gebracht worden. Er kann dazu beitragen, dem Minderheitenschutz abträglichen Tendenzen der Assimilation einerseits und der Segregation andererseits entgegenzuwirken. Es ist einzuräumen, daß der Integrationsgedanke nicht uneingeschränkt in allen denkbaren Minderheitensituationen Anwendung finden kann. Allerdings stellt er einen so wesentlichen Beitrag zur Stabilisierung eines Gemeinwesen und zum inneren Frieden dar, daß er es wert ist, gerade im Erziehungswesen jedenfalls stärker in Erwägung gezogen zu werden, als dies bislang der Fall ist. Zwei in nationalen Regelungen wiederzufindende Ansätze verdienen insoweit besondere Erwähnung. Zum einen ist hier die gemeinsame Primar- oder Volksschule bzw. Volksschulklasse zu nennen, bei der Minderheits- und Mehrheitsangehörige in einem gemeinsamen Klassenverband zusammengeführt werden und sich dabei auch mit der jeweils anderen Sprache und Kultur auseinandersetzen müssen. In welchem Ausmaß Mehrheitsangehörige die Minderheitssprache erlernen sollten, hängt sicherlich von den örtlichen Gegebenheiten ab, etwa dem Siedlungsgebiet und der zahlenmäßigen Stärke von Minderheiten, aber auch davon, ob die Minderheitensprache nur noch im Siedlungsgebiet oder auch im Ausland gesprochen wird. Ein zweiter, nicht minder bedeutsamer Versuch, zu wechselseitigem Respekt und Toleranz zu erziehen, ist die Vermittlung von Kultur und Geschichte der in einem Staat lebenden Minderheiten auch und gerade für Mehrheitsangehörige. Es ist begrüßenswert, daß dieser Ansatz in einigen neueren internationalen Instrumenten aufgegriffen und anerkannt worden ist.

---

118 Vgl. dazu später *Oeter* (Anm. 48).

III. Medien

Das Medienrecht ist in vielen europäischen Staaten nach wie vor in einer Umbruchphase, begleitet von zum Teil heftigen Auseinandersetzungen. Es geht dabei längst nicht mehr nur um die Zulassung privater Anbieter, sondern in verstärktem Maße auch darum, Monopolisierungstendenzen entgegenzuwirken. Dabei spielt auch der wachsende Finanzbedarf der Branche eine große Rolle. In diese Diskussionen fließen Aspekte des hier zu erörternden Minderheitenschutzes ein, ist dieser doch mit den anderen aufgezeigten Fragen zum Teil unauflöslich verknüpft. Dies machen mehrere kürzlich vom Europäischen Gerichtshof für Menschenrechte gemeinsam entschiedene Verfahren zu Art. 10 der EMRK deutlich[119]. Es ging in diesen Verfahren darum, ob die unter Hinweis auf ein staatliches Rundfunkmonopol erfolgte Verweigerung einer Lizenz für einen privaten Radiosender mit Art. 10 der Konvention vereinbar ist. Einer der Beschwerdeführer wollte eine zweisprachige Radiostation in Kärnten errichten. Er rügte insbesondere, daß der öffentlich-rechtliche Rundfunk den Interessen der slowenischen Minderheit nicht hinreichend Rechnung trage. Die Kommission erklärte die auf Art. 10 i.V.m. Art. 14 EMRK gestützte Beschwerde für zulässig, prüfte dann allerdings Art. 14 EMRK nicht gesondert, da sie mit vierzehn zu eins Stimmen schon eine Verletzung von Art. 10 EMRK allein bejaht hatte[120]. In seiner teilweise abweichenden Meinung führte *Sir Basil Hall* aus, daß die der slowenischen Minderheit in Kärnten zur Verfügung stehenden Sendezeiten ausreichend seien und folglich keine Verletzung von Art. 14 EMRK vorliege[121]. Der Gerichtshof erkannte auf eine Verletzung von Art. 10 EMRK und prüfte Art. 14 EMRK nicht gesondert.

---

119 Applications Nos. 13914/88, 15041/89, 15717/89, 15779/89 und 17207/90. Entscheidung des Gerichtshofs vom 24.11.1993; Ser. A No. 276.

120 Bericht der Kommission vom 9.9.1992.

121 *Ibid.*, 18.

Im folgenden sollen aufgrund der in die Problematik einfließenden unterschiedlichen Faktoren lediglich einzelne Aspekte des Minderheitenschutzes im Bereich der Medien aufgegriffen werden.

1. Zugang zu Medien

Der Zugang von Minderheitsangehörigen zu den Medien dient dem "Schutz der gleichberechtigten Partizipation in öffentlichen Angelegenheiten"[122]. Diese Formulierung des kroatischen Nationalitätenverfassungsgesetzes macht deutlich, daß es sich bei der Medienfrage um einen zentralen Bereich des Minderheitenschutzes handelt. An der Schnittstelle zwischen privatem Bereich und Öffentlichkeit geht es hier um ein existenzsicherndes Moment in der modernen (informations)offenen Gesellschaft. Erfolgreiche Wahrnehmung eigener Interessen erfordert gerade auch für die Minderheiten Präsenz in der (Medien)Öffentlichkeit, besonders im Hinblick darauf, daß minderheitenspezifische Formen der politischen Repräsentation in den meisten Staaten nicht besonders ausgeprägt sind. Um so mehr ist es erstaunlich, daß weite Bereiche des Medienrechts jedenfalls hinsichtlich des Minderheitenschutzes in den untersuchten nationalen Rechtsordnungen nur unzureichend geregelt sind. Wo Regelungen vorhanden sind, ist die Regelungsdichte in bezug auf Presseerzeugnisse einerseits und audiovisuelle Medien andererseits sehr unterschiedlich, weshalb beide Bereiche im folgenden getrennt erörtert werden.

a. Presse

In der Staatenpraxis wirft die Zulassung von Presseerzeugnissen in Minderheiten- oder Regionalsprachen regelmäßig keine Probleme auf. Während einzelne Staaten dieses Recht verfassungs- oder einfachgesetzlich speziell für die Minderheiten garantieren, greifen in der Mehrzahl der untersuchten Staaten die allgemeinen grundrechtlichen Verbürgungen der

---

122 So das kroatische Nationalitätenverfassungsgesetz; vgl. *Marko* (Anm. 39), unter III.2.

Presse- und Informationsfreiheit[123]. Abgesehen von der UN-Deklaration enthalten die internationalen Instrumente durchgängig Bestimmungen, die neben anderem auch den Zugang zur Presse garantieren sollen. So heißt es in Art. 7 Abs. 1 des Entwurfs für ein Minderheitenprotokoll zur EMRK[124] zum privaten und öffentlichen Gebrauch der Muttersprache: "Dieses Recht gilt auch für die Benutzung ihrer Sprache in Veröffentlichungen ...". Presseerzeugnisse in den Minderheiten- oder Regionalsprachen gibt es in fast allen europäischen Ländern, wobei sich Erscheinungshäufigkeit und Auflage zum Teil deutlich unterscheiden.

b. Funk und Fernsehen

Der Zugang zu Funk und Fernsehen wird von den meisten internationalen Instrumenten ebenso wie der Zugang zur Presse im Rahmen allgemeiner Bestimmungen über das Recht auf Information und zur Verbreitung von Informationen und Gedankengut garantiert (so beispielsweise Art. 6 Abs. 2 des Entwurfs der Venedig-Kommission und die einschlägigen Passagen der KSZE-Dokumente). Der Entwurf für ein Minderheitenprotokoll zur EMRK und die Europäische Charta der Regional- oder Minderheitensprachen erwähnen die elektronischen Medien in Anbetracht ihrer großen Bedeutung ausdrücklich. Dies trägt jedenfalls ansatzweise den zum Teil komplizierten nationalen Bestimmungen im audiovisuellen Bereich Rechnung. Die Interessen der Minderheiten werden zumeist in der Form der Zuteilung von Frequenzen oder Sendezeiten im Rahmen öffentlich-rechtlicher Rundfunkanstalten berücksichtigt[125]. Teilweise sind diese Zuteilungen auf den Rundfunk beschränkt und erstrecken sich nicht auf das Fernsehen[126]. Demgegenüber besteht in anderen Ländern sogar ein Leistungs- oder Förderungsauftrag an die öffentlich-rechtlichen

---

123 Zur besonderen Situation in Frankreich vgl. *Polakiewicz* (Anm. 25), 141.

124 Vgl. oben Anm. 99.

125 Vgl. dazu beispielsweise zur Situation in Italien *Oellers-Frahm* (Anm. 28), 209.

126 So in Polen, *Hošková* (Anm. 54), 282 f.

Rundfunkanstalten[127]. Eine weitere Möglichkeit der Partizipation ist die Einbindung von Minderheitsangehörigen in die entsprechenden Aufsichtsgremien[128].

In den europäischen Staaten, die private Anbieter im Bereich der audiovisuellen Medien zulassen - wozu nach der schon erwähnten Entscheidung des Straßburger Gerichtshof vom November 1993 alle EMRK-Staaten verpflichtet sein dürften -, gibt es regelmäßig auch die Möglichkeit für Minderheitsangehörige als private Rundfunk- und Fernsehanbieter aufzutreten. Gerade in den mittel- und osteuropäischen Staaten scheint ein Interesse daran zu bestehen, Privatsendern in diesem Bereich eine Reihe von Möglichkeiten zu eröffnen. So wurden beispielsweise in Polen - obwohl es noch keine gesetzliche Grundlage dafür gab - mehrere private Rundfunkstationen aufgrund einer provisorischen Lizenz zugelassen[129].

Ein interessantes Problem wirft die Frage auf, inwieweit private Anbieter verpflichtet werden können, Sendungen in der Minderheiten- oder Regionalsprache auszustrahlen. Das am 30. Oktober 1991 verabschiedete (damals noch) tschechoslowakische Gesetz über Radio- und Fernsehsendungen läßt sowohl private als auch öffentlich-rechtliche Anbieter zu, verpflichtet beide allerdings, "den wesentlichen Teil der auszustrahlenden Programme so zu produzieren oder produzieren zu lassen, daß die kulturelle Identität der Nationen, Nationalitäten und ethnischen Gruppen der ČSFR erhalten wird"[130]. In Großbritannien verpflichtet der *Broadcasting Act* von 1990 die *Channel Four Television*

---

127 Vgl. dazu die Situation in Katalonien (*Oeter* [Anm. 11], 385) und in der Schweiz (*Richter* [Anm. 11], 347 f.).

128 In Deutschland haben beispielsweise die Dänen einen Sitz im Aufsichtsgremium der Unabhängigen Landesrundfunkanstalt (*Hahn* [Anm. 55], 88). In Ungarn ist im Entwurf für ein Mediengesetz vorgesehen, daß auch Vertreter einer oder mehrerer Minderheiten in den Aufsichtsgremien für die Rundfunkanstalten Sitz undStimme haben sollen (*Nolte* [Anm. 27], 519 f.).

129 *Hošková* (Anm. 54), 282 f.

130 *Hošková* (Anm. 47), 424 f.

Corporation, der *Welsh Fourth Channel Authority* (jetzt *S4C*) gebührenfrei englischsprachige Programme zur Verfügung zu stellen[131]. Darüber hinaus hat *S4C* die Möglichkeit, gebührenfrei walisischsprachige *BBC*-Produktionen in Anspruch zu nehmen.

2. Staatliche Förderung

In Anbetracht der finanziellen Risiken und des begrenzten Abnehmerkreises, mit denen sowohl die Herstellung von Presseerzeugnissen als auch noch viel mehr die Produktion von Radio- und Fernsehsendungen verbunden sind, liegt es nahe, den Minderheiten hier eine besondere staatliche Förderung zukommen zu lassen. Die Praxis der europäischen Staaten ist insoweit allerdings alles andere als einheitlich[132]. Nur in wenigen Staaten beruht die Förderung auf einer gesetzlichen Grundlage, so etwa in Italien, wo das Pressegesetz vom 5. August 1981 für die drei Regionen mit Sonderstatut besondere Förderungsmaßnahmen für Tageszeitungen der sprachlichen Minderheiten vorsieht[133]. Die medienrechtliche Privilegierung kann gegebenenfalls Probleme mit dem Gleichheitssatz aufwerfen. Aus diesem Grund ist eine gesetzliche Grundlage für die Förderung der Medieneinrichtungen der Minderheiten vorzugswürdig, so beispielsweise in Österreich[134]. Auch in Kroatien sind sowohl die Republik Kroatien als auch die lokalen Selbstverwaltungskörperschaften gesetzlich verpflichtet, Informations- und Verlagstätigkeiten der Angehörigen der Volksgruppen in

---

131 *Marauhn* (Anm. 50), 179.

132 Hinzuweisen ist beispielsweise darauf, daß die estnische Regierung die Übertragung des russischen Fernsehens Ostankino für die russischsprachigen Regionen Estlands mit 2,8 Mio Kronen unterstützt (*Uibopuu* [Anm. 37], unter II.3.); Zeitungen und Zeitschriften der muslimischen Minderheit in Griechenland erhalten staatliche Zuschüsse (*Filos* [Anm. 65], unter II.3.a.). - Nur vor dem Hintergrund der besonderen Situation der baltischen Staaten ist verständlich, daß das estnische Sprachgesetz die estnische Sprache bei allen Kultureinrichtungen bevorzugt. Das schon 1989 verabschiedete Gesetz kann als Schutzmaßnahme gegen eine zu starke Russifizierung angesehen werden. So *Uibopuu* (*ibid.*), unter II.3.

133 *Oellers-Frahm* (Anm. 28), 209.

134 Vgl. dazu *Marauhn* (Anm. 18), 240.

ihrer eigenen Sprache und Schrift finanziell zu unterstützen[135]. In Slowenien bestehen gegenüber der autochthonen ungarischen und der italienischen Volksgruppe aufgrund Verfassungsrecht weitgehende staatliche Leistungspflichten[136]. Schließlich ist noch auf eine andere Form der medienrechtlichen Besserstellung, wie sie in Ungarn in Aussicht genommen ist, hinzuweisen. Dort sieht der Entwurf für ein Minderheitengesetz die Pflicht des Staates vor, den Empfang von Sendungen aus dem Mutterland zu fördern[137]. Eine solche Öffnung des Medienmarktes ist sicherlich positiv zu bewerten. Sie stellt eine Alternative zu einer - beispielsweise in der Schweiz erwogenen[138] - nationalen Sprachenpolitik der Medien dar, die ohnehin zumindest faktisch durch die Internationalisierung der Medienmärkte langfristig keine Perspektive hat. Im tschechoslowakischen Gesetz über Radio- und Fernsehsendungen war vorgesehen, daß nur solche Privatpersonen eine Lizenz für den Privatfunk erhalten konnten, die ihren ständigen Aufenthalt auf dem Gebiet der ČSFR hatten[139]. In den internationalen Instrumenten wird eine finanzielle Förderung von Medien nur in der Europäischen Charta der Regional- oder Minderheitensprachen erwähnt[140].

Zusammenfassend ist festzuhalten, daß zwar insbesondere Presseerzeugnisse in einer Reihe von Staaten nicht unerheblich gefördert werden. Eine allgemeine staatliche Pflicht zur finanziellen Unterstützung läßt sich daraus aber wohl nicht ableiten. Ob umgekehrt das Diskriminierungsverbot des europäischen Gemeinschaftsrechts einer medienrechtlichen Privilegierung von Minderheiten entgegensteht, wie erst kürzlich diskutiert worden ist[141], muß wohl eher in Zweifel gezogen werden[142].

---

135 *Marko* (Anm. 39), unter III.2.

136 *Marko* (Anm. 24), unter IV.

137 *Nolte* (Anm. 27), 519.

138 Vgl. dazu *Richter* (Anm. 11), 349.

139 *Hošková* (Anm. 47), 424 f.

140 Art. 11 Abs. 1 *lit.* f.

141 So auf einer Tagung des Vereins zur Förderung von Wissenschaft und Forschung "Transfer" zum Thema "Region - Staat - Europäische

IV. Schlußbemerkung

Wenn auch die Zusammenschau von Staatenpraxis und internationalen Instrumenten eine Annäherung an einen europäischen (Mindest-)Standard zuläßt, so bleibt doch eine Reihe von Fragen, die hier nur andiskutiert werden konnten.

Daß dem Erziehungswesen im Minderheitenschutz eine zentrale Bedeutung zukommt, ist kaum in Zweifel zu ziehen. Es ist auch kaum zu bestreiten, daß gerade in diesem Bereich individualrechtliche Gewährleistungen nicht ausreichen, daß vielmehr besondere Schutz- und Förderungsmaßnahmen notwendig sind. Hier in Anlehnung an nationale Regelungen nach Lösungsmöglichkeiten zu suchen, die nicht nur finanziell und personell realisierbar sind, sondern auch dem inneren Frieden dienen können, war eine der Zielsetzungen dieser Untersuchung. Künftige Lösungsmodelle sollten sich an folgenden Kriterien orientieren:

- die Verbindung von Personalitäts- und Territorialitätsprinzip speziell im Erziehungswesen,
- die Verwendung der Minderheiten- oder Regionalsprache als Unterrichtsgegenstand und Unterrichtssprache, verbunden damit die Frage nach dem Beginn des Erlernens der Zweitsprache (sei es die Amtssprache oder - in zwei- oder mehrsprachigen Regionen - zweite Regionalsprache),
- die Rolle der Minderheitsangehörigen bei der Einrichtung von Schulen und anderen Ausbildungsstätten, möglicherweise auch ihre Beteiligung an der Schulaufsicht,

---

Gemeinschaft. Die Regionen nach dem Vertrag von Maastricht" am 1./2.10.1993 in Bozen, insbesondere der Vortrag von *B. de Witte*, Die EG und ihre Minderheiten. Vgl. auch *ders.*, The European Community and its Minorities, in: C. Brölmann/R. Lefeber/M. Zieck (Hrsg.), Peoples and Minorities in International Law (1993), 167 ff., 175 ff.

142 Vgl. dazu beispielsweise die Entscheidung des EuGH in der Rechtssache C-379/87 (*Anita Groener* gegen *Minister for Education and the City of Dublin Vocational Education Committee*), Urteil vom 28.11.1989, Slg. 1989, 3967 ff.

- die finanzielle Förderung von Privatschulen, überhaupt das Verhältnis zwischen Privatschulen und öffentlichen Schulen im Hinblick auf den Minderheitenschutz,
- die Möglichkeiten universitärer Ausbildung in der Minderheitensprache einschließlich der Frage der Anerkennung im Ausland erworbener Bildungsabschlüsse,

sowie schließlich

- der Integrationsgedanke und seine Umsetzung, etwa durch gemeinsame Volksschulklassen oder die Anregung an Mehrheitsangehörige im Siedlungsgebiet der Minderheit, möglicherweise sogar deren Verpflichtung, sich mit Sprache, Kultur und Geschichte der Minderheit vertraut zu machen.

Im Medienrecht wirft vor allem die Reichweite der medienrechtlichen Privilegierung Fragen auf. Neben der Notwendigkeit einer finanziellen Unterstützung sollte hier eine Öffnung des Medienmarktes gegenüber dem Ausland erwogen werden.

Sowohl im Bildungs- und Erziehungswesen als auch hinsichtlich der Nutzung von Print- und audiovisuellen Medien ist ein Minderheitenschutz allein auf der Grundlage der Nichtdiskriminierung unzureichend. Dies ist deutlich den zum Teil umfangreichen staatlichen Aktivitäten in den untersuchten europäischen Ländern zu entnehmen. Nicht nur staatliche Duldung, sondern auch staatliche Förderung bei der Pflege und Erhaltung ihrer gruppenspezifischen Besonderheiten haben sich in gewissem Umfang auf nationaler Ebene durchgesetzt. Dies mag gemeinsam mit der Zunahme völkerrechtlicher Bemühungen zum Schutz von Minderheiten dazu beitragen, daß sich auch international Ansprüche auf rechtsungleiche Behandlung, auf positive Diskriminierung im Verhältnis zur Mehrheit in Richtung auf Justiziabilität entwickeln werden[143].

---

143 Dazu schon *Wildhaber* (Anm. 7), 18.

Vereinigungsfreiheit und Parteienrecht

Dagmar Richter *

I. Einleitung

Vereinigungsfreiheit und Parteienrecht sind konstituierende Bestandteile einer freiheitlichen Verfassungsordnung. Sie verpflichten den Staat, Zusammenschlüsse seiner Bürger zu dulden und ihnen eine gewisse Entfaltung innerhalb der Rechtsordnung zu ermöglichen. Das bedeutet, daß nicht nur das Individuum, sondern auch das Kollektiv rechtliche Bedeutung erhält. Minderheiten[1] sind vorgegebene Kollektive, die zwar nicht durch einen Akt der Organisation entstehen, aber der Organisation gleichwohl bedürfen. Diese erst formt ihre vorhandene Kollektivität und macht sie handlungsfähig; ohne sie könnte die Minderheit nur Schutzobjekt eines Minderheitenrechts sein, dessen Bestimmungen zwar die Angehörigen von Minderheiten, in der Regel aber nicht diese selbst berechtigen[2].

Während die Vereinigungsfreiheit private Verbindungen jeglicher Art gegen Eingriffe des Staates schützt, garantieren Parteienfreiheit und Parteienrecht die Chance zur Teilnahme an Wahlen und damit zur politischen Mitbestimmung. Dem im wesentlichen gleichbleibenden rechtlichen Grundmuster tritt damit eine besondere Zwecksetzung hinzu, die zwar keine grundsätzliche Unterscheidung der Parteien von den

---

* Ass. iur., wissenschaftliche Mitarbeiterin an der Universität Heidelberg

1 Zum Begriff der Minderheit *F. Capotorti*, Study on the Rights of Persons Belonging to Ethnic, Religious and Linguistic Minorities, United Nations 1979, E/CN.4/Sub.2/384/Rev.1, 5 ff., §§ 20 ff.; vgl. auch Art. 1 des Europaratsentwurfs eines Zusatzprotokolls zur EMRK betreffend die nationalen Minderheiten und ihre Angehörigen vom 1.2.1993 (EuGRZ 1993, 152 ff.) sowie Art. 2 des Konventionsentwurfs der Europaratskommission "Demokratie durch Recht" vom 8.2.1991 (HRLJ 1991, 270).

2 Eingehend *Y. Dinstein*, Collective Human Rights of Peoples and Minorities, 25 Int. and Comp. Law Quarterly 1976, 102 ff.

Vereinigungen rechtfertigt, sie aber gleichwohl als spezielle Formen der Vereinigungen erscheinen läßt[3]. Nicht alle, aber doch einige europäische Länder haben die besondere Rolle der Parteien deshalb in einer speziellen Verfassungsbestimmung niedergelegt[4]. Für Minderheiten eröffnen Parteien die Möglichkeit, am Prozeß der politischen Willensbildung teilzunehmen und in diesem gruppenspezifisch vertreten zu sein[5].

Betrachtet man die Vereinigungsfreiheit auch in ihrer politischen Ausprägung als einen rechtlichen Weg, die Interessen einer Minderheit zu organisieren[6], so deckt sie deren Bedürfnisse freilich nicht in jeder Hinsicht ab: Ziel der Vereinigungsfreiheit ist nicht die Ausstattung der Minderheit mit einer repräsentativen Institution, sondern die freie soziale Gruppenbildung[7] in Form eines mit frei gewählten Zwecken versehenen Verbands. Diese Tendenz zur Vielfalt im Bereich der sozialen Gruppen kennzeichnet die Vereinigungsfreiheit als ein dem Pluralismus verpflichtetes liberales Grundrecht[8]. Indem die Vereinigungsfreiheit nicht der Minderheit als solcher kollektive Rechte zuspricht, sondern nur der Gesamtheit einzelner Angehöriger der Minderheit das Recht verleiht, ein

---

3 Vgl. z.B. § 2 des (deutschen) Gesetzes über die politischen Parteien vom 24.7.1967 (BGBl. I S. 773) i.d.F. der Bekanntmachung vom 3.3.1989 (BGBl. I 327; 1990 I S. 2141): "Parteien sind Vereinigungen von Bürgern, ..."; vgl. auch *W. Schmidt*, Politische Parteien und andere Vereinigungen, NJW 1984, 762 ff.

4 Hierzu unten Teil IV.

5 Vgl. *C. Tomuschat*, Democratic Pluralism: The Right to Political Opposition, in: Rosas/Helgesen (ed.), The Strength of Diversity, -Human Rights and Pluralist Democracy -, 1993, 36, sowie *S. Oeter*, Minderheiten im institutionellen Staatsaufbau, in: Das Minderheitenrecht europäischer Staaten II, sub II.

6 Der Umstand, daß gerade Angehörige einer Minderheit Vereinigungen bilden, kann anzeigen, daß innerhalb der Minderheit (noch) ein gemeinsamer Wille besteht, die Eigenart als ethnische, religiöse oder sonst kulturelle Gruppe zu erhalten. Damit ist der "Minderheitenverein" als solcher möglicher Anhaltspunkt für das subjektive Element des Minderheitenbegriffs (s. Anm. 1).

7 Vgl. BVerfGE 38, 281, 302 f.; 50, 290, 353.

8 Vgl. *F. Müller*, Korporation und Assoziation, 1965, 220 ff., 225 m.w.N.; *R. Scholz*, Die Koalitionsfreiheit als Verfassungsproblem, 1971, 23 ff.

Kollektiv zu bilden, unterscheidet sich die private Minderheitsvereinigung von der alternativ denkbaren öffentlich-rechtlichen Körperschaft der Minderheit. Machen Angehörige der Minderheit vom Grundrecht auf Vereinigung Gebrauch, können sie daher keinen Anspruch erheben, die Minderheit als Gruppe zu vertreten; ihre Organisation leidet insoweit an einem Mangel an demokratischer Legitimation, der die Grenzen eines Einsatzes der allgemeinen Vereinigungsfreiheit im Minderheitenrecht verdeutlicht: Sie kann eine gewisse Interessenbündelung durch die Organisation als solche erreichen; sie kann aber auch Vielfalt und Zersplitterung innerhalb der Minderheit in Gestalt konkurrierender Organisationen zum Tragen bringen.

II. Die Vereinigungsfreiheit als Menschenrecht und Bürgerrecht der Staaten

Alle untersuchten Staaten gewährleisten eine allgemeine Vereinigungsfreiheit, die zumeist auch Bestandteil des geschriebenen Verfassungsrechts ist[9]; Frankreich verbürgt sie kraft höchstrichterlicher Entscheidung wie ein Grundrecht[10]; in Großbritannien[11] ist sie gegen die Exekutive durch Grundsätze des *common law*, die teilweise EMRK-Prinzipien rezipieren, gesichert. Stets beinhaltet die rechtliche Garantie der Vereinigungsfreiheit die Befugnis, selbstgewählte Ziele gemeinsam mit anderen in einer dauerhaften Gemeinschaft zu verfolgen[12].

---

9 Siehe Anhang.

10 Entscheidung des *Conseil constitutionnel* vom 16.7.1971, Décision n° 71-44 DC, Rec. 1971, 29. Hierzu *Polakiewicz*, Die rechtliche Stellung der Minderheiten in Frankreich, in: Das Minderheitenrecht europäischer Staaten I, 126, 154.

11 Vgl. dazu *Marauhn*, Die rechtliche Stellung der walisischen Minderheit in Großbritannien, in: Das Minderheitenrecht europäischer Staaten I, 160, 186.

12 Uneinheitlich ist die Lage im Hinblick auf die negativen Freiheitsaspekte (Recht zum Austritt; Recht zum Schweigen über die Mitgliedschaft in einer Vereinigung). Vgl. hierzu *M. Nowak*, CCPR-Kommentar, 1989, Art. 22 Rdnr. 9; *Richter*, Die rechtliche Stellung der Minderheiten in der Schweiz, in: Das Minderheitenrecht europäischer Staaten I, 359.

Spezielle Gesetze, die ausdrücklich die Vereinigungen von Minderheiten schützen, bestanden bislang nur vereinzelt wie in Österreich zugunsten der kroatischen und slowenischen Minderheit[13]. Nach dem Zerfall der kommunistischen Staatssysteme treten sie nun vermehrt in Erscheinung, so z.B. in den neuen Minderheitengesetzen Litauens (1989/91)[14], der Ukraine (1992)[15] und Ungarns (1993)[16], sowie im Gesetz über die freie Entwicklung nationaler und ethnischer Gruppen Lettlands und deren Recht auf Kulturautonomie[17]. Finnland, das die Registrierung von Vereinigungen verlangt[18], garantiert ausdrücklich die Registrierung zweisprachiger

---

13 Art. 7 Z. 1 Staatsvertrag von 1955. Hierzu *Marauhn*, Die rechtliche Stellung der Minderheiten in Österreich, in: Das Minderheitenrecht europäischer Staaten I, 253.

14 Art. 9 Gesetz über nationale Minderheiten vom 23.11.1989 in der geänderten Fassung vom 29.1.1991: "Die gesellschaftlichen und kulturellen Organisationen der nationalen Minderheiten werden gegründet, funktionieren und beenden ihre Tätigkeit in den durch die Gesetze bestimmten Verfahren." (zitiert nach: *Hošková*, Die rechtliche Stellung der Minderheiten in Litauen, in: Das Minderheitenrecht europäischer Staaten II, Anm. 59 mit Text; vgl. auch Art. 2 Abs.2 Minderheitengesetz über das Recht "to form ethnic (cultural) organisations", *Hošková*, ibid., ...

15 Art. 14 Gesetz über die nationalen Minderheiten vom 25.6.1992 - s. *Hošková*, Die rechtliche Stellung der Minderheiten in der Ukraine, in: Das Minderheitenrecht europäischer Staaten II, sub IV. - sowie Art.6 ukr Verf. - s. *Hošková*, ibid., sub I.3.

16 § 10 'Gesetz Nr. LXXVII des Jahres 1993 über die Rechte der nationalen und ethnischen Minderheiten' vom 7.7.1993: "Die Teilnahme von Angehörigen der Minderheiten am öffentlichen Leben darf nicht beschränkt werden. Sie können für die Artikulation und den Schutz ihrer Interessen -laut verfassungsmässiger Regelung- Vereine, Parteien, andere gesellschaftliche Organisationen gründen." (Nemzeti és etnikai kisebbségi hivatal/ Amt für nationale Minderheiten (Hrsg.), 1993).

17 Art. 5 S. 1 Gesetz über die freie Entwicklung nationaler und ethnischer Gruppen Lettlands und deren Recht auf Kulturautonomie vom 19.3.1991 (Zinotajs Vedomosti 1991 Nr. 21/22 Nr. 167; deutsche Übersetzung bei *C. Schmidt*, Der Minderheitenschutz in den baltischen Staaten, Bd. 2, 1993).

18 Ebenso Ungarn (*Nolte*, in: Das Minderheitenrecht europäischer Staaten I, 524), Polen (*Hošková*, in: Minderheitenrecht I, 293) und Lettland (*Lentz/Müller*, in: Minderheitenrecht II, sub V.1.). Vgl. auch *Hošková*, in: Minderheitenrecht I, 435, noch zum tschechoslowakischen Vereinigungsrecht.

Vereinigungen[19]. Sehr selten, aber vertreten, ist darüberhinaus auch die ausdrückliche Gewährleistung freier Auslandskontakte speziell für Minderheitenvereine[20].

Diese Tendenz zur speziellen Vereinigungsfreiheit für Minderheiten kommt gleichermaßen in bilateralen völkerrechtlichen Verträgen und völkerrechtlichen Erklärungen zum Ausdruck[21], die in neuerer Zeit übereinstimmend Teil IV Ziffer 32.2 des Kopenhagener Dokuments der KSZE von 1990[22] übernehmen[23]. Angehörige nationaler Minderheiten haben danach das Recht, "ihre eigenen Bildungs- Kultur- und Religionseinrichtungen, -organisationen oder -vereinigungen zu gründen und zu unterhalten, die um freiwillige Beiträge finanzieller oder anderer

---

19 § 9 Finnisches Vereinigungsgesetz. Hierzu *Hofmann*, Die rechtliche Stellung der Minderheiten in Finnland, in: Das Minderheitenrecht europäischer Staaten I, 117, der aus der Regelung den weiteren Schluß zieht, daß auch rein schwedisch- oder samisprachige Vereinigungen registriert werden können.

20 Art. 15 ukrainisches Minderheitengesetz (Anm. 15). Vgl. auch Teil V 3. Absatz des Berichts des KSZE-Expertentreffens über nationale Minderheiten in Genf vom 19.7.1991 (30 ILM 1991, 1692 = HRLJ 1991, 332, 333; deutsche Fassung in: Oellers-Frahm/Schweisfurth (Hrsg.), Dokumente der KSZE, 1993, 514, 520).

21 Teil II.2 der *Erklärung der Landesregierung Schleswig-Holstein über die Stellung der dänischen Minderheit* vom 26.9.1949 (GVBl. 1949, 183, abgedruckt in: Hahn, Die rechtliche Stellung der Minderheiten in Deutschland, in: Das Minderheitenrecht europäischer Staaten I, 103, 104); Teil II.2 der *Bonn-Kopenhagener Erklärung* vom 29.3.1955 (Bundesanzeiger Nr. 63 vom 31.3.1955, 4 ff., abgedruckt in: Hahn, ibid., 101, 102); Art. 6 der *Erklärung über die Prinzipien der Zusammenarbeit zwischen der Republik Ungarn und der Ukrainischen Sozialistischen Sowjetrepublik auf dem Gebiet der Sicherung der Rechte der nationalen Minderheiten* vom 31.5.1991 (abgedruckt in: C. Schmidt (Anm. 18) 53 ff.); hierzu *Hošková*, Die rechtliche Stellung der Minderheiten in der Ukraine, in: Das Minderheitenrecht europäischer Staaten II, sub I.4; Art. 20 Abs. 3 (2. Spiegelstrich) *Vertrag zwischen der Bundesrepublik Deutschland und der Republik Polen über gute Nachbarschaft und freundschaftliche Zusammenarbeit* vom 17.6.1991 (BGBl. II S. 1315).

22 Dokument des Kopenhagener Treffens der KSZE vom 29.6.1990 (29 ILM 1990, 1305; Dokumente der KSZE (Anm. 20) 233, 248.

23 Das gilt für Art. 20 Abs. 3 (2. Spiegelstrich) des deutsch-polnischen Vertrages wie für Art. 6 des ungarisch-ukrainischen Vertrages (Anm. 21).

Art sowie öffentliche Unterstützung in Einklang mit den nationalen Rechtsvorschriften ersuchen können". Auch wenn die rechtliche Qualität dieser Formel als KSZE-Bestimmung durchaus umstritten sein mag[24], erfährt sie allein durch die Übernahme in einen völkerrechtlichen Vertrag eine 'Verrechtlichung' im bilateralen Bereich. Verbunden mit der Verpflichtung zur Umsetzung in innerstaatliches Recht kann hieraus ein europäischer Rechtsstandard erwachsen, dessen Ansätze jedenfalls schon zu erkennen sind.

1. Die bürgerliche Loyalität als Maßstab für den Umfang des Rechts

Betrachtet man die Bestimmungen der europäischen Staaten im einzelnen, fällt auf, daß alle Berichtsstaaten mit Ausnahme Spaniens, Tschechiens und Ungarns[25] die verfassungsrechtliche Verbürgung der Vereinigungsfreiheit auf Staatsangehörige beschränken[26]: Während andere Freiheitsrechte also im Laufe der Zeit von ihrer staatsbürgerlichen Grundlage gelöst und verallgemeinert wurden[27], blieb gerade die Vereinigungsfreiheit von dieser

---

24 Hierzu *S. Breitenmoser/ D. Richter*, Die Verwirklichung der KSZE-Grundsätze zum Schutze nationaler Minderheiten durch Organleihe bei der EMRK, EuGRZ 1991, 141, 149. A.A. *Schweisfurth*, in: Dokumente der KSZE (Anm. 20) XLI ff.

25 Art. 22 Spanische Verfassung; Art. 20 Tschechische Charta der Grundrechte und Grundfreiheiten; Art. 63 Ungarische Verfassung; im übrigen auch Art. 8 Niederländische Verfassung sowie Art. 42 Abs. 2 Slowenische Verfassung (Wortlaut jeweils im Anhang).

26 Vgl. aus Schweizer Warte mit zahlreichen rechtsvergleichenden Hinweisen *H. Huber*, Die Vereinsfreiheit der Ausländer, in: Festschrift Hermann Jahrreiss, 1964, 101 ff.

27 In Deutschland gestaltete die nie in Kraft getretene Paulskirchenverfassung vom 28.3.1849 (RGBl. S. 101) noch die folgenden Grundrechte als "Deutschenrechte" aus: Meinungs- und Pressefreiheit (§ 143), Glaubens- und Gewissensfreiheit (§ 144), Freiheit der Religionsausübung (§ 145), Versammlungsfreiheit (§ 161), Vereinigungsfreiheit (§ 162). Von diesen Rechten blieben in der Weimarer Reichsverfassung vom 11.8.1919 (RGBl. S. 1383) die folgenden Rechte auf Deutsche beschränkt: Meinungsfreiheit (Art. 118), Versammlungsfreiheit (Art. 123), Vereinigungsfreiheit (Art. 124). Von diesen wiederum behält das Grundgesetz vom 23.5.1949 (BGBl. S. 1) Versammlungsfreiheit (Art. 8) und Vereinigungsfreiheit (Art. 9) den Deutschen vor, macht allerdings in

Tendenz unberührt. Sie wird offenbar als ein Recht verstanden, das nur Personen gewährt werden kann, die in einer besonders engen und förmlich gesicherten Beziehung zu ihrem Staat stehen.

Dieser Befund kontrastiert mit dem modernen Völkerrecht, das die Vereinigungsfreiheit von Anbeginn zum Kreis der universellen Menschenrechte zählt. Das belegen Art. 20 Abs. 1 der Allgemeinen Erklärung der Menschenrechte, Art. 22 des Internationalen Pakts über bürgerliche und politische Rechte und grundsätzlich auch Art. 11 der Europäischen Menschenrechtskonvention[28]. Freilich enthält gerade die Europäische Menschenrechtskonvention im Unterschied zum Internationalen Pakt über bürgerliche und politische Rechte insofern eine Rechtsverkürzung, als Art. 16 EMRK ausdrücklich Beschränkungen zulasten der politischen Vereinigungen von Ausländern erlaubt[29]. Im europäischen System hat sich also nur ein 'unpolitischer Kern' der Vereinigungsfreiheit etabliert, dem allein die menschenrechtliche Qualität zugeordnet wird. Lediglich die Europäische Sozialcharta[30] enthält in ihrem Art. 5 i.V.m. dem Anhang über den persönlichen Geltungsbereich eine darüber hinausreichende spezielle Vereinigungsfreiheit für den arbeitspolitischen Bereich der Freiheit der Arbeitnehmer und Arbeitgeber. Die darin angesprochenen "Wanderarbeitnehmer" fallen freilich überwiegender Ansicht nach gerade nicht unter den Begriff der "Minderheit"[31].

Umkehrung der allgemeinen Tendenz die Berufsfreiheit zum Deutschenrecht.

28 Vgl. auch Art. 16 Abs. 1 Amerikanische Menschenrechtskonvention.

29 Unter Bezugnahme hierauf erklärten einzelne Europaratsstaaten Vorbehalte zu Art. 22 IPbürgR; abgedruckt in: Nowak, CCPR-Kommentar (Anm. 12), 798 (Austria) 801 (France), 803 (Fed. Rep. of Germany).

30 Europäische Sozialcharta vom 18.10.1961 (BGBl. 1964 II S. 1262; UNTS Bd. 529, 89).

31 Vgl. i.e. *R. Wolfrum*, "New Minorities" as a Result of Migration, in: Brölmann/Lefeber/Zieck (Hrsg.), Peoples and Minorities in International Law, 1993, 153 ff., insbes. 161 ff. m.w.N.

Obwohl internationale Dokumente danach zumindest die Geltung eines unpolitischen menschenrechtlichen Mindestgehaltes der Vereinigungsfreiheit nahelegen, findet sich in den einschlägigen Verfassungsbestimmungen[32] i.d.R. keine, das heißt, auch keine partiell menschenrechtliche Gewährleistung. Soweit auch Nicht-Staatsangehörige wenigstens am unpolitischen Bereich der Vereinigungsfreiheit teilhaben sollen, ergibt sich dies stattdessen aus einfachen Vereinigungsgesetzen[33] oder aber aus einem allgemeinen Auffanggrundrecht[34]. Die Umsetzung des menschenrechtlichen Gehaltes der Vereinigungsfreiheit in nationales Recht führte also innerstaatlich bestenfalls zu einer Erweiterung der einfachgesetzlichen Gewährleistungen; zu einer nachträglichen Veränderung der entstehungsgeschichtlich älteren Verfassungsbestimmungen[35] kam es demgegenüber nicht.

Hiervon weicht nun eine neue Regelungsgeneration ab, die im Zusammenhang mit der Verfassungserneuerung in Mittel- und Osteuropa entstanden ist. Nicht nur die Tschechische Charta der Grundrechte und Grundfrei-

---

32 Das ist eine Konsequenz der erwähnten Beschränkung auf Staatsangehörige; s. bereits oben.

33 Vgl. z.B. Art. 4 Polnisches Vereinsgesetz. Hierzu *Hošková*, Die rechtliche Stellung der Minderheiten in Polen, in: Das Minderheitenrecht europäischer Staaten I, 292 mit Anm. 76.

34 Art. 2 Abs. 1 GG (Allgemeine Handlungsfreiheit) sowie § 14 f. deutsches Vereinsgesetz vom 5.8.1964 (BGBl. I S. 593). Hierzu *D. Merten*, in: Isensee/Kirchhof (Hrsg.), Handbuch des Staatsrechts, Bd. VI 1989, § 144 Rn. 24. Vgl. allerdings auch BVerfGE 50, 290, 353, wonach dem Prinzip freier sozialer Gruppenbildung, wie es in Art. 9 Abs. 1 GG zum Ausdruck komme, ein menschenrechtlicher Gehalt entnommen werden könne. Vgl. zur deutschen Rechtsordnung auch das Gesetz über die Rechtsstellung heimatloser Ausländer vom 25.4.1951 (BGBl. I 269). § 13 dieses Gesetzes lautet: "*(1) Heimatlose Ausländer sind hinsichtlich des Rechts, sich in Vereinigungen für kulturelle, soziale, Wohlfahrts-, Selbsthilfe- und ähnliche Zwecke zusammenzuschließen, deutschen Staatsangehörigen gleichgestellt. Diese Gleichstellung gilt nicht für die Bildung von Vereinigungen mit politischen Zwecken. (2) Heimatlose Ausländer haben das Recht, sich in Gewerkschaften zusammenzuschließen oder ihre Aufnahme in deutsche Gewerkschaften zu beantragen.*"

35 Vgl. zur Entstehung der Vereinigungsfreiheit aus dem Liberalismus *Müller*, Korporation und Assoziation (Anm. 8), 220 ff.; speziell für England und Nordamerika ibid., 24 ff.

heiten und die insoweit gleichlautende Slowakische Verfassung[36], sondern auch die Estnische Verfassung[37] öffnen die Vereinigungsfreiheit grundsätzlich für jeden und grenzen erst aus diesem allen Menschen offenstehenden Recht wiederum eine besondere politische Vereinigungsfreiheit der Staatsangehörigen aus; ähnlich erscheint die Regelung in Ungarn[38]. Darin drückt sich im Unterschied zu den meisten westeuropäischen Verfassungen ein neues "integratives" Regelungskonzept aus, das die menschenrechtliche Komponente von vornherein in sich aufnimmt. Bemerkenswert ist dabei, daß auch im Rahmen einer solch einheitlichen Verfassungsbestimmung wieder zwischen der nicht politischen Vereinigungsfreiheit als Menschenrecht und der speziellen politischen Vereinigungsfreiheit als Bürgerrecht unterschieden wird.

Diese Erscheinungen legen eine Schlußfolgerung zur Konzeption der Vereinigungsfreiheit in den europäischen Staaten nahe: Je politischer der Vereinigungszweck ist, umso mehr gerät die Vereinigung in die Nähe der öffentlichen Angelegenheiten, umso mehr erhöht sich offenbar auch der Bedarf an bürgerlicher Loyalität bei den Grundrechtsträgern. Hierauf deutet die bis in jüngste Regelungsmodelle verfolgte Ausgestaltung als Bürgerrecht, soweit es jedenfalls die politischen Vereinigungen betrifft. Die Staatsangehörigkeit sichert den hier gegebenen Loyalitätsbedarf, jedoch nur, indem der in ihr formalisierte Bürgerstatus eine Vermutung für die Loyalität des Bürgers oder der Bürgerin begründet.

Entsprechend kompliziert könnte sich dieser Gesichtspunkt im Hinblick auf die Angehörigen von Minderheiten auswirken: Sie erfüllen zwar das

---

36 S. Wortlaute im Anhang.

37 § 48 Estnische Verfassung von 1992; s. hierzu *Uibopuu*, Die rechtliche Stellung der Minderheiten in Estland, in: Das Minderheitenrecht europäischer Staaten II, sub V.

38 Hier müssen nur die Funktionäre und sonst Stimmberechtigten einer Partei ungarische Staatsangehörige sein, während die Vereinigungsfreiheit jedermann zusteht. Siehe Anhang sowie *G. Halmai*, Das Parteienrecht in Ungarn, in: Tsatsos/Kedzia (Hrsg.), Parteienrecht in mittel- und osteuropäischen Staaten, Schriften zum Parteienrecht 11, 1994, 273, 290, 295.

formale Statuskriterium der Staatsangehörigkeit[39]; ob ihre Loyalität aber allein deshalb auch von der Mehrheitsbevölkerung angenommen wird oder ob sie nicht vielmehr von Fall zu Fall eher den Fremden gleichgesetzt werden, ist eine kritische Frage[40]. Wenn es richtig sein sollte, daß Minderheitenvereine aus im Grunde ähnlichen Motiven beschränkt werden, aus denen früher politische Vereinigungen verboten wurden oder aus denen Vereine von Ausländern bis heute keinen oder schwächeren Schutz genießen, dann könnten Aufschlüsse über die Entwicklungen in diesen Bereichen auf den Vereinigungsschutz von Minderheiten übertragbar sein.

Die heute noch kennzeichnende Unterscheidung zwischen politischen und nicht-politischen Vereinigungen nimmt in der Tat einen zentralen Platz in der Entstehungsgeschichte der Vereinigungsfreiheit ein. Wie kritisch politische Vereinigungen aller Art vom Staat beurteilt wurden, äußerte sich von Anfang an darin, daß die Vereinigungsfreiheit in Deutschland schon wenige Jahre nach ihrer Gewährleistung durch das Allgemeine Landrecht für die preußischen Staaten von 1794 von ihrer politischen Seite wieder entkleidet wurde[41]. Zahlreiche Eingriffe, teilweise im Gewand von Maß-

---

39 Str. Diese Auffassung kommt z.B. in Art. 1 lit. a des Entwurfs des Europarats über ein Zusatzprotokoll zur EMRK betreffend die nationalen Minderheiten und ihre Angehörigen vom 1.2.1993 (EuGRZ 1993, 152; exposé des motifs: *M. Worms* RUDH 1993, 191) sowie Art. 1 a i der Europäischen Charta für Regional- oder Minderheitensprachen (EuGRZ 1993, 154) zum Ausdruck. Die Gegenauffassung wird vornehmlich im Bereich der Vereinten Nationen vertreten; siehe statt vieler *A. Eide*, Protection of Minorities (Report), UN-Doc. E/CN.4/Sub.2/1993/34 vom 10.8.1993, paras. 42, 43, unter Hinweis auf die UN Declaration on the Rights of Persons Belonging to National or Ethnic, Religious or Linguistic Minorities (HRLJ 1993, 54) sowie den IPbürgR.

40 Die Möglichkeit solcher Loyalitätsdefizite kommt mittelbar zum Ausdruck, wenn ausdrückliche Loyalitätspflichten in minderheitenschützende Instrumente aufgenommen werden sollen. Siehe z.B. Art. 15 Abs. 1 des Konventionsentwurfs der ER-Kommission "Demokratie durch Recht" (HRLJ 1991, 270).

41 Vgl. auch zum folgenden *v. Münch* (Zweitbearb. 1966), in: Bonner Kommentar zum Grundgesetz, Erl. I zu Art. 9.

nahmegesetzen[42], folgten, auch nachdem sie später wieder umfassend gewährt worden war.

Für die Zwecke dieser Untersuchung interessiert dabei, wie die Überwindung massiver Eingriffe infolge von tatsächlichen oder vermeintlichen Loyalitätsdefiziten rechtstechnisch bewerkstelligt worden ist. Dabei fällt der Blick einmal auf die Beseitigung totalitärer Regime nach dem Zweiten Weltkrieg, die in einzelnen Fällen bis weit über die Mitte des Jahrhunderts hinausreichte; und einmal auf den Zerfall des osteuropäischen Staatenblocks nach 1989. Beide historische Einschnitte lösten nämlich gleichermaßen Entwicklungsschübe in der Rechtsentwicklung der europäischen Staaten aus. Es läßt sich dabei erkennen, daß die betreffenden Staaten nun in Umkehrung vormaliger Verbote oder nicht gewährter Freiheit ausdrückliche und spezielle Gewährleistungen gerade auch der politischen Vereinigungsfreiheit einführten[43]. Diese Verfahrensweise läßt im Rückblick auf die historische Entwicklung eine zunehmende Konzentration erkennen, das heißt, eine schrittweise Rücknahme der Vereinigungsverbote bis zur Umkehrung des Regel-Ausnahme-Verhältnisses zwischen Verbot und Erlaubnis (Gewährleistung). Wollte man die Entwicklungsstadien dieser Konzentration vereinfachend skizzieren, könnte man zunächst die Vereinigungsfreiheit ohne politischen Gehalt allein für Staatsangehörige nennen, danach die volle Freiheit allein für Staatsangehörige, sodann das einfachgesetzliche Vereinigungsrecht ohne politischen Gehalt auch für Nicht-Staatsangehörige, das volle einfachgesetzliche Vereinigungsrecht auch für Nicht-Staatsangehörige, die verfassungsrechtliche Vereinigungsfreiheit ohne politischen Gehalt auch für Nicht-Staatsangehörige u.s.w. Die Vereinigungen von Minderheiten befinden sich mehr oder minder sichtbar innerhalb dieser Entwicklungsskala, indem sie notwendig politische Bezüge aufweisen und weil ihre Verwender dabei eine gesondert geprägte Loyalitätsbeziehung zum Staat haben können.

---

42 Z.B. das "Gesetz über die gemeingefährlichen Bestrebungen der Sozialdemokratie" vom 21.10.1878.

43 S. die Beispiele in Teil V mN dort.

2. Vereinigungen und (Staats-)Nation

Die Entstehungsgeschichte der Vereinigungsfreiheit belegt eine sehr grundsätzliche Skepsis der Staaten gegenüber den Zusammenschlüssen ihrer Bürger[44]. Bereits im 16. Jahrhundert, als das Konzept der staatlichen Souveränität geformt wurde, stellte man sich gleichzeitig die Frage, ob Vereinigungen mit der neuen Idee des Staates vereinbar seien[45]. Anlaß für diese Zweifel gaben die überkommenen ständischen Korporationen, die, gerade nicht auf Freiwilligkeit beruhend, ihre Mitglieder körperschaftsähnlich einbanden und so mit dem territorialen Staat konkurrierten. Der absolute Staat reagierte darauf, indem er die "Vereinigungen" generell untersagte und sie nur noch im Einzelfall gestattete[46]. 1791 errichtete die Loi Le Chapelier im Rahmen der Französischen Revolution schließlich ein ausnahmsloses Verbot aller "corps intermédiaires"[47] - in der besten Überzeugung, daß die durch sie bewirkte Vergesellschaftung die Ursache für die Unfreiheit des Menschen sei[48]. An ihre Stelle trat die Nation, die mit ihren Bürgern in einer unvermittelten Beziehung stand.

---

44 Vgl. *H. Krüger*, Allgemeine Staatslehre, 1964, 383, zum Verhältnis zwischen Staat und Verbänden: "*Es handelt sich für ihn um nicht weniger als die Behauptung der Existenz wie der Selbständigkeit.*"

45 Vgl. *F. Klein*, Das Organisationswesen der Gegenwart, Berlin 1913, 50: "Der Reichstag verbot im 16. Jh. Vereinigungen gegen die Obrigkeit, aufrührerische Bünde u.s.w., überließ es aber den Territorien, die Organisationen aus dem Wege zu räumen, die dem Entstehen des modernen Staates hinderlich waren."; *Müller*, Korporation und Assoziation (Anm. 8) 34 ff. mit Hinweisen auf Hobbes und Pufendorf. Für eine kontrollierte Zulassung von Zusammenschlüssen *J. Bodin*, Les Six Livres de la République, 1576, III. Buch, 7. Kapitel (Über die Korporationen und Kollegien, die Stände und Gemeinschaften); deutsche Ausgabe: *P.C. Mayer-Tasch* (Hrsg.), Jean Bodin, Sechs Bücher über den Staat, 1981.

46 Vgl. *Müller*, Korporation und Assoziation (Anm. 8), 36 f.

47 Hierzu *Krüger*, Staatslehre (Anm. 44) 402; *Müller*, Korporation und Assoziation (Anm. 8), 41; *I. Geiss*, Europa: Vielfalt und Einheit, eine historische Erklärung, Meyers Forum 12, 1993, 84 f. Die Französische Verfassung enthält bis heute keine geschriebene Vereinigungsfreiheit (s. bereits o.).

48 Eingehend *Müller*, Korporation und Assoziation (Anm. 8), 44 ff., 48., 75 ff. (zur Ideologie Rousseaus) sowie 63 f. ("*aliénation totale*").

Die Bedeutung der französischen Revolutionsgeschichte für das Thema erschließt sich aus dem dort sichtbar werdenden Ineinandergreifen von Vereinigungsfeindlichkeit und nationalem Element als Teil einer konzeptionellen Verbindung von Nation und Demokratie. In ihr liegen Wurzeln für eine gestörte Integration der Vereinigungen Privater in das Gefüge der individuellen Freiheitsrechte[49], welche erst im Verlauf der nationalstaatlichen Stabilisierung zurücktrat; in ihr liegt gleichermaßen ein Schlüssel für eine gestörte Akzeptanz von Vereinigungen und Parteien der nationalen Minderheiten.

III. Die Gestalt der Vereinigungsfreiheit in den europäischen Verfassungen

1. Der Mindeststandard

Ungeachtet aller Unterschiede im Detail kann man aus den europäischen Verfassungen einen europäischen Mindeststandard des Grundrechts der Vereinigungsfreiheit ableiten. Eine etwas gewagte Synthese aller Bestimmungen könnte z.B. lauten: "Die Bürger haben das Recht, Vereinigungen zu bilden. Dieses Recht darf keinen präventiven Maßnahmen unterworfen werden. Die Zwecke der Vereinigung dürfen nicht den Gesetzen (auch enger: den Strafgesetzen) zuwiderlaufen"[50].

Legen wir einen solchen Mustertext zugrunde, wird deutlich, daß präventive Vorkehrungen wie z.B. ein Genehmigungserfordernis die Bildung von Vereinigungen nicht hindern dürfen. Im übrigen besteht die Vereinigungsfreiheit jedoch nur im Rahmen der übrigen Gesetze bzw. Strafgesetze und unterliegt daher der Ausgestaltung durch den Gesetzgeber. Allein hierauf beschränken sich auch die in einigen Staaten üblichen Registrierungsverfahren[51]; sie sind streng gesetzesgebunden und

49 S. bereits o. zur verspäteten Aufnahme der Vereinigungsfreiheit in das französische Verfassungsrecht.

50 S. Wortlaute im Anhang.

51 Vgl. bereits oben Anm. 18.

eröffnen der Verwaltung kein freies Ermessen darüber, ob ein Verein registriert werden muß. Streitigkeiten über die Konformität des Vereinigungszwecks mit den Gesetzen des Landes verlagern sich in diesen Ländern naturgemäß in das Registrierungsverfahren[52].

Wenn Staaten sich demnach in der einen oder anderen Weise vorbehalten, die Vereinbarkeit des Vereinigungszwecks mit den Gesetzen zu überprüfen, verdunkelt sich die Reichweite des Rechts: Ohne die jeweilige Rechtsordnung insgesamt zu kennen, läßt sich keine Aussage darüber treffen, welche Vereinigungszwecke aus welchen Gründen gegen welche anderen Gesetze verstoßen. Dementsprechend bleibt auch unklar, wie weit die Vereinigungsfreiheit im Minderheitenkontext gilt. Darf sie allgemein durch Gesetze beschränkt werden, so steht sie in einer besonders dichten Wechselbeziehung mit der ganzen übrigen Rechtsordnung[53]. In diese Kategorie fallen z.B. die Verfassungen Finnlands, Griechenlands, Polens und der Schweiz[54]. Können lediglich Strafgesetze die Vereinigungsfreiheit beschränken, sind Verfassungsrecht und Rechtsordnung weniger miteinander verschränkt. In diese Kategorie fallen die Verfassungen Italiens und Spaniens, im übrigen auch die dänische und portugiesische Verfassung[55]. Einer besonderen Kategorie gehört das deutsche Grundgesetz an, indem seine Vereinigungsbestimmung auf die

---

52 Vgl. hierzu den Fall einer Vereinigung der deutschen Minderheit in Polen, die die Registrierung nach dem polnischen Vereinsgesetz begehrte, *Hošková*, Die rechtliche Stellung der Minderheiten in Polen, in: Das Minderheitenrecht europäischer Staaten I, 293 ff.

53 Komplexe Wechselbezüglichkeiten mit der Rechtsordnung im übrigen treten bei Grundrechten auf, deren Ausübung auf rechtliche Ausgestaltung angewiesen ist. Unter welchen Umständen eine Vereinigung die Rechtsfähigkeit erhalten kann, ist dabei nur ein spezieller Aspekt der Fragestellung. Teilweise kennen die Staaten nur registrierte und damit stets rechtsfähige Vereinigungen (vgl. Anm. 18 und 51 mit Text), teilweise sind auch nicht-rechtsfähige Vereinigungen Grundrechtsträger, wenn sie nach Struktur und Organisation verfestigt, das heißt, von der Mitgliederfluktuation unabhängig sind (s. zur deutschen Rechtslage insoweit *Merten*, in: Handbuch des Staatsrechts VI (Anm. 34), § 144 Rn. 31 f.).

54 S. Wortlaut im Anhang.

55 S. Wortlaut im Anhang.

"verfassungsmäßige Ordnung" im Sinne wesentlicher Verfassungsgrundsätze[56] verweist.

Ein gemeinsamer Nenner für die Grundrechtsschranken läßt sich auch innerhalb der genannten Grundformen in den Berichtsstaaten nicht nachweisen. Nur sehr vereinzelt gilt etwa die Formel, daß dem Kollektiv ein Handeln nicht verboten sein könne, das dem Individuum erlaubt ist[57]. Hiergegen wird insbesondere eingewandt, daß die Gruppenmacht des Kollektivs allein die unterschiedliche Bewertung von Grundrechtsbetätigungen rechtfertigen könne, selbst wenn sich diese im übrigen nicht unterschieden[58]. Der Sache nach, so könnte man meinen, dringt damit auch ein polizeirechtlicher Gefährdungstatbestand in die Ausgestaltung des Vereinigungsgrundrechts ein.

2. Maßstäbe der Beschränkbarkeit

Im Hinblick auf die Feststellung typischer Schranken der Vereinigungsfreiheit besteht die Aufgabe darin, die einzelnen Rechtsordnungen daraufhin zu untersuchen, welche Verbote sich als vereinigungserheblich erweisen und welche darunter speziell die Vereinigungen von Minderheiten betreffen. Dabei kommen nicht nur solche Bestimmungen in Frage, die explizit auf Vereinigungen oder Minderheitenvereinigungen abstellen, sondern auch solche, die sich nur minderheitenerheblich auswirken können. Eine gewisse Orientierung im Dickicht der vielfältigen Schrankenregelungen ermöglichen dabei Normen des Völkerrechts, die für die europäischen Staaten verbindlich sind und Eingriffe in die Vereinigungsfreiheit auf das Maß des Notwendigen und Verhältnismäßigen begrenzen.

---

56 Art. 9 Abs. 2 GG. Hierzu *Merten*, in: Handbuch des Staatsrechts VI (Anm. 34), § 144 Rn. 74.

57 Vgl. z.B. die ausdrückliche Niederlegung dieser Regel in Art. 18 der italienischen Verfassung; hierzu *Oellers-Frahm*, Das Minderheitenrecht europäischer Staaten, 192, 219 f.

58 Vgl. zur deutschen Diskussion *W. Löwer*, in: v. Münch, GG-Kommentar, Bd. I, 4. A. 1992, Art. 9 Rdnr. 38 mN zum Streitstand.

"*Necessary in a democratic society*"[59] ist daher das Kriterium, mithilfe dessen sowohl Art. 11 Abs. 2 EMRK als auch Art. 22 Abs. 2 IPbürgR den Schranken der Vereinigungsfreiheit wiederum Schranken setzen. Ein Vereinigungsverbot ist danach nur zulässig, wenn inhaltliche Beschränkungen nicht ausreichen. Dieselbe Formel verwendet auch das Europäische Parlament in seiner Erklärung der Grundrechte und Grundfreiheiten im Hinblick auf die zukünftige Europäische Union[60]. Es ergänzt sie durch die interessante weitere Voraussetzung, daß Beschränkungen auch den *Wesensgehalt des Rechts* unangetastet lassen müssen. Obwohl die Erklärung selbst nicht rechtsverbindlich ist, könnte sie damit einen allgemeinen Rechtsgrundsatz der EG-Mitgliedstaaten zum Ausdruck bringen[61].

Fraglich ist nun, unter welchen Umständen die minderheitenspezifische Zwecksetzung einer Vereinigung gesetzlich verboten werden dürfte. Die Pflege regionaler Tänze zählte sicher nicht dazu, denn ein entsprechendes Verbots- oder Strafgesetz würde den Mindeststandard einer demokratischen Gesellschaft offenkundig verfehlen. Andererseits überschreiten separatistische Gewaltakte ebenso klar die "Schmerzgrenze" eines sozialverträglichen Vereinswesens. Um hier eine Praxis zu etablieren, die der Bedeutung des Grundrechts gerecht wird, haben etliche Staaten ein eigenes Verbotsverfahren mit besonderen Antragserfordernissen und Zuständigkeiten eingeführt[62]. Auf diese Weise entsteht *Rechtsschutz durch*

---

59 Vgl. die ganz ähnliche Formulierung in Art. 20 Abs. 3 Tschechische Charta der Grundrechte und Grundfreiheiten.

60 Art. 26 der *Erklärung des Europäischen Parlaments im Hinblick auf die zukünftige Europäische Union* vom 12.4.1989, abgedruckt in: EuGRZ 1989, 204 ff.

61 Für die Fälle formeller Gesetzesvorbehalte *Nowak*, CCPR-Kommentar (Anm. 12), Art. 22 Rdnr. 31.

62 S. die Vereinigungsgesetze der Staaten; zu Belgien *Mathiak*, in: Das Minderheitenrecht europäischer Staaten I, 51 f.; zu Deutschland *Hahn*, in: Minderheitenrecht I, 96; zu Finnland *Hofmann*, in: Minderheitenrecht I, 117; zu Frankreich *Polakiewicz*, in: Minderheitenrecht I, 155, sowie *M. Fromont*, in: Tsatsos/Schefold/Schneider (Hrsg.), Parteienrecht im europäischen Vergleich, 1990, 243 f.; zu Polen *Hošková*, in: Minderheitenrecht I, 296.

Verfahren[63] auch in dem Sinne, daß erst das ordnungsgemäße Verfahren zu einer Feststellung darüber führt, ob sich der Zweck der Vereinigung, also ihre ganze Ausrichtung, gegen die Gesetze richtet. Nicht jedes einzelne rechtswidrige Verhalten der Vereinigung oder gar der Mitglieder, sondern nur die Zurechnung rechtswidrigen Verhaltens zum Vereinszweck kann das Verbot der Vereinigung auslösen[64]; Verbot und Strafe bleiben dabei ultima ratio in einem geordneten Prozeß.

3. Die Staatenpraxis

In der Regelungspraxis fallen die Verbotsgründe zwar zumeist mit Straftatbeständen zusammen; was dem Einzelnen danach bei Strafe verboten ist, das ist der Vereinigung erst recht verboten und kann auch zu ihrem Verbot führen[65]. Ausnahmen bestehen jedoch in einer kleinen Gruppe von Staaten, in der Vereinigungen auch ohne parallele Strafbestimmung verboten werden können. So enthält eine bulgarische Parlamentsdeklaration z.B. die Bestimmung, daß politische und gesellschaftliche Organisationen dann verboten werden, wenn sie die Trennung eines Teils des Territoriums aufgrund religiöser, ethnischer oder sonstiger Gründe verfolgen[66]. Abgesehen davon, daß die Deklaration ohnehin keine Gesetzesqualität haben

---

63 Vgl. hierzu beispielhaft die dänische Verfassungsbestimmung zur Vereinigungsfreiheit (im Anhang).

64 S. allerdings auch Art. 12 Abs. 2 Griechische Verfassung: "*Ein Verein darf wegen einer Verletzung der Gesetze oder einer wesentlichen Bestimmung seiner Satzung nur durch richterliche Entscheidung verboten werden.*"

65 Umgekehrt ergänzt wiederum das Strafrecht das Vereinigungsverbot, indem es die Gründung von, Betätigung in und Fortführung von verbotenen Vereinen als eigenständige Delikte erfaßt. Vgl. beispielhaft § 20 deutsches Vereinsgesetz vom 5.8.1964 (BGBl. I 593) über Zuwiderhandlungen gegen Verbote.

66 Art. 7 der Deklaration zur nationalen Frage (Darzaven vestnik No. 6 vom 19.1.1990); hierzu *Hošková*, in: Das Minderheitenrecht europäischer Staaten II, sub I.4.

dürfte[67], sind solche Regelungen mit Bezugnahmen auf eine ethnische oder andere Motivation eher selten[68].

Dem reinen Wortlaut ihrer Bestimmungen nach könnten an dieser Stelle Österreich[69] und die Schweiz[70] genannt werden, weil sie traditionell Vereinigungen verbieten, die "staatsgefährlich" sind. Beide Länder vermitteln damit zumindest den Eindruck, sie würden das Vereinigungsverbot aus Gründen einer rein politischen Staatssicherheit von der Strafbarkeit abkoppeln. Tatsächlich hat sich in ihnen jedoch die Auffassung durchgesetzt, daß Rechtswidrigkeit in einer rechtsstaatlichen Ordnung ein wesentlicher Bestandteil der "Staatsgefährlichkeit" ist. Auf dieser Grundlage bedeutet Staatsgefährlichkeit nichts anderes als eine qualifizierte Form der Rechtswidrigkeit[71].

Praktisch alle untersuchten Staaten stellen Hochverrat und vergleichbare Taten unter Strafe[72]. Darunter versteht man Delikte, die sich gegen die

---

67 Vgl. *Hošková*, in: Das Minderheitenrecht europäischer Staaten II, sub I.4.

68 Art. 13 Abs. 4 russische Verfassung vom 12.12.1993. Hierzu *Hošková*, in: Das Minderheitenrecht europäischer Staaten II, Nachtrag; vgl. demgegenüber noch Art. 13.5 des Entwurfs vom 9.11.1993: "Die Gründung und Tätigkeit von Parteien, deren Ziele oder Aktionen auf eine gewaltsame Änderung der Verfassungsordnung und der territorialen Einheit der russischen Föderation, ... die Bildung bewaffneter Gruppen und die ... Zuspitzung sozialer, ethnischer, nationaler und religiöser Gegensätze gerichtet sind, ist verboten..." (zitiert nach: Frankfurter Allgemeine Zeitung Nr. 262 vom 10.11.1993 S. 2).

69 § 6 österreichisches Vereinsgesetz.

70 Art. 56 Eidgenössische Verfassung.

71 *Marauhn*, in: Das Minderheitenrecht europäischer Staaten I, 254 mwN; *Richter*, in: Minderheitenrecht I, 360 mwN.

72 Art. 135bis belgisches Strafgesetzbuch (*Mathiak*, in: Das Minderheitenrecht europäischer Staaten I, 52); §§ 81 ff. deutsches StGB (*Hahn*, in: Minderheitenrecht I, 96); Kap. 11 § 2 Abs. 2 finnisches StGB (*Hofmann*, in: Minderheitenrecht I, 117 f.); Art. 88 französischer *code pénal* (*Polakiewicz*, in: Minderheitenrecht I, 156 f.); Art. 241 italienisches StGB (*Oellers-Frahm*, in: Minderheitenrecht I, 220); §§ 242 ff. österreichisches StGB (*Marauhn*, in: Minderheitenrecht I, 254); Art. 122 f. polnisches StGB (*Hošková*, in: Minderheitenrecht I, 300 f.);. Art. 265, 266, 275ter

Unabhängigkeit und Integrität des Staates richten. Gerade diese Tatbestände stehen dem Minderheitenthema nahe, soweit sie den Vorwurf des Separatismus und der Kollaboration mit ausländischen Mächten zugrundelegen: Zum einen gerät gerade die Pflege eigener Identität durch eine Minderheitenvereinigung besonders leicht in den Separatismusverdacht; zum anderen kann die Loslösung vom alten Staatsverband in Ausnahmefällen völkerrechtlich legitim sein. Das Recht einer Minderheit zur sezedierenden Selbstbestimmung kann jedenfalls dann in Betracht kommen, wenn schwere und systematische Menschenrechtsverletzungen gerade die Identität der Minderheit bedrohen[73]. Der Staat selbst hat es hier in der Hand, der Ausübung eines solch notstandsähnlichen Selbstbestimmungsrechts durch die Gewährung des Mindeststandards vorzubeugen.

Die Regelungspraxis der europäischen Staaten im Bereich der Staatsschutzdelikte ist uneinheitlich. Eine erste Gruppe von Berichtsstaaten wie z.B. die Bundesrepublik Deutschland[74], Großbritannien[75], Tschechien[76] und vor allem Spanien[77] verbindet diese Delikte konsequent mit dem Kriterium der Gewalt. In diesen Ländern ist die Vereinigungsfreiheit von vornherein nicht in einer Weise einschränkbar, die Minderheiten unbillig betreffen könnte. Würde man die Minimalschranke der verbotenen Gewalt unterbieten, so würde man das staatliche Gewaltmonopol an einer besonders empfindlichen Stelle aufgeben. Auch die Strafbestimmungen

---

schweizerisches StGB (*Richter*, Minderheitenrecht, 360 ff.); s. auch *Hošková*, in: Minderheitenrecht I, 438, zu § 92 des vormals tschechoslowakischen StGB mit einem erhöhten Strafrahmen für Mitglieder einer Vereinigung (§ 92 Abs. 2).

73 Vgl. *S. Oeter*, Selbstbestimmungsrecht im Wandel, ZaöRV 1992, 741, 763 ff., unter Hinweis auf die jüngeren KSZE-Prinzipien, mwN; *T.M. Franck*, Postmodern Tribalism and the Right to Secession, in: Brölmann u.a. (Anm. 31), 3, 13 f.

74 Vgl. *Hahn*, in: Das Minderheitenrecht europäischer Staaten I, 96.

75 Vgl. *Marauhn*, in: Das Minderheitenrecht europäischer Staaten I, 186 f.

76 Vgl. zur Tschechoslowakei *Hošková*, in: Das Minderheitenrecht europäischer Staaten I, 438.

77 Vgl. *Oeter*, in: Das Minderheitenrecht europäischer Staaten I, 399.

über die Bildung paramilitärischer[78] oder *allgemein* krimineller Vereinigungen[79] sollen daher weitgehend außer Betracht bleiben. Einen besonderen Fall stellt die Bestrafung von Rassendiskriminierung oder Volksverhetzung dar, weil sie, obwohl an sich unbedenklich[80], im Hinblick auf Minderheiten mißbrauchsgefährdet ist[81].

Unterhalb der Schwelle der Gewalt oder "gewöhnlicher" Strafbarkeit finden sich eine Reihe von Regelungen, die sich im Hinblick auf Minderheiten als kritisch erweisen könnten. Dazu zählen Bestimmungen, die allein schon das kollektive Eintreten für die Abspaltung bestimmter Regionen oder ihren Anschluß an einen anderen Staat unter Strafe stellen. Eine zweite Gruppe bilden daher solche Staaten, die speziell die Gründung von oder Betätigung in Vereinigungen bestrafen, die sich -auch gewaltlos- gegen die staatliche Unabhängigkeit oder Integrität richten. Solche Regelungen finden sich z.B.

---

78 Z.B. das belgische Gesetz "interdisant les milices privées" vom 29.7.1934 (hierzu *Mathiak*, in: Das Minderheitenrecht europäischer Staaten I, 51); § 3 Finnisches Vereinigungsgesetz (hierzu *Hofmann*, in: Minderheitenrecht I, 117); Französisches Gesetz "sur les groupes de combat et milices privées" vom 12.1.1936 (hierzu *Polakiewicz*, in: Minderheitenrecht I, 154. S. zu bestimmten Vorschriften dieses nicht gänzlich unbedenklichen Gesetzes noch unten); Sec. 2 Britischer Public Order Act (hierzu *Marauhn*, in: Minderheitenrecht I, 186/7); Art. 18 Italienische Verfassung (hierzu *Oellers-Frahm*, in: Minderheitenrecht I, 219 und 221 f. zum Fall der "Südtiroler Schützen").

79 Z.B. Art. 322 ff. belgStGB (hierzu *L.P.Suetens*, Die Institution der politischen Partei in Belgien, in: Parteienrecht im europäischen Vergleich (Anm. 62), 27, 61); Art. 129 deutsches StGB.

80 Vgl. zur unbedenklichen Umsetzung des Internationalen Übereinkommens zur Beseitigung jeder Form von Rassendiskriminierung vom 7.3.1966 in Finnland (Kap. 13 §§ 5, 6 finnStGB) *Hofmann*, in: Das Minderheitenrecht europäischer Staaten I, 119; in der vormaligen Tschechoslowakei (§ 198 tschslStGB bzw. auch § 4a tschslVereinigungsgesetz) *Hošková*, ibid., 436, 439; s. auch §§ 130 f. deutsches StGB.

81 In der Türkei stellt Art. 8 ATG "rassistische" oder "die Nationalgefühle verletzende" Propaganda unter Strafe. Diese Vorschrift wurde zeitweise so weit ausgelegt, daß schon der Gebrauch der kurdischen Sprache in der Öffentlichkeit darunterfiel. *Rumpf*, in: Das Minderheitenrecht europäischer Staaten I, 475 f.

in Österreich[82], in der Schweiz[83] und Italien[84]. Die österreichische Regelung erweist sich dabei als gänzlich unbedenklich, weil sie bereits ihrem Wortlaut nach voraussetzt, daß der Vereinigungzweck in einer gesetzwidrigen Weise verfolgt wird; der betreffende gesetzliche Rahmen läßt dabei reichlich Raum für die Vereinigungen der Volksgruppen[85]. Im Gegenteil verpflichtet Art. 7 Z. 5 des Staatsvertrags von 1955 die österreichische Republik sogar, solche Vereinigungen zu verbieten, die der kroatischen oder slowenischen Bevölkerung ihre Eigenschaft oder ihre Rechte als Minderheit nehmen wollen. Gleichermaßen einfach kann die Harmlosigkeit der schweizerischen Regelungen nicht erkannt werden, weil ihr zufolge Handlungen im Rahmen einer Vereinigung strafbar sind, wenn sie sich darauf richten, "eine die Unabhängigkeit der Eidgenossenschaft gefährdende Einmischung einer fremden Macht in die Angelegenheiten der Eidgenossenschaft herbeizuführen"[86]. Lediglich die fehlende Anwendungspraxis belegt hier, daß nicht beabsichtigt ist, die Vorschrift zum Nachteil irgendwelcher Minderheiten zu mißbrauchen[87].

In besonderem Maße einschlägig erscheint im Rahmen dieser Kategorie Art. 271 des italienischen Codice penale betreffend "Associazioni antinazionali". Nach dieser Vorschrift wird mit Freiheitsstrafe von einem bis zu drei Jahren bestraft, wer "Vereinigungen anregt, gründet, organisiert

---

82 § 246 östStGB verlangt im Gegensatz zu den übrigen österreichischen Staatsschutzbestimmungen keine Gewalt, *E. Foregger*, in: Wiener Kommentar zum StGB, Wien 1985, § 246 Anm. 3; s. auch *Marauhn*, in: Das Minderheitenrecht europäischer Staaten I, 254.

83 Art. 275ter i.V.m. Art. 265, 266 schweizStGB. Hierzu *Richter*, in: Das Minderheitenrecht europäischer Staaten I, 360 ff. m.N. zur Lit.

84 Art. 271 (Staatsfeindliche Vereinigungen/Associazioni antinazionali). Hierzu noch im folgenden.

85 *Marauhn*, in: Das Minderheitenrecht europäischer Staaten I, 254 f.

86 Art. 266 Abs. 1 schweizerisches StGB, abgedruckt in vollem Wortlaut in: Richter, Das Minderheitenrecht europäischer Staaten I, 361.

87 Der Kommentar von *S. Trechsel* zum Schweizerischen StGB, 1989, weist hierzu keine einschlägige Kasuistik nach. Selbst im Verlauf des Jura-Konflikts war es zu keiner Anwendung des einschlägigen Vereinigungsstrafrechts gekommen, vgl. hierzu *G. Kreis* (Hrsg.), Staatsschutz in der Schweiz, Die Entwicklung von 1935 - 1990, Bern 1993, 492 ff.

oder leitet, die eine Tätigkeit planen oder entfalten, die darauf abzielt, das Nationalgefühl zu zerstören oder zu schwächen". Sofern sie damit auch nicht gewaltsame Aktivitäten umfaßt, die gleichzeitig unter den Schutz der Meinungsfreiheit fallen, würde man sie freilich wegen Verstoßes gegen Art. 21 der italienischen Verfassung für verfassungswidrig halten können; entsprechende Ausführungen hatte die italienische Corte Costituzionale jedenfalls im Hinblick auf eine ähnliche Bestimmung gemacht[88].

Eine dritte Gruppe von Staaten bestraft ebenfalls Handlungen, die sich gegen die staatliche Unabhängigkeit oder Integrität richten; sie kennt dabei jedoch keine speziellen Delikte für Vereinigungen. Eine solche Regelung findet sich in etlichen Staaten, so z.B. in Italien[89] oder auch in Belgien, wo die Annahme von Unterstützung durch ausländische Stellen zum Zweck der Propaganda gegen Unabhängigkeit und Integrität des Landes strafbar ist[90]. Auch hier scheint diese Regelung in der Praxis keine herausragende Bedeutung zu erlangen. Wie sich am Beispiel Belgiens zeigen läßt, setzten sich sowohl der "Vlaams Blok" als auch der "Rassemblement Wallon" in der Vergangenheit für eine Abspaltung des jeweiligen Landesteils ein, ohne daß dies irgendwelche Folgen gezeitigt hätte[91]. Dieser Befund ähnelt der Lage in Spanien, wo man ohnehin nur gewalttätige und terroristische Aktivitäten als Separatismus unter Strafe stellt, das 'bloße' Eintreten für gewaltsame Ablösungen aber duldet. Die baskische "Herri Batasuna" als politischer Arm der ETA erlebte deshalb ebenfalls weder ein Verbot noch gar eine

---

88 Hierzu *Crespi/Stella/Zuccalà*, Commentario Breve al Codice Penale, 2. A. 1992, zu Art. 271 (ausführlicher noch die 1. A. 1986) und Art. 272 C.P., jeweils mit Hinweisen auf die Entscheidung der Corte Costituzionale vom 22.6.1966 zu Art. 272 C.P. (Rivista Penale 1966, 783 ff.).

89 Gemäß Art. 241 italStGB sind Angriffe gegen die Integrität, Unabhängigkeit oder Einheit (!) des Staates strafbar. S. *Oellers-Frahm*, in: Das Minderheitenrecht europäischer Staaten I, 220.

90 Art. 135bis belgStGB. Hierzu *Mathiak*, in: Das Minderheitenrecht europäischer Staaten I, 52.

91 *Suetens*, Die Institution der politischen Partei in Belgien, in: Parteienrecht im europäischen Vergleich (Anm. 62), 34 f.; *Mathiak*, in: Das Minderheitenrecht europäischer Staaten I, 53. Vgl. auch zu Irland *Kelly*, Die Institution der politischen Partei in Irland, in: Parteienrecht im europäischen Vergleich (Anm. 62), 337, 360 f.

Bestrafung ihrer Mitglieder allein aufgrund der Mitgliedschaft[92]: Pragmatische Zurückhaltung prägt das Verhalten vieler Staaten, die damit der Überzeugung Ausdruck geben, daß Repression die schwächere Option ist.

Eine vierte Gruppe besteht aus sehr wenigen Staaten, die ebenfalls gewaltloses Verhalten unter Strafe stellen, wenn es sich gegen die Unabhängigkeit und Integrität des Landes richtet. Diese Staaten unterscheiden sich von der dritten Gruppe vor allem dadurch, daß sie es ernst meinen. Wer es unternimmt, die staatliche Integrität durch bloße Rede zu beschädigen oder auch nur die Autorität des Staates auf Teilen des Territoriums zu untergraben, riskiert in solchen Staaten die Strafbarkeit[93]. Eine verschärfte Variante liegt darin, daß dabei zudem von der Eignung der Handlung oder Äußerung zur Schädigung der staatlichen Integrität abgesehen wird[94]. Bloße Bezeichnungen als Minderheit könnten in diesen Ländern genügen, um wegen "Verbreitung falscher Nachrichten" oder "Anstiftung zum öffentlichen Unfrieden" bestraft zu werden[95].

4. Grenzen der innerstaatlich definierten Sicherheit und Ordnung durch den internationalen Minderheitenschutz

Gerade der letztgenannte Regelungstypus ist spezifisch mit der Minderheitenproblematik verbunden. Denn solche Regelungen eignen sich nicht nur im Einzelfall theoretisch, Minderheitenvereine nachteilig zu treffen; sie führen notwendig dazu. Sie existieren nur in Staaten mit einer

---

92 S. *Puente-Egido*, Die Institution der politischen Partei in Spanien, in: Parteienrecht im europäischen Vergleich (Anm. 62), 680 f.; *Oeter*, in: Das Minderheitenrecht europäischer Staaten I, 399.

93 S. *Polakiewicz*, in: Das Minderheitenrecht europäischer Staaten I, 156 f., zu § 88 des französischen Code pénal.

94 Vgl. *Rumpf*, in: Das Minderheitenrecht europäischer Staaten I, 475 f., zur Bestrafung von "Propaganda gegen die unteilbare Einheit von Staatsgebiet und Staatsvolk" nach türkischem Strafrecht (Art. 8 ATG). Vgl. auch den früher geltenden spanischen Art. 173 Abs. 2 Código Penal (a.F. 1944); hierzu *Oeter*, in: Das Minderheitenrecht europäischer Staaten I, 398 f.

95 Vgl. auch *Filos*, in: Das Minderheitenrecht europäischer Staaten II, sub IV.

besonders ausgeprägten Fixierung auf eine einheitliche Nationalität. Diese Fixierung findet Ausdruck in einer Verfassungsnorm, die die "Unteilbarkeit"[96] des Staates oder auch die Einheit von Staatsvolk und Staatsgebiet beschwört. Die betreffenden Strafbestimmungen gehören einer Rechtsordnung an, die im Dienste einer Staatsraison steht, die den Staat als nationale Einheit definiert. Diese überwölbt, einem Verfassungsdogma gleich, Gesetz und Recht. Ob die behauptete Einheitlichkeit in Sprache und Kultur dabei wirklich gegeben ist, spielt eine untergeordnete Rolle. Wesentlich ist den betreffenden Staaten allein die Überzeugung, daß nur Einheitlichkeit ein Zusammenleben der Bürger als Gleiche garantiert.

Erkennen wir dieses Vorverständnis an, so stimmt es, daß ethnische Differenzierung die Unteilbarkeit des Staatsvolks berührt. Es mag sein, daß Vereinigungen von Minderheiten eine so bestimmte öffentliche Ordnung stören. Welcher Begriff von öffentlicher Ordnung ist freilich in Europa tragbar und ist sie voraussetzungslos durch die Staaten definierbar ?

Internationale Dokumente geben zunehmend zu erkennen, daß es den europäischen Staaten nicht mehr freisteht, ihre innere Ordnung nach freiem Belieben zu gestalten[97]. Es mag zwar streitig sein, ob die einschlägigen KSZE-Grundsätze über Rechtsstaatlichkeit, Demokratie und Minderheitenrechte rechtlich bindend sind[98]; sie bringen jedoch einen allgemeinen Mindeststandard zum Ausdruck, der beinhaltet, daß die eigenständige Identität von Minderheiten zu respektieren ist[99]. Im Schlußbericht des KSZE-Expertentreffens über nationale Minderheiten in Genf heißt es 1991 erstmals in dieser Deutlichkeit: "*Fragen nationaler*

---

96 Vgl. Art. 2 Französische Verfassung: "*Frankreich ist eine unteilbare, laizistische, demokratische und soziale Republik. ...*"; weitergehend die Präambel, Art. 5 und insbesondere Art. 13 Türkische Verfassung.

97 Zu Art. 27 IPbürgR wurden freilich Vorbehalte erklärt. Hierzu *Polakiewicz*, in: Das Minderheitenrecht europäischer Staaten I, 126 f.

98 S. bereits oben Anm. 24.

99 Vgl. vornehmlich Teil IV Ziffern 32 ff. des Kopenhagener Dokuments der KSZE vom 29.6.1990 (Anm. 20) 233, 248 ff.; Charta von Paris für ein Neues Europa vom 21.11.1990 sub "Menschliche Dimension", abgedruckt in: Dokumente der KSZE (Anm. 20), 446 f.

Minderheiten sowie die Erfüllung internationaler Verpflichtungen hinsichtlich der Rechte von Angehörigen nationaler Minderheiten sind ein berechtigtes internationales Anliegen und daher eine nicht ausschließlich innere Angelegenheit des jeweiligen Staates."[100]

IV. Ausgewählte Probleme des Parteienrechts

Die meisten europäischen Verfassungen kennen keine spezielle Bestimmung, die die besondere Qualität der Parteien als Grenzgänger zwischen der privaten und der öffentlichen Sphäre, als Grundrechtsträger einerseits und Verfassungsinstitution andererseits absichern würde. Ausnahmecharakter haben daher immer noch Verfassungen wie die Frankreichs, Griechenlands, Italiens, Portugals und Deutschlands[101], wo sich im allgemeinen die Erfahrungen aus einer überwundenen Einparteienherrschaft spezialgesetzlich niedergeschlagen haben[102].

Die Zurückhaltung der verfassungsrechtlichen Bestimmungen setzt sich auch im einfachen Recht fort. So kennen im Gegensatz zu Bulgarien[103], Deutschland[104], Litauen[105], Polen[106], Portugal, Spanien oder auch

---

100 Teil II des Berichts vom 19.7.1991 (Anm. 20).

101 Vgl. *Schefold/Tsatsos/Morlok*, Rechtsvergleichende Ausblicke, in: Parteienrecht im europäischen Vergleich (Anm. 62), 761 mN zu den jeweiligen Verfassungsbestimmungen.

102 *Schefold/Tsatsos/Morlok* (Anm. 101), 778 f.

103 Gesetz über die politischen Parteien vom 3.4.1990 (Darshawen Westnik Nr. 29/1990; Nr. 87/1990).

104 Gesetz über die politischen Parteien vom 24.7.1967 i.d.F. vom 3.3.1989 (BGBl. 1967 I 773; BGBl. 1989 I 327).

105 Gesetz über die politischen Parteien vom 25.9.1990 (Lietuvos Respublikos Auksciausiosios Tarybos ir Vyriausybes. Zinios 1990, Nr. 29). Hierzu *Vadapalas*, Das Parteienrecht in Litauen, in: *Tsatsos/Kedzia*, Parteienrecht in mittel- und osteuropäischen Staaten (Anm. 38), 73, 83 ff.

106 Gesetz vom 28.7.1990 über die politischen Parteien, Gesetzblatt (Dziennik Ustaw), No. 54, Pos. 312.

Tschechien[107] keinesfalls alle europäischen Staaten ein voll ausgebildetes Parteiengesetz; einige beschränken sich insbesondere auf Spezialbestimmungen z.B. zur Parteienfinanzierung[108]. Eine verstärkte Regelungstendenz ist freilich auch hier durch den Zerfall des früheren Ostblocks veranlaßt worden[109].

Ausgesprochen selten ist das sogenannte "Parteienprivileg", wonach nur das oberste Gericht in einem speziellen Verfahren feststellen darf, ob die Voraussetzungen eines Parteiverbots gegeben sind. Ein solches Verfahrensprivileg findet sich traditionell in der Bundesrepublik Deutschland[110] und in Dänemark[111], einige andere Staaten haben entsprechende Bestimmungen in neuerer Zeit eingeführt[112]. In aller Regel werden Parteien freilich auf einer gewohnheitsrechtlichen Grundlage gegenüber den sonstigen Vereinigungen privilegiert[113].

Was die Sache der Minderheiten betrifft, so kennen einige wenige Rechtsordnungen spezielle Begünstigungen für die Parteien von Minderheiten. Dazu zählen Dänemark und die Bundesrepublik Deutschland, neuerdings auch Polen, die Minderheitenparteien im Rahmen eines modifizierten Verhältniswahlsystems besondere Chancen gewähren:

---

107 Tschechisches Parteigesetz Nr. 424 vom 2.10.1991 (Gesetzessammlung Nr. 81 vom 1.11.1991).

108 *Schefold/Tsatsos/Morlok*, Rechtsvergleichende Ausblicke, in: Parteienrecht im europäischen Vergleich (Anm. 62), 762.

109 S. *Tsatsos/Kedzia*, Gesamtwürdigung, in: Parteienrecht in mittel- und osteuropäischen Staaten (Anm. 38), 325, 331 f.

110 Art. 21 Abs. 2 S. 2, Art. 93 Abs. 1 Nr. 5 GG i.V.m. §§ 43 ff. Bundesverfassungsgerichtsgesetz.

111 § 78 Abs. 4 Dänische Verfassung.

112 Gemäß Art. 160 der Slowenischen Verfassung entscheidet das Verfassungsgericht über die Verfassungswidrigkeit der Akte und Tätigkeit politischer Parteien; s. auch Art. 125 Serbische Verfassung. Zu beiden Ländern *Marko*, in: Das Minderheitenrecht europäischer Staaten II, sub IV.1 bzw. IV.; zu Art. 5 Abs. 1 poln. PartG *Kedzia*, Das Parteienrecht in Polen, in: Parteienrecht in mittel- und osteuropäischen Staaten (Anm. 38), 115, 157.

113 Vgl. *Schefold/Tsatsos/Morlok*, Rechtsvergleichende Ausblicke, in: Parteienrecht im europäischen Vergleich (Anm. 62), 826 f.

Während alle übrigen Parteien im Land eine 5%-Hürde überspringen müssen, um ins Parlament einzuziehen, hat Dänemark die Parteien der deutschen Minderheit in Nordschleswig hiervon befreit[114]. Umgekehrt hat das deutsche Land Schleswig-Holstein die Parteien der dänischen Minderheit in Südschleswig von der 5%-Klausel befreit; parallel hierzu sieht das deutsche Bundeswahlgesetz von der Anwendung der 5%-Klausel auf jegliche "Parteien nationaler Minderheiten" ab[115]. Art. 5 Abs. 1 des polnischen Wahlgesetzes[116] befreit die Wahlbezirkslisten der eingetragenen Organisationen der nationalen Minderheiten von der in Polen ebenfalls bestehenden 5 %- Klausel[117]. Gemäß Art. 91 Abs. 3 poln. WahlG wird die Nationalliste einer nationalen Minderheit registriert, wenn in mindestens fünf Wahlbezirken Kandidaten aufgestellt wurden.

Vereinzelt gibt es auch Sonderregelungen im Bereich des Finanzrechts. So weist das italienische Gesetz über die Parteienfinanzierung den Parteien, die Minderheiten repräsentieren, auch dann einen Anspruch auf Kostenerstattung zu, wenn ihr Wahlerfolg regional begrenzt ist[118]. Auch in Belgien bestehen spezielle Regelungen über die Finanzierung der Sprachgemeinschaften[119]. In Rumänien werden die Organisationen von

---

114 Vgl. *Vesterdorf*, Die Institution der politischen Partei in Dänemark, in: Parteienrecht im europäischen Vergleich (Anm. 62), 90, 98.

115 § 3 Abs. 1 Wahlgesetz für den Landtag von Schleswig-Holstein; Art. 6 Abs. 6 S. 2 BWahlG. Hierzu *A. Kühn*, Privilegierung nationaler Minderheiten im Wahlrecht der Bundesrepublik Deutschland und Schleswig-Holsteins, 1991; s. auch *Hahn*, Das Minderheitenrecht europäischer Staaten I, 97 ff.

116 Ordynacja wyborcza do Sejmu Rzeczypospolitej Polskiej (Gesetz der Republik Polen über die Wahlen zum Sejm) vom 28.5.1993, Dziennik Ustaw Rzeczypospolitej Polskiej (GBl. der Rep. Polen) Nr. 45/1993, 841 ff.

117 Art. 3 Abs. 1 poln. WahlG (Anm. 116).

118 Art. 1 Abs. 4 italienisches ParteienfinanzierungsG vom 2.5.1974, Nr. 195. Hierzu *Oellers-Frahm*, in: Das Minderheitenrecht europäischer Staaten I, 223.

119 Dies erfolgt offenbar über Anstalten der Sprachgemeinschaften im Rahmen der politischen Bildung; s. *Suetens*, Die Institution der politischen Partei in Belgien, in: Parteienrecht im europäischen Vergleich (Anm. 62), 41.

Minderheiten den politischen Parteien im Wahlkampf ausdrücklich rechtlich gleichgestellt[120].

Umgekehrt sind in einigen europäischen Staaten auch Regelungen getroffen worden, die wohl nicht im Hinblick auf Minderheiten konzipiert wurden, gerade diese aber von besonders naheliegenden Unterstützungsmöglichkeiten abschneiden. Übereinstimmend sehen insoweit die Bundesrepublik Deutschland[121], Polen[122], Ungarn[123] und die Türkei[124] vor[125], daß politische Parteien bzw. Organisationen keine Unterstützung durch ausländische Stellen annehmen dürfen.

Spezielle Beschränkungen, die die Gründung von Minderheitenparteien untersagen, bestehen nur in sehr wenigen Staaten, die ein klare Außenseiterrolle einnehmen. Dazu gehören in erster Linie diejenigen Länder, die die Unteilbarkeit der Nation dogmatisch verfolgen. Wenn eine minderheitenspezifischen Orientierung mit der "unteilbaren Einheit von Staatsgebiet und Staatsvolk" unvereinbar ist, so ist eine Partei dies

---

120 Art. 4 Abs. 2 des Parlamentswahlgesetzes (Gesetz Nr. 92 vom 14.3.1990, Monitorul Oficial Nr. 35 vom 18.3.1990). Hierzu *Böhmer*, in: Das Minderheitenrecht europäischer Staaten II, sub IV.

121 § 25 Abs. 1 Nr. 3 deutsches ParteienG (Anm. 3): "Parteien sind berechtigt, Spenden anzunehmen. Ausgenommen hiervon sind: 3. Spenden von außerhalb des Geltungsbereiches dieses Gesetzes, es sei denn, daß a) diese Spenden aus dem Vermögen eines Deutschen im Sinne des Grundgesetzes oder eines Wirtschaftsunternehmens, ..., unmittelbar einer Partei zufließen, b) es sich um Spenden handelt einer ausländischen Partei, die im europäischen Parlament vertreten ist, deren Fraktion ... oder eines ausländischen Mitgliedes des Europäischen Parlaments oder c) es sich um eine Spende eines Ausländers von nicht mehr als 1000 Deutsche Mark handelt, ...".

122 Vgl. *Hošková*, in: Das Minderheitenrecht europäischer Staaten I, 299.

123 Vgl. *Nolte*, in: Das Minderheitenrecht europäischer Staaten I, 526.

124 Art. 69 Abs. 8 Türkische Verfassung (Quelle im Anhang).

125 Vgl. auch das serbische Gesetz über die Finanzierung politischer Organisationen. Hierzu i.e. *Marko*, in: Das Minderheitenrecht europäischer Staaten II, sub IV.

entsprechend auch[126]. Insoweit gilt die Regel, daß eine Zwecksetzung, die zum Verbot einer Vereinigung führen kann, auch einer Partei nicht zugrundegelegt werden darf. Äußerst ungewöhnlich ist es allerdings, wenn Staaten das Verbot von Minderheitenparteien nicht nur aus Schranken ableiten, sondern sogar explizit festlegen. Dies hat zur Folge, daß einschränkende Auslegungen und selbst das Verhältnismäßigkeitsprinzip praktisch nicht mehr greifen. Die wohl umstrittenste Bestimmung dieser Art lautet: "Die Gründung von politischen Parteien auf ethnischer, rassischer oder konfessioneller Grundlage sowie von Parteien, die sich das Ziel setzen, die Staatsmacht gewaltsam zu ergreifen, ist unzulässig."[127].

Aufschlußreich ist an einer solchen Regelung die Gleichsetzung des Verbots ethnischer Zwecksetzung mit einem Gewaltverbot. Hierin kann zwar eine Chance zur einschränkenden Auslegung liegen, indem man verlangen könnte, daß eine Partei auf ethnischer Grundlage vergleichbar gefährlich sein muß wie eine Partei, die die Staatsmacht gewaltsam zu erlangen sucht; zwingend ist dies freilich nicht. In Bulgarien hat das Verfassungsgericht eine vorübergehende Lösung darin gefunden, daß es die betreffende Bestimmung nicht als materielles, sondern als rein formelles Verbot interpretierte. Das führte dazu, daß eine türkisch-islamisch orientierte

---

126 Art. 68 Abs. 4 Türkische Verfassung: "Die Satzungen und Programme der Parteien dürfen der unteilbaren Einheit von Staatsgebiet und Staatsvolk, den Menschenrechten, der nationalen Souveränität und den Prinzipien der demokratischen und laizistischen Republik nicht entgegenstehen." (Quelle im Anhang). Auf der Grundlage von Art.68 f. TV sowie Art.78 türk PartG wurden kurdisch orientierte Parteien verboten, zuletzt Urteil des türkischen Verfassungsgerichts v. 14.7.1993, E. 1992/1, K. 1993/1 ("Halkìn Emegi Partisi"), RG Nr. 21672 v. 18.8.1993, S.11 sowie Urteil v. 16.6.1994, E. 1993/3, K. 1994/2 ("Demokrasi Partisi"), RG Nr. 21976bis v. 30.6.1994. Vgl. zu Parteiverboten in Frankreich *Fromont*, in: Parteienrecht europäischer Staaten (Anm. 62), 243. Betroffen waren hier u.a. auch die "Parti national breton" (1936) und die "Front de libération nationale de la Corse" (1983).

127 Art. 11 Abs. 4 Bulgarische Verfassung; entsprechend auch Art. 3 Abs. 2 Nr. 3 bulgPartG (jeweils im deutschen Wortlaut bei *Konstantinov*, Das Parteienrecht in Bulgarien, in: Parteienrecht in mittel- und osteuropäischen Staaten (Anm. 38), 23, 33, 36). S. hierzu Art. 2 Abs. 1 bulgVerf.: "Die Republik Bulgarien ist ein Einheitsstaat mit örtlicher Selbstverwaltung, in dem keine autonomen territorialen Gebilde zulässig sind." (Quelle im Anhang).

Partei unter der formal 'einwandfreien' Bezeichnung "Bewegung für Rechte und Freiheiten" bislang bestehenbleiben konnte[128].

Die Frage, ob Parteien allein deshalb verboten werden können, weil sie auf ethnischer oder religiöser Grundlage gebildet wurden, stellt sich freilich grundsätzlich. Auch hier geht es zunächst um Inhalt und Reichweite eines kollidierenden Einheitsdogma, dessen Schranken bereits aufgezeigt wurden; zudem müssen allerdings auch die besonderen Eigenarten einer pluralistischen Parteienlandschaft berücksichtigt werden. Eine Minderheitenpartei fügt sich möglicherweise nicht völlig bruchlos in diese Parteienlandschaft ein, weil sie i.d.R. kein allumfassendes Konzept im allgemeinen, das heißt nicht partikularen Interesse[129] hat. Freilich täuscht dieser Anschein, da auch andere Parteien mehr oder minder offenkundig nur bestimmte Gruppen der Gesellschaft repräsentieren. Unberücksichtigt bleibt dabei zudem die Frage, ob die Partei einer Minderheit überhaupt etwas beansprucht, was die übrigen Parteien nicht schon in Anspruch nehmen. In der Tat wird eine ethnische Mehrheit letztlich auch in den hergebrachten Parteien des Landes repräsentiert, ohne daß sich diese aber ausdrücklich als ethnisch orientiert zu erkennen geben müßten. Abhängig von der Bedeutung des nationalen Kriteriums im Staat kann das Verbot ethnisch orientierter Parteien daher also auch eine verschleierte Bevorzugung der ethnisch dominanten Gruppe sein[130].

---

128 Urteil Nr. 4 vom 21.4.1992 (Darzaven vestnik No. 35 vom 28.4.1992). Hierzu *E. Drumeva*, Das bulgarische Verfassungsgericht, ZaöRV 53 (1993) 112, 128 f.; *Hošková*, in: Das Minderheitenrecht europäischer Staaten II, sub IV. Das hiervon abweichende Minderheitenvotum referiert *Konstantinov*, Das Parteienrecht in Bulgarien, in: Parteienrecht in mittel- und osteuropäischen Staaten (Anm. 38), 23, 41 f.

129 Vgl. zu einem so verstandenen Parteibegriff z.B. die Definition des Belgischen Staatsrats von 1983 (hierzu *Suetens*, Die Institution der politischen Partei in Belgien, in: Parteienrecht im europäischen Vergleich (Anm. 62), 45); *Rasmussen* (DK): im Gegensatz zu Interessenorganisationen Ausdruck des wohlverstandenen Interesses der ganzen Gesellschaft (hierzu *Vesterdorf*, Die Institution der politischen Partei in Dänemark (Anm. 62), 98).

130 Auf dieses Argument weist *Tomuschat*, Democratic Pluralism (Anm. 5), 36, hin.

V. Eine spezielle Vereinigungsfreiheit für Minderheiten

Die dargestellte Rechtspraxis der europäischen Staaten zum Recht der Vereinigungen und der Parteien hat ein Problem zutagegefördert, das eigentlich nicht bestehen dürfte. Denn im Grunde beschränkt sich die rechtliche Idee der Vereinigung auf ein formales Element: das Organisiertsein als eine wählbare Konstitution. So betrachtet erscheint die Vereinigungsfreiheit[131] inhaltlich neutral oder auch: "minderheitenblind". Ob die Adressaten des Rechts im Einzelfall Angehörige einer Minderheit sind und ob sich ihr Gruppeninteresse auf sprachliche, religiöse oder sonst kulturelle Eigenheiten richtet, müßte unerheblich sein. Nicht eine minderheitenspezifische Zweckgebung allein dürfte danach ein Verbot auslösen, sondern nur eine solche Zweckgebung, die tatsächlich Störungen für die öffentliche Ordnung erwarten läßt.

Dem entgegen zeigte die dargelegte Rechtspraxis, daß einige Rechtsordnungen die Vereinigungsfreiheit zwar verfassungsrechtlich garantieren, Minderheitenvereine oder -parteien aber dennoch systematisch hiervon ausschließen[132]. Das vorhandene Grundrecht verhält sich hier also nur scheinbar neutral gegenüber Minderheiten, indem es unverfänglich auf das Verhältnis zwischen beliebigen Einzelnen und dem Staat abstellt; tatsächlich greift bei der Anwendung der Norm aber ein Mechanismus Raum, der die Grundrechtsträger gruppenselektiv bewertbar macht. Das Verbotsurteil trifft die Minderheit letztlich aufgrund einer kategorieorientierten Anwendung des allgemeinen Vereinigungsrechts: Vornehmlich durch Schranken wie z.B. die "Einheit der Nation" entstehen quasi-normative "Untertatbestände" zum Nachteil der Minderheiten. Im Ergebnis passiert gerade der *Minderheiten*verband als Gruppe die rechtlichen Schranken nie.

---

131 Insoweit wird die Vereinigungsfreiheit als ein Prinzip im Sinne eines Optimierungsgebots verstanden; hierzu *Alexy*, Theorie der Grundrechte, Suhrkamp 1986, 75 ff.

132 S. zur türkischen Rechtslage und -praxis *Rumpf*, in: Das Minderheitenrecht europäischer Staaten I, S. 448, 476.

Zieht man die jüngsten Entwürfe im Rahmen der KSZE und des Europarats heran, werden Regelungsvorschläge erkennbar, die einem solch speziellen Ausschluß von Minderheitenvereinigungen ebenso speziell begegnen. In Teil IV Ziffer 32.2 des Kopenhagener KSZE-Dokuments über die Rechte der Angehörigen von Minderheiten heißt es: "Insbesondere haben sie das Recht, ihre eigenen Bildungs-, Kultur- und Religionseinrichtungen, -organisationen oder -vereinigungen zu gründen und zu unterhalten, die um freiwillige Beiträge finanzieller oder anderer Art sowie öffentliche Unterstützung in Einklang mit den nationalen Rechtsvorschriften ersuchen können." Nach Ziffer 32.6 haben die Angehörigen von Minderheiten das Recht, "Organisationen oder Vereinigungen in ihrem Land einzurichten und zu unterhalten und in internationalen nichtstaatlichen Organisationen mitzuarbeiten."[133]. Praktisch umgesetzt und verrechtlicht wurden diese KSZE-Grundsätze bereits 1991 im Deutsch-Polnischen Freundschaftsvertrag[134]. Noch weitergehend befindet sich ein spezielles Vereinigungsrecht für Minderheiten auch im Entwurf eines Zusatzprotokolls zur EMRK betreffend die nationalen Minderheiten und ihre Angehörigen. In diesem Entwurf der Parlamentarischen Versammlung des Europarats vom Februar 1993 heißt es in Art. 6: "Angehörige nationaler Minderheiten haben das Recht, ihre eigenen Organisationen, einschließlich politischer Parteien, zu gründen."[135].

Berücksichtigt man daneben das vorhandene Verfassungsrecht der europäischen Staaten, so belegt dieses ebenfalls, daß der Weg der Spezifizierung in vielen anderen Fällen erfolgreich beschritten worden ist. Überwiegend viele Verfassungen kennen ein "spezielles

---

133 Dokument des Kopenhagener Treffens der KSZE vom 29.6.1990 (Anm. 22), 248, 249.

134 Art. 21 Abs. 2 Vertrag zwischen der Bundesrepublik Deutschland und der Republik Polen über gute Nachbarschaft und freundschaftliche Zusammenarbeit vom 17.6.1991 (BGBl. II S. 1315).

135 Abgedruckt in: EuGRZ 1993, 152.

Vereinigungsrecht"[136], das unter den universalen Zwecken der allgemeinen Vereinigungsfreiheit eine Reihe partikularer Verbandszwecke gesondert berücksichtigt. Zu diesen historisch "kritischen" Verbänden[137] zählen regelmäßig religiöse Vereinigungen, Gewerkschaften und auch Parteien. Im einzelnen können dabei zwei Regelungsvarianten eines solchen speziellen Vereinigungsrechts unterschieden werden: Entweder wird die betreffende Vereinigungskategorie durch ein eigenes Grundrecht garantiert[138] oder es wird ausgeschlossen, daß Beschränkungen sie allein aufgrund der Kategorieeigenschaft treffen[139]. Die letztere Variante kann als ein spezielles Diskriminierungsverbot angesehen werden, die Gleichheit vor dem Gesetz für bestimmte Anwendungskategorien noch einmal gesondert garantiert.

---

136 Vgl. für das deutsche Verfassungsrecht *Merten*, in: Handbuch des Staatsrechts VI (Anm. 34), § 144 Rn. 64 ff., der unter dem Titel "Spezielle Vereinigungsfreiheiten" die Koalitionsfreiheit, die Parteienfreiheit sowie die religiöse und weltanschauliche Assoziationsfreiheit aufführt.

137 Art. 12 Abs. 5 Griechische Verfassung: "*Die landwirtschaftlichen und städtischen Genossenschaften jeder Art haben das Recht der Selbstverwaltung nach Maßgabe der Gesetze und ihrer Satzungen und stehen dabei unter dem Schutz des Staates, der verpflichtet ist, sich um ihre Entwicklung zu bemühen.*".Art. 20 Italienische Verfassung: "*Der kirchliche Charakter und der religiöse oder kultische Zweck einer Vereinigung oder Institution können nicht Grund sein für besondere gesetzgeberische Beschränkungen oder für besondere Steuerbelastungen ihrer Gründung, ihrer Rechtsfähigkeit oder jeglicher Form ihrer Betätigung.*" S. auch zur deutschen Verfassungslage Art. 140 GG i.V.m. Art. 137 Abs. 3 WRV. Art. 7 Spanische Verfassung: "*Die Arbeitnehmergewerkschaften und Unternehmerverbände tragen zur Verteidigung und Förderung der ihnen eigenen wirtschaftlichen und sozialen Interessen bei. Ihre Gründung und die Ausübung ihrer Tätigkeit sind im Rahmen der Achtung der Verfassung und des Gesetzes frei. Ihre innere Struktur und ihre Arbeitsweise müssen demokratisch sein.*" S. auch zur deutschen Verfassungslage Art. 9 Abs. 3 GG. Vgl. zu den Parteien Art. 6 Spanische Verfassung, der parallel zu Art. 7 über Gewerkschaften und Unternehmerverbände (s.o.) konzipiert ist; Art. 21 Deutsche Verfassung; Art. 49 Italienische Verfassung.

138 Vgl. zur speziellen Regelung der Koalitionsfreiheit Art. 9 Abs. 3 Deutsche Verfassung; Art. 39 Italienische Verfassung; Art. 55 ff. Portugiesische Verfassung; Art. 7, 28 Spanische Verfasung.

139 Z.B. Art. 20 Italienische Verfassung (religiöse und kultische Vereinigungen).

Wie auch immer man ein spezielles Vereinigungsrecht im einzelnen gestalten könnte: Die Vorteile einer solchen speziellen Gewährleistung liegen auf der Hand, denn wenn qualifizierte Tatbestände bestehen, gehen diese der allgemeinen Vereinigungsfreiheit als leges speciales vor. Stellt etwa ein spezielles Vereinigungsrecht die Gewerkschaften unter Schutz, so kann eine Inhalts- oder Schrankenbestimmung nicht mehr erreichen, daß jeder gewerkschaftliche Zweck eine solche Vereinigung "verboten" machte. Wäre dies der Fall, wäre die Norm absurd und ihr Wesensgehalt zerstört. Die Erstreckung dieser Regelungstechnik auf die besonders gefährdeten Vereinigungen und Parteien der nationalen Minderheiten erscheint daher nicht nur als Verwirklichung der Vorschläge, die im Rahmen von KSZE und Europarat gemacht worden sind; sie wird auch den verfassungsrechtlichen Möglichkeiten und Regelungserfahrungen der Staaten gerecht; sie hätte beispielgebende[140] und standardsetzende Kraft; sie wäre eine Chance für die Gegenwart.

A n h a n g: Verfassungsbestimmungen zur Vereinigungsfreiheit

Art. 20 Belgische Verfassung: "Die Belgier haben das Recht, Vereinigungen zu gründen; dieses Recht darf keiner präventiven Maßnahme unterworfen werden." (zitiert nach: *Mathiak*, Das Minderheitenrecht europäischer Staaten I, 51);

Art. 44 Bulgarische Verfassung: "(1) Die Bürger haben das Recht auf freie Vereinigung. (2) Organisationen, deren Tätigkeit gegen die Souveränität, die territoriale Integrität des Landes sowie die Einheit der Nation, auf die Schürung von Rassen- oder Völkerhaß, von ethnischer oder religiöser Feindschaft, die Verletzung der Rechte und Freiheiten der Bürger ausgerichtet ist, wie auch Organisationen, die geheime oder paramilitärische Strukturen errichten oder ihre Ziele durch Gewalt zu verwirklichen suchen, sind verboten. (3) Das Gesetz bestimmt die

---

140 Vgl. § 10 des ungarischen Minderheitengesetzes von 1993 (Anm. 16).

Organisationen, die der Eintragung bedürfen, die Verfahrensweise für ihre Auflösung sowie ihre Wechselbeziehungen zum Staat." (Die Verfassung der Republik Bulgarien vom 12.7.1991, Darshawen Westnik Nr. 56 vom 13.7.1991, Deutsche Fassung: Agentur Sofia Press (Hrsg.), Polygraphischer Komplex "Planeta 999");

§ 78 Dänische Verfassung: "(1) Die Bürger sind berechtigt, ohne vorherige Erlaubnis Vereine zu jedem gesetzlich zulässigen Zweck zu bilden. (2) Vereine, die sich unter Anwendung von Gewalt betätigen oder ihre Ziele durch Gewaltanwendung, Anstiftung zu Gewaltanwendung oder ähnliche strafbare Beeinflussung Andersdenkender zu erreichen suchen, werden durch Gerichtsurteil aufgelöst. (3) Kein Verein kann durch eine Regierungsmaßnahme aufgelöst werden. Indessen kann ein Verein vorläufig verboten werden, doch soll dann sofort die Auflösungsklage gegen ihn erhoben werden. (4) Klagen auf Auflösung politischer Vereine können ohne besondere Erlaubnis bei dem höchsten Gerichtshof des Königreiches anhängig gemacht werden. (5) Die Rechtswirkungen der Auflösung werden des näheren durch Gesetz bestimmt." (zitiert nach: Die Verfassungen der EG-Mitgliedstaaten, dtv, 3.A. 1993, 39);

Art. 9 Deutsche Verfassung: "(1) Alle Deutschen haben das Recht, Vereine und Gesellschaften zu bilden. (2) Vereinigungen, deren Zwecke oder deren Tätigkeit den Strafgesetzen zuwiderlaufen oder die sich gegen die verfassungsmäßige Ordnung oder den Gedanken der Völkerverständigung richten, sind verboten." (BGBl. 1949 S. 1);

Art. 10 Finnische Verfassung: "(1) Finnish citizens enjoy freedom of speech and the right to print and publish written or pictorial representations without any previous restraint being imposed. They also have the right to assemble, without previous authorization, for the discussion of public affairs and for any other legitimate purpose, and the right to form associations for purposes not contrary to the law. (2) The rules concerning the exercise of these rights shall be determined by law." (zitiert nach: *Hofmann*, Das Minderheitenrecht europäischer Staaten I, 116);

Art. 12 Griechische Verfassung: "(1) Die Griechen haben das Recht, nichtwirtschaftliche Vereinigungen und Vereine nach Maßgabe der Gesetze zu bilden, welche jedoch niemals die Ausübung dieses Rechts von einer vorherigen Erlaubnis abhängig machen dürfen. (2) Ein Verein darf wegen einer Verletzung der Gesetze oder einer wesentlichen Bestimmung seiner Satzung nur durch richterliche Entscheidung verboten werden. (3) Die Bestimmungen des vorhergehenden Absatzes finden auf Personenvereinigungen, die keine Vereine sind, entsprechende Anwendung. (4) Durch Gesetz kann das Vereinigungsrecht der Beamten eingeschränkt werden. Dieses Recht kann auch für Beamte der örtlichen Selbstverwaltungskörperschaften oder der sonstigen juristischen Personen des öffentlichen Rechts oder der öffentlichen Unternehmen eingeschränkt werden. (5) Die landwirtschaftlichen und städtischen Genossenschaften ... (6) Durch Gesetz können Zwangsgenossenschaften errichtet werden ..." (zitiert nach: Die Verfassungen der EG-Mitgliedstaaten, dtv, 3.A. 1993, 126);

Art. 18 Italienische Verfassung: "Die Bürger haben das Recht, sich zu Zwecken, die den einzelnen strafrechtlich nicht verboten sind, frei und ohne besondere Genehmigung zusammenzuschließen. Verboten sind Geheimbünde und Vereinigungen, die, auch indirekt, politische Zwecke mittels quasi-militärischer Organisationen verfolgen." (zitiert nach: *Oellers-Frahm*, in: Das Minderheitenrecht europäischer Staaten I, 219);

Art. 40 VI c Irische Verfassung: "(1) Der Staat gewährleistet vorbehaltlich der Beachtung der öffentlichen Ordnung und Moral die Freiheit zur Ausübung der folgenden Rechte: ... (c) Das Recht der Staatsbürger, sich zu Gesellschaften und Vereinigungen zusammenzuschließen. Es können jedoch im öffentlichen Interesse Gesetze zur Regelung und Überwachung der Ausübung des vorstehenden Rechtes erlassen werden. (2) Gesetze über die Art der Ausübung des Rechtes, sich zu Gesellschaften und Vereinigungen zusammenzuschließen, sowie des Rechtes auf freie Versammlung dürfen keinerlei unterschiedliche Behandlung aus politischen, religiösen oder gesellschaftlichen Gründen vorsehen." (zitiert nach: Die Verfassungen der EG-Mitgliedstaaten, dtv, 3.A. 1993, 205);

Art. 26 Luxemburgische Verfassung: "Die Luxemburger haben das Recht, Vereinigungen zu bilden. Dieses Recht darf keiner vorherigen Genehmigung unterworfen werden. Die Gründung einer religiösen Körperschaft bedarf der Genehmigung durch ein Gesetz." (zitiert nach: Die Verfassungen der EG-Mitgliedstaaten, dtv, 3.A. 1993, 242);

Art. 8 Niederländische Verfassung: "Das Recht auf Bildung von Vereinen wird anerkannt. Dieses Recht kann im Interesse der öffentlichen Ordnung durch Gesetz eingeschränkt werden." (zitiert nach: Die Verfassungen der EG-Mitgliedstaaten, dtv, 3.A. 1993, 255);

Art. 84 Polnische Verfassung: "(1) In order to promote political, social, economic and cultural activities, the Republic of Poland shall guarantee the right of association to its citizens. (2) Political organizations, trade unions, associations, youth, women's, sports and defence organizations, cultural, technical and scientific societies, as well as other social organizations - shall associate citizens in active participation in political, social, economic and cultural life. (3) It shall be prohibited to set up and to participate in associations whose objective or activities threaten the social and political system or the legal order of the Republic of Poland." (The Constitutional Act of 17th October, 1992, The Sejm Publishing Office Warsaw 1993, ed. from the Journal of Laws of the Republic of Poland of 23rd November, 1992, No. 84, item 426);

Art. 46 Portugiesische Verfassung: "(1) Alle Bürger haben das Recht, frei und unabhängig von irgendwelcher Erlaubnis Vereinigungen zu bilden, die nicht der Förderung der Gewalt dienen und deren Zielsetzungen nicht dem Strafgesetz zuwider laufen. (2) Die Vereinigungen verfolgen ihre Zielsetzungen frei und ohne Eingriffe der Behörden; sie können nur in den durch Gesetz geregelten Fällen und aufgrund richterlicher Entscheidung vom Staat aufgelöst oder hinsichtlich ihrer Aktivitäten suspendiert werden. (3) Niemand darf verpflichtet werden, einer Vereinigung beizutreten, noch in irgendeiner Weise zur Fortsetzung einer Mitgliedschaft in einer Vereinigung gezwungen werden. (4) Es werden weder bewaffnete

Vereinigungen, Vereinigungen militärischer, militarisierter oder paramilitärischer Art, noch solche Organisationen geduldet, die die Ideologie des Faschismus vertreten." (zitiert nach: Die Verfassungen der EG-Mitgliedstaaten, dtv, 3.A. 1993, 298; s. zu den "politischen Vereinigungen" Art. 51 PV);

Art. 37 Rumänische Verfassung: "(1) Les citoyens peuvent s'associer librement en partis politiques, en syndicats et en d'autres formes d'association. (2) Les partis ou les organisations qui, par leurs objectifs ou par leur activité, militent contre le pluralisme politique, les principes de l'État de droit ou la souveraineté, l'intégrité ou l'indépendance de la Roumanie sont inconstitutionnels. (3) Ne peuvent pas appartenir à des partis politiques les juges de la Cour Constitutionnelle, les Avocats du Peuple, les magistrats, les membres actifs de l'armée, les policiers et d'autres catégories de fonctionnaires publics, déterminées par une loi organique. (4) Les associations à caractère secret sont interdites." (La Constitution de la Roumanie du 21.11.1991);

Art. 50 Russische Verfassung: "Die Staatsbürger der Russischen Föderation haben das Recht auf Vereinigung. Beschränkt werden kann dieses Recht nur aufgrund einer Entscheidung des Gerichtes aufgrund des Gesetzes." (Gesetz Nr. 1084 der Russischen Föderation vom 21.4.1992 über die Änderungen und Ergänzungen der Verfassung (des Grundgesetzes) der Russischen Sowjetischen Föderativen Sozialistischen Republik, Ved. RSFSR Nr. 20 vom 21.5.1992; zitiert nach: *Hošková*, in: Das Minderheitenrecht europäischer Staaten II, sub IV.; Annahme der neuen Verf. durch Referendum vom 12.12.1993, s. *Hošková*, ibid., Nachtrag);

Art. 56 Schweizer (Eidgenössische) Verfassung: "Die Bürger haben das Recht, Vereine zu bilden, sofern solche weder in ihrem Zweck noch in den dafür bestimmten Mitteln rechtswidrig oder staatsgefährlich sind. Über den Mißbrauch dieses Rechts trifft die Kantonalgesetzgebung die erforderlichen Bestimmungen." (zitiert nach: *Richter*, in: Das Minderheitenrecht europäischer Staaten I, 357);

Art. 42 Slowenische Verfassung: "(1) The right to peaceful gathering ... (2) All persons have the right freely to associate with others. (3) These rights may legally be restricted if this is riquired for the security of the state or for public safety or for protection against the spread of infectious diseases. (4) Professional members of the defence forces and the police may not be members of political parties." (Constitution of the Republic of Slovenia, adopted 12-23-1991; unauthorized translation);

Slowakische Verfassung: s. Art. 20 Tschechische Charta der Grundrechte und Grundfreiheiten; zur De facto-Übernahme in slowakisches Recht *Simícek*, Nachtrag: Das Parteienrecht in der Tschechischen und Slowakischen Republik, in: *Tsatsos/Kedzia* (Anm. 41) 269;

Art. 22 Spanische Verfassung: "(1) Das Recht, Vereinigungen zu bilden, wird anerkannt. (2) Vereinigungen, deren Ziele oder Mittel die Strafgesetze verletzen, sind ungesetzlich. (3) Gemäß diesem Artikel gegründete Vereinigungen müssen sich mit dem alleinigen Zweck der Veröffentlichung in ein Register eintragen. (4) Nur kraft eines begründeten richterlichen Beschlusses können die Vereinigungen aufgelöst oder kann ihre Tätigkeit unterbrochen werden. (5) Geheimbünde und paramilitärische Vereinigungen sind verboten." (zitiert nach: Die Verfassungen der EG-Mitgliedstaaten, dtv, 3.A. 1993, 375 f.);

Art. 20 Tschechische Charta der Grundrechte und Grundfreiheiten (Bestandteil der Verfassung gemäß Art. 3 tschVerf. v. 16.12.1992): "(1) Die Vereinigungsfreiheit wird gewährleistet. Jedermann hat das Recht, sich mit anderen in Vereinen, Gesellschaften und anderen Vereinigungen zusammenzuschließen. (2) Die Staatsbürger haben auch das Recht auf Gründung politischer Parteien und politischer Bewegungen und sich in solchen zusammenzuschließen. (3) Die Ausübung dieser Rechte darf nur in den gesetzlich vorgesehenen Fällen eingeschränkt werden, wenn Maßnahmen betroffen sind, die in einer demokratischen Gesellschaft zum Schutz der Sicherheit des Staates, der öffentlichen Sicherheit und Ordnung, zur Verbrechensverhütung oder zum Schutz der Rechte und Freiheiten anderer notwendig sind. (4) Politische Parteien und politische Bewegungen sowie andere Vereinigungen sind vom Staat getrennt." (zitiert nach: *Hošková*, in: Das Minderheitenrecht europäischer Staaten I, 434 f.);

Art. 33 Türkische Verfassung: "(1) Jedermann hat das Recht, ohne vorherige Erlaubnis einen Verein zu gründen. (2) Um einen Verein gründen zu können, genügt es, die im Gesetz bestimmten Informationen und Dokumente bei der im Gesetz aufgeführten zuständigen Behörde einzureichen. Im Falle der Feststellung der Gesetzwidrigkeit dieser Informationen und Dokumente ruft die zuständige Behörde wegen der Aussetzung der Betätigung oder der Schließung des Vereins das Gericht an. (3) Niemand darf gezwungen werden, Mitglied eines Vereins zu werden oder zu bleiben. Die beim Gebrauch der Vereinsgründungsfreiheit zu beachtenden Formen, Bedingungen und Verfahren werden durch Gesetz bestimmt. (4) Vereine dürfen, so wenig wie sie den Beschränkungen des Art. 13 zuwiderhandeln dürfen, politische Ziele verfolgen, sich politisch betätigen, von politischen Parteien unterstützt werden und diese unterstützen, zu diesem Zweck mit Gewerkschaften, berufsständigen Vereinigungen mit der Natur von Körperschaften des öffentlichen Rechts und Stiftungen gemeinsam tätig werden. (5) Vereine, die den Zweck und die Voraussetzungen der Gründung verlieren oder ihre gesetzlich vorgesehenen Verpflichtungen nicht erfüllen, gelten als von selbst aufgelöst. (6) Vereine können in den durch Gesetz vorgesehenen Fällen durch richterliche Entscheidung geschlossen werden. Sie können, wenn im Hinblick auf den Schutz der unteilbaren Einheit von Staatsgebiet und Staatsvolk, der nationalen Sicherheit, der nationalen Souveränität, der öffentlichen Ordnung, der Rechte und Freiheiten anderer und wenn im Hinblick auf die Verhinderung von Straftaten Gefahr im Verzuge ist, bis zur richterlichen Entscheidung durch die Anordnung einer gesetzlichen ermächtigten Behörde von der Betätigung ausgeschlossen werden. (7) Die Vorschrift des ersten Absatzes steht einer anderweitigen Beschränkung des Vereinsgründungsrechts oder einem Verbot des Gebrauchs dieser Freiheit durch die Angehörigen der Streitkräfte und Polizeikräfte sowie des öffentlichen Dienstes nicht entgegen. (8) Die Vorschrift dieses Artikels gilt auch für Stiftungen und ähnliche Einrichtungen." (zitiert nach: *C. Rumpf*

(Übersetzung), Beiträge zur Konfliktforschung 1983, 111 ff.). Vgl. hierzu auch Art. 51 türkVerf (Berufsverbände) und Art. 68 (Parteigründung);

Art. 63 Ungarische Verfassung: "(1) In der Republik Ungarn kann jeder aus dem Grundrecht auf Vereinsbildung das Recht ableiten, eine Organisation mit einer vom Gesetz nicht verbotenen Zielsetzung ins Leben zu rufen oder sich einer solchen Organisation anzuschließen. (2) Aus dem Vereinsrecht kann das Recht auf die Gründung bewaffneter politischer Organisationen nicht abgeleitet werden. (3) Die Annahme der Gesetze über das Vereinigungsrecht bzw. über die Wirtschaftsgebahrung und Tätigkeit der Parteien bedürfen der Zustimmung von zwei Dritteln der anwesenden Abgeordneten." (Verfassung der Republik Ungarn von 1949 i.d.F. vom 23.10.1989 mit Änderung vom 25.6.1990, zitiert nach: JöR 39 (1990) 258, 271, 280).

Minderheiten im institutionellen Staatsaufbau

STEFAN OETER*

I. Einleitung

Fast alle Gesellschaften Osteuropas versuchen den Staat auf nationaler Grundlage wiederaufzurichten. Die Folgeprobleme dieser Renaissance nationaler Loyalitäten sind unübersehbar. Ethnische Konflikte, Zerfall etablierter Staaten, Kriege mit gewaltsamer Vertreibung der alteingesessenen Bevölkerung bestimmen das Geschehen. Die alte "Nationalitäten-frage", die im Gefolge der Pariser Vorortverträge nach dem Ersten Weltkrieg Europa in ihren Bann geschlagen hatte, hält unübersehbar wieder ihren Einzug.

Schon die grundlegenden Prämissen in der Beurteilung dieser Prozesse aber sind unklar. Was ist eigentlich eine Nation? Der französische Gelehrte (und Politiker) Ernest Renan hat dieser Frage 1882 einen Vortrag gewidmet, der auch heute noch die Lektüre lohnt. Die Überlegungen gipfelten in dem berühmten Satz: "La nation, c'est un plébiscite de tous les jours"[1]. Nun mag man diesen Satz - wie allgemein üblich - für nichts als eine prägnante Kurzformel des französisch geprägten Begriffs der Willensnation halten[2]; dies wäre aber wohl doch zu einfach. Der Satz enthält zugleich einen (gar nicht so versteckten) Hinweis auf die Labilität jeder Gemeinschaftsbildung. Nimmt man diesen Hinweis ernst, so folgt daraus denklogisch die Notwendigkeit, Minderheiten mit aller gebotenen Behutsamkeit positiv in den Staatsaufbau zu integrieren, will man sich ihrer Zugehörigkeit zum gemeinsamen Staatsverband

---

* Dr. iur, wissenschaftlicher Referent am Institut.

1 Zitat aus dem Vortrag "Was ist eine Nation?", in deutscher Übersetzung abgedruckt in: L. Gall/R. Koch (Hrsg.), Der europäische Liberalismus im 19. Jahrhundert, Bd.3 (1981), 132 ff.

2 Vgl. dazu *T. Schieder,* Der Nationalstaat in Europa als historisches Phänomen (1964), 25 ff.; *U. Scheuner*, Nationalstaatsprinzip und Staatenordnung seit dem Beginn des 19. Jahrhunderts, in: T. Schieder (Hrsg.), Staatsgründungen und Nationalitätsprinzip (1974), 9, 12 ff.; *W. Conze,* Nation und Gesellschaft. Zwei Grundbegriffe der revolutionären Epoche, HZ 198 (1964), 11 ff.

sicher sein. Selbst in Europa finden sich doch kaum Staaten, die eine - als ethnisch homogene Sprach- und Kulturgemeinschaft gedachte - 'Nation' unbesehen mit dem tatsächlich vorzufindenden Staatsvolk gleichsetzen könnten[3].

Der Staat als eine Integrationsordnung[4], das ist zwar zumindest in Deutschland seit Rudolf Smend eine Selbstverständlichkeit geworden[5]. Doch wie Integration ethnisch unterschiedlich vorgeformter Gruppen in einem gemeinsamen Staatswesen wirklich auf Dauer zu bewerkstelligen ist, darüber wissen wir nicht allzuviel. Integration wird leider sehr schnell immer wieder mit "nation-building" gleichgesetzt, der Einschmelzung der vorgefundenen Ethnien in eine einheitliche, vom Staat und dessen politischer Elite geprägte nationale Identität[6]. Die Erfahrung der letzten Jahrzehnte lehrt uns, diesem Projekt der zwangsweisen Umformung traditionaler Identitäten eher skeptisch gegenüberzustehen. Die mit den Zwangsmitteln des Staates durchgesetzte Anpassung an die herrschende Kultur erweist sich regelmäßig als der sicherste Weg zur Entfremdung der Minderheiten, und nicht als Königsweg zu deren Integration.

---

3 Vgl. dazu treffend *G. Majone*, Preservation of Cultural Diversity in a Federal System: The Role of the Regions, in: M. Tushnet (ed.), Comparative Constitutional Federalism (1990), 67, 68 f. Selbst Frankreich, das gemeinhin als Archetypus der modernen "Staatsnation" geführt wird, war bis weit in die Moderne hinein ein klar multiethnischer Staat; so beherrschte noch um 1900 nur etwa die Hälfte der Franzosen ihre nationale "Muttersprache" - siehe *G. Ziebura*, Nationalstaat, Nationalismus, supranationale Integration: Der Fall Frankreich, Leviathan 1992, 467, 478.

4 Vgl. dazu *R. Smend*, Verfassung und Verfassungsrecht (1928); als einen modernen Versuch der (Re-)Konstruktion der Verfassung als Integrationsordnung auf der Basis der aktuellen Rechtstheorie siehe nun *P. Allot*, The Theory of the British Constitution, in: H. Gross/ R. Harrison (eds.), Jurisprudence. Cambridge Essays (1992), 173 ff.

5 Zur Werk- und Rezeptionsgeschichte der Smend'schen Integrationslehre vgl. die jüngst erschienene interessante Studie von *S. Korioth*, Integration und Bundesstaat (1990), insbes. 228 ff.

6 Vgl. *G. Majone* (Anm. 3), 68 ff. sowie *T. Schieder*, Typologie und Erscheinungsformen des Nationalstaats, HZ 202 (1966), 58 ff.; Nachdruck nun in: *T. Schieder*, Nationalismus und Nationalstaat. Studien zum nationalen Problem im modernen Europa (2. Aufl. 1992), 65, 76 ff.

Das aktuelle Gegenmodell ist das Konzept der Subsidiarität[7]. Sowenig Zentralisierung wie irgend erforderlich, soviel staatliche Aufgabenerfüllung auf der mittleren und unteren, der regionalen und lokalen Ebene wie möglich - so lautet die immer wieder zu hörende Devise. Das hört sich zunächst gut an; tiefsitzende Ängste (und Abwehrreaktionen) weckt der Gedanke der Dezentralisierung staatlicher Aufgaben und Befugnisse aber gerade im Kontext des Problems nationaler Minderheiten. Autonomielösungen für Minderheitengruppen oder gar Föderalisierungskonzepte - das wird weithin noch in Verbindung gebracht mit dem Phänomen des "postmodern tribalism"[8], um einen beliebten Begriff der angelsächsischen Debatte zu gebrauchen. Delegation staatlicher Befugnisse an Selbstverwaltungseinheiten der Minderheiten - das ist für Viele der Anfang vom Ende des Staates, der erste Schritt auf die 'schiefe Bahn', die unweigerlich in Separatismus und Sezession enden muß.

Völlig geleugnet werden kann die Berechtigung dieser Bedenken nicht. Empirisch sieht es ja tatsächlich mitunter so aus, als sei der klassische Bundesstaat die für Sezession anfälligste Konstruktion, die man sich denken könne (Stichworte: Sowjetunion, Jugoslawien, Tschechoslowakei)[9]. Die

---

7 Vgl. dazu vor allem *J. Isensee*, Subsidiaritätsprinzip und Verfassungsrecht (1968), mit einer ausführlichen Darstellung der geistesgeschichtlichen Wurzeln und der Genese des Subsidiaritätsprinzips auf 18 ff., 35 ff., 44 ff. sowie *R. Herzog*, Subsidiarität und Staatsverfassung, Der Staat 1963, 399 ff. und *O. v. Nell-Breuning*, Subsidiaritätsprinzip, in: Staatslexikon der Görres-Gesellschaft, 6. Aufl. 1957 ff., Bd.VII, 826 ff.; vgl. außerdem *F.-L. Knemeyer*, Subsidiarität, Föderalismus, Dezentralisation, DVBl. 1990, 449 ff. sowie *T. Würtenberger*, Das Subsidiaritätsprinzip als Verfassungsprinzip, Staatswissenschaften und Staatspraxis 4 (1993), 621 ff.

8 Siehe dazu nur *T.M. Franck*, Postmodern Tribalism and the Right to Secession, in: C. Brölmann/R. Lefeber/M. Zieck (eds.), Peoples and Minorities in International Law, 1993, 3 ff. sowie die ergänzenden 'Comments' von *R. Higgins*, ibid., 29 ff.; vgl. außerdem *M. Walzer*, The New Tribalism, Dissent, Spring 1992, 164 ff.

9 Vgl. zu diesen drei Fällen *E. Comisso*, Federalism and Nationalism in Post-Socialist Eastern Europe, New Europe Law Review 1 (1993), 489 ff. sowie *A. Bebler*, Das Schicksal des kommunistischen Föderalismus. Sowjetunion, Tschechoslowakei und Jugoslawien im Vergleich, Europa-Archiv 47 (1992), 375 ff.

Bundesstaatskonstruktion gibt zumindest den Titularnationen in ihren Teilstaaten einen Ansatz eigenstaatlicher Organisation, der bei Zerfall des politischen Grundkonsenses und Schwächung der Bundesinstitutionen leicht als Katalysator und Motor sezessionistischer Tendenzen wirken kann[10]. Diese Beobachtung verrät - wagt man einen genaueren Blick auf die Probleme - allerdings primär etwas über die Schwächen einzelner realer Bundesstaaten, weniger über das Modell als solches. Vielleicht wären umgekehrt in den meisten Problemfällen 'Subsidiarität' und 'Föderalismus' (in einem weiten Sinne verstanden) durchaus ein Ansatz zur Lösung der Probleme[11], obwohl diese Lösung in Einzelfällen in sich auch den Ansatz zur endgültigen Erosion der Strukturen staatlicher Einheitsbildung tragen kann[12].

Dieser Frage sei im Folgenden anhand des Materials der rechtsvergleichenden Länderstudien nachgegangen - nicht streng geordnet nach der Systematik dieser Fallstudien, sondern eher reflektiv angeknüpft an Einzelbeobachtungen bei der Lektüre der Berichte. Man ist hier in diesem Bereich der institutionellen Fragen so weit von einem internationalen, oder sei es auch nur europäischen, Konsens entfernt, und mit so unterschiedlichen Ansätzen und Lösungsmodellen konfrontiert, daß sich strikt normative Aussagen zu dieser Problematik kaum tätigen lassen. Es ist insofern ganz und gar kein Zufall, daß sich selbst in den detailliertesten Dokumenten zum Minderheitenschutz - wie dem Kopenhagen-Dokument der KSZE - nur ganz rudimentäre und eher unbestimmt-programmatische Aussagen zur Einbindung der Minderheiten in den institutionellen Aufbau des Staates finden lassen. Die Ausführungen sollten folglich nicht als Behauptung eines wie auch immer gearteten Völkerrechtsstandards mißverstanden werden, sondern eher als (rechtspolitische) Überlegungen zu denkbaren Lösungsmodellen, angeknüpft an einzelne Beispiele aus der Staatenpraxis, die vorführen, wie bestimmte Probleme sinnvoll angegangen werden können.

---

10 *E. Comisso* (Anm. 9), 489.

11 In diesem Sinne siehe z.B. den Schweizer Einführungsbericht zur Konferenz der Europäischen Justizminister in Lugano, 22.6.1993 - "Fédéralisme, régionalisme et protection des minorités" - 15 ff.

12 Siehe dazu *E. Comisso* (Anm. 9), 495 ff.

II. Autonomie I: Modelle funktionaler und personeller Autonomie

Integration einer Minderheit in ein Staatswesen setzt zunächst die Anerkennung der Eigenart der Minderheit voraus - schließt man Strategien der Zwangsassimilation oder gar 'Lösungen' im Stile des berühmt-berüchtigten *"ethnic cleansing"* aus. Akzeptieren der Eigenart meint implizit: Anerkennung der Andersartigkeit der Minderheit, und damit einhergehend Abschied von der Ideologie der 'Einheit' des Staatsvolkes, die oft nichts anderes ist als eine Fiktion der herrschenden Mehrheit. Erst mit der Einräumung der *Möglichkeit*, sich als "von der Mehrheit unterschiedlich" zu definieren und zu artikulieren, kann die Minderheit *als Minderheit* überhaupt in den Staatsaufbau integriert werden. Ohne Spielräume, sich als 'besondere' Gruppe zu organisieren und in ihrer eigenständigen Organisation dann auch ihre besonderen Interessen als Gruppe zu vertreten, die Vertretung eigener Interessen im politischen Raum durch eine spezifische, die Minderheit repräsentierende Partei eingeschlossen, bleibt Integration der Minderheit ein Phantom. Die Minderheit wird dann zu einer Art Versteckspiel gezwungen, zu einer Rollenmimikry[13], in der ihre Repräsentanten so agieren, als sei die von ihnen repräsentierte Gruppe nicht etwas 'Gesondertes', sondern Teil der Mehrheitskultur mit allenfalls folkloristischen Attributen regionaler Eigenart. Die Mehrheit 'konstruiert' sich so ihre eigene Realität, deren erzwungene 'Bestätigung' zur einzig legalen Handlungsoption der Minderheit wird. Für die Minderheit selbst ist derartige 'unitarische Integration' in der Regel aber weiter nichts als ein Zwangsregime, ein Diktat des (als Unterdrückungsapparat empfundenen) Staates der Mehrheit, das gerade deswegen eher von diesem Staat entfremdet als mit ihm versöhnt, mithin in den Augen der Minderheit notwendig die Legitimität des Staates untergraben muß[14]. Aber - um dies noch einmal zu betonen - es geht um die

---

13 Vgl. als ein Beispiel den Artikel der russischen Journalistin *Tatjana Fast* zum Verhältnis von Russen und Letten, Literaturnaja gazeta Nr. 6 v. 10.2.1993, S. 13 - dt. Übersetzung in Osteuropa 43 (1993), A 439-443.

14 Zum Konzept der Legitimität (und der Legitimation) staatlicher Herrschaft vgl. *G. Jellinek*, Allgemeine Staatslehre, (1900, 3. Aufl. 1914, Neudr. 1960), 184 ff.; *M. Weber*, Wirtschaft und Gesellschaft (1922, 5. Aufl. 1976), 16 ff., 122 ff.; *P. Graf Kielmannsegg*, Legitimität als analytische Kategorie, PVS 1971, 367 ff.; *Th. Würtenberger jr.*, Die Legitimität staatlicher Herrschaft (1973), 13 ff., 241 ff.; *M. Kriele*,

Möglichkeit eigener Parteien. So die Minderheit genügend Verbindendes mit Teilen des Mehrheitsvolkes aufweist und ein eigenes Parteiwesen für verzichtbar hält, ist dies um so besser - ja, jeder multinationale Staat wird geradezu anstreben müssen, ein die Volkstumsgrenzen übersteigendes Parteiensystem auszubilden, das die verschiedenen Ethnien gleichermassen integriert.

Spezifische Minderheitenparteien, die sich schnell bilden, macht man mit der Vereinigungsfreiheit Ernst, stellen politisch aus der Perspektive des Gesamtstaates ein heikles Problem dar[15]. Sie spiegeln auf der Ebene des Parteiensystems die mangelhafte politische Integration der Minderheit wider, symbolisieren sie doch psychologisch wie wahlsoziologisch die Dominanz der Trennung Mehrheit-Minderheit über alle anderen Konfliktlinien, an denen sich sonst üblicherweise Parteien bilden. Minderheitsparteien haben zudem des öfteren Schwierigkeiten, auf der Ebene des Zentrums wirkliche Verantwortung für das Funktionieren des Gesamtstaates zu übernehmen. Minderheitenparteien fragmentieren tendenziell die Willensbildung, bringen Sonderinteressen in die politische Kompromißbildung ein, die sich dann nur noch schwer in die 'Interessenaggregation' großer Volksparteien einbinden lassen. Sie bilden im Extrem Elemente starrer "Versäulung", um einen Begriff des Soziologen Ralf Dahrendorf zu gebrauchen[16], führen zur Gefahr der Lähmung des politischen Systems, entziehen sie doch große Stimmenblöcke dem Prozeß der Aushandlung politischer Kompromiße. All dies klingt nun nach einer warnenden Beschwörung, nach einem Versuch, die Legitimität der Gründung besonderer Minderheitenparteien zu bestreiten. Dies wäre jedoch ein krasser Fehlschluß. Verzichtbar sind Minderheitenparteien kaum, solange die ethnische Konfliktlinie von den Betroffenen als im politischen Prozeß dominant

---

Legitimität staatlicher Herrschaft (1973), 13 ff., 241 ff.; *M. Kriele*, Einführung in die Staatslehre, 2. Aufl. 1981, 19 ff.; *R. Zippelius*, Allgemeine Staatslehre (8. Aufl. 1982), 107 ff.; vgl. auch zu der hier verwendeten Form des Konzeptes *J.J. González Encinar*, El Estado Unitario-Federal (1985), 45 ff.

15 Vgl. *J.J. González Encinar*, La descentralización como proceso: España, in: *J.J. González Encinar* (Hrsg.), Autonomía y partidos políticos (1984), 116, 125 f.

16 Siehe *R. Dahrendorf*, Gesellschaft und Demokratie in Deutschland (1965), 134 ff.

empfunden wird, was in der Regel wiederum primär vom Verhalten der Mehrheit der Minderheit gegenüber abhängt.

Als Ausweg nach vorne bietet sich in derartigen Fällen politischer Fragmentierung eine Lösung an, die vielfach beschworen, aber bisher eher selten wirklich praktiziert wurde: Dezentralisierung, Delegation der besonders konfliktträchtigen Aufgabenfelder an Selbstverwaltungseinheiten, über die die Minderheiten bestimmte Angelegenheiten selbst regeln können. Die Verlagerung entzieht diese Streitgegenstände dem Disput der zentralen Ebene, löst damit unter Umständen auch Blockaden. Politische Interessen werden wieder verhandelbar. Gerade die Freiheit der Selbstorganisation, die zunächst mit so großem Mißtrauen bedacht wird, kann im Prinzip damit den Ansatzpunkt weitergehender Lösungen liefern[17].

Nun ist das Spektrum derartiger Modelle der Selbstorganisation - man könnte auch sagen: Autonomie - sehr weit[18]. Zu denken wäre zunächst an die staatsfreie, rein gesellschaftliche Selbstorganisation der Minderheit in vereinsrechtlichen Formen. Schon dieser, zunächst unabhängig vom Staat in Formen der privatrechtlichen Vereinigung begründete Zusammenschluß der Minderheitsangehörigen kann vom Staat durchaus in bestimmtem Maße mit öffentlichen Aufgaben belehnt werden, was dann bereits die Bezeichnung 'Autonomie' (im Sinne einer rein funktionellen Autonomie) rechtfertigen würde. Das Kulturleben jeder halbwegs in Freiheit lebenden Volksgruppe kennt vielfältige private Vereinigungen, die je nach Bedarf vom Staat mit entsprechenden Finanzmitteln unterstützt bzw. subventioniert werden. Dem Staat wird damit die heikle Aufgabe abgenommen, selbst das Kulturleben der Minderheit zu organisieren - für beide Seiten wäre dies im Ergebnis klar eine Zumutung! Und nicht nur Pflege der Volkskultur und Sprache, der Betrieb von Theatern oder die Herausgabe von Zeitschriften und Zeitungen, selbst die

---

17 Siehe in diesem Sinne den Essay von *S, Lakoff*, Between Either/Or and More or Less: Sovereignty versus Autonomy under Federalism, Publius 24 (1994), 63 ff.

18 Vgl. zur allgemeinen Debatte über die Möglichkeiten der Autonomie nur *R. Lapidoth*, Autonomy: Potential and Limitations, International Journal on Group Rights 1 (1994), 269 ff. sowie *H. Hannum*, Autonomy, Sovereignty and Self-Determination (1990).

elektronischen Medien lassen sich in derartigen Formen relativ problemlos staatsfrei organisieren[19].

Auch über das Kulturleben im engeren Sinne hinaus lassen sich staatliche Aufgaben an privatrechtliche Vereinigungen der Minderheit delegieren. Zu denken wäre hier vor allem an das Schulwesen, das in Form eines minderheitenspezifischen Privatschulsystems außerhalb der staatlichen Organisationsstrukturen angesiedelt werden kann. Die Probleme des Minderheitenschulwesens hat *Thilo Marauhn* in einem gesonderten Bericht behandelt; das Problemfeld sei deshalb nur mit einer knappen Randbemerkung gestreift. Ein Verweis der Minderheit auf die Möglichkeiten des Privatschulsystems läßt sich auf die Dauer nur rechtfertigen, wenn - wie im deutschen System - die Privatschulen in der Mittelausstattung den Staatsschulen der Mehrheit gleichgestellt werden[20]. Daß unter derartigen Voraussetzungen privatrechtliche Trägervereine durchaus eine allseits befriedigende Lösung darstellen können, zeigt das Beispiel der dänischen Minderheit in Schleswig-Holstein recht gut[21]. Von privatrechtlichen Trägervereinen der Minderheit betriebene Schulen erhalten dort hundert Prozent der Mittelausstattung staatlicher Schulen - obwohl Privatschulen im deutschen Schulsystem ansonsten nur ca. sechzig Prozent der Mittelansatzes öffentlicher Schulen als Zuschuß verlangen können. Die Ungleichbehandlung minderheitenspezifischer Privatschulen wird in diesen Fällen auch allgemein als legitim empfunden, da die Minderheitenschulen Aufgaben wahrnehmen - Grundversorgung mit muttersprachlichem Unterricht - die ansonsten eigentlich dem Staat oblägen.

Diese, man könnte sagen: funktionelle Autonomie ist zu unterscheiden von der personalen Autonomie im eigentlichen Sinne. Delegation der Aufgabenerfüllung an privatrechtliche Vereinigungen setzt eine gewisse Homogenität der Minderheitengruppe voraus, erfordert, daß diese sich weitgehend einig ist

---

19 Vgl. dazu *P. Pernthaler*, Allgemeine Staatslehre (1986), 55.

20 Zum deutschen System vgl. *M.J. Hahn*, Die rechtliche Stellung der Minderheiten in Deutschland, in: J.A. Frowein/R. Hofmann/S. Oeter (Hrsg.), Das Minderheitenrecht europäischer Staaten, Teil I (1993), 62, 89 ff.

21 Siehe ibid., 91.

und sich von alleine in *einer* für die Gesamtgruppe repräsentativen Vereinigung organisiert. Fehlt diese Homogenität, ist die Zusammenarbeit zwischen Staat und Minderheitenorganisationen von vornherein problembehaftet.

Will der Staat in seinem Umgang mit der Minderheit einen breit abgestützten, durch die Mehrheit der Volksgruppenangehörigen legitimierten Ansprechpartner, so kann es naheliegen, die Minderheit in einer öffentlich-rechtlichen Personalkörperschaft zu organisieren[22]. Die politische Vertretung der Minderheit wird in diesem Modell dann schon Teil des Staatsaufbaus, kann insoweit in der Folge auch mit hoheitlichen Funktionen betraut werden, kann also zum Beispiel das staatliche Schulwesen für den Bereich der Minderheiten in Selbstverwaltung übertragen bekommen23. Der Staat gewinnt einen demokratisch legitimierten Ansprechpartner, auf dessen Organisationsstruktur er im übrigen erheblichen Einfluß behält, sieht sich allerdings zugleich einem institutionell starken Repräsentanten der Minderheit gegenüber, der bestimmte Bedürfnisse und Ansprüche der Minderheit deutlicher artikulieren kann als dies rein privatrechtlichen Organisationen möglich wäre - deren Legitimationsbasis, für *alle* Angehörigen der Minderheit zu sprechen, kann ja immer in Zweifel gezogen werden. Diese Lösung der Personalkörperschaft setzt allerdings die Bereitschaft voraus, bestimmte Mittel für die politische Organisation der Minderheit abzuzweigen und diese dann auch mit bestimmten weiteren (staatlichen) Befugnissen auszustatten[24]. Organisation der Minderheit in einer Personalkörperschaft ohne Bereitschaft, der Minderheitsvertretung dann auch bestimmte staatliche Aufgaben zu übertragen, ergäbe praktisch-politisch wohl nur wenig Sinn.

---

22 Als grundlegende Arbeiten zum Konzept der Personalautonomie vgl. *K. Renner*, Das Selbstbestimmungsrecht der Nationen in besonderer Anwendung auf Österreich (1918), 41 ff. sowie *R. Redslob*, Le principe des nationalités, RdC 37 (1931-III), 1 ff., 48 f. Zur Renaissance des Konzepts vgl. z.B. *R. Lapidoth* (Anm. 18), 280 ff. sowie *P. Pernthaler*, Modell einer autonomen öffentlichrechtlichen Vertretung der Slowenischen Volksgruppe in Kärnten, Europa Ethnica 50 (1993), 24 ff.

23 Siehe dazu schon *K. Renner* (Anm. 22), 69.

24 Vgl. insoweit als ein Beispiel *P. Pernthaler* (Anm. 22), 28, 33.

Das Modell wird nun zwar vielfach diskutiert, ist aber in der Realität wenig erprobt. Einzig Finnland verfügt über einige praktische Erfahrung mit dem Modell der Personalautonomie[25]. Estland hat mit seinem Gesetz über die Kulturautonomie der nationalen Minderheiten vom 11.11.1993 an seine insoweit positiven Erfahrungen der Zwischenkriegszeit angeknüpft[26]. Ungarn experimentiert in seinem neuen Minderheitengesetz mit derartigen Personalkörperschaften[27]; auch Slowenien und Kroatien haben Ähnliches in ihren Verfassungen bzw. Minderheitenschutzgesetzgebungen vorgesehen[28]. In Österreich wird das Modell einer autonomen öffentlichrechtlichen Vertretung der Slowenischen Volksgruppe für Kärnten diskutiert[29], auf der Grundlage eines Entwurfes aus akademischer Feder, der bisher aber wohl nur äußerst geringe Aussichten auf Erfolg hat. Wirkliche praktische Erfahrungen existieren mit dem Modell der Personalkörperschaft jedoch kaum. Historisch entbehrt dieser Befund nicht einer gewissen Ironie, sind doch die verschiedensten Formen der Personalautonomie ein in der europäischen Rechtsgeschichte tiefverwurzeltes Phänomen. Nicht nur das Osmanische Reich, sondern auch zahlreiche abendländische Staaten des Spätmittelalters und der frühen Neuzeit kannten vielfältigste Spielarten personaler Autonomie[30]; ja man könnte beinahe sagen, es handele sich bei der Personalautonomie um die genuine Organisationsform vormoderner multinationaler Reiche. Man denke insofern an das Statut der Siebenbürger Sachsen im altungarischen Transsylvanien, in

---

25 Vgl. *R. Hofmann*, Die rechtliche Stellung der Minderheiten in Finnland, in: J.A. Frowein/R. Hofmann/S. Oeter (Hrsg.), Das Minderheitenrecht europäischer Staaten, Teil I (1993), 108, 120 f.

26 Riigi Teataja I 1993 Nr. 712, Pos.1001; deutsche Übersetzung des Gesetzes in WGO - MfOR 35 (1993), 370 ff. Vgl. dazu *C. Hasselblatt*, Das Estnische Gesetz über die Kulturautonomie der nationalen Minderheiten, WGO - MfOR 35 (1993), 367 ff. sowie Kapitel IV. des Berichtes von *H.J. Uibopuu* in diesem Band.

27 Vgl. *G. Nolte*, Die rechtliche Stellung der Minderheiten in Ungarn, in: J.A. Frowein/R. Hofmann/S. Oeter (Hrsg.), Das Minderheitenrecht europäischer Staaten, Teil I (1993), 501, 527.

28 Siehe *I. Kristan*, Verfassungsentwicklung und Verfassungsordnung Sloweniens, ZaöRV 53 (1993), 322, 338 f. sowie die Berichte von *J. Marko* zu Slowenien und Kroatien in diesem Band.

29 Siehe *P. Pernthaler* (Anm. 22), 24 ff.

30 Vgl. dazu nur *K. von Raumer*, Absoluter Staat, korporative Libertät, persönliche Freiheit, Historische Zeitschrift 183 (1957), 55 ff.

dem Sprach- und Kulturautonomie sowie eigene kirchliche Institutionen, eigene Verwaltungs- und Justizhoheit und wirtschaftliche und soziale Selbstorganisation den Angehörigen der 'Minderheit' ein weitgehend autonomes Gemeinschaftsleben garantierten[31], oder an das Sonderstatut der von Österreich-Ungarn eigens an der Militärgrenze zum Osmanischen Reich angesiedelten Grenzlandserben in der nun so berühmtberüchtigten Krajina[32]. Dem Zusammenbruch der multinationalen Staatsgebilde Alteuropas unter dem Ansturm des modernen Nationalismus ist dieser Erfahrungsschatz dann später aber leider nahezu völlig zum Opfer gefallen, obwohl die daraus zu entnehmenden Lehren in den Anfangsjahren unseres Jahrhunderts mit den Schriften von *Otto Bauer* und *Karl Renner* noch einmal eine beeindruckende theoretische Formulierung fanden[33].

Ohne Tücken ist das Konzept der Personalautonomie zugegebenermaßen auch nicht. Mit 'modernen' Konzeptionen von 'Einheit' der Verwaltung - gar nicht zu sprechen von der 'Einheitlichkeit der Lebensverhältnisse' als Forderung nach völliger Homogenität - ist die Idee der Personalautonomie kaum zu vereinbaren. Dem Ziel einer zentralistisch vereinheitlichten Bürokratie als 'movens' staatlicher Integration läuft sie diametral zuwider. Doch auch liberalen Ideen von Freiheit und Selbstbestimmung steht sie mitunter im Wege, verlangt sie doch klare Zuordnung von Personen - eventuell sogar unter Einschränkung der Möglichkeiten individueller Selbstzuschreibung.

In ihrer Konstruktion wirft sie folglich erhebliche Schwierigkeiten auf. In einer ständischen Gesellschaft agrarischen Zuschnitts, in der Status und soziale

---

31 Siehe dazu *A. Schenk*, Deutsche in Siebenbürgen. Ihre Geschichte und Kultur (1992), 34 ff., 41 ff. sowie *K. Gündisch*, Zur Entstehung der sächsischen Nationsuniversität, in: Gruppenautonomie in Siebenbürgen. 500 Jahre siebenbürgisch-sächsische Nationsuniversität. Hrsgg. von W. Kessler (1990), 63 ff.; vgl. auch *W. Conze*, Ostmitteleuropa (1992), 139 f., 198 ff.

32 Zum Sonderstatut der Militärgrenze im Habsburgerreich vgl. *B. Jelavich*, History of the Balkans, Vol.I (1983), 145 ff. sowie *E. Hösch*, Geschichte der Balkanländer (1988), 90 f.

33 Vgl. dazu vor allem *T. Schieder*, Nationalstaat und Nationalitätenproblem, in: *ders.*, Nationalismus und Nationalstaat. Studien zum nationalen Problem im modernen Europa (2. Aufl. 1992), 17, 30 ff.

Zugehörigkeit einer Person im Prinzip durch Geburt unwiderruflich festgelegt waren, bereitete die Frage der Zuordnung zunächst keine großen Probleme. Doch wie steht es damit in einer freiheitlich-demokratisch strukturierten Industriegesellschaft, deren individualistische Orientierung dem Einzelnen die Möglichkeit der Wahl seiner Bezugsgruppen zugesteht? Die Idee eines Volksgruppenkatasters, die man unwillkürlich mit dem Konzept der Personalautonomie verknüpft, hat hier allzuleicht den Geruch des Unzeitgemäßen, des Korporativ-Ständestaatlichen an sich[34].

Allerdings sind derartige Formen der obligatorischen Zuordnung aufgrund objektiver Kriterien (oder des Zwangs zum Volksgruppenbekenntnis) nicht immer erforderlich. Prof. *Pernthaler* z.B. hat das Problem in seinem jüngsten Vorschlag für Kärnten erfolgreich zu umgehen gesucht, indem er Mitgliedschaft *de iure* und tatsächliche Beteiligung am Leben der Organisation entkoppelte[35]. Mitglied wäre danach *de iure* jeder Angehörige der Minderheit; wahlberechtigt und in die Aktivitäten der Personalkörperschaft integriert wäre aber nur der Volksgruppenangehörige, der sich aktiv als Minderheitszugehöriger bekennt[36]. Ich meine, dies führt in die richtige Richtung und zeigt Perspektiven eines den Erfordernissen der Zeit angepaßten Konzepts der Personalautonomie auf. Diese Ansätze weiter zu bedenken und auf konkrete Konstellationen zuzuschneiden, dürfte eine der großen Herausforderungen des Minderheitenschutzes sein, denn der Idee der Personalautonomie wohnt ein Problemlösungspotential inne, das bisher noch nicht einmal ansatzweise ausgeschöpft ist. Großer Vorteil ist dabei nicht zuletzt, daß es ein nahezu universell verwendbares Modell darstellt, unabhängig von Zahlenstärke, Siedlungsstruktur und territorialer Dominanz der Minderheit, zudem ein Modell, das von den Verbissenheiten gegenläufiger

---

34 Vgl. allgemein zum Spannungsverhältnis zwischen liberalen Werten und Minderheitenschutz *W. Kymlicka*, Liberalism, Individualism, and Minority Rights, in: A.C. Hutchinson/L.J.M. Green (eds.), Law and the Community: The End of Individualism (1989), 181 ff.

35 *P. Pernthaler* (Anm. 22), 26, 29 f.

36 Ibid., 29

territorialer Ansprüche wegführt und damit den Weg zu konstruktivem Dialog leiten kann[37].

III. Politische Repräsentation auf der Ebene des Gesamtstaates

Personalautonomie in der Form öffentlich-rechtlicher Organisation der Minderheit bzw. Volksgruppe als Personalkörperschaft löst auch Probleme der gesamtstaatlichen Repräsentation der Minderheiten. Mit der Personalkörperschaft steht dem Staat ein demokratisch legitimierter Vertreter der Minderheit gegenüber, der diese effektiv in das politische System und die Prozeduren der Entscheidungsbildung einzubinden vermag. Die Personalkörperschaften können in konsultativer Funktion in alle minderheitenrelevanten Gesetzgebungsvorhaben und Verwaltungsvorgänge eingeschaltet werden. Sie können die personelle Repräsentation der Minderheit in den verschiedensten Gremien organisieren. Sie können als eine Art Ombudsmann fungieren, Beschwerden und Eingaben der Minderheitsangehörigen bündeln und kanalisieren, die Minderheit und deren Angehörige in Gerichtsverfahren vertreten, ihre Belange auch in Kontakten mit dem Ausland wahrnehmen[38]. Sie können zudem Kandidaten der Minderheit für Parlamentswahlen aufstellen, soweit die Minderheit nicht über ein eigenes ausgebautes Minderheitenparteiwesen verfügt[39].

Die Einbettung der einzelnen Volksgruppen in das Wahlsystem der europäischen Staaten - um einen Seitenblick auf dieses Problemfeld zu werfen - ist im Detail sehr vielfältig. Zahlenmäßig starke Volksgruppen wie die Ungarn in Rumänien oder Katalanen und Basken in Spanien bedürfen keiner besonderen Vorkehrungen. Ihre Parteien erreichen von sich aus in Verhältniswahlsystemen

---

37 So auch völlig zu Recht *P. Pernthaler* (Anm. 22), 25 f. sowie *ders.*, Personalitätsprinzip und Territorialitätsprinzip im Minderheitenschutzrecht, JBl.1990, 613 ff.; im gleichen Sinne vgl. auch *R. Lapidoth* (Anm. 18), 282.

38 Zum denkbaren Aufgabenkatalog solcher Personalkörperschaften am Beispiel der vorgeschlagenen Vertretung der Slowenischen Volksgruppe in Kärnten vgl. *P. Pernthaler* (Anm. 22), 28.

39 So vorgesehen für Ungarn - vgl. *G. Nolte* (Anm. 27), 526 f.

Stimmenanteile, die eine angemessene parlamentarische Repräsentation der Volksgruppe sicherstellen[40]. Auch regional konzentrierte Minderheiten in Systemen mit klassischem Mehrheitswahlrecht haben insoweit kaum Schwierigkeiten (Fall der schottischen Autonomisten). Anders sieht dies bei kleineren Streuminderheiten und vor allem bei zahlenmäßig schwachen Regionalminderheiten in Verhältniswahlsystemen aus, vor allem wenn diese auch noch mit Sperrklauseln gekoppelt sind. Zumindest die Sperrklauseln sollten dann sinnvollerweise zugunsten nationaler Minderheiten außer Kraft gesetzt werden, wie z.B. in Deutschland für die dänische Minderheit bei den Landtagswahlen in Schleswig-Holstein[41] oder seit kurzem in Polen für die Listen der Vertreter nationaler Minderheiten[42]. In einzelnen Staaten sind den nationalen Minderheiten gar eine bestimmte Anzahl von Sitzen im Parlament reserviert[43]. Reine Mehrheitswahlsysteme sind bei verstreut siedelnden Minderheiten schließlich völlig ungeeignet.

Für eine gewisse Vorzugsbehandlung der Minderheit dürften durchaus gewichtige Gründe zu sprechen. Politische Integration der Minderheiten erfordert die Möglichkeit der Partizipation am politischen Prozeß. Ohne politische Teilhabe kommt es leicht zu Phänomenen der Ausgrenzung bzw. bei der Minderheit selbst zur Entfremdung gegenüber dem als Arm der Mehrheit empfundenen Staat, mit allen damit verbundenen Gefahren der Polarisierung oder gar der Flucht in die Gewalt. Der Staat muß insofern ein elementares Interesse daran haben, Minderheiten über politische Repräsentation in das Verfassungssystem einzubinden. Und mehr noch: Politische Integration verlangt nach effektiver Teilhabe, also tatsächlicher Berücksichtigung der Interessen der Minderheiten, nicht nur deren symbolischer Repräsentation. Tatsächliche Berücksichtigung der Minderheitsbelange aber trägt schon einen

---

40 Vgl. *S. Oeter*, Die rechtliche Stellung der Minderheiten in Spanien, in: J.A. Frowein/R. Hofmann/S. Oeter (Hrsg.), Das Minderheitenrecht europäischer Staaten, Teil I (1993), 369, 400 f.

41 Vgl. *M.J. Hahn* (Anm. 20), 97 ff.

42 Siehe Art. 3 Abs. 1 des neuen Wahlgesetzes zum Sejm vom 28.5.1993, GBl. der Rep. Polen Nr. 45/1993.

43 So in Ungarn, Slowenien und Kroatien - vgl. *G. Nolte* (Anm. 27), 526 f. sowie die Berichte von *J. Marko* zu Slowenien und Kroatien in diesem Band.

Zug von Konkordanzsystem in sich[44]. Es ist gewiß ganz und gar kein Zufall, daß gerade die Schweiz als der wichtigste noch bestehende pluriethnische Staat im Verlaufe seiner langen Geschichte ein ganz besonders stark ausgebautes System der Konkordanzdemokratie entwickelt hat, das praktisch nicht zuletzt die Funktion hat, die tiefverwurzelten sprachlich-kulturellen wie religiösen Konfliktlinien zu überspielen[45].

Letztlich scheint mir jeder Staat, der aufgrund des Vorhandenseins mehrerer großer Volksgruppen mit ausgeprägtem Eigenbewußtsein den Charakter eines multinationalen Staates trägt, unter einem gewissen Zwang zur Entwicklung von Elementen der Konkordanz zu stehen[46]. Herrschaft der Mehrheit grenzt in derartigen Gebilden mit ethnisch vorgeformten Konfliktlinien leicht die Minderheit aus, was auf Dauer nicht nur den Konflikt verschärft, sondern auch den gerade in derartigen Systemen so besonders elementar nötigen Grundkonsens über die Form des Staates, auf der die Legitimität der Verfassungsordnung ruht, zu zerstören droht[47]. Integration der Volksgruppen verlangt hier nach institutionalisierter Kompromißbildung[48] - es sei denn, es

---

44 Vgl. *P. Pernthaler* (Anm. 19), 55 f.

45 Vgl. *P. Pernthaler* (Anm. 19), 52 f.

46 Siehe in dieser Richtung das überzeugende Plädoyer für Konkordanzstrukturen von *A. Lijphart*, Democracy in Plural Societies: A Comparative Exploration (1977), 25 ff. sowie *ders.*, Democracies: Patterns of Majoritarianism and Consensus Government in Twentyone Countries (1984), 22 f.; vgl. außerdem *V. Van Dyke*, Human Rights, Ethnicity, and Discrimination (1985), 200 ff.

47 Siehe nur die aus direkter Anschauung gewonnene Bemerkung von *F.M. Deng*, Myth and Reality in Sudanese Identity, in: F.M. Deng/ P. Gifford (eds.), The Search for Peace and Unity in the Sudan (1987), 61, 69: "Liberal democracy presupposes a framework characterized by a broad consensus on the fundamental principles of nationhood, the structure of government, and the shaping and sharing of power, wealth, and other national resources. Where consensus on these fundamentals is lacking, and peoples lack even a shared sense of belonging to the nation, even the concepts of majority and minority cannot apply. Parliamentary democracy under those circumstances becomes a rule of the numerical majority imposed on an alienated minority, whether numerically determined or otherwise marginalized. Such a structure cannot enjoy legitimacy or stability."

48 So eindringlich *V. van Dyke* (Anm. 46), 204 ff.

gelingt den Konflikt über Delegation heikler Fragen an regionale bzw. föderale Einheiten zu entschärfen.

IV. Rolle der kommunalen Selbstverwaltung

Doch bevor ich mich den heiklen Fragen der Territorialautonomie zuwende, möchte ich noch einmal kurz den Blick von der Ebene gesamtstaatlicher Politik auf die unterste Ebene politischer Aktivität lenken, nämlich auf die Bedeutung eines Systems funktionierender kommunaler Selbstverwaltung für den Minderheitenschutz. Die Verbindungslinie zwischen diesen beiden Instituten wird leider nicht allzu häufig gezogen, obwohl beide Komplexe elementar miteinander verknüpft sind. Eine ausgebaute und effiziente kommunale Selbstverwaltung ist ein Grundpfeiler jedes funktionierenden Systems des Minderheitenschutzes. Erst eine effektive Kommunalautonomie ermöglicht es der traditionell meist in bestimmten Gebieten lokalisierten Minderheit, ihre in der Mehrzahl doch weitgehend lokalen Belange eigenständig wahrzunehmen. Übermäßige staatliche Bevormundung und Gängelung der Kommunen beraubt lokale und regionale Minderheiten nicht nur der mit kommunaler Selbstverwaltung verbundenen Möglichkeiten der Selbstregulierung, sondern schafft zusätzliches Konfliktpotential. Dies soll nun nicht heißen, auch die Kommunalautonomie bedürfe nicht bestimmter elementarer Regelungen, an denen sich mitunter lokal dominante Ethnien stoßen mögen. Überdeutlich ist dies in der Frage des Sprachgebrauchs in den Kommunalparlamenten. Obligatorischen Gebrauch der Minderheitssprache wird der Zentralstaat selbst in ethnisch noch nahezu homogenen Siedlungsgebieten der Minderheiten kaum zulassen können, im Interesse der Angehörigen des Mehrheitsvolkes.

Ein System ausgebauter kommunaler Selbstverwaltung, das ja auch eine Variante der Dezentralisierung darstellt[49], kann jedoch insgesamt nicht nur

---

49 Vgl. insoweit allgemein *R. Balme/P. Garraud/V. Hoffmann-Martinot/ E. Ritaine*, Les politiques territoriales en Europe de l'Ouest (Allemagne, Espagne, France, Grande-Bretagne, Italie, Communauté Européenne), Revue Française de Science Politique 43 (1993), 435 ff. sowie *B. Dente/F. Kjellberg*, The dynamics of institutional change. Local government reorganization in Western democracies (1988).

wichtige Pufferfunktionen erfüllen, sondern vermag tatsächlich bestimmte Probleme eigenständig zu lösen, und zwar in einem den Sachproblemen angemessenen Differenzierungsgrad, das zentraler Regulierung so nie zugänglich wäre. Besonders deutlich wird dies in Staaten, in denen auch die Organisation des Schulwesens im Grundsatz in Händen der Gemeinden liegt. Die unmittelbare demokratische Rückkoppelung der Gemeindeverwaltungen bindet diese direkt an die Bedürfnisse der betroffenen Bevölkerung an[50]. Gerade Staaten mit sehr heterogener, ethnisch kleinteilig parzellierter Siedlungsstruktur vermögen über eine stark ausgebaute kommunale Selbstverwaltung Probleme der Schulorganisation sehr viel besser zu lösen als zentralisierte Systeme. Man denke insoweit nur an das Beispiel des schweizerischen Kantons Graubünden, dessen sehr kompliziertes Geflecht von Sprachminderheiten über eine traditionell extrem stark ausgebaute Gemeindeautonomie Lösungen der Schulprobleme bereits auf rein lokaler Ebene findet[51]. Voraussetzung derartiger Lösungen ist allerdings, daß der Staat auf zu weitgehende homogenisierende Regelung der betreffenden Sachbereiche verzichtet, den Kommunen insoweit also tatsächlich weite politische und administrative Gestaltungsspielräume beläßt.

Eine weitere Randbemerkung zur Abgrenzung von Kommunen, Verwaltungsbezirken, auch Wahlkreisen. Auf Versuche der gezielten Manipulation von Verwaltungsgrenzen und Wahlkreiseinteilungen reagieren Minderheiten in der Regel überaus sensibel[52]. Schon der geringste Grund zu Verdacht in diesen Fragen vermag das Klima zwischen Staat und Minderheitsbevölkerung nachhaltig zu vergiften, wie zahlreiche Beispiele der letzten Jahre lehren. Behutsamkeit und eine gewisse Fairness in der territorialen Gliederung sind

---

50 Vgl. zum Beispiel der USA insoweit *M. Minow*, Putting Up and Putting Down: Tolerance Revisited, in: M. Tushnet (ed.), Comparative Constitutional Federalism (1990), 77, 98.

51 Vgl. *D. Richter*, Die rechtliche Stellung der Minderheiten in der Schweiz, in: J.A. Frowein/R. Hofmann/S. Oeter (Hrsg.), Das Minderheitenrecht europäischer Staaten, Teil I (1993), 308, 354.

52 Siehe dazu als ein Beispiel den Konflikt zwischen Litauen und Polen um die Neugliederung der von der polnischen Minderheit bewohnten Kreise - vgl. dazu den Bericht von *M.* Hoπkovß, Die rechtliche Stellung der Minderheiten in Litauen, in diesem Band.

deshalb für den mit Minderheitenproblemen konfrontierten Staat von kaum zu überschätzender Wichtigkeit.

V. Autonomie II: Territorialautonomie

Der Schritt zur eigentlichen Territorialautonomie, an den man beim Thema Grenzziehung unwillkürlich denkt, ist nun ein sehr anspruchsvolles Unterfangen. Territoriale Autonomie hat zunächst einmal eine ganz fundamentale Voraussetzung, die bei vielen Minderheiten schon gar nicht mehr gegeben ist: Die Minderheit bzw. Volksgruppe muß räumlich konzentriert siedeln, auf einem geographisch halbwegs geschlossenen Territorium, und sie muß auf diesem Gebiet - soll die Schaffung einer autonomen Region Sinn ergeben - auch noch die Mehrheit der Bevölkerung stellen[53]. Schaffung territorial großzügig geschnittener 'nationaler Heimstätten' - im Stil der alten Sowjetunion -, in denen die Titularnation dann doch nur eine Minderheit darstellt, schafft dagegen mindestens so viele Probleme wie es löst[54]. Wie soll unter diesen Bedingungen garantiert werden, daß im demokratischen Prozeß wirklich die Interessen der Titularnation die angemessene Bedeutung erhalten? Wie weit ist umgekehrt eine Beschneidung der politischen Mitwirkungsrechte der demographischen Mehrheit überhaupt zu legitimieren, die mit jeder Form der Überrepresentation der Minderheit einhergeht? Oder soll gar die Bevölkerungsstruktur durch Umsiedlung dem politischen Anspruch angepaßt werden? Die Demokratisierung Rußlands wie der anderen Nachfolgestaaten der Sowjetunion wird hier noch zahllose Probleme an den Tag bringen. Der Schritt zur "ethnischen Säuberung", mit der die Anpassung der demographischen Realitäten an die historischen und politischen Ansprüche der Titularnation zum Programm erhoben wird, liegt bei einem primär historisch begründeten Territorialitätsprinzip leider sehr nahe.

---

53 Vgl. *P. Pernthaler*, Personalitätsprinzip und Territorialitätsprinzip im Minderheitenschutzrecht, JBl.1990, 613 ff.

54 Vgl. zur sowjetischen Nationalitätenpolitik insbes. *G. Simon*, Nationalismus und Nationalitätenpolitik in der Sowjetunion (1986), 13 ff., 34 ff., 145 ff. 157 ff., 335 ff., 369 ff.

Stellt die Minderheit im abgesteckten Territorium der autonomen Gebietseinheit tatsächlich demographisch die Mehrheit, so ist zunächst einmal vor allem die Umkehrung der Mehrheitsverhältnisse die Folge. Hierin liegt ein wunder Punkt: Die vorher benachteiligte Volksgruppe gewinnt Herrschaft über die anderen Volksgruppen, die das gleiche Gebiet bewohnen. Der damit einhergehenden Versuchung, Homogenitätsansprüchen gegenüber den anderen mit allen erdenklichen Mitteln Durchsetzung zu verschaffen, auch Mitteln, deren Einsatz durch den Zentralstaat vorher als illegitim empfunden wurde, ist oft nur schwer zu wehren[55]. Der Zentralstaat bleibt folglich weiter in der Verantwortung, muß er doch nun einen Mindeststandard des Schutzes der 'Minderheit in der Minderheit' garantieren, die ihrerseits oft wieder ein Teil des Mehrheitsvolkes sein wird. Regelungen der Zweisprachigkeit vor Behörden und Gerichten, über mono- und bilinguale Schultypen für Mehrheit und Minderheit, unter Umständen auch Garantien der Lokalautonomie für besondere Kleinminderheiten sind die Folge, Vorgaben, die in der Regel schon in dem Sonderstatut des in die Autonomie entlassenen Gebietes verankert werden müssen. Das Konfliktpotential derartiger Ingerenzbefugnisse ist erfahrungsgemäß groß; zu vermeiden sind sie aber kaum.

Diese skeptischen Eingangsbemerkungen sollen nun nicht besagen, die vielfältig denkbaren Modelle der Territorialautonomie seien ein Irrweg. Im Gegenteil: Die Problematik territorial geschlossen siedelnder Volksgruppen mit historisch ausgeprägtem Eigenbewußtsein lässt sich wohl auf Dauer nur durch Regionalisierung und Dezentralisierung des institutionellen Staatsaufbaus lösen[56]. Bewußt halten sollte man sich dabei allerdings immer: Territorialisierung der Minderheitenprobleme ist kein Patentrezept, sondern bedarf ganz spezifischer Voraussetzungen, die nur in der Minderzahl der Fälle vorliegen werden.

Autonomiestatute weisen in ihren Inhalten eine große Bandbreite auf. Dies kann von der praktisch reinen Dezentralisierung im Verwaltungsbereich (wie

55 Vgl. *R. Howse/K. Knop*, Federalism, secession, and the Limits of Ethnic Accomodation: A Canadian Perspective, New Europe Law Review 1 (1993), 269, 272 ff.

56 *P. Pernthaler* (Anm. 19), 53 f.

im Fall des neuen französischen Statuts für Korsika)[57] über weitgehende Selbständigkeit im Verwaltungsbereich einschließlich gewisser Rechtsetzungskompetenzen (wie im Falle Südtirols)[58] bis zur praktisch völligen Herauslösung des autonomen Gebietes aus der Rechtsordnung des Mutterstaates reichen (so der Fall der Aland-Inseln in Finnland)[59]. Gemeinsam ist all diesen Modellen zunächst nur die Errichtung einer eigenen regionalen Ebene mit eigener Exekutivgewalt und eigener gewählter Volksvertretung, die das politische Handeln dieser regionalen Einheit rückkoppelt an den Willen der lokalen Bevölkerung.

Das Extrembeispiel der völkerrechtlich verankerten Autonomie, der Fall der Aland-Inseln, sei hier nur kurz gestreift. Rigide Durchsetzung der Einsprachigkeit (in Schwedisch als der Minderheitensprache), die abgesichert ist über eine praktisch völlige Autonomie in allen Fragen der exekutiven, legislativen und judikativen Gewalt[60], stempelt dieses Beispiel einer beinahe konföderativen Verbindung mit dem völkerrechtlich zuständigen 'Territorialstaat' zu einem Sonderfall.

Interessanter (und verallgemeinerungsfähiger) dürften eher die Fälle der spanischen Autonomen Gemeinschaften des Baskenlandes und Kataloniens[61]

---

57 Vgl. *J. Polakiewicz*, Die rechtliche Stellung der Minderheiten in Frankreich, in: J.A. Frowein/R. Hofmann/S. Oeter (Hrsg.), Das Minderheitenrecht europäischer Staaten, Teil I (1993), 126, 157 ff. sowie zum Hintergrund *P. Savigear*, Autonomy and the Unitary State: The Case of Corsica, in: M. Forsyth (ed.), Federalism and Nationalism (1989), 96 ff.; vgl. außerdem *F. Luchaire*, Le statut de la collectivité territoriale de Corse, Revue du Droit Public 1991, 943 ff.; *C. Olivesi, T. Michalon u.a.*, Le nouveau statut de la Corse, Revue Française de Droit Administratif 7 (1991), 706 ff.; *J.-C. Acquaviva*, L'évolution de statut particulier de la Corse, Droit Prospectif 1993, 61 ff.

58 Vgl. *K. Oellers-Frahm*, Die rechtliche Stellung der Minderheiten in Italien, in: J.A. Frowein/R. Hofmann/S. Oeter (Hrsg.), Das Minderheitenrecht europäischer Staaten, Teil I (1993), 193, 223 f.

59 Vgl. *R. Hofmann*, Die rechtliche Stellung der Minderheiten in Finnland, in: J.A. Frowein/R. Hofmann/S. Oeter (Hrsg.), Das Minderheitenrecht europäischer Staaten, Teil I (1993), 108, 121 ff.

60 Ibid., 122 ff.

61 Zum spanischen System der 'Autonomien' vgl. *S. Oeter* (Anm. 40), S. 402 ff. sowie die dort auf S. 369 Fußn.1 angegebene Literatur; vgl.

sowie der italienischen Autonomen Region Südtirol[62] zu sein. Autonomie hat hier nicht nur zur umfassenden Selbst*verwaltung* geführt, sondern den von abgesonderten Volksgruppen bewohnten Gebieten auch weitgehende Eigenständigkeit in der Rechtsetzung gebracht. Dies ist von erheblicher Bedeutung, erfordert doch die selbständige Gestaltung der für Minderheiten wichtigen Belange in den Bereichen Kulturpflege, Schulwesen, Medien, Raumordnung, regionale Wirtschaftsförderung, Umweltschutz, unter Umständen auch innere Sicherheit und Polizei, eine gewisse Eigenständigkeit in der Gesetzgebung. Die heiklen Fragen der Zweisprachigkeit vor Behörden und Gerichten sowie im Schulwesen sind dagegen manchmal - wie in Südtirol - bereits im Autonomiepaket selbst geregelt[63]. Vernünftiger dürfte es aber sein, die Modalitäten der Zweisprachigkeit der Regelung durch die Autonome Region selbst zu überlassen, nur eingeschränkt durch gewisse Mindeststandards für den Status der nationalen Mehrheitssprache.[64]

Die Durchsetzung dieser Mindeststandards gegenüber den überschießenden Tendenzen nationalistischer Politiker der einzelnen Volksgruppen ist allerdings ein heikles Unterfangen. Regierung und Parlament des Zentralstaates werden allzuleicht als parteiisch empfunden, als Sachwalter unitarischer Strömungen.

---

außerdem *R. Balme et al.* (Anm. 49), 457 ff. und *A. Brasloff*, Spain: The State of the Autonomies, in: M. Forsyth (ed.), Federalism and Nationalism (1989), 24 ff.; *J.M. Vallés/M. Cuchillo Foix*, Decentralisation in Spain: A Review, European Journal of Political Research 16 (1988), 395 ff.; *F. Moderne*, L'état des autonomies dans "l'Etat des autonomies", Revue Française de Droit Constitutionnel 2 (1990), 195 ff.; *L. Parejo Alfonso*, Aufbau, Entwicklung und heutiger Stand des spanischen Staates und seiner Autonomen Gemeinschaften, in: J.J. Hesse/W. Rentzsch (Hrsg.), Föderalstaatliche Entwicklung in Europa (1991), 63 ff. sowie den Sammelband von *D. Nohlen/ J.J. González Encinar* (Hg.), Der Staat der Autonomen gemeinschaften in Spanien (1992).

62 Zum Autonomiepaket für Südtirol vgl. jüngst *L. Bonell/I. Winkler*, Südtirols Autonomie (1991); vgl. auch *W. Hummer/K. Zeller*, Der Abschluß der Durchführung des "Südtirol-Pakets": Chronologie und aktuelle Probleme, Österr. Jahrbuch für Internationale Politik 1988, 57 ff.; *M. Kraft*, Südtirol 1993 - Das Ende des Autonomiestatuts?, in: G. Riescher (Hg.), Regionalismus 90' (1991), 119 ff.; *L. Steiner*, Südtirol: Abschluß des "Autonomie-Paketes", Österr. Jahrbuch für Politik 1992, 787 ff.

63 Vgl. *K. Oellers-Frahm* (Anm. 58), 200 ff., 212 ff.

64 So das System in Spanien - vgl. *S. Oeter* (Anm. 40), 378 ff.

Neutrale Schiedsrichter sind aber nur schwer zu finden. Das Beispiel Spaniens zeigt, daß wohl einzig die Institution der Verfassungsgerichtsbarkeit dieses Problem in vernünftige Bahnen lenken kann[65]. Ein Verfassungsgericht kann beiden Seiten Grenzen aufzeigen, unter Verweis auf die allseits akzeptierte Grundnorm der Verfassung - unter der Voraussetzung, daß die Legitimität der Verfassung tatsächlich allseits akzeptiert ist und daß das Verfassungsgericht wirklich als halbwegs neutral empfunden wird[66]. Diese Reputation jedoch will zunächst einmal verdient sein. Hat das Verfassungsgericht einen Ruf als 'fairer' Schiedsrichter gewonnen, so stellt es aber die wohl beste Absicherung des institutionellen Gleichgewichts dar, die praktisch denkbar ist, mit erheblicher Befriedungswirkung in Einzelstreitigkeiten.

Ein heikler Punkt bleibt allerdings immer: die Finanzen. Selbstverwaltung kostet Geld, und völlige finanzielle Abhängigkeit der autonomen Gebietskörperschaften vom Zentralstaat legt diese allzuleicht an die so berüchtigten "goldenen Zügel" der zentralen Haushalte. Eine gewisse Mindestausstattung mit eigenen Einnahmen ist daher unabdingbar[67]. Die völlige finanzielle Selbständigkeit der Aland-Inseln oder auch die uneingeschränkte Steuerhoheit des spanischen Baskenlandes, das nur bestimmte pauschale Abführungen an den spanischen Zentralstaat leistet, sind in dieser Hinsicht sicher einzigartig. Eigene Steuerhoheit der autonomen Gebiete ist zwar wünschenswert, löst aber beileibe nicht immer alle Probleme. Minderheitengebiete sind vielfach Randregionen mit schwacher Wirtschaftsstruktur, die auf Zuweisungen der Zentrale angewiesen bleiben. Wichtig ist folglich vor allem eine verbindliche Festschreibung der Haushaltsmittel, vorzugsweise im Autonomiestatut selbst, und nicht im jährlichen Haushaltsgesetz des Zentralstaates oder in gesonderten Finanzierungsgesetzen in der Verfügungsgewalt des einfachen Gesetzgebers.

---

65 Vgl. dazu *S. Oeter* (Anm. 40), 378 ff.

66 Vgl. zu diesem Problem *M. Tushnet*, Conclusion, in: M. Tushnet (ed.), Comparative Constitutional Federalism (1990), 139, 142 f.

67 Vgl. *F. Luchaire*, L'autonomie financière, in: T. Fleiner-Gerster/ S. Hutter (eds.), Federalism and Decentralization. Reports from the Regional Conference of the International Association of Constitutional Law in Murten, Switzerland, 1984 (1987), 323 ff.

Dies lenkt den Blick auf die allgemeine rechtliche Absicherung der Territorialautonomie. Autonomiestatute sind in der Regel zwischen Zentralstaat und Vertretern der betreffenden Volksgruppe ausgehandelte vertragsähnliche Paketlösungen. Sinnvollerweise sollten diese Pakete nicht in die Form einfacher Gesetze gebracht werden, sondern - wie in Spanien z.B. üblich - als Normen mit Verfassungsrang verabschiedet werden, zu deren Abänderung es ausdrücklich auch der Zustimmung der betroffenen autonomen Gebietseinheit bedarf. Nur so läßt sich der fragile Kompromiß, den jedes derartige Autonomiepaket darstellt, gegen die manipulativen Versuchungen wechselnder zufälliger Mehrheiten schützen, die gelegentlich geneigt sein könnten, solch langfristig kalkulierte Lösungen zugunsten kurzfristiger tagespolitischer Vorteile zu opfern.

Erst wirklich deutlich wird in einer derartigen Einstufung der Autonomiestatute als verfassungsrechtliche Grundnormen die fundamentale Bedeutung dieser Dokumente. Als eine Art 'historischer Kompromiß' am Ende einer jahrzehnte- oder gar jahrhundertelangen Linie ethnischer Konflikte verändern sie grundlegend die Strukturen der jeweiligen Verfassungsordnungen. Das traditionelle Gefüge der strikten Einheitsstaatlichkeit wird aufgebrochen zugunsten einer weitgehenden Dezentralisierung der Exekutiv- und Rechtsetzungsfunktionen des Staates. Diese Kompetenzverlagerung nur als Verlust zu sehen, wäre verfehlt. Die Befriedungswirkung eines solchen Schrittes kann enorm sein, wie gerade das schon mehrfach zitierte Spanien der Nach-Franco-Ära erfahren hat. Erst mit der Selbstregierung der 'mitwohnenden Nationalitäten' in ihren eigenen Territorialeinheiten gewinnt der Staat diesen gegenüber wirkliche Legitimität, wird der Staat auch für die Minderheiten zu etwas `Eigenem', das als Struktur der "Regierung durch das Volk und für das Volk" wahrgenommen wird[68]. Territorialautonomie entzerrt insofern nicht nur historisches Konfliktpotential, das über die dezentralisierte Regelung der Selbstverwaltungseinheiten auf einmal politisch lösbar wird, sondern es integriert auch die Minderheiten erst eigentlich in den

---

68 Siehe auch *R. Howse/K. Knop* (Anm. 55), 286.

institutionellen Staatsaufbau, wird damit zum tragenden Mechanismus der Einheitsbildung[69].

VI. Der Bundesstaat als Organisationsform des multinationalen Staates

Idealtypus dieses auf 'Subsidiarität' gegründeten Staates der Volksgruppen ist letztlich der multinationale Bundesstaat[70]. Die in ihm zusammengefaßten Volksgruppen sind per definitionem keine Minderheiten mehr, sondern bilden alle staatstragende Teilvölker, kulturell und sprachlich unterschiedene Teile der 'Willensnation'. Dieses Ideal der 'Willensnation', wie es zuallererst durch die Schweiz verkörpert wird[71], trägt schon deutliche Züge der freien Assoziation. Monokulturelle Organisation innerhalb der einzelnen Gliedstaaten, die auf der Grundlage des Territorialitätsprinzips durchaus sprachliche und kulturelle Homogenität in ihrem Gebiet anstreben können, verkoppelt sich im multinationalen Bundesstaat mit der Idee der freiwilligen Assoziation der verschiedenen Gruppen in einem gemeinsamen Staatswesen[72].

Das Element der Assoziation, das in mehr oder weniger starker Form Bundesverfassungen prägt[73], läßt föderative Staatsgebilde allerdings in gewisser Hinsicht störungsanfällig werden[74]. Mit dem eigenen Gliedstaat hat im multinationalen Bundesstaat jede größere Volksgruppe ihre eigene staatliche

---

69 Vgl. zu dieser Dialektik *J.J. González Encinar* (Anm. 14), 116 ff., 127 ff.

70 Zur notwendigen Unterscheidung von Autonomiestrukturen und Bundesstaat vgl. *R. Bernhardt*, Federalism and Autonomy, in: Y. Dinstein (ed.), Models of Autonomy (1981), 23 ff.

71 Vgl. zum Fall der Schweiz als einen knappen Überblick *P. Stadler*, Der Föderalismus in der Schweiz. Entwicklungstendenzen im 19./20. Jahrhundert, in: J.C. Boogman/G.N. van der Plaat (eds.), Federalism. History and Current Significance of a Form of Government (1980), 177 ff.

72 So das klassische Modell der Schweiz - vgl. *D. Richter* (Anm. 51), 312 ff.

73 Zur definitorischen Beschreibung des Idealtypus 'Bundesstaat' vgl. *M. Bothe*, Die Kompetenzstruktur des modernen Bundesstaates in rechtsvergleichender Sicht (1976), 10; *Karl Weber*, Kriterien des Bundesstaates (1980), 87; *J.J. González Encinar* (Anm. 14), 88 f.

74 Vgl. zu dieser Problematik *R. Howse/K. Knop* (Anm. 55), 271 ff.

Einheit. Dieser Kern eigener Staatlichkeit enthält nicht nur einen Ansatzpunkt für das Streben nach staatlicher Selbständigkeit; mit der diffizilen institutionellen Balance der bundesstaatlichen Verfassung wird die Notwendigkeit eines grundlegenden Verfassungskonsenses auch viel direkter spürbar als in durch zentrale Bürokratien gelenkten Einheitsstaaten. Jede bundesstaatliche Verfassung ist nicht nur in sich ein 'historischer Kompromiß' der unterschiedlichen Glieder über das richtige Maß von Einheitsbildung (und von Bewahrung von Vielfalt zugleich)[75], sondern verlangt nach steter Anpassung, nach ständig neuem Austarieren der Gewichte. Bundesstaatlichkeit ist im Prinzip ein dynamisches System, das des ständigen Bemühens um die Erneuerung des politischen Grundkonsenses bedarf, ist also ein System, das der Bereitschaft zum Kompromiß bedarf[76]. Geht diese grundlegende Bereitschaft zur Kompromißbildung verloren, so gerät der Bundesstaat unweigerlich in die Krise.

Das in Bundesverfassungen üblicherweise den Gliedstaaten eingeräumte Obstruktionspotential, das institutionell gerade den Kompromißzwang erzeugen soll - Beteiligung der Gliedstaaten an der politischen Entscheidungsfindung auf der Bundesebene, Abhängigkeit des Bundes von den Gliedern in der Durchführung der sektoralen Politiken - , führt in derartigen Konstellationen schnell zur Lähmung der zentralen Ebene[77]. Der Versuch der Gewinnung von Dominanz durch einzelne Glieder (oder das Zentrum) hebelt dann entweder im Wege einer staatsstreichartigen Aktion die bundesstaatliche Gewaltenbalance aus, läßt die Föderation zum verkappten Einheitsstaat mutieren, oder der Bund zerfällt unter den zentrifugalen Gegenreaktionen. Die Dismembration der Sowjetunion wie des alten Jugoslawien haben diesen Prozeß von versuchter

---

75 So zu Recht *Y. Dinstein*, The Degree of Self-Rule of Minorities in Unitarian and Federal States, in: C.Brölmann/R.Lefeber/M.Zieck (eds.), Peoples and Minorities in International Law, 1993, 221, 223 f.; vgl. auch *J.J. González Encinar* (Anm. 14), 86 f.

76 So z.B. *A. Gagnon*, Federalism in Multi-Community Countries: A Theoretical and Comparative Framework of Analysis, in: C.L. Brown-John (ed.), Centralizing and Decentralizing Trends in Federal States (1988), 23, 26 f., oder auch *E. McWhinney*, Federal Constitution-Making for a Multi-National World (1966), 135.

77 Vgl. als ein Beispiel den Fall Jugoslawien - siehe *E. Comisso* (Anm. 9), 499.

(Rück-) Gewinnung zentraler Kontrolle und reaktiver Sezession unlängst drastisch vorgeführt[78].

Nun sollte man das Scheitern dieser beiden multinationalen Bundesstaatskonstruktionen nicht als Verdikt über den Bundesstaat als solchen mißverstehen. Beide Gebilde waren ursprünglich - nach leninistischem Vorbild - als Systeme des 'demokratischen Zentralismus' konzipiert, in deren Gefüge das Diktat der Einheitspartei der eigentliche Integrationsmechanismus, die formal bundesstaatliche Verfassungskonstruktion dagegen wenig mehr als eine folkloristische Fassade gewesen war[79]. Der Zusammenbruch der Partei ließ diese Gebilde notwendig in eine Krise geraten, waren doch weder die Zentrale noch die Teileinheiten wirklich zum politischen Kompromiß fähig[80]. Die zentrifugalen Züge der Verfassung gewannen ein Eigenleben, während der unitarische Apparat der Partei seiner Durchsetzungsmacht verlustig ging.

Gleiche Probleme sind in freiheitlich-demokratisch organisierten Bundesstaaten westlichen Musters eher unwahrscheinlich. Zwar ist der traditionelle kanadische Bundesstaat unter der Quebec-Frage in die Krise geraten[81], und bei der neuen belgischen Bundesstaatskonstruktion sind Aussagen über die Beständigkeit des Systems noch mit erheblichen Unsicherheiten behaftet[82].

---

78 Siehe *E. Comisso* (Anm. 9), 492 ff., 495 ff. sowie *A. Bebler* (Anm. 9), 375 ff.; zum Fall Jugoslawien vgl. nunmehr auch *H. Sundhaussen*, Experiment Jugoslawien (1993), 121 ff.

79 Siehe *E. Comisso* (Anm. 9), S. 491 f. sowie *A. Bebler* (Anm. 9), 3 .

80 *E. Comisso* (Anm. 9), 492 ff.

81 Siehe dazu jüngst den Sammelband von *D. Brown/R. Young* (eds.), Canada: The State of the Federation 1992 (1992) sowie die ausführliche Untersuchung von *R.A. Macdonald*, Meech Lake to the Contrary Notwithstanding, Osgoode Hall L.J. 29 (1991), 253 ff.; vgl. außerdem ganz aktuell *S.V. Laselva*, Federalism as a Way of Life: Reflections on the Canadian Experience, Canadian Journal of Political Science 26 (1993), 219 ff. sowie *S. Lavergne*, The Future of Canadian Federalism, Georgia Journal of International and Comparative Law 23 (1993), 63 ff.

82 Vgl. z.B. *P. Münster*, Zerbrechlicher neuer Bundesstaat Belgien, NZZ Nr. 94 v. 25./26.04.1993, 5; siehe auch *F. Delpérée*, Le Fédéralisme Belge, Revue Européenne de Droit Public 5 (1993), 29 ff. sowie *F. Delmartino*, Föderalstaatliche Entwicklung in Belgien, in: J.J. Hesse/W. Rentzsch (Hrsg.), Föderalstaatliche Entwicklung in Europa (1991), 49 ff. Vgl. außerdem *R. Senelle*, Constitutional Reform

Eine Alternative zum Bundesstaatsmodell ist in beiden Fällen aber kaum ernsthaft in Sicht. Die nach besserer staatsrechtlicher Absicherung ihrer Eigenständigkeit strebenden Volksgruppen sind gerade deshalb so auf föderale Strukturen erpicht, weil der Kompromißzwang sie auf bestmögliche Weise in die gesamtstaatliche Entscheidungsfindung einbezieht.

Fazit wäre demnach: Bestes Modell der institutionellen Einbindung von Minderheiten ist der Bundesstaat[83]. Der Bundesstaat ist aber zugleich das anspruchsvollste Modell, verlangt er doch ein Mindestmaß an Rücksichtnahme auf die Interessen der Anderen - und vor allem die Bereitschaft zur steten Suche nach Kompromißen. Psychologisch fällt dies bis dato unterdrückten Volksgruppen aber zunächst oft schwer, insbesondere in Staaten mit einer langen Geschichte der Versuche zwangsweiser Assimilation. Längere Zwischenphasen der Annäherung sind hier wohl unvermeidbar, Phasen, in denen beschränktere Modelle der Autonomie mehr und mehr dem Wunsch der Minderheiten nach 'Selbstverwaltung' entgegenkommen, ohne daß der Gesamtstaat damit gleich das Risiko der Auflösung eingehen müßte. Der Zentralstaat ist in diesen Situationen zunächst in der Vorhand, hat doch er alleine die Macht, den Prozeß der Annäherung einzuleiten und den Wünschen der Minderheit durch Gewährung von Autonomie Raum zu geben.

Gehen die Autonomieangebote in der Folge weit genug, so muß dieser Prozeß ganz und gar nicht unaufhaltsam in die Sezession münden. Die Geschichte der 'Autonomien' in Spanien führt dies eindrucksvoll vor Augen, ist es dort doch gelungen, selbst Volksgruppen mit so deutlich separatistischen Tendenzen wie die Katalanen und die Basken auf demokratische Weise in den spanischen Staat zu integrieren[84]. Das Beispiel Spaniens zeigt im übrigen auch, warum nicht jedes Gefüge von Territorialautonomien unbedingt als Zwischenstufe auf dem Weg zu einem 'symmetrischen Föderalismus' mit homogenisiertem Kompetenzniveau begriffen werden kann. Staaten mit starken Differenzen in der Gewichtsverteilung zwischen 'prägendem' Staatsvolk und 'mitwohnenden

---

in Belgium: From Unitarism towards Federalism, in: M. Forsyth (ed.), Federalism and Nationalism (1989), 51 ff.

83 So zu Recht *P. Pernthaler* (Anm. 19), 51.

84 Vgl. dazu *S. Oeter* (Anm. 40), 369 ff.

Nationalitäten' (um einen treffenden Ausdruck der alten sowjetischen Terminologie zu gebrauchen) können durchaus Gründe dafür haben, ein asymmetrisches System der Autonomien zu bevorzugen (oder einen asymmetrischen Föderalismus, als der das spanische System auch schon beschrieben worden ist[85]). Während es sinnvoll sein mag, einzelnen Volksgruppen an der Peripherie des Staatsgebietes sehr weit entgegenzukommen und ein extrem hohes Maß an Eigenständigkeit zu gewähren, muß gleiches für die Regionen des Zentrums nicht unbedingt gelten[86]. Im Gegenteil: Föderalisierung im klassischen Sinne würde hier unter Umständen gar Abbau der Sonderstellung bestimmter Volksgruppen erfordern, wollte man nicht den Gesamtstaat zur Konföderation herabstufen (so wäre es zumindest in Spanien im Falle der Angleichung des Kompetenzniveaus aller Teileinheiten an das des Baskenlandes). Der Druck zur Ausbildung eines symmetrischen Föderalismus, der leicht Tendenzen zum "unitarischen Bundesstaat" annimmt, kann hier dann nur aus den Regionen des Mehrheitsvolkes kommen, kaum dagegen von den Minderheiten, die davon nichts mehr zu gewinnen hätten[87].

Allerdings bleibt als Erfahrungssatz im Gedächtnis zu behalten: Föderale Strukturen können auf Dauer wohl nur funktionieren, wenn sie nicht als störende Privilegien zugunsten einzelner Gruppen verstanden werden, sondern als eine grundlegende Umorientierung des Staatsaufbaus, als Umbau im Sinne eines ganz allgemein verstandenen Subsidiaritätsprinzips[88]. Am erfolgversprechendsten ist Subsidiarität aber dann, wenn die Sonderlösung

---

85 *J.J. González Encinar* (Anm. 14), 149 ff.; vgl. auch *ders.*, Ein asymmetrischer Bundesstaat, in: D. Nohlen/J.J. González Encinar (Anm. 61), 217 ff.

86 Als ein Plädoyer in diesem Sinne vgl. *M. Herrero de Miñon*, España, Europa y la subsidiariedad, El País v. 30.09.1993, 15.

87 Einiges spricht dafür, daß Argumente des Minderheitenschutzes allein kaum zu bundesstaatlichen Strukturen führen würden. Zwar stellen auch Systeme territorialer Autonomien 'föderale' Strukturen in einem weiteren Sinne dar; föderalistische Lösungen im engen Sinne dienen aber in der Regel ganz anderen Zielen als Minderheitenschutz, wie verfestigter Gewaltenteilung, Sicherung politischer (und ökonomischer) Pluralität, Verbesserung der Effizienz staatlicher Apparate - vgl. die diesbezüglichen Überlegungen bei *E. Comisso* (Anm. 9), 502 f.

88 In diesem Sinne auch das Plädoyer von *E. Comisso* (Anm. 9), 502 f.

aufgelöst wird in einem umfassenden System dezentraler Staatsorganisation. Der bei rein punktuellen Autonomiemodellen leicht in einen politischen Grabenkampf Autonome Region/Zentrale umgewandelte Gegensatz Mehrheit/Minderheit wird bei der klassischen Bundesstaatslösung überlagert von der allgemeinen Frontstellung der lokalen Gemeinschaften gegen den immer zu schnell zur Zentralisierung und Vereinheitlichung neigenden zentralen Staatsapparat. Mit anderen Worten: am besten aufgehoben sind die Interessen der Minderheiten in einem alle Aufgaben auf der möglichst unteren Ebene lösenden, damit generell auf Bewahrung der historisch vorgefundenen Vielfalt zielenden föderalen Staat.

Territoriale Einheit sollte im föderalen Staat jedoch gerade nicht "das Gebiet" einer Ethnie sein, sondern historische Regionen, die in sich wiederum ethnische Vielfalt repräsentieren können (oder vielleicht sogar sollten). Die Schweiz hat wohl gerade deshalb trotz ethnischer Heterogenität so gut die Zeiten überdauert, weil politische Grundeinheiten nicht die Volksgruppen als solche waren, sondern historisch gewachsene und mit eigener politischer Identität versehene Kantone; Konfliktlinien (und Koalitionsbildungen) verliefen immer quer über die (sprachlich-ethnische) Trennlinie zwischen Deutsch-Schweiz und Romandie[89]. Umgekehrt ist es noch völlig ungewiß, ob ein genau parallel zur ethnisch-kulturellen Konfliktlinie auch territorial in zwei Grundeinheiten zerlegter Staat wie Belgien auf Dauer überlebensfähig sein wird.

VII. Schlußfolgerungen

Es wurden in den vorangehenden Abschnitten die unterschiedlichsten Stufen der institutionellen Gewähr von Freiheitsräumen für Minderheiten vorgeführt - und der daraus resultierenden Stufenfolge von Autonomielösungen - um zu demonstrieren, daß bei Bereitschaft zum konstruktiven Dialog mit den

---

89 Zu ähnlichen Schlußfolgerungen gelangt aus politikwissenschaftlicher Perspektive *C. Hughes*, Cantonalism: Federation and Confederacy in the Golden Epoch of Switzerland, in: M. Burgess/A.-G. Gagnon (eds.), Comparative Federalism and Federation (1993), 154 ff.

betroffenen Volksgruppen die vielfältigsten Lösungen denkbar sind. Grundvoraussetzung ist dabei zunächst die Anerkennung der Minderheit als einer 'besonderen Gruppe', die auch besonderer institutioneller Lösungen bedarf. Mit der reinen Vereinigungsfreiheit alleine wird es aber eher selten sein Bewenden haben können. Bestimmter Formen der funktionellen oder auch personalen Autonomie wird es selbst bei kleinen oder weit verstreuten Minderheiten bedürfen, um deren Erfordernissen im Kultur- und Schulbereich genüge zu tun. Bei lokal konzentrierten Minderheiten wird an eine stark ausgebaute und auf die speziellen Bedürfnisse der Minderheiten zugeschnittene Kommunalautonomie zu denken sein. Territorialautonomie im eigentlichen Sinne dagegen ist nur in ganz bestimmten Fällen sinnvoll. Die betreffende Volksgruppe muß groß und homogen genug sein, um wirklich ein größeres Territorium prägen zu können; ansonsten könnte sie allzuleicht geneigt sein, ihre (demographisch und kulturell labile) Dominanz mit Zwang durchzusetzen, oder die Autonomielösung degeneriert zur folkloristischen Fassade.

Von der Vorstellung, Autonomie müsse immer Herrschaft über ein bestimmtes Territorium bedeuten, ja gar, dem Volk stehe ein bestimmtes Gebiet historisch einfach zu, sollten wir uns dabei verabschieden90. Wie warnte schon *Ernest Renan* in seinem berühmten Vortrag aus dem Jahre 1882, dem auch das Eingangszitat entstammt: "Die Geographie - was man die "natürlichen Grenzen" nennt - hat fraglos einen großen Anteil an der Einteilung der Nationen. Sie ist einer der wesentlichen Faktoren der Geschichte....Kann man aber glauben, wie es einige Parteien tun, daß die Grenzen einer Nation auf der Karte eingetragen sind und daß eine Nation das Recht hat, sich das Nötige zuzueignen, um gewisse Konturen zu begradigen? Ich kenne keine willkürlichere, keine verhängnisvollere Theorie. Mit ihr kann man jede Gewalt rechtfertigen."[91] Wieviel schreckliche Wahrheit in diesen Worten steckt, erleben wir gerade heute wieder zur Genüge.

Als Gegenvision der modernen 'Nation' sei hier eine andere Bemerkung *Renan*'s aus dem gleichen Vortrag aufgreifen, mit der zugleich das

---

90. In dieser Richtung siehe auch *Howse/Knop* (Anm. 55), 319 f.

91 *E. Renan* (Anm. 1).

Eingangszitat in seinen eigentlichen Zusammenhang gerückt wird: "Eine Nation ist eine große Solidargemeinschaft, getragen von dem Gefühl der Opfer, die man gebracht hat, und der Opfer, die man zu bringen gewillt ist. Sie setzt eine Vergangenheit voraus, aber trotzdem faßt sie sich in der Gegenwart in einem greifbaren Faktum zusammen: der Übereinkunft, dem deutlich ausgesprochenen Wunsch, das gemeinsame Leben fortzusetzen. Das Dasein der Nation ist ein tägliches Plebiszit, wie das Dasein des einzelnen eine andauernde Behauptung des Lebens ist."[92]

Also: Die 'Nation' will täglich neu erkämpft sein - in der Zustimmung ihrer Bewohner zur gemeinsamen staatlichen Verfaßtheit. Wer dies respektiert, dem muß die Integration der verschiedenen Volksgruppen in den institutionellen Staatsaufbau unter Wahrung ihrer Identität ein selbstverständliches Anliegen sein, wird doch auf diesem Wege der Staat erst wirklich zum Repräsentant aller seiner Bürger. Der Gedanke der Subsidiarität gilt demnach nicht nur für ein Europa der Nationen, er gilt in gleichem Maße für die (in Europa vorherrschende) Nation aus mehreren Ethnien. Das interne Selbstbestimmungsrecht (eine Kategorie aus der völkerrechtlichen Debatte) könnte man insofern geradezu als einen Paradefall der Subsidiarität sehen. Das sollte bedeuten: Der Nationalstaat muß all seinen Bürgern ausreichenden Raum zur Entfaltung geben, gerade auch seinen Minderheiten. Um noch einmal *Ernest Renan* zu zitieren, mit den Schlußsätzen seiner Rede "Was ist eine Nation?": "Was bleibt noch? Es bleibt der Mensch, seine Wünsche, seine Bedürfnisse. Die Nationen aber sind nichts Ewiges. Sie haben einmal angefangen, sie werden enden. Die europäische Konföderation wird sie wahrscheinlich ablösen. Aber das ist nicht das Gesetz des Jahrhunderts, in dem wir leben. Gegenwärtig ist die Existenz der Nationen gut, sogar notwendig. Ihre Existenz ist die Garantie der Freiheit, die verloren wäre, wenn die Welt nur ein einziges Gesetz und einen einzigen Herrn hätte."

---

92 Ibid.

"Das Minderheitenrecht europäischer Staaten"
Bericht über das Kolloquium in Heidelberg vom 20. - 23. Oktober 1993

STEFAN OETER

I. Einleitung

Die mehrjährige Arbeit an den Länderberichten zur Rechtslage der Minderheiten in den Staaten West-, Mittel- und Osteuropas fand ihren Abschluß in einem Kolloquium, das das Max-Planck-Institut für ausländisches öffentliches Recht und Völkerrecht in Heidelberg im Oktober 1993 veranstaltete. In Vorbereitung dieses Kolloquiums waren von vier Mitarbeitern des Instituts thematisch angelegte Überblicksreferate erarbeitet worden, die als Diskussionsgrundlage auf dem Kolloquium vorgetragen wurden. Als Teilnehmer eingeladen war eine große Anzahl renommierter Fachleute des Minderheitenrechts, Rechtswissenschaftler wie Praktiker aus Justiz, Verwaltung und Diplomatie, zur überwiegenden Mehrheit aus Staaten des europäischen Auslands und Nordamerika. Von den über 60 auswärtigen Teilnehmern stammte erfreulicherweise ein gutes Drittel aus den Reformstaaten Mittel- und Osteuropas; nahezu jeder mit Minderheitenproblemen befaßte Staat Europas war unter den Teilnehmern vertreten.

Die (schon von der zeitlichen Gestaltung her) im Zentrum der Veranstaltung stehende Diskussion mit den auswärtigen Teilnehmern verlief natürlich - wie angesichts der Heterogenität der Teilnehmer kaum anders zu erwarten - in Teilen äußerst kontrovers. Gleichwohl schälte sich im Verlauf des Kolloquiums heraus, daß es in weiten Bereichen so etwas wie einen gemeinsamen Standard der redlich um die Lösung ihrer Minderheitenprobleme bemühten Staaten gibt. Eskalieren Minderheitenkonflikte, so liegt dies in der Regel am fehlenden politischen Willen des zuständigen Staates, zum Teil aber auch der betroffenen Minderheiten, politische Kompromisse einzugehen und von im Laufe der Zeit verfestigten Maximalpositionen abzugehen, weniger am Fehlen rechtstechnischer Lösungen für die bestehenden Probleme. Traditionell an einem überzogenen Leitbild nationaler Einheit orientierten unitarischen Staaten mit zentralistischer Organisationsstruktur fällt der Kompromiß in diesen Fragen erfahrungsgemäß besonders schwer. Ist jedoch einmal der entscheidende Schritt vollzogen und die Existenz vom Mehrheitsvolk unterschiedener Volksgruppen bzw. Minderheiten anerkannt, so stehen eine ganze Reihe in der Praxis bereits erprobter Lösungsmodelle bereit, wie aus den Einführungsreferaten und der Diskussion mehr als deutlich wurde.

II. Status der Minderheitensprachen vor Behörden und Gerichten

In der Frage des Status der Minderheitensprachen vor Behörden und Gerichten, der das Einführungsreferat von *Karin Oellers-Frahm* sowie die Diskussion des ersten Vormittags gewidmet war, handelt es sich dabei zunächst um im Ansatz rein menschenrechtliche Probleme, deren Lösung von den allgemeinen völkerrechtlichen Menschenrechtsverbürgungen bereits vorgegeben ist. Freiheit des Sprachgebrauchs im privaten wie gesellschaftlichen Bereich sowie die (im Ernstfall notwendig werdende) Pflicht zur Stellung eines Dolmetschers zumindest im Strafverfahren sind schon nach den geltenden Menschenrechtsstandards garantiert, wie Frau Dr. *Oellers-Frahm* eindrücklich darlegte. Über diesen menschenrechtlichen Mindeststandard hinausgehende Lösungen der Erhebung von Minderheitensprachen zu Amtssprachen stehen dagegen in einem schwierigen politischen Spannungsfeld. Zwar sind derartige Amtssprachenregelungen - als Konsequenz der Anerkennung der Sprache als Träger der Kultur der Minderheit - politisch in der Regel nahezu immer gefordert; sie sind jedoch zugleich regelmäßig der Frage nach der organisatorischen wie finanziellen Zumutbarkeit ausgesetzt, da die Verwirklichung eines Rechts auf freie Wahl der Sprache erhebliche finanzielle Aufwendungen erfordert und gravierende organisatorische Komplikationen mit sich bringt. Aus diesem Grunde folgt die Berücksichtigung der Minderheitensprachen im Verwaltungs- und Gerichtswesen in der Regel dem Territorialitätsprinzip: Nur bei konzentriert siedelnden Minderheiten, also in Situationen, in denen auch Lösungen lokaler und regionaler Autonomie sinnvoll sind, erweist sich die Verankerung der Minderheitensprache als Amtssprache im Behördengebrauch als zweckmäßig. Die Regelungsmodelle können dabei sehr unterschiedlich sein. Zum einen kann Zwei- oder

Mehrsprachigkeit der Verwaltung für ein bestimmtes Gebiet angeordnet werden, was dann bedeutet, daß Verwaltung und Gerichte Personal vorhalten müssen, das der unterschiedlichen Amtssprachen mächtig ist. Zudem müssen in diesen Fällen Vorkehrungen getroffen werden, um Korrespondenz und Akten von einer Amtssprache in die andere übersetzen zu können, um so anderen Teilen der Verwaltung und vor allem den übergeordneten Behörden bzw. Zentralbehörden den Zugriff auf diese Verwaltungsvorgänge zu ermöglichen. Als Konsequenz ergibt sich hier dann oft das Sacherfordernis, Zweisprachigkeit für das allgemeine Verwaltungspersonal als Qualifikationsvoraussetzung zu fordern. Als Modell der "Reduktion von Komplexität" bietet sich alternativ die konsequente Durchsetzung des Territorialitätsprinzips an, wie sie vor allem in bewußt multinationalen Staaten praktiziert wird. Hier hat jede Gebietseinheit, im Sinne der ethnischen Prägung durch eine dominante Volksgruppe, nur eine Amtssprache, nämlich die der örtlichen Bevölkerung. Damit wird dann zwar der verwaltungstechnische Aufwand reduziert; zugewanderte Mitglieder anderer Volksgruppen werden jedoch einem starken Assimilationsdruck ausgesetzt. Das Problem der Mehrsprachigkeit vor Gerichten und Behörden überörtlichen bzw. zentralen Charakters wird durch ein reines Territorialitätsprinzip gleichfalls nicht gelöst.

Für die geschlossenen Siedlungsgebiete der verschiedenen Volksgruppen stellen diese unterschiedlichen (und auch kumuliert denkbaren) Lösungsmodelle ein durchaus befriedigendes Instrumentarium dar. Was allerdings durch diese vielfach in der Praxis der europäischen Staaten anzutreffenden Lösungsansätze nicht einer zufriedenstellenden Lösung zugeführt wird, ist das Problem der Streuminderheiten, wie Frau Dr. *Oellers-Frahm* betonte. Insoweit kann wohl nur die Weiterentwicklung der menschenrechtlichen Grundstandards helfen, die durch Übersetzungs- und Dolmetscherdienste den Minderheitenangehörigen zumindest in elementaren Fragen den Gebrauch ihrer Muttersprache ermöglichen sollten.

In der Diskussion kam eine Vielzahl von Fragen zum Ausdruck, die sich an die Anerkennung von Minderheitensprachen im staatlichen Bereich knüpfen. So wurde das Spannungsfeld umrissen, in dem eine staatliche Politik bewußter Mehrsprachigkeit steht. Echte Mehrsprachigkeit sei zwar sicherlich unter dem

Aspekt der Integration des Gesamtstaates ein vorzugswürdiger Ansatz, doch kollidiere dieser Ansatz mit dem Bestreben der einzelnen Volksgruppen auf Bewahrung ihrer sprachlichen und kulturellen Identität. Insbesondere kleinere Volksgruppen fühlten sich von konsequenter Mehrsprachigkeit und formeller Gleichberechtigung aller Amtssprachen allzu oft bedroht, da so die Kulturräume der kleineren Gruppen schnell in die Gefahr geraten, von den großen und dominanten Sprachen überformt zu werden. Gerade kleinere Volksgruppen zeigten daher eine starke Vorliebe für ein strikt verstandenes Territorialitätsprinzip, wie am Beispielsfall der Schweiz demonstriert wurde. In die Debatte geriet sodann die implizite Bevorzugung der territorial verankerten und mehr oder weniger geschlossen siedelnden "autochtonen" Bevölkerungsgruppen, wie sie in der gegenwärtigen Praxis des Minderheitenschutzes der europäischen Staaten auszumachen sei. Der Ausschluß der Migrantenbevölkerungen ohne Staatsangehörigkeit des Gaststaates aus dem gängigen Begriff der "Minderheit" werde schon seit einiger Zeit in der völkerrechtlichen Diskussion in Zweifel gezogen. Doch auch die Vernachlässigung des Problembereiches der nichtseßhaften bzw. verstreut siedelnden Gruppen sei überaus problematisch und bedürfe einer erneuten Überprüfung. Daß dafür durchaus schon Ansätze in der europäischen Minderheitenrechtspraxis bestehen, wurde an dem Beispiel der spanischen Gesetzgebung für die Sinti und Roma demonstriert. Der eher fremdenrechtliche Charakter des menschenrechtlichen Mindeststandards auf Gebrauch der Muttersprache bei Nichtbeherrschung der jeweiligen Gerichtssprache fange allerdings - so wurde in einem anderen Beitrag entgegnet - dieses Problem in einem erheblichen Ausmaße auf. Der minderheitenschützende Aspekt dieser Menschenrechtsgarantien sei insoweit nur eine Art Reflex einer allgemeinen Garantie auf Verschaffung von Gehör gegenüber den Organen des Staates. Was man im Prinzip schon Fremden zugestehe, das müsse auch Minderheiten zugestanden werden, die infolge von Eroberungen oder ungerechten Grenzziehungen unter Fremdherrschaft gekommen seien, für die es also eine reine historische Zufälligkeit sei, daß die lange Zeit mit dem Charakter einer Amtssprache ausgestattete eigene Sprache der Bevölkerungsgruppe nun auf einmal eine diskriminierte Minderheitensprache sei.

Sprache habe allerdings nicht nur Kommunikationsfunktionen, wie in den menschenrechtlichen Garantien vorausgesetzt, sondern zugleich die Funktion der Bestätigung und Festigung der ethnischen Identität einer Gruppe, so der Einwurf eines anderen Teilnehmers. Dies werde vor allem an den derzeitigen Vorgängen in Osteuropa deutlich. Insbesondere an den leidvollen Erfahrungen Südosteuropas werde deutlich, daß Regierungen und Staatsapparate im Gefolge der Krise der postsozialistischen Gesellschaften vielfach der Versuchung erlegen seien, Sprache und Kultur als Merkmal der Identitätsbestätigung zu nutzen, also letztlich der Freund-Feind-Unterscheidung. Minderheiten würden dadurch ihrerseits in die Radikalisierung getrieben, womit die Probleme des Minderheitenschutzes bzw. des Nationalitätenrechts dann kaum noch lösbar seien. Der Kampf um die Toponyme, insbesondere die Orts- und Straßenbezeichnungen, veranschauliche diesen politisch-manipulativen Gebrauch der Sprachenfrage in krasser Weise.

Im Zentrum der Beiträge stand allerdings die im Minderheitenrecht gängige Unterscheidung zwischen Migranten, also im statusrechtlichen Sinne Ausländern, und Minderheitsangehörigen, die nach üblicher Definition die Staatsangehörigkeit des Wohnsitzstaates haben müssen. Ob diese Unterscheidung überhaupt sinnvoll ist bzw. welche Auswirkungen sie haben sollte, blieb in der Diskussion kontrovers. Die Wechselwirkungen zwischen Staatsangehörigkeit und Nationszugehörigkeit spielten dabei eine erhebliche Rolle. Die vielfach verwendete idealtypische Entgegensetzung von "citizenship nation" und "ethnic nationalism" wurde auch hier angeführt. Staaten, meist Einwanderungsländer, die den staatsbürgerlichen Status allein in formal staatsangehörigkeitsrechtlichen Kategorien definierten, täten sich insoweit schon mit dem Grundkonzept des Minderheitenschutzes schwer. Eine Staatsnation, die sich bewußt nicht in ethnisch-nationalen Kategorien definiere, könne kaum die ethnische Vorprägung ihrer Bürger als konstitutiven Grundfaktor anerkennen und zur Grundlage ihrer staatsorganisatorischen Regelungen erheben. Staaten dagegen, die schon die Zugehörigkeit zur Nation unter ethnischen Kriterien definierten, tendierten dazu, alle der ethnischen Selbstdefinition nicht entsprechenden Bewohner (vor allem Migranten) von vornherein von der Staatsangehörigkeit auszuschließen. Die Anknüpfung des

Minderheitenschutzes an die Staatsangehörigkeit gewinne in diesem Fall dann ihre volle Schärfe.

Nun gebe es allerdings - so wurde angemerkt - praktisch keinen Staat, der in seinem gesellschaftlichen und kulturellen Wertsystem wirklich auf einer ethnisch neutralen Basis aufgebaut wäre. Herrschende soziale (und vor allem sprachliche) Normen trügen in sich implizit immer einen Kern der Unterscheidung von Zugehörigen und Nichtzugehörigen (von "Eigenen" und "Fremden"). Diese "Fremdheit" gegenüber den prägenden Normen eines Staatswesens läßt letztlich - so kam in vielen Beiträgen durch - die Situation von Ausländern und Minderheitenangehörigen in der Frage des Sprachgebrauchs vor Behörden doch weitgehend als vergleichbar erscheinen. Der in den Mittelpunkt gestellte menschenrechtliche Mindeststandard, soweit zumindest bestand Konsens, abstrahiert dementsprechend im Grundsatz auch von der Unterscheidung Ausländer und Staatsbürger. Freiheit des gesellschaftlichen und privaten Sprachgebrauchs sowie Verschaffung eines effektiven Gehörs zumindest im Strafverfahren stehen Minderheiten und Migranten gleichermaßen zu. Die weitergehenden Regelungsmodelle des Sprachenrechts, die auf Mehrsprachigkeit im Amtsverkehr oder auf Einsprachigkeit nach dem Territorialitätsgrundsatz zielen, sind dagegen nicht tragend auf dem Minderheitenbegriff aufgebaut, sondern folgen eher unter Praktikabilitätsgesichtspunkten dem Territorialitätsaspekt. Die für solch weitergehende Lösungsmodelle - dies wurde kaum bestritten - erforderlichen Aufwendungen verlangen einfach eine Mindestgröße und eine gewisse Kompaktheit der Sprachgruppe, um praktisch funktionieren zu können bzw. um politisch rechtfertigbar zu sein. Erst an der Frage, inwieweit es eine staatliche Verpflichtung zur Erhaltung der Identität von Minderheiten als ethnisches Kollektiv gibt, schieden sich merklich die Geister. Die schwierige Balance zwischen Integration als positiver (und notwendiger) Zielsetzung eines jeden Staatswesens einerseits und Freiheit vor zwangsweiser Assimilation andererseits stand deutlich hinter diesen Auffassungsunterschieden. Während Staaten mit stark unitarisch orientierter Nationsvorstellung vielfach dazu neigen, Integration im Sinne der Formung einer einheitlichen Nation zu verstehen, und im Sinne dieser Zielsetzung auch Einsatz staatlicher Zwangsmittel für legitim zu halten, siedeln Staaten mit bewußt multinationaler

Orientierung die Gewichte ganz anders an, nämlich in der Orientierung auf staatlichen Schutz der vorgefundenen Vielfalt. Die aufgeworfene Frage, ob es bindende rechtliche Vorgaben für die Beantwortung dieser Streitfrage gebe, ob also der Einsatz staatlicher Zwangsmittel zur künstlichen Schaffung eines sprachlich, kulturell und ethnisch homogenen Staatsvolkes überhaupt noch zulässig sei, konnte in dieser Phase der Diskussion nicht beantwortet werden.

III. Status von Minderheiten im Erziehungswesen und Medienrecht

Einer etwas anderen Facette des gleichen Problems widmete sich der anschließende Vortrag von *Thilo Marauhn* und die Diskussion des Nachmittags. Auch in der Organisation des Minderheitenschulwesens steht, dies ging aus dem Bericht von Dr. *Marauhn* deutlich hervor, das Territorialitätsprinzip meist im Vordergrund. Zwar gibt es in den Fragen des Erziehungs- und Schulwesens ergänzend auch noch die Anknüpfung am Personalitätsprinzip, die in den Staaten des ehemaligen österreichisch-ungarischen Vielvölkerreiches und im Baltikum zusehends wieder aufgegriffen wird. Gängiges Anknüpfungsmerkmal bleibt aber in den meisten Staaten das Territorium der betroffenen Minderheitengruppe.

Als rechtlich zwingende Vorgabe erweise sich zunächst die Freiheit der Selbstorganisation der Minderheitsangehörigen. Die Gründung von Privatschulen, um auf rein vereinsrechtlicher Basis Unterricht in der Minderheitensprache zu gewährleisten, dürfe von den Staaten grundsätzlich nicht behindert werden. Die Berücksichtigung der Minderheitensprache im staatlichen Schulwesen stellt dagegen eine weit schwierigere Frage dar, da hier Integration der Minderheitsangehörigen als Grundziel staatlicher Schulpolitik und Bewahrung der besonderen Identität von Minderheiten als Interesse der Minderheitengruppe miteinander kollidieren. Beide divergierenden Interessen sind in einen Ausgleich zu bringen. Die Minderheiten- oder Regionalsprache als Unterrichtsgegenstand in der gesamten Pflichtschulphase wurde dabei von Dr. *Marauhn* als Grundstandard jedes ernstzunehmenden Minderheitenschutzes herausgestrichen. Die Minderheitensprache als Unterrichtsmedium dagegen sei sehr viel seltener anzutreffen. Denkbar ist dieser Gebrauch der

Minderheitensprache als Unterrichtssprache wohl nur im eigentlichen Siedlungsgebiet der Minderheitengruppen. Und selbst in diesen Fällen stellt sich die heikle Entscheidung, entweder das gesamte staatliche Schulwesen in dem betreffenden Territorium auf die Zielsetzung der Zweisprachigkeit hin auszurichten, was Unterrichtung der Kinder aus Mehrheitsvolk und Minderheit in der Minderheitensprache wie der nationalen Amtssprache fordert, oder für die Minderheit ein getrenntes Schulsystem zu schaffen. Segregation der Minderheit im Schulwesen ist jedoch ein problematischer Ansatz, mit der Gefahr, die Minderheit völlig aus dem Gesellschafts- und Wirtschaftsgefüge des betreffenden Landes auszugliedern. Krasse Segregation wie zwangsweise Assimilation sind dementsprechend Gefahren, die jede Minderheitenschulpolitik unbedingt zu meiden hat.

Möglich ist dies letztlich wohl nur über Zweisprachigkeit des Schulwesens. Die Angehörigen der Minderheit müssen in der nationalen Amtssprache unterrichtet werden, während die Angehörigen des Mehrheitsvolkes - zumindest in der Heimatregion der Minderheitengruppe - in der Minderheiten- bzw. Regionalsprache unterrichtet werden müssen. Die Anforderungen, die sich für die Schulorganisation daraus ergeben, sind nicht leicht zu bewältigen. Letztlich werden wohl auch zentralistisch organisierte Staaten nicht der Notwendigkeit entgehen können, in der Schulorganisation dezentrale Elemente einzufügen, wenn ein Minderheitenschulwesen tatsächlich funktionieren soll. Schulträger sind - wie das Referat von Dr. *Marauhn* aufwies - daher regelmäßig kommunale Gebietskörperschaften oder auch privatrechtliche Organisationen der Minderheitsangehörigen. Verweis der Minderheit auf ein reines Privatschulwesen läßt sich dabei wohl nur rechtfertigen, wenn die Privatschulen dank staatlicher Zuschußleistungen im wesentlichen über die gleichen Mittel wie die staatlichen Schulen der Mehrheit verfügen. Auch in die Organisation der Schulaufsicht sind Vertreter der Minderheit einzubinden.

Bei nach Mehrheitsvolk und Minderheitengruppe getrenntem Schulwesen bedarf auch die Zuweisung der Schüler zu den einzelnen Schultypen einer Regelung. Zwangsweise Zuordnungen über Volksgruppenkataster hätten sich - so der Bericht - letztlich in allen Fällen als überaus problematisch erwiesen. Das entscheidende Moment für die Eingliederung eines Schülers in das

Minderheitenschulwesen müsse insoweit wohl nahezu immer ein auf freier Entscheidung des Erziehungsberechtigten beruhender Antrag sein. Auf die Einrichtung von Klassenverbänden, Schulzügen und Schulen mit muttersprachlicher Ausrichtung könne dabei auch kein absolutes Recht bestehen; das Angebot an muttersprachlichem Unterricht sei aus organisatorischen Gründen an eine Mindestschülerzahl zu knüpfen, die in der Praxis erheblich schwanke. Völlig uneinheitlich sei schließlich die Praxis im universitären Bereich. Nur in wenigen Fällen bestehe eine Möglichkeit für Minderheitsangehörige, eine universitäre Ausbildung in ihrer Muttersprache zu erhalten. In der Regel seien sie dementsprechend auf den Besuch von Universitäten im sprachlich verwandten Ausland angewiesen. Um die Integration der im Ausland ausgebildeten Minderheitsangehörigen zu erleichtern, seien in der Folge Bemühungen um die Anerkennung der im Ausland erworbenen Bildungsabschlüsse nötig - ein Bereich, in dem noch vieles im Argen liege.

Zumindest das Recht, als Minderheitsangehöriger Unterricht in der Sprache der eigenen Volksgruppe zu erhalten, sei als fundamentale Voraussetzung dafür, Zugang zu Sprache und Kultur der Vorfahren zu erhalten, in dem menschenrechtlichen Mindeststandard des Minderheitenschutzes gemäß Art. 27 des Internationalen Paktes über bürgerliche und politische Rechte enthalten. Die Vertragsstaaten dürften insoweit, und das ergebe sich auch aus Art. 14 EMRK in Verbindung mit Art. 2 ZP 1, nicht verhindern, daß die Kinder ihre Muttersprache in Schulen privater oder öffentlicher Trägerschaft erlernen und weiterentwickeln. Für die Fragen der Organisation eines öffentlichen Minderheitenschulwesens allerdings - auch insoweit scheint Konsens zu bestehen - ergebe sich weder aus den allgemein menschenrechtlichen Garantien noch aus den zur Zeit im politischen Raum diskutierten Entwürfen eines europäischen Minderheitenübereinkommens ein handhabbarer rechtlicher Standard. Wie die insoweit immer wieder als positives Leitmotiv zitierte Zielsetzung der Integration der Minderheit (bei Wahrung und Respektierung deren besonderer Eigenheiten) im politischen Raum praktisch-technisch umzusetzen sei, finde in der Praxis der europäischen Staaten äußerst vielfältige Antworten. Das Ziel sei zwar wohl im Prinzip konsensfähig, im Detail aber nicht immer wirklich leicht zu verwirklichen.

In der Diskussion wurde zunächst der Ansatz des Einführungsberichtes, der besonderes Gewicht auf ein Leitbild einer zweisprachigen Erziehung in der Mehrheits- wie der Minderheitensprache gelegt hatte, deutlich relativiert. Erlernung der Minderheitensprache sei den Angehörigen anderer Völkerschaften nur zuzumuten, soweit der kommunikative Gewinn an Verständigungsmöglichkeiten dies auch wirklich rechtfertige. In regionalen Einheiten, die sprachlich und kulturell von bestimmten Minderheitenvölkern geprägt seien, erweise sich Zweisprachigkeit ohne Zweifel als sinnvoll. Zweisprachige Erziehung führe hier zur verbesserten Integration der zugewanderten Angehörigen des Mehrheitsvolkes wie der Verständigung der Angehörigen der Minderheitenvolksgruppe mit dem Rest der Staatsnation. Im Falle von verstreut siedelnden oder auch nur numerisch sehr kleinen Bevölkerungsgruppen - illustriert wurde dies am Beispiel der Sami-Bevölkerung in Nord-Finnland - sei der Aufwand jedoch kaum zu rechtfertigen. Der Grenznutzen, den die Angehörigen anderer Volksgruppen aus der Erlernung der Minderheitensprache zögen, sei relativ gering, während zugleich Möglichkeiten blockiert würden, andere, sehr viel gebräuchlichere Fremdsprachen zu erlernen.

Widerstand gegen eine Politik der Zweisprachigkeit im Erziehungs- und Schulwesen komme aber nicht nur von Angehörigen des Mehrheitsvolkes und der zentralen Administration, sondern zum Teil auch von der Minderheit selbst. Besonders im Falle autonomer Gebietskörperschaften in der Kontrolle von Minderheitenvolksgruppen gebe es auch eine Versuchung, die als Kompromiß entwickelte Politik der Zweisprachigkeit zugunsten einer am Leitbild des Territorialitätsprinzips (nach dem Vorbild der Schweiz oder Belgiens) orientierten Politik der Bewahrung bzw. Herstellung homogener Sprachgemeinschaften aufzugeben. Diese Tendenz bringe - wie sich am Beispiel so mancher Region mit Autonomiestatut in Westeuropa studieren lasse - die Gefahr mit sich, die Minderheitendiskriminierung einfach umzukehren. Die zugewanderten Angehörigen des Mehrheitsvolkes würden in dieser Konstellation ihrerseits unter Assimilationsdruck gesetzt und gezwungen, sich an die herrschenden kulturellen Normen des die Region prägenden Volkes anzupassen. Konflikte würden so aber weniger gelöst als auf eine andere Ebene verschoben - eine Ebene, auf der sie dann noch schwieriger zu lösen seien als vorher.

Die Antwort darauf könne - so der weitere Verlauf der Diskussion - nur in einer Gleichbehandlung all dieser betroffenen Gruppen liegen. Der Grundgedanke des Minderheitenschutzes müsse genauso zugunsten der im Rahmen regionaler Autonomien benachteiligten Angehörigen des Mehrheitsvolkes angewandt werden wie zugunsten autochtoner Minderheiten (oder verstreut siedelnder Minderheiten, die durch Wanderungsbewegungen entstanden sind). Minderheitenschutz könne insoweit nur sehr bedingt als Instrument der Kompensation für historisch erlittenes Unrecht gelten, diene vielmehr letztlich doch (als im Kern menschenrechtliches Instrumentarium) dem Schutz von in ihrer Lebensgestaltung bedrängten Menschen. Die Ansätze, wie Menschen in Bedrängnis zu helfen sei, seien aber ebenso vielfältig wie die Bedrängnislagen.

Allerdings habe - so lief ein anderer Argumentationsstrang - der Minderheitenschutz nicht nur rein individualschützende Funktionen. Schutz der sprachlichen und kulturellen Identität von Minderheiten im Erziehungswesen komme eine fundamentale gesellschaftliche Bedeutung zu. Arrangements des Minderheitenschutzes (vor allem im Schul- und Bildungswesen) hätten eine wichtige gesellschaftliche Erziehungsfunktion, indem sie Menschen an kulturelle Toleranz und den Umgang mit Verschiedenheit gewöhnten. Um der gefährlichen Versuchungen des unbedingten Verlangens nach Konformität zu entgehen, müßten Gesellschaften und deren Angehörige ein eminentes Interesse daran haben, mit den Phänomenen kultureller Vielfalt produktiv umzugehen.

IV. Vereinigungsfreiheit und Parteienrecht

Das in der Diskussion dieses Nachmittages deutlich im Vordergrund stehende Problem der Toleranz (oder genauer des Mangels an Toleranz) und das für jedes Konzept von Minderheitenschutz eigentlich konstitutive Verlangen nach Respekt vor der Andersartigkeit der Kultur der Minderheit stand auch im dritten Teil des Kolloquiums im Zentrum der Aufmerksamkeit. *Dagmar Richter* untersuchte in ihrem Referat zum Problem Vereinigungsfreiheit und

Parteienrecht zunächst rechtsvergleichend die Gewährleistung der allgemeinen Vereinigungsfreiheit als Menschenrecht bzw. als Bürgerrecht in den Verfassungsordnungen der europäischen Staaten. Ausgehend von dem Befund, daß ein generelles Genehmigungserfordernis für Vereinigungen in den europäischen Verfassungen stets ausgeschlossen ist, widmete sie ihre Aufmerksamkeit vor allem den formellen und materiellen Schranken der Vereinigungsfreiheit. Die Schrankenklauseln verweisen üblicherweise auf die allgemeine Rechtsordnung bzw. die Strafgesetze; sachlich ausgeschlossen aus dieser Prüfung der Gesetzeskonformität sind damit zunächst vereinigungsspezifische Beschränkungen des Gesetzgebers. Verstärkt wird diese Eingrenzung der gesetzgeberischen Regelungsbefugnis durch die Schrankenklausel des Art. 11 Abs. 2 EMRK, die Eingriffe in die Vereinigungsfreiheit auf das Maß des Notwendigen ("necessary in a democratic society") beschränkt. Verbotstatbestände sind in der Regel vor allem in den Strafgesetzen zu finden, wo sie vor allem im Bereich der Staatsschutzdelikte angesiedelt sind. Nun ist - so wurde im Referat deutlich - das Kriterium der "Staatsgefährdung" alleine noch nicht ausreichend genug bestimmt. Die Verknüpfung der Staatsschutzdelikte - dies fand allgemein schnell Konsens - mit dem Kriterium der Gewaltausübung ist insoweit unproblematisch. Weitergehende Schranken, wie das Verbot von Vereinigungen, die gegen die staatliche Unabhängigkeit oder Integrität gerichtet sind, werden zwar meist pragmatisch-zurückhaltend gehandhabt; derartige Schrankentatbestände erweisen sich allerdings bei extensiver Handhabung als Einbruchstelle für eine Politik der völligen Unterdrückung minderheitenspezifischer Vereinigungen. Wird die Einheit des Staates im Sinne einer fiktiven Homogenität des Staatsnation zur überragenden Zielsetzung erhoben, wie in manchen Staaten leider üblich, so fällt schon die bloße Organisation als Minderheit unter das strafrechtliche Verdikt des verbotenen Separatismus.

Vergleichbare Befunde stellt das Referat auch für den Bereich des Parteienrechts fest. Nur ganz wenige Staaten kennen spezielle Begünstigungen für Minderheitenparteien, wie die Aufhebung der Sperrklauseln im Rahmen von Verhältniswahlsystemen oder die Privilegierung von Minderheiten im Rahmen der Parteienfinanzierung. In der Regel unterliegen sie den allgemeinen Regeln der Vereinigungsfreiheit. Die auch in anderen Fragen als

Problemländer aufgefallenen Staaten, in denen ein striktes Beharren auf nationaler Homogenität als Kern der Staatsraison definiert ist, weichen allerdings auch hier vom allgemein üblichen Standard ab. Spezifische Minderheitenparteien sind in diesen Staaten entweder ausdrücklich durch die Verfassung verboten oder werden als mit grundlegenden Verfassungsprinzipien nicht vereinbar verfolgt.

Das daraus abgeleitete Plädoyer, der Gefahr einer gruppenspezifischen Einschränkung der Vereinigungsfreiheit für Minderheiten durch eine spezielle Verbürgung der Vereinigungs- und Parteienfreiheit für Minderheitenangehörige zu begegnen, diente als Ausgangspunkt der Diskussion.

Die Notwendigkeit einer solchen speziellen Verbürgung wurde in der Diskussion dabei kaum bestritten. Als eigentliches Problem erwies sich eher, wie weit der rechtliche Gestaltungsspielraum eines jeden Staates bei der Selbstdefinition seines kulturellen und politischen "Identitätskerns" reiche. Läßt man die freie Selbstdefinition der herrschenden Gruppe zu, die allzuleicht geneigt ist, das Staatsvolk als einheitlich im Sinne ihres eigenen Wertekanons zu definieren, so ist - das wurde vielfach betont - der Verfolgung von Minderheitenvereinigungen Tür und Tor geöffnet. Umgekehrt könne es aber auch nicht Aufgabe der Staatengemeinschaft sein, das nationale Selbstverständnis eines Staates festzulegen. Was zu verlangen sei, sei wohl einzig die Respektierung der vorgefundenen Realitäten. Sei das Gebiet eines Staates von sprachlich und kulturell verschiedenen Volksgruppen besiedelt, so sei auf diese Heterogenität auch in der Selbstdefinition des Staates Rücksicht zu nehmen. Eine durch die Verfassung gesetzte Fiktion der Homogenität bei realer Heterogenität zwinge den Staat geradezu dazu, in der Gesellschaft vorhandene Unterschiede zu unterdrücken. Zwangsweise Verdrängung der Vielfalt, die logisch vor allem Verhinderung der Selbstorganisation der Minderheit bedeuten müsse, kollidiere aber allzu offensichtlich mit der menschenrechtlichen Garantie der Vereinigungsfreiheit in Art. 11 EMRK. "Necessary in a democratic society" sei ein Ausschluß minderheitenspezifischer Vereinigung keineswegs. Die konkrete Staatsgefährdung ergebe sich in diesen Fällen nicht aus den Erfordernissen einer - idealtypisch verstandenen -

"demokratischen Gesellschaft", sondern folge aus der demokratiefremden Homogenitätsgarantie zentralistischer Einheitsstaaten.

Insofern sei die politische Organisation der Minderheiten in spezifischen Minderheitenparteien, die zur politischen Polarisierung der Gesellschaft führe, eher als ein Symptom des allgemeinen Minderheitenproblems zu verstehen denn als die Wurzel des Problems der politischen Polarisierung. Der Wille der Minderheitsangehörigen, sich geschlossen in einer gesonderten Partei zu organisieren, sei Anzeichen eines politischen Mangels, sei ein Krisensymptom, das darauf hinweise, daß die Stellung der Minderheit in der Gesamtgesellschaft nicht in Ordnung sei. Zwar begründe diese ethnische Polarisierung des Parteiensystems ihrerseits ein politisches und verfassungsrechtliches Problem, denn Politik werde dadurch "ethnisiert". Aufgelöst werden könne das Problem aber nicht durch Verbot der Minderheitenparteien, sondern nur durch allmähliche politische Einbindung der Minderheit und damit einhergehend den Abbau der Gegensätze.

V. Minderheiten im institutionellen Staatsaufbau

Der daraus folgenden Frage nach den institutionellen Möglichkeiten, die Minderheiten in den staatsorganisatorischen Aufbau einzubinden, widmete sich das vierte Referat von *Stefan Oeter*. Es ging von dem schon in den vorhergehenden Diskussionsphasen als zentral erkannten Befund aus, daß Integration einer Minderheit in ein Staatswesen zunächst die Anerkennung der Eigenart der Minderheit voraussetzt, was implizit die Freiheit beinhalten muß, sich als Minderheit politisch zu organisieren. Parallel dazu müsse die Möglichkeit gegeben sein, für die Minderheit zentrale Belange über privatrechtlich organisierte Minderheitenvereinigungen selbst in die Hand nehmen zu können. Schon diese gesellschaftliche Selbstorganisation außerhalb des Staates biete erhebliche Möglichkeiten der Dezentralisierung staatlicher Aufgaben und Leistungen, da der Staat die privaten Minderheitenvereinigungen mit bestimmten Aufgaben belehnen (und mit Mitteln aus öffentlichen Haushalten unterstützen) könne. Dieser Ansatz, den man als "funktionelle Autonomie" bezeichnen könne, lasse sich - z.B. mittels der Schaffung eines minderheitenspezifischen Privatschulwesens - hervorragend zur Schaffung von Strukturen der Subsidiarität nutzen.

Auf diesem vereinigungsrechtlichen Ansatz aufbauend finde zusehends wieder das Konzept der "Personalautonomie" Interesse in der Staatenpraxis. Über die Errichtung von öffentlich-rechtlichen Personalkörperschaften der Minderheiten könne die jeweilige Volksgruppe in die Erfüllung sie betreffender staatlicher Aufgaben eingebunden werden, bis hin zur Wahrnehmung klassisch-hoheitlicher Staatsfunktionen. Das Problemlösungspotential, das dem Konzept der Personalautonomie zukomme, sei bisher noch nicht einmal annäherungsweise ausgeschöpft.

Daneben hätten sich vielfältige Formen territorialer Dezentralisierung zugunsten der Minderheit entwickelt. Dies beginne mit den Strukturen kommunaler Selbstverwaltung, deren Rolle bei territorialisierten Minderheiten nicht unterschätzt werden dürfe. Gerade im Bereich des Schulwesens zeige sich dies ganz deutlich. Die darüber weit hinausgehende Lösung der "Territorialautonomie" stelle dagegen erhebliche Ansprüche an den betreffenden Staat wie die Minderheit. Territoriale Autonomie über die Schaffung autonomer Regionen der Minderheiten fordere konsequente Dezentralisierung staatlicher Aufgabenerfüllung. Werde die Delegation für die Minderheit relevanter staatlicher Kompetenzen nur halbherzig vorgenommen, so gerate Territorialautonomie allzuleicht in einen negativen Kreislauf endloser Streitigkeiten um Kompetenzen, und führe letztlich eher zur Verfestigung der Gegensätze als daß es sie abbaue. Delegation eines umfangreichen Paketes staatlicher Kompetenzen setze zudem voraus, daß die Minderheit, die über die Organe der autonomen Region Herrschaftsmacht zugewiesen erhalte, diese mit Augenmaß nutze. Werde ein Modell territorialer Autonomie nicht als Ansatz zur institutionalisierten Kompromißbildung begriffen, sondern nur als Möglichkeit zur Umkehrung der Herrschaftsverhältnisse, so verschiebe dies die Problematik nur auf eine andere Ebene, institutionalisiere den Konflikt geradezu.

Besonders deutlich werde diese Problematik an den Konstruktionsfragen des multinationalen Bundesstaates. Bundesstaatlichkeit lebe von der andauernden

Bereitschaft zum Kompromiß. Fehle diese Kompromißbereitschaft, so gerate jeder Bundesstaat unweigerlich in die Krise. Insoweit sei es sachlich durchaus berechtigt, in Staaten mit festgefahrenen Nationalitätenkonflikten nicht von heute auf morgen das staatliche Gefüge vollständig zu föderalisieren. Zwischenlösungen seien nötig, da alle Seiten einen Erziehungsprozeß durchlaufen müssen. Erfolgsträchtig sei ein föderales Modell letztlich wohl auch nur, wenn der zunächst beherrschende ethnisch-nationale Gegensatz von anderen Gegensätzen überformt werde und so wechselnde Koalitionen über die unterschiedlichen Konfliktlinien hinweg möglich würden.

Worum es bei all den vorgestellten Konstellationen der Selbstverwaltung und Autonomie im Kern gehe, sei die Suche nach der richtigen Form der Selbstorganisation der Minderheit einerseits und der Einbindung dieser Strukturen der Selbstorganisation in das staatliche Organisationsgefüge andererseits. Nur unter weitestgehender Beachtung des Gedankens der "Subsidiarität" sei die Integration der verschiedenen Ethnien in den institutionellen Staatsaufbau überhaupt möglich. Dezentralisierung des Staatsaufbaus sei somit nicht nur als ein Mechanismus zur Bewahrung der Identität von Minderheiten zu sehen, sondern sei zugleich ein Mechanismus der Integration dieser Minderheiten, und damit ein Werkzeug der staatlichen Einheitsbildung.

Die zugespitzten Thesen des Referats stießen zunächst auf heftigen Widerspruch. Unter Verweis auf das Extrembeispiel der Apartheid, für dessen Legitimation auch mit Konzepten der Dezentralisierung und Subsidiarität argumentiert worden sei, wurde zunächst auf die Gefahren der Autonomiemodelle hingewiesen. Selbstverwaltung der Minderheiten in Autonomiestrukturen brächten das Problem mit sich, daß Minderheiten die so geschaffenen Herrschaftsstrukturen zur Unterdrückung anderer Gruppen benutzten; zugleich wohne der Autonomie die Versuchung inne, insbesondere von Seiten der politischen Eliten der Minderheiten, die Autonomiestrukturen als Ansatzpunkte zur Gewinnung eigener Vollstaatlichkeit zu benutzen. Das ganze Beharren auf Dezentralisierung, man könne auch sagen: Tribalisierung, kollidiere zudem mit dem allgemeinen Trend der Universalisierung, der die letzten Jahrzehnte geprägt habe. Der nicht-ethnische Einheitsstaat habe eine wichtige Befriedungsfunktion, die vor allem am Beispiel Afrikas zu verdeutlichen gesucht wurde. Die Notwendigkeit, den Drang nach nationaler bzw. ethnischer Selbstverwirklichung zu disziplinieren, wurde beschworen. Modelle der Dezentralisierung seien vielleicht in einigen Fällen ein Ansatz, den Drang nach ethnischer Selbstvergewisserung aufzufangen und einzubinden, unter gleichzeitiger Wahrung der staatlichen Einheit. In vielen Fällen führe Dezentralisierung aber eher zur Entfesselung der Kräfte ethnischer Radikalisierung als zu deren Eindämmung. Autonomie sei immer eine Lösung, die vom Zentralstaat ungern gegeben und von den Minderheiten mit Undank empfange werde. Sie sei eine Kompromißlösung, die beiden Seiten nicht das gebe, was sie letztlich anstrebe.

Andere Stimmen betonten, daß Modelle der Autonomie wohl der einzige Weg seien, die angemahnte Disziplinierung der Kräfte ethnischer Selbstverwirklichung zu bewerkstelligen. Personalautonomie sei als Lösungsmodell dabei sicherlich zu bevorzugen, da es ein praktisch universalisierbares Modell darstelle und zugleich den Vorteil habe, keine Herrschaftsstrukturen zu begründen, die zur Unterdrückung anderer Gruppen benutzt werden könnten. Am Beispiel Belgiens wurde vorgeführt, daß auch die Föderalisierung eines Staatswesens durchaus einen erfolgversprechenden Weg zur Lösung von Nationalitätenkonflikten darstellen könne. Aus Schweizer Perspektive wurde allerdings ergänzend angemerkt, daß ein föderales Staatswesen, wenn es denn funktionieren solle, auf nicht-ethnischen, eher regional bzw. historisch verankerten Einheiten beruhen sollte und darauf achten müsse, die ethnischen Konfliktlinien in den Hintergrund zu schieben. Das Modell des Bundesstaates sei insofern auch nur sehr bedingt exportfähig.

Daß es kein allgemeines völkerrechtliches Recht auf Autonomie gebe, darüber bestand weitgehend Übereinstimmung. Inwieweit aber aus einem mancherorts anzutreffenden Recht der Minderheit auf Partizipation am politischen Willensbildungs- und Entscheidungsgefüge nicht doch so etwas wie ein Recht auf Repräsentation der Minderheit im politischen Institutionengefüge resultiere, blieb als Frage offen. Daß die Formen dieser Partizipation sehr unterschiedlich ausgeformt sein können, ist ein Gemeinplatz. Daß hinter der Suche nach angemessenen Lösungen aber immer gemeinsame Grundprobleme stehen, wurde kaum bestritten. Übermäßige Betonung der ethnischen Differenz mündet in die Segregation, und damit in die Auflösung der Gesellschaften in ethnisches Freund-Feind-Denken. Leugnung der Differenz im Hinblick auf eine Fiktion völliger Einheit bedingt Unterdrückung der Gesellschaft durch den bürokratischen Staatsapparat, zerstört über den Versuch zwangsweiser Assimilation von oben die Strukturen demokratischer Partizipation. Lösungen werden immer einen Mittelweg zwischen zentrifugalen und zentripetalen Kräften zu suchen haben, einen Mittelweg, der einen Bogen schlägt zwischen Autonomie der verschiedenen Gruppen und Integration der Gruppen in einem einheitsstiftenden Gemeinwesen. Daß Integration aber nicht mit dem Hineinzwingen in eine künstliche Einheit gleichgesetzt werden darf, wie des öfteren fälschlich unterstellt wird, sondern daß auch Dezentralisierung ein wichtiger Mechanismus der Integration sein kann, wurde im Verlauf der Diskussion dann doch sehr deutlich.

VI. Zusammenfassung

Das Problem des - vielfach noch fehlenden - politischen Willens zum Ausgleich erwies sich durch die ganze Diskussion hinweg damit als die entscheidende Frage auf dem Weg zur Lösung der Probleme des Minderheitenschutzes. Die Erfahrungen europäischer Staatspraxis lehren - wie auf dem Kolloquium immer wieder zum Ausdruck kam - daß ein friedlicher Ausgleich (und eine wirkliche politische Integration der Minderheiten) nur bei Zugeständnissen in der Frage der Machtverteilung möglich sind. Zugeständnisse in der Frage der Machtverteilung sind dabei in vielfältigen Formen denkbar. Dezentralisierung staatlicher Funktionen und damit verbunden die Eröffnung politischer Handlungsräume, in deren Ausfüllung die Minderheitengruppen die für sie essentiellen Fragen dann einer ihnen gemäßen Lösung zuführen können, sind eine - wenn nicht die wichtigste - Lösung dieser institutionellen Seite der Minderheitenfrage. Die Schaffung von Konkordanzstrukturen oder unter Umständen auch nur die Rücknahme des Staates bis zu einem Punkt, an dem den Angehörigen der Minderheit genügend Freiraum bleibt zur Gestaltung ihrer eigenen Angelegenheiten, sind aber gleichfalls denkbare Lösungsansätze.

Die Möglichkeiten einer Lösung der Minderheitenprobleme traten auf der Tagung insgesamt also recht deutlich zutage. Ob diese Modelle aufgegriffen werden, ist jedoch - wie mehrfach betont wurde - eine Frage des politischen Willens. Inwieweit es in Zukunft gelingt, die sich abzeichnenden Lösungen gegenüber widerstrebenden Staaten zu einem zwingenden Grundstandard zu erheben, wird mit entscheidend dafür sein, ob der politische Wandel und die damit verbundene Neuordnung Europas zu neuer Stabilität führen kann - oder ob die Nationalitätenfragen umgekehrt in gewalttätige Konflikte eskalieren werden. Dies noch einmal in aller Deutlichkeit vor Augen zu führen, war eines der Ziele der Veranstaltung gewesen. Referate und Diskussion gingen jedoch weit über den reinen Problemaufriß hinaus und diskutierten in beachtlicher Detailtiefe die möglichen Lösungen wie auch deren immanente Probleme. Die Politik ist nun mehr denn je gefordert; daß es an einer wissenschaftlichen Aufarbeitung der Probleme fehle, kann nach dem Kolloquium kaum noch im Ernst behauptet werden.

Liste der Kolloquiumsteilnehmer

Aarnio, Eero, Justizministerium, Helsinki, Finnland

Abbott, Fred, Dr., Prof., Chicago-Kent College of Law, Chicago, USA

Alfredsson, Gudmundur, Dr., Prof., UN Centre for Human Rights, Genf

Beliaev, Sergej, Dr., Zentrum für Föderalistische Studien, Moskau, Rußland

Bernhardt, Rudolf, Dr., Prof., Max-Planck-Institut für Völkerrecht

Beyerlin, Ulrich, Dr., Prof., Max-Planck-Institut für Völkerrecht

Blumenwitz, Dieter, Dr., Prof., Universität Würzburg

Bodnár, Laszló, Dr., Universität Szeged, Ungarn

Böhmer, Friederike, Max-Planck-Institut für Völkerrecht

Bojars, Juris, Dr., Prof., Universität Riga, Lettland

Brezan, Simon, Dr., Sächsische Staatskanzlei, Dresden

Brunner, Georg, Dr., Prof., Universität Köln

Bucher, Nicoletta, Dr., Universität Innsbruck, Österreich

Buergenthal, Thomas, Dr., Prof., George Washington University, Washington, USA

Cerar, Miro, Dr., Universität Ljubljana, Slowenien

Conetti, Giorgio, Dr., Prof., Universität Trieste, Italien

Cruz Villalón, Pedro, Dr., Prof., Richter am Tribunal Constitucional, Madrid, Spanien

Danilov, Jewgenij, Dr., House of Soviets, Moskau, Rußland

Dimitrijevic, Vojin, Dr., Prof., Universität Belgrad, FR Jugoslawien

Doehring, Karl, Dr., Prof., Max-Planck-Institut für Völkerrecht

Drumeva, Emilia, Dr., Rechtsabteilung, Nationalversammlung, Sofia, Bulgarien

Ehrenzeller, Bernhard, Dr., Eidgenössisches Justiz- und Polizeidepartement, Bern, Schweiz

Eide, Asbjörn, Dr., Prof., Norwegian Institute of Human Rights, Oslo, Norwegen

Felsheim, Georg, Auswärtiges Amt, Bonn

Filos, Altana, Dr., Max-Planck-Institut für Völkerrecht

Franck, Thomas, Dr., Prof., New York University School of Law, N.Y./USA

Franke, Dietrich, Dr., Justizministerium des Landes Brandenburg, Potsdam

Frowein, Jochen Abr., Dr., Prof., Max-Planck-Institut für Völkerrecht
Gionea, Vasile, Dr., Prof., Präsident des Verfassungsgerichts, Bukarest, Rumänien
Gören, Zafer, Dr., Prof., Universität Izmir, Türkei
González Encinar, Juan, Dr., Prof., Universität Alcalá de Henares, Spanien
Goßmann, Rolf, Bundesministerium des Innern, Bonn
Hakapää, Kari, Dr., Prof., Universität Lappland, Rovaniemi, Finnland
Hannikainen, Lauri, Dr., Prof., Universität Helsinki, Finnland
Hannum, Hurst, Dr., Prof., Fletcher School of Law and Diplomacy, Medford, Mass., USA
Hartwig, Matthias, Dr., Bundesverfassungsgericht, Karlsruhe
Herdegen, Matthias, Dr., Prof., Universität Konstanz
Hofmann, Rainer, Dr., Priv.Doz., Max-Planck-Institut für Völkerrecht
Hoskova, Mahulena, Dr., Max-Planck-Institut für Völkerrecht
Jankuv, Jurai, Dr., Universität Kosice, Slowakei
Jungewelter, Vera, Bundesministerium der Justiz, Bonn
Kaltenbach, Jenö, Dr., Verfassungsgericht, Budapest, Ungarn
Kedzia, Zdzislaw, Dr., Prof., Gesandtschaft der Republik Polen bei den Vereinten Nationen, Genf
Klebes, Heinrich, Dr.Dr., Kanzler, Parlamentarische Versammlung des Europarates, Straßburg
Kokott, Juliane, Dr.Dr., Prof., Universität Heidelberg
Kregar, Josip, Dr., Univ.Doz., Universität Zagreb, Kroatien
Lentz, Dominik, Max-Planck-Institut für Völkerrecht
Luczka, Miroslaw, Außenministerium, Warschau, Polen
Malenovsky, Jiri, Dr., Doz., Botschafter der Tschechischen Republik beim Europarat, Straßburg
Marauhn, Thilo, Dr., Max-Planck-Institut für Völkerrecht
Marko, Joseph, Dr., Univ.Doz., Universität Graz, Österreich
Mosler, Hermann, Dr., Prof., Max-Planck-Institut für Völkerrecht
Müller, Hermann, Max-Planck-Institut für Völkerrecht
Myntti, Kristian, Dr., Abo Akademi University Institute for Human Rights, Turku, Finnland
Nagy, Boldizsar, Dr., Prof., Universität Budapest, Ungarn
Nolte, Georg, Dr., Max-Planck-Institut für Völkerrecht

Oellers-Frahm, Karin, Dr., Max-Planck-Institut für Völkerrecht
Oeter, Stefan, Dr., Max-Planck-Institut für Völkerrecht
Okeke, Christian, Dr., Prof., Enugu State University, Enugu, Nigeria
Parascho, Constantin, Justizministerium, Bukarest, Rumänien
Partsch, Karl Josef, Dr., Prof., Ingelheim
Pocar, Fausto, Dr., Prof., Universität Mailand, Italien
Post, Harry, Dr., Prof., Universität Utrecht, Niederlande
Rannut, Mart, Estonian Institute for Human Rights, Tallinn, Estland
Richter, Dagmar, Universität Heidelberg
Rönquist, Anders, High Commissioner on National Minorities, CSCE, Den Haag
Rumpf, Christian, Dr., Max-Planck-Institut für Völkerrecht
Sándor-Szalay, Elisabeth, Dr., Universität Pecs, Ungarn
Stein, Torsten, Dr., Prof., Universität Saarbrücken
Steinberger, Helmut, Dr., Prof., Max-Planck-Institut für Völkerrecht
Thornberry, Patrick, Dr., Prof., University of Keele, Vereinigtes Königreich
Thune, Gro Hillestad, Mitglied der Europäischen Menschenrechtskommission, Oslo, Norwegen
Tomuschat, Christian, Dr., Prof., Universität Bonn
Uibopuu, Henn-Jüri, Dr., Prof., Universität Salzburg, Österreich
Vadapalas, Vilenas, Dr., Univ.Doz., Universität Vilnius, Litauen
Vandenberghe, Hugo, Dr., Prof., Katholische Universität Löwen, Belgien
Vrsansky, Peter, Dr., Doz., Botschaft der Slowakischen Republik, Den Haag
Weiler, Joseph H.H., Dr., Prof., Harvard Law School, Cambridge, USA
Wildhaber, Luzius, Dr., Prof., Universität Basel, Schweiz
Wolfrum, Rüdiger, Dr., Prof., Max-Planck-Institut für Völkerrecht
Yu An, Dr., Prof., South West Institute of Politics and Law, Chong Qing, Volksrepublik China
Zhmachenko, Tetiana, Außenministerium, Kiew, Ukraine

Druck: Saladruck, Berlin
Verarbeitung: Buchbinderei Lüderitz & Bauer, Berlin

Max-Planck-Institut für ausländisches öffentliches Recht und Völkerrecht

Beiträge zum ausländischen öffentlichen Recht und Völkerrecht

Hrsg.: J. A. Frowein, H. Steinberger, R. Wolfrum

Bde. 27–59 erschienen im Carl Heymanns Verlag KG Köln, Berlin (Bestellung an: Max-Planck-Institut für Völkerrecht, Berliner Str. 48, 69120 Heidelberg); ab Band 60 im Springer-Verlag Berlin, Heidelberg, New York, London, Paris, Tokyo, Hong Kong, Barcelona, Budapest

---

117 Rudolf *Bernhardt* (Ed.): **Interim Measures Indicated by International Courts.** 1994. XII, 156 Seiten. Geb. 98,– DM

116 Thilo *Marauhn:* **Der deutsche Chemiewaffen-Verzicht.** 1994. XXII, 400 Seiten (7 Seiten English Summary). Geb. 128,– DM

115 Andreas *Zimmermann:* **Das neue Grundrecht auf Asyl.** 1994. XXVI, 437 Seiten (8 Seiten English Summary). Geb. 128,– DM

114 Axel *Wilke:* **Der völker- und gemeinschaftsrechtliche Schutz der Tätigkeit des Auslandskorrespondenten.** 1994. XVI, 317 Seiten (5 Seiten English Summary). Geb. 148,– DM

113 Peter-Tobias *Stoll:* **Technologietransfer. Internationalisierungs- und Nationalisierungstendenzen.** 1994. XXXII, 452 Seiten (11 Seiten English Summary). Geb. 128,– DM

112 Jörg *Polakiewicz:* **Die Verpflichtungen der Staaten aus den Urteilen des Europäischen Gerichtshofs für Menschenrechte.** 1993. XXI, 392 Seiten (8 Seiten English Summary). Geb. 138,– DM

111 Matthias *Hartwig:* **Die Haftung der Mitgliedstaaten für Internationale Organisationen.** 1993. XXI, 371 Seiten (9 Seiten English Summary). Geb. 148,– DM

110 Juliane *Kokott:* **Beweislastverteilung und Prognoseentscheidungen bei der Inanspruchnahme von Grund- und Menschenrechten.** 1993. XXIV, 482 Seiten (11 Seiten English Summary). Geb. 198,– DM

109 **Das Minderheitenrecht europäischer Staaten. Teil 2** (In Vorbereitung)

108 Jochen Abr. *Frowein*/Rainer *Hofmann*/Stefan *Oeter* (Hrsg.): **Das Minderheitenrecht europäischer Staaten. Teil 1.** 1993. XIII, 536 Seiten. Geb. 90,– DM

107 Stefan *Richter:* **Die Assoziierung osteuropäischer Staaten durch die Europäischen Gemeinschaften.** 1993. XIX, 285 Seiten (11 Seiten English Summary). Geb. 128,– DM

106 Jochen Abr. *Frowein* (Hrsg.): **Die Kontrolldichte bei der gerichtlichen Überprüfung von Handlungen der Verwaltung.** 1993. XIV, 370 Seiten. Geb. 165,– DM

105 Georg *Nolte:* **Beleidigungsschutz in der freiheitlichen Demokratie.** 1992. XX, 294 Seiten. (7 Seiten English Summary). Geb. 128,– DM

104 Thomas *Giegerich:* **Privatwirkung der Grundrechte in den USA.** Die State Action Doctrine des U.S. Supreme Court und die Bürgerrechtsgesetzgebung des Bundes. 1992. XXIII, 518 Seiten (18 Seiten English Summary). Geb. 198,– DM

103 Stefan *Oeter:* **Neutralität und Waffenhandel.** 1992. XVI, 290 Seiten (6 Seiten English Summary). Geb. 128,– DM

102 Rüdiger *Wolfrum:* **The Convention on the Regulation of Antarctic Mineral Resource Activities.** An Attempt to Break New Ground. 1991. VII, 205 Seiten. Geb. 85,– DM

101 Jochen Abr. *Frowein*/Torsten *Stein:* **Rechtliche Aspekte einer Beteiligung der Bundesrepublik Deutschland an Friedenstruppen der Vereinten Nationen.** 1990. IX, 129 Seiten. Geb. 78,– DM

100 Wolfgang *Benedek:* **Die Rechtsordnung des GATT aus völkerrechtlicher Sicht.** 1990. XXIII, 557 Seiten. Geb. 248,– DM

99 Matthias *Herdegen:* **Gewissensfreiheit und Normativität des positiven Rechts.** 1989. XV, 330 Seiten. Geb. 148,– DM

98 **Staat und Völkerrechtsordnung, Festschrift für Karl Doehring.** 1989. XIV, 1067 Seiten. Geb. 380,– DM

97 Rainer *Hofmann:* **Die Ausreisefreiheit nach Völkerrecht und staatlichem Recht.** 1988. XIV, 337 Seiten (7 Seiten English Summary). Geb. 148,– DM

96 Ulrich *Beyerlin:* **Rechtsprobleme der lokalen grenzüberschreitenden Zusammenarbeit.** 1988. XXII, 571 Seiten (6 Seiten English Summary, 6 Seiten Résumé français). Geb. 178,– DM

95 Ulrich *Wölker:* **Zu Freiheit und Grenzen der politischen Betätigung von Ausländern.** Der politische Gebrauch der Meinungs-, Versammlungs- und Vereinigungsfreiheit der Ausländer nach innerstaatlichem Recht, Völkerrecht und Europarecht. 1987. XXI, 264 Seiten (7 Seiten English Summary, 7 Seiten Résumé français). Geb. 98,– DM

94 Jochen Abr. *Frowein*/Torsten *Stein* (Hrsg.): **Die Rechtsstellung von Ausländern nach staatlichem Recht und Völkerrecht/The Legal Position of Aliens in National and International Law/Le régime juridique des étrangers en droit national et international.** 1987. XLVI, 2.135 Seiten. (In zwei Bänden, die nur zusammen abgegeben werden.) Geb. 480,– DM

93 Rudolf *Bernhardt*/John Anthony *Jolowicz* (Eds.): **International Enforcement of Human Rights.** Reports submitted to the Colloquium of the International Association of Legal Science, Heidelberg 28–30 August 1985. 1987. VIII, 265 Seiten. Geb. 84,– DM

92 Juliane *Kokott:* **Das interamerikanische System zum Schutz der Menschenrechte.** 1986. XII, 166 Seiten (6 Seiten English Summary). Geb. 78,– DM

91 Rolf *Kühner:* **Vorbehalte zu multilateralen völkerrechtlichen Verträgen.** 1986. XI, 307 Seiten (6 Seiten English Summary). Geb. 98,– DM

90 Daniel *Thürer:* **Bund und Gemeinden.** Eine rechtsvergleichende Untersuchung zu den unmittelbaren Beziehungen zwischen Bund und Gemeinden in der Bundesrepublik Deutschland, den Vereinigten Staaten von Amerika und der Schweiz. 1986. XVII, 352 Seiten (7 Seiten English Summary). Geb. 118,– DM

89 Helmut *Damian:* **Staatenimmunität und Gerichtszwang.** Grundlagen und Grenzen der völkerrechtlichen Freiheit fremder Staaten von inländischer Gerichtsbarkeit in Verfahren der Zwangsvollstreckung oder Anspruchssicherung. 1985. XV, 261 Seiten (11 Seiten English Summary). Geb. 78,– DM

88 Rudolf *Dolzer:* **Eigentum, Enteignung und Entschädigung im geltenden Völkerrecht.** 1985. XIII, 331 Seiten (3 Seiten English Summary). Geb. 118,– DM

87 Norbert *Wühler:* **Die internationale Schiedsgerichtsbarkeit in der völkerrechtlichen Praxis der Bundesrepublik Deutschland.** 1985. XIII, 239 Seiten (5 Seiten English Summary). Geb. 88,– DM

86 Peter *Malanczuk:* **Region und unitarische Struktur in Großbritannien.** Die verfassungsrechtliche und verwaltungsorganisatorische Bedeutung der Region in England, Wales und Schottland. 1984. XIII, 296 Seiten (5 Seiten English Summary). Geb. 98,– DM

85 Rüdiger *Wolfrum:* **Die Internationalisierung staatsfreier Räume.** Die Entwicklung einer internationalen Verwaltung für Antarktis, Weltraum, Hohe See und Meeresboden. 1984. XX, 757 Seiten (11 Seiten English Summary). Geb. 198,– DM

MIX
Papier aus verantwortungsvollen Quellen
Paper from responsible sources
FSC® C105338
FSC
www.fsc.org

If you have any concerns about our products,
you can contact us on
ProductSafety@springernature.com

In case Publisher is established outside the EU,
the EU authorized representative is:
Springer Nature Customer Service Center GmbH
Europaplatz 3, 69115 Heidelberg, Germany

Printed by Libri Plureos GmbH
in Hamburg, Germany